财务学的边界

（第二版）

罗福凯 著

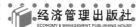

经济管理出版社
ECONOMY & MANAGEMENT PUBLISHING HOUSE

图书在版编目（CIP）数据

财务学的边界（第二版）/罗福凯著. --北京：经济管理出版社，2017.6

ISBN 978-7-5096-5115-5

Ⅰ.①财… Ⅱ.①罗… Ⅲ.①财务管理-研究 Ⅳ.①F275

中国版本图书馆 CIP 数据核字（2017）第 095495 号

组稿编辑：陆雅丽
责任编辑：陆雅丽
责任印制：黄章平
责任校对：超 凡

出版发行：经济管理出版社
　　　　　（北京市海淀区北蜂窝 8 号中雅大厦 A 座 11 层　100038）
网　　址：www. E-mp. com. cn
电　　话：（010）51915602
印　　刷：三河市海波印务有限公司
经　　销：新华书店
开　　本：787mm×1092mm /16
印　　张：29
字　　数：661 千字
版　　次：2017 年 6 月第 2 版　　2017 年 6 月第 1 次印刷
书　　号：ISBN 978-7-5096-5115-5
定　　价：98.00 元

前　言

　　《财务学的边界》（第二版）是在学生们多次提示和催促下完成的。同第一版一样，第二版也主要为了满足研究生阅读需要。学生们的学习需求是本人工作的全部内容。近年来，我对财务学基础理论的思考和大学教育的理解又有新进展，期望能与学界同行、投资者和企业家及政界经济管理人士共同分享。期望保持学者写论文的功夫及其爱好，也是本书再版的一个重要原因。

　　与基础教育和职业教育不同，高等教育的教师工作实际上是专业教学与科学研究的合一。大学教授需要持续地向学生解释新科学现象和新理论。管仲关于士农工商四类工作的先后顺序在当代已经有了很大变化。1949 年前后的变化尚不明显，20 世纪 80 年代以后，经济制度改革和开放，科学技术迅猛发展和广泛应用，读书人的工作得以重建和回归。但农业、工业和商业的发展比科技文化发展更加猛烈和深广，使得商人、工人、农民的作用已远大于士民，士农工商可能成为我国当代民众身份的新表述。士民的工作性质是立德于心，建功于世，宣德功于言，泽被后人。在发展经济为第一要务的时代，大学教授要做到学有专长，术有专攻，安贫乐道，传道授业解惑教书，并非易事。好在教学相长规律一直在发挥作用。有时候学生的研究跑到了教师的前面。教师的最大快乐莫过于此。

　　第二版的主要内容在原书财务学基础理论、资本理论和公司财务战略三篇基础上，又增加了第四篇财务学的学术批判与大学教育。除了第四篇是新写论文外，其他原文也均修订或重写。限于专业视野有限，虽本人很努力，但书中内容一定会存在某些错误和缺点，加之语言欠时尚，敬请读者多多包涵和批评指正。

　　本书的修订出版是本人供职于中国海洋大学管理学院的工作成果之一。由衷感谢海大管理学院院长权锡鉴教授的指导和支持。权锡鉴教授对学术研究、教学工作和宏观经济社会等均具有非凡的洞察力和真知灼见，对我帮助很大。王竹泉教授、张广海教授、姜忠辉教授、韩立民教授、曹洪军教授、王元月教授、纪建悦教授、孙建强教授、高强教授、张世兴教授、崔讯教授，以及山东大学张玉明教授、贾乐耀教授，山东财经大学慕好东教授等，均给予我很多指点和帮助，在此表示深深谢意。会计学系26位老师与本人一起共事多年，朝夕相处，相互帮扶，使我倍感同事友谊的感召力。博士研究生李启佳、庞廷云、汤倩、苗淼，以及王京博士、刘睿智博士、程六兵博士、安毅博士、葛伟博士、许秀梅博士、孙菁博士、周红根博士和赵璨博士等，为本书的出版做出了很多思想贡献。在此亦表示由衷感谢！

　　我的老师郭复初先生经常提醒和鞭策鼓励是我学术进步的原动力。我的师兄冯建教授曾说："理论是不会结束的……灵感的真正来源是思想。"是的，学无止境，天道酬勤。冯建教授是我的良师益友，我一直心存感激。感谢《财务研究》期刊主编秦中艮先生、周愈博秘书近年来给予我学术上的支持和关心。感谢经济管理出版社的领导和专家们对本书再版给予的支持，尤其是陆雅丽老师提供了很多有益的指导和帮助。深深感谢家人的支持和帮助。书中内容如存在错误，应由我本人负责。

罗福凯

2017年3月31日于青岛·崂山

目　录

第三篇　公司财务战略

第四篇　财务学的学术批判与大学教育

第一篇　财务学基础理论研究

01

财务学的边界问题*

一、引言

与其他经济管理类专业相比，财务学研究在我国一直比较薄弱。在改革开放之前的计划经济体制里，我国的财务学被列入财政学和会计学专业之中。财政学家认为，企业财务是国家预算的基础。会计学家认为，会计核算的目标是为企业财务管理服务。通常给人的印象是，人们在研究会计学理论与实践问题时一般会牵扯到财务问题的研究。会计基础理论研究者在宣传和传播会计理论及其历史时，通常会提到我国古代经济学家管仲《管子》里的会计论述、历史学家司马迁《史记·夏本纪》里的会计论述，以及大学问家吴乘权《纲鉴易知录》等名著记载公元前 2198 年大禹到浙江绍兴一带视察和召见九州诸侯对会计的陈述。实际上，据郭道扬的《会计史研究（第一卷）》（2004 年）记述，在我国奴隶制经济发展鼎盛时期的西周时期，独立于会计的财务工作就已经出现。相应地，连接会计与财务的"财计"——"财务会计"开始形成。这一说法在《管子》、《墨子》、《吕氏春秋》、《吴越春秋》、《史记·夏本纪》和《纲鉴易知录》等经典文献中均有论述。即使是古埃及（公元前 3000 年~前 341 年）也出现了独立的财务活动和独立的"财务官"。那么，5000 多年来，财务学为何发展如此之弱，原因何在？可能有学者说，主要是财政学（public finance）抢了风头。本文认为，我国财务学理论研究薄弱，以及

　　* 本文作者曾将初稿在第十二届中国财务学年会（大连，2006）上交流，会议期间得到了张先治教授、王化成教授、冯建教授等朋友的中肯点评和建议，作者在此表示由衷谢意。

财务学发展落后于其他经济学科，其主要原因可能是经济学、管理学、会计学、财政学和金融学等相邻科学发展过快，以及与儒家文化、道家文化和政治理论等科学之间在价值取向上存在一定的矛盾冲突，使财务学失去了许多研究领域和研究成果。

讨论财务学的边界问题基于以下四个原因：第一，英国学者 Jonathan Barron Baskin 和 Paul J. Miranti 合著的 "A History of Corporate Finance" （1999），近年来在我国已有中译本，但被译成《公司财政史》（中国经济出版社，2002 年）。学界研究公司财务学说史的文献特别少，因而使财务史学著作显得很珍贵。可是，译本《公司财政史》里存在很多错误和问题，书中基本上没有区分财政、金融和财务的界限，"现代财务理论的基础"、"现代财务学所发生的演变"被说成"现代财政理论的基础"和"现代期间财政学所发生的演变"，使人感到很遗憾，很痛心。一部比较稀罕的公司财务史著作被翻译得不成样子。第二，1987 年 12 月 21 日国家教育委员会发布专业目录，设立财务学专业，以便与会计学、财政学和金融学等专业区别开来。现在，人们已经把最不易扯清的财务学与会计学的关系基本弄清楚了。可是，财务学与金融学似乎越来越模糊了，诸如美国的《财务杂志》（Journal of Finance）、《财务经济杂志》（Journal of Financial Economics）、《财务研究评论》（Review of Finance Studies）和《财务管理》（Financial Management）杂志，被我们一些学者译为《金融杂志》、《金融经济学刊》、《金融研究评论》和《金融管理》杂志，美国财务学会则译为美国金融学会，甚至一些学者把公司财务说成"公司金融"。Zvi Bodie 和 Robert C. Merton 教授合著的 "Finance"，在我国被译成《金融学》。更有甚者，我国湖南省的一所大学——教育部主管的"211"和"985"工程中南大学，其主办的《财务与金融》杂志封面上专门将其对应的英文名字印出来：Accounting and Finance，令人哭笑不得。近年来，又有一些高等职业技术学院教师将我国的《银行会计》教材改为《金融会计》，并将美欧国家的"Financial Accounting"教材也译为《金融会计》。如此等等，本文认为，这些现象、认识和做法都是错误的。第三，一些学者认为，"金融学研究可分为三大领域：资产定价理论、公司金融和行为金融学"，并认为，"公司金融理论"主要包括：①作为公司金融经典理论的 MM 定理；②合同理论和激励理论；③公司治理理论[1]。也有学者认为，目前金融学的研究主要有三块，分别是宏观方面的金融框架体系和模式，微观方面的资产定价问题和风险管理，以及公司财务问题[2]。很明显，这与我国的公司财务管理实践严重脱节。第四，我国近年来一些财务学者把财务学命名为"理财学"，但财务学的理论研究仍被称为财务理论而非"理财理论"[3]。财务学的基础范畴、概念框架和理论规范应该具有一贯性、一致性，这一点很重要。

本人感到这里的问题不是简单的"提法"或"表述"不同，而是概念和职能的混淆。它不仅给大学里的教学和理论研究工作带来危害，而且也必然会给公司财务实际工作、政府财政工作和金融机构的业务带来严重危害。本文研究的目的在于引起大家对严谨学术规范的重视，澄清概念，消除理论混乱，降低学术成本，提高工作效率。从 20 世纪 90 年代至今的 20 多年来，我国的财务理论研究遭受一些机会主义学者的严重破坏。本文试图对学术界和教育界关于财务学与金融学等相邻专业概念混淆问题，提出个人见解并求教于同行。

二、财政、金融和财务是一回事吗？

首先，我们需要把财政弄清楚。

财政是国家财政 Public Finance 的简称。国家是财政行为的唯一主体，国家的出现是财政产生的前提。财政学是国家优化配置公共资源、生产和分配公共产品的经济学。财政管理是国家对社会公共产品生产、交易、分配和消费的管理，其目标是生产和提供高质量的公共产品及服务，以满足社会不同阶层对公共产品和服务的需求。财政的主要手段是财政政策和财政收支均衡。财政收支过程主要是国家对社会公共产品的生产和分配过程。财政对公共产品的配置实际是国家参与经济组织和个人收入过程的分配。社会经济中的分配是连接生产和消费的中间环节。分配只能以生产或消费为依据，究竟以何者为依据，是由生产力发展水平决定的。恩格斯说，"分配方式本质上毕竟要取决于可分配的产品的数量，而这个数量当然随着生产和社会组织的进步而改变，从而分配方式也应当改变"（《马克思恩格斯全集》第 37 卷，第 432 页）。迄今为止的人类历史，社会生产远没有达到财富极大丰富的水平。以往，无论在什么时期，分配都面临着生产和消费的矛盾。为了正确解决产品供给的有限性与需求的无限性之间的矛盾，在决定产品归谁所有以及占有多少时，就不能以消费需要为依据，而必须以参与生产为依据。只有参与了生产，才能参与分配；以什么形式参与生产，就以什么形式参与分配；参与者在生产中发挥多大作用，就在分配中占有多少产品。"分配的结构完全决定于生产的结构"（《马克思恩格斯选集》第 2 卷，第 98 页）。因此，财政分配的依据只能是国家参与了社会生产。陈共教授最近对其《财政学》又做了新的修订。他在新版《财政学》里讲，财政是政府收支及其治理，并且将财政的职能表述为资源配置、收入分配、社会和经济发展的稳定与协调，以及社会再生产过程正常运行的保障职能等。同时主张财政是国家治理体系和治理能力现代化的基础和支柱。陈共教授认为，财政学是超越一般经济学分支的综合科学，是经济学和政治学的集合体。著名财政学家刘尚希先生，以及财政部中国财政科学研究院的学者们，均有此学术倾向。本人也完全赞同陈共教授的观点。但我也认为，国民收入分配是财政学的首要职能[4]。

所以，国民收入分配与公共产品和服务是财政学的主要研究内容。人类参与生产的方式主要是向生产过程投入生产要素和执行公共事务。生产要素有人力资源、货币资本、实物资产、技术、信息等，执行公共事务则是生产过程中有关社会事务的组织和管理。国家是执行社会公共事务的垄断性机构。国家执行公共事务为社会生产提供了和平的环境、安定的秩序和各种便利的基础设施，从而构成生产过程运行的必要外部条件。没有这些条件，生产则难以为继。人们以资产、技术和财务资本等形式参与生产，就以利润或租金、股利等形式参与分配；以投入劳动的方式参与生产，就以工资形式参与分配。国家以执行公共事务的形式参与生产，就以税收的形式参与分配。国家作为社会内部分工的一个特殊部门，它与其他社会集团或成员结成的关系属于第二级的或派生的生产关系。正因如此，国家才可以参与第二级的或派生的分配，将经济组织和个人在第一级的或原生的分配中形成的一部分收入以税收的形式集中起来。财政分配的法律依据是权利和义务的对等原理。国家征税的权利是与国家执行公共事务的义务对等的。如果国家没有执行公共事务，那么它的征税权利就会失去法律上的效力。财政分配量的多少与国家执行公共事务量的多少、作用多大相适应，这是财政收支的基础原理。以往，我们曾错误地把国家拥有政治权力作为财政收支的依据，过分地强调国家的权利（收入），忽略国家执行社会公共事务的义务（支出），因而出现政企不分、长官意志、税费不分等违背经济规律的现象。政治权力是政治学概念而非财政学范畴。但是，财政学是以国家为主体的经济学，因而又与政治有紧密的联系。财政分配依据与政治权力的关系是国家权利与国家权力的关系。权利与权力既有区别又有联系。二者的区别是，权力是支配他人并迫使他人服从的力量，英文为 power，基本意思是力量；而权利则是自身的正当要求，英文为 right，基本意思是正当或应该。二者的联系是，权力是实现权利的保障，权利是运用权力的目的。国家的政治权力是一种公共权力，它不仅是国家自身正当权利的保障，而且也是每个社会成员正当权利的保障。我们不能把每个社会成员都可享有的公共权力与只有国家才可享有的财政分配权利等同起来。否则，如果财政分配的量的多少以政治权力的需要为转移，那么财政学就变成了政治学。显然，这是违背财政学理论和社会分工原理的。

财政配置不同于市场配置。市场缺陷主要是外部性、公共产品和垄断的问题。如果市场参与者的行动为供求之外的第三方提供了利益，则存在正外部性，其后果是产品和劳务的交易所产生的社会利益超过交易者所获效益，从而挫伤生产者的积极性，造成市场均衡产量低于社会最优产量。为了促使社会整体利益提高，就应支付一定的补贴给提供正外部性产品的生产者，使其以社会整体最大利益为目标组织生产经营活动。由于社会利益的享受者难以具体到某个人，即使能够确认具体的受惠者也难以具体量度受惠多少，因而使社会利益最大化的补贴只能由政府财政来承担，并且只能或只需使用不具有循环周转性的非经营性资产的价值来补偿。所以，财政向社会提供公共产品时，必须使用占用一定量的非经营性资产。同理，负的外部性产品和服务则导致市场均衡产量大于社会最优产量，于是，又需政府采取劝说、宣传、产权安排和设定标准等方式调低市场均衡产量。这些工作都需政府耗用一定量的非经营性资产。至于公共产品和垄断问题，实践和理论证明市场规则对它们是失败的。解决公共产品和垄断问题的任务只能由财政活动来完成。财政机构主要负责公共产品的价值管理和社会公共资源的有效配置，以及保障我国经济与社会发展的政府资本配置和调节。这涉及财政工作的定位问题。如果将产权划分为公共产权、国有产权和私人产权，那么，财政学主要研究公共产权、国有产权的配置及其收益分配问题。同理，基于社会主义基本经济制度下的公有制产权理论，可能是我国财政学研究的核心内容之一。政府与市场之间的关系、中央政府与地方政府的关系，国有企业的政府资本和法人资本产权等问题，均与公有制产权理论有关，均涉及我国的财政学理论和方法。关于此问题的研究，可参阅著名财政学家刘尚希先生、贾康先生等学者的有关著述。当然，由于长期以来，人们仅把国家政治权力作为财政的依据，使财政工作包罗万象，替代了一些企业会计工作和财务管理工作，甚至承担了一些金融工作[5]，这就严重影响了财政工作的质量和效率。财政学有自己的研究对象和理论基石，财政包揽所有经济活动的做法肯定是错误的。高兴的是，这种错误做法现在已基本得到纠正。显然，财政学也有自己的边界。政府的财政活动有自身的活动规律，违反规律的做法就是超越边界。过度的税收规模，超出纳税人的支付能力，就是超出了税收边界。适当合理的税收规模和水平，既是经济发展的必要条件，也是财政发展的客观要求。财政学界把财务理论当作财政理论的做法，也超出了财政学的边界。

其次，我们需要考察我国的金融是一门什么学问。

改革开放前，那些与高度集中的计划经济体制密切联系的经济学科，在改革开放后的市场经济中，其作用范围与政府的职能作用范围一样，都缩小了很多。政府不再直接参与企业的具体生产和管理，财政学不再具有私人产品的投资和交易职能，金融学不再直接以企业的银行借贷为研究对象，银行与市场里的其他企业一样都是公司制企业。银行的资本筹集、投放、成本支出和稀缺资源的跨期配置，以及股利分配等，都是公司财务范畴。所以，我国的金融学，本质上是金银货币融通经济学的简称，金融以货币产品研发设计和币材选择、货币流通数量和速度，以及货币供求均衡和货币政策为主要研究内容。整个社会的货币融通是通过财务系统和财务媒介来完成的，但财务系统与财务媒介并不是金融学的研究对象。斯蒂格利茨曾说，"广义地讲，一个国家的财务系统包括所有这样的机构：它们将储蓄从收入超过支出的家庭和企业转移走，交给那些倾向于支出超过其收入和流动资产限度的家庭和企业……美国的财务系统不仅允许消费者在没有现金的情况下购买汽车、电视机和录像机，它还允许企业投资于工厂和新机器，来提高经济的生产率，同时为进入劳动市场的人们提供工作。[6]"在这里，财务媒介（我国称为金融媒介）和信用机制发挥了关键作用。大多数资本是通过财务媒介流动的，这些财务媒介处于拥有额外资本的储蓄者和需要额外资本的借款者之间。银行是最重要的一种财务媒介。当然，资本市场或证券交易所、保险公司、共同基金等机构也是比较重要的财务媒介。在经济生活中，大多数个人的总储蓄额总是超过了个人的总投资额，而大多数企业投资于实物资产的资本经常远远超过了自己的储蓄。银行和资本市场存在的目的就是将储蓄有效地配置给最终的使用者。经济效率原则要求财务媒介以最低的成本、最简洁的方式，把实物资产的最终投资者和最终的储蓄者连接在一起。这些媒介功能的作用，依赖于法定准备金、贴现率、公开市场业务和汇率制度等货币政策工具来实现。于是，金融理论要研究货币的职能作用、货币政策工具、货币供给和货币流通速度、国家可利用的信用规模、汇率的确定，以及物价稳定等问题。如同企业理论是经济学的重要理论但经济学理论不能替代企业的管理理论一样，金融理论作为经济学的重要理论之一也不能直接替代财务媒介内部的财务理论。所以，金融学是一门研究货币流通、货币供求关系、货币政策，以及货币材料及其制造的学问，它是基础理论经济学的重要组成部分。简而言之，我国的金融学是金融经济学和金融管理学的合称。

在我国市场经济发展初期，金融学面临的主要工作是解释和解决货币流通量制度的设计、控制和均衡，货币供求关系规则的制订，寻找和研发国家或地区金融活动体系的最优模式，从而解决人民币升值减值与黄金储备，货币制造、投放和回笼等金融政策问题。货币功能的利用和开发，金融体系模式的研发设计，则是金融学的核心内容。

可是，现在我国金融工作的实际情况却不能令人满意。中央银行的工作领域和范围已远远超出了金融工作本身，中央银行的权力已远远超出了其专业工作职能。由于没有遵循科学的金融理论，也不尊重市场规律，中央银行的工作远远超出了边界。央行原副行长、第十一届和第十二届全国人大财经委副主任委员、清华大学五道口金融学院院长吴晓灵在2016 年 6 月 12 日举行的上海陆家嘴论坛上谈到货币政策时讲，从 1949 年至 2008 年的 60 年间全国信贷总额 30 万亿元，而 2009 年至 2015 年仅 7 年时间就涨到 63 万亿元。换言之，我们用了 7 年时间放了 30 年两倍多的贷款。其恶果是资产价格全面上涨。住房已成为所有人非常闹心的事情。货币供应过多，要么带来产品价格上涨，要么资产价格上涨。不仅如此，中央银行把信息技术发展和应用出现的电子商务、网络交易会计结算，也理解为金融活动。违背金融学的专业理论，必然造成央行权力的膨胀和破坏正常财务活动。中国人民银行作为我国的中央银行，其权力的监管和金融政策评估应引起人们重视。

那么，人们为什么把金融学与财务学混淆在一起？这就需要我们谈谈公司财务。

在我国，财务早期是人们经营财产业务的简称。经营财产业务的社会成员（又称财务主体）有个人、家庭、企业，也有官方机构即国家政府部门。社会生产力的加速发展、社会分工程度的提高和分工结构的优化，决定着财务主体具有多样性。对于私人家庭、企业和官方机构来说，企业是经营财产业务效率最高的经济组织，因而企业财务是财务学的核心和主体。现代企业制度的最先进形式是公司制企业，于是，企业财务又常以公司财务称谓来替代。私人或家庭财务虽然客观存在，但是，在社会化大生产下，人们以个人或家庭作为组织形式参与市场交易和竞争的成本极其昂贵，效率也非常低下，因而不是财务学的主要研究内容。同理，官方机构经营财产业务因国家的唯一性、垄断性和政治性，会削弱或破坏企业财务、私人财务的效率。因此，国有全资、控股和参股公司在社会企业数量里的比例应是较小的。国有企业财务本质上仍然是中央政府所属机构以公司形式经营财产业务。政府作为出资人对国有资本进行经营，在社会历史的某一时期有其必要性，但不存在充分必要性。货币、本金、成本、资本和价值是人们经营财产业务、计量财产资源的单位或范畴，在现代社会，虽然人力资本、财务资本、物质设备资本、土地、技术、信息、知识和管理能力等，都是重要的生产要素，但是，从财产业务角度看，作为货币资本的财务资本是市场经济的核心资本。所以，人们在变幻莫测的不确定的市场经济中，对财务资本的筹集、投放、支出、收回及其跨时间配置，从而创造价值的学问，就是财务学。财务管理的功能是发现价值、保障经营过程有效运行和创造价值，这三项功能在不同的财务主体、同一财务主体里的不同发展阶段，基本是一致的。公司财务是财务学的核心部分，该部分的主要内容是在不确定情况下跨时间配置有限资源，生产新的价值。其具体工作是组织财务活动，处理财务关系，实现价值创造最大化。财务活动包括筹资（资本市场直接筹资和向银行间接筹资）、投资（直接实物投资和间接证券及其衍生产品投资）、耗资（资本耗费和成本控制）、资本收回和资本配置规划，其方法是财务预测、财务决策、财务计划、财务控制和财务分析。这些内容和认识，在我国财务学界基本已达成共识。1997 年诺奖得主、著名财务学家罗伯特·C. 莫顿教授认为，"财务是人们研究如何对稀缺资源进行跨时间配置的学问"（Finance，2000）[7]，这与我国学界对财务的理解是吻合的。

在欧美国家，财务（finance）的最初含义也是经营财产财富等事务的意思[8]，后来，当社会经济的深度和广度有了更大的发展，finance 有了私人产品财务（private finance）和公共产品财务（public finance）之分。财政学（public finance）是重要的公共部门经济学，有时又称公共经济学。从现在的西方财务文献看，finance 指的就是 private finance[9][10]。西方的财政学与财务学已完全是两个不同学科。至于金融学（事实上在美国是没有这种称谓的）内容，在美国是经济学中的货币理论，学界有时称之为货币经济学（monetary economics），而不是我们说的 finance。例如，在斯蒂格利茨的《经济学》（1997）里，第五篇"货币的作用"，有"货币、银行和信用"、"货币理论和政策"、"货币政策：国际方面"和"物价的稳定"四章内容，这就是我国的金融学内容。正如大家所说，在美国，只有一个 finance（财务学），它指的就是 private finance。不像我国，一个 finance 有财务学和金融学两个名字。事实上，我国的金融学就是改革开放前的货币银行学，它与财务管理或财务学完全是两回事。为什么说美国的 finance 就是财务学呢？因为美国的"Journal of Finance"、"Journal of Financial Economics"和"Financial Management"等杂志，以及一些他们的 finance 著作的内容，主要是我们所说的财务管理问题。以罗伯特·C. 莫顿和兹维·博迪教授合著的"Finance"为例，该著作共分六篇十七章内容[11]，其中，六篇的题目分别是："财务和财务体系"、"时间和资源分配"、"价值评估模型"、"风险管理与投资组合理论"、"资产定价"和"公司融资"，十七章的题目则分别是："什么是财务"、"财务系统"、"财务报表的理解和预测"、"货币时间价值与现金流量折现"、"生命周期财务计划"、"如何分析投资项目"、"资产价值评估原则"、"公司债券价值评估"、"普通股价值评估"、"风险管理概论"、"规避风险和保险"、"投资组合选择"、"资本资产定价模型"、"远期价格与期货价格"、"期权"、"资本结构"和"融资与公司战略"，很明显，这些内容都是我国现在大学的财务管理教科书、财务学术著作和公司财务管理实际工作的内容。以同样方法，我们可以再找一本我国的金融学教科书或者金融学著作，看看里面的内容是什么，例如，我们以著名金融学家、中国人民大学黄达教授主编的《金融学》为样本，同时随机再找一本欧美《货币银行学》教材加以对比可知，我国的金融学就是原来的货币银行学，一清二楚。虽然教材也增加了一些证券知识，但其基础范畴、核心内容和研究对象没有变化。西方的货币经济学或我国的金融学理论，属于财务学（finance）的理论基础。

三、财务学的研究范围有多大？边界在哪里？

前已述及，公司财务是财务学的核心部分。习惯上，提到财务或财务学，如果没有做出特别说明，那么，实际指的就是公司财务或公司财务学。在欧美国家，公司财务的研究范围主要分为四大领域：①资产定价理论，包括资本资产定价模型、套利定价理论、期权定价模型等，主要是公司证券的总体收益分析、相对收益分析和衍生产品定价。②公司筹资理论，包括资本结构、公司内部治理和公司外部市场等内容。③投资理论，包括资本预算（项目投资决策）、组合投资理论、证券投资等。④行为财务，包括公司证券相对收益偏离与风险的关系，投资反应过度和反应不足，以及非经济因素影响资源配置等问题。这四个方面，与我们对财务管理范围的理解是一致的。可是，我们的很多学者将西方财务文献里的公司筹资或融资翻译成"公司财务"或"公司金融"，则是严重的失误。例如，Franco Modigliani 和 Merton H. Miller 1958 年 6 月在 "American Economic Review"（Vol. 48）杂志上发表的经典之作 "The Cost of Capital, Corporation Finance, and the Theory of Investment" 一文，本来是"资本成本、公司融资与投资理论"，却被翻译成"资本成本、公司财务和投资理论"，这是很不恰当的。

在我国，很多学者认为，财务管理的主要内容是筹资决策、投资决策、收益分配理论，以及资产风险管理等四项内容，可以看出，我国财务管理的四个主要研究领域都包括在欧美国家的公司财务里，收益分配就是西方的股利分配内容。但是，合同理论、激励理论、公司治理理论、套利理论，连续时间价值和行为财务，以及财务计量经济学等，则是我国财务学的薄弱领域，应该进一步加大研究力度。还有，成本管理、财务工程、数量财务、要素资本和价值链管理等，也都是财务学的主要研究领域。我们曾经在计划经济制度背景下把财务表述为组织财务活动、处理财务关系的管理行为。可以说，这个表述比较清晰地描绘了财务学的轮廓。现在，我国的多数大学财务管理教材，将财务表述为研究人们因资本运行引起的筹资、投资、耗资、资本收回和资本跨时间配置等财务活动，以及由财务活动引发的各种经济关系。这个表述是比较准确的。这些认识和表述，均与财政学、会计学和金融学有很大的差别，边界清晰。

总体上，中外财务学者对财务学研究范围的认识是相同的。著名财务学家 Stephen A. Ross 教授说，"公司财务研究的基本问题是：①公司应该采取什么样的长期投资决策；②如何筹集投资所需要的资本；③公司需要多少短期现金流量支付其账单"[12]。对于西方财务，还有一种说法较为普遍：财务学是由资本市场、投资管理和公司筹资等部分构成的。在这里，资本市场理论指的就是资产定价理论。也有学者将资产定价和组合投资合称资本市场理论。因此，有学者称，"在国外优秀的商学院里的金融学，主要包括公司财务和资本市场两个组成部分（后者在课程设置上常常称为投资学）"。在我国，近年来有很多财务学者开展了公司治理结构、资本市场财务的研究，这与我国的公司财务实践和西方财务学发展趋势都很契合。财务学的研究范围有两层含义：一是纯财务学研究范围，即财务学基础理论和应用理论；二是财务学的所有分支学科研究范围，如私人财务学、公司财务学和国家财务学，以及连续时间财务、行为财务等。第一层次是财务理论研究的基础，第二层次的研究范围则是财务理论研究的延伸和扩展。

财务学研究的边界涉及以下三个问题：

首先，财务学是否渗入（侵入）和被渗入（侵入）了其他学科？

从目前看，我国的财务学作为新兴学科，尚未发现财务学者明显地将其他学科或相近专业学术问题作为财务理论进行研究，财务学仍然处于建设时期。只是会计学领域的一些学者把不少普通的公司财务管理实践问题、公司财务理论基础问题称为会计学的新领域发表文章，实际上，这种做法严重地干扰了会计理论和会计方法研究的正确方向。众所周知，会计理论界对会计学性质定位的总体看法有两种，一是人为会计是一种信息系统，即会计是向各种利益相关者提供决策所需的一个信息系统；二是人为会计是一种管理活动，即会计是参与或者直接进行的一种管理和控制活动。会计信息系统论认为，会计的目标是提供决策有用的信息；会计管理论认为，会计的目标是依据会计信息进行管理和控制，以实现组织的目标。两种观点的分歧在于，前者认为会计只提供决策有用信息，而利用这些信息进行的相关决策和管理等活动并不是会计的范畴。后者则认为会计不仅提供管理与控制所需要的信息，而且利用会计信息进行管理与控制也是会计的范畴。我们认为，无论从哲学意义上因研究对象不同而把科学技术分为不同的门类和学科来考虑，还是从现实的企业经营活动实践看，会计学与管理学是有区别的。会计学是研究账务规律的一门学问，会计学就是账学。而管理学的研究对象有自己的质和量的规定，如果把管理学视为研究和解决社会活动中个别决策两难冲突的学问，那么，财务学更符合管理学的内容。目前的实际情况是，财务学的基础范畴、核心理论和研究对象，与会计学的基础范畴、核心理论和研究对象都不一样，所以，财务学与会计学是不同的学科和专业。事实上，古老而成熟的会计学在我国的发展之所以缓慢，根本原因在于会计学未能吸收现代科学技术的最新成果，会计学的现代科学含量过低。会计作为一门数据计量性质的信息披露科学，300多年来没有吸收一点新的先进数学知识是不可想象的。会计的科学性和先进性较差是会计不能发挥应有作用的技术根源。

事实上，会计的复式记账原理特别适合使用数学描述或解释[13]。如果设会计科目的值 f_i 是一个代数量，其绝对值 $|f_i|$ 称为金额，若 $f_i \geq 0$，则称第 i 个会计科目为资产科目，其集合为 $A = \{i \mid f_i \geq 0\}$；若 $f_i < 0$，则称第 i 个会计科目为负债及业主权益科目，其集合为 $B = \{i \mid f < 0\}$；资产科目金额之和 $F_+ = \sum_A f_i$ 称为企业资产总额；负债及业主权益之和 $F_- = \sum_B |f_i|$ 称为负债及业主权益总额。由此，可给出资本运动空间的会计学定义：以会计科目的值 f_i 为分量的 n 为向量 $F = (f_1, f_2, f_3, \cdots, f_n)$，如果满足平衡条件 $F_+ = F_-$，则称为现金向量；现金向量的集合 F 称为资本空间，记为 Ω。于是，公司某一经济活动下的单位或分部表现为资金向量，而整个公司财务系统则表现为一个资金空间。会计学的资金空间是 n-1 维线性空间。根据现金向量和资本空间，可建立会计总分类账和明细分类账。例如，按照现行的复式记账原理，可将满足下列条件的实矩阵称为会计矩阵：

（1）行数 p≥1，列数 q=2。

（2）第一列称为借方，元素 $a_{i1} \geqslant 0$；第二列称为贷方，元素 $a_{i2} \leqslant 0$；$|a_{ij}|$ 为金额（$i=1, \cdots, p$；$j=1, 2$）。

（3）全部 2p 个元素之和 $\sum_{i=1}^{p}\sum_{j=1}^{2} a_{ij} = 0$。

这说明，在会计矩阵中，借方金额与贷方金额总和相等。因为，

$$\sum_{i=1}^{p}\sum_{j=1}^{2} a_{ij} = \sum_{\substack{p \\ i=1 \\ j=1}} |a_{ij}| - \sum_{\substack{p \\ i=1 \\ j=2}} |a_{ij}|$$

由 $\sum_{i=1}^{p}\sum_{j=1}^{2} a_{ij} = 0$，所以 $\sum_{\substack{p \\ i=1 \\ j=1}} |a_{ij}| = \sum_{\substack{p \\ i=1 \\ j=2}} |a_{ij}|$

会计分录是会计矩阵的典型例子之一，其定义可表述为：

设有 N 个初等变换：$T_l = (k_l e_{i_l j_l})$，$l=1, \cdots, N$；$k_l > 0$；

设 $A = \{l \mid i_l = i\}$，$B = \{l \mid j_l = i\}$，令 $a_{i1} = \sum_{A_i} k_l$，$a_{i2} = \sum_{B_i} k_l$，则矩阵：$A = \begin{bmatrix} a_{11} a_{12} \\ \vdots \ \vdots \\ a_{n1} a_{n2} \end{bmatrix}$ 称为

会计分录。其中，a_{i1} 称为第 i 个会计科目的借方金额，$|a_{i2}|$ 称为第 i 个会计科目的贷方金额。由此推论，在会计分录中，各会计科目的借方金额与贷方金额的总和相等。在这里，会计分录的列示和表述完全符合复式记账原理。现在的问题是，如何使新的会计分录、会计科目表述方式作为复式记账进入三式记账的通道？会计如何运用现代科学技术快速升级，适应信息网络和知识经济发展的要求，已成为会计工作者亟待解决的问题。可是，在财务学里，根本不存在会计分录、复式记账、会计科目、稽核、账户和报表等概念，从科学范畴及其进展看，会计学与财务学是风马牛不相及的两门学问[14]。

至于金融学界把公司财务称为"公司金融"，则是明目张胆的侵入行为。

其次，财务学研究的边缘在哪里？

我们认为，公司内部治理结构的研究已经接近制度经济学与公司财务学的边界了。公司财务与会计学、金融学、财政学、企业管理学和制度经济学的交叉地带，可以被视为财务学的边界。具体说，财务学与会计学的边界主要是财务报告分析、企业内部控制和成本管理，财务学与金融学的边界主要是资本市场和财务系统，以及财务工程；财务学与财政学的边界主要是税务管理、国有企业的国有资产产权，以及国有企业资本收益分配等问题。对于财务学与管理学的关系，我们认为，我国的财务学是管理学的一个分支。这是因为，我国的财务学，在实践中一直被称为财务管理。据统计，在 20 世纪里，对人类文明和社会发展贡献最大的因素是"管理"活动。在美国，财务学主要属于经济学的一个分支，但是近 30 年来，财务学家们"对财务学是隶属于管理学还是经济学的争论依然没有结束[15]"。管理学和经济学作为一对"夫妻"，谁拥有财务学都可以理解、可以接受。

最后，如何处理财务学与其他学科的交叉地带？

财务学边缘问题的研究目的是寻找财务理论的作用极限和解释现有财务理论难以解决的重大财务实践问题。如果财务理论边缘问题研究离开了公司财务核心范畴和研究目的，那么这种学术研究就不宜广泛提倡。有时候，一些财务学者出于个人爱好，喜欢研究一些会计问题、企业理论问题、金融学问题等，这是个人的学术自由，但这不表明这些财务学教授所研究的问题都是纯财务学理论问题。在我国，目前身兼财务学者、会计学者两种头衔的两栖学者还不少，这也是我们崇尚科学、献身学术、全面推进财务学研究和发展所遇到的一个问题。当然，几乎所有专业学术领域都会存在这种情况，例如，R. H. 科斯一辈子在法学系教书却深入研究了企业理论，约翰·纳什一生在数学系当老师却深入研究了交易中的讨价还价理论。显然，两栖学者的存在是一种正常的学术现象。可是，有少量专业人士，在文章里讨论的内容本来是地道的公司财务问题，而文章却冠以"会计学的未来和理论创新"之类的题目；也有少量学者因学习能力较弱而无视财务学的迅速发展，把半个世纪前的财务管理方法和知识加上会计核算当作财务管理，撰写出版一些"财务管理大全"之类的书籍，误导企业管理者和学生；这些做法都是不合适的。至于近年来为何"理财学"称谓如此盛行，有朋友告诉我，财务和会计在我国的口碑都不是很好，而理财学或者金融学在口语上比较悦耳。不过，我们还是认为这多少有些令人费解，从根本上说，可能还是同行们对财务管理的理解存在差异。我们希望，身为职业学者，既要明确自己的研究领域和方向，严谨治学，敢于担当，又要加强自身学习能力，明辨是非，提高研究质量和效率。

四、结论和启示

在我国，理财活动由来已久，源远流长。财务学是一门有一定发展历史进程、有明确的研究对象、有健全的研究内容架构的经济管理类专业或学科，公司融资、投资决策、资产定价理论、公司内部治理、公司合约理论、资本配置理论，以及连续时间价值创造和套利等问题，形成财务学的主要研究领域。财务学与财政学、金融学、会计学等专业是不同的相互独立的经济学科，它们各自有自身的研究对象、理论基础、逻辑自洽的独立内容，以及自己的基础范畴。财务学的基础范畴主要是资本、跨时期、不确定或风险、价值和套利等，也可能还包括期权或选择权。财务学研究工作任重而道远。财务学与金融学的混淆，不仅是简单的命题混淆和概念混淆，重要的是其研究对象、理论定理的混淆，以及方法的混淆。眼下，二者混淆的最大危害是误导人们将财务发展寄托于政府的政策和法令支持。实质上，财务活动的参与者主要是老百姓和企业，其次才是政府。市场经济的参与者都是财务主体。政府是财政学或者金融学的唯一主体。只有政府能够发行货币、回笼货币，以及制订利率政策。只有政府能够征收税金、发行公债，以及有效分配公共产品。严格地说，社会是不允许政府经商的，因而政府不能参与财务活动。财务发展的根本途径源于企业和个人的财务实践创新与人们对财务理论的理解程度。而金融发展的根本途径则源于中央政府的货币政策和金融制度调整。中央政府的货币政策和价格政策是金融发展的唯一手段或首要手段，其次才是社会宏观经济发展的推动。

研究和开发新的复式记账理论，应成为我国当代会计学家的首要任务。同财务学一样，数学也是会计学的基础科学。离开数学，会计学也将成为无源之水、无本之木。会计学是账学。权责发生制和复式记账是会计学的理论基石。会计准则是会计学和法学的交叉领域。会计准则研究不可替代会计学研究。会计学研究和发展不可以被电子信息技术和计算机发展蒙蔽眼睛。电子或量子信息技术属于自然科学，会计信息技术属于社会科学，二者难以替代。在会计学发展历程里，如同结绳记事被算盘取代一样，计算机也取代了算盘。但绳子、算盘和计算机仅仅是会计工作的工具而已，计算机和自然科学中的信息技术没有改变会计理论。在可以预见的未来，会计学仍有很大的发展空间。

我国财务学术界应全力支持秦中民先生，尽力协助他办好《财务研究》杂志，使财务学者有自己的研究场所和信息交流载体。同时，我们应尽快成立中国财务学会，有组织地开展专业研究。

澄清财务学边界，可避免财务理论在实践中的误用，也可使金融学家与财务学家各司其职，财务学和金融学研究健康发展，并且避免高中生报考大学和本科生考研究生时"敲错门，找错人"。重要的是，没有健康的财务学，就没有健康的财务管理。

参考文献

［1］姜纬. 公司金融泛谈·比较（第20辑）［M］. 北京：中信出版社，2005.

［2］龚六堂. 经济学和金融学的研究方法和研究前沿［J］. 经济研究，2001（8）.

［3］汪平. 财务理论［M］. 北京：经济管理出版社，2003.

［4］陈共. 财政学［M］. 北京：中国人民大学出版社，2015.

［5］郭复初. 财务通论［M］. 上海：立信会计出版社，1997.

［6］Joseph E. Stiglitz. Economics［M］. 姚开建，刘凤良，吴汉洪等译. 北京：中国人民大学出版社，1997.

［7］［11］Zvi Bodie, Robert C. Merton. Finance（中译本）［M］. 北京：中国人民大学出版社，2003.

［8］Kavous Ardalan. On the Theory and Practice of Finance［J］. International Journal of Social Economics, 2004, 31（7-8）: 684.

［9］Dr. Manoj Anand. A Review of Research on the Practices of Corporate Finance［J］. Journal of Management, July-September, 2002.

［10］沈艺峰. 现代西方财务学：形成、演变及最近发展趋势［J］. 中国会计年鉴，1999.

［12］Stephen A. Ross. Corporate Finance（中译本）［M］. 北京：机械工业出版社，2004.

［13］罗福凯. 会计学科的创新与发展［J］. 经济科学，1998（6）.

［14］罗福凯. 财务理论的内在逻辑与价值创造［J］. 会计研究，2003（3）.

［15］Michael J. Brennan. Corporate Finance Over the Past 25 Years［J］. Financial Management, 1995, 24（2）: 9-22.

02 | 财务学边界、学科对话与跨学科研究[*]

一、引言

在第十二届中国财务学年会（2006）的学术会议上，笔者向大会提交了一篇题为《财务学的边界问题》的论文①，讨论了财务学、财政学和金融学的各自主要内容，以及财务学与金融学的边界混乱现象。曾引起与会者的很大兴趣和关注。后来查阅文献得知，早在2001年，黄达教授就发表了《金融、金融学及其学科建设》一文（《当代经济科学》，第23卷第4期），讨论了"中文金融与西方文字 finance 涵盖的范围并非全然等同，而且两者均各有不同口径。应正视这一客观现实，把握不同用法的含义"。2002年11月，清华大学钱颖一[1]教授也指出了该问题，批评我国多数大学把这一问题搞错了②。可是，近10年来，财务学与金融学的学术混乱似乎更加严重了。显然，这是令人痛心的，值得我们深思和评估。

学科之间的区别，首先在于其研究对象、基础范畴和解释解决现实问题的差别，其次是核心理论和方法的不同。我们知道，财务是人们在不确定的情况下跨时间配置有限资源的学问，习惯上，人们将该学问表述为在企业或某一组织内开展财务活动、处理财务关系的一门经济管理科学，其基础范畴是资本、不确定性、时间、资源、配置，以及风险和价值等。从主干内容构成看，财务学理论主要包括筹资理论、投资理论、资产定价理论和公司治理等，这些理论既密切联系，又可互相独立。投资是人类生产活动的基础。投资决策的制订需要对投资项目进行资产定价和评估，筹资决策及其资本结构的科学性则是实施投资决策的先决条件。筹资决策、投资决策的结果产生公司财产所有权和公司内部治理问题，形成公司治理理论[2]。近30年来，我国财务学界对基础理论研究比较淡化，使得在我国土生土长的财务学面临被学术封杀的危机。至于金融学，也是我国

---

* 作者：罗福凯，最早发表于《中国经济问题》2009年第4期，第65-69页，由衷感谢《中国经济问题》期刊时任主编胡培兆教授的热情指点。

① 《财务学的边界问题》被中国财务学会收入其会刊《中国财务学评论》第3期（2007年10月）发表。

② 钱颖一，"金融的定义，就是货币银行……国内所说的金融是指两部分内容。第一部分指的是货币银行学（money and banking）。它在计划经济时期就有，是当时的金融学的主要内容。人民银行说我们是搞金融的，意思是搞货币银行。第二部分指的是国际金融，研究的是国际收支、汇率等问题……有趣的是，这两部分在国外都不叫做 finance"。见《经济学科在美国》，中国经济学教育科研网，2002年11月11日。

土生土长的一门重要学问，它是人们在经济活动中处理金银货币融通业务的学问，主要是研究政府如何设计印发本位货币，颁布货币政策，以及组织货币流通的规律性。从主干内容构成看，金融学理论主要包括货币理论、中央银行理论、国际货币汇兑理论、金融政策理论，以及宏观经济市场里的金融体制框架和模式等。金融学是经济学体系中的基础学科。金融理论是市场经济的基础理论。

可是现在，我国学界基本上把财务学与金融学的研究对象、基础范畴和解释解决的现实问题混淆在一起。中国社会科学院金融研究所、中国金融学会、中国人民大学、复旦大学和中山大学等著名研究机构和大学的学者，将公司财务原理视为金融学原理，将美国著名财务学家罗伯特·C. 莫顿的著作"Finance"翻译成《金融学》，将英美大学里的高级财务理论教材作为我国大学里"高级金融理论"课程的讲义，将美国财务学会（AFA）翻译成美国金融学会。甚至有金融学者批评资本结构理论，认为"传统的MM金融理论认为，证券的本质在于它所代表的现金流，因此证券发行交易的外部法律制度环境并非该理论所要考虑的范畴。然而，该理论却无法回答为什么在很多国家，存在同样类型的股票、债券等证券，但金融发展程度却不同[①]"。殊不知，公司资本结构MM定理本身就不是金融理论，它本身没有解释和解决一个国家金融发展问题的功能。金融学与财务学的边界混乱问题，不仅严重地妨害了正常学术理论研究的开展和两门经济学科的健康发展，重要的是教育学上的误人子弟和张冠李戴。最近，这一问题又妨害了人们对美国经济危机原因分析和对策制订的理解。我国学界和政界高度一致地认为，美联储过度宽松的货币政策导致了这场金融危机。事实上，同绝大多数国家一样，企业是美国经济的主体。经济危机的根源在企业。美联储只是这场经济危机的帮凶而非元凶。严格讲，美联储是好心未得好报。其真实元凶就是金融公司混乱的资本结构和高风险的财务活动，其导致了这场危机。这是一场由金融企业的财务危机引发的银行业危机，进而演变成波及整个国民经济的经济危机。美国人对此很清楚。然而，出于颜面，有经济学家把危机责任推到美国会计准则身上。这是不公正的。美国的finance如此发达，不应该发生这样的事情。

那么，在我国，为什么会发生财务学与金融学的边界混乱问题，根源究竟在哪里？本文试图采取事实调查和分析的方法，对此作进一步的探讨。

二、财务学被侵扰和歪曲的原因分析

（一）"拉瓦锡综合症"的泛滥

目前我国财务学和金融学研究的重复和混乱，其根本原因在于定义不清。即使是在

① 胡滨，全先银. 法与金融学及其在中国的发展路径［EB/OL］. 中国社会科学院网站，2008.

定义和概念清楚的情况下，也有可能引发研究工作的混乱。即使定义清楚，但各门科学解决的自然和社会问题对当时社会进步的影响力不同时，也会使研究者利令智昏。我们引用布尔迪厄先生讲的一个故事，"我要根据尼耶的著作（1993）和皮埃尔·拉兹洛的《化学之镜》（2000）回顾一下物理与化学之间的关系。物理与化学的对立可以从所有的两者区分的层面找到，这种对立尤其是表现在建立于公理与数学基础上的力学，无异于一门单纯立足于描述性和经验性基础上的分类学科之间的差异。因此，皮埃尔·拉兹洛在读到'拉瓦锡综合症'时……他是这样描述化学家们在称自己为化学家时所感到的难为之情：18世纪的大化学家拉瓦锡宁愿称自己为物理学家。化学作为一门描述性的和经验性的科学，通常被用来处理一些实际的和应用型的任务如肥料、药物、玻璃和杀虫剂等，包括一些配方的使用（这里与烹饪有些相似），因此它总是被称为一门服务性的科学（Ney，1993：3，57）[3]"。现在的中国财务学术界，不少人患上了"拉瓦锡综合症"。这种病症严重损害着财务学的健康发展。这使得学界一些同行放下正事，把正在研究的课题搁置一旁，去帮助那些神志不清的"拉瓦锡综合症"患者。

在我国，不仅财务学界存在严重的"拉瓦锡综合症"，当代哲学、历史学等领域，也不同程度地患有"拉瓦锡综合症"。在20世纪末，我国大力推行经济改革和开放，发展市场经济，并加强法制建设。于是，经济学、法学成为当代中国的显学。笔者的一位来自青岛市某区县市委党校的硕士研究生说，他所在原工作单位县党校一位主持工作的副校长，本来是哲学专业毕业。但由于法学教师在党校里很吃香，因此，该副校长就在一次工作酒宴上宣布：哲学和法学都研究意识形态，都与政治直接发生联系，所以哲学专业也可以说是法学专业，所以他的专业就是法学专业，所以，他可以说自己是法学教师。

关于学界"拉瓦锡综合症"的另一个事实是，笔者的一位学界朋友，本来跟笔者一样都是现在大学里财务管理专业的教授。可是，这位朋友在发表财务学论文时，在作者简介里将自己写成金融学教授。一日，笔者半开玩笑地问朋友何时变成金融学教授，朋友回答说：这样好听一些。该教授在自己的著作里将公司财务作为金融学的一个分支。

（二）社会人才需求与专业技术人才供给的阶段性差异

我国经济改革初期，社会对金融、财务、会计和法律等知识及专业人才需求很大，其中，对金融学及其专业人才的需求最大。这是因为我国金融业是新中国成立之初由中央政府创建，而非市场经济自然生成。改革开放前的从业人员为政府公务员，缺乏经济知识。我国真正现代意义的金融业，始于1983年9月国务院决定由中国人民银行专门行使中央银行职能；1984年1月新设中国工商银行经营人民银行过去承担的工商信贷和储蓄业务。从此，中国人民银行与商业银行分离。中央银行集中研究实施全国金融宏观决策，负责信贷总量控制和调节，维护货币稳定；建立存款准备金制度和中央银行对专业银行贷款制度，确立中央银行制度框架。这期间，恢复了中国农业银行，中国建设银行从财政部转为直属国务院的一个金融机构，开始承担一些商业银行业务；设立国家外汇管理局，恢复了国内保险业务。我国金融业出现了机构多元化和业务多样化的局面。

可是，从1979年至2000年的21年间，我国的商业银行缺乏必要的经营知识、能力和经验，加之改革开放不是一帆风顺，工行、建行、中行和农行等四大商业银行发生了巨额不良资产，其坏账金额达1.4万亿元。无奈之下，2000年11月国务院公布《金融资产管理公司条例》，成立华融、长城、东方、信达四家资产管理公司，专司收购、管理和处置国有银行不良贷款形成的资产和公司。与此同时，外币资本源源流入中国新兴产业。在这样一个历史背景下，我国的银行、保险、证券、信托等金融机构，急需金融专业人才，大学里的金融专业开始成为热门专业。学术界也热衷于金融理论的学术研究了。

虽然随着市场经济的快速发展，社会和市场里对会计、财务、法律、计算机等领域的人才需求量也很大，但财务、计算机等专业的大量需求是随市场规模和深度的扩大而逐渐扩大和增长的，而且这种逐渐扩大和增长是长期的。然而，金融业对金融人才的需求在达到饱和之后，就会相对稳定。中央银行公务人员主要来自金融专业，但需求量很少。商业银行员工部分来自金融专业，部分来自财务、会计和市场营销等专业，由于商业银行的数量有限，因此，金融专业的人才需求量有限。金融专业学生的工作去处主要是中央银行和商业银行的部分岗位。而财务专业学生的工作去处则较为广泛，包括商业银行在内的各种行业的公司制企业，都需要大量公司财务人才，当然主要是工商企业。

现在，我国一些知名大公司，如中国银行股份公司、工商银行股份公司、大唐集团、海尔集团、海信集团等公司，都在会计结算部之外，设立了财务管理部，履行财务职责。当然，目前仍有大量企业的财务部实为会计核算部，这是考虑成本或无知所致。也有公司把财务职能放在会计部门，这如同企业的市场部由企业计划经营部替代一样，或多或少地会妨碍企业健康快速发展。很明显，财务学人才在未来很长时间还会有很大的需求量，而且会持续增长。而金融学人才的需求量，则会逐渐趋于稳定和有限。所以，我国高考学生不应盲目大量报考金融专业。我国需要那么多人来研究货币吗[①]？一个国家对货币人才的需求是有限的。报考金融专业学生，应考虑未来的就业问题。

（三）科学知识资源的配置尚未社会化和市场化

我国的基本社会经济制度是公有制为主体的全民所有制，国有控股公司占社会经济主流，发挥主导作用。只有居民日用衣食住行产品的供求和价格实现了市场化，资本产品基本实现了市场化，银行信贷的供求和价格尚未市场化。现在仍有很多商品和资源以政府行政配置为主。科学知识、技术、信息等，基本上完全由政府行政配置。我国的科研院所及其经营的知识资源基本被政府垄断，报纸、期刊、杂志和电影、电视等信息产品也基本被政府垄断，2004年国家整顿出版业、压缩期刊数量时，各省市的会计与财务

---

① 钱颖一. 经济学科在美国 [J]. 经济社会体制比较，2001（6）.

刊物基本都停办了。地方政府的经委、计委、计生委、财政税收、公安、司法，以及地方人大、政协机构的期刊和报纸都保留了下来，中央银行和国有商业银行的金融类期刊有增无减。迄今为止，我国尚没有一本拥有国内统一刊号和国际出版物连续刊号的财务期刊。国家新闻出版署配置给财务学研究领域、公司财务方面的期刊杂志指标为零，也可能国家新闻出版署的财务学理念为零。相应地，我国研究生教育资源也是完全由政府行政配置。虽然现在大学里设置了财务管理专业，但财务管理研究生招生权尚未给予配置。学术研究领域的课题申报权配置也被政府垄断，如科技部、教育部的课题大纲目录里，财务管理学科被分别安排在管理学类里的企业管理及经济学类里的财政学、会计学名下，在强调重视学科发展的今天，财务学教授在大学里工作甚至没有对口的岗位设置。科学知识的生产者、需求者，没有科学知识的配置权。教授治校的理念在我国尚未被人们接受。扩大市场和社会成员配置科学知识、技术、信息的权利，应引起我们政府和社会的关注。

（四）财务学术界和财务学家缺乏生存和发展的基本能力

在我国，财务管理由来已久，博大精深。在国外发达国家，财务学期刊和杂志数量繁多，财务学知识的普及非常广泛，财务学家队伍的很多精英获得了诺贝尔经济学奖。不论我国财务理论的研究开发，还是西方发达国家公司财务理论的传播和应用研究，都需要我国大量的财务学者投身其中。应该说，我国的财务学理论，基本上是一个尚未开采的大金矿。可是，金矿的开采者不仅没有充分的开采权，而且研发能力也很低，开采出来的金子也无市场出售。于是，很多人改行了；未改行者，也有不少人将自己贴上煤矿工人、铁矿工人或有色金属开采者等笼统称谓。财务管理研究人员数量极少、研究机构极少，研究团队力量极为薄弱，致使大学里的财务学教师数量奇缺。权威财务学家数量更是紧缺。财务学者并非都是圣贤之人，大家都有趋炎附势的一面。财务理论研究非常艰难，研究成果难以在本学科期刊发表；申请研究课题没有对口的可选题目，做财务学者的"入场费"也比较昂贵（需要有良好的经济学基础和计量经济学知识背景，以及良好的学术研究实践训练）。于是，很多财务学者选择在上市公司里兼任独立董事、在管理咨询公司/社会中介机构或政府机构里兼任咨询专家，在与自己的职业无关的部门担任重要职务等，经不起利益、荣誉和地位的诱惑。其结果是，财务学科的研究力量越来越弱。所以，财务学术界自律性较差是财务学家缺乏生存和发展能力的根源。

各种学科的自律性都是逐步获得的。约瑟夫·本—戴维先生在《科学家在社会中的社会角色》中提到，"哥白尼的科学革命的目的是使科学研究成为一项区别于其他科目的知识活动，只遵循着自身的规则。在 17 世纪中叶，这个目的就已经达到了"（Ben-David，1997，280）。西方发达国家的财务学，在 20 世纪 50 年代就已经达到了遵循自身的法则和逻辑，以一定的自由度与其他学科有区别地发展着。所以，财务学在美国，其自律性的程度很高。可是在我国，1949 年后的公司财务盈利分配制度，本来可以形成反映我国财务现实的财务规则，如职工奖励基金、职工福利基金、生产发展基金、科技研发基金和大修理基金的提取和配置，班组核算与经济责任制的作业成本优势理论，以及现在的股权分置、整体上市和资本运营等新的财务现象，都可以形成适合我国土壤的公司财务定理。我国《公司法》、《证券法》里的有关公司资本制度的表述，以及国务院财政部颁布的《财务通则》，实际就是我国财务学自律性程度的反映。虽然我国的财务学在国务院教育部那里是一个独立的专业（现名"财务管理"专业），表明教育界对财务学独立性的认可，但我国的学术界对财务理论的相对独立性、区别于会计学和金融学的专业性的认识并不清晰。我们多数著名财务学者的主要工作和学术活动不在学术界，而把主要时间和精力集中在大学里教书或承担学校里的重要职务，甚至有财务学教授花很大精力和时间在中国金融学会、中国财政学会和中国会计学会承担组织工作，应该说，既当财务学教授又担任重要行政职务的财务学者，对支持财务学发展的力度肯定是很大的。一门心思讲课教书的财务学教授，事实上，对财务学理论研究和发展的贡献是有限的。当代中国，财务学界非常需要全职从事研究工作的财务学者。大学里的财务学教授，如果主要时间和精力用于学术研究，少量时间用于讲课教书，同时，社会上逐步形成一个以财务研究为职业的阶层，那么，财务学的自律性程度就会提升。教育界属于亚学术界，政界为次亚学术界。期望更多的财务学者由教育界进入学术界。一门学科的边界的逐步确立，主要贡献者是该学科里的全职业研究者。

科学学的知识告诉我们，最能区分学科场域的特征是该学科的自律性程度和新人"入场费"的高低。如人文学科，作家、画家和音乐大师以其所受的教育作为衡量标准的"入场费"非常微不足道。而社会科学，对于职业人士所受的教育的要求就很苛刻。西方发达国家，其社会科学的快速发展，在于他们正经历着由试验传统向数学传统的转变，即社会科学数学化。库恩在《主要的张力》一书中，将这种现象描述为"数学传统与试验传统的并举"。所以，自律性程度越高的学科，其学科研究的职业人和业余爱好者、内行和外行之间的差别就越大，其"入场费"的力度和形式就越显著。对财务学而言，经济学、计量经济学的掌握程度将成为新人进入的"入场费"，并有可能使得财务学的潜在研究者、潜在读者数量有所减少，但是，财务学理论对推进社会经济发展的力量、对公司可持续发展的作用，却在大大增加。财务学者应清醒认识到，目前我国面临的学术生存状况和发展能力。财务学家改进生存和发展能力的途径，不仅要学习先进的经济学研究方法，更重要的是解放思想，增强社会责任感和使命感。

（五）政府某些机构及其官员和代言人的肆意歪曲

中国人民银行作为我国的中央银行，其性质属于中央人民政府所辖机构。其业务活动、工作内容和有关政策发布，应恪守科学精神。但事实上，我国央行的许多金融政策文不达意、离题万里，甚至严重损害了金融工作。例如，"普惠金融"、"互联网金融"、"科技金融"等命题，以老百姓个人、互联网企业和技术研发组织为主体，显然严重违背金融学以政府为主体的理论基础与实践。人们在互联网上购买商品或服务，并通过互联网支付价款。这本来是很普通的商品买卖交易行为，其支付价款也是典型的会计结账和收回成本。与传统的商店柜台交易不同，互联网商品交易节省了购买者前往商店支付价款的交通过程，节省的交通过程由新的物流行业承担。互联网的诞生，人们的生产和交易活动没有发生本质变化。互联网的主要作用是增加了信息交流和知识传播的数量与速度，并在一定范围内调节和影响人们的生产方式与生活方式。在互联网的比特币普遍使用之前，互联网没有产生新的金融理论和方法。所以，中国人民银行的有关政策及其强制性和导向性，以及追随中国人民银行部分政策的研究者充当政策代言人，是肆意破坏财务学发展的元凶之一。中国人民银行的权力是国家政权的一部分，也是国家政治的体现，其性质取决于我国的社会制度和国家性质。政府机构的权力应为民所有和所用，权力的根本目的是为人民服务，权力的功能是执行人民意志，维护人民的权利，实现社会和谐。

三、资本和货币：财务学与金融学者的对话

不论财务活动还是财务关系，均以资本为核心而展开。资本理论是财务学的理论基石。财务管理的任务，就是财务人员将有限资源转化为资本，并有效地将资本跨时间配置到生产过程各个环节，使资本创造新价值。过去，人们总认为货币是资本前身，马克思也告诉我们，当劳动力转化为商品时，货币就转化为资本。但是，当人力资本、技术资本出现后，人们对资本的认识有了新思维。种种事实表明，资本的出现可能早于货币。如大家熟知的"鲁滨逊"在岛上生存的故事[4]，证明物质资本先于货币资本产生。该故事告诉我们，财务学与金融学的边界很清晰。财务学主要研究资本，为经济组织和私人提供理论；金融学主要研究货币，为政府及其所辖中央银行提供理论。边界清晰是学科对话的基础。

"鲁滨逊"一人在岛上，无须货币，主要靠果子生存和发展。数年后，他发现，现在省下当期一个果子做种子，几年后新种果树结的果子是做种子的果子数量的数十倍。经计算，他可确定每年省下做种子的果子数量。他每期省下一些果子做种子，资本积累开始了。资本是以往生产过程的结果[5]，它的任何积累是以缩减以前各期消费为代价。过了几年，孤岛上来了"星期五"，种麦子。两人交换果子和麦子，以物换物，组成二人经济体。并各自制订投资决策，把个体投资带来物品相对价格变化纳入考虑。此时，资本存量概念产生了。接下来，交易量逐年扩大。"星期五"发现一个"新知识"：可用专司货币之职的贝壳计量两人的资产、权益和负债。贝壳充当财富计量工具和交易媒介。不过，贝壳数量的增多并不增加经济体总的生产性资本存量。因为贝壳不是以往生产过程省下来的生产要素，所以贝壳不是经济体的资本。后来，"银行家"也来到孤岛。于是"三人经济体"诞生。"鲁滨逊"和"星期五"把一定量贝壳存到"银行家"那里。不管存到"银行家"的贝壳量有多少，贝壳还是既不能当果子吃，也不能当麦子吃，更

不能当果树或麦苗的种子。货币贝壳数量多寡，不影响经济体总资本存量。

现在设想一种比较复杂的情形："鲁滨逊"要种麦子，"星期五"要种果子。于是，两人互相购买对方产品不仅是用来吃，还用来做种子形成资本。一开始"鲁滨逊"和"星期五"照旧从事各自生产和交易。但后来，"星期五"动了脑筋，发现拣贝壳比种麦子容易。于是他每次收工时，顺便拣几个贝壳放到自己兜里。"鲁滨逊"不晓得拣贝壳。两人的行为除了是否拣贝壳外，一如从前。一个生产周期终了，经济体的贝壳数量增加了，增加部分全归"星期五"。"鲁滨逊"没有意识到应改变以往流行的市场价格。结果，"星期五"凭着他在经济体占有贝壳比例的增加，在经济体总果子和麦子当中占有更大的比例。这种情况立即被"银行家"看透。为防止市场交易遭到破坏，避免乱发货币，维持正常生产秩序，"银行家"把大家召集在一起，说出"星期五"拣贝壳的秘密，并提出一套新办法：①贝壳总数及其增减由三人共同商量决定，多少贝壳可交换多少果子和小麦也由大家确定。②"银行家"代理"三人经济体"专门管理贝壳，并从事少量果树和麦子的种植业务。每一个人都在每个贝壳上留下自己的刻印而不被另外两个人知晓，防止出现假币。③"银行家"用贝壳向"鲁滨逊"和"星期五"分别购买一定量的果子和小麦，"鲁滨逊"和"星期五"可用从"银行家"那里交换得来的贝壳互相购买对方产品。"鲁滨逊"和"星期五"也可物物交换。最后，"鲁滨逊"和"星期五"都接受了"银行家"发明的这个制度。"三人经济体"又恢复了往日秩序，并走向繁荣。

在这里，"银行家"主要担当中央银行角色即金融活动及其关系的主体，其客体是整个国家或地区经济体的货币流通活动。货币成为金融学的核心范畴。货币理论是金融学的理论基石。"鲁滨逊"的故事说明，金融学要解释和解决两个重要问题，一是货币政策对区域经济增长和金融活动稳定的作用机制，二是货币理论与银行监管的关系。前者主要研究货币政策是否考虑经济结构，以及如何处理货币政策与经济增长、经济结构、货币结构（人民币、美元、欧元等不同货币区域的差异）之间的关系，保持金融活动稳定和发展。后者主要研究货币贷款市场逆向选择、中央银行关于商业银行资本充足率标准和货币流通风险之间的关系等问题，推进货币政策执行者商业银行健康发展。这两个重要问题的基石是货币体系。不仅货币政策的制定要以货币体系为基础，而且产业政策、财政政策的制定，也要以货币体系为依据。当我国经济面临内需不足的挑战，以及资源能源价格偏离其价值、劳动力就业成本偏离其价值、环境成本增大等问题，都与我国的货币体系同国际货币体系存在矛盾有关。国际货币体系是各国对货币兑换、国际收支调节、国际储备资产构成等问题共同做出安排和规则，以及相应组织机构和形式的总和。同时，我们还要研究欧洲货币体系。理解了货币体系，我们就会发现，在"鲁滨逊"的故事里，我们应倡导和激励"鲁滨逊"和"星期五"及其他们的后代，一要安居乐业，积极开拓农业生产的深度和广度，开创农业生产工具的研发，发展新兴产业，并由农业机械工业带动机床制造、交通机械等基础制造业的发展，而不是鼓励大家都当"银行家"，更不鼓励农民扔掉土地进城。二要持续强化学习现代科学技术，运用科学技术大力推进机械制造工业和农业生产深入发展，扩展工业生产和农业工业生产的新领域。为应对中国经济面临的问题和挑战，避免居民手中的财产有泡沫，我们要大力发展制造业和农业生产等实体经济，而不是开办更多的银行，也不是发展"电脑"或手机的装配业。这是货币体系原理给我们开出的药方。至于"鲁滨逊"和"星期五"及他们的后代们，如何有效地使用自己的资本积累，是否需要从"银行家"那里借入资本，以及如何把资本跨时间地配置在不同的生产作业环节，则财务学会给我们开出合适的药方。

由财务学与金融学的对话故事可见，财务学与金融学、管理学等，都是邻居关系；与计量经济学和会计学有些贸易关系；与经济学、财政学、数学等，则是亲戚关系。"对话"不仅使学科增进了邻居间的友谊、发展了贸易关系、找到了亲戚，而且"对话"是一项学科间"厘清范围"、"明晰界限"的"边界勘定"性质的工作。"每一代人都会很自然地认为自己站在过去成就的顶端，进步之箭的尖端，也会觉得自己是后人前进的脚下石，即承认目前分析的观点与模型对后人来讲是有局限性的，如同我们看待前人的工作"[6]。所以，对话包括与今人的当代对话，与古人的历史对话。

四、财务学与其他学科的跨学科研究问题

消除两种科学的混淆，不仅需要财务学家和金融学家开展对话，也需要人们在一定程度上进行跨学科研究。跨学科研究是团队或个人把两个以上的学科或专业知识的信息、工具、概念和理论综合起来，解决那些不能用单一学科解决的问题。由于不同学科语言和文化的差异，研究人员想进行有效交流，就必须学习其他学科的概念和研究方法。

一般地，跨学科研究方式，主要集中在学科边缘、学科综合交叉之处，以及过于复杂的涉及领域过广的专业问题。现在，有的大学财务系改为财务金融系，这个系就是一个学科交叉的教学组织。对财务学而言，目前亟须解决的问题是财务学边界的澄清，做好财务学与金融学的对话。这是财务学跨学科研究的客观条件。因为，学科是一个相对稳定和范围固定的场域，人们通过学校的专业设置、社会实践公认的称谓、期刊名称和图书馆书目分类等方法，加以识别。学科的定义方法决定于对包括一系列专业化的方法和概念的集体科学知识资本的占有情况。对该科学知识资本的掌控能力便构成了交给该场域的一笔心照不宣的或隐蔽的"入场费"。目前，整个财务学术界，尚未就财务学基础范畴、核心理论、"入场费"达成共识，更没有采取一致性研究行动。那么，边缘的、跨学科的财务问题研究就不应花费财务学界主干力量，财务学界应在近几年里集中研究财务基础理论和财务核心理论的应用问题（用核心理论解释解决我国经济发展中的新现象和新实践）。换言之，财务学科自身理论建设仍然是我国财务学界学术工作的重中之重。布尔迪厄认为，"学科的边界受到或多或少的符号编码化的、严格的、提高了的'入场费'的保护；或多或少引人注目的是，学科的边界有时是与相邻学科斗争的赌注。在各种学科之间可能存在着某些交叉领域，某些学科交叉领域可能空缺，而某些学科则可能出现密集的交叉领域，他们提供了这样的可能性：从许多同类型的或大或小的资源中汲取一些观念和情报"[7]。现在，当全国人民致力于和谐社会建设时，我们财务学界与

相邻学科开展学术斗争，有些不合时宜。如果财务学与金融学或其他学科有交叉空隙，我们应积极开展跨学科研究，配合财务学的全面发展。

跨学科研究的有效进行，以学者们找到跨出学科的"门槛"为基础。有效迅速找到"学科门槛"的前提是学者们拥有"边界意识"。这就是摒弃"以一驭方"的追求，承认差异性、承认个性，适可而止。我们认为，资本市场、商业银行经营战略和国际结算等，属于财务学与金融学的交叉领域，有必要开展跨学科研究。我国古代哲学的"和而不同"思想是跨学科研究方式的理论渊源。《国语·郑语》里记述史伯对"和"的解释："夫和实生物，同则不继……若以同裨同，尽乃弃矣。"按照这种思想，跨学科研究不是"研究领域宽泛"、"什么都行"的放纵，不是放弃约束的无规则游戏，而是承认各个不同学科有着其必须遵守的法则和原理，每个学科都有其内在的要求和自身的游戏规则。跨学科研究的操作是利用对方的游戏规则解决自己的问题，是一种开发性研究，其过程是多学科"互补"与"并生"的"游戏"过程。

五、结论

同其他经济管理类专业一样，财务学也有自身的基础范畴、研究对象和独立内容，以及自身的发展规律。财务学研究和发展也存在边界、学科交叉和跨学科研究等问题，这很正常。专业是科学的最小单位。专业的设定是科学发展和分工的结果。其目的主要在于学习、研究和应用的便利。学科有大有小，其外延和伸缩性较大。比如，我国的经济学类学科包括经济学、财政学、金融学和国际贸易学等专业，工商管理类学科包括企业管理学、财务学、会计学、市场营销学和旅游管理学等专业。但是，一个专业内部又可分为若干学科，如会计学专业可分为财务会计、政府及非营利组织会计和管理会计等学科。当我国的财务学基础研究和应用研究均处于弱势或初级阶段情况下，放缓财务学的跨学科研究，对于财务学发展和研究比较有正面意义。物质文明和精神文明进步程度，以及人们对中国特色社会主义制度的认知程度，都会对财务学研究产生作用。财务学基础原理、数量财务、财务计量经济学，以及连续时间财务，都是我国财务学未来长时间的研究重点。

边界意识与解放意识是对立统一体。研究财务学的边界，不应墨守成规，更不应阻碍财务学理论与实践的发展。目前，我国财务学理论和实践研究的任务主要是守住财务学边界，避免过多失地。的确，我国财务学从未像现在这样衰落，也许，财务学自我更新的契机正在这黯淡的理论研究现实之中。解放财务学的目的在于打破财务学理论和实践上的扭曲而回归正常发展。我国财务学的发展途径在于财务学者和财务实务工作者有原创性的思想。当然，讨论财务学的解放不应丢掉财务学的本质和研究对象。科学技术的迅猛快速发展和经济增长方式的转变，以及经济结构调整和生产力要素增长方式的多样化，使得财务学者们必须开放创新和勇于进取，改进理念，努力争取财务理论研究有新进展，从而解放财务理论和财务工作。

参考文献

［1］钱颖一．经济学科在美国［J］．经济社会体制比较，2001（6）．

［2］罗福凯．财务学的边界问题·中国财务学评论［M］．成都：西南财经大学出版社，2007：91-98.

［3］Kavous Ardalan. Theories and Controversies in Finance：A Paradigmatic Overview［J］. International Journal of Social Economics，2003，30（1-2）：199-206.

［4］［法］皮埃尔．布尔迪厄．科学之科学与反观性［M］．陈圣生等译．南宁：广西师范大学出版社，2006.

［5］刘培林，宋湛．金融资产、资本和要素禀赋结构［J］．改革，2002（2）：82-88.

［6］［美］保罗·A. 萨缪尔森，诺德豪斯．经济学（第19版）［M］．萧琛主译．北京：商务印书馆，2013.

［7］Michael J. Brennan. Corporate Finance Over the Past 25 Years［J］. Financial Management，1995，24（2）：9-22.

03 | 论财务学的基础范畴

一、引言

每一门科学都有自己的基础范畴，犹如一棵树木一定会有树根一样。在学术界，只要提到供应和需求、价格、竞争、稀缺、资源配置效率，以及成本和收益，人们就知道这是经济学的基础范畴。而提及复式簿记、权责发生制、账户、报表、业主权益、资产和负债，人们自然会想到会计学。只要提到作物、种植、土壤、种子、生态和时节，就立刻想到农学。而动植物、微生物、细胞、发育、成长和演化，则是生物学的一些范畴。那么，财务学的基础范畴是什么，则不易回答。在我国，人们习惯把财务学视为管理学的分支称为财务管理；在欧美国家，人们习惯把财务学视为经济学的分支称其财务经济（财务究竟属于经济学还是管理学，美国人在 20 世纪 70 年代也有过激烈的长时间的争论）。事实上，纵观中外财务学发展史，我们会发现，财务学实际上是财务经济学和财务管理学的合一。同其他所有科学一样，财务学的理论系统及其构成也是由三个基本元素组成：基本概念；联系这些概念的判断、基本原理或定律；由这些概念与原理推演出来的逻辑结论，即各种具体的规律和预见或理论定理及操作规则等。表现在学术研究上，学者们对基本概念的研究多属于基础研究，对基本原理和定律的研究多属于应用研究；而人们对财务学的逻辑结论和具体理论定理的研究，则多属于开发试验研究或操作性研究。现在，虽然财务学在经济管理中的作用日益增长，但我国的财务基础研究却十分薄弱。不仅财务基础研究人员和研究文献少，而且自主性和原创性财务学著作更是凤毛麟角。显然，这对财务学理论进展和实践活动开拓均极为不利。

众所周知，概念、范畴、定义是科学理论体系中的不同要素单位。概念是反映事物本质属性的思维形式之一，也是思维形式最基本的组成单位。所以，概念是客观事物的本质属性在人们头脑中的概括反映。科学理论的命题和推理工具主要由概念构成。定义是对一种事物的本质特征或一个概念的内涵外延所做的确切表述。其代表性的定义方式是"属+种差"，即把某一概念包含在它的属概念中，并揭示它与同一个属概念下的其他种概念之间的差别。当我们使用语言文字或数学模型为某概念确定了内涵和外延，我们就说这个概念被定义了。一个没有被定义的财务学名词，我们不能称其为财务学概念，也不可能靠它来命题和推理。财务范畴是财务学概念体系里的作用最持久、贯穿于财务学说史始终的核心性基本概念，这些基本财务概念反映财务活动和财务关系的基本性质和最一般规律。它们经历了无数次实践凝练和检验以及理论推演。所以，财务学里的范畴是财务学理论之网的纽结。纲举目张的关键作用主要来自网络纽结。财务学的基础范畴，则是财务学范畴里最基本、最原始和最核心的那几个最关键的独特范畴。专业之间的差别首先是基础范畴的差别。科学与科学之间的区别，实质是科学研究对象和基础范畴的区别。

　　本文拟采取适合基础研究的规范分析方法，先向读者阐述该研究题目的有关文献及其评论。之后描述当下财务学理论体系的事实和本文的见解。接下来，再通过财务研究经验事实，推导出财务学的基础范畴是什么和有哪一些，并进行论证和分析。最后得出结论。

二、文献评论

　　从已有文献看，相对于哲学、语言学、农学、医学、理学和工学等科学，经济学和管理学的基础范畴研究要落伍一些。著名财务学教授张先治在其《会计学与财务学范畴及学科定位研究》（2011）著作里，将财务学范畴归结为"财务学理论范畴"和"财务学应用范畴"。该著作在会计学界和财务学界具有开范畴研究之先河的重大意义。但美中不足的是张先治教授所研究的问题实际是财务范畴的基础研究，主要研究财务学所涉及的内容和归类，而非财务学最根本最长久的基础范畴。Kavous Ardalan 在《财务学的理论与分歧》（2003）和《财务理论与实践》（2004）两篇讨论财务概念和主要财务理论的论文里，对资产组合投资、资本结构、资产定价等财务理论的产生和理论演进比较重视，但尚未触及财务学基础范畴。其原因，可能在于经济学、管理学、财务学的产生时间远远落后于哲学、语言学和其他理学或工学，而且经济学或财务学的科学程度也不够成熟。Michael J. Brennan 在《论过去 25 年的公司财务》（1995）一文里，"主要关注变化着的概念框架，并在此范围内分析公司财务问题，不打算对不同的主题进行详尽的调查"，该文从"25 年前的财务理论状况"、"新古典模式的衰退"、"逆向选择，信号传递，金融市场的审查"、"道德风险和公司代理理论"和"公司控制、监控及财务仲裁"等十个方面，回顾了 1970~1995 年 25 年间公司财务理论的发展，包括从不同的证券所有者如何影响现金流量的价值，到所有权结构如何影响现金流量本身的转变，以及人们对公司代理者利益驱动作用的关注转移学术研究重心等问题。"概念框架"是该文的重要关键词。现金流量、价值、行为、逆向选择、利益相关者、控制权和所有权、财务合约、资本限额和套利等，成为该文研究财务理论的重要概念框架。在这里，现金流量和资本限额都属于资本范畴的衍生，都是资本投放决策和资本筹集决策的操作原理，属于科学理论的第二层次概念。行为、逆向选择、利益相关者、控制权和所有权、财务合约等概念，并非财务学专门的特有概念，因而它们不属于基础范畴。只有价值和套利，有可能属于财务学的基础范畴。应说明的是，概念框架与基础范畴并非一回事，虽然两者很接近。我国著名财务学教授李心合先生在其《关注公司财务概念框架的研究》（2009）和《论公司财务概念框架》（2010）两篇论文里，借鉴会计学的理论和实践模式，提出"公司财务概念框架内含财务本质与职能、财务环境与假设、财务目标、财务对象与要素、财务分析和财务管理工具箱等一系列概念"，以及"公司财务也应借鉴《企业会计准则》和《企业内部控制规范》的经验模式，制定《公司财务管理应用指南》，以改进和规范公司的财务管理工作"。很显然，概念框架的研究既有助于改进财务管理实务工作，也有利于财务理论研究。许多见解分析得周延贴妥，发人深省。但是，财务学的基础范畴仅与理论研究有关，与企业财务管理的实践活动基本无关。重要的是，几乎所有经济学科都有自己的"本质与职能"、"环境与假设"、"目标"和"研究对象"等，因而"本质与职能"、"环境与假设"、"目标"和"研究对象"等，并不是财务学区别于其他学科最关键的独特概念或标志。

我们知道，概念框架是一门科学的概念运行特定空间，而非最基本、最原始和最核心的关键性独特范畴。思维运动总是在一定概念基础上，以一定的概念结构和逻辑规则发散出去，进行判断和推理。于是，特定的概念运动便形成了特定的"思维定式"和"思维圈"，从而形成了特定概念运行的思维空间，即某一学科的概念框架。特定的概念在本身的概念框架中是得心应手的，一旦超出自身的框架，就难以理解和无法运行。通过中国知网、维普、百度、Google官网等查阅，可以发现，只有语言学、会计学和计算机学比较重视其概念框架问题的研究。可能语言学、会计学和计算机学均与信息交流有关，因而需要事先规定一个思维框架。以电脑程式为例，一个只能接受整数变数的程式，如果被输入了字串的信息时，就会出现错误。当然，电脑也会把所有的信息资讯都解读成整数。但如果信息资讯的内容不是整数，我们仍以整数的方法解读时，就会出现没有意义的信息而造成错误。并非输入了字串的信息资讯毫无意义，如果我们以别的程式解读，仍有可能正确地解读出字串的含义。可是，对那个只能接受整数输入的程式来说，这个字串则毫无意义，或是不能被理解。从概念框架的视角说，在电脑程式的系统内，那个字串是不存在的，只有整数存在。同样，我们理解现实世界时，也受限于我们的概念框架。例如当物理学家们说，世界是多于四维时，我们没有办法理解第五维、第六维的维度是什么意思。可见，概念框架与现实工作直接关联，与理论研究的关联较弱。它类似一棵树的主要枝干、分支范围或东西南北面向。

财务范畴是财务学发展的历史产物。前已述及，范畴是那些最基本的概念，其作用长久。范畴的解读和研究是古今学者沟通的必由之路。一门学科如果缺少其历史发展的研究，那么这一学科通常会是一门不成熟的学科。一位纯粹的财务理论教授，一定对一些财务理论渊源和演进有深刻透彻的洞察和见解，就像一个真正的考古学家必是一个博学的历史学家一样。基础范畴是相对于主要范畴、次要范畴和衍生范畴而言的。研究财务学的基础范畴，主要探索财务学诸多理论的产生、理论演进和理论真伪，目的是描述财务理论体系。如果不在意财务理论体系构建，可能也就没有道明其所以然的必要。因此，财务基础范畴是财务理论的结晶和支点，一个基础范畴后面往往带着一种或几种理论。例如，"资本"范畴的后面是资本结构理论、资本预算理论和资本配置理论等，"套利"的后面就是期权模型或资产定价理论，以及风险原理。正是财务活动的非零套利，才产生了期权工具。所以，基础范畴是一门科学的根源，也是区别于另一门科学的标志。一个财务范畴就是财务学某种理论的标志。财务范畴研究的实质是财务本质的研究。财务学术研究主要由财务学说史研究、财务理论发展研究、财务理论应用和实证研究等环节构成，当研究重心由财务史学向理论发展转移时，财务范畴的研究必然会凸显出来。当研究重心由财务理论向实践操作研究转移时，基础范畴的研究就会或多或少受到冷落。财务范畴研究是财务史学研究深化的必然发展，也是财务学某一理论打开新局面和提升新层次的突破口。然而，我国目前的财务界主要在传播和推广西方财务理论，以及少量的财务理论应用研究和实证分析。财务范畴研究基本处于盲点状态。这与我国经济的快速发展和财富剧增极不对称。

我国著名财务学家郭复初教授在《财务通论》（1997）第一章第三节"研究体系"里指出，"本书的研究体系是按照从财务范畴到财务管理的分层次展开的思路构建的……财务范畴的具体内容虽很广泛，但主要包括本金、资产、成本、收入、支出、利润等"。迄今为止，这是我国学术界研究财务范畴最重要的成就。郭教授进一步谈到，财务范畴与财务管理的相关概念不同，与财务管理的主体、目标、内容、原则、方法、环境等要素也不相同。这就说明，财务学的各种具体定理和理论、各种具体的管理操作办法，都是以本金、资产、成本、收入、支出、利润为基本概念。试想，本金、资产、成本、收入、支出、利润等，不正是我国改革开放之初和之前的财务学理论之网的纽结吗？作为郭教授的学生，我深知郭老师是坚定的马克思主义者，也是他的同乡邓小平关于中国特色社会主义市场经济的坚定支持者。所以，他瞧不起资本主义经济制度和西方财务理论。实际上，社会主义与资本主义在经济学和公司财务管理领域的差别，远远小于政治上和意志形态上的差别。意志形态问题确实在一定程度上影响学术研究，该问题也被许多经济学家所关注。罗伯特·索罗教授在《资本理论及其收益率》著作里对此特别加以说明。我国改革开放之前的财务学确实不应该全部扔掉。一些适用于计划经济和市场经济的财务范畴属于财务学的精华，应该捡起来重新加以利用。但是本金、资产、成本、收入、支出、利润等概念在会计核算工作中也常应用，可能并非财务基础范畴。

三、事实与观点

现在，中外财务理论体系的基本事实，可主要使用著名大学的财务学教材作为例证。例如，荆新、王化成、刘俊彦编著的《财务管理学》（第6版，2013），在近20年的时间里，该教材数十次印刷，发行量数百万册，许多大学将其作为财务管理学课程的首选教材，2005年其获得教育部国家优秀教学成果奖，2011年被评为教育部普通高等教育精品教材。其内容主要包括财务管理基础、筹资管理、投资管理、营运资本管理、股利政策、并购与重组，共六个部分。其中，第一部分主要说明财务管理的有关价值观念和财务方法等，第二、第三、第四部分都是论述资本问题，第五部分既论述资本问题又讨论未来时期的可持续发展，而第六部分并购与重组则主要阐述资本、选择权和套利等问题。接下来，我们解剖兹维·博迪和罗伯特·C. 莫顿编著的《财务学》教材。同荆新等教授的《财务管理学》一样，它也深受财务学教师和学生喜爱。该教材共分六篇十七章内容，如前所述，这些内容也是我国大学财务管理教科书、财务学术著作和公司财务实际工作的主要内容。本文认为，跨时间、价值、资本、选择权、风险和套利，则是财务学的根本性概念或基础范畴。

将荆新等教授的《财务管理学》教材与博迪和莫顿的《财务学》教材相对比，可以发现，二者有 80% 以上的内容是相同或相似的，都是以价值和风险或不确定性为起点讨论问题，资本、价值、跨期、风险、选择权和套利，成为这两本教材的通用性、基础性和关键性概念，我们称这些具有历史性、普遍性和根本性的基础概念为财务学的基础范畴。

让我们再以 Richard A. Brealey 和 Stewart C. Myers 的 "Principles of Corporate Finance" 为例。该教材由 11 个部分共计 35 章内容构成。其 11 个部分分别是"价值"、"风险"、"资本预算的实务问题"、"融资决策与市场有效性"、"红利政策与资本结构"、"期权"、"债务融资"、"风险管理"、"财务计划与短期财务管理"、"兼并、公司控制与治理"和"总结"。在这里，第三、第四、第五部分先后在论述资本问题。第十部分实际是"财务战略与长期财务管理"。所以，这本《公司财务原理》主要内容、核心理论的基础性概念仍然是价值、资本、风险、跨时间或跨时期、期权或选择权以及套利假设等。

这里的《财务管理学》、《财务学》和《公司财务原理》教材，基本属于本科生适用的初中级财务教材。现在，我们再以周守华、陆正飞、汤谷良和王化成四位教授主编的《财务管理理论前沿专题》（高等院校研究生用书，2013）为例，该教材适用于财务学硕士生和博士生学习使用。这是一部集教材与学术研究于一体的高水平财务学著作。四位教授组织了全国重点大学的一些财务研究权威教授，撰写了 19 个专题，分别是广义财务理论结构、财务研究方法、公司治理、企业价值评估、资本结构、新股发行、企业再融资、投资理论、股利、财务战略、内部控制、全面预算、集团公司财务、内部资本市场、业绩评价与激励、并购与重组、财务预警、行为财务，以及商业模式与企业价值。每个专题按照"问题提出、中外文献回顾、基本问题分析、未来研究方向和建议阅读文献"五部分展开论述。仔细研读 19 个专题的内容，可以发现，作者将财务研究的各种观点进行概括、梳理和提炼，描述了各种学说的理论差异和观点分歧，试图揭示我国财务理论研究的发展趋势及方向。虽然该教材没有讨论财务学的基础范畴问题，但 19 个专题内容的基石仍然是资本的筹集理论、资本的投放理论、资本资产的市场价值确定、跨时期的资本配置及其财务战略和风险管理，以及公司治理等理论。构成基石的基础性材料，依然是资本、价值、跨时间、风险和选择权等原始性财务基本概念。事实上，该著作实际是周守华等教授《现代财务理论前沿专题》（2003）的修订版。所以，《财务管理理论前沿专题》主要是一部大学教材，其次是一部学术著作。

通过对上述著名教材的解剖分析，结合本人多年潜心研究财务基础理论心得，本文认为，财务学的基础范畴可能是资本、价值、跨期、选择权和套利，以及风险等基本概念。

四、基础范畴的讨论与进一步分析

研究和明确财务学的基础范畴有哪些，可以推出财务学的基本定义。在教学和研究工作中可以发现，美欧学术界对财务学的研究有两种不同的线路。第一种，以斯蒂芬·A. 罗斯（Stephen A. Ross）、杰里米·C. 斯坦恩（Jeremy C. Stein）、斯蒂芬·F. 勒罗伊（Stephen F. LeRoy）和达雷尔·达菲（Darrell Duffie）等教授为代表，他们认为财务学的第一基本定理是收益无套利原理。该原理源于经济学消费理论，应用于资产定价，其具体的财务定理和规则是费雪分离定理，净现值和内部收益率规则等。资本资产定价模型是财务学的核心理论。在他们看来，财务是人们对跨期的不确定的现金流量及其资产进行定价的科学。对资产定价的最基本原理是无套利原理。简而言之，财务学是研究资产定价和套利的学问。套利、风险和价值是财务学首要基础范畴。这是美国财务学主流。第二种，罗伯特·C. 莫顿（Robert Carhart Merton）、詹姆斯·托宾（James Tobin）、乔希·勒纳（Josh Lerner）等教授则认为，财务学的第一基本定理是资产组合原理，即资本配置原理。该原理源于经济学生产理论，应用于生产要素资本化，其具体财务定理和规则是一价定律，资本结构 MM 定理，以及收益风险规则等。资产组合理论是财务学的核心理论。在他们看来，财务是研究人们在不确定情况下跨时间配置资源的科学。在这里，资本或资本化、均衡配置和跨时间是财务学的首要基础范畴。尽管资本化是美国资本主义的核心精神，但资本配置研究并不是美国财务学界的主流。

在我国，当代财务学理论和实践均来自欧美国家财务学。即使是追溯到 20 世纪 50 年代，我们从苏联引入的财务学也源于欧美国家。可是，我国由于选择了社会主义制度，主要接受并推行马克思主义哲学思想及其经济理论，主张物质资料再生产是经济学和国计民生的基础，于是，市场经济里的流通领域及其定价问题并未成为人们关注的核心问题，而市场经济里的产品开发和投资等生产问题则成为我国民众、商界、学界和政界关心的核心问题。因此，我国的财务学，更接近于在不确定情况下跨时间配置资源以创造价值的表述。因此，我国财务学的研究对象是跨时间配置有限的异质资本，使之实现资本均衡配置和收益最大化。这是由我国的历史文化、社会制度选择和财务实践发展规律等多种因素所决定的。本文认为，中外学术界关于财务学表述的差别，主要在于对财务学基础范畴重要性和排序的认识差别。所以，寻找和论证财务学基础范畴仍然是财务基础研究的根本任务。

（一）资本、价值、跨期、选择权、套利与财务学联系的进一步讨论

资源、资产和资本比较接近，但它们又不是同一事物。"资源"是一个国家或地区

内拥有的物力、财力、人力等各种物质要素和精神财富的总称，通常分为自然资源和社会资源两大类。前者如阳光、空气、水、土地、森林、草原、动物、矿藏等；后者包括人力资源、房屋资源、机械资源、文化资源、信息资源，以及经过劳动创造的各种物质财富资源等。资源的来源及组成，不仅是自然资源，而且还包括人类劳动形成的社会关系、经济、技术、信息和知识等因素。据此，所谓资源指的是一切可被人类开发和利用的物质、能量、科学和信息的总称，它广泛地存在于自然界和人类社会中。资源是自然界的天然物质、人与自然的关系、人类社会关系，以及人类社会创造的物质和精神财富资产渊源。诸如土地资源、水资源、矿产资源、森林资源、海洋资源、石油资源、动力资源、人力资源、科学资源、技术资源和文化资源等。可见，资源是自然科学、社会科学和人文科学共同研究的内容。物理学、化学、地理学、天文学、海洋学、工程学、社会学、人类学、经济学，以及文化学和科学学都关注资源问题。资源不是经济学的专有概念。

　　资产是经济资源的一部分，属于经济学专有概念。但社会学、历史学、政治学、人类学等科学，也经常借用资产概念。在会计上，个人或企业过去生产和交易事项形成的由个人或企业拥有的预期会给个人或企业带来经济利益的资源即为资产。显然，资产是人类对资源进行加工和改造形成的生产资料和生活资料。即资产是资源的某一种形式或转化形式。由于会计是人类国际商业通用语言，因此，人类的经济与管理活动诸如财政、金融、贸易、工业、农业、交通运输业、科学技术研究和开发、市场与交易、管理、会计、财务、数理统计、消费、文化交流和消遣娱乐等活动，都使用和研究资产。其中，会计学对资产的解释更权威。所以，资产是任何营商单位、企业或个人拥有的各种具商业或交换价值的资源。资产按其流动性分为流动资产和非流动资产。会计教科书认为，资产是企业、自然人、国家拥有或者控制的能以货币来计量收支的经济资源，包括各种收入、债权和其他。资产是会计最基本的要素之一，与负债、所有者权益共同构成会计等式，这就使得资产成为会计学的基础概念。会计恒等式是：资产=负债+所有者权益。

　　资本是资产的转化形式或某一种形式。在财务学上，资本是资产的市场现值。一般地，理论经济学、财务学、金融学、财政学等经济学类科学，常使用和研究资本。其中，财务学对资本的解释更权威，即资本是资产的现在价值，资产是资本的物质载体和标的物。企业的资本总额就是企业净资产和负债的现在市场价格。概念是科学的语言单位。在会计上，资本是企业的净资产。由于会计年度以自然年度为时间限度，而债务通常在年度内要清偿完毕，因此，时间不是会计学的变量。财务活动的时间单位是跨年度或跨时间，即多时期为一个财务时间计量单位。所以，债务金额的市场价值被计入企业资本总额。那么，资本属于财务学的基础范畴，其根本原因就在于财务活动的核心内容是资本投放、资本筹集、资本配置和资本收益——新增值资本的分配和规划，以及由资本活动引发的委托代理关系和其他财务关系。以委托代理合约为重心的公司治理结构，其本质是企业主要参与者的资本关系治理。马克思经济学告诉我们，在市场经济里，只有资本才创造价值。随着分工和生产力的发展，人类的财富生产或价值创造是由多种生产力因素转化为要素资本后共同完成的。如同人力要创造价值就必须先使人力变为人力资本、货币要创造价值或生产财富就必须先使货币转化为货币资本一样，先进的机器和技术要生产财富或创造价值就必须使机器和技术转化为机器资本和技术资本。因此，生产和创造财富的前提是创造和拥有必要的资本量。一百多年来，财务工作的重心已先后由货币资本的筹集、投放和配置管理，人力资本、货币资本和物质资本三要素资本的配置管理，转向人力资本、货币资本、物质资本和新兴资本的多要素资本配置与管理。这里的新兴资本主要是技术资本、信息资本和知识资本。资本是财务学里最原始、最长久、最具普遍意义的特有概念，资本是财务学的首要基础范畴。资本配置、资本有效配置、资本均衡配置，则是基础范畴衍生出来的一些核心范畴。

　　资本形式与所有制关系演化年谱表明，自 14~15 世纪资本关系萌芽时期、16 世纪至 18 世纪上叶，再到 19 世纪初资本关系形成，物质资本占主导，资本雇佣劳动的所有制形成和确立。19 世纪至 20 世纪上叶，近代工业股份资本形成，资本所有权与职能开始分离；继而出现物质资本和货币资本等异质资本配置问题。20 世纪下叶至今，科技革命轮番升级，虽然国家金融货币资本一度统治所有制，但社会民间货币资本和技术资本的出现，使资本关系开始由法人资本、国家资本和国际资本共同主导（William E. Halal，1988；张彤玉，1999）。马克思早期的所有制研究表明，"一切所有制关系都经历了经常的历史更替、经常的历史变更"，并对未来共产主义社会所有制内容和特征给出科学预见。苏联经济学家主张纯而又纯的生产资料全民公有制，理论和实践证明高度集中单一全民所有制制度与生产力发展水平严重脱节。西方经济学家则主张完全私有化所有制，又走了另一极端。从李嘉图和斯密古典资本理论、马克思资本理论、新古典庞巴维克资本理论和凯恩斯主义资本理论看，资本理论的发展总是伴随着经济社会生产资料所有制变革理论研究的发展而发展。生产资料或称生产要素所有制开始向资本所有制转变。资本所有制关系是一切资本关系的基础。各种资本关系的变革均源于所有制关系的变革。新旧资本历史形式的演化更迭过程实质是资本所有制内部结构的演变过程。当现代政治家和经济学家发现社会主义初级阶段制度时，混合所有制应运而生。除货币资本和物质资本外，人们对人力资本和技术资本基本视而不见，这受"资本雇佣劳动"是使企业价值最大化的最优企业所有权安排思想的影响（张维迎，1996）。对此，方竹兰（1997）针对人力资本所有者拥有企业所有权，指出人力资本所有者与非人力资本所有者是两个对等的产权主体。由于人们对异质资本缺乏有效认识和评估，使得企业异质资本缺乏有效保护，混合所有制各类资本难以优化配置。而且，技术资本具有边际报酬递增特征，它对企业人力资本和物质资本具有替代作用（罗福凯，2009）。技术资本化是技术转化为现实生产力的财务途径。人力资本、技术资本和知识资本是混合所有制企业的收益来源，其产权保护将影响混合所有制企业资本要素配置效率。在这里，经济增长的探索不再局限于古典经济学的"资本与劳动"分析框架。多要素异质资本均衡配置可能是经济增长和发展的新分析框架。

　　资本是人们现在和未来获得收入流量的源泉。资本的本质特征是创造价值。价值即生产要素和产品目前的市场价值。它是市场经济里财富的衡量工具或计量方式。在会计学、统计学、财政学、金融学和管理学里，也经常使用价值概念。但价值不是会计学、统计学、财政学、金融学和管理学的重心，也不是这些学科原始的独特的核心概念。以会计学为例，古代会计结绳记事，之后使用等价物货币记事。会计一直关注资产、负债、权益、成本和利润的增减变化，以及复式记账规则。资本和价值不是会计的本质性基本概念。由于历史成本和权责发生制的固有缺陷，会计师和会计学家在最近十几年来开始考虑资产的公允价值问题。但企业价值仍然不是会计报告披露的要素。复式记账原理和权责发生制定律基本不涉及价值问题。价值原理是财务学的重要基石之一。

迄今为止，在经济学的学科体系中，只有财务学将时间列入其理论模型和工具模型作为直接变量之一。其他学科也存在时间问题或经常使用时间概念，如会计学的会计年度就是一个时间概念，年报、季报和月报也是时间概念，但时间只是会计学的一个外生变量和假设。时间与会计工作的核心内容及会计数据没有直接关系。在会计上，年利润就是一年中每个月份利润的合计数。但在财务上，一年的收益则是每个月收益按时间折现后的合计数，不同时间的数据不可相加。时间是财务数据的直接变量。"时间就是金钱"是财务的重要理念。公司财务工作的核心内容是在不确定的情况下，跨时间配置各种资本资源以创造更多价值的工作。所以，跨时间或跨时期是财务学的基础范畴之一。

选择权或期权与套利之所以是财务学的基础范畴，在于财务学里至少一半以上的内容以无套利原理为依据，如资本资产定价模型、套利定价理论和期权定价模型等，均以无套利原理为基本原理。资产组合、资本结构理论，均与无套利原理有关。而期权或选择权则是套利的克星。套利机会是能够在一些情况下获得正的收益、在任何情况下都不会得到负值收益且不需要净初始投资的情况。即套利是一个"钱泵"。无套利概念是财务学理论研究的逻辑起点，它与市场均衡相一致，也是资本市场均衡的必要条件。无套利原理在财务学中的地位，类似于权责发生制在会计学中的地位。所以，套利或者无套利应属于财务学的基础范畴。公司财务中的投资决策、筹资决策和股利分配决策等多数财务活动，都是基于套利逻辑的经济活动或管理工作。但期权定价模型产生后，公司很多投资决策的逻辑选择开始改变。套利成功的基本条件是信息不对称和信息不完全。期权逻辑和期权行为可以化解或缓解财务活动的不确定性，并消除套利行为的发生。显然，期权或选择权也是与财务学相关的与生俱来的最原始、最长久的关键性基本概念，因而期权是财务学的基础范畴之一。

资本、价值、跨期、选择权或期权和套利等财务基础范畴，与经济学和其他学科也存在密切关系。它们中的个别财务范畴也有可能是经济学的基础范畴之一，因为财务学是经济学的重要组成部分。但它们不可能是经济学下属的其他经济学科的核心性和基础性概念，因为，基础范畴是一门学科区别于另一门学科的主要标志之一。

（二）为什么资本、价值、跨期、选择权、套利是财务学区别于其他学科的标志

以往，人们曾分别从一门学科的研究对象、主要职能、理论假设、逻辑起点和概念框架等视角，研究一门学科与另一门学科的区别。这些视角虽然比较可行和方便，但很不完善。其主要不足在于有效性较差。一门学科的研究对象、主要职能和理论假设，因该学科迅猛发展和扩张，以及其他学科的嫁接或渗透，就会出现与该学科新理论和新现象不吻合之处，从而引发人们对它们的怀疑和修正。研究对象、职能和假设在一定时期内的不确定性，使人们在不同学科面前容易产生色盲或色弱。一门学科的逻辑起点和概念框架要么唯一，要么众多，实证检验和理论推导的难度过大。一方面，逻辑起点是唯一的，难以辨别和证伪；另一方面，概念框架的概念数目与该学科应用程度和实践活动密切关联。概念框架与学科理论之间关系的纯度不够。财务基础范畴则弥补上述缺陷。原因是财务基础范畴是贯穿于财务理论发展始终最基本的历史性概念，其普遍性和稳定性较好，其变化极其缓慢。如同人们的身高、肤色、年龄、性别和血型等均可以成为一个人区别于另一个人的标志一样，但身高、肤色、年龄、性别和血型仍然存在一定的片面性、重复性和改动性，而每个人的基因图谱则是一个人区别于另一个人最有效的标志。基础范畴则是一个学科区别于另一个学科的"基因图谱"。

例如，进入 21 世纪初，财务学遭遇金融入侵的尴尬。事实上，美欧国家的 Finance 即我国的财务学，美欧的 Monetary Economics 即我国的金融学。财务与金融早已清楚。前者研究人们在不确定情况下跨期配置资本的学问，其内容主要有筹资理论、投资理论、资产定价和公司内部治理等。个人、企业、社区或其他社会组织，都可以是财务的主体，拥有自己的财务活动。后者是研究人们在市场里处理金银货币发行回笼融通业务的学问，其主要内容有货币理论、中央银行理论、货币汇兑理论、金融政策理论，以及宏观经济市场里的金融体制框架和模式等。政府是金融的唯一主体。只有政府才能印刷发行货币、回笼货币和组织货币在全社会范围内流通。但由于财务学与金融学都涉及现金和货币资本流通、货币的市场价值，以及财务工具衍生品等问题，加之政府某些机构的干预，使得财务与金融的区别发生混乱。如果从基础范畴考察，就很容易区分财务与金融。金融学的基础范畴主要是货币、汇率、通货、金本位、信用和币材等。人们只要提到货币尤其是主币或本位币和辅币、货币发行、货币回笼，以及纸质货币、铸币和币值，就自然而然想到金融学。货币资本的产生是财务活动能够相对独立于生产活动之后的产物。货币资本是财务活动实践发展的结果。财务学里的资本不仅有货币资本，还包括人力资本、物质资本、技术资本、信息资本和知识资本，生产力因素的资本化是财务理论的内容。至于资本的价值、跨期、套利、选择权等，基本与金融无关。同理，汇率、通货、金本位和币材等概念也与财务理论无关。因此，人们只要提到资本筹集、资本投放和跨时间配置，以及净零投资和非零收益等，就会自然想到财务学。可见，财务学与金融学完全

是不同的两门学问。但"皇帝的新装"的故事一直在重演。所以，学习基础范畴是理解财务学和准确把握财务工作边界的充分必要条件。

（三）激活财务范畴研究有助于启动财务学史的研究

虽然我国的财务理论研究在最近的半个世纪取得长足进步，企业财务管理水平也得到很大提升，但我国的财务研究仍然存在很多缺点。不仅 Richard A. Brealey 和 Stewart C. Myers 在 "Principles of Corporate Finance" 著作末尾提出的财务学十大疑难问题无人应战①，而且学界对财务理论只注重传播和引用，对问题讨论浅尝辄止，喜欢热点实用问题，扎堆取闹，趋炎附势；对概念和范畴一般用而不论；对史的研究几乎是盲点。更为严重的是，财务学身世迄今很少有人能说清楚。财务学在何时与会计学、财政学和金融学从经济学那里分离而独立门户？财务何时被会计相中而培育出一门"财务会计"？为什么"货币银行学"会变为"金融学"称谓并对财务理论很感兴趣？财务基础研究尤其对财务学基础范畴的考察、论证和解释，则是解决财务理论疑难问题的重要方式。

例如，资本范畴与成本、资产和本金是相近概念，但其内涵相差甚远。人们投入生产的生产要素或花费的代价称为成本，其中，已消耗的部分称为费用，尚未消耗的则称为资产。这说明，资产是成本的一部分。亨德里克森更进一步讲"资产的性质是未分摊的成本或未结转为未来各期的数额"②。当资产被确认产权并用于创造价值时，该资产就转变为生产者的资本。资本的购买需要付出代价，因此资本成本是企业的重要成本。在现代社会，资本主要产生于"剩余价值"。当利润未被全部消费而腾出一部分投入生产时，该利润就形成生产者的资本。所以，资本是能够带来利润的利润。但是，"资本"范畴是否就是我国古代"本钱"、"事本"的演变？它为何是财务学基础范畴而非会计学范畴？这就需要进行史学研究。

战国是我国封建制度最终取代奴隶制度的社会大转变时期，经济比较繁荣。那时，商鞅主张"事本而禁末"③，认为治国之要在于"令民归心于农"，万事要抓关键，"事本不可不搏"，事本搏就是要使"民喜农而乐战"，"朝夕从事于农"，处理好作为货币的金银流通与作为商品的粟米流通之间的关系。而且，"本物贱，事者众，买者少，农困而奸

---

① 《公司财务原理》第 35 章第 "35.2" 节 "财务学的未知：十个未解决的财务问题"：①如何进行重大财务决策；②什么决定项目的风险和现值；③风险与收益是否遗漏了什么；④有效市场理论失效情形的重要性；⑤管理本身是否是资产负债表外的一种负债；⑥新证券、新市场成功的根源；⑦有关红利的争议究竟如何解决；⑧公司应该承受哪些风险；⑨流动性有何价值；⑩如何解释兼并浪潮。

② 埃尔登·S. 亨德里克森：《会计理论》（1965）中译本，立信会计出版社，1987 年。

③ 商鞅（约公元前 395 年~前 338 年），汉族，卫国（今河南安阳市内黄梁庄镇一带）人。战国时期政治家、思想家、著名法家代表人物。《商君书·一言》即商君书第八篇。《商君书》也称《商子》，现存 24 篇，战国时商鞅及其后学的著作汇编，是法家学派的代表作之一。其文体多样，其中，议论体有《农战》、《开塞》、《划策》等十数篇，或先综合后分析，或先分析后综合，兼用归纳演绎，首尾呼应。现存主要版本为石磊注译，中华书局出版，2009 年 10 月。

劝"①。这里的"事本"类似于今天的资本，而且其产权思想已经形成。如商鞅描述道："一兔走，百人逐之，非以兔可分以为百，由名分之未定也。夫卖兔者满市，而盗不敢取，由名分已定也。②"后来，晁错讲，"圣王在上，而民不冻饥者，非能耕而食之，织而衣之也，为开其资财之道也"。此处的"资财"虽然今日使用较少，但与资本更接近。因为"夫富民者，以农桑为本，以游业为末。百工者，以致用为本，以巧饰为末。商贾者，以通货为本，以粥奇为末。三者守本离末而民富，离本守末而民贫③"。此处的"通货"泛指金银、纸币、存折或可兑换票据等各类钱币，即流通货币的简称。经商者，货币资本是第一要素。到了中世纪，即我国宋朝，"资本"就替代了"事本"的提法。例如，何薳的《春渚纪闻·苏刘互谑》有"吾之隣人，有一子稍长，因使之代掌小解。不逾岁，偶误质盗物，资本耗折殆尽"④ 的表述。至明朝，资本已广为使用。如《醒世姻缘传》第四十一回："媒婆来往提说，这魏才因侯小槐为人资本，家事也好，主意定了许他。⑤"进入近代，资本的含义越来越明确。如李大钊的《我的马克思主义观》十一："宗马氏的说，入十六世纪初期，才有了资本。因为他所谓资本，含有一种新意义，就是指那些能够生出使用费的东西。"又如叶圣陶的《多收了三五斗》："由各大银行钱庄筹集资本，向各地收买粮米。"相应地，1776 年亚当·斯密在《国富论》里讲，"资本是人们保留起来以取得收入的一部分资产"。接下来，马克思认为资本是一种能带来剩余价值的价值，具有逐利性，实质是一种生产关系。

对资本命题和概念的梳理，我们会发现，资本与最初致力于结绳记事、反映生产过程的会计和簿记工作渐行渐远，与业主跨期配置生产要素和安排货币资本用途的工作越来越契合，并且关注生产发展和价值增长。同样地，成本与如何设计有效时间把有限的多种生产要素配置到生产中以多获得收益的工作渐行渐远，其内涵重心越来越向计量的公平合理性和究竟应该与哪项收益相匹配方面转移。于是，成本逐步变为会计的主要概念。至于如何减缓和减少成本里已消耗的费用，以及如何把成本里尚未消耗的资产部分配置到新的生产活动或新的市场机会里，会计工作并不关心。对会计来说，业主的金钱、材料、工具、房屋和产品等，都是业主的资产，其关心的是起初资产是多少，结果资产是多少。账目清楚、账实相符是会计的原始内容。所以，弄清财务基础范畴，能够正本清源，深入了解财务学的各种概念、范畴和定理或模型的历史演进过程，以及其本来面貌，引领部分学者进入财务基础理论领域从事研究工作。可见，开展财务基础范畴研究必然会进入财务学史研究领域。

---

① 《商君书·去强》，商君书第四篇，中华书局出版，2009 年 10 月。

② 《商君书·定分》，商君书第二十六篇，中华书局出版，2009 年 10 月。

③ 晁错《论贵粟疏》，这是一篇创作于西汉时期的散文。晁错（公元前 200~前 154 年），颍川（今河南禹县）人，初从西汉文帝、景帝时期的政治家。晁错的著作较为完整的现存有八篇，散见于《汉书》的《爰盎晁错传》、《荆燕吴传》和《食货志》。

④ 何薳（1077~1145 年），北宋时期文人，浦城（今属福建）人。《春渚纪闻》，中华书局出版，1983 年。

⑤ 西周生（明代小说家）：《醒世姻缘传》，齐鲁书社出版，1993 年。

（四）启动财务史和财务范畴研究有助于探索财务学发展脉络和方向

财务范畴属于财务基础理论。尽管财务范畴也同样面临着一个加强范畴史的研究，但基础理论研究对财务理论和财务实践改进具有更直接的推进作用。因此，史和论的研究相结合是财务学基础范畴研究的有效方式之一。选择正确的研究方法将对我国财务学发展起到不可估量的重要作用。研究历史上不同时期著名的财务学著作或教科书，是以史推论的重要途径。所以，今天，我们应仔细研究余绪缨教授1979年出版的《工业企业财务管理》教材，王庆成、李相国和顾志晟三位教授1981年2月出版的《工业企业财务管理》教材，谷祺、欧阳清、夏乐书、马明元、方正生和杜英斌教授集体编写的《工业企业财务管理》（1981），以及吴明和李明文编写的立信会计丛书之一《商业企业财务管理》（1984）与刘恩禄教授1985年的《商业企业财务管理》教材。研究这些主要教科书与苏联N. H. 日夫加克教授《企业与国民经济部门财务》（1974）教材的异同之处。其相同之处在于财务基础理论的普遍应用，而不同的部分则可能是我国新的财务实践活动对财务理论的贡献。余绪缨教授的财务教材在20世纪70年代就使用"营运资本"替代"流动资金"、"资本结构"替代"资金结构"，这表明我国学者对市场经济里的公司财务已有了较深入的理解。我们应研究荆新、王化成、刘俊彦三位教授的《财务管理学》与王庆成、李相国和顾志晟三位教授的《工业企业财务管理》的理论脉络联系。深入研究郭复初教授的《财务通论》（1997）、《财务新论》（1998）和《财务专论》（2000）三部重要的财务基础研究著作。郭教授的这三本书是研究我国财务学基础范畴的最佳样本。研究发现，我国改革开放之前基于苏联财务理论背景的财务学，资金、价值、定额、计划、考核等概念是最主要的常用范畴。接下来，如果把改革开放之初我国基于欧美财务理论的财务学与现在基于本国财务实践的财务学进行比较，我们可以逐步深入地梳理基于中国社会制度背景的自主财务理论，并可能厘清中国财务学的理论发展脉络。这正是财务学基础研究的目的所在。

在一般意义上，财务范畴研究是财务史研究向基础理论研究的延伸和深化。财务范畴是财务理论的关键词。一个财务范畴的后面一般都带着多个财务理论。如资本的后面是资本结构MM定理、资本预算理论和资本资产定价模型（CAPM）等，所以，资本是财务理论的标志。当财务史的研究主要为基础研究服务时，财务范畴的作用必然凸显出来。财务学发展史在某种意义上就是财务范畴的历史。财务学新旧范畴的兴衰，范畴内涵的传承、嬗变和范畴层次的调整，以及基础范畴、主干范畴、从属范畴和衍生范畴等范畴群体的形成与演化，就构成了财务学史的基础内容。

历史具有继承性。进行财务范畴和财务史研究的主要目的是掌握我国财务学发展的基本脉络和方向。财务学史的研究主要采取个案研究方法，由个别理论和个别财务事件的史实，发现和证实该理论的原始内容。当多项个案研究联系起来时，整个财务史的脉络和发展线索就会呈现端倪。

五、结论与启示

本文以科学学的基础知识为依据，采取事实分析的规范研究方法，讨论了财务学的基础范畴是什么，解释了为什么资本、价值、跨期、套利和选择权应该属于财务基础范畴。同时，论述了财务基础范畴的理论意义。本文的结论及其启示如下：

（1）资本、价值、跨期、选择权和套利等财务基础范畴，可能是我国财务理论研究推向深入的突破口。我国财务学研究的实质性进展究竟应该从史的研究出发，还是应从作为论的财务范畴研究出发，本文研究结果是选择后者。在我国，财务理论研究的中坚力量在21世纪初已由"40后"和"50后"转移到"60后"和"70后"，预期2020年之后，我国的"70后"和"80后"财务学者将成为财务研究的中坚力量。解读学科的基础范畴是科学研究中沟通中西和古今的必由之路。在财务学术研究一大堆问题亟待澄清的当下，选择财务基础范畴作为研究途径，可能是我国财务研究取得重要成就的最佳选择。

（2）范畴、概念框架、定义和命题是科学理论的不同单位，财务范畴是财务学概念体系里最持久核心的基本概念，这些在财务学里最具普遍意义的基本概念称为财务范畴。财务范畴又有基础范畴、主要范畴、次要范畴和衍生范畴之分，或者个别范畴、族群范畴、基础范畴之分。财务基础范畴是财务学的基因图谱。因此，研究资本、价值、跨期、选择权和套利，不仅应研究这些范畴的性质、范畴与术语或概念的区别，范畴组合勾连的规律，还应研究财务范畴层次的级差等问题。目前我国财务学里的主要范畴，可能是筹资、投资、资产定价、股利分配、股权结构、现金流以及风险等。风险究竟是主要范畴，还是属于财务基础范畴？仍需要学界做进一步考察和论证。再往深处思考，就应研究基础范畴与主要范畴的联系和共同点在哪里，哪些术语不是财务范畴却充斥在财务著作中，哪些本来不是财务理论却充当财务理论。显然，财务基础范畴研究，具有净化财务理论的功效。

（3）财务基础范畴是财务学理论研究起点的选择点。因此，财务理论体系的研究可以从资本开始，也可以从价值开始。同理，跨期、选择权和套利都可分别成为财务学研究的逻辑起点。这是因为资本、价值、跨期、套利和选择权，构成了财务学的基因图谱。当然，不同的逻辑起点，其财务理论体系的内容表述也必然不同。学者们不妨放宽眼界，试着分别以资本、价值、套利、跨期等基础范畴为研究起点，有可能找到和描述出我国真正的财务理论体系的美好发展图景，亦可能发现有不少财务理论是滥竽充数。而且，还可能捡回一些被遗弃的重要财务范畴和财务概念，甚至被废弃的科学的财务理论。

（4）弥补中国古代财务理论史的研究，将是对财务基础范畴的有力支持。中国财务理论史是我国现代财务学的一面镜子。通过史的研究，可以查找我们的原貌、轻浮或错误。仔细认清本来，理性吸收外来，才可能开创美好未来。所以，从事基础研究的财务学者，应适当重视财务学说史的研究工作，改变我们在该研究领域的落后状态。

研究我国的财务学基础范畴，不仅应重启中国财务学理论史的研究，还应特别重视中国特色社会主义经济现实的研究。从而通过财务基础范畴研究，优化和完善我国本土财务学。没有自信的本土财务学，就没有自主的专业财务管理。

参考文献

［1］舒尔茨．由经济史拓展经济学［J］．Economic Denelopment and Cultural Change，1977（25）．

［2］理查德·A. 布雷利，斯图尔特·C. 迈尔斯．公司财务原理［M］．北京：机械工业出版社，2007.

［3］托马斯·E. 科普兰，J. 弗莱德·威斯顿．财务理论与公司政策［M］．大连：东北财经大学出版社，2003.

［4］威廉·L. 麦金森．公司财务理论［M］．大连：东北财经大学出版社，2002.

［5］让·梯若尔．公司金融理论［M］．北京：中国人民大学出版社，2007.

［6］斯蒂格利茨．经济学［M］．北京：中国人民大学出版社，1997.

［7］荆新，王化成，刘俊彦．财务管理学（第6版）［M］．北京：中国人民大学出版社，2013.

［8］周守华，陆正飞，汤谷良，王化成．财务管理理论前沿专题（高等院校研究生用书）［M］．北京：中国人民大学出版社，2013.

［9］王化成，陆正飞，宋献中．当代财务管理主流［M］．大连：东北财经大学出版社，2005.

［10］李心合．论公司财务概念框架［J］．会计研究，2010（7）：32-39.

［11］张先治．会计学与财务学范畴及学科定位研究［M］．北京：中国财政经济出版社，2011.

［12］郭复初．现代财务理论研究［M］．北京：经济科学出版社，2000.

［13］郭复初．财务通论［M］．上海：立信会计出版社，1997.

［14］沈艺峰，沈洪涛．公司财务理论主流［M］．大连：东北财经大学出版社，2004.

［15］王化成．财务管理理论结构［M］．北京：中国人民大学出版社，2006.

［16］Irving Fisher. The Nature of Capital and Income［M］. New York：The Macmillan Company，1906.

［17］Michael J. Brennan. Corporate Finance Over the Past 25 Years［J］. Financial Management，1995，24（2）：9-22.

［18］Kavous Ardalan. Theories and Controversies in Finance：A Paradigmatic Overview［J］. International Journal of Social Economics，2003，30（1-2）：199-208.

［19］Kavous Ardalan. On the Theory and Practice of Finance［J］. International Journal of Social Economics，2004，31（7-8）：684-690.

［20］Robert C. Merton. Continous-Time Finance（Revised Edition）Blackwell Publishers Inc. Zvi Bodie，Robert C. Merton，Finance（英文影印版）［M］. 北京：高等教育出版社，1997.

04 | 财务理论内在逻辑的追寻和描述*

一、引言

受美国著名财务学家 Stephen F. LeRoy 和 Jan Werner 的著作"Principles of Financial Economics"（2001）的启发，本人决定修改此文。研读"Principles of Financial Economics"之后，会很自然地思考，财务学原理的主要内容究竟是什么？财务经济及其管理工作的核心，究竟是开发新的财务活动——开源节流，发现价值，创造新的利润机会，并恰当处理相关财务关系，还是在不确定情况下跨时间配置有限资源以创造新的价值？抑或研究资产定价和收益无套利问题？这些问题，显然不易回答，但又必须给出解释。20世纪50年代，我国从苏联引进了财务管理的理论和方法。当苏联的财务理论和方法在我国应用了30年之后，我国又开始引进美国和欧洲的财务理论和方法。那么，我国自身究竟有无财务学或我国自己的财务学是什么样子？我国的财务学的核心范畴及其理论渊源是什么？对于这些理论问题的回答应成为我国财务学基础研究人员的首要任务。这些问题的解释有助于描述和厘清我国财务学理论的内在逻辑。

财务学的理论逻辑是财务学基础范畴资本、价值、跨时间、风险和套利之间的内在联系规律，以及财务基础范畴产生出来的若干财务定理和财务规则之间的内在联系。一位经济学者，不论他是职业理论研究者还是大学教授，都会对其研究的理论系统进行梳理、思考和改进，并提出个人的阐述或阐述系统，然后逐步地连续检验它们，丰富和改进旧的理论，提出新的理论。对这个研究程序做出逻辑分析，就是科学发现的逻辑。其方法有归纳法和演绎法两大方式。归纳法是我们借以把那些比较适合和能够归纳到推理逻辑上的财务现象、财务活动和财务规则，给出可接受逻辑陈述。实证分析方法、案例分析的研究方法，主要是归纳原理和方法。它是通过大量事实和数据证明或总结出理论观点的方法。而演绎法则是通过大量经济理论证明或总结出新理论观点的方法。该方法是批判地检验理论并根据检验结果来选择理论的方法。借助演绎逻辑，从尝试提出命题、预知、假说和尚未证明的理论系统，然后用已有理论分析和讨论新观点，寻找各种观点

---

* 该文最早发表于《会计研究》2003年第4期，第23-27页，发表时，题名为《财务理论的内在逻辑与价值创造》。此文修改于2015年12月。

之间的相互联系和逻辑关系，如等价的、可推导性、相容性或不相容性等，最后得出结论。同其他科学一样，财务学的理论体系也是由其基础范畴、由基础范畴产生的专门概念和定理，以及由这些概念和定理形成的若干财务理论和财务规则组成。财务理论内在逻辑的描述，归根结底是便于学生有效率地学习以增进学习质量和效率，也有助于理论研究者沿着道路前进以节省时间及提高研究质量和效率，即解决科学划界问题；当然，也更有助于社会大众直接和准确无误地利用理论解决实际问题。

　　本文的研究方法是历史分析和思想追寻，属于演绎方法。虽然这是一项极其耗时和费神的工作，但很有必要。这也是当大学教师的本分。任何科学理论形成以后，都要经过科学共同体的评价、检验和选择，当理论被学术界同行专家认可，该理论才能被科学界所接受。因此，学界同行专家对科学论文的匿名审稿、论文发表后经受同行的质疑和批判，也是理论研究的必要环节。由衷期望财务学术界对本文提出批评。

二、财务学的核心范畴及其演进

　　财务学里的资本、价值、跨时间、风险和套利等基础范畴是如何产生的，厘清该问题是深入理解财务学理论的重要前提。经考察，在财务学说史上，货币曾是财务学的核心范畴。货币产生于生产产品有剩余之后，物与物的交换活动。"虑其无贸易之久也，故为铸币作钱"；"以物易物，物不皆有，故有钱币之造"①。中外货币的产生均如此。远古时期的货币是剩余使用价值的载体和替代物。货币出现之前，人们物物交换的财务核算依据是物品的用途（使用价值）。因而，作为价值形式之一的使用价值是货币产生之前财务管理的主要内容。使用价值是财务学最原始的核心范畴。货币在古代的产生和广泛出现是一个渐进的过程。货币是人类物质文明和精神文明发展到一定程度的产物。货币和人力在人类生产中的作用提升，使社会生产和商品经济得到有力发展，生产和生活也开始逐渐分离成为不同的系统。于是，人们生产的有限货币总量分别被投入社会生产和生活两个不同领域。用于生活中的货币被个人和家庭消费掉。另一部分专门用于经济过程的货币，就变成人们从事社会生产和商品经营的本钱——本金。所以，本金成为早期财务学的重要概念和管理对象。这时，物品的使用价值、货币和本金，成为人类早期财务管理的主要概念和管理对象。本金像大熊猫一样，今天仍然存在于财务学之中。整个原始社会末期、奴隶制社会和封建社会，本金可能都是财务学和会计学的共同研究对象。直到封建社会末期，社会分工结构和分工水平的极大改进，生产力要素的全面发展，以及本金盈余的巨大积累，爆发了"资本革命"——本金中增值能力很强的部分形成资本——具有增值性、周转性和产权性的一种价值。本金中增值能力较弱的部分形成基金——具有很强的经济垫支性、基本不具有增值性的一种价值（其实物形态一般表现为非经营性资产）。此时，资本才取代本金成为财务学的核心范畴。当然，货币和本金仍然

----
　　① 丘浚（1421~1495年）《铜楮之币》（上）。

是财务学的基础性核心范畴——财务学最原始的基础性范畴。可见，这里的逻辑是，物品有使用价值使得经济活动产生了货币，货币又有用于生产和生活之分，生产中的货币形成生产过程的本金；当人类生产活动继续扩大和生产方式多样化，生活范围随之扩大时，物质财富的丰足和人类知识的增长，使得生产活动本金衍生出资本和基金。资本的产生，使得人类开始进入现代文明生产阶段。

所以，本金作为财务管理的核心范畴是以货币为载体的，是货币的派生物。本金范畴的渊源可追溯到我国战国中期杰出的思想家、政治家和经济学家商鞅的社会思想，商鞅提出重本抑末的经济理论，有力推动了经济社会向前进步。历史上，战国是中国封建制度最终取代奴隶制度的社会大转变时期，其经济比较繁荣。此时，商鞅主张"事本而禁末"①，认为治国之要在于"令民归心于农"，万事要抓关键，"事本不可不搏"，事本搏就是要使"民喜农而乐战"，"朝夕从事于农"，农为国本，从而创立了著名的农本经济思想，重点协调和处理作为货币的金银流通与作为商品的粟米流通之间的关系。"食贱者钱重"、"食贱则农贫，钱重则商富"②；而且，"本物贱，事者众，买者少，农困而奸劝"③。因此金钱（货币）与粟米（商品）之间的关系是对立统一、相互转化的，通过市场交换和调节，金可转化为粟，粟可转化为金。同时，以赋税为经济杠杆，发展农业，限制末业。在封建社会初期，农业不仅是富民富国之本，也是强兵之本。国家经济发展的根本是"本农"，农业经济以外的行业及其经济活动都被视为"末业"或"末技"。我国汉朝初期，著名经济学家、政论家贾谊就把"积贮倍息"、"交通王侯、力过吏势"等商人视为"末技游食之民"，即从事末业之民。西汉时，一些思想家、经济学家对商业过于发展会影响农业经济有很多论述。晁错（公元前 200~前 154 年）在文帝时担任中大夫，景帝时为内史、御史大夫，他在其著作《论贵粟疏》里曾论述商人兼并农人是"农人所以流亡的原因"。在《管子·轻重》篇中也有"千金之贾"、"万金之贾"是破坏"强本趣耕"之源。当时的经济学家和朝廷很清楚：商人可以利用其获得的财富购买土地，变成地主，"以末致财，用本守之"。可是，由于生产力和分工水平的发展，汉初的重农抑商政策仅达到了繁荣农业的目的，却未实现抑商效果，反而出现了"法律贱商人，商人已富贵矣；尊农夫，农夫已贫贱矣"的矛盾情况。于是，人们开始认识到，"夫富民者，以农桑为本，以游业为末。百工者，以致用为本，以巧饰为末。商贾者，以通货为本，以粥奇为末。三者守本离末而民富，离本守末而民贫。④"此处的"通货"即今天"通货膨胀"的通货，亦即市场流通中的货币现金。明代文学家冯梦龙在其《醒世恒言》里描述嘉靖年间苏州吴江县盛泽镇上的施复时，写到"施复是个小户儿，本钱小，织得三四匹便上市出脱"，由于他"蚕种拣得好"，勤于劳作，善于经营，"不上十年就有数

---

① 《商君书·一言》。

② 《商君书·内外》。

③ 《商君书·去强》。

④ 晁错《论贵粟疏》。

千金家事"，"开起了三四十绸机"，变成了作坊主①。这里的"本钱"与本金是可相互替代的。后来，随着经济的发展，投资者发起创办公司时投入的注册资本被称为资本金。显然，资本金是本金的衍生概念或子系统，特指注册资本，是投资人办理公司注册法律手续时的本金。

本金的二重性表现在，一方面，它是用于经济过程的财务资本及其循环周转的最低限量。这部分垫支的货币必须收回，以便继续投入生产过程，维持再生产过程的进行。另一方面，本金是产权的标志，即财产占有关系。这一点，早期的重本抑末经济理论已有论述。商鞅曾在其《开塞》篇里讲道，圣人治民"作为土地财货男女之分，分定而无制不可，故立禁"。这里的"分"即对土地财货的占有关系。商鞅对"名分"——确立土地财货的产权关系——的重大意义做过生动的描述："一兔走，百人逐之，非以兔可分以为百，由名分之未定也。夫卖兔者满市，而盗不敢取，由名分已定也。"在近代，人们深知"徒见尺楮纸张居然可以当金银，但讲造之之法，不讲行之之法，官无本钱，民何以信？故其时言可行者状见弹而求炙也"②。在现代经济中，资本金制度及其所反映的产权关系作为公司制的基石已被许多经济学家所重视。制度经济学的本质特征在于规范产权关系。"对企业法人来说，资本金是其赖以自主经营、自负盈亏的本钱，没有资本金的企业，就谈不上自主经营、自负盈亏。对债权人来说，债务人的资本金是其债权得以实现的保障。对企业所有者来说，资本金是其对企业资金投入的表现形式和利益反映。没有以资本金为核心的现代财务会计制度，就不会有现代股份制企业的蓬勃发展，更不会有现代企业制度的建立和完善。"③

奴隶社会最重要的生产要素是劳动力，因而古时有"以丁夫为本"的经济思想；封建社会最重要的生产要素是劳动和土地；斯密"劳动是财富之父"、"土地是财富之母"的观点就是以此为背景的。封建社会之所以始终以农业经济为主，小本经营，将本求利，市场规模有限，实为本金机制的作用结果。本金的垫支性、循环性、补偿性和增值性较强，其增值系统中有一部分价值增值能力很强，反映了先进的、活跃的生产力价值，从而形成资本；本金中还有一部分价值，其增值性较弱，这部分价值适宜投入中介组织和提供公共产品的政府部门，形成基金。在总体上，本金的增值性远大于货币的增值性。当封建社会走向末期，生产力的发展和积累已超过封建生产关系的承载，本金中增值性较强的价值积累强烈要求增值。于是便爆发了"资本革命"，产生出以大机器工业为主要内容的资本主义，资本、工厂和公司统治整个社会，繁荣经济，从而带来了市场经济文明。这种文明使资本可以雇用各种生产要素，其作用不亚于货币。资本成为经济发展必不可少的生产要素。在漫长的封建社会，分工和所有制有了很大的发展，但未形成市场文明，其根本原因在于本金未裂变为资本。资本产生后，仍以货币和本金为基础，成

① 冯梦龙《醒世恒言·施润泽滩阙遇友》。
② 黄宗羲（1610~1695年，明末清初著名思想家）《明夷访谈录》。
③ 厉以宁，闵庆全，曹凤岐主编.证券投资学（第1版）[M].北京：北京大学出版社，1995.

为本金的子集。但资本的增值性、产权性、变动性特别强，它与其他各种生产要素相结合会孵化出无数要素资本，如人力资本、实物资产资本、技术资本、信息资本、知识资本等。要素资本的产生，使原来由本金衍生出来的资本就变为形质与实质完全一致的财务资本。本金在生出资本的同时，也衍生出一个增值性很弱的基金。资本和基金都是本金的衍生物，但基金只是社会公共品的价值载体，基本上不具有增值性，是非经营性资产的价值，成为财务学、公共财政学和福利经济学等学科的重要范畴。这样，在市场经济中，资本在财务学中取代了本金的核心位置，虽然资本主义生产过程中的资本主要以机器设备为载体。

资本理论是现代经济学最丰富的经济理论。1867 年，马克思出版巨著《资本论》（第一卷），论证资本主义生产过程：资本、价值和生产关系的生产过程；马克思的《资本论》第二卷（论述资本流通过程）、第三卷（论述资本主义生产的总过程）由恩格斯分别于 1885 年、1894 年出版。建立在劳动价值论和剩余价值学说基础之上的《资本论》成为中国及其他社会主义国家建设和发展经济的思想纲领。而以效用价值论为基础的资本理论，如影响较大的庞巴维克的《资本实证论》（New York，1923；中文版，1981）以及希克斯的《价值与资本》（中文版，1964）、维塞尔的《自然价值》（中文版，1982）等，虽然存在许多不足，甚至不少论断是反马克思的，但这些资本理论对于推动资本主义和经济学的发展起到了一定的重要作用。但是，自 20 世纪 70 年代之后，技术资本、人力资本等不但从企业资本的影子里走了出来，而且径直走向大企业的舞台中心（周其仁，1996）。"纯粹的财务资本（消极货币）的重要性下降"①。世界经济中以"资本雇佣劳动"为主导的经济制度逐渐被"劳动雇佣资本"的趋势（方竹兰，1997）和以综合价值为基础的多种生产要素资本共同作用的经济制度所取代。劳动价值和效用价值统一的综合价值或完全价值及其理论将取代资本理论在经济学中的核心位置。财务学中资本范畴的核心地位也被价值范畴所取代。这是因为，每个时代有每个时代的理论创造。恩格斯在评价欧洲文艺复兴时曾说，这是一次人类从来没有经历过的最伟大的、进步的变革，是一个需要巨人而且产生了巨人的时代。近代以来，帝国主义列强的入侵中断了中国社会发展的正常进程。面对山河破碎、生灵涂炭的危局，中国人民奋起抗争，提出了各种改造中国社会的方案，甚至提出要在中国建立资本主义的理想，但最终都以失败而告终。"十月革命"一声炮响，给中国送来了马克思列宁主义。在马克思列宁主义同中国工人运动相结合进程中诞生的中国共产党，高擎起马克思主义理论旗帜，团结带领中国人民进行了一场场气壮山河的斗争，完成新民主主义革命，成立了中华人民共和国；完成了社会主义革命，确立了社会主义基本制度，推进了社会主义建设。这既深刻改变了中国人民和中华民族的前途和命运，也深刻改变了世界发展的趋势和格局。所以，自20 世纪 50 年代开始，古老的东方大地正经历着中国历史上最为广泛而深刻的社会制度变

---

① 王斌，高晨. 论资本逻辑与社会逻辑——对未来企业及其财务管理的思考［J］. 北京商学院学报，2001（16）.

革，这次社会制度变革是人类历史上最为宏大而独特的社会实践创新。20 世纪 80 年代，中国又开始新的经济与社会改革。中国走社会主义道路，选择社会主义制度，是中国社会发展历史的逻辑延伸，也是我国自古以来奉行"天下为公"和"世界大同"思想文化的必然结果。该结果符合人类社会发展规律，因而是历史的选择和人民的选择。人类社会开始寻求解放人类自己。劳动人民开始替代资本家成为社会的主人。真正的社会主义制度下的财务学，价值范畴将取代资本主义制度下资本范畴的核心地位。各尽所能、安排分配和共同富裕目标，将取代资本有限责任和股东财富最大化目标。

三、财务学理论发展的逻辑划分

在我们对财务学核心范畴的发展变化有了一个比较透彻的了解之后，可以从财务学内在逻辑发展的历史中描绘出科学财务理论所经历的三大逻辑转变过程，即财务学以本金、资本和价值为核心的三大逻辑。在人类社会远古时期，使用价值剩余及其交换促使人们创造了作为交换媒介和计量工具的货币。当货币作为唯一的财务学核心范畴时，财务学与金融学、会计学、统计学是混沌不分的。只有生产从社会独立出来，用于经济过程中的货币与社会货币流通总量在量上有所区别，社会货币流通总量中用于经济过程的部分转化为本金时，财务学才从经济学中分离出来，形成财务学发展的第一个时期。著名财务学家郭复初教授长期潜心研究财务基础理论，提出在原始社会中期"手工业者所拥有的货币中，有一部分是进行手工业产品生产的货币，即生产的本金……本金的投入与收入的不断进行已产生了简单的本金循环周转运动，标志着财务已从雏形向独立财务形态转化[1]"。郭教授从财务产生的研究中得出"财务是本金的投入与收益活动及其所形成的特定经济关系"的论断是非常重要和科学的，虽然财务学术界对此尚未形成更多的认同。

在财务的本金逻辑阶段，经济组织的最主要生产要素是劳动，组织的生产能力主要由劳动生产率表现出来，组织或企业的本质是分工经济和科学管理问题。劳动的本钱由劳动手段、劳动对象、劳动力的货币垫支构成。财务理论和实务的具体存在形态是农业财务、商业财务、工业财务、交通运输财务等；财务管理的目标是人均产值最大化；本金的投入和产出及其形成的劳动价值关系是财务研究的主要内容。一些财务学者曾将财务概括为"货币收支活动论"、"货币关系论[2]"和"资金运动论[3]"是有一定道理的，但不及"本金投入收益论[4]"确切。

同其他事物一样，财务学也在不断发展变化。当本金生出资本并由资本逐渐替代本

[1] 郭复初. 现代财务理论研究 [M]. 北京：经济科学出版社，2000：37-38.
[2] [苏联] N.H. 日夫加克主编：苏联企业和国民经济各部门财务 [M]. 北京：中国人民大学出版社，1982.
[3] 王庆成，李相国，顾志晟. 工业财务管理学 [M]. 北京：中国财政经济出版社，1988；杜英斌. 企业财务管理几个问题的思考 [J]. 会计研究，1988 (3).
[4] 郭复初. 财务通论 [M]. 上海：立信会计出版社，1997.

金而在经济过程中发挥新的更大的作用时，财务的本金逻辑便更新为资本逻辑。经济组织的最主要生产要素是资本——财务货币资本及其与生产要素相结合形成的要素资本。投资人从市场上筹集财务资本并将财务资本投放到市场和企业，与机器设备、劳动者、技术、信息和知识等生产要素相结合，生成或创造出实物资本、人力资本、技术资本、信息资本和知识资本等。经济组织的生产能力主要由利润水平表现出来，组织或企业的本质是规模经济、交易费用和产权问题。本金同货币一样，成为财务哲学意义上的更为普遍的基础范畴。财务理论和实务的具体存在形态是公司财务、私人财务和国家财务。资本的筹措、投放、耗费、收回、分配及其产生的资本经济关系是财务学研究的主要内容。财务管理的目标是利润最大化或资本增值最大化。创造更多的要素资本，特别是创造或孵化出更多的技术资本、信息资本和知识资本，优化要素资本结构、提高资本配置效率，在不确定情况下跨时间配置有限资本，则是财务管理的根本任务。应说明，马克思关于资本是创造剩余价值的概念非常先进。

当信息经济时代或科学技术时代取代大机器工业经济时代之时，财务货币资本和实物资本的作用在减少——在没有财务货币资本的条件下，知识、技术和劳动相结合，经过交易过程，进入生产过程，也可生成知识资本、技术资本和人力资本，并直接创造价值。在世界范围内，约在 20 世纪下叶，欧美经济发达国家的财务学开始进入价值逻辑时代。作为单一要素资本内部数量构成及其比例关系的资本结构的核心作用，开始由各要素或要素资本之间价值构成及其比例关系的价值结构所替代。组织的价值最大化是财务管理的目标；价值创造是科学技术时代财务学的研究对象。组织的生产能力主要由核心竞争力、竞争优势、价值流量、经济增加值（EVA）表现出来，组织或企业的本质问题是核心竞争能力增长和创新。人力资本作为知识的主要载体，其作用受到广泛重视，其地位已在货币资本、实物资本之上。企业就是各利益相关者依据各自的价值考虑和判断，为了追求价值创造和价值最大化而形成的一种网络系统。凡是具有经济价值的资源都是经济发展的生产力因素。财务理论和实务的具体形态是价值资源的开发、配置、利用、增长和转变等价值创造过程。社会生产和经济发展的"综合性价值管理"或实现经济过程的"价值均衡"成为财务管理的本质特征。

四、财务学亟待解决的问题与研究对象：价值创造

一个社会的物质财富最终取决于该社会的生产能力，即社会成员创造产品和服务的能力。这种生产能力是社会经济中实物资产的函数。如材料、机器设备、土地、人力、技术，以及可用于生产产品和服务的知识，都是生产力函数的自变量。与实物资产对应的是财务资产，如现金、股票、债券等货币资本。在社会经济活动中，货币资本代表了持有者对实物资产所产生收入的索取权。离开经济活动，单纯的货币资本不会直接增加一个经济体的生产能力。但是，在发达的经济社会，货币资本的活动具有相对独立性，它可以发现价值、配置资源和维持生产过程有效运行，并与实物资产共同创造价值。任

何实物资产，都是通过货币资本表现自己的价值。资本的重要性在于其价值的增长能力。因此，价值几乎与资本同时成为财务学的核心概念。关于价值理论学说，历来存在要素价值论、劳动价值论和效用价值论等多种学派或阵营的斗争，至今未得到很好解决。经济学鼻祖斯密的价值理论，人们有多种理解，马克思主义学者认为斯密的价值是不完全的劳动价值论，新古典经济学派认为，斯密的价值是要素价值论。实际上，在斯密经济学里只有一种价值论：要素价值理论，其劳动价值论只适用于资本产生之前。在斯密看来，价值是一种交换比率，市场供求决定价值；特别是遇到具体经济问题时就要用到要素价值论。以李嘉图、马克思为代表的劳动价值论认为，价值是凝结于商品中的人类抽象劳动，只有人的劳动才能创造价值；改进劳动工具，增加劳动投入，改变劳动方式，发展科技，提高效率，减少成本，是增加和创造价值的根本途径。交换价值仅从量上讨论问题，而价值的背后是劳动。不过，马克思的劳动价值论在解释现代科学技术作为第一生产力、机器人是否创造价值、自然资源是否创造价值、资本家是否创造价值等问题上显得不够充分。按马克思劳动价值论的价值定义，对客体对象施加作用力使其形态发生变化的功能，如果由人力来完成，具有劳动因素，就创造价值；如果由机器人和物力来完成，因机器的运转不是劳动，于是就不创造价值。工人抡大锤打铁创造价值，效率更高的自动锻压机或机器人"打铁"（质量也更高）不创造价值。显然，这种劳动价值论的"价值"有人为规定的成分。人类开发自然、改造社会的生产活动和经济实践方式在不断地变化、进步，劳动价值论与这种"变化、进步"发生一定的矛盾。以马歇尔、瓦尔拉、帕累托、庞巴维克，以及后来的凯恩斯为代表的效用价值论认为，价值是商品给人带来的效用和满足；人的体验、感受和主观判断是价值形成的基础。这里的效用价值实际是马克思的使用价值。效用价值学说又分若干不同学派，希克斯的《价值与资本》同马歇尔的《经济学原理》中的价值理论一致；维克塞尔在价值论上属瓦尔拉学派，在资本论上则属于门格尔、庞巴维克等为代表的奥地利学派。总体上，效用价值理论有其客观的现实性，但过分强调价值的后果和人的主观满足程度，又有明显的片面性。

马克思的劳动价值理论则重点研究价值的产生、形成及其客观构成内容，揭露资本主义社会资产阶级剥削无产阶级的秘密及其本质。马克思的劳动价值论和剩余价值学说是无产阶级推翻资产阶级的有力的科学武器。在无产阶级消灭资产阶级、建立自己的政权和社会制度——无产阶级人民民主专政的国家和社会主义社会制度之后，我们仍然应坚持马克思的劳动价值理论的科学内容。同时，发展劳动价值理论，强化和推进理论创新，解释和解决科学技术、知识和信息也是创造新价值的客观现实问题。因为，技术、信息和知识已成为科学技术时代的必要生产要素，技术资本开始成为我国部分企业发起时的注册资本的重要组成部分。技术资本在我国有可能比人力资本的作用大得多。现代科学技术的发展程度、信息产业发展的先进程度，以及现代文明知识的普及程度，将决定着人力资本的增值能力和效率。

不论要素价值、效用价值，还是劳动价值，都有其各自的思想渊源和实践基础。可是，在现代经济实践中解决和计量具体问题时，多使用财务学上的公允价值——市场价值或现值。财务学作为经济学的分支，其价值以经济学上的价值为理论基础，财务学的价值理论是经济学各种价值理论的科学部分应用于经济实践之后的价值理论。所以，财务学上的价值是凝结在商品中的生产力资源被社会接受的程度及其效果；在这里，生产力资源包括劳动和生产力要素；此处的劳动涵盖活劳动和物化劳动、复杂劳动和简单劳动、生产劳动和非生产劳动。劳动的本质在于创造，劳动不单纯是人自身的行为，而是主体与客体相结合的过程，是人与生产要素共同对客观自然对象施加一定的作用力而使其形态发生有利于人类的变化过程。这个"变化过程"亦即"价值创造过程"。价值的财务学表述符合哲学上关于价值是客体满足主体需要程度的一般意义。公司财务中的价值链、经济增加值（EVA）、价值预期、价值均衡、公允价值、现值、终值、重置价值、清算价值、账面价值和持续经营价值等，已被广泛用于现代经济学和公司管理实务之中。"价值创造过程"取代了"资本运动过程"在财务学中的重要位置，价值结构取代了资本结构在财务学中的统治地位。价值预期取代了利润预期，价值已成为现代财务学理论之网的纽结，价值理论则是财务理论的大纲。价值创造自然成为财务学的研究对象。

五、结论与启示

若将财务学分为财务经济学和财务管理学两部分，财务经济学可视为理论财务管理；那么公司实际财务管理工作中的高级管理主要是战略财务管理。与迈克尔·波特的竞争战略理论相比较，可以发现，企业管理中竞争战略理论所提出的总成本领先、差异化与集中战略是通过战略财务管理完成的。竞争战略的根本是要改变企业价值预期函数的形态，是企业以相同生产能力和成本获得更高的价值预期，从而形成较大的价值预期区间，降低价值预期的难度。以价值创造为财务学研究对象，可以在一定范围内解释企业发展——企业能力如何转化为企业竞争优势问题，明确企业形成和发展的内在机理。企业的生存来源于生产能力、核心竞争力和要素成本，即企业自身存在的价值。这也是财务以"综合性价值管理"为本质特征的原因所在。企业的发展源于能力和财务价值的提高，这里涉及社会发展和市场完善的推动，也涉及组织和要素学习方面的作用。以价值结构替代资本结构，使价值均衡理论成为财务理论的主导。生产要素财务价值之间的均衡、企业与要素资本之间的价值均衡、企业与市场之间的价值均衡是联结市场—企业—要素之间关系的根本。信息时代市场经济中的任何组织或企业，只要一方的能力和成本发生变动，就将影响其相互间的联结关系。只有形成新的价值均衡，才能使企业处于稳定的联结状态。同没有资本结构和良好的资本运动状态企业就将停产关闭一样，无法形成价值均衡的企业必将被淘汰。价值创造能够给企业带来更大的价值预期区间，提供更多的价值均衡机会和选择。在价值预期区间制定、实现最优财务决策，其结果便是价值最大化。所以，价值预期、价值均衡、价值创造和价值流量等价值理论，以及要素资本理论，将成为财务学的研究重点。

财务学的基础范畴不仅包括资本和价值，还有跨时间、不确定性或风险，以及套利等，其中，资本和价值可能是财务学最原始的基础概念。财务学基础范畴是财务理论的基石。财务具有直接创造价值的功能，实际就是在不确定的情况下，资本能够在一定的时间里创造出新价值。如果你具有能够承担更多"不确定性"的"时间"和"资本"，或者你的"资本"帮助你获得比当前市场更多的信息，你就可以组织和利用各种财务工具，采取套利方式赚取更多利润。当然，西方经济学尤其是西方新古典财务学认为，财务学的本质是无套利原理。西方学者认为，无套利是资本市场均衡的必要条件。如果一个市场存在套利机会，那么该市场对资产的供应和需求将是无限的。而这与市场均衡的理论不相符。财务工作究竟是利用市场跨时间配置有限资源以创造价值，还是利用企业组织在企业内部跨时间配置有限资源以创造价值？本文认为，二者皆有可能。接下来，财务学究竟是一门在时间上延伸并且对不确定的现金流量进行定价的科学，还是一门在不确定情况下跨时间配置有限资本资源以创造价值的科学？其二者的理论基石有很大差别。前者的理论渊源及其逻辑是：资产定价→无套利原理→经济学消费理论→财务管理操作规则，后者的理论渊源及其逻辑是：资本配置→生产要素资本化→经济学生产理论→财务管理操作规则。在美欧国家，多数财务学教授似乎倾向于前者。在我国，物质资料社会再生产通常被认为是社会经济的首要任务。并且，经济发展中的产权种类不限于私人产权，还有国有产权和公共产权；生产要素及其产品的产权和资本化是经济学的重要内容。因此，本文倾向于后者。我国财务学的核心内容应是资本配置，而非资产定价。资本均衡配置原理将可能取代无套利原理。所以，我国的经济增长理论，不仅要解释市场与政府的关系，还要解释生产与政府的关系。

参考文献

[1] 马克思. 资本论 [M]. 北京：人民出版社，1975.

[2] 中国社会科学院经济研究所. 中国经济思想史论 [M]. 北京：人民出版社，1985.

[3] 胡如雷. 中国封建社会形态研究 [M]. 北京：三联书店，1979.

[4] 郭复初. 现代财务理论研究 [M]. 北京：经济科学出版社，2000.

[5] [英] 希克斯. 价值与资本 [M]. 薛藩康译. 北京：商务印书馆，1962.

[6] [奥] 庞巴维克. 资本实证论 [M]. 陈端译. 北京：商务印书馆，1983.

[7] [奥] 费·冯·维塞尔. 自然价值 [M]. 陈国庆译. 北京：商务印书馆，1979.

[8] 祁顺生. 以价值为基础的要素与企业 [J]. 经济研究，2001（2）：50-60+93.

[9] 罗福凯. 战略财务管理 [M]. 青岛：中国海洋大学出版社，2000.

[10] Stephen A. Ross. Uses, Abuses, and Alternatives to the Net-Present-Value Rule [J]. Financial Management, 1995, 24（3）：96-102.

[11] Erich A. Helfert. Techniques of Financial Analysis—A Guide to Value Creation（tenth edition），2000.

[12] Timothy A. Luehrman. Note on Adjusted Present Value [M]. Harvard Business School, 1993.

05 | 论公司财务创造价值的功能*

一、引言

以往人们只把人力资源、货币资本、技术，以及机器设备和原材料等物质资源视为重要的生产要素，而现在的华为技术公司、中兴通讯公司、同仁堂股份公司、腾讯控股公司、中国航天科技公司、青岛啤酒股份公司，以及海信电器股份公司和微软公司等许多企业，在经营发展过程中把技术、知识、信息、合约等当作重要的生产要素加以充分利用。这说明，现实经济生活中人们早已把生产要素的人、财、物三大要素扩展到技术、知识和信息等新的生产力领域。同拥有机器、厂房和劳动者一样，拥有技术、知识和金钱的机构和个人也能相对独立地创造价值。企业不仅仅是一种合约关系，更是一种有规则地循环吸纳各种生产要素投入，输出各种价值产出而与外界发生联系的价值网络系统；它是由一些有行为能力的人和有专门用途的生产机械、材料、资本、土地、技术、社会关系和信息等要素构成的一个开放性系统。企业不论大小，都是经济资源现金流入流出的财务价值系统。这一系统由无数个拥有生产要素的环节不间断地连续创造价值，包括公司财务部门、总经理办公室等机构都要创造价值、完成利润和成本指标。吸收生产要素而未创造价值的环节是无效作业环节，应予废除。

既然企业是生产要素投入产出的一种经济组织，那么，生产要素创造价值主要体现在企业创造价值，从而推动全社会经济增长。财务是企业内部的子组织，也是企业经营过程的子环节。所以，不论作为企业内部组织还是经营环节，公司财务都创造价值。在本文，讨论公司财务创造价值，主要是讨论财务学的基础范畴资本如何创造价值和价值在财务上的规律性，而不是讨论财务组织如何运行并创造价值，也不是讨论财务活动各环节的创造价值功能。因此，对于一个企业的财务机构来说，企业资本总额就是该企业的要素资本合计数。它应是企业资产负债表最后一行数据的公允市场价值。习惯上我们所说的生产要素"资本、劳动、技术"中的"资本"，多数情况下（会计账表和政府文件中）是指财务学上的货币资本或货币资金，它是作为商业通用语言的会计学上的资本。

* 作者罗福凯最早发表于《财会通讯》2004 年第 8 期，第 3-8 页。在 2000 年作者提出生产要素资本化见解后，以资本理论为核心理论的公司财务能够创造价值的想法就开始形成。

但在经济学上和生产函数模型中，"资本"则是指机器设备或除劳动力以外的所有生产资料。这给理论研究和实务操作带来许多混乱和麻烦。哈特的《合同、企业与财务结构》的研究早已表明，财务机制既可调控微观经济也可调控宏观经济。因此，我们把以往适用于工业化之前使用很宽泛的、易于引起概念不清的"资本"范畴严格定义为"财务资本"，它是经济组织、个人和国家进行生产交易活动垫支的货币资本，以及经济活动中实物资产变现和金融资产价值之和。财务资本概念的形成是经济发展由工业经济转向知识经济时代并需要多种生产要素的现实和必然所决定的，符合财务活动具有相对独立性、（财务）资本市场客观存在并具有相对独立性的事实。

尽管有不少专家把教育同信息、知识分别视作不同的生产要素，但我们认为，目前我国的经济发展水平和生产力先进程度还没有使教育成为完全的商品在市场和生产组织之间交换。教育的财务投入主要形成人力资本和知识资源。有的经济学家把人力资本和非人力资本区别开来（保罗·罗莫，1980）。其实，这是一个人力资本结构问题。我们支持张培刚教授将人力资源与人力资本分开的做法（张培刚，1999），因为从人力资源到人力资本的转化，中间需要财务资本的投资行为。还有专家认为，中国的生产要素是机器设备、劳动力和技术；而财务资本是黏结机器设备、劳动力和技术的黏合剂，不是一种相对独立的生产要素。这种认识无视资本市场的存在事实和财务活动创造价值并作为相对独立的经济领域的现实，也无视信息、知识的相对独立作用及其所形成的产业，实质是以农业经济时代"劳动是财富之父，土地是财富之母"的古典经济学原理解释工业经济时代之后的新经济现象，这显然不够确切。

生产要素确认很重要。一方面，经济结构调整实际就是经济发展中各种生产要素在各产业、各领域之间的重新分布和排序，使生产要素合理流动、有效配置，亦即人力资本、财务资本、实物资本、技术资本、信息资本和知识资本在各行业、各地区、各企业之间依生产发展和市场变化进行数量、空间的重新组合。优良的财务结构是建立科学的经济结构的基础，合理的经济结构也为财务结构的改进和发展提供正确的政策引导。另一方面，企业获取任何生产要素，都要首先投入一定量的财务资本。生产要素的确定和选择是否恰当，不仅直接关系企业财务资本需求量预测的准确性，而且关系到财务管理对象的确认、财务目标的选择和财务效率、效益问题。生产要素的形成和确认是财务学上要素资本范畴产生、形成的基础和条件。当职员的工资作为劳动力商品的价格成为一种规则时，投入经济过程作为生产本金的货币就转化为资本了；同时，商品经济升级为市场经济。市场规则的重要内容之一是商品经济活动货币化。人力资源、货币资本、实物资产、技术、信息、知识等生产要素，只有被投入一定量的货币资本从市场上购置，才会进入企业成为生产经营的要素资本。公司财务活动创造价值的必要条件是公司拥有一定量的要素资本。一个公司的要素资本总额构成及其比例关系就是该公司真正的资本结构。现行的"资本结构"假说至少使用了半个世纪，它应被"财务货币资本结构"的命题所替代。相应地，其他要素资本也有自身的结构。例如人力资本由熟练劳动力和非熟练劳动力形成、实物资本由固定资产和流动资产形成、技术资本由专利和非专利技术或者常规技术与高新技术形成、知识资本由普通知识和专业知识形成，以及信息资本由完全信息和不对称信息形成等。

接下来，各种要素资本的价值及其增值便形成企业财务价值，简称企业价值，从而取代现行由股票和债券构成的"企业价值"即货币资本的价值。企业价值内部的数量构成及其比例关系即为企业的财务价值结构，可简称财务结构。这样，既区别了资本结构与财务结构的不同，又使资本结构彻底走出了传统会计学账户恒等式的窠臼，从而为价值函数的建立和财务创造价值的解释提供了依据。实际上，要素资本命题引发出两个财务问题：资本结构理论的进展和价值函数的形成。本文主要研究价值函数与价值生产过程。

二、要素资本的次序和属性

不论是资本结构理论，还是价值函数模型，都与要素资本的次序和属性有着直接的联系。我们知道，价值函数是建立在决策人的要素资本偏好结构上的。决策人的要素资本偏好结构是决策人根据自己的偏好对方案集合中的方案进行对比并区分优劣或大小，最终排列各方案的优劣次序。在以往的学习中，我们遇到主观概率设定过程中的决策人，比较的是自然状态 θ 出现的可能性 π （θ）的大小；在研究效用函数中设定后果价值和效用时，决策人比较的是展望或后果的优劣，亦即后果对自己的实际价值的大小。要素资本的多属性问题使其次序关系更加复杂。

（一）要素资本的一般二元关系

1. 要素资本之间的严格序 "：" 关系

我们设 a：b 或者记作 aPb 的含义是 a 优于 b，那么严格序 "：" 满足传递性和非对称性。也就是：

第一，如果 a，b，c ∈A，且 a：b，b：c，则 a：c。表明要素资本具有传递性。

第二，如果 a，b∈A，且 a：b，则不可能有 b：a。表明要素资本具有非对称性。

2. 要素资本的无差异 "~" 关系

我们设 a~b 或者记作 aIb 含义是 a 无差异于 b，那么无差异 "~" 关系满足传递性、对称性和自反性。也就是：

第一，传递性：如果 a，b，c ∈A，且 a~b，b~c，则 a~c。

第二，对称性：如果 a，b∈A，且 a~b，则有 b~a。

第三，自反性：∏a∈A，a~a。

3. 要素资本的弱序 "σ" 关系

我们设 aσb 或者记作 aRb 的含义是 a 不劣于 b，亦即 a 优于或者无差异于 b，那么弱序 "σ" 满足连通性、传递性、与无差异 "~" 和严格优于 "：" 的一致性。也就是：

第一，连通性亦称可比性：对∏a，b∈A，aσb，或 bσa，或两者同时成立。

第二，传递性：a，b，c∈A，若aσb且bσc，则aσc。

第三，与无差异"~"的一致性：a~b当且仅当aσb且bσa。

第四，与严格优于"："的一致性：a：b当且仅当aσb且非bσa。

因此，在任何财务决策中，σ是偏好结构的基础，有必要假设要素资本σ关系的存在。至于σ是否确实存在，则取决于能否以直接或间接的方式找到构造要素资本σ的途径。在单目标问题中，有时存在可测属性或代用属性，例如使用成本、收益来衡量偏好，此时决策问题简化为各方案属性的比较和排序。但在一般场合，需要用效用或价值函数来衡量偏好。在多目标决策中，即使各个单个目标的属性值或效用已知，偏好次序仍不明确，这需要做进一步研究。

（二）要素资本的独立偏好关系

1. 关于无差异类

任何对象a∈A的无差异类Ⅰ（a）是A中所有与a无差异的对象的集合，即

Ⅰ（a）= ｛b∈A ｜ b~a｝

此定义表明，无差异类Ⅰ（a）具有如下性质：

第一，由无差异"~"关系的自反性，a∈Ⅰ（a）；

第二，若a~b］则Ⅰ（a）=Ⅰ（b）；

第三，只要Ⅰ（a）与Ⅰ（b）有公共的元素，则Ⅰ（a）=Ⅰ（b）；

第四，若a：b，则∏c∈Ⅰ（a）且d∈Ⅰ（b），则有c：d。

2. 关于偏好独立

在购买专门用于收听音乐的调频收音机时，通常只有两个重要因素，一是价格x，二是信噪比y。几乎所有人都会按以下规则购买这种收音机：

（1）对任意给定的价格，信噪比高比低好；

（2）对任意给定的信噪比，价格低比高好。

这说明，对决策人（购买者）而言，对价格的偏好独立于对信噪比的偏好；反之亦然。这就是偏好独立（preferential independence）。

在这里，偏好独立与相互偏好独立是两个重要的概念。设X、Y为属性，若∏x，x′∈X，当∃a∈Y有（x，a）σ（x′，a）］∏β∈Y有（x，β）σ（x′，β）　　　　（1）

则称属性X偏好独立属性Y。

若∏y，y′∈Y，当∃a∈X（a，y）σ（a，y′）］∏β∈X有（β，y）σ（β，y′）　　　　（2）

则称属性Y偏好独立属性X。

若式（1）和式（2）同时成立，则称属性X与属性Y相互偏好独立（mutual preferential independence）。

偏好独立并不总是成立的。例如，某人到一个小餐馆用餐，准备点一菜一汤；该餐

馆所有菜的价格相同，所有汤的价格相同。此人发现愿意吃的菜和汤各有两种：家常豆腐、青椒肉丝和虾米豆腐汤、西红柿蛋汤。就其喜好程度而言，若把他最喜欢的家常豆腐记作 $x=10$，则青椒肉丝为 $x=7$；对虾米豆腐汤的偏好为 $y=8$，西红柿蛋汤 $y=3$。若此人对菜和汤相互偏好独立，则点汤不受点菜的影响，反之亦然；于是，客人就该要家常豆腐和虾米豆腐汤。然而菜是豆腐，汤也是豆腐，显然不是好的搭配，也就是说菜和汤的组合不满足相互偏好独立。另一个常见的例子是：在食堂吃固定价格的份饭时，把副食的数量记为 x，主食数量为 y，当副食的数量 x 足够大时，主食的量 y 小些比大些好，主食的量大了吃不完是浪费；副食的数量 x 比较小的时候，主食的量 y 大些比小些好，主食的量少了吃不饱。主、副食的数量作为属性，它们是偏好相关的。

在工业生产过程控制中，有很多偏好相关的例子。比如某化工产品生产过程有两种生成物，希望两种生成物的数量（分别用 x 和 y 表示）保持大致相当的比例。则在 $y=4$ 时，$(3，4)：(2，4)$；而在 $y=2$ 时，$(2，2)：(3，2)$。

在利用偏好独立性进行决策分析时，首先要验证这一性质是否成立。

当偏好独立性成立时，可以定义单个属性的边际偏好序（marginal preference orders）：属性 X 偏好独立于属性 Y 时，在属性 X 上的边际偏好序 σ_X 为

$x\sigma_X\ x'\Leftrightarrow$对某个 $a\in Y$ 有 $(x，a)\ \sigma\ (x'，a)$

同样地，属性 Y 偏好独立于属性 X 时，可以定义在属性 Y 上的边际偏好序 σ_y 为

$y\sigma_Y\ y'\Leftrightarrow$对某个 $\beta\in X$ 有 $(\beta，y)\ \sigma\ (\beta，y')$

需要注意的是：

（1）在偏好独立性不成立时，不能定义边际偏好序。

（2）当 σ 是定义在 $X\times Y$ 上的弱序时，σ_X 与 σ_Y 也是弱序。

三、财务价值函数理论

（一）属性等于 2 和大于 2 的价值函数

1. 关于可测价值函数

设方案集 $A=\{a_1，a_2，\cdots，a_m\}$，σ 是定义在 A 上的决策人的弱序，如果 A 上的实值函数 v 满足：

$$v(a)\geqslant v(b)\Leftrightarrow a\sigma b \tag{3}$$

则称 v 是与弱序 σ 一致的序数价值函数（ordinal value function）。

于是，我们有：

定理 1 对有限方案集 $A=\{a_1，a_2，\cdots，a_m\}$ 和弱序 σ，总可以构造一个与该弱序一致的序数价值函数 v；这就是序数价值函数的存在性定理。

为了描述确定性后果对决策人的实际价值，即量化决策人对确定性后果的偏好程度，

只有序数价值函数还不够，需要引入可测价值函数 （measurable value function） 这一概念。

在后果空间 X 上的实值函数 v，对 w，x，y，z∈X，有

(1) $(w{\to}x) > (y{\to}z) {\Leftrightarrow} v(w) - v(x) {\geq} v(y) - v(z)$ (4)

(2) v 对正线性变换是唯一确定的。

则称 v 为可测价值函数。

可测价值函数的存在性公理比较复杂，这里不作介绍。关于可测价值函数，需要说明的是：

(1) $(w{\to}x)$ 表示 w 在决策人心目中的实际价值与 x 在决策人心目中的实际价值之间的差异，可用 $v(w) - v(x)$ 来度量，简称决策人对 w 与 x 的偏好强度之差；$(w{\to}x) > (y{\to}z)$ 表示决策人对 w 与 x 的偏好强度之差超过 y 与 z 之间偏好强度之差。当决策人足够多以至于使决策选择趋于一致时，就形成了市场平均水平。市场供求及其收益的这个平均水平就是所有决策人的选择依据。市场情况和经济与社会需求则是决策者进行抉择的唯一准则。

(2) 由定义中的性质 (2) v 对正线性变换是唯一确定的可知，可测价值函数具有基数性，它与基数效用不同，因为价值函数并不反映决策人的风险态度。

(3) 可测价值函数确定在后果空间上，能够发挥序数效用的作用，但它又与序数效用函数不同，因为序数效用函数不能反映决策人对后果的偏好强度，而价值函数则能反映后果的偏好强度。

2. 关于价值函数的存在性与加性条件

我们可以把式 (3) 和定理 1 中的单个属性序数价值函数的定义和存在性定理推广到多个属性的情况。因此，我们有

定理 2 设 σ 是定义在方案集 A 上的弱序，A 中只有可数个无差异类，则存在实值的序数价值函数 v，∀a，b∈A 有

$$a{\sigma}b{\Leftrightarrow}v(a) {\geq} v(b)$$ (5)

更准确地，∀a，b∈A 有

$$a：b{\Leftrightarrow}v(a) > v(b)$$ (6)

$$a{\sim}b{\Leftrightarrow}v(a) = v(b)$$ (7)

定理 2 中的方案的属性可以是任意多个；而且价值函数 v 并不唯一，v 的任何严格单调递增变换仍是价值函数。

两个属性的价值函数 $v(x, y)$ 的最简单形式是表达为各属性边际价值函数 $v_1(x)$ 与 $v_2(y)$ 之和，即

$$v(x, y) = v_1(x) + v_2(y)$$ (8)

形如式 (8) 的价值函数称为加性价值函数 （additive ordinal value function）。

对于弱序 σ，两个属性 X 与 Y 相互偏好独立是价值函数 $v(x, y)$ 为加性的必要条件，但不是充分条件。例如，一个两属性决策问题的方案集中有 9 个方案，决策人所设

定的这 9 个方案的价值函数值是：

v（0，0）= 0；　　　v（0，1）= 1；　　　v（0，2）= 2
v（1，0）= 1；　　　v（1，1）= 3；　　　v（1，2）= 5
v（2，0）= 2；　　　v（2，1）= 6；　　　v（2，2）= 7

由于每一行和每一列的价值函数值均增加，所以属性 X 与 Y 相互偏好独立。如果决策人的价值函数是加性的，应当存在严格递增函数 w，使 w（x，y）= w［v（x，y）］且有

w（x，y）= w_1（x）+w_2（y）

则该加性价值函数应有

$$（0，1）\sim（1，0）\Rightarrow w_1（0）+w_2（1）= w_1（1）+w_2（0） \tag{9}$$

$$（2，0）\sim（0，2）\Rightarrow w_1（2）+w_2（0）= w_1（0）+w_2（2） \tag{10}$$

两式相加再消去等号两侧的相同项，应该有

w_1（2）+w_2（1）= w_1（1）+w_2（2），亦即（2，1）$\sim$（1，2）。

但是，根据决策人所设定的价值函数值有（2，1）>（1，2）；所以，即使属性 X 与 Y 相互偏好也独立，决策人的偏好也并不一定能表示为加性价值函数。决策者的选择只能以市场供求关系和市场收益率为依据。即投资决策或筹资决策的选择，不能以决策人个人偏好为准，只能以市场情况为准。决策选择与决策人个人消费偏好无关。这就是著名的欧文·费雪分离定理。

使两个属性的加性价值函数存在还需要另一个条件——Thomsen 条件。其定义是：
σ 为 A = X×Y$\subset$R^2 上的弱序，若 $\forall x_0$，x_1，$x_2 \in$ X，y_0，y_1，$y_2 \in$ Y，均有

$$\left.\begin{array}{l}（x_0，y_1）\sim（x_1，y_0）\\（x_2，y_0）\sim（x_0，y_2）\end{array}\right\} \Rightarrow（x_2，y_1）\sim（x_1，y_2） \tag{11}$$

则称 σ 满足 Thomsen 条件。

上面的例子就是因为不满足 Thomsen 条件，所以决策人的价值函数不是加性的。如何利用 Thomsen 条件构造加性价值函数，应是公司财务学的重要任务。

（二）要素资本的价值函数及相关变量分析

我们提出使用财务资本从市场上购买生产要素投入企业经营过程，形成要素资本的假说。并且，假设目前中国企业的要素资本分为人力资本、货币资本、实物资本、技术资本、信息资本和知识资本 6 种。这些要素资本的价值及其未来一定时期内增值的函数关系可描述为：

Y = F（x_1，x_2，x_3，x_4，x_5，x_6，t）

为了使企业价值函数的表达式具有普遍适用性，设有 n 种要素资本投入企业经营过程，其价值函数的一般形式可定义为：

Y = F（x_1，x_2，$\cdots$，x_n，t）

$$= F \ (x_i, \ t), \quad i = 1, 2, \cdots, n \tag{12}$$

式（12）中的 Y 为某一时期内的企业价值；x_i 为某一时期第 i 种要素资本的数额；t 为时间。对式（12）的求解，我们可采取数量经济学的常用方法：两边取对数，然后对时间求导，测算出极小单位时间内的变化规律。得：

$$\frac{d\ln y}{dt} = \frac{\partial \ln F}{\partial t} + \sum_{i=1}^{n} \alpha_i \frac{d\ln x_i}{dt} \tag{13}$$

根据数学分析原理，对财务价值创造过程的时间 t 求导，可得出企业价值在时间 t_0 点的导数，以此观察企业价值在点 t_0 的极限值或变化率。因此，在式（13）中：$\frac{\partial \ln F}{\partial t}$ 是企业全部要素资本财务效率的变动率，它表明企业要素资本的增值水平主要由价值发现和价值创造两方面能力所决定。价值发现是任意单一要素资本的功能，美国投资大师杰本明·格雷厄姆的价值发现和价值再发现仅指财务资本的发现功能。价值创造则是财务资本与其他要素资本共同作用的结果，它由要素资本的收益系数和要素资本的变化率所决定，是一个收益生成过程（Ross，1976）。

式（13）中 α_i 为第 i 种（个）要素资本的收益系数，它是：

$$a_i = \frac{X_i}{F} \times \frac{\partial F}{\partial X_i} \quad i = 1, 2, \cdots, n \tag{14}$$

我们令 $\alpha = \sum_{i=1}^{n} \alpha_i$，则有：

$$\beta_i = \frac{\alpha_i}{\alpha}, \quad i = 1, 2, \cdots, n \tag{15}$$

其中，$\alpha = \sum_{i=1}^{n} \alpha_i$ 可称为要素资本规模弹性，本文认为，根据我国的经济发展和市场化程度，要素资本由人力资本、货币资本、实物资本、技术资本、信息资本和知识资本构成。当 $\alpha > 1$ 时，称为要素资本规模收益递增；当 $\alpha < 1$ 时，则称为要素资本规模收益递减；当 $\alpha = 1$ 时，则称为企业要素资本规模收益不变。这是财务学作为应用经济学的功能表现（沈艺峰，1997）。

由于存在 $\sum_{i=1}^{n} \beta_i = 1$，则有

$$Y = \prod_{i=1}^{n} (A_i X_i)^{\beta_i} \tag{16}$$

在式（16）中，$A_i = \frac{y}{x_i}$，称为第 i 个（种）要素资本的财务效率，即企业价值与第 i 个要素资本投资额的比值。这是为求解价值创造函数所建立的概念，也是本文研究对象之一。

我们采取分析和处理式（12）的方式，对式（16）两边取对数，并对时间 t 求导，得：

$$\frac{dlny}{dt} = \sum_{i=1}^{n} \beta_i (\frac{dlnA_i}{dt} + \frac{dlnX_i}{dt}) \tag{17}$$

根据式（13）和式（17），并结合式（15），可得出：

$$\frac{\partial lnF}{\partial t} = \sum_{i=1}^{n} \beta_i \frac{dlnA_i}{dt} + \sum_{i=1}^{n} (\beta_i - \alpha_i) \frac{dlnX_i}{dt} \tag{18}$$

通过式（18）可知，全部要素资本财务效率的变化率由两大部分所构成：第一部分——等式右边第一项单一要素资本收益系数变动的加权和，其权数为对应的投入要素资本收益系数与资本规模弹性之比。第二部分——等式右边第二项，全部要素资本规模的财务效应。因此，企业全部要素资本财务效率的变动率是单一要素资本收益系数的变动与全部要素资本规模弹性财务效应的综合效应。

显然，企业提高实物资产质量，改进和革新生产工艺过程，加快技术进步和技术扩散，增强劳动者技能等，都可引发单一要素资本财务效率的提高。而提高企业生产率，扩大生产规模，改进和提高企业整体管理水平等，则可引发全部要素资本规模收益的增长。而且，式（13）还说明，在要素资本规模收益不变条件下，即满足：

$$\alpha = \sum_{i=1}^{n} \alpha_i = 1 \text{ 时，则有} \frac{\partial lnF}{\partial t} = \sum_{i=n}^{n} \beta_i \frac{dlnA_i}{dt}, \text{ 即：}$$

全部要素资本财务效率的变动率等于单一要素资本财务效率变动率的加权之和。

换言之，只有资本规模收益水平不变时，全部要素资本财务效率变动率才可视为由导致单一要素资本财务效率变动率变化的因素引起的。当要素资本规模收益递减时，单一要素资本财务效率变动率的加权之和在增添了由于全部要素资本规模收益递减而导致投入要素资本增长负效应后，则会与全部要素资本财务效率的变动率相等。而当要素资本规模收益递增时，单一要素资本财务效率变动率加权之和在扣除了由于要素资本规模收益递增而带来的投入要素资本增长正效应后，才等于企业全部要素资本财务效率变动率。因此，当企业全部要素资本财务效率和单一要素资本财务效率同时达到极大值时，企业价值最大化才得以实现。

四、价值创造与财务效率

我们知道，财务效率 $A_i = y/x_i$，它是企业产出价值与投入资本的比率。全部要素资本财务效率是企业投入经营过程中全部要素资本的综合增值水平，是企业价值创造与资本投入的比值，亦即产出价值与投入价值之比。提高财务效率，一方面应加大价值产出。运用战略财务管理和企业竞争优势，增强核心竞争力，从价值预期、价值发现、价值创造和价值均衡等多环节考虑，加速要素资本周转，扩大价值产出流量。科学地管理和决策，准确测算要素资本需求量，节约资本支出。另一方面应减少要素资本成本。企业不仅要降低财务资本成本，还要降低实物资产资本成本、人力资本成本、技术资本成本、信息资本成本、知识资本成本等。一个企业和产业的市场竞争力归根结底取决于这个企业或产业的产品成本水平，成本水平越低竞争力越强。价值创造的关键是价值链的上中下游各阶段均以最小成本承载最大程度的价值流量运行。

由于 $A_i = \dfrac{y}{x_i}$，则有

$$A = \dfrac{y}{x} \tag{19}$$

并且 $x = \sum_{i=1}^{n} x_i = \sum p_i Q_i \tag{20}$

式（20）中的 x，p，Q 分别为某一时期 i 个要素资本的价值、价格和数额。若对式（20）两边取对数，并对时间 t 求导，则可得出：

$$\dfrac{d\ln X}{dt} = \sum_{i=1}^{n} \dfrac{X_i}{X} \times \dfrac{d\ln X_i}{dt} = \sum_{i=1}^{n} \dfrac{C_{Ai}(Y)}{C_A(Y)} \times \dfrac{d\ln X_i}{dt} \tag{21}$$

其中，$C_{Ai}(Y) = \dfrac{x_i}{y} = \dfrac{1}{A_i} \tag{22}$

$$C_A(Y) = \dfrac{x}{y} = \dfrac{1}{A} \tag{23}$$

在这里，式（22）表明当产出价值为 Y 时第 i 个要素资本的平均成本；式（23）则是当产出价值为 Y 时企业全部要素资本的平均成本。这说明，价值函数不仅包含要素资本收益系数和财务效率，而且包含资本成本因素。在科学的财务结构条件下，企业的价值创造是要素资本的收益系数、财务效率和资本成本共同作用的结果。财务效率和要素资本成本将成为财务学的重要课题。

要素资本投入量与财务效率之乘积等于企业价值。在要素资本不变情况下，财务效率越高，企业价值越大。而财务效率的高低实际是由要素资本成本决定的。任何生产要素的资本成本均由资本的筹集成本和资本的使用成本所构成。其中，筹集成本是企业在筹措集中资本的活动中发生的费用。例如，企业筹集财务资本将发生委托金融机构代理发行债券、股票的注册费、代理费、手续费和票证印刷费，以及向银行取得贷款的谈判费等。筹集人力资本将发生人力资源的寻找、签订合约、监督使用和调换岗位等费用。技术资本、信息资本和知识资本的筹集也都存在着要素资源的寻找、签约、交易和调换等方面的费用。显然，筹集成本越低，财务效率越高，并且与价值创造过程直接关联。因为，对于要素资本的供求双方，价值预期越高，实现价值均衡的可供选择对象和范围就越有限，价值创造和现金流量的增速增量难度就越大。要实现价值创造和现金流量最大化，就需花费较多的财务管理成本。如果各要素资本的价值预期过高，其情形会与专用性资产的特性相类似，成本与价值失配；当选择对象和范围极其有限时，筹集成本就会上升。筹集成本具有明显的外生性特点，是外生变量。要素资本的使用成本诸如财务资本的贷款利息、证券利息和股利，人力资本的工资、技术资本的研发补偿费和信息资源的购买价格等，是企业获取要素资本之后在使用过程中所发生的各种支出。这部分成

本不仅与财务效率关联，而且与企业经营方式的选择、生产效率、市场效率密切关联。资本使用成本的高低主要是企业个体内部制度安排、工作质量和效率的结果。使用成本是企业财务经济的内生变量，减少和免除使用成本是提高财务效率、增加企业价值的核心因素。

信息产品的成本具有生产成本很高、复制成本很低，固定成本很高、变动成本很低，以及一旦第一份信息被生产出来则其大部分成本就成为无法挽回的沉没成本等特征。而且，多份拷贝的生产可以大致相同的单位变动成本生产。这使企业在使用财务资本购买信息资源时，必须像购买一台高精密的先进机器设备一样严格考察其新鲜性和质量性。企业既不可缺乏信息资本，又不应发生信息超载。不同的产业具有不同的要素资本构成特点。企业可通过优化要素资本结构，分析、考核信息资本成本的高低，实现效率优先、兼顾结构均衡。

要素资本范畴和价值函数理论是本文研究的一个结论性成果，其内容还很不完善。关于应用和操作，其基本设想是，公司改进资本结构和建立公司财务增长模型，可使用要素资本的多属性价值函数理论。通过构建优良的资本结构和公司财务增长模型，实现财务创造更多价值的功能。

五、结论与展望

研究表明，企业的价值函数是企业财务活动中的价值机制及其作用变化的财务规律。生产要素的资本化和资本创造价值是财务工作的基础内容。只有大力创造和发展生产力因素，并将生产要素转换为经济组织的资本，该经济组织才可能创造价值。价值的创造是多种资本配置在一起共同工作生产新的价值，即资本的新价值。因此，在经济学上，有可能只有资本才能生产价值。亦即，只有资本才有生产价值的功能。一项生产要素在没有转变为资本之前，该生产要素难以创造价值。将生产要素转化为要素资本，维护多种资本的价值保值和增值，并创造出（生产出）新的价值，应是财务学的原始功能。所以，生产要素资本化，保护资本的价值存在和增值，以及创造资本的新价值，实为财务学的天然本性。如果某一种经济资源未转化为资本而创造了价值，如劳动力未转化为人力资本而创造了价值、现金未转化为货币资本而创造了价值，或者机器设备未转化成实物资本而创造了价值，那么，这种情况只是一种特殊实例和临时性财务事件，该情况不可能持久，尤其是难以跨期存在。这种情况多半是非财务活动替代了财务活动，诸如亲朋好友之间的捐赠和帮助、政府的资助或财政补贴，以及某种政治活动和文化活动或者军事活动对财务活动的替代。在我国社会主义经济制度下，很多财务活动被政府的财政活动或政治方式所替代。

企业和个人的财务活动主要包括出售资产以筹集货币资本、购置资产以投资获益、评估测定资产价格以维护保护资本价值，以及跨时间分配货币资本以优化资本结构从而实现资本收益最大化。财务活动具有发现价值、维护价值运行和创造价值等功能，而财务创造价值的功能，主要体现在生产要素资本化和多种异质要素资本替代实物资产生产新的价值。多种异质要素资本是多种异质实物资产的价值与货币资本的集合。因此，公司财务活动中的筹资决策、投资决策、资产定价和股权结构治理等行为，都具有增加企业部分价值和收益的功能。著名财务学家斯蒂芬·A. 罗斯先生在其"Corporate Finance"教材里，也专门阐述了企业筹资决策可以创造价值的财务原理。企业筹资、投资和股利分配等财务活动，都会在一定程度上为股东创造新的价值。牢记发展生产力的理念，开发新的生产要素，研究资本的新形态及其活动方式，将成为财务学研究的新领域。资本理论和价值理论是我国财务学的基础理论，其中，多种资本配置结构和配置方式则是我国财务学的核心理论。这种财务学的理解和解释，既符合我国五千年的文化传统，也与基于马克思主义思想的当代中国特色社会主义经济制度相一致。

参考文献

［1］龚德恩，徐小飞. 关于科技进步的新思考［J］. 预测，2001（2）：1-3.

［2］郭复初等. 经济发展中的财务问题［M］. 成都：西南财经大学出版社，2001.

［3］岳超源. 决策理论与方法［M］. 北京：科学出版社，2003.

［4］王斌，高晨. 论资本逻辑与社会逻辑——对未来企业及其财务管理的思索［J］. 北京商学院学报，2001（1）：23-28.

［5］［奥］弗·冯·维赛尔. 自然价值［M］. 陈国庆译. 北京：商务印书馆，1997.

［6］［奥］庞巴维克. 资本实证论［M］. 陈端译. 北京：商务印书馆，1983.

［7］Stephen A. Ross. Uses, Abuses, and Alternatives to the Net-Present-Value Rule［J］. Financial Management, 1995, 24（3）：96-102.

［8］罗福凯. 战略财务管理［M］. 青岛：中国海洋大学出版社，2000.

［9］罗福凯. 财务理论专题［M］. 北京：经济管理出版社，2003.

06 | 财务思想史的演进及其价值理论取向[*]

一、引言

从根本上说，我国公司财务理论和技术方法的研究进展，决定于和植根于我国社会经济思想的土壤。天下为公、均贫富、顺天应人、天人合一，"有人此有土、有土此有财、有财此有用"的民生思想，"千钧将一羽，轻重在平衡"的均衡理念，以及社会主义生产资料公有制，是我国财务思想有别于欧美国家企业财务理论的根源。我国的财务学思想发展史是我国经济思想发展史的重要组成部分。一般地，研究我国的经济思想史，主要是探讨自先秦以来的中国经济思想发生、发展和演变的全部历史过程。这个发展过程主要包括先秦、从秦汉到鸦片战争前夕，以及从鸦片战争到五四运动前的三个历史时期。先秦经济思想最早可追溯到夏、商及其以前各代。虽然这个时期内有不少经济活动的传说，但考证困难。《尚书》和《诗经》中有一些记载，可是内容却甚为简略。根据我国经典文献，我国在西周时已出现了一些简单的经济观点，到春秋战国时期已发展为百家争鸣的繁荣局面。道、儒、墨、法各家及其他思想家，均各自在不同程度上提出了许多光辉的经济观点，成为中国古代经济思想的高峰。中外思想史学研究有一种现象值得回味：虽然社会科学思想在持续进步和发展，但在形式上却一次次表现为向原典的回归运动，以致西方有人说：一部西方哲学史，不过是对柏拉图诠释的历史。实际上，回归经典文献的解释这种现象在我国思想史研究里表现得更为典型。一部中国财务思想史，不过是对道、儒、墨、法等各家思想家的经典诠释的历史。诠释并不是一种简单重复的过程，而是一种学习、理解和再创造的过程。

以道家思想为例，先秦道家的主要经济观点是"均富"和"知足"。他们认为，自然规律是"损有余而补不足"，如不人为地"损不足以奉有余"，财富分配会"自均"。均富思想对秦汉以后某些农民生产、生活和农民起义具有显著影响。道家又认为"多藏必厚亡"，"祸莫大于不知足"（《老子》下篇），因而强调"知足"。这一观点由于与先秦儒家消费思想相近而被后世儒家予以进一步的宣扬，成为对后代各种经济活动具有相当制约作用的思想。先秦道家从"无为"和"抱朴"观点出发，极端憎恶工艺技巧，也是

---

* 本文最早发表于《财经理论与实践》2002 年第 1 期，第 70-75 页。此文于 2015 年 12 月修订。

先秦各家少有的，由此而派生的"小国寡民"思想，显然是"无为"思想的引申。

早期儒家对社会经济活动主要持积极态度，但也强调伦理规范对经济活动的制约作用。因此他们对于物质财富的获取，强调"见利思义"（《论语·宪问》），反对"放于利而行"（《里仁》）；在富国与富民的关系上，认为民富是国富的基础，要求统治者以富民为先，主张"因民之所利而利之"（《尧曰》），反对统治者与民争利。现在的西方经济学里的福利经济学定理以个人主义社会哲学为基础，主张高度的个人主义思想，其社会福利函数概括的是对每一社会成员效用的社会偏好，以用来寻找使社会福利最大化的资源配置。我国的儒家经济思想与现代西方福利经济学理论不同。儒家思想强调全体人民富裕起来了，老百姓过上了小康生活，国家才能开始富强。其思想仍然是均富。

道、儒、墨、法等各家学派，共同组成了中华民族文化思想。各家学派各有特点，但共同之处是追求天下大同，百姓小康，全体人民共同富裕，从而实现整个中华民族富强。"大同"、"小康"是中国古代典型的理想社会经济模式。由于它见于儒家经典《礼记》的《礼运》篇并假孔子之口说出，故一般认为它是儒家思想。然而，若从价值取向看，"大同"更接近于道家思想。"大同"与"小康"这种二重理想的并置，既透露出我们先民的精神志趣与生活态度，又表达了我国传统文化中的经济思想。

儒家经典著作《礼记·礼运》云：

大道之行也，天下为公，选贤与能，讲信修睦。故人不独亲其亲，不独子其子，使老有所终，壮有所用，幼有所长，鳏、寡、孤、独、废、疾者皆有所养，男有分，女有归。货恶其弃于地也，不必藏于己；力恶其不出于身也，不必为己。是故谋闭而不兴，盗窃乱贼而不作，故外户而不闭。是谓大同。

今大道既隐，天下为家，各亲其亲，各子其子，货力为己，大人世及以为礼，城郭沟池以为固，礼义以为纪。以正君臣，以笃父子，以睦兄弟，以和夫妇，以设制度，以立田里，以贤勇知，以功为己。故谋用是作，而兵由此起。禹、汤、文、武、成王、周公，由此其选也。此六君子者，未有不谨于礼者也。以著其义，以考其信，著有过，刑仁讲让，示民有常。如有不由此者，在执者去，众以为殃。是谓小康。

天下大同与百姓小康是我国先辈们数千年来追求的理想社会目标。从我国上下五千年的大历史看，中国社会先后经历了三种政治经济形态，即先秦的封建社会时期、秦之后的中央集权专制社会时期，以及辛亥革命之后的民主共和社会时期。每一个形态所创造的新结构、新治理与新秩序，都为中华文明的进步与发展提供了新的基础和动力。生产资料所有制决定一国的资源归属方式、配置结构与生产形态，很自然地也就决定着一国制度的根本。我国之所以选择生产资料公有制为核心的社会主义制度，其根本原因在于我国历史中的"天下大同"和"百姓小康"的自然延续。经过长期的探索和实践，我国今天最终形成的基本经济制度是：公有制为主体、多种所有制经济共同发展的基本经济制度。西方欧美国家的经济逻辑是市场主导，市场逐渐包容政府；而我国的经济逻辑是政府主导，政府逐渐包容市场。市场与政府相互承认，各自不可或缺，相辅相成。在平衡政府与市场关系上，我国充分遵循市场经济的规律，但其实践的方式和价值取向不同于欧美国家。可以看出，我国古代社会的经济思想与今天我国实行的中国特色社会主义制度一脉相承。公有制经济为主体、多种经济成分并存与全体人民共同富裕，成为我国社会主义市场经济的本质特征。今天我们研究我国的财务思想史，目的在于寻找我国社会经济发展中的财务思想和财务活动规律。

然而，财务思想史研究是一门难度很大且很麻烦的学问，如陷其中，便难以自拔。许多学者都深知财务思想史在财务学发展中的重要地位，但多数学者望而生畏，或避重就轻，或仅考察某一位财务思想家的思想。本文不揣冒昧，仅提问题，开垦荒地，以抛砖引玉。本文认为，中国财务思想史是沿着"天下为公"、"均富"和"知足"的原始经济思想，经过"重农抑商"、"仓廪实而知礼节，衣食足而知荣辱"、公平的"义利观"，到"耕者有其田"、"均贫富"和"社会主义工商业生产资料私有制改造"，再到社会主义生产资料公有制，以及公有制为主体与多种经济成分并存，目标是社会和谐，共同富裕。而发端于欧洲的资本主义制度追求自由、平等，目标是个人利益最大化。显然，同欧美的自由与平等思想必然引致个人利益最大化一样，我国的和谐与均富思想，也必然会引致国家利益最大化。

二、我国主要社会发展时期的财务范畴梳理

财务学基础范畴即是财务理论体系之网上的概念纽结。由于财务学理论之网并非一蹴而就，因而财务基础范畴也是中国财务思想史中的思想血脉细胞。那么，在财务学里，资本、价值、跨时间、风险和套利等基础范畴，究竟哪一个范畴产生得最早，即最原始的根范畴是什么，这对我们理解财务学极为重要。是资本概念产生在前，还是价值概念产生在前？其对于之后财务学的发展会形成不同的发展路径，财务学的发展历程和基础范畴的演进过程，可能也会有所不同。美国耶鲁大学威廉·N. 戈兹曼（William Goetzmann）和 K. 哥特·罗文霍斯特（K. Geert Rouwenhorst）两位教授撰写的《价值起源》著作，有大量我国古代商人财务创新的实例描述。诸如债券、股票、地方纸币、基金、期货等财务合约，这些财务合约有力推动了人类社会的经济发展和文明进步。他们认为，货币的起源同时也是价值的起源。在货币出现之前，一些生产工具等各种物品虽然已经作为生产要素发挥作用，并且这些物品工具已经有了自己的价值。但是，没有跨时间概念，没有衡量物品价值的货币产生，财务工作的独立性和财务工作范围将受到很大限制。只有当财务合约诞生了，并且有了货币这个物品价值的替代物，生产工具和产品才有了价值度量，生产工具和产品等物品，甚至劳动力，就有了跨时间和跨空间的流动与配置。此时，财务活动才可能有了一定程度的独立性。所以，当古代人类生产过程中产生了价值概念之后，财务学中的合约、物品资本或人力资本、货币等概念才可能出现，财务工作的独立性才慢慢形成。我国的财务史、古埃及和古希腊的财务史，以及英国的财务史，大致都是这样。

因此，在人类原始社会末期，古代人类的智慧和生产工具的进步，引发了生产力和

生产方式的进步，从而引发了经济学里的价值产生。任何时候，一件事情有意义才可能发展起来。劳动分工是生产方式发展的必然结果。分工和私有制的发展引发了商品生产的出现。财务产生于商品经济。在货币产生之前，商品经济是物与物交换，交换的财务依据是生产有剩余和交换双方的需要即商品的使用价值。货币产生之后，商品生产和交换的效率、效益大幅度提高。同时，在牧业财务活动、农业财务活动之外，又出现了专门经营货币保管、结算和汇兑业务的金融业财务活动。牧业个体户、农业生产组织和货币经营单位，便形成了不同的财务主体。代表商品和生产活动一般价值的货币普遍被人们接受。货币既是人们生产和生活中商品交换的媒介，又是商品经济中财务活动的基本工具和概念。当财务主体多样化时，财务活动就成为管理人员参与社会化大生产的一种分工，用于财务经济活动中的那一部分货币就转化为本金。换言之，本金是人们投入生产活动中购买生产要素、支付各种费用的那部分货币，它是垫支在生产中的本钱，要在生产结束时被重新收回来并在数量上有所增加。全社会的本金存量与用于生活中的那部分货币的存量之和应等于社会货币流通量。由于早期社会的生产和财务学发展缓慢，货币在人类社会早期一直是财务学的核心概念。

奴隶社会最重要的生产要素是劳动力；土地和其他要素的获取基本上不要求支付费用，是无偿的，当时的自然资源尚不具有稀缺性。相对于人类原始社会而言，奴隶社会人力资源的大幅度增长，有力推进了当时的社会经济发展。当然，奴隶社会毕竟是一个生产关系和生产力均极其落后的社会制度。因而其财务思想并不具有普遍意义。

在封建制度的自然经济下，除劳动外，土地逐渐成为创造财富和价值的主要来源；17世纪下叶英国经济思想家威廉·配第关于"土地是价值之母，劳动是价值之父和能动的要素"的观点就是以此为背景的。封建社会之所以始终以农业经济为主，小本经营，将本求利，市场规模有限，关键在于本金机制的作用。本金的垫支性、循环性和补偿性较强，其增值系统中有一部分价值增值能力很强，反映了先进的、活跃的生产力价值，另有一部分价值的增值性较弱，这部分价值适宜投入中介组织和提供公共产品的政府部门。在总体上，本金的增值性远远大于货币的增值性。当封建社会走向末期，生产力的发展和积累已超过封建生产关系的承载，本金中增值性较强的价值积累强烈要求增值，于是便爆发了"资本革命"，产生出以大机器工业为主的资本主义，从而带来了市场经济文明。这种文明使资本可以雇佣劳动、土地、其他自然资源、机器和现金等各种生产要素，其作用不亚于货币。资本成为经济发展必不可少的生产力要素。各种要素在市场和经济组织之间的转移、交换规则及资源的稀缺性，要求人们获取要素时必须以花费一定的资本为代价；资本具有价值增值和产权关系的二重性。本金作为财务管理的核心范畴是以货币为载体的，是货币的派生物。直到今天，货币仍然是经济学各学科最基本、最普遍使用的基础范畴；只是以网络经济为主体的商业模式的出现，产生了非货币手段的价值结算方式。

在漫长的封建社会，虽然分工和所有制有了很大的发展，但未形成市场文明，其根本原因在于本金未裂变为资本。资本产生后，仍以货币和本金为基础，成为本金的子集。

但资本的增值性、运动性和社会性特别强，资本与各种生产要素相结合可孵化出无数要素资本。本金在生出资本时，也生出一个增值性很弱的基金。资本和基金都是本金的衍生物，但基金只是社会公共品的价值载体，基本上不具有增值性，是非经营资产的价值，成为财务学、公共财政和福利经济学等多种学科的价值范畴。在市场经济下，各种生产要素在创造财富和价值（广义的生产）过程中的贡献，须在交换和分配中得以实现，即商品的交换价值需得满足生产的全部成本，加上各要素共同参与创造的利润。这样，资本在财务学中取代了本金的核心位置，并与成本、利润等成为财务学的核心范畴。虽然经济学上的资本主要以机器设备为载体，其实这是（理论）经济学比财务学（应用经济学）的落后之处。

进入 20 世纪下叶之后，知识和信息成为社会生产发展的重要发动因素及最重要的生产要素，市场经济文明开始由工业经济时代转入信息经济时代，货币、本金、资本、基金、成本等范畴中具有增值功能的价值成分开始显现出来，价值范畴开始成为社会经济的最重要的财务尺度，社会总产值、国民生产总值和国内生产总值先后成为衡量一国经济发展水平的标志；附加价值、企业价值、价值链、价值评估、市场价值、经济价值、账面价值、重置价值、清算价值，以及时间价值、风险价值和价值计算、价值预期、价值结构、价值均衡，等等，成为财务学的关键性概念。价值正逐渐替代资本成为财务学的核心范畴。凡是具有价值的资源都是经济发展重要的生产力因素。企业就是各利益相关者依据各自的价值考虑和判断，为了追求价值创造和价值最大化而形成的一种价值网络系统。换言之，企业不论大小，都是经济资源现金流量流入流出的财务价值系统。

我们的观点是：中国的财务管理产生于原始社会中后期，至晚形成于封建社会的第一个发展时期——春秋战国时期；财务从产生、形成，发展至今日，其所有核心范畴都是不断发展变化的生产力因素的财务价值。价值是财务学基础范畴里最早出现的概念，也是财务学演变、发展过程中各种核心范畴的内核。财务学是研究推动社会历史发展的生产力资源价值的科学；多种资本均衡配置则成为财务学的主要研究内容。

三、现代财务理论学说史的演变

虽然西方财务理论是世界现代财务学的主流，但其发展历史却比较短。据财务学家王化成教授考察，西方财务管理产生于 15 世纪欧洲地中海沿岸一带商业发展的城市；并将其发展划分为三个阶段①：①筹资财务管理阶段，时间在 18 ~ 19 世纪，其理论代表作是美国学者格林所著的《公司财务》（1897）。②内部控制财务管理阶段（20 世纪上叶），企业日常资金周转和内部控制是财务研究的重点。其代表作为美国洛夫（W. H. Lough）的《企业财务》、英国罗斯的《企业内部财务论》。③投资财务管理阶段（20 世纪中叶），其主要代表作为美国马科维茨的《资产选择——投资的有效分散化》（1959）。显

---

① 王化成. 现代西方财务管理 [M]. 北京：人民邮电出版社，1993.

然，资本的价值管理是西方财务学的主线。

著名财务学家、我的老师郭复初先生也将西方财务学发展分为三个时期：①筹资管理与财务核算为主的阶段；②成本管理与财务监督为主的阶段；③投资管理与财务决策为主的阶段，其见解基本与王化成教授相同。与此同时，郭复初教授将新中国半个世纪以来的财务管理工作也分为三个发展阶段："成本管理与财务核算、监督为主的阶段"，"分配管理与财务控制、考核为主的阶段"，"筹资管理与财务预测、决策为主的阶段"①。这些发展阶段虽有中国特色，但仍体现出财务理论核心范畴的演变和价值管理的线索。

著名财务学家黄菊波先生将我国半个多世纪以来的财务理论归纳为三个学派：②①"企业财务（或称国民经济各部门财务）是企业再生产过程中形成、分配和运用货币资金的客观存在的货币关系体系的总和。"简称"货币关系论"。这是苏联学者长期坚持的一种观点，对我国影响很大并盛行于20世纪50~60年代。这一时期，经济过程比较简短，货币收支是财务管理的主要环节。"主张这一观点的学者认为，商品生产的存在，必然导致价值规律存在并发生作用，而价值规律又必然通过货币和货币关系来反映和表现。企业财务就是物质生产领域利用价值形式来进行原材料采购、产品销售，进行核算，计算生产耗费、成本、价格和盈利；进行社会产品和企业纯收入的分配所形成的货币关系。③"②"企业财务是企业再生产过程中资金运动及其所体现的经济关系。其主要理由是，企业再生产过程既是使用价值的生产和交换过程，又是价值的形成和实现过程。亦即一方面表现为物资运动，另一方面表现为资金运动。物资不断地运动，其价值形态也不断地发生变化，由一种形态变化为另一种形态，周而复始，不断循环，形成资金运动。在企业进行资金的筹集、垫支、耗费、收回和分配的不断运动过程中必然同国家、银行、企业、企业内部职工发生一系列的经济关系。④"简称"资金运动论"，这是我国长期以来财务学的主流学派。③"企业财务是以企业为主体的对其再生产过程进行价值分配的一种活动及其所形成的经济关系。其主要理由是，企业财务之所以是一个经济范畴，是由于它是一种分配，即对其创造的总产品价值进行的一种分配所决定的。财务关系所反映的是建立在企业的价值分配活动及其相应的管理活动基础上人们之间的责权利关系。⑤"简称"价值分配论"。这一学派认识到了只有从价值方面去理解，才能揭示出企业财务的本质。

现在看来，"货币关系论"只能解释财务活动中的现金流量、现金收支关系，内容非常狭窄。而"资金运动论"无法解释迂回生产过程与分工经济的资本配置，无法解释人力资本、技术资本、信息资本、知识资本等要素资本和资本结构问题，更无法解释要素价值、价值预期函数、价值均衡、价值创造、合约财务、竞争对策财务等现代财务问题。因而"资金运动论"并不是财务学的本质。"价值分配论"是一种被动、消极的传统财务理论，该理论仍停留在财务是计划体制下国家财政的一个分支学科，把分配视为

---

① 郭复初．现代财务管理研究［M］．北京：经济科学出版社，2000.
②③④⑤ 黄菊波．新中国企业财务管理发展史［M］．北京：经济科学出版社，1996.

财务学的本质。以现代信息网络为背景、以知识为基础，财务学是研究如何创造价值、发现价值和整合价值的一门学问，而不仅仅是价值分配问题。由生产力因素和货币资本相结合形成的要素资本的增值是财务管理的目标；价值创造和价值运动过程及规律是财务学的基本研究对象。

之所以视"货币关系论"财务学派的观点狭窄，主要在于该观点在我国古代就已经形成，而古代中国的技术创新与技术资本思想基本处于空白状态。"货币关系论"财务思想有其一定的社会实践基础和理论科学性，但不完全和不充分。例如，我国西晋时期的鲁褒先生著有《钱神论》一文。文中引用的"有钱可使鬼"的古谚，对后世影响既深且远，以至于现今仍流传着它的通俗表述"有钱可使鬼推磨"和"有钱能使磨推鬼"的说法。该说法显然不符合科学的财务学规则。

鲁褒先生是一位隐者，生平不彰。鲁褒出于对当权者贪婪污鄙的深恶痛绝，在《钱神论》中虚构了这样一则故事：阔少司空公子在京城（今洛阳）闹市闲逛，恰与饱读诗书而又年迈贫困的綦母先生相遇，綦母先生两手空空正要去拜见"贵人"，走动关系，司空公子则嘲笑他不谙人情世故，乃固陋之极。然后，司空公子便引经据典，上下古今，侃侃而谈，用"钱能通神"的大道理来开导綦母先生，其中讲到金钱：

内则其方，外则其圆。无翼而飞，无足而走。解严毅之颜，开难发之口。无远不往，无深不至。钱之所祐，吉无不利。排朱门，入紫闼；钱之所在，危可使安，死可使活；钱之所去，贵可使贱，生可使杀。谚云："钱无耳，可闇使"，岂虚也哉！又曰："有钱可使鬼"，而况于人乎？

在这里，"朱门"指富贵人家，"紫闼"指朝廷。此句是说：只要有金钱开道，出入豪门宫廷，沟通权贵，全无障碍。后面又讲：

子夏云："死生有命，富贵在天。"吾以死生无命，富贵在钱。何以明之？钱能转祸为福，因败为成，危者得安，死者得生。性命长短，相禄贵贱，皆在乎钱，天何与焉？天有所短，钱有所长。谚曰："官无中人，不如归田"。虽有中人，而无家兄，何异无足而欲行，无翼而欲翔！

此处的"相禄"指官位俸禄，此处讲，人的寿夭贫富贵贱都由钱所左右；"中人"指朝中大臣，谚语"官无中人，不如归田"，反过来说，就是我们所谓"朝中有人好办事"，司空公子则对此说有深刻的辩驳，认为办事情光有关系而没有孔方兄是万万不行的，二者如鸟之两翼，车之两轮，缺一不可。不难看出，《钱神论》在挖苦讥刺金钱万能的文字中，传递出一些权钱交易的财务历史信息。

早于鲁褒先生数十年的成公绥先生也曾作有同题文写道："路中纷纷，行人悠悠，载驰载驱，唯钱是求。朱衣素带，当涂之士，爱我家兄，皆无能已。执我之手，托分终始，不计优劣，不论能否。宾客辐凑，门常如市，谚言'钱无耳，何可闇使'，岂虚也哉！"此文中，所谓"朱衣素带，当涂之士，爱我家兄，皆无能已"，反映的是当时社会的权势阶层对金钱的贪婪无度。众所周知，我国的晋代是历史上有名的乱世，不仅战争频仍，经济凋敝，而且统治者贪浊成风。如晋武帝贪财好利，公开卖官聚敛私财，司徒王戎多殖财贿，每夜与夫人在烛光下拿着筹码算账，王戎的堂兄弟王衍，虽身为高官又以名士为尚，口未尝言"钱"字，却资财山积。晋代之所以出现多人竞作《钱神论》的现象，应该说与这一时代的贪鄙之风有绝大的关系。

在唐代，名臣张说曾撰有一篇不足 200 字的《钱本草》，仿照《神农本草经》的语气，借药喻钱，借钱言药，把钱的性能、利弊、积散之道写得入木三分：

> 钱，味甘，大热，有毒，偏能驻眼颜，采泽流润，善疗饥，解困厄之患立验。能利邦国，污贤达，畏清廉。贪者服之，以均平为良；如不均平，则冷热相激，令人霍乱。其药采无实，采之非礼则伤神。此即流行，能召神灵，通鬼气，如积而不散，则有水火盗贼之灾生；如散而不积，则有饥寒困厄之患至。一积一散谓之道，不以为珍谓之德，取与合宜谓之义，无求非分谓之礼，博施济众谓之仁，出不失期谓之信，人不妨己谓之智，以此七术精炼，方可久而服之，令人长寿。若服之非理，则弱志伤神，切须忌之。

张说指出，金钱这味中药，只有经过道德仁义礼智信"七术精炼，方可久而服之，令人长寿"，反之，则"令人霍乱"，"弱志伤神"。此乃作者积四十年做官之经验而成的肺腑之言，是诫贪的一剂传统良药。

清康熙时，"桐城派"领袖戴名世曾写下《钱神问对》一文，构思精巧，使"戴子"与"钱神"来了个"面对面"，在人神对话中，"戴子"历数金钱的罪恶：

> 自汝出，而轻重其制，铢两其名，方圆其象，流传人间，惑乱民志，万端俱起。于是庸夫之目，以汝为重轻；奸人之手，以汝为上下。或执鞭乞哀，流汗相属。不然，设心计，走坑险，蒙死侥幸，损人益己，互相攘夺，至作奸犯科，椎牛发冢，聚为博弈，出为盗贼。至于官之得失，政以贿成，敲骨吸髓，转相吞噬，而天下之死于汝手者，不可胜数也！挺土刻木以为人，而强自冠带；羊狼狼贪之徒，而恣侵暴，剥穷孤，而汝之助虐者，不可胜数也……

面对"戴子"的指控，"钱神"则从容答曰：你所说的固然有理，但那正是钱之为神的原因所在，你又奈之若何？然后，"因仰而嘻笑，俯而却走，伸目四顾，举手而别，众共拥之以去"。在戴氏笔端，金钱对人性的异化、对权力的腐蚀以及人对它的无奈，一幕幕描写得活灵活现，宛在眼前，使人浑然忘了古今之别。

可见，我国古代私有制经济制度下的货币过度资本化了。可能正是由于货币的过度资本化，才阻碍和制约了技术创新和知识增长。在企业或个人资本总额既定情况下，某一种资本投入过多，其他资本就会投入减少。只有各种资本配置均衡，企业或个人的价值和收益才会最大化。历史上过度地占有货币，会抑制和阻碍人力、技术和机器设备等其他生产要素的资本化，进而损毁人力资本、技术资本和知识资本的价值。同我国古代一些人过分看待金钱一样，马克思笔下的资本家也把金钱货币看得比天还高。《马克思恩格斯全集》第 42 卷（第 152-155 页）里描述了大量有关资本家过度依赖货币的情形，深刻揭露资本主义经济制度过度将货币资本化，使劳动为资本家生产了巨额财富而为工人生产了赤贫。过度货币资本配置将对其他生产要素配置产生严重损毁，尤其对生产中的人力和知识产生严重摧残。金钱可以在市场上买到个人所需要的一切东西。马克思写道：

我是什么和我能够是什么，决不是由我的个性来决定的。我是丑的，但是我能给我买到最美的女人。可见，我并不丑，因为丑的作用，丑得吓人的力量，被货币化为乌有了。我——就我个人而言——是个跛子，可是货币使我获得了二十只脚；可见，我并不是跛子。我是一个邪恶的、不诚实的、没有良心的、没有头脑的人，可是货币是受尊敬的，因此，它的持有者也受尊敬。货币是最高的善，因此，它的持有者也是善的……

谁能买到勇气，谁就是勇敢的，即使他是胆小鬼……从货币持有者的观点看，货币能把任何特性和任何对象同其他任何即使与它相矛盾的特性或对象相交换，货币能使冰炭化为胶漆，能迫使仇敌相亲吻。

马克思认为，货币资本的这种骚动不宁、无限膨胀的虚无本性，将摧残整个社会文明和摧毁资本主义自身的经济制度。近一百多年来的西方欧美资本主义国家，在发展经济过程中不断调整货币资本占有量，增加技术的资本化和人力的资本化，从而缓解货币资本过度投入带来的损毁价值的程度。

四、经济学关于价值理论的分歧与财务学表述

关于价值学说，历来存在劳动价值论和效用价值论两大阵营。以李嘉图、马克思为代表的劳动价值论认为，价值是凝结于商品中的人类抽象劳动，只有人的生产劳动才能创造价值；增加劳动投入，完善劳动工具，改变劳动方式，科技创新，提高效率，降低成本，是增加价值的根本途径。但是，马克思的劳动价值论在解释现代社会机器人是否创造价值、自然资源是否创造价值、资本家是否创造价值等问题上显得不够充分。按马克思劳动价值论的价值定义，对客体对象施加作用力使其形态发生变化的功能，如果由人力来完成，具有劳动因素就创造价值；如果由物力、机器人来完成，因机器的运转不是劳动，就不创造价值。工人抡大锤打铁创造价值，自动锻压机或机器人"打铁"（往往质量更高）不创造价值。显然，这种劳动价值论的"价值"有人为规定的成分。事实上，不仅生产工具，而且土地和原材料等生产力因素的质量和先进程度也与价值创造有直接关系。例如，一个煤矿有两个采煤工作面：一个煤层厚 10 米，另一个煤层厚只有 1 米；同一采煤队在煤层厚度不同的两个工作面作业，其劳动人数、劳动时间、工具和劳动强度都一样时，劳动成果却很不一样；煤层地质起了重要作用。劳动价值论与具体的经济实践活动有矛盾。"研究表明劳动价值论是西方资产阶级经济思想和马克思主义经济学发展中的一项伟大成就，它在历史上发挥过积极的革命作用；然而它是有条件的相对的真理，不是无条件的普遍的永恒真理；它的局限性随着市场经济体制在西方各国的发展早日显露出来，如今在我国的社会主义市场经济改革和发展的实践中同样愈发尖锐地反映出来，必须给予重新认识和评价；我们的目标应当是依据市场经济的实践，矫正传统劳动价值论的偏差，并以能够反映当代经济发展现实、体现时代特点和精神的基本理

论取而代之。①" 实事求是地说，如果没有马克思主义，中国人民还要在黑暗中摸索若干年才可能争取民族解放，推翻 "三座大山"，建立新中国。正因如此，中国人民视马克思主义为真理。马克思是人类杰出代表，我国许多社会科学工作者尊崇马克思为神仙。我们应该像崇敬毛泽东主席一样尊崇马克思，把他们看作劳动人民的一员；历史地、辩证地认识和运用马克思的经济学理论。在马克思看来，资本是资本主义社会财富的主题，资本依据自己的权能和分配依据占有利润，即占有剩余价值。但资本不是剩余价值产生的源泉。雇佣工人劳动中剩余劳动或超额劳动是产生剩余价值的根源。剩余价值是雇佣劳动中的剩余劳动的物化和实现。可是，在社会主义社会，合同劳动制度替代了雇佣劳动制度，生产中的剩余劳动趋近于零。剩余价值被资本净收益取代。企业净收益（剩余价值）是多种异质资本均衡配置共同创造的。社会主义制度与资本主义制度的差别，将使经济学基础范畴发生重大变化。资本主义社会中的活劳动资本被社会主义经济制度中的人力资本所替代。同其他生产要素资本一样，人力资本不再含有剥削成分。社会主义资本开始泛化，并不再神秘。资本只对社会主义经济发挥重要作用，资本在社会主义社会其他领域的作用很小。价值有可能替代资本成为社会主义社会的财富主题。社会制度的选择是财务思想史发展中的基础性因素。

以马歇尔、瓦尔拉、帕累托为代表的效用价值论认为，价值是商品给人们带来的效用，人的体验、感受和主观判断是价值形成的基础；这里的价值实际是使用价值。效用价值学说（实为使用价值论）又分若干不同学派，希克斯的《价值与资本》同马歇尔的《经济学原理》中的价值理论一致；维克塞尔在价值论上是瓦尔拉学派，在资本论上则属于以庞巴维克为代表的奥地利学派。显然，单纯强调使用价值的效用价值论存在着严重的片面性，忽视了劳动和其他生产要素的投入及投入产出关系。所以，西方资本主义国家对价值理论的讨论比社会主义国家热闹得多，学派林立，又有生产价值论、交换价值论和消费价值论等若干分支。多数西方经济学家是通过批判马克思的劳动价值论来发展效用价值理论的。纵观西方经济学发展，可以看出效用价值论与劳动价值论的关系呈现出四个不同的发展阶段：①在古代希腊和罗马以及中世纪，效用价值论和劳动价值论处于共生和并存阶段。②从资本主义产生到第一次工业革命前后，两者处于分化和相互排斥阶段。③19 世纪末，自由竞争资本主义达到顶峰时期，两者开始综合；"这种综合的最大理论后果之一，就是把独立已久和发展已久的价值论最终地推向了价格论，实现了价格论同价值论的统一，从此以后，价格论取代价值论成了经济学基础理论的主角，传统意义上的同价格论截然分立并且被认为是价格论基础的价值论（无论是劳动论还是效用论）都不再是西方经济学必不可少的组成部分了。②" ④价格价值论在 20 世纪经历了不断细化和一般化的过程，前者是人们对不同市场结构下价值规律的深入研究，后者是从价值论的局部均衡论发展到价值的一般均衡论，以及对这种 "一般" 条件的不断扩展。这说明，价值理论的演变与时代变迁密不可分。时代变迁源于人类生产力水平的提

---

①② 宴智杰．劳动价值学说新探 ［M］．北京：北京大学出版社，2001.

高和创新。先进生产力是价值创造的源泉。

现在，我国经济学界对价值理论的研究存在三种观点：第一是认为马克思主义在不同的历史时期具有不同的指导意义，马克思的劳动价值论仍然是我国社会主义市场经济发展的理论基础。中国社会科学院和中国人民大学的经济学教授们多持此种观点。第二是扩展劳动概念后的整体劳动价值论。劳动是劳动主体和劳动客体的统一，是简单劳动和复杂劳动、体力劳动和脑力劳动的统一，也是活劳动和物化劳动的统一，传统的马克思劳动价值论只强调劳动主体的价值创造作用，忽视劳动客体诸如生产工具和劳动对象等客体创造价值的作用。科学技术的快速发展使劳动手段和劳动对象越来越先进化，劳动客体对价值创造的贡献份额必须加以考虑和重视。中国社会科学院经济研究所的经济学家钱津博士是这一观点的代表，他在其新著《劳动价值论》和《生存的选择》两本著作中提出了常态劳动、整态劳动和变态劳动等许多崭新的命题，系统地论证了劳动整体创造价值的基本思想。第三是以北京大学经济学院原院长晏智杰教授为代表，提出了生产要素价值论。晏先生在系统深入、全面地研究了劳动价值论和效用价值论的渊源、背景、条件和演进过程及众多流派之后，认为"一个商品被生产出来，其价值究竟有多大，应当根据什么来判断呢？生产成本，即在生产上所花费的各种要素的价值或价格。这些要素在不同的历史发展阶段是不同的：'原始未开化状态'（亚当·斯密语）下所花费的是劳动，而且只是劳动。这倒不是说在那种条件下没有花费土地等其他要素，而是说劳动以外的要素均不要求支付代价，它们是无偿的。至于为什么无偿，则可以从生产资料的原始公有制和当时自然资源不具有稀缺性中得到解释。劳动价值论通常就是从所假定的这种条件中得出来的，并且能够对这种条件的生产价值决定提供解释，但是也仅仅适用于这种条件。在封建制度的自然经济条件下，除了劳动以外，土地逐渐上升为财富和价值的主要来源。这是当时以农业为主体的生产方式和生产条件的反映。……资本主义工场手工业的迅速发展和工业革命的实现，逐渐地而且不可逆转地显示了劳动和土地之外的另一个新的生产要素的巨大作用，这就是资本。……"[①] 后来，马歇尔在劳动、土地和资本三要素之外，加上了企业家经营管理作为第四要素。20世纪末，邓小平根据毛泽东发展科学技术促进经济发展的思想，提出"科学技术是第一生产力"的论断，堪称对新的历史条件下生产力要素论的精辟概括。晏智杰教授就是这样根据生产力要素发展变化的脉络，得出价值来源生产要素论的结论。不过，这种生产要素价值论实质是生产成本价值论。

不难看出，无论是劳动整体价值论还是生产要素价值论，其共同的实践依据和理论基础是：人类生产力资源及其水平的发展变化推动着人类社会历史的发展和时代的变迁。所以，不断变化、增长的生产力是商品价值形成的源泉。这一推论可简称为先进生产力价值论，它旨在说明经济发展的根本在于新的、先进的生产力的不断发现和创造，只有新的、先进的生产力才是价值增值的源泉。普通的生产力只能维持商品的价值，落后的

---

① 晏智杰. 劳动价值学说新探 [M]. 北京：北京大学出版社，2001.

生产力则会抵消价值。要素价值论旨在说明生产上所花费的各种生产力因素的类别及其价格，有要素配置和结构主义之意或之嫌。

经济学上的价值理论分歧，必然表现在企业财务管理实践和财务理论表述上。我们知道，哲学上的价值是客体满足主体需要的程度。财务学上的价值是凝结在商品中的先进生产力支出被社会接受的程度；在财务分析中表述为经济组织未来经济资源价格预期的现值，它由要素投入价值和效用产出价值构成。最初，我们视"劳动价值"和"效用价值"的合一为财务学上的价值，亦即马克思的价值和使用价值。后来，我们发现，即使劳动价值与效用价值的合一或折中，也无法预期和解释当代经济发展中科学技术迅猛发展、信息产业和知识产业不断涌现以及人力资源、雇用资本的种种现象和现实。财务学上的价值是我们研究了劳动价值理论、效用价值理论、生产价格价值理论、扩展劳动概念后的价值论等多学派理论之后，根据现代经济发展实际提出来的。

财务理论研究者认为，分工和产业的发展使财务主体多样化。在私人、企业、行业（集团）和国家等财务主体中，公司制企业是经济发展中最基本最重要的财务主体。与财务经济核心范畴的演进相适应，企业发展经历了劳动、资本和知识三大逻辑的转变过程。在企业劳动逻辑阶段，劳动是企业最主要的资源，企业能力由劳动生产率、劳动能力、劳动效率和劳动创造的价值表现出来，企业的实质是分工经济和组织管理；在企业的资本逻辑阶段，实物资本是企业的最重要资源，企业的能力由盈利水平、经济价值增长（EVA）表现出来，企业的实质是规模经济和交易费用的降低。在企业的知识逻辑阶段，信息、技术和人力资源成为知识的主要载体，并广泛受到重视，生产要素呈现多样化，经济以知识为基础，企业能力由价值创造的数量、质量和效率表现出来；企业的实质是保持和增加核心竞争能力，实现价值均衡和价值增值最大化。企业资本和价值是伴随着企业性质的演变和发展而发挥不同作用的。目前，财务价值范畴主要有：经济价值——这是一个现金流量权衡的概念。任何资产价值都可被定义为购买者为获取一定的未来现金流量预期——价值预期而愿意现在支付的现金数量，即现值。经济价值是一个与未来密切相关的概念。它是由未来现金流量预期——包括最终处置资产本身的所得决定的。以前由决策产生的成本和支出属于沉没成本，从经济角度看是与价值无关的。

市场价值——在会计上又称公允价值，当任何一项资产或资产组合在有组织的市场上进行交易或在私人团体之间协商谈判时，在无胁迫的无负担交易中的价值被称为公允价值。这种价值往往是参与交易各方都充分调整了各自对资产经济价值的评估而达成的一种暂时的共识。虽然市场价值具有潜在的不稳定性，但与账面价值相比，它仍被公认为是一种比较真实、合理的财务价值标准。在会计的各种计量属性中，历史成本一般反映资产或负债过去的价值，而重置成本、可变现净值、现值和公共价值通常反映的是资产或负债的现时价值。

账面价值——一项资产或负债的账面价值就是反映在资产负债表上的标明价值。它是一种历史价值，根据公认会计准则和公司会计目标的要求以历史成本为基础进行计算和处理。它通常与现行的经济价值之间几乎没有任何联系。在某一时刻，它可能或者曾经代表了市场价值，但时间的流逝和经济条件的变化会慢慢扭曲账面价值。经常被引用的普通股账面价值，体现了股东们按比例对过去所有涉及资产、负债和经营活动的交易所带来的综合净收益的求偿权。这种价值作为一种剩余数额受所有过去和现在会计账务调整及经济价值变化的影响。在大多数情况下，它在经济分析中的作用是值得怀疑的。它是一种不准确、不真实的价值量。

清算价值——这是一种对公司急需要变现其部分资产或者全部资产和索取权进行评估的企业财务价值。这种价值往往是在时间压力甚至胁迫扭曲了买卖双方下而做出的价值评估，一般低于潜在的市场价值。因此，只有为了达到某些有限的特定目标时，清算价值才会被使用。

分拆价值——作为清算价值的一种变化形式，分拆价值是当公司被收购和重组时对部分资产、负债和其他交易项目进行评估的价值。一个多元化经营的公司，单个部门的经济价值的总和大于作为一个实体而存在的整个公司价值，这是分拆价值存在的客观现实和依据。分拆价值通常是在持续经营的业务部门实现的，而较少通过支持那些业务部门的单个财产的强迫清算而形成，如破产清算出售。任何持续经济活动中不需要的多余资产当然可能被这样清算。对于正在进行中的收购投标过程，分拆价值的评估非常重要。

重置价值——这是用同类实物置换现存固定资产所需的价值量。换句话说，就是机器、设备或其他类似资产的重置成本。实际上，重置价值是判断一项持续经营企业资产价值的若干标准之一。特定资产重置价值的决定很大程度上基于工程判断的一种估算。

这种标准在实际操作中有一些问题，其中，涉及的固定资产实际上能否或是否能完全按它当初购建时的情形重置就难以确定。除物理性磨损外，大部分实体资产会因为时间的推移而带来技术上的退化，还有一个问题就是估算真正以相同实物来重置某项目的现行可用成本。为了分析的目的，重置价值常常成为在评估持续经营中的资产价值时的"一项检察官卡"。

发现价值——又称价值发现，它是投资者发现投资项目的能力的价值。发现价值与高科技风险投资直接相关。价值发现是财务活动的基本功能。

价值创造——亦称创造价值，它是企业或机构组织全部生产要素能力的评估。企业收益来源于价值创造。价值创造来源于先进生产力的运用和配置。

担保价值、评估价值、持续经营价值、价值预期、价值均衡、价值指数等，都是财务学的基本范畴。无论是微观经济活动还是宏观经济活动，只要现实中涉及价值计算、价值均衡、投融资分析和价值收益分配及成本管理时，所使用的价值概念都是财务学范畴。经济学上的价值只是理论经济学的抽象价值范畴，一遇到具体的实际问题时就束手无策，出现矛盾和尴尬。对此，前已述及，此处不再讨论。

五、生产要素资本化是创造价值的源泉

我国实行具有中国特色的社会主义市场经济制度。每一届中央政府都会制定一个

"经济与社会发展五年计划"。在我国经济与社会发展的"十五"初期，中央政府提出了国有经济结构战略性调整和以信息化带动工业化的战略构想。根据我国工业化进程已处于中后期阶段这一发展水平的认识，我们认为，在我国，人力资源、货币资本、机器设备和原材料、技术、信息和知识等是必不可少的生产要素。前三项与传统生产要素人力、财力、物力相同，虽然其质和量发生了一定的变化，但其生产要素的性质没有变化。"技术"即科学技术，主要的是技术。技术与科学有别。科学与技术之间的关系密不可分，习惯上统称科学技术。但科学主要是原始理论范畴，技术则属于实践范畴。科学任务主要是解释和回答"是什么"和"为什么"的问题，解释自然与社会的本质及其内在规律，目的在于认识自然和理解社会。技术的任务主要是解决"做什么"和"如何做"的问题，从而满足社会生产和生活的实际需要，其目的在于改造自然和完善社会。在这里，技术、知识和信息是不同的生产要素，尤其是技术与知识分离。我们多次强调，一个国家或地区，推动其社会发展的生产力因素有许许多多，一种生产力因素能否成为一种生产要素，主要看该生产力是否能在市场上被作为商品广泛地等价交换，并且该商品广泛的市场需求已形成新的相对独立的产业。同类众多主要生产力因素的集合被称为一种生产要素。一种产业则是众多生产要素的集合。根据财务管理属于综合性价值管理这一本质特征，如果这里提出的六项生产要素符合中国现有生产力水平和国情，那么六种生产要素被投入货币资本从市场购入企业后，在财务学上称为人力资本、货币资本、实物资本、技术资本、信息资本和知识资本。习惯上我们所说的生产要素"资本、劳动、技术"中的"资本"，多数情况下（会计账表和政府文件中）是指财务学上的货币资本。但在经济学上和生产函数模型中，"资本"则是指机器设备或除劳动力和土地以外的所有生产资料。这给理论研究和实务操作带来许多混乱和麻烦。中外财务发展表明，财务机制既可调控微观经济也可调控宏观经济。因此，我们把以往适用于工业化之前使用很宽泛的、易于引起概念不清的"资本"范畴严格定义为"货币资本"，它是经济组织、个人和国家进行生产交易活动垫支的货币资金，以及经济过程中实物资产变现和金融资产价值之和。建立货币资本概念比较符合经济发展由工业经济时代趋向知识经济时代需要多种生产要素的现实，也符合财务活动具有相对独立性、（财务）资本市场客观存在并具有相对独立性的事实。财务学的发展也要求其概念越来越准确和严格。

　　尽管有些专家把信息、知识和教育分别单独列为不同的生产要素，但我们认为，目前我国的生产力和经济发展水平还没有使教育成为完全的商品在生产组织之间等价交换。教育的货币资本投入主要形成人力资本。有的专家还把人力资本与非技术劳动力分开①。其实，中国的知识分子和有知识智慧的经理人的劳动目前还没有完全市场化，我们的"人才市场"实际是有限的普通劳务市场。即使以后有了真正的知识人才市场，非技术

---

　　① 美国加利福尼亚大学保罗·罗莫教授于20世纪80年代提出了经济增长四要素：人力资本（以受教育年限衡量）、新思想（用专利衡量）、资本、非技术劳动。参见：陈漓高. 新经济挑战中国 [M]. 天津：天津人民出版社，2000.

劳动力与知识人才在中国也不必分开；每个人都有自己的特长，只是分工不同，人是同质的，只有后天技能上量的不同，大家提供的都是劳动而不是劳动力。还有些专家认为，中国的生产要素是机器设备、劳动力和技术，把货币资本仅视为连接机器设备、劳动力和技术的黏合剂，不是作为一项相对独立的生产要素。其实，这种认识仅停留在古典经济学"劳动是财富（价值）之父"、"土地是财富（价值）之母"的定理上。无视资本市场存在的事实和财务作为相对独立的经济活动的现实；也无视科学技术和信息、知识对人类进步的巨大作用，这种观点对实践和理论有害而无利。此外，西方经济学把人力资本与人力资源等同，我们则认为二者有别。人力资源是人口中有劳动能力和劳动效率的劳动资源，人力资本则是人力资源即劳动经过流通过程被投入货币资本后并加以开发形成的要素资本，它是人力资源的财务价值。人力资本称为劳动资本更确切。这样，资本结构是组织内部要素资本之间的数量构成及其比例关系。企业所有者权益与债务资本之间的比例关系只能称为货币资本结构。财务结构是要素价值之间的数量构成及其比例关系，而不是会计上资产负债表左边所有资产的价值构成。

资本运行的时空性、各产业的社会分工水平和经济发展状况决定了不同的产业部门具有不同的生产要素配置和资本分布。我国三次产业形成的时间和发展速度不同，其生产要素配置的效率和质量自然不同。生产要素所需要的货币资本的投入量在不同的时代、不同的国家和不同的产业也是有差异的。改革开放之初，中央实事求是，做出大量引进外资的决策并取得巨大成功。这说明，中央对当时我国恢复和发展整个国民经济的第一发动因素——货币资本的贫乏的判断是正确的。货币是资本的价值起源，货币资本则是现代生产要素的价值起源，生产要素是货币资本的更高实现。马克思认为，货币转化为近现代资本的关键是劳动成为商品，换言之，古代或中世纪资本的质与量及形式得以发展的关键在于劳动进入市场。今天，货币资本转化或实现其价值，不仅人力资源要成为商品，而且科学技术、文化知识、信息和货币及货币资本本身都要成为商品。所以，生产要素价值形成及生长的一般经济根源是生产要素资本的社会配置、分工水平与产业发展，以及经济发展规模的合成。

在财务经济过程中，表面上价值由货币资本的投入所带来，实际上是货币资本与其他生产要素相结合经过迂回生产过程，由各要素资本共同形成的财务价值——要素价值共同创造的。追溯价值创造过程——迂回生产过程的最上游，新的生产力的产生和使用是创造价值的根本或源泉。

六、结论与启示

财务学属于社会科学。我国的财务学思想史寓于社会科学发展史之中。研究财务思想发展史必须研究我国的社会科学发展思想史。人类古代社会的社会科学分工比较粗。今天研究货币问题是金融学的内容范围。财务学研究涉及的货币只是货币资本化的部分，即资本理论中的货币资本。至于货币的设计、印刷、发行、回笼、储备和兑换，以及兑换汇率、本位币制度、货币设计和生产者（中央银行），还有货币必要量测定、货币流通量控制、货币原理和机制，货币政策等，则是金融学的研究内容。

研究表明，自货币资本化以来，货币资本一直是财务学的基础研究对象。在以私有制为主体的经济制度里，由于"货币万能意识"作祟和"人不为己，天诛地灭"等错误理念的作用，货币资本的作用基本上一直处于上升状态，并对其他要素资本产生危害；过度的货币资本占有量严重地妨碍着其他要素资本创造价值的功能发挥。当公有制经济制度产生之后，在科学技术高度发达和人类文明迅速进步的今天，人力资本和技术资本的出现，使得货币资本需要与其他要素资本共同配置在一起，经济活动才能正常持续运行。货币资本、实物资本和人力资本，以及技术资本和知识资本等，共同构成了企业多种异质资本配置结构。当人类社会进入 21 世纪之后，技术资本的兴起，使财务学思想有了新的内容。资本的衡量依据是其市场价值和收益。因此，价值是财务学思想研究的基础范畴与核心范畴。在目前我国市场经济尚不够发达的历史时期，各种要素资本的各自要素市场相对落后，要素资本的价值表述仍然依靠货币资本。所以，货币资本在未来的很长时间里，依然是要素资本配置中的药引子。迄今为止，我们社会的很多人仍以获取货币为工作和生活的共同目标。我国古人所总结的一些经济与社会现象，眼下依然存在：世道纷纭，熙熙攘攘，心为外利所动，几乎失去真我；物欲横流，乃至人心不古；求诸外欲，而忽略了内在的诚信。如何对待浊世横流？单凭财务学理论可能难以解释清楚。财务学的研究对象和作用具有边界性或有限性。

根据生产要素资本化研究，人力资本对货币资本比较亲密，二者在市场经济里往往同进同出；实物资本和技术资本对货币资本的偏好均比较中性；知识资本所有者对货币资本有一定的距离感。当企业资本总额既定时，知识资本的增加会在一定程度上减少企业货币资本持有量。在企业扩大规模的发展阶段，知识资本存量与货币资本存量之间存在负向关系。在我国，只有多种异质要素资本的配置结构科学合理，每一种资本才能发挥其最大作用。此时，企业价值和收益率才会达到最大化状态。这一点，与我国儒家思想里"对个体人格的追求是在集体人格完善中得以完成"的传统理念基本一致。

参考文献

［1］马克思.资本论［M］.北京：人民出版社，1975.

［2］郭复初.现代财务理论研究［M］.北京：经济科学出版社，2000.

［3］［英］希克斯.价值与资本［M］.薛蕃康译.北京：商务印书馆，1962.

［4］［奥］庞巴维克.资本实证论［M］.陈端译.北京：商务印书馆，1983.

［5］宴智杰.劳动价值学说新探［M］.北京大学出版社，2001.

［6］钱津.劳动价值论［M］.北京：社会科学文献出版社，2001.

［7］张海燕.二十世纪的中国思想史研究［J］.中国史研究动态，2002（1）.

［8］托马斯·皮凯蒂.21 世纪资本论［M］.北京：中信出版社，2014.

07 | 公司财务机构、功能与结构剖析*

一、引言

　　每个企业内部都设置财务机构。可是，我国很多企业财务机构的主要业务，实际是会计工作。财务功能没有发挥出来。30多年来，虽然学术界和教育界早已把财务管理和会计分为两个不同专业，但从大学财务专业和会计专业毕业的学生们进企业工作时，又纷纷进入含有会计业务的公司财务部工作。所学与所用矛盾，不仅造成人才浪费，导致公司财务业务萎缩，更严重的是，会计机构替代财务机构影响了公司财务组织功能的发挥。当然，也有很多企业开始分别设立财务和会计机构，其组织功能的效果很好。那么，公司财务有哪些功能呢？让我们先看中国银行股份公司山东省分行的做法。

　　中国银行是我国大型国有控股商业银行之一，其业务范围涵盖商业银行、投资银行和保险领域，旗下有中银香港、中银国际、中银保险等控股金融机构，中国银行在英国《银行家》杂志的"世界1000家大银行"排名中，经常位列前十名。该银行的会计结算部和计划财务部分别设立。于是，企业的会计信息流和经营资本流，分属于会计组织和财务组织的不同载体。其中，会计结算部的核心业务是承担经营业务货币上的确认、计量、记录和报告等会计核算业务。其会计科目有表内、表外和备查登记类三种，表内科目有资产类、负债及权益类、资产负债共同类，科目设置由代码组成。会计结算部的组织设计，主要由会计制度与出纳管理团队、会计核算与柜员管理团队、检查辅导团队、国内结算业务与产品管理团队、事后监督与档案管理五个团队所构成，团队是会计结算部的主要工作组织单位。会计结算部是一个信息管理、制度管理很强的专业信息机构，其主要功能是反映和监督。

　　计划财务部的核心业务是跨时间配置全省行的资本性资源，承担全省行的资本筹集、资本投放、资本流量控制、资本回收，以及资本配置决策等工作。这与财务管理教科书里的内容基本一致。计划财务部的主要工作是负责制订全省行的资本投入产出业务计划和管理，包括资产业务、负债业务和中间业务的资本规划和管理，安排全省行的财务活动，扮演公司"管家"的角色。与一般工商企业一样，计划财务部中的计划所要达到的

---

　　* 原文载于作者主编的《山东省名牌企业财务管理状况研究》，中国海洋大学出版社，2009年。

目标主要就是市场份额的占有率。计划财务部下设八个团队（科室）：费用团队——负责人财的管理，固定资产与投资管理团队——负责实物的管理，采购评审团队——负责集中采购，财务分析管理团队——负责分析历史财务状况，业务发展与战略规划团队——负责制定未来发展计划，统计与信息团队——负责财务数据整理，资产负债管理团队——负责管理存贷款业务发展，流动性与市场风险管理团队——负责执行和管理利率和市场价格。这八个团队的共同特点即计划财务部的特点，就是从战略的高度看问题、分析问题，从整体的角度管理全行财务活动，从未来着眼思考省行如何发展。与会计结算部相似，计划财务部也是一个高度信息化的组织机构。例如，流动性与市场风险团队，负责管理头寸和利率。前者主要是现金支付与流动的控制，匡算头寸，保证对外支付需要。头寸不足时向总行拆借，头寸剩余则放入总行生息。头寸管理涉及存款、现金和同城交换，以及市场供求变化。财务机构衡量头寸采用备付率，即现金和存放央行存款与存款总额之比，这就要掌控和权衡流动性和盈利性之间的协调性，在保证流动性前提下增加盈利。显然，这是一项复杂的公司财务作业。又例如，资产负债管理团队是计划财务部的一个核心团队，进行资本配置、内部资金转移价格的测定，以及存贷款相关分析等工作。资本配置就是按照预算指标进行内部资金的分配和调剂。分配效率的标准是在全国省行内比较。内部资金转移价格涉及总分行之间的转移价格和资金池定价。分行的多余资金可以上存总行以获取利息增加收益，同时为了分别核算各部门利益，总行拟设定资金池，如营业部吸收的存款再以略高的利率转存给资金池，相关业务部再以内部价格贷走，以市场价格放贷给客户。

限于篇幅，本文对中国银行山东省分行计划财务部的业务和组织设置不一一陈述。不难看出，中国银行股份公司山东省分行由于设立了独立的财务机构，而且内设八个工作团队（科室），使得中国银行山东分行财务系统或财务客体得以形成，财务功能得到良好的发挥。现在，学界和企业界，以及媒体，常把财务的功能称为筹资、投资和成本控制，以及收益分配。在这里，很多人把财务的功能与财务机构的任务、工作内容混淆了。财务功能可以理解为财务机构及其业务的功效能力，但功能和任务是不同的。

二、公司财务功能的解释

当人们弄清楚财务与会计是不同的管理工作时，那么，会计组织之外的财务机构的功能是什么，就引起了人们的关注。对于功能，人们从不同的领域，以不同的角度给出不同的解释。美国学者 B. 查德尔斯加朗认为，一个装置的功能就是该装置的设计者或使用者基于某些具体目的而期望它能够完成的任务[1]。安妮·M. 库耐克认为，一个装置的功能就是它的用途[2]。而日本学者 T. 富山等则认为，"就功能来说，没有一种清楚和唯

---

① Chandasekaran, B. Functional Representation: A Brief Historical Perspective, 1994.
② Keuneke, A. Device Representation: The Significance of Functional Knowledge. IEEE Expert, 1991, 6 (2): 22-25.

一的定义，而且似乎不可能客观地描述功能，这是因为功能是一种直觉概念，它取决于设计者或使用者的意图。① "按照这种观点，一个装置的功能不是客观存在的，因而也就不能客观地描述。本文认为，功能是任务、用途和意图等观点是不科学的。首先，由人的意图规定和解释一个事物的功能，显然有主观决定客观之嫌，这违背客观事物的变化规律。其次，如果按任务和用途的功能观点看，公司财务可以向企业采购人员提供营运资本，就说财务有"提供营运资本"的功能；公司安排财务机构对投资项目事先进行效益评价，就说公司财务有"评价效益"的功能；财务机构执行公司董事会的决议从资本市场上购置其他公司的股份以扩大股权投资收益，就说财务有"投资"功能；若财务机构从股市购置本公司股票的目的是改进公司资本结构，就说财务有"调节资本结构"的功能；如果财务购置本公司股票的目的不是为了改变资本结构，而是阻止股价下滑，就说财务有"控制股价"的功能……由此看来，不同的企业，对财务机构的不同要求和设计，就有不同的财务功能；甚至同一财务机构的不同时期，因财务机构负责人不同而使财务具有不同的功能。事实上，财务机构和财务事件的运行结果、功效能力，与财务经理的意图通常总是有差异的，二者不是同一概念。

那么，究竟财务的功能是什么？为了深入透彻解释何为功能，我们以电风扇为例，人们可能为降温使用电风扇，可能为更新室内空气使用电风扇，也可能为干燥物品使用电风扇，还可能为了除湿而使用电风扇，在这些任务和用途中，电风扇并不能独立地、直接地实现使用者的意图，作为一个技术系统的组成要素之一，电风扇只能发挥这样一种功能：使受其作用的那部分空气流动。这种功能是不随使用者的意图而改变的，而是由电风扇的固有属性决定的。值得注意的是，根据使用者的不同意图，电风扇的安装地点、安装角度、配套装置等方面可以是不同的，这些是电风扇的使用条件。而使用条件只能决定客体的功能能否实现，却不能决定客体的功能是否存在。所以，客体的功能是客观存在的，它由客体的固有属性所决定。对于公司财务的功能描述，我们通过观察和研究企业经营系统里的大量财务现象，获取大量有关财务活动变化而使企业经营系统发生改变、企业生命周期阶段发生变化的信息，根据财务系统作用于企业经营系统后的企业反映的各种信息，建立公司财务系统的功能模型。分析公司财务系统的功能模型，并对其进行功能模拟，我们认为，公司财务系统有三个功能：①维护企业经营过程持续运行。财务机构向采购人员提供资本购买原材料和设备、对投资项目进行成本和效益评价、向银行借款，以及回购股票阻止股价下跌等，都是财务系统为实现企业目标而改变企业经营现状的功能表达，这些都属于财务维护企业经营过程持续运行的功能。该功能是任何企业的财务系统固有的客观存在的，它不依财务经理的意图而改变。当然，财务功能的体现，需要财务机构及其业务即财务系统的形成、受作用的企业活动，以及财务经理的操作等多方面的配合。财务跨时间配置资源，主要是对该功能的描述。②发现有价值的资源。财务机构对市场经济里的资产定价，如使用资本资产定价模型、套利定价理论

① Tomiyama, T. A CAD for Functional Design. Annals of the CIRP VOL, 1993: 143-146.

和期权定价模型等，对资产组合的收益和风险进行计量、评估，财务机构参与行业价值链活动，建立财务战略联盟，以及市场订单的开发投资等，都是财务机构及其业务发现有价值资源的功能体现。在投资人、投资经理和项目公司组成的风险投资游戏里，三方当事人各自财务系统的功能都是发现有价值资源的功能体现。风险投资游戏、资产定价行为、财务战略联盟的选择等，这些是财务发现有价值要素资源功能的典型事例。③通过创造现金流量，创造经济价值。财务机构从资本市场上购买股票、债券和基金，吸收新的股东改变公司治理结构，财务机构发明技术资本、信息资本和知识资本等新的财务要素，开发期权工资、定向股票和可转换战略债券等新的财务产品，修改和制定新的财务制度，以及制订新的税收筹划，改进财务机构组织设计等，都可以为公司创造新的现金流量和资源价值。

公司财务系统是企业系统的组成部分，而公司财务系统又可以分为若干子系统，子系统还可以继续分解，直到再不必分解的组成要素为止。系统、子系统和单个要素，都有自己的功能。财务功能的表达应该能够描述财务系统各个层次的功能。因此，财务功能表达的准确程度，与公司财务系统（财务机构、人员及其业务）建立的科学化有关。显然，财务系统的存在和财务机构的设置是财务功能得到发挥的基础。财务系统的设计则与财务结构的选择密切相关。

三、财务功能与财务机构和财务结构的关系

为便于学习、实践和研究，在功能的实现过程中，我们将主动产生作用的客体称为功能主体，受到作用和影响的客体称为功能客体。财务机构开展各种活动，影响企业经营过程，那么，财务机构是财务功能主体，企业经营过程则是功能客体。这样，功能主体和功能客体可能是不同的客体，也可能是同一客体。财务系统和企业经营系统，都是客观存在的物体。但是，对于财务功能来说，财务系统更多的是财务功能主体，企业系统则更多的是财务功能客体。财务机构内部组织的细分程度，与财务系统作为功能客体的程度有关。如果财务机构的内部组织只有3~5个，每个内部组织的行动都能直接有效影响企业经营活动；如果财务机构内部设立了十余个分支组织，则每个分支组织的作业往往需要通过公司财务系统来影响企业经营过程，此时的财务功能的发挥一般属于部分功能或子功能。那么，公司如何设计财务机构呢？

财务机构设计的依据是财务结构和企业系统的实际情况。财务结构是财务系统内诸要素之间的相互联系和相互作用方式。财务系统包括财务理论规则、财务机构、财务人员、财务作业和财务媒介等要素，这些要素的总和即为财务系统。由于财务系统的先进程度和复杂性决定财务结构的质量，所以，财务系统的设计和改进是财务管理的基础性工作。从前述的案例可知，中国银行山东省分行的财务系统是比较先进和全面的，其标志，一是财务机构的设计运用了20世纪90年代才产生的团队工作理论，财务机构装备先进；二是其组织内部设计了八个团队，数量比较多，说明复杂性强。因而，中国银行

的财务结构比较先进，质量较高。它把现代公司财务理论规则、现代企业管理学的组织设计新理念、专业财务专家和财务业务流程，以及财务中介密切地联系在一起，有力地支持了中国银行山东省分行财务系统的良好运行。在这里，中国银行山东省分行的财务结构，实际是由其公司财务知识结构、组织结构、人员结构、作业结构等财务子结构所形成，如财务知识结构又由财务管理方法（工具）、筹资理论、投资理论、资产定价，以及公司内部治理等理论要素组成。由于中国银行山东省分行除设立会计结算部、计划财务部之外，还设立了属于财务系统内部子系统的资本管理部、信贷风险控制部等机构，所以，中国银行山东省分行的财务结构是由计划财务部、资本管理部和信贷风险控制部的财务知识结构、组织结构、人员结构和业务结构等部分构成，如果，计划财务部、资本管理部和信贷风险控制部组成一个财务中心，则财务机构的质量更高。因为，把一个有内在联系的科学的财务知识（子）系统，分散地配置于计划财务部、资本管理部和信贷风险控制部，就会使财务知识的作用下降。我国目前对财务结构的作用和地位非常淡漠，因而，我们的公司财务机构设计极其落后。著名财务学家 O. 哈特的《企业、合同与财务结构》著作在我国传播多年，但其理论并未引起我国学界和企业界的重视。财务结构是财务要素之间的相互作用关系和秩序，其内含要素成分的多少和排列次序不同，财务结构的性质就不同。如同石墨和金刚石的分子都是由数量相同的碳原子组成，但石墨的碳原子以平面状结合，金刚石的碳原子以立体状结合，成分相同，结构不同，事物的性质和作用就不同。财务结构的科学与否，直接决定和影响企业内部组织的设计、竞争效率、所有权与公司经营控制权的分离等问题，依据财务结构建立的财务机构，又以财务合同的签约作为运行保证。资本结构是财务结构的核心。目前，欧美国家财务学家关于财务结构的研究，主要集中于财务结构与完全或不完全合约、财务结构与所有权和控制权之间的关系，以及产权和效率等方向的研究。我国目前亟须要做的是，依据财务结构解决企业内部的财务组织建设问题。

财务功能是财务系统对其他经济系统发生关系时做功的能力。财务功能的工作原理是：财务系统→财务结构→财务组织机构→财务功能→受力系统发生变化。显然，财务系统对企业其他系统做功是通过财务结构的工作来完成，财务结构又借助企业财务组织机构作桥梁，实现财务系统的功效和能力。换言之，财务功能的大小或多少由财务结构的优良程度所决定，财务功能的实现则以财务组织的有效工作为前提。

财务学家们之所以重视财务结构，首先在于财务结构具有约束财务要素、稳定财务系统的作用或特性。约束是一种强联系，不同的结构有不同的约束。在被约束状态下，财务要素和经营活动自身的自由度必然有限。反之则相反。财务结构作为一种约束，要排除财务要素和经营活动的外界干扰而维持其自身准稳状态存在的性质。否则，财务结构就难以稳定和存在。现在，我们的公司财务结构以财务资本结构为核心，没有把人力资本、技术资本和知识资本等要素资本，强联系在结构里。这就使得股权资本、债权资本等货币财务资本的自由度过大，基本得不到约束。美国次贷危机的根源就是货币财务资本未得到有效约束。当财务要素被强联系到财务结构之中时，某些要素会出现质量自损。如同核聚变反应形成氦原子核，其总质量 4.001505 原子质量单位，小于组成它的 2 个质子和 2 个中子单独存在的质量之和 4.031882 原子质量单位，两者之差0.030377原子质量单位是质子和中子形成氦核时在聚变反应过程中发生的质量亏损。这部分质量之所以要转化为能量形式而损失掉，就是因为氦核结构为了保持一定的整体系统的稳定性而对其他要素所做的约束和优化。一些家族性医药企业为了维持其产品秘方和技术优势，放弃通过公司上市筹集货币资本的做法，企业货币资本的筹集不是通过资本市场完成，而是通过企业内部和社会私募的方式。实质上，这就是财务结构的稳定特性。

当然，财务结构最根本的特性是有序性。不同的物质事务结构，其有序程度不同。会计学的结构，通过会计业务的确认、计量、记录和报告流程，依照复式记账有借必有贷的账户规则，形成资产与业主权益和债权权益之和之间的平衡结构。会计学账户的平衡结构是会计学存在的基本形式。物质事务的有序性和无序性是相对的，从物理学的角度看，无论气态、液态还是固态物质，它们都是一种无序的平衡结构，这种结构的内部诸要素粒子之间的碰撞是混乱的，它们的空间分布和时间涨落是随机的，只能靠统计学大数定理概率来描述和把握。只有远离平衡的非线性的耗散结构，才是一种有序的结构。这种结构在空间上表现出严格的规则性和自组织状态，在时间上表现为不可逆性和方向性。财务学结构与物理学结构极其相似。要素资本结构是财务机构及其人员在不确定环境下，对有限的要素资本进行跨时间配置形成的企业要素治理结构①。当货币财务资本优先配置和排序第一，人力资本和物质设备资本依次排序在后，则形成股份有限公司的治理结构。当人力资本优先配置和排序第一，货币财务资本和物质设备资本依次排序在后，则形成合伙制企业。当技术资本优先配置和排序第一，物质设备资本、人力资本、货币财务资本和信息资本依次排序在后，则形成科技型股份制企业。

财务结构的整体性也是其重要特性。财务系统一旦形成结构，它的性质和功能就不是财务系统各个要素的简单相加，而是会产生一种新的性质（系统质）和新的功能即整体功能。财务结构自身对财务系统内部各成分之间的相互关系具有制约作用和协同作用。制约作用限制约束了作用各方的自由度，协同作用则使各要素协调同步集体行动，使财务结构整体性地产生一种新的质和新的功能。现在，我国公司财务结构的问题在于，财务系统各要素不够健全，使财务结构的整体性出现畸形。我们过度地开发货币资本结构，将莫迪格利安妮和米勒在 1958 年和 1963 年两篇论文证明的一个定理，无限地衍生和引申。MM 理论证明的结果是：在某些条件下，企业的财务结构是无关紧要的。这里的"某些条件"就是基于阿罗—德布鲁经济学世界里的条件，即完备的市场、无交易成本、无税收，以及无破产成本。从而财务索取权的价值就等于货币资本的索取权按照阿罗—德布鲁价格（状态依存的证券价格）计算而得到的随机价值。因此，企业的总价值等于企业发行的证券资本的所有索取权的价值之和，等于企业得到的、按照阿罗—德布鲁价值计算而得到的随机收益。所以，他们认为，蛋糕的大小不受切法的影响，并将此作为

① 罗福凯. 要素资本、价值函数与财务效率 ［J］. 中国海洋大学学报，2003（1）：30-33.

一个财务学假定。事实上，蛋糕的生产原料不仅有货币资本，形成蛋糕的主要原料是技术资本和物质资料资本。决定蛋糕的大小和切法的不是财务合约和公司治理，财务结构仅是公司治理结构的一个子系统，财务合约仅是财务结构运行过程中的一个保护性措施。决定财务结构的形成、性质和变化的只能是财务系统及其要素的变化。詹森和麦克林（1976）、梅耶斯（1977）、罗斯（1977）等教授，努力摒弃蛋糕的大小不受切法影响的假定，将代理问题引入公司结构的各个层面，试图突破财务结构研究的桎梏，结果，财务学教授们被财务合约深深吸引，忘了自己在研究财务结构这回事。

当然，除财务结构外，财务机构的设置还依赖于企业实际情况。一些结构简单、经营业务单一、规模较小的企业，一般不需要设立独立的财务机构。其财务机构由经理或厂长办公室、会计等机构替代即可，这里主要有一个效率和成本的问题。但是，生产要素先进齐全的现代公司制企业，无论如何，也必须设置独立的财务机构。据我们实地考察，海尔集团内设资金流本部，该本部由会计公司、财务管理公司、资产管理公司和投资公司等子公司构成，这些子公司向其他本部的所属子公司提供会计核算、融资业务、股利分配方案、投资决策评价等服务，根据公司内部资本市场，开展专业服务经营。例如，海尔集团的电子产品本部，约40多个子公司，都没有财务部，只设立成本管理部，专事经营成本分析、研究和控制；其会计业务完全由集团资金流本部的会计公司以低于社会上会计师事务所的服务价格，提供高质量的会计确认、计量、记录和报告业务。在这里，海尔集团的会计机构与财务机构也是有效分离的。同中国银行的计划财务部一样，海尔集团的财务管理公司主要开展客户的融资业务、资本调剂、资本结构优化，股利分配和公司内部治理，以及财务衍生产品和服务业务开发等。有关资产定价和投资项目管理、评价等业务，则由资产管理公司和投资公司承担。显然，企业的实际做法，仍须学界深入考察和研究。财务机构的优化，决定于财务系统的优化和公司组织设计理念的现代化。

四、启示与建议

研究表明，财务机构的设计，不仅与财务功能的发挥、财务结构的优化有关，而且直接影响公司的效益和发展。甚至与公司的风险控制能力、内部人的激励问题、外部人的利益问题都有直接的联系。因此，公司财务实践的基本问题，首先是健全财务机构和人员，熟知财务系统的基本情况，建立科学的财务结构。然后，采取先进的财务管理方法和理论，提高财务管理的效率和效益，实现财务维护经营过程、发现价值和创造价值的功能。

建议财务学家研究财务理论时，不仅要以建立在资本、劳动和土地基础上的古典或新古典经济学为依据，而且要以中国特色社会主义政治经济学为理论基础，遵循财务学自身的发展规律。同时，引入信息经济学理论、知识管理学理论等新的概念范畴，考虑21世纪企业经济实践的发展变化。财务理论研究，不仅要反映财务实践的客观要求，而且要走在财务实践的前面，引领公司财务实践活动的发展。这也是财务理论发展的内在要求。

现实中，我国政府对企业的财务管理，主要是通过《公司法》、《企业账务通则》等各项法规，以及会计制度和会计准则建设，进行会计基础管理和宏观管理。在企业里承担财务管理任务的总会计师，在很多企业被财务总监、财务执行官所替代。地方政府对国有企业的管理是通过地方国资委和地方党委组织部的企业干部处共同管理，主要是对企业内部人实行监督和管理。对于企业是否设立财务机构，财务机构的功能发挥程度如何，政府基本疏于管理。因此，建议我国财政部的企业司、会计司和财务司等机构，定期评估国有独资或控股公司财务管理机构的建设管理工作。因为，一是我国很多大型国有独资或控股公司如工商银行等上市公司的第一大股东就是财政部，作为国有企业出资人的财政部，理应行使出资人财务管理的职责。二是政府财政机构是国有资本金使用效益的考核人。根据我国的社会制度和基础经济制度的实际情况，以及适应国有企业参与资本市场快速发展的现实，财政部的大部制改革工作应将会计事务管理司升级为"会计与财务事务管理司"，以满足市场经济中企业对政府的公司财务评估和指导管理的需求。

参考文献

[1]［美］O. 哈特. 企业，合同与财务结构［M］. 费方域译. 上海：上海人民出版社，1998.

[2]［法］让·梯若尔. 公司金融理论［M］. 王永钦等译. 北京：中国人民大学出版社，2007.

[3]［美］唐纳德·H. 邱. 公司财务与治理机制：美国、日本和欧洲的比较［M］. 杨其静，林妍英等译. 北京：中国人民大学出版社，2005.

[4] 罗福凯. 要素资本、价值函数与财务效率［J］. 中国海洋大学学报，2003（1）：34-37.

[5] Michael J. Brennan. Corporate Finance Over the Past 25 Years［J］. Financial Management，1995，24（2）：9-22.

[6] Dr. Manoj Anand. A Review of Research on the Practices of Corporate Finance［J］. Journal of Management，July-September，2002.

08 信息网络企业的财务特征分析[*]

一、引言

与一般传统实体工商企业不同，信息媒体传播、搜索引擎、电子商务和移动通信商等互联网企业也是由人财物等生产要素构成的经营性实体企业。所不同的是，传统实体工商企业的生产要素人力、财力和物力在企业资产总额中所占比重较大，其新兴生产要素技术、信息和知识占资产总额的比重较小。而互联网企业不需要很多的人力、厂房和设备，也不需要很多货币资本投入，甚至不需要原材料投入。互联网企业主要需要技术、信息和知识的投入，其技术、信息和知识在企业资产总额中所占比重很大，其传统生产要素人财物占资产总额的比重很小。阿里公司"支付宝"和"余额宝"软件的应用引发人们对"互联网金融"的热烈讨论。软件是信息技术，也是互联网企业的基础资产。当阿里巴巴集团于2014年9月19日登陆美国纽交所，其首个交易日以93.89美元报收，比发行价上涨38.07%时，我国商界、学界和政界对信息技术和互联网的关注热度达到沸点。2014年11月19日首届世界互联网大会在我国浙江省乌镇召开，又使我国互联网企业的社会关注度再次达到沸点。

很明显，互联网企业及其信息技术的迅猛发展，已成为我国经济发展的新增长极。不仅如此，非信息传媒与非移动通信产业，都离不开互联网系统及其信息技术的利用。迄今为止，几乎没有哪一个行业不需要互联网系统传递信息。可是，也有大量工业企业，因追求信息化支出巨额资本购置信息设备而陷入设备闲置浪费和财务拮据状态。许多企业不仅混淆了信息与信息技术、彼时记忆与此时事实的差别，而且连信息与信息设备也混为一谈。与此同时，互联网企业的信息侵权和假冒伪劣商品制售问题，也同样受到人们关注。首届世界互联网大会的次日，就有两位互联网企业大佬在对话论坛中相互暗讽，其主题是互联网企业制售假冒伪劣产品和逃税问题。一些企业无视客户利益和社会责任赚取了不义之财。也有一些企业为实现信息化而无视成本收益财务规则，甚至企业异质要素资本配置失衡和混乱。因此，研究和解释互联网企业的财务特征，让人们对互联网企业财务活动有一个更全面和深入的理解，从而使人们掌握互联网企业的经营规律和规

* 原文发表于《财会通讯》2015年第4期，第48—50页。

则，很有必要。

二、事实与观点

我国知名互联网企业北京小米科技公司，在3年多的时间里创新奋斗，一举成为我国手机行业销售份额的第一位。其公司总裁雷军计划再用5～10年时间超过苹果公司，力争成为全球第一。众所周知，小米公司起步于2010年4月。当时，身为金山软件总经理的雷军，收到其师弟发来的一封推荐信，希望另起炉灶独立制作一款完全的手机体系，在全球复制电商模式。雷军接受了建议，并将新业务团队命名为"小米工作室"。接下来，雷军仔细规划其产品、研发和管理团队，以及客户群体等，并先后将工作室更名"小米科技"和"北京小米科技有限责任公司"。小米公司开始成为一家专注于智能产品自主研发的移动互联网公司。"为发烧而生"是其产品理念。其首创用互联网模式开发手机操作系统、发烧友参与开发改进的模式，深受客户欢迎，收益丰厚，发展神速。

可以看出，互联网企业的创建和生产经营，不像机器制造厂、食品加工厂和生物制药公司等工商企业那样，需要购置大片土地、建造厂房车间和招聘产业工人，再争取获得政府批文和立项，然后取得银行贷款。也不像某些实体产品需要政府和社会中介检测审核产品数年，方能出售。网络企业依靠先进的信息技术、独特的经营理念和专业人才，很快就运转了起来。

然而，从2014年以来，尤其是2014年前三季度，小米科技公司可谓多灾多难。诸如点胶门、工艺、隐私门、性价比、饥饿营销、芯片、发热、抄袭等诸多负面新闻不断曝光。并与友商华为公司、酷派公司、魅族科技等公司，利用互联网隔空争吵。从价格战到口水战，再到互黑。有分析称，小米科技公司过度开发客户，试图借对掐搞营销却适得其反。也有分析认为，小米科技公司对掐的目的在于掩盖产品问题。事实上，小米科技公司存在的问题是多数新创办互联网企业的通病。木秀于林，风必摧之。小米科技公司的客户争端自然就成为人们的关注热点。究其根本原因，在于我国的互联网企业尚未透彻理解网络企业的新财务特征及其新的财务经济规则。

毫无疑问，互联网的兴起，完全颠覆了原来的工业和农业生产方式。例如，信息技术的快速发展及其在汽车生产过程中的应用，以及互联网和芯片作为汽车部件的组成部分，使汽车生产工艺实现了自动化和智能化，工人主要操作键盘和鼠标。生产汽车的工人数量急剧减少。汽车材料也开始使用部分化工新材料替代钢铁零部件；发动机的尺寸和体重大幅度缩小；汽车的重量也显著减少。这就改变了汽车原来大部分动力用于自身移动的消耗、小部分用于乘客运送的消耗。而且，汽车的空间更大了。智能材料的使用，使汽车的大梁、传动轴、制动器、散热器和仪表等，植入了芯片和微处理器，汽车在行驶过程中可实现自我检测性能、车轮不易打滑、油量可视化，以及噪声更小，驾驶更轻便。同理，信息技术和互联网在农业生产中的应用，农民坐在播种机或收割拖拉机上的移动办公室里，内有电话、计算机和卫星GPS定位设备，操作简单的机械工作杆，就可完成播种或收割作业。在农民家里，计算机互联网源源不断地接收世界各地的粮食市场行情、天气信息、农作物生长状况、土壤湿度，以及现金流量表等。可以毫不夸张地说，互联网已成为企业和市场之外经济学家的第三个研究领域。

实际上，市场里互联网公司与同行业的分歧属于正常商业竞争。但媒体却演变成信息闹剧。这也是互联网对话缺乏情景约束的缘故。犹如兄弟之间的摩擦本应在家里坐下来沟通加以解决，但却跑到大街上争吵。不仅引来围观，还使过路人或劝架者也卷入争论，甚至市井游手好闲者难敌诱惑亦加入战斗行列。这使大街上的道路交通严重受阻，影响社会秩序。重要的是，这种行为制造了大量信息垃圾，使电脑和手机使用者疲于躲避、关闭和删除。显然，制造垃圾信息是一种极不文明的行为，在财务上也很不经济。为什么会发生这些现象呢？答案是互联网企业尚未来得及思考企业文化建设。互联网企业的突然繁荣，主要依赖于信息技术、专业人才和机遇，相对于技术和人才，企业的知识资产存量显得不足。

网络公司及其同业经营者和部分媒体参与者，确实有过分夸大互联网和4G作用之嫌。人们忘记了拥有手机主要为了通信和生活便利。手机改变了或影响了人们的生活，但手机并不能替代人的吃喝拉撒睡。手机不能取代人们的生活。商家的炒作，不仅使消费者支付了冤枉钱，背离财务理念，也部分地丢失了价值观。互联网是以一组通用的协议为基础，将计算机网络互相连接在一起所形成的全球性网络。互联网的产生基础是信息技术。没有信息技术就没有互联网。互联网是信息技术的集合。如同蒸汽机和发电机作为第一次和第二次科技革命的标志一样，信息技术可以说是第三次科技革命的标志。本质上，互联网同蒸汽机和发电机一样，都是生产工具之一。该工具并不能替代产品的生产过程，它只能改变和影响生产过程。互联网并不能替代产品研发和技术创新，也不可能取代供应链管理。事实上，不同的产业或企业，其信息技术的需求并不相同。一些企业是信息技术的研发生产商，同时也是信息技术的主要消费者。这些信息技术研发企业主要生产和提供技术而非信息。非IC与非IT产业，其信息技术的需求额很有限。否则，其信息技术配置就会过度，从而带来财务损失。小米公司的过度信息开发和技术开发不足，以及其知识资产（"为发烧而生"的文化理念）的片面性，是其负面新闻过多的主要原因。

互联网企业与普通的企业在性质上没有差别，它们都是由货币资本所有者与经营管理者达成的合约组织，均由人力、财力、物力、技术、信息和知识等生产要素构成，具有法人资格。它们的差别只是形式上和异质要素资本配置结构的不同。虽然互联网企业也由人力、货币资本和计算机及办公场所房屋等资产组成，但互联网企业的核心资产是信息技术（即软件）、技术研发人员、信息和知识，而普通的劳动、土地和资本则变为互联网的次要资产。因此，在财务上，互联网企业是以信息技术为基础开展经营活动以创造价值的网络组织。互联网企业的主要经营范围有传播信息、搜索引擎、电子商务、移动通信运营等，这些经营项目的实质是利用信息技术进行信息的获取、加工、存储、变换、显示和传输，其产品形式有文字、数值、图像和声音，以及公式和软件。网络企业发展的关键在于信息技术创新。技术是互联网企业的基础资产，其次还需要相应的知识。所以，信息技术的研发和创新涉及科学、技术、工程和管理等学科，也需要必要的文化和知识，但财务是信息技术创新的前提和基础。

通过摆事实和初步分析，我们得出如下基本观点或认识：①互联网企业的生产要素比传统工商企业更多更全面；其技术、信息和知识等新兴生产要素的数额，要比人力、财力和物力等传统生产要素的数额高得多。②技术是互联网企业的基础性资产，知识是互联网企业核心资产。人力资本、货币资本和机器设备，不再是企业的关键性资产。③资本配置是企业筹资、投资和利润分配之外的另一个重要的财务活动。④边际收益递增将可能成为互联网企业的新财务规则。

三、互联网企业的财务活动及其特征讨论

与传统实体工商企业不同，互联网企业的经营活动和财务活动没有时空边界，每天24小时、每周7天和一年365天都在运营，企业主体概念在淡化。线上、平台、成员、标准、网络等概念在强化。资源稀缺不再是财务管理的头痛事，资源普及变为公司财务的基本工作。要提高自己的产品价格，就要先提高自己所在网络和平台的价值。只有线上的上游和下游盈利了，自己才能赚大钱。可见，互联网企业的财务活动具有显著的特殊性。

首先，跨境电子商务、信息消费、网络安全和新兴网络技术的迅猛发展，已经对国家主权、安全、发展利益等方面提出新的挑战，这就迫切需要我们认真应对。科技创新是我们发展、经营和管理互联网企业的基础。科学技术（主要是信息技术）的应用深度是互联网企业不同于传统实体工商企业的首要标志。互联网企业的终端客户是通过电脑和手机向企业购买信息和物品，客户不是在实体商店或书店里与出售者面对面，也不能直接看到所要购买的商品实物。借助网络设备将互联网企业与客户联系起来，是互联网企业的主要经营方式。客户和互联网企业对信息技术及商品信息的不对称，使得互联网企业很容易造假而客户的申诉成本却很高。只有客户掌握信息技术的先进程度比互联网企业更高、客户拥有的互联网设备比网络公司的设备更先进，客户才可能轻而易举地识破虚假信息和虚假物品。显然，这是不现实的。

以阿里巴巴集团在美国上市为例。美国纽约证券交易所是资本市场，它主要生产和提供股票和债券等准货币资本，其次生产和提供信息。而且信息只能部分地替代货币而不能完全替代货币资本。阿里巴巴在美国上市收到良好效果的秘诀何在，法新社文章认为，阿里巴巴之所以吸引了众多投资人目光，在于为人们提供了分享中国市场大蛋糕的良机。密歇根大学普尔南安丹教授则预计，阿里股价可能将在高位维持一段时间，但是当投资者对该公司未来发展和盈利能力有了更加清楚认识后，股价可能出现下跌。这是因为，阿里巴巴在纽约证交所创造的价值源于阿里集团货币资本的价值创造和纽约证交所创造价值的能力。同样是阿里股票，如果2014年9月19日在深圳证券交易所上市，

其首日交易价格就可能不会以 93.89 美元报收，证券交易所的场景不同会对投资者收益率产生重要影响。如果将阿里集团的资产归结为人力资产、货币资产、实物房屋设备资产、技术资产（主要是信息技术）、信息资产，以及知识资产，那么，阿里巴巴的收益率主要来自信息技术和知识的价值创造。信息技术在我国获取的是垄断利润，而知识成本在我国极其低微。这是阿里巴巴高收益的根源。显然，阿里巴巴在资本市场的收益主要由货币资本创造，在产品市场上的收益则主要由信息技术资本创造。资本市场的收益率决定于产品市场上的收益率。阿里巴巴的信息技术和知识之所以能创造价值，在于其信息技术和知识已经商品化和资本化。信息技术资本和知识资本是阿里巴巴集团的基础性资本。从财务视角看，阿里巴巴集团的技术资产、信息资产和知识资产数额，远高于其人力资产、货币资产和物质设备资产；虽然阿里巴巴集团的财务活动没有实质性变化。所以，技术、信息和知识等新兴资产高于人财物等传统资产，应是互联网企业财务的首要特征。

小米科技公司的成功则主要源于优秀的技术研发和管理团队，以及先进的信息技术。其收益主要由人力资本和信息技术资本所创造。而现在的经营之所以困难重重，负面新闻频出，主要在于其知识资本不足。为"为发烧而生"产品的企业文化理念，不具有普适性。发烧的身体和思想并不是常态。写在纸上的"小米科技"口号喊得很响亮，但小米公司的主要精力和行动不在研发技术而在挖掘市场。当其言行不一时，其危机就开始酝酿了。互联网企业的信誉主要来自其知识资本。在我国，企业获取知识资本的成本非常低。这是因为我国五千年灿烂文化形成的知识资产积累极为丰厚，知识在我国基本上是公共产品和非卖品。当然，那些专门从事知识生产的学术界（主要是思想界或知识界）人士，其劳动所得和产品收益也很低。所以，信息技术是互联网企业诞生的必要条件，知识资产的适度存量则是互联网企业可持续发展的充分条件。这一点是互联网企业的另一个财务特征。只有互联网企业真正建立了诚信文化，它才可能发展起来。阿里集团成功的秘诀在于其理念先进、思想解放，知识资产的质量高。

应注意，任何个别资本都不能独立创造价值。任何价值都是异质要素资本配置在一起，共同创造价值。小米公司、阿里巴巴、腾讯等互联网企业的基础资产是信息技术、货币资产和人力资产，其次是知识资产、信息资产和实物设备等。一个企业，只要拥有两种或两种以上的异质要素资本配置，就可以创造价值。只有货币资本，不能创造价值；只有人力资本，也不能创造价值。只有同时拥有货币资本和人力资本时，才可能创造价值。如果把人力资本、货币资本和实物机器设备或房屋配置在一起，其创造的收益会更高。总体上，技术、信息和知识等新兴生产要素的收益率，远高于人力、货币和实物等传统生产要素的收益率。这是因为，技术替代和节约人力的程度远大于机器设备替代和节约人力的程度。而且，技术、信息和知识的边际投资收益率递增，而人力、货币和机器的边际投资收益率递减。在这里，各种生产要素只有进入市场经济并且转化为要素资本，才能创造价值。资本是价值和收益的唯一来源。技术、信息和知识等要素转化为资本的标志，在于其产权明确。产权是资本的制度基础。所以，科技成果只有转化为现实生产力时，才能创造价值。资本是市场经济里现实生产力的一般形式。而且，只有异质要素资本配置比重比较均衡，资本收益率才会持续增长。当企业的各项异质要素资本边际转化率和边际收益率相等相近时，企业实现收益最大化。所以，互联网企业的第三个财务特征，则是财务活动包含的异质要素资本比传统实体工商企业更多，异质要素资本配置水平的要求更高。传统财务管理开始向科学财务管理转变。

事实表明，我国技术创新有效促进了技术研发和技术市场的发展。技术自主创新开始取代技术引进的技术增长方式。而知识资本的增长却比较缓慢。理念、信仰和意志等知识资本已成为我国企业和个人当前最紧缺的要素资本。信息技术已经普及到私人随意制作视频传输到互联网，而制作提供视频和观看传播视频的人往往缺乏知识。于是，弄虚作假、坑蒙拐骗、故弄玄虚、哗众取宠、污言秽语、表里不一等不文明行为，颇为通行。信息技术主要是传感技术、计算机技术和通信技术，它的主要用途是利用计算机科学和通信技术来设计、开发、安装和实施信息系统及应用软件。过分炒作信息技术是商人的别有用心。如果实体企业也利用互联网采购原材料、获取信息、销售产品，那么，互联网就是实体企业的经营工具和资产。这种资产属于技术。因为互联网主要由信息技术构成。

与生产物质产品的传统实体工商企业不同，互联网企业主要生产和提供无形产品及服务。传统物质产品的生产，其产品成本随着资源的消耗增加而增加；人力、财力和物力的持续投资，将出现边际收益递减现象；资源配置受稀缺性制约，而且人力、财力和物力的专用性很强，相互之间的替代性较弱，其复制难度和成本很高；其供应曲线在坐标系里向右上方倾斜，供应量随着价格的增加而上升；其需求曲线在坐标系里呈下降趋势，价格随着供应的增加而下降。互联网企业则相反，其资源配置效率由普及性程度所决定而与稀缺性基本无关。由于人力、财力和物力的消耗较小，技术、信息和知识的消耗较多，而技术、信息、知识的复制成本和难度以及专用性很低，使得互联网企业在投资增长过程中的边际收益递增。其产品的供给和需求不再由资源的稀缺性和人们的效用偏好所驱动，而是由互联网企业的技术资本共享程度所驱动。网络产品的供应和需求曲线完全与传统实体企业的物质产品供求曲线方向相反。线上、平台和软件投资是互联网企业配置资本的主要对象。网络投资引发边际收益递增，则是互联网企业财务活动的第四个特征。

四、结论

分析表明，互联网企业是信息科学技术发展的结果。互联网企业的可持续快速发展，决定于我国自主技术和新一代信息技术的研发能力。技术是互联网企业的基础资产，知识是互联网企业的核心资产。信息技术研发、购置和应用，不能违背成本收益的财务规则。互联网企业财务管理，应遵循互联网企业财务活动的新特点及其规律性。企业资产由人力、财力、物力、技术、信息和知识等构成，互联网企业的技术、信息和知识等新兴资产在企业资产总额中的数额，远大于人力、财力和物力等传统资产的数额。技术资产、信息资产和知识资产及其配置结构是互联网企业财务管理的重心。资本配置的目的不是缓解稀缺性，而是提供资本的共享性和普及性。技术资本和货币资本是互联网企业的共同资本金。必要的适量知识资本存量是互联网企业财务活动永续运行的重要前提。知识管理是互联网企业管理的新领域。科技创新和互联网企业文化建设是互联网企业可持续发展的源泉。边际收益递增是互联网企业发展的新财务规则。依法监管和政府事前预警是互联网企业收益持续增长的保障。提高网民的科学文化素养、市场经济知识和法制意识，则是互联网企业发展的社会基础。

信息科学技术、软件、网络平台和技术研发人员，构成互联网企业的主要资产。其中，网络平台是被人们忽略的重要资产，即网络平台具有资产收益性。支付宝和微信平台的使用，大幅度降低了人们钱包里的现金持有量。电子现金收付将成为企业和个人日常现金收付的主要方式。

参考文献

[1] 杨元庆. 杨元庆谈互联网：概念被夸大，不能包治百病 [EB/OL]. http：//tech. ifeng. com，2014-08-23.

[2] 洪仕斌，沈闻涧等. 自燃、侵权、骗购：小米陷负面怪圈 [EB/OL]. http：//money. 163. com，2013-10-25.

[3] 罗福凯. 论技术资本：社会经济的第四种资本 [J]. 山东大学学报（哲学社会科学版），2014（1）：63-73.

09 公有制经济的产权特征及其财务规则

一、引言

研究企业要素资本配置结构、资本收益和技术资产资本化问题，必然涉及专利技术或专有技术的产权问题。提及产权，学者们必然会想到罗纳德·科斯、道格拉斯·诺斯、哈罗德·德姆塞茨、阿尔曼·阿尔奇安，以及张五常等著名产权经济学家，也会联想到我国的周其仁教授、张维迎教授、盛洪教授等著名经济学家对西方产权理论的传播和研究。由于马克思《资本论》和《马克思恩格斯全集》英文版里的 property rights, the rights of property 等词汇，未翻译成产权或财产权，所以，在改革开放前的计划经济体制里，我们对产权的关注不多。事实上，产权在我国改革开放之前的计划经济里已被重视。那时候，人们很注意区分国家、集体和个人三者之间的财产利益关系。在计划经济体制下，生产资料私有制基本不存在，因而生产资料私有产权就不存在。当然，计划经济制度下的资本仅存在国有资本，不存在私人资本。我国改革开放取得的举世瞩目成就，其关键在于中国从实际出发进行制度变革，科学地把社会主义基本制度与市场经济有效结合起来，坚持公有制经济为主体和多种经济成分并存，创建具有中国特色的社会主义经济制度，实现全民共同富裕。假如我国完全照搬西方主流经济理论，那么，我国的经济发展可能就不会这么富有成效。

探索生产资料公有制基础上的产权理论是经济学者亟待解决的问题。生产资料所有制是经济学、法学和政治学共同关心的问题，公有制在过去半个世纪里基本上可以被视作社会主义制度的代名词。当人类进入 21 世纪之后，随着中国改革开放的深化和发展，社会主义经济制度开始被解释为公有制为主体和多种经济成分并存、按劳分配与按生产要素分配相结合的经济制度，从而出现了"中国特色社会主义"命题。中国特色社会主义制度是我国政治、经济、文化、科技发展的制度基础，研究和理解中国特色社会主义制度是探索公有制产权的前提。

产权制度是公司财务的制度基础。如果没有产权制度，商品买卖将无法成交，人们的投资活动就无法进行、所筹资本也无法律保障。实际上，商鞅曾在其《开赛》篇里讲道："作为土地财货男女之分，分定而无制不可，故立禁。""分"即对土地财货的占有关系。"名分"即产权关系。"一兔走，百人逐之，非以兔可分以为百，由名分之未定也。夫卖兔者满市，而盗不敢取，由名分已定也。"——产权已确定。现在，我国的社会主义市场经济制度下，产权制度业已形成。但由于西方产权制度的过度传播和干扰，加之社会主义市场经济是人类社会从未有过的新兴经济制度，使得经济学家对基于公有制的社会主义制度下的产权理论研究不够。社会主义市场经济制度的深入改革和发展，迫切需要先进科学的公有制经济产权理论给予支持和指导。在 2000 年之后的 10 余年间，我国政府、企业和社会民间发生了众多侵害公家财产的腐败案件，产权制度落后和激励机制缺失是滋生腐败的重要原因。迄今为止，我国的农村集体组织、城市里的事业单位和国有企业，均有大量资产没有转变为资本。产权制度模糊不清，激励机制也难以奏效。土地是农民的重要资产，该资产的产权属于农村集体所有制组织所有，但由于集体所有制组织的法律规范不完善，使得农村土地产权不明确，农民只能使用土地而不能自由转让土地，更不能作为抵押物换取一些货币资本，因为土地资产尚未转变为农民的资本。产权是资产转变为资本的财务基础。在市场经济里，虽然企业技术研发深受不同的企业制度、市场制度和司法制度的影响，但产权制度是关键。投资者之所以选择科学的财务决策，在于投资者手中的资本产权清晰而确定。近半个多世纪以来，绝大多数的革命性技术创新和原始发明创造，几乎都产生于风险资本资助的创新性企业。这些创新性企业的主要财务特征是产权清晰而确定。产权制度的进步是经济发展的一个重要原因（诺斯，1990）。当然，企业风险资本的自主投入又依赖于发达的金融市场制度和发达的司法制度。

生产资料所有制决定着一个国家或地区资源归属方式、资本配置结构与生产形态，因此，所有制是决定着一国经济制度的根本。中国选择社会主义制度是中国社会天下为公的历史文化及其政治与经济发展的必然结果。所以，我国经过长期的探索和实践，最终形成的基本经济制度是公有制为主体、多种所有制经济共同发展的基本经济制度。在这一制度中，公有制既是主体，也是前提和基础；但同时，必须包容非公有，并与非公有共存发展。在实践中，公有制首先选择的是计划经济运行方式，并限制非公有。由于不适合社会主义初级阶段的发展要求，改革开放以来，公有制在调整其结构与布局的基础上，开始运行社会主义市场经济，并为发展非公有制经济创造相应的空间。这个变化无疑是革命性的，因为世界各国的市场经济都主要以私有制为其运行的所有制基础。然而，我国在公有制为主体的社会主义经济制度基础上开展市场经济活动，将市场经济与公有制成功地结合在一起。这是我国经济学的重要贡献，也使我国古人倡导"大道之行，天下为公"的理想得到实现。

本文首先对西方产权理论和马克思产权理论加以回顾和比较，然后重点研究公有制经济制度下的产权特征、公有制企业的财务特征，以及国有企业的要素资本配置及其财务规则。

二、理论回顾与文献述评

（一）西方产权制度的兴起

产权制度亦有产权理论、产权经济学、新制度经济学、新政治经济学、新自由主义经济学和法经济学等多种称谓，其核心范畴是产权和交易费用。1937 年 11 月，科斯在英国《经济学》杂志发表《企业的性质》一文，成为产权理论形成的标志。1960 年，科斯又发表《社会成本问题》一文，则是现代西方产权理论逐步成熟的标志。在科斯看来，交易是稀缺的行为，市场运行存在成本，交易费用是运用市场价格机制的成本。其主要内容是：①发现贴现价值，获得精确的市场信息的成本；②在市场交易中，交易人之间谈判、讨价还价和履行合同的成本。科斯的产权理论是关于交易费用、产权界定及其与资源配置效率之间联系的理论，学术界称之为科斯定理。当交易费用为零时，无论产权如何界定，市场机制都会自动使资源配置达到最优。此表述被称为科斯定理 I。当交易费用大于零或为正，则不同的权力界定会带来不同效率的资源配置。此表述为科斯定理 II。很明显，科斯假设一个社会只存在经济活动，政治、文化、科技的作用均为零，政治与经济不可替代，并且不存在政府。如同美国宪法规定的那样，在美国除了个人利益外，不存在其他任何利益。

西方产权理论对我国有借鉴作用，但不能完全搬用。这是因为，西方产权理论完全以私有制关系为主要内容，以资本主义经济为基础。我国实行社会主义市场经济制度，以公有制为主体，多种经济成分并存。我们应在借鉴和批判的基础上，创建我国的产权经济理论。从产权制度的角度研究资源配置率，研究如何通过界定、变更产权安排，创造和维持一个交易费用较低和效率较高的产权制度，也是我国社会主义市场经济健康可持续发展的必要条件。

美国著名经济学家威廉姆森认为，只要以制度分析方法解释经济制度及其对经济运行影响的经济学，就是制度经济学。产权的界定、变更和维持，其实是产权制度的建立、确认、变革和维护，降低交易费用就是降低制度运行费用，从而提高资源配置效率。经济学文献表明，一些人认为，制度经济学或经济学的制度主义是以 19 世纪德国历史学派为思想渊源（实为空想社会主义者的经济思想）。也有一些人认为，制度经济学产生于19 世纪末 20 世纪初的制度分析方法。该学派在美国很盛行。其大体经历了三个发展阶段：①19 世纪末到 20 世纪 30 年代，以凡勃仑、康芒斯、密契尔等为代表。凡勃仑的《有闲阶级论》和康芒斯的《制度经济学》等著作是其早期代表作。他们主要从社会发展角度分析制度变革与经济社会发展的关系，反对把制度因素作为分析经济活动的前提。②20 世纪 30~40 年代，传统制度经济学向新制度经济学过渡的阶段。其主要代表是加德纳·C. 米恩斯、阿道夫·A. 伯利，其著作《现代公司和私有产权》影响力很大。他们从社会和企业结构角度分析资本主义经济问题，主张私有制度下所有权和管理权分离，分析企业内部权力结构，并把经济制度微观化为企业制度和权利结构。③20 世纪 50 年代至今，即新制度经济学阶段——以加尔布雷斯教授为代表的新制度经济学。有人认为，狭义的"新自由主义经济学"只包括强调市场机制作用、反对国家干预的经济理论，主要代表人物是哈耶克教授。广义"新自由主义经济学"是以"经济人"为基础，把经济人、成本与收益原则作为工具和方法的经济学派。不仅哈耶克的经济学、弗里德曼的货币主义、后来的反凯恩斯主义的理性预期学派，而且，科斯等的产权经济学、贝克尔的新消费行为理论、舒尔茨的人力资本理论，以及布坎南的公共选择理论等，都属于广义的"新制度经济学"。所以，产权经济学是以经济自由主义为哲学基础的经济理论。虽然产权不等于法权，产权制度不等于法律制度，但是，产权的界定和保护无不与法律密切相关。

（二）西方产权理论的文献清单及简要述评

科斯、诺斯、德姆塞茨、威廉姆森、阿尔钦等，作为产权经济学的主要代表，他们的理论所表现出来的新古典传统是基本的和明显的。产权经济学是对新古典理论的修正、扩展和一般化，但是并没有在实际上超越这一传统。它在新古典传统内部有所发展，但是并没放弃传统。基本方法论并没有发生根本性变化。西方产权理论研究的著名文献，可列出如下清单：

1. Ronald H. Coase. The Problem of Social Cost[J]. The Journal of Law and Economics，1960，10(3):1-44.

2. Ronald H. Coase. Notes on the Problem of Social Cost[C]. The Firm, the Market and the Law, University of Chicago Press, 1988：157-186.

3. Harold Demsetz. The Exchange and Enforcement of Property Rights[J]. The Journal of Law and Economics, 1964, 10(7):11-26.

4. Harold Demsetz. Toward a Theory of Property Rights[J]. The American Economic Review, 1967, 5(57): 347-359.

5. Armen A. Alchian. Some Economics of Property Rights[M]. Economic Forces at Work, Indianapolis, Liberty Press, 1978: 127-150.

6. Armen A. Alchian, Harold Demsetz. The Property Rights Paradigm[J]. The Journal of Economic History, 1973, 3(33):16-27.

7. Armen A. Alchian . Corporate Management and Property Rights[M]. Economic Forces at Work, Indianapolis, Liberty Press, 1978: 227-258.

8. Ronald H. Coase. The Nature of the Firm[J]. Economica, 1937, 11(4): 386-405.

9. Douglass C. North. Institutional Change and Economic Growth[J]. The Journal of Economic History,1971, 3(31): 118 - 125.

10. Michael C. Jensen, William H. Meckling. Theory of the Firm: Managerial Behavior, Agency Costs and Ownership Structure[J]. The Journal of Financial Economics, 1976,10(3): 305-360.

11. Oliver E. Williamson.The Economic Institutions of Capitalism[M].The Free Press,1985.

科斯在《社会成本问题》一文里指出，在交易费用为正的情况下，一种制度安排与另一种制度安排的资源配置效率不同。即制度结构和制度变迁是影响经济效率和经济发展的重要因素。在这里，制度是人们在共识的基础上制定出来的用于规范人们互动行为的规则。制度结构是社会中的各种单一制度安排的总和。单一制度安排即规范人们在某一方面的互动行为规则，例如，利润分配制度、婚姻制度等，都是单一制度安排。产权和交易费用是制度安排的重要概念。产权是一种通过社会强制而实现的对某种经济物品的多种用途进行选择的权利（阿尔曼·阿尔奇安）。属于个人的产权即为私有产权，它可以转让——以换取对其他物品同样的权利。私有产权的有效性取决于对其强制实现的可能性及为之付出的代价，这种强制有赖于政府的力量、日常社会行动以及通行的伦理和道德规范。属于集体组织的产权即为集体产权或共有产权，如果没有经过该集体组织的许可或没有给该集体组织适当数额的补偿，任何人或组织都不能合法地使用或影响那些产权归集体组织所有的物品的物质性状。同理，属于国家拥有的产权即为公有产权或者国有产权。在阿尔曼·阿尔奇安教授看来，在资本主义私有产权制度完备的条件下，我利用我的资源而采取任何行动，都不可能影响任何其他人的私有财产的实际归属。例如，你对你的计算机的私有产权限制了我和其他每一个人对它的可允许行为，而我的私有产权则限制了你和其他每一个人对我所拥有的一切东西的可允许行为。此处一个物品不受他人行动影响指的是物品的物质性状和实际用途而不是它的交换价值。交易费用是指人们互动行为所引起的成本，亦即人们谈判、达成合约和保证合约执行的费用。合约的形式多种多样。不同性质和形式的合约，其交易费用不同。人们可以通过企业生产方式实现经济合作，也可以通过市场交易方式实现经济合作。在合作效果相同时，应采用交易费用较低的合约形式（罗纳德·科斯，1937）。合约是人与人或人与组织之间在实现合作时就利益分配达成的协议或契约。制度安排是人们在共识基础上形成的多人或多组织多次重复的情境中人或组织的行为规范。合约是制度安排的本质。规范是保证不侵犯他人利益的约束。

产权制度是一种基础性的经济制度。它不仅独自对经济效率产生影响，而且它是会计制度、财务制度、资本制度，以及企业制度、市场制度、财政制度等其他许多制度安排的基础。产权既是对资源的排他的占用和使用，也是受制度保护的利益。产权界定与否以及如何界定产权，直接影响到人们的经济活动成本和收益。当某种生产要素没有明确的产权归属时，人们对该生产要素的使用和占有，就可能产生不能全部获得该生产要素收益的风险，或者替别人付出了成本，即外部性（正的或负的）问题。产权制度的出现，就可以将成本或收益的外部性内部化。亦即，可以使经济当事人承担应该承担的成本，或者获得应该得到的收益。

西方产权理论对我国社会主义市场经济和公司财务具有重要借鉴意义。但西方产权理论的前提是资本主义市场经济制度，这一点我们应注意。

（三）我国的产权理论研究文献述评

我国经济学家对产权问题也很感兴趣，并且极其重视。以财务学教授视角关注经济学家的研究，可列出如下文献清单：

周其仁．产权与制度变迁：中国改革的经验研究［M］．北京大学出版社，2004.

周其仁．重新界定产权之路［J］．资本市场，2008（3）.

周其仁．加快农村产权改革［J］．西部大开发，2012（8）.

张维迎．产权安排与企业内部权力斗争［J］．经济研究，2000（6）.

张维迎．企业产权改革和我国后发优势的转变［J］．经济学动态，2005（2）.

吴易风．产权理论：马克思和科斯的比较［J］．中国社会科学，2007（2）.

林毅夫，蔡昉，李周．产权制度改革不能解决国企问题［J］．经济研究参考，1997（95）.

刘伟．产权缺陷与伦理冲突［J］．经济理论与经济管理，2000（3）.

刘伟．当代中国私营资本的产权特征［J］．经济科学，2000（2）.

刘伟，李凤圣．产权范畴的理论分歧及其对我国改革的特殊意义［J］．经济研究，1997（1）.

聂辉华，杨其静．产权理论遭遇的挑战及其演变——基于2000年以来的最新文献［J］．南开经济研究，2007（4）.

林岗，张宇．产权分析的两种范式［J］．中国社会科学，2000（1）.

刘尚希，杨白冰．论产权结构多元化对税制结构的影响［J］．求是学刊，2016（2）.

黄少安．产权经济学导论［M］．经济科学出版社，2004.

黄少安．中国经济体制改革的核心是产权制度改革［J］．中国经济问题，2004（1）.

黄少安，李睿．二元产权结构、父爱主义和利率双重双轨制［J］．社会科学战线，2016（1）.

邓正阳．论农村土地产权制度与家庭联产承包责任制［J］．社会主义研究，2016（1）.

张晓山．关于农村集体产权制度改革的几个理论与政策问题［J］．中国农村经济，2015（2）.

陈姝．产权制度的起源与禀赋效应［J］．南方经济，2014（7）.

卢现祥．产权的延续性和稳定性与社会经济可持续发展［J］．中南财经政法大学学报，2006（2）.

曹越，伍中信．产权范式的财务研究：历史与逻辑勾画［J］．会计研究，2011（5）.

曹越，陈文瑞，伍中信．产权保护、二元计量与会计稳定性［J］．财贸研究，2017（1）.

常修泽．广义产权论［M］．中国经济出版社，2009.

盛洪主编．现代制度经济学［M］．中国发展出版社，2009.

苏志强．产权理论发展史［M］．经济科学出版社，2013.

吴建奇．马克思的产权思想［M］．中国社会科学出版社，2008.

沈阳．比较：制度经济和产权理论［M］．中国书籍出版社，2013.

在上述文献中，吴易风教授、林毅夫教授、林岗教授、张宇教授、刘伟教授，以及刘尚希研究员和常修泽研究员等学者，对西方产权理论持有反对、疑虑、商榷观点，并努力探索公有制经济下的产权理论。周其仁教授、张维迎教授、黄少安教授、盛洪教授等学者，则侧重致力于西方产权理论在我国的应用研究。本文主张，在坚持社会主义市场经济和公有制意识形态下学习和研究西方产权理论，同时建设社会主义公有制市场经济的产权理论和产权制度。

在公有制下，生产资料主要归国家和集体所有，个人主要拥有生活资料。在市场经济下，个人可依法将生活资料用于生产和投资，从而直接或间接参与社会化生产。公有制关注的是社会的整体利益，要实现的是社会成员的共同富裕。基于此，如果单个社会成员也拥有生产资料，则在共同体成员间达成一致的生产投资决策存在一些困难，其间的谈判成本很可能会高到使人直接放弃进行决策。所以，公有制下个人拥有生产资料的效率会很低，生产资料归国家或集体所有可视为社会成员基于效率的集体选择的结果，而且个人也不会基于社会整体效益最大化的原则行事。另外，个人为了生存需要必须拥有一定的生活资料。

所以，私有制下的产权制度安排生产资料和生活资料都归个人所有。私有制关注的是个人利益最大化，认为只要每个人的利益达到最大化，就自然实现了整个社会的利益最大化。个人只有在拥有生产资料的前提下，才能根据自身的效用函数和投资机会去使用资源、追求自身效用最大化。

三、公有制与私有制的各自特征及财务表现

（一）关于所有制的理解

我们讲的所有制主要是生产资料所有制，它是包含劳动资料和劳动对象在内的生产资料归谁所有的社会经济制度。生产资料所有制主要有公有制、私有制和混合所有制之分。公有制是生产资料归全体劳动者共同所有的制度。这是社会主义社会制度诞生之后新产生的一种生产资料所有制。我国的生产资料公有制分为生产资料全民所有制和生产资料集体所有制。其中，生产资料全民所有制又称为国家所有制；生产资料集体所有制是"社会主义劳动群众集体所有制"的简称，它是社会主义中生产资料和劳动成果归部分劳动群众集体共同占有的一种公有制形式。中国最早是在农业、手工业、商业和服务业中实行社会主义改造而建立起的集体所有制经济。集体所有制指生产资料归一定范围

的劳动群众共同所有，它是社会主义公有制形式之一。目前，我国的公有制企业主要是国有独资企业、国有控股企业，以及集体所有制企业。

私有制是生产资料归个别私人所有的经济制度。我国的奴隶社会和封建社会，以及当代美欧资本主义社会，都属于私有制经济制度。私有制主要有以劳动者自身劳动为基础的私有制（如农民、手工业者等小生产者）、以实际拥有和控制生产资料为基础的私有制，以及实际拥有和控制生产资料并无偿占有他人劳动为基础的私有制（即劳动成果完全不归或只有部分归直接生产者所有）。目前，我国的所有制企业主要是私人独资企业和私人资本控股企业。

混合所有制是生产资料所有者多元化的社会经济制度。混合所有制企业是由公有资本（国有资本和集体资本）与非公有制资本（民营资本和外国资本）共同参股组建并且股本结构分散的新型企业形式。混合所有制企业是伴随着改革开放的深入，现代企业制度的确立以及股份制企业的涌现而出现的新兴的企业组建模式。目前，我国的混合所有制企业主要是股权资本分散的多种不同资本性质的联合企业。

生产资料所有制反映了生产过程中人与人之间在生产资料占有方面的经济关系。它是生产资料所有者行使所有权活动的社会规范。所有权是决定社会生产劳动的目的、对象、手段、方法和结果的支配力量。生产资料的所有制结构是不同的生产资料所有制形式，也是社会生产目的的决定机制。在一定社会经济形态中所处的地位、所占的比重，以及它们的相互关系居于支配地位的所有制性质，决定了该所有制结构的性质，也决定着这个社会的生产目的。所有制结构是各种不同所有制形式在一定社会形态中的地位、作用及其相互关系，它所反映的是各种所有制的外部关系。生产资料所有制是生产关系的基础，社会主义基本经济制度首先体现于生产资料的社会主义公有制。在我国社会主义初级阶段，由生产力发展状况决定，其所有制结构必然是以公有制为主体，多种所有制经济共同发展。这正是社会主义初级阶段在经济制度上的基本特征。

所有制主体是可以独立拥有资源的基本单元。政府是典型的所有制主体。在世界分为不同国家之时，国家是拥有地球资源的基本单位，政府是国家的全权代表，政府代表国家行使资源所有权。在市场经济体制下的市场主体，其实就是所有制的主体。社会成员个人和群体、以企业形式存在的法人、社团组织和由政府代表的国家，都是所有制的主体。从所有制的主体基本构成来看，地球生命系统的生物、社会成员、资产者、劳动者都是有意义的所有制的主体。所有制客体是可以被拥有者拥有的基本要素。它是所有制关系中的重要组成部分，从不同的角度和对应于不同的所有制，也就有了不同的客体，相对于不同的客体就有不同的所有制。例如，财产所有制、生产资料所有制、资源所有制等，财产、生产资料和资源是典型的所有制客体。所有制形式是所有制主体对客体的拥有方式和外在表现。就像所有制是产权关系的反映一样，所有制形式是产权形式的反映。客观存在的产权形式会不断发展，所有制的形式也会随之变化；所有制形式相对稳定了，又会反过来影响和规范产权形式。社会发展是不会停止的，所有制形式也不会是一成不变的。只有这样，随着社会和经济的发展，产权关系才有完善的空间，对所有制形式才有辨析的必要。所有制形式除了私有制、公有制和混合所有制外，还有自有制、他有制和共有制等。资源所有制亦有私有制、公有制和混合所有制之分。

生产资料所有制、财产所有制和资源所有制构成了当代所有制体系，市场经济的发展和信息时代的到来，使资源所有制的地位凸显。市场经济配置资源作用的日益发挥，使资源所有制与财产所有制和生产资料所有制一样，已经进入了主流所有制的行列。

（二）公有制和私有制在经济活动中的各自特征

公有制为主体和许可非公有制经济发展是我国社会主义现代化建设进程中的基本内容。各种所有制经济完全可以在市场竞争中发挥各自优势，相互促进，共同发展。确定社会主义初级阶段基本经济制度的客观依据是：①公有制是社会主义经济制度的基础，也是社会主义生产关系的本质特征。②我国的生产力水平是多层次、不平衡的，要求有多种所有制经济与之相适应。③一切有利于发展社会主义社会的生产力、有利于增强社会主义国家的综合国力、有利于提高人民的生活水平的所有制形式，都可以为社会主义经济发展服务。显然，社会主义公有制的主体地位是由公有制的性质以及它在国民经济中的作用决定的。第一，社会主义公有制经济与社会化大生产相适应，同社会发展方向相一致。第二，公有制经济是社会主义制度的根本特征，也是社会主义社会的经济基础。第三，公有制经济控制着国民经济命脉，拥有现代化的物质技术力量，控制生产和流通。它是社会主义现代化建设的主要支柱，也是国家财政收入的主要来源和国家实行宏观调控的主要物质基础。第四，公有制是实行按劳分配原则的经济基础，也是实现劳动人民经济与政治的主人翁地位和全体社会成员共同富裕目标的物质保证。社会主义初级阶段的多种经济成分并存与过渡时期的多种经济成分并存不同，其区别在于公有制经济在多种经济成分并存中是否占据主体地位。基本经济制度适合社会主义初级阶段生产力发展不平衡、多层次的状况，符合社会主义的本质要求。从根本上看，公有制经济是由生产关系一定要适应生产力发展的客观规律所决定，具体是由我国的国情所决定。坚持公有制为主体、多种所有制经济共同发展的经济制度，遵循了我国的经济发展规律。所有制的状态是由一定历史阶段社会生产力的发展水平所决定。

社会主义的本质是解放生产力，发展生产力，消灭剥削，消除两极分化，最终达到共同富裕。我国选择社会主义基本经济制度，这是由国际经济环境和国情等历史条件决定的。近现代经济史表明，外国资本主义发展到垄断资本主义，尤其是国家垄断资本主义阶段，早已对发展中国家的经济现代化形成经济霸权主义的限制。因而，当代一般的发展中国家想走欧美式的资本主义道路，已经失去了外部的优越条件。我国作为发展中国家，要真正独立自主谋发展，靠发展资本主义经济是无法摆脱外国垄断资本主义和经济霸权主义控制的，私有制经济不可能形成坚强的整体性的民族经济合力。只有走社会主义道路，才能保证我国的社会生产力真正独立自主地发展起来。因为，唯有建立并巩固公有制这个经济基础，才能使整个中华民族形成抵挡外国垄断资本主义和经济霸权主义欺负和压制的根本条件，这就是只有社会主义能够救中国的基本道理。1840 年前后的中国和 1949 年之后的中国发展的实践已经表明，正是社会主义经济的根本制度保证了新中国社会生产力的快速发展，增强了中国的经济实力、国防实力和民族凝聚力。

坚持公有制为主体就意味着中国经济发展绝不能搞完全私有化经济。私有化是主要生产资料逐渐归私人所有的过程，其中包括把各种公有制经济通过多种途径转化为私营经济。西方新自由主义经济学派竭力鼓吹私有化（或叫非国有化）的理论根据，一是认为只有私有化才能使市场经济真正发展起来；二是认为私有制经济符合人的利己本性；三是认为公有制经济没有效率。这种理论不论在理论上和实践上均站不住脚，难以成立。其中，第一条理由缺乏理论基础和实践根据。市场经济是资源配置或经济运行的一种方式，它是由生产力水平决定的生产社会性和间接性所决定，不是由私有制所决定，也不是只能同私有制结合在一起。近一百年来，公有制经济发展速度和质量的实践总体上优于私有制经济发展。第二条理由凭借唯心史观，与我国的天下大同、公而忘私的天下为公思想格格不入，与世界文明发展方向相反。在唯物史观看来，市场经济中的人有利己与利他两重性，哪种属性占主导取决于所有制结构。第三条理由不符合事实。公有制适应社会化生产方式，不仅是由于它有助于政府从国家或人民的共同利益出发进行及时有效的宏观调节和控制，更好地发挥市场配置资源的长处，同时可以克服市场经济自发性和滞后性的缺陷。在公有制基础上发展市场经济，可以产生人们的共同经济理想和劳动凝聚力，调动广大劳动人民的生产积极性和遵守集体理性的自觉性，最终实现比私有制更高的经济效率。1949 年之后的新中国，公有制的平均经济效率明显高于资本主义经济。

市场经济是一种民主开放的全社会成员参与资源配置的经济活动方式。计划和市场都是社会成员组织经济活动的方式和途径。市场经济可以在不同的社会制度下存在和实现，社会主义社会和资本主义社会都可以发展市场经济。开放性、平等性、竞争性、法制性，是市场经济的一般特征。资本主义和社会主义经济也具备市场经济的一般特征。但市场经济与具体的社会制度结合起来又具有自身的独立特征。资本主义市场经济的主要特点是其经济基础以资本主义生产资料私有制为基础，其目的是满足资本家对利润和财富的追求。社会主义市场经济的主要特点是，其经济基础以社会主义生产资料公有制为基础，其目的是满足全社会成员的公共富裕，以及社会文明的可持续发展。同时，政府的强有力宏观经济调节控制能力也是社会主义市场经济的重要特点之一。

所以，公有制在社会主义市场经济中的主要特征是：①公有制是社会主义制度存在的基石。公有制与中国传统文化天下为公思想一脉相承。如果没有公有制，中国社会主义制度就难以存在。②公有制经济是社会主义市场经济的主体。其具体表现是，公有资产在全社会资产总额里占有数量和质量优势；公有制企业是国民经济发展的主导。③公有制保证了生产成果的均衡分配，按劳分配与按生产要素分配相结合，防止两极分化，全社会成员资本产权共同增长，共同富裕。④政府和企业通过一定的计划方式有效地弥补市场经济有时过度膨胀或过度萧条的不足。因此，我国社会主义市场经济的主要特征是，公有制经济是根本，共同富裕发展是目的，政府宏观调节控制是手段，对外开放和全球化是发展途径。

应注意，在社会主义初级阶段，过度追求大规模的完全公有制，会忽略人类生活资料私有制的影响作用，并引发生产资料在企业里的产权不够明晰等弊病。此时，集体组织和企业里的生产资料名义上是全体公民所共有，实际上对每一个人来说都不属于自己，于是公有与私有的矛盾很难协调和处理，"大锅饭"现象在所难免，消极怠工、瘦公肥私和鞭打快牛的现象容易发生，从而影响社会主义经济发展的活力。

私有制在社会主义市场经济中也有自己的特征。谈到私有制，我们马上会想到恩格斯的经典著作《家庭、私有制和国家的起源》[1] 和毛泽东的《毛泽东选集》等著作有关私有制的论述。在恩格斯和毛泽东看来，私有制与社会主义制度的发展方向背道而驰。社会主义制度的最终目标是消灭生产资料私有制，解放生产力和发展公有制经济。目前，私有制在我国社会主义市场经济中的主要特征表现：①尊重人的私产和私人产权包括个人的人力资本产权，尊重个人生活资料的选择权。②私有制在一定程度上对公有制有补充和调节作用，弥补公有制的不足。③私有制的过度发展容易引起资本集中和经济危机，容易发生分配上的两极分化和经济活动的秩序混乱，从而破坏社会文明发展。④生产资料私有制与经济、政治、文化、科技的开放性和社会性相矛盾，私有制容易割裂经济与政治、文化、科学技术之间的联系，不利于调动全社会成员的工作积极性。

（三） 公有制经济和私有制经济的财务特征

公有制经济的生产组织比私有制经济占主导地位的生产组织更丰富更多样一些。公有制经济不仅包含一些私有经济组织，而且公有制经济组织占国民经济的主导位置。集体组织是公有制经济组织的典型实例。而且，集体组织的所有制性质属于公有制。一般地，公有制财务活动比私有制财务活动更丰富。在法制健全情况下，公有制财务活动包括了私有制财务活动的全部内容，并且还包括私有制经济不具备的财务活动。按产权原理，在公有制经济下，个人产权是基于其在集体组织中的身份天然取得的。在集体组织里，只要是共同体中的一员，就自然而然地拥有共同体资源的产权，个人加入时不需要向初始所有者付费，所以新加入者会稀释初始所有者的产权。这在一定程度上是由集体组织产权的非流动性决定的。非流动性使得人们无法在外部市场上获得产权。所以，制度上只能将产权的可获得性赋予人的自然属性，如农村农民生来就属于农村集体组织这一共同体，从而生来也就享有农村集体组织内部资源产权。

可是，在私有制经济下，个人产权需要按照市场价格机制交换获得，新加入者必须支付给初始所有者至少同等价值的东西才能取得相应的产权份额。这是私有制产权能在市场上自由交换的自然结果，也是市场经济公平竞争的要求。同理，这种情况下的新加

---

① 恩格斯. 家庭、私有制和国家的起源. 马克思恩格斯选集（第 4 卷）［M］. 人民出版社，1972.

入者也不会稀释初始所有者的产权。

公有制弱化了以市场出清价格为基础的交换的实现，配置资源时更依赖于政府行政手段，资源配置结果更注重整个社会效益和共同体成员之间的公平。在法制不健全和产权保护不力的情况下，公有制经济中的个人逐利结果可能会被共同体内其他成员无条件地分享，这种外部性大大降低了收益对个人的激励作用。因此，公有制产权适用于非竞争性、非营利性的市场失灵的领域，或者科学技术水平要求较高、生产过程复杂和法制严谨的竞争性领域。相应地，私有制经济下的产权善于利用市场机制配置资源，能够自由而公平地进行竞争是市场的重要特征。私有制产权能最终追溯到个人，理性经济人具有逐利的本质特征，私有制下个人逐利的结果全部归逐利者个人所有。所以，私有制产权适用于竞争激烈、营利性强和生产过程不是特别复杂或科学技术水平要求较低的领域。

在西方古典经济学看来，公有制经济下的产权界定、监督等成本比较高，其整体收益和成本相比往往不经济，于是，公有制经济通常会将资源的很多产权属性置于公共领域，这给个人攫取公共利益提供了机会，导致福利攫取行为。并且，公有制经济下个人劳动的剩余索取权和剩余控制权不完全归自己所有，会被共同体内部的其他成员无条件分享，这在某种程度上会降低人们劳动的积极性，导致"搭便车"现象的出现。同理，公有制经济下个人行为所产生的成本不完全由其自身承担，也无法精确衡量某个人使用资源所产生的成本，使得人们行为往往不顾后果、缺乏资源保护的意识和动力，容易造成资源的稀缺和滥用，导致行为人的个人成本小于社会成本。由于法治不严格，法制不健全和人们的道德认知差别，公有制产权在现实中的实现形式上可能会存在产权不清晰、所有者缺位、层层代理等问题，剩余索取权和剩余控制权不匹配，代理和监督成本高，从而导致了代理人激励难的问题和公有制生产效率的损失。

不论公有制还是私有制，其有效性均以市场机制的正常运转为前提。市场机制的正常运转又以价格机制、自由交易、公平竞争和法制健全等为基础，由于合约的不完全性（哈特，1992）、法制的不完全性（许成钢，2016），必然引起市场机制的不完全性。因此，在定价困难、竞争性弱等领域的市场会失灵，公有制和私有制的有效性都难以顺利实现。此时，市场可能会给资源配置传递错误的信号。相对地，私有制经济重视资源私有基础上的逐利行为，这在充分调动人们生产积极性的同时也很容易导致资源和社会财富分配的过度集中，形成巨大的贫富差距。时间一长，就容易导致不同社会阶级的产生，影响社会的稳定；私有制产权高度强调个人的独立性，这会激发人们的自我意识而导致人们集体意识的淡薄；与国家或集体相比，个人的经济实力比较薄弱，不易聚集大规模的资源，在投资和生产上难以形成规模优势。

在社会主义制度下，公有制和私有制在空间上存在相对性，二者统一于社会生产实践。一方面，公有制的实现形式中包含私有制的因素。生产资料只对特定集体内部成员而言具有共有和非排他性，但对集体外部的其他社会成员而言则是私有和排他的；同一公有制范围内的不同成员之间在生产资料的分配和占有上往往也存在一定差异。另一方面，私有制的实现形式中也包含公有制的因素。例如，即便是私有制国家的税收在使用上也具有社会公共产品的性质，政府在军队、医疗等方面的投资对每个社会成员而言都有均等的受益机会；由多个私有者共同组成的团体（如股份公司）可看成一个小范围内实施的公有制。

公有制和私有制在时间上存在相对性，二者随着人类社会经济的发展而相互转化。人类社会最早出现的是纯粹的生产资料公有制，但随着人口的增加以及人类活动范围的扩大，资源紧张程度逐渐增强，个人活动的外部性逐渐显现，人们发现将部分资源私有化会更有利，因此原始社会各部落间在生产资料的占有上开始出现私有成分，后续市场交易的出现则更加促进了私有化的发展。随着私有因素的逐渐积累，人类社会逐渐出现包含私有制的公有制、私有制和公有制难分主次、包含公有制的私有制状态。根据马克思主义原理，随着人类历史的发展，资本主义私有制社会必将逐步被社会主义公有制社会所取代。

现在，在我国社会主义市场经济中，私有制基本上指的是资本所有权的私人所有，尤其在资本市场上，私有制或私有化主要是资本的财务制度问题。即私有化（Privatization 或 Private Ownership）通常是指单一股东持有股份过高而达到一定比例后而使得上市公司必须退市的制度。当然，它不是相对于所有制方面的"公有化"所言。通过资本私有化能够退市，其实质是基于我国企业上市条件的规定。一般来说，无论中外，上市公司均需要符合股东人数、股权结构、财务指标等方面的多项指标，例如，对于股权结构，我国现行《证券法》规定，一般情况下，公开发行前的股本不少于3000万元并且其发行股份需要达到公司股份总数的25%以上；公司股本总额超过4亿元的，公开发行股份的比例为10%以上。作为一家上市公司，一旦达不到上述指标就需要退市。达不到指标的原因既可以是被动的，也可以是主动的。而私有化就是主动的，即公司大股东通过收购其他股东手中的股份，而使得公司不符合上市公司股权结构的规定，从而可以退市。在中国境内，通常情况下，一旦单个股东持有上市公司75%以上的股份，那么这个公司也同样必须退市。上市公司之所以会选择通过私有化的方式主动退市，主要源于其财务目的。从资本市场诞生的起源看，企业选择上市是因为成长中需要筹集货币资本。而且，上市融资既不需偿还（需要分红），而且有企业价值或财富放大效应，对创始人和上市前股东是一次财富放大和兑现投资的机会。可是，如果企业不需要筹集更多货币资本时，上市公司在资本市场上的收益可能会低于其成本。此时，大股东就可能选择退市，将资本产权变现。

四、公有制产权及其特征分析

（一）所有制与产权之间的关系

所有制是产权关系的反映，所有制体系是各种产权关系的反映。体现产权关系的所有制反过来也具有规范产权关系的作用。所有制关系体现的产权关系是市场经济的基础。资源所有制是资源产权关系的反映，也是资源配置的基础，更是所有制主体与客体之间经济关系的基础。同时，也是多种政治制度的基础。

所有制是人们对物质资料的占有形式及其制度安排。产权是人们对财产的广义所有权，主要是人们对财产的归属权、占有权、支配权和使用权及其制度安排。所有制作为经济主体与生产资料的结合方式，规定着人们在生产资料占有方面的关系。产权制度则通过对产权的界定、运营和保护，明确人与人之间相应的责、权、利关系，以及其制度安排。所有权的归属是所有制关系的核心，产权除了包括所有权还有占用、使用、支配、收益权。所有制范畴经常被用来规定一个社会的基本经济制度。产权是在制度既定的情况下，对作为所有制核心的所有权的法律确定。可以说，所有制决定产权，产权是实现所有制的形式。所有制决定产权制度存在和调整变化的领域；产权制度在现实经济过程中实现着所有制。一定所有制经济成分中能够采用什么样的产权制度、不能采用什么样的产权制度，这是由所有制决定的。

人类社会发展过程中，产权及其制度的产生、演变、发展大体经历了三个阶段：一是建立了排他性的产权制度，人类社会早期的历史在某种程度上就是建立此种制度的历史；二是建立可转让性的产权制度，产权的交易、转让与社会分工和市场经济制度的发展联系在一起；三是与各种组织形式创新联系在一起的产权制度，如股份制公司制度的建立使产权的分割、转让、交易等更加容易，从而使产权制度作用的效率不断提高。

(二) 公有制产权的基本原理及特征

公有制的产权性质和特征，一般包含公有制企业的产权性质和特征、公有制下国家或政府的产权性质和特征，以及公有制下的个人产权特征。在计划经济体制下，公有制的本质特征在于产权属于各个成员的社团而不属于该社团的各个成员，由此理论上使得公有制经济的所有者不能出售公有财产中属于其自身的份额。公有产权在运作过程中具有"不可分性"和"外在性"的特征①。首先，在公有制条件下，每个成员对全部企业财产拥有完全重合的权利，相比之下，私有制条件下的个人权利取决于其拥有的财产多寡；其次，由于各成员在企业财产所有权中的重合，任何成员的个人决定都将对全体成员的利益构成影响。而且，公共所有权不可转让或售出，因为单个成员对公共所有权的声明和转让都会直接损害全体成员的利益。但是，在市场经济体制下，只要法制和会计核算制度健全，公有制经济活动中的产权就可以自由交易和流动。社会主义社会的法制及其相对独立性，对于社会主义市场经济的良好运行至关重要。当然，从经济学视角看，虽然不完备合同、不完备法制的经济理论已经比较有效地规范着人们的市场行为，但是，市场并非完备。不完备市场是社会主义制度的重要经济理论。发展社会主义制度，不能

---

① "不可分性"表明财产虽然为公众所有，但构成公众的每一成员却不能对财产声明所有权；而"外在性"体现在，每一成员在对公共财产行使权利时，会影响和损害别的成员的利益。

仅靠经济工作，而应该在许多方面发挥政治、文化、科技和教育的作用，经济与政治或者经济与科技具有一定的替代性。不完备市场理论使公有制经济的产权理论更加科学和开放。这可能是公有制经济产权理论的本质特征。

公有制企业的产权性质和特征，主要体现在国有企业产权结构安排与效率方面。一方面，公有制企业剩余索取权的不可转让性。产权的排他性是剩余索取权可转让性的必要条件，在传统国家所有制条件下，实际上是政府履行所有者的职能，剩余索取权的可转让性显然是与政府拥有剩余索取权不能同时并存。这使得企业无权根据市场需求自主买卖企业财产，而且政府不能以出让企业财产的方式退出合约以保护国有产权，从而加大了执行合约的监督成本。显然，我国社会主义经济中的产权问题，从根本上说，是一个法制改革与建设问题。我国的法制内容应该符合我国社会历史的现实和未来发展。另一方面，所有权约束的行政干预属性。公有制企业所有权约束不再唯一地遵循资产增值与资产收益最大化目标，而是渗透进社会发展的其他目标如国家整体发展目标和政治目标，这就带有行政色彩。当所有权约束具有行政干预属性时，政府代表国家凭借所有者身份，向企业输入体现政府偏好的目标，对其经营活动进行各种直接和间接的行政控制，并以税收等杠杆收取企业利润进行再分配。同时，政府也代表国家对企业加以保护和扶持，通过财政补贴维持和资助一些暂时亏损的企业。

保护国有产权是公有制产权制度的重要内容。由于法制的不完全性和我国法制建设的滞后性，以及人们对法治认识的不足，使得我国的很多国有资产未得到很好的保护。公有制企业产权结构安排对国有产权的占用权限按等级规则加以界定①，但对行使国有产权所产生的后果由谁来承担并没有严格界定，行为主体缺乏有必要的自我约束机制。各级行政机构代位履行所有者职能，政府拥有无限的资产管理决策权，但不承担决策责任。企业受托国家管理国有资产，在国家随机干预下，不能对资产的盈亏负责，更关注于指令性计划指标。企业财产与预算双重软约束，表明公有制产权理论亟待研究和发展。相比西方的私有制产权理论，我国的公有制产权理论尚处于基本原理探索和创建时期。这是我国公有制产权理论的现实和特点。

产权模糊总是与外部性和不确定性相关联：首先，如果产权的归属是不清晰的，则必然造成产权拥堵与搭便车行为盛行。其次，如果产权归属清晰，但产权保护低效或无效，则当事人会利用自己的财产去损害他人利益，使外部性普遍存在。对于国有产权，国家对国有资产拥有的各种权利在法律上已被明确界定，问题的关键在于国家在国有资

---

① 以等级界定权利。权利界定的必要性源于资源的有限性，通常界定人与人之间权利的方式包括：以法则管理界定权利、以等级界定权利和以资产界定权利。在产权关系模糊且"人治"重于"法治"的体制条件下，以等级界定权利占据主导地位。各级政府代理全体人民占有生产资料，并在全社会范围内建立起"金字塔"式的行政机构系列。根据人们在金字塔系列中所处的地位和级别来界定其政治权利的范围，然后通过与政治权利大小范围相对应的手段，来界定处于不同行政级别的官员对资源的使用、收益转让权利。行政级别越高，决定资源配置的权力越大。

产上的各种权利得不到切实有效保护，从而使国有企业低效率和国有资产流失①成为产权模糊的重要表现。

国有产权的先天安排是政府代理国家行使国有产权。只要政府拥有剩余索取权以及剩余索取权具有不可转让性，那么政企分离事实上是很困难的。实现政企分离的最有效途径就是允许剩余索取权在产权市场上转让。当剩余索取权一旦具有可转让性，企业的国有制性质就难以保持。由此造成的资本运营效率的损失可以视为国有资产的无形流失。当剩余索取权与监督权完全由企业主管部门控制时，企业的经理完全是上级主管部门的代理人，权威来源于企业的外部，由此使得企业内缺乏必要的信息反馈机制，经理人员缺乏必要动力去监督要素所有者以改善企业经营水平。

此外，多级委托代理和代理人目标多元化，干扰了公有制产权制度的实现。首先，低效的内部监督结构广泛存在。国有企业作为一种团队生产方式，在剩余索取权与控制权相分离后，国有资产管理部门拥有剩余索取权，经理人员作为代理人拥有国有资产的监控权。但是，在既定产权制度下，代理人缺乏必要的动力去监督和抑制生产者的偷懒动机或行为。当代理人的偷懒动机不仅得不到委托人的有效抑制而且这种偷懒并非对自己没有利时，国有企业的经理人员就常常会与企业职工构成一个利益共同体，联合起来对付国家，从而导致国有资产流失。其次，产权主体多元化容易使国有资产流失和浪费。与国有企业内的非国有产权与非国有企业的产权安排相比，国有产权的排他性处于明显弱势，非国有产权的利益界区则比较清晰，产权主体更具有人格化资本的特征。这样，随着市场化程度的提高，国有企业内国有产权在与非国有产权就风险分担和利益共享中的博弈中，以及在国有企业与非国有企业的产权交换过程中常常因国有资产缺乏人格化利益代表而处于不利地位，导致国有资产流失。

（三）私有制产权的基本原理及特征

前已述及，私有制的有效性完全以市场机制的正常运转为前提，市场机制的正常运转又以价格机制、自由交易、公平竞争等为基础，在定价困难、竞争性弱的领域市场就会失灵，私有制的有效性也就无从谈起，甚至会给资源配置传递错误的信号；私有制重视资源私有基础上的逐利行为，这在充分调动人们生产积极性的同时也很容易导致资源和社会财富分配上的过度集中，形成巨大的贫富差距，也容易导致不同社会阶级的产生，久而久之，可能引发社会财富的两极分化和剥削活动的普遍存在。科斯、诺斯、德姆塞茨、威廉姆森、阿尔钦等著名经济学家，都是基于私有制讨论和分析产权问题。本文在此不再进一步讨论。

---

① 国有产权模糊所导致的经济后果是众所周知的，例如，约束机制不完善，企业负盈不负亏，企业预算的软约束；剩余索取权与监督权由政府部门拥有，权威来自企业外部，行政干预与企业的纵向依赖不可避免；企业内缺乏必要的动力机制，行为人的"偷懒"动机强烈；既定的产权安排对不确定性因素的克服能力较弱，行为人难以形成稳定的预期，短期行为很普遍；资源配置效率比较低等。

五、国有企业财务规则的性质及其制度基础

发挥市场在资源配置中的决定性作用与政府发挥好协调管理作用是《中共中央关于全面深化改革若干重大问题的决定》（2013）的一个重大创新。该项理论突破为我国经济体制改革的深化进而带动其他领域改革指明了方向。与此同时，"简政放权"，转变政府机构职能，处理好政府与市场、政府与社会的关系，把该放的权力放掉，成为本届政府的工作重心。经过2014年和2015年的努力，"简政放权"工作进展顺利，效果很好。在此背景下，财政部的《企业财务通则》问题又被一些专家提出来。事实上，早在2007年新修订的《企业财务通则》实施之前，已有一些学者对此发表了废除该通则的见解①。本文认为，社会主义市场经济制度和我国《宪法》决定着国有企业《企业财务通则》的客观性和存在性。同时，社会生产力发展对企业财务和会计提出的新要求，以及法财务学的发展、财务与金融的分工，使得国家必须对政府投资的国有企业颁布一个统一的财务规则。

首先，我们应弄清楚财政部颁布《企业财务通则》的性质。

由国务院批复、财政部颁布的《企业财务通则》仅适用于我国具有法人资格的国有及国有控股企业。财政部是中央政府所属机构，受国务院委托，作为国有企业注册资本所有者代表，依据我国《宪法》、《公司法》、《税法》和《会计法》等法律法规，负责制定国有企业财务规章制度。《企业财务通则》是财政部制定的国有企业基础性财务规章制度之一。该基础性财务制度的性质取决于我国中央人民政府的性质，而中央人民政府的性质则由我国的宪法和执政党中国共产党的性质所决定。《宪法》明确规定，社会主义制度是我国的根本制度。我国是工人阶级领导的、以工农联盟为基础的人民民主专政的社会主义国家，即无产阶级专政的社会主义制度。在我国，不允许私人资本占统治地位。生产资料公有制是社会主义经济制度存在的基石。显然，国有经济是我国经济发展的主体。只要国有经济存在，国有企业财务通则必然存在。所以，国有《企业财务通则》在性质上是一部保障国有财务经济在社会主义市场经济中发挥主导作用的财务法规。该法规是我国宪法内容的体现和实现途径。

《公司法》并不能替代《企业财务通则》。因为《公司法》的主要理论依据是公司资本制度。公司资本和公司治理是公司法人资格得以形成的两大要素。公司资本制度和公司治理制度则构成《公司法》的主干内容。资本制度和治理制度相结合共同致力于《公司法》目标的实现。虽然公司资本制度有法定资本制度和授权资本制度之分，但不论哪

---

① 著名学者张为国教授（1995）、罗飞教授（1996）、栾甫贵教授（2004）、谢志华教授（2004）和白华（2005）等学者，均提出了一些独特见解，并持废除观点。主要理由是：第一，该通则与《企业会计准则》、有关税法、《公司法》等法规内容重复较多。第二，该通则未摆脱计划经济束缚，与计划经济"财政管理财务、财务管理会计"的体制相适应。第三，该通则宗旨有悖市场经济，国家统一的财务规则将限制企业资本保全的灵活性，违背市场化原则。第四，该通则缺乏法律依据。本文持存在观点。

公有制经济的产权特征及其财务规则

一种资本制度，它们都是资本主义经济制度的基石。资本主义经济发展的源泉在于资本积累。社会主义经济发展的源泉在于生产资料的创造和增长，即生产要素的创造和增长。因此，我国《公司法》内容并不能满足国有企业对其财务活动的规范、约束和保障等法律需求。市场失灵问题也需要《企业财务通则》存在。重要的是，在现实中，国有企业与民营企业在承担社会责任方面存在很大差异。如冬天清理道路积雪、夏天清理海洋浒苔、秋天洪涝等自然灾害的救助，以及边疆经济落后地区的定点帮扶，大多数都是国有企业冲在最前面。《企业财务通则》主要规定《公司法》以外的公有制财务行为规则。古典经济学和新古典产权理论均以私有制为基础。实践表明，西方产权理论难以解释我国国有企业问题。基于公有制的产权理论将是《企业财务通则》的基础理论之一。颁布《企业财务通则》是财政参与国家治理和规范公有制产权的重要方式。因此，《企业财务通则》也是一部解释和规范公有制产权的政府财务制度。

其次，我们应弄清楚《企业财务通则》存在的客观必然性。

财政部颁布《企业财务通则》及其长期存在和发挥应有作用，不仅在于该通则体现我国社会主义经济制度的性质，而且还有另外两个重要原因：第一，生产力发展对财务与会计提出了新的要求。智能化设备（机器人）的广泛使用、技术产权的形成，以及企业文化知识资产的投资等，都需要政府对国有企业提供制度安排。第二，法财务学的客观要求。我国各种法律中的经济知识需要有一个具体的文件给出解释。

财务理论和实践总是伴随着社会生产力的发展和科学技术的发展而发展变化。现代生产力要素不再局限于劳动、土地和资本，还包括科学技术、信息和知识等新兴生产要素。实践和理论均已证明，技术替代和节省劳动力的程度远远大于机器设备替代人力的程度，技术资本已开始取代机器设备等物质资本在生产中的核心地位。那么，技术、信息和知识等生产要素如何转变为具有产权性质的技术资本、信息资本和知识资本，其所有者如何参与企业剩余收益分配和公司内部治理，都需要《企业财务通则》给出解释和规定。现行的《公司法》、《会计法》、《税法》和《科学技术进步法》均没有对技术资产和技术资产资本化做出法律规定。国有企业利用财政性资金购置机器设备，会增加企业的国有资产。但是，《科学技术进步法》只规定"利用财政性资金和国有资本引进重大技术、装备的，应当进行技术消化、吸收和再创新"。这里没有规定购置的技术属于国有企业的资产。目前，会计准则对技术研发支出的核算有费用化和资本化两种处理办法。但法律上，我国尚未有具体规定。财务规则属于生产关系范畴，当科学技术和生产力发展了，财务规则必须予以调整以适应新生产力发展的客观要求。因此，适当修订《企业财务通则》很有必要。

法财务学的发展要求国有企业有明确的财务通则。法律、道德文化和社会制度存在着天然的联系。马克思主义法学家根据法律的经济基础和阶级本质，把法律分为奴隶制法、封建制法、资本主义法和社会主义法四种类型。前三种法律的理论基础和方法论均以个体主义为关键性假设。具体地，可概括三项基本陈述：①只有个人才有目标和利益；②社会系统及其变迁均产生于个人行为；③所有大规模的社会现象最终都应该根据只考虑个人利益的原则给出解释和规定。然而，社会主义法律和中华民族文化传统则恰恰相反。古代中国时时事事以"天下"利益为目标。任何个人和组织都是国家的成员之一。只有国家才有目标和利益。个人属于国家。现代中国，全体中国人民的共同富裕是社会主义经济的基本目标。解放生产力，实现共同富裕，消灭人剥削人制度，是社会主义制度的根本目标。社会主义允许一部分人先富起来，但富起来的目的是带动大多数人富起来。社会主义不允许只有少数人富裕而多数人不富裕的经济行为和经济制度存在。社会主义法财务学的本质是整体主义原则。财务学的精神是精打细算、节约、互利和均衡。其基础性规则不仅有帕累托最优，而且还有卡尔多—希克斯效率准则。该准则是通过财务上的多要素资本配置，使部分人增加的社会福利大于另一部分人所受到的损失。公司财务使用新增加的财富补偿另一部分人的损失，就能增加所有人的财富。法律制度的大多数同意原则也与此规则相符。公司自愿行为应符合帕累托最优，而财务规则的强制行为则符合卡尔多—希克斯效率准则。法律以公正即公平正义为最高价值标准，财务以资本配置效率为核心价值标准，公正合理与资本配置效率相结合则是法财务学的基础标准。公司多种资本配置以成本收益分析为依据，实现有效配置。从法律的发展来看，法律起源于社会利益分化及其纠纷的解决。其内容和作用是维护统治阶级的根本利益。虽然法律的价值取向是公平，但每一次社会形态的变革或更替都是以追求效率和财富价值为基础。因为经济基础的变革是以效率和财富价值为动力。历史经验表明，当某种生产关系阻碍了生产力发展，丧失了经济效率，才会引起社会变革，从而导致新的法律规则的出现。国有经济的法律性质和经济性质，以及法财务学的发展，使得国有企业财务通则存在具有客观性。

欧美财务学的理论基础是经济学消费理论，我国的财务学则是经济学生产理论。这种差别的根源在于社会制度的差别和文化传统的不同。我们是社会主义制度，生产资料和资本的公有制是社会主义经济制度的本质，其目标是共同富裕而非剩余价值最大化。我国财政是社会主义财政。财政部不仅要管好会计事务，更要管好财务制度。精打细算是财务学本质。改革开放以来，我国经济发展取得巨大成就，不仅源于制度变革和技术创新，也与商品生产者精打细算和优化商业模式密切相关。因此，财政部的《企业财务通则》应适当充实内容和改进，并继续发挥更大作用。欧美国家多实行资本主义制度，其本质是生产资料和资本的私有制，其目标是资本家追求剩余价值最大化，即个人利益最大化。因此，基于私有制和高度个人主义社会哲学的福利经济学，是欧美国家处理政府与市场关系的理论依据。欧美国家确实不需要我国的《企业财务通则》。

最后，还可以从产权理论出发分析国有企业《企业财务通则》的必要性。

财政部颁布《企业财务通则》的深层意义，在于代表国家处理政府与市场之间的关系。处理政府与市场的关系不仅是我国经济体制改革的核心问题，美国和欧洲的经济发展同样存在该问题。著名财政学家哈维·S. 罗森（Harvey S. Rosen）和特德·盖亚（Ted

Gayer) 教授在其合著的《财政学》(第十版)① 第三章讲市场失灵时提到，"在著名的电影 "Casablanca" 中，只要社会治安情况不妙，警察头子就下令：围捕记录在案的嫌疑分子。同样，一旦市场不能有效地配置资源，经济学家就会找出导致市场失灵的一系列可能的原因。如前所述，由于两个一般性原因——市场影响力和市场不存在，经济也许无效率。"那么，政府这只"看得见的手"就该发挥作用了。政府与市场在资源配置及经济发展中的关系比较复杂，涉及产权理论和福利经济学理论，以及公共物品支出理论等。

在产权理论看来，传统经济学自由竞争理论、"理性经济人"假定、"局部均衡理论"和边际分析方法，以及交易成本理论，是解释和解决政府与市场关系问题的主要理论。以美国科斯、德姆塞茨等为代表的现代西方产权理论认为，分析产权理论有两个重要假设起到关键作用：第一，各方讨价还价的成本很低；第二，资源所有者能够识别使其财产受到损害的源头并且能合法地防止损害。在这些条件下，只要有人拥有产权，问题就会得到有效解决，不管谁获得了产权都如此。这一结论被称为科斯定理。实际上，科斯定理最适用于当事人很少且外部性来源很清楚的情况。如果经济活动的参与者或当事人既有众多的私人，又有若干企业组织，还有政府机构，那么，其有效性就会打折扣。在完全私有制度里，科斯定理是西方产权经济学的基础理论。我国是公有制为主的市场经济，基于公有制的产权理论亟待研究。科斯产权理论认为，市场失效或经济无效率的根本原因是缺乏产权。这一点，对我国的财政治理和国有企业改革很有启发。如果中央政府把市场经济里国有企业国有产权和公共产权界定清晰，国有企业效率和财政效率会有大幅度提升。

在福利经济学看来，如果不使他人的境况变坏就不能使一个人的境况变好，这就实现了帕累托效率配置。帕累托效率，要求每个人对两种商品的边际替代率等于边际转换率。帕累托效率是西方经济学家判断经济是否有效运行的标准。福利经济学的基本定理1认为，在某些条件下，竞争市场机制会产生帕累托效率结果。在这里，虽然帕累托效率颇有吸引力，但其缺乏充分理由作为伦理标准或社会标准。它的基本观点是高度的个人主义利益，其重点放在如何配置资源使个人效用最大化。如果基于公平或社会利益最大化，或者国家利益最大化等标准，那么它就认为是一种无效率或低效率的资源配置。这就是政府干预经济的第一个福利经济学理由。福利经济学的基本定理2认为，社会通过适当地安排初始资源禀赋，然后让人们彼此自由交易，就可以实现帕累托效率资源配置。在这里，如果存在市场影响力或者市场不存在，就会出现市场失灵。因此，市场失灵是政府干预经济的第二个福利经济学理由。福利经济学理论承认，政府和市场都可以配置资源。

公共支出理论实际是产权理论和福利经济学理论在政府收支管理中的应用所产生的财政理论。该理论认为，公共物品的特征是消费的非竞争性和非排他性。因此，每个人消费的公共物品数量都相同，但不一定是其所偏好的数量。公共物品的有效供给，要求

---

① 参见哈维·S. 罗森，特德·盖亚. 财政学（第十版）[M]. 郭庆旺译. 中国人民大学出版社，2015.

个人的边际替代率（MRS）之和等于边际转换率（MRT），这与私人物品不同。在提供私人物品的情况下，每个人的 MRS 等于 MRT。由于市场机制不可能有效提供人们消费非竞争性物品，所以，公共物品只能由政府提供。当一个实体（一个人或一个企业）的活动以市场机制之外的某种方式直接影响他人的福利时，外部性就产生了。与通过市场价格传递的影响不同，外部性或免费搭车对经济效率经常有严重的不良影响。外部性引起无效率的根源，还是产权不清。所以，政府对经济干预很有必要。

可见，财政部颁布适用于国有企业的《企业财务通则》，具有充分的经济学理论依据。

六、结论

公有制经济的产权理论是社会主义制度的内容之一。中国特色社会主义制度是我国政治、经济、文化、科技发展的制度基础，研究和理解中国特色社会主义制度是探索公有制产权的前提。产权制度是公司财务的制度基础。如果没有产权制度，商品买卖将无法成交，人们的投资活动和所筹资本也无法律保障。国有企业产权理论的解释，已成为财务学研究的重要课题。

在科斯、诺斯、德姆塞茨、威廉姆森、阿尔钦等经济学家看来，市场交易是资源稀缺引发的行为并且存在交易成本，其交易成本是人们运用市场价格机制的成本，即在市场交易中人们相互之间谈判、讨价还价和履行合同的成本。当交易费用为零时，无论产权如何界定，市场机制都会自动使资源配置达到最优。当交易费用大于零或为正时，那么，不同的权力界定会带来不同效率的资源配置。西方产权理论假设整个社会只存在经济活动，不存在其他活动；国家政治、文化、科技的作用均为零，政治与经济不可替代，并且不存在政府。如同美国宪法规定的那样，在美国除了个人利益外，不存在其他任何利益。最关键的是，西方产权理论以私有制为前提。因此，资本主义社会的产权理论不能替代社会主义制度的产权理论。

公有制经济下的产权理论是社会主义社会发展经济的理论基础之一。考察公有制经济活动的产权现象及其理论问题，应深入研究社会主义制度的经济性质和目标。资本主义市场经济的主要特点是：其经济基础以资本主义生产资料私有制为基础，其目的是满足资本家对利润和财富的追求。社会主义市场经济的主要特点是：其经济基础以社会主义生产资料公有制为基础，其目的是满足全社会成员的公共富裕，以及社会文明的可持续发展。同时，政府的强有力宏观经济调节控制能力也是社会主义市场经济的重要特点之一。社会主义的本质是解放生产力，发展生产力，消灭剥削，消除两极分化，最终达到共同富裕。我国选择社会主义基本经济制度，这是由国际经济环境和国情等历史条件决定的。

公有制的产权一般包含公有制企业的产权和公有制下国家或政府的产权，以及公有制下的个人产权，即国家产权、集体产权和个人产权。在计划经济体制下，公有制的本质特征在于产权属于各个成员的社团而不属于该社团的各个成员，由此理论上使得公有制经济的所有者不能出售公有财产中属于其自身的份额。公有产权在运作过程中具有"不可分性"和"外在性"的特征。但是，在市场经济体制下，只要法制和会计核算健全，那么，公有制经济中的产权同样可以自由地在市场里交易。法制健全和建设是关键。有限合同、有限法制和有限市场是社会主义制度的重要经济理论。发展社会主义制度，不能仅靠经济工作，而应该在许多方面发挥政治、文化、科技和教育的作用，经济与政治或者经济与科技具有一定的替代性。不完备市场理论使公有制经济的产权理论更加科学和开放。这可能是公有制经济产权理论的本质特征。

公有制企业的产权性质和特征主要体现在国有企业产权结构安排与效率方面。在法制健全和会计核算制度健全的条件下，公有制企业剩余索取权的可转让性，产权的可交易性是剩余索取权可转让性的必要条件。我国社会主义经济中的产权问题是一个法制改革与建设问题。公有制企业所有权约束不再唯一地遵循资产增值与资产收益最大化目标，而是渗透到社会发展的其他目标如国家整体发展目标和社会目标。建立健全国有企业的财务制度是保护公有制经济产权和发展社会主义制度产权理论的基石。可以预言，产权理论将会在财务学和社会主义制度中得到空前发展。

参考文献

[1] 周其仁. 产权与制度变迁：中国改革的经验研究（增订本）[M]. 北京大学出版社，2004.

[2] 林毅夫. 中国经济专题（第二版）[M]. 北京大学出版社，2012.

[3] 刘世锦. 公有制经济内在矛盾及其解决方式比较 [J]. 经济研究，1990（12）.

[4] 张维迎. 企业理论与中国企业改革 [M]. 世纪出版集团，上海人民出版社，2015.

[5] 盛洪. 现代制度经济学 [M]. 中国发展出版社，2009.

[6] 张军. 社会主义的政府与企业：从"退出"角度的分析 [J]. 经济研究，1994（9）.

[7] 汪新波. 对企业性质的重新思考——现代股份公司的启示 [J]. 经济研究，1992（9）.

[8] 吴易风. 吴易风文集（第十卷）[M]. 中国人民大学出版社，2015.

[9] 钱津. 正确认识公有制与私有制的界限 [J]. 中国人民大学学报，1997（2）.

[10] 杨志. 论资本的二重性兼论公有资本的本质 [M]. 中国人民大学出版社，2014.

[11] 刘凤芹. 新制度经济学 [M]. 中国人民大学出版社，2015.

[12] 斯蒂格利茨. 微观经济学：不确定性与研发 [M]. 中国金融出版社，2009.

[13] 德姆塞茨. 关于产权的理论：选自盛洪主编的现代制度经济学（第二版）.

[14] 哈维·S. 罗森，特德·盖亚，财政学（第十版）[M]. 郭庆旺译. 中国人民大学出版社，2015.

10 | 试论财务学的基本假设

一、引言

任何科学均有自己的假设。某一科学的理论假设、基础范畴和研究对象，形成该科学区别于其他科学的标志。科学研究中理论假设的存在，使得科学理论有相对真理和绝对真理之分。那些没有任何条件限制，在任何时间和地点都成立的科学理论，就是绝对真理。这种真理很少见。一般地，自然科学和社会科学的理论都是相对真理，都是在一定的条件下才是正确的。脱离了这个条件，真理就变成谬误。只有在一定的条件下正确、在有些条件下是错误的理论，才可能称之为科学理论。在任何条件下都是绝对正确的东西，可能多半是骗术。

例如，理论力学是研究机械运动及物体间相互机械作用的一般规律的学科，又称经典力学。它是力学的一部分。大部分工程技术科学多以此为理论基础。其核心理论是牛顿运动定律，又称牛顿力学。牛顿力学的假设主要有三个：一是时间是绝对的，其含义是时间流逝的速率与空间位置和物体的速率无关；二是空间是欧几里得的，即欧几里得几何的假设和定律对空间是成立的；三是质点的运动可以用位置作为时间的函数来描述。爱因斯坦的相对论就没有牛顿力学的这些研究假设。爱因斯坦的相对论主要以光速不变和相对性原理为假设。前者指真空中的光速与参考系无关，即光源的运动与观察者的运动无关。后者是指物理规律含力学规律对所有惯性系都一样，不存在任何一个特殊的惯性系如绝对静止的惯性系。这说明，相对性原理不仅适用于力学，也适用于电磁学、光学，由此，爱因斯坦相信：尽管事物的具体规律形形色色，但主宰世界的规律并不多，而且不复杂，世界应该是和谐而且简单的，简单性应该成为一个理论完善与否的判定原则。于是，爱因斯坦把力学的相对性原理推广到了物质运动的所有形式。在这里，如果将牛顿力学放在爱因斯坦的相对论时空观下，就变成了错误。

还有，著名的伽利略实验，其自由落体运动定律是物体重量与下落速度无关。该结论的假设是：没有空气阻力。伽利略是科学大师，自然明白研究假设的重要。如果从比萨斜塔上同时往下扔铁球和纸片，必然是铁球先坠地，这就证明了伽利略定理的正确。财务学理论，如果被视作科学理论，就一定存在假设。

理论是对现实的解释，现实是理论的映像和样本。相对于现实而言，科学理论不是真事，因为科学理论有自己的假设。在假设之下，研究者推演出一系列结论。因此，假设很难成为现实。那么，究竟是现实过于复杂，还是理论过于复杂，目前尚难评判。不论自然科学，还是社会科学，均如此。如经济学的基本假设之一"理性经济人"假设，指的是每个人包括自然人、家庭、厂商、政府，都在给定约束下追求自己利益的最大化，即每个人都要受到资源稀缺的限制诸如收入的限制、时间的限制、价格的限制等，人们只能在各种约束下行事。"两害相权取其轻，两利相权取其重"，就是理性经济人假设的具体表现。本文将财务学视为经济学的一部分，以此视角探索财务学主要的根本性的理论假设。本文首先对财务学术界有关财务假设研究略加综述，说明本文的研究方法；其次梳理西方公司财务理论中的一些研究假设，从中找出在财务学中具有普遍意义的基本假设。

二、文献述评

虽然理论假设研究属于基础研究，但仍有一些学术敏感和富有洞察力的教授提出了自己的真知灼见。南京大学李心合教授在《论公司财务学假设》（2011）一文中，把美国学者爱斯华斯·达莫德伦教授《公司财务：理论与实践》著作里概括股东财富最大化目标所涉及的四项规则——①股东依法聘任或辞退经理；②债权人利益得到完全保护；③价格有效反映市场信息；④公司支付因实现股东财富最大化所发生的社会成本。除了这四项属于财务学的基本假设外，资本稀缺性、公司系法律虚构、零嵌入性或社会成本为零、可持续发展、现金流动制，也是财务学的基本假设。李心合教授多年来致力于利益相关者财务问题研究，对制度经济学中的公司财务问题有独到思考和洞见。李教授提出的这九个财务学假设，其理由都比较充分。要推翻和修改这些假设也比较困难。总体上，本文支持李心合教授关于财务学基本假设的观点。从理论上说，每一个财务假设下，都有一个财务理论。一个财务假设至少服务于一个或几个财务理论。这里的九个财务假设所服务的九个或九个以上的财务理论是什么，尚需进一步给出解释。无论如何，李心合教授已经给我们指出了几个方向。这对研究财务学假设极其重要。

10 余年前，王化成教授在其财务学专著《财务管理理论结构》（2006）著作的第三章里，专门论述"财务管理假设"的理论问题。王教授从财务管理假设的概念和特点、对财务管理假设各种观点的评价及财务管理假设的内容等三个方面，对财务管理假设进行了系统、深入、全面的分析和论证，并将财务管理假设的内容归纳为：理财主体假设、持续经营假设、有效市场假设、资金增值假设，以及理性理财假设。王教授关于财务管理假设的五个内容，其内涵均很丰富。其每一个财务管理假设均有特定内涵和表现。例如，理财主体假设指的是企业财务管理工作仅限于具有独立经营性质的现代公司制企业组织之内。公司的财务活动与股东的财务活动分离。这一点，与李心合教授提及的股东依法聘任或辞退经理的假设很接近。实际上，这是一个非常重要的财务规则或假设。其内容与欧文·费雪教授的"投资决策的选择与投资者个人消费偏好无关"的"费雪分离定理"或"费雪分离原则"完全一致。在"费雪分离原则"下，产生了委托代理理论、激励约束机制理论和不确定性投资最优决策理论等。因此，王化成教授的"理财主体假设"与李心合教授及达莫德伦教授的"股东依法聘任或辞退经理"的假设，实质是"财务活动相对独立"假设。那么，为什么同一问题会有不同的表述呢？归根结底，在于财务理论研究者对财务学基础理论的理解仍然存在一些细微的差别。财务学基础研究仍然是我国学术界的薄弱环节。对于"持续经营假设"，李心合教授称之为"可持续发展假设"。二者含义基本相同，都是指财务主体是持续存在并且能够执行其预计的经济活动。在财务上，除非有证据表明企业将破产、关闭或歇业外，一般都假定企业在可以预见的未来将持续经营下去。王化成教授的有效市场假设、资金增值假设和理性理财假设，对于财务学专业人士而言能够直接理解。在这里，就不一一介绍和阐述了。可以说，每一个财务管理假设均可以或需要给出实证分析和检验。显然，这是一项比较复杂和困难的研究工作。可以说，王化成教授和李心合教授的财务学假设研究有力促进了人们对财务学基础理论的深入理解，二位教授的观点都很深刻精辟，发人深省，充满新意，为我们描绘了财务学基本假设研究的美好图景。

王化成教授和李心合教授都是笔者尊敬的当代著名财务学家，他们的财务学研究文献基本上代表了我国 20 世纪末和 21 世纪初财务研究的最高水平。当然，对于财务学假设的研究，张家伦教授、王棣华教授和陆建桥博士等，也发表了一些高见。这些教授为我国财务学基础研究做出了重要贡献。限于资料的完整性，本文在此不再述评。

三、西方公司财务决策的具体假设梳理

（一）投资决策的基本假设

在财务上，投资主要有单项资产投资和组合资产投资。前者多为单期投资和单一要素资本投资；后者则为多期投资和多要素资产组合投资。投资决策的目的，都是实现股东财富的最大化，即投资项目贴现现金流的现值最大化。为实现这一目标，公司财务、财务管理者和财务研究者通常假设：

（1）投资项目的现金流量可以毫无误差地被估计，且公司资本机会成本已知。

（2）资本市场无冲突。这使得管理者可以将股东意愿和投资决策分离出来。

（3）监督成本为零。即管理者将努力实现股东财富最大化目标。

（4）再投资率不变。再投资率实际上就是资本机会成本。这一假设假定股东将以货币资本的机会成本对其资本进行再投资。此外，投资决策中的未来每年收益均作为本金投入到下一年度。

（5）公司具有一个最优的债务和权益比例——最优目标资本结构。而且，这一债务和权益比例在整个项目投资期内保持不变。

（6）风险与收益相匹配。当资本供给和需求相等时，风险趋零，收益亦趋零。

其中，前四个假设主要应用于确定性的投资决策，后两个假设主要涉及不确定情况下的投资决策。在上述假设下，投资理论主要研究投资项目的现金流量和市场对相同风险项目要求的收益率。

（二）筹资决策与资本结构 MM 定理的基本假设

财务学家在最初进行筹资决策理论研究时，提出了很多财务假设。其中，莫迪格利安尼和米勒教授的资本结构定理（MM 定理，1958）提出了以下七个假设条件。后来，有些条件又有所放宽。

（1）所有的实物资产归公司所有。股东仅拥有企业资产的价值现值即资本及其所有权。

（2）资本市场无磨擦，没有公司及个人所得税，证券可以无成本地直接交易或者买卖，没有破产成本。

（3）公司只能发行两种类型的证券：有风险的股票和无风险的债券。

（4）公司和个人都能按无风险利率借入或者借出款项，即负债利率属无风险利率。

（5）投资者对于公司利润及未来现金流预期都是相同的。实际上这是信息对称假设，即企业经理和一般投资者获取的信息完全相同。

（6）企业的现金流量是一种永续年金，即企业的 EBIT 处于零增长状态。

（7）所有公司都可以归为几个"相等的利润等级"中的一类，在此等级上公司股票的收益与该等级上其他公司的股票收益完全相关。

以上假设中最重要的是第七点，该假设指出相同风险等级公司的股票拥有相同的期望收益率和相同的预期收益分配率。这就意味着这些股票可以相互完全替代。公司之间拥有相同的投资收益率，只是在规模上不同。

（三）资产定价理论的基本假设

资本资产定价理论又称资本市场均衡理论，其主要内容由资本资产定价模型（CAPM）、套利定价理论（APT）和期权定价模型（OPM）等组成，主要研究货币资本供求关系和交易的财务理论。其中，资本资产定价模型（CAPM）是以资产组合理论为基础发展而成。因此，有关资产组合投资理论的假设对资本资产定价模型仍然适用。同时资本资产定价模型的有关假设比资产组合理论更加严格。套利定价理论的假设比CAPM 放宽了一些。其基本假设是：

（1）所有投资者都是风险规避者，资产收益期望值和均方差衡量资产或资产组合收益和风险的财务指标。每个投资者都是根据自己对每一证券或资产组合的预期收益率及收益均方差的预测进行投资选择。

（2）资本市场的进出无障碍，不存在交易费用；资产交易数量无限可分，任何投资者可根据其财力在市场上按市场价格购买任一种资产。全部资本资产均可进出市场自由买卖。只要投资者愿意，就可以在市场上买卖任何财务资源。

（3）投资者按照单期收益和风险进行决策，并且他们的投资期限相同。

（4）所有投资者对所有资产的收益和风险的判断相同，即一致性预期假设。投资者面对的是相同的数据，除了根据市场所提供的信息进行决策外，没有其他信息。

（5）允许投资者进行无限制的无风险借入贷出。投资者能以某个确定的利率借入或贷出所需要的任何数量的资本。

（6）税收对证券交易和资产选择不产生任何影响，不存在个人所得税，投资的收益形式是股息还是资本利得，对投资者的决策并不产生影响；市场不存在各种不完善性，单个投资者不可能通过个人的买卖行为影响某一证券价格。这意味着资本市场是一个完全竞争的市场，证券价格只能通过全部投资者的竞争来决定。

（7）所有投资者只能按照市场价格买入或卖出资产，即投资者为价格接受者。

上述有些假设与实际情况并不完全相符，但对资本资产定价模型的推导很有必要。如同人们常说：物理学家必须在无摩擦的假设条件下建立物质运动模型，而经济学家只能在一个不存在影响证券价格运动的制度性摩擦因素前提下，才能建立其经济模型。

（四）公司治理结构的实质和假设

许多学者比较认同公司治理结构的本质是企业股本结构与控制权结构的管理。按此理解，公司治理结构属于公司财务的研究范畴。至于公司治理的研究假设，比较权威的是奥利弗·哈特（Oliver Hart, 1995）[①] 在《公司治理理论与启示》一文，提出了公司治理理论分析框架。他认为，只要以下两个条件存在，公司治理问题就必然在一个组织中产生。第一个条件是代理问题，确切地说是组织成员（可能是所有者、工人或消费者）之间存在利益冲突；第二个条件是交易费用之大使代理问题不可能通过合约解决，合约具有不完备性。现在看，代理问题和激励机制对公司治理结构的直接影响，在资本主义和社会主义国家均普遍存在。理论上，在完善的市场经济里，所有的股东都会认为管理者应当遵循这样一条简单的投资决策原则：选择一切可以投资的项目为股东创造价值直到投资边际报酬率等于市场贴现率为止。因此，股东的财富是用资本的机会成本（市场利率）贴现的现金流量的现值。如果股东能够确定管理者会真正地依照股东财富最大化

---

① 2016年诺贝尔经济学奖授予哈佛大学教授 Oliver Hart（哈特）和 MIT 教授 Bengt Holmstrom（霍姆斯特朗），以表彰他们在契约理论方面的杰出贡献。其1987年发表综述《契约理论》奠定了他们在该领域的权威地位。契约理论将所有交易和制度看作一种合同，在考虑信息不对称情况下，设计最优合同来减少道德风险、逆向选择和敲竹杠等问题，提高社会总福利。即契约总是不完备的，无法在事前规定所有可能的或然情况，此时就会出现谁应该拥有剩余控制权的问题。比如夫妻结婚是一种契约，但婚前没有预料婚后会发生财产纠纷，因此就没有相应的处置规则。在不违法情况下，此时财产纠纷应该按照什么规则来处置呢？不同的规则会导致当事人有不同的激励和行为，也会有不同的社会福利影响。按照哈特的理论，控制权应该配置给对总福利贡献最大的一方。契约理论已被广泛用于分析企业问题、政府问题、法律问题，以及各类社会问题。哈特教授的突出贡献是构建了不完全契约理论的基本模型，并将其应用于企业理论、法律经济学、公司财务理论和公共经济学。当今新政治经济学的分析框架实际就是不完全契约理论。

原则制定每一个决策，那么，股东就能够不花成本地监督管理者。并且，股东们会同意把其决策权委托给公司管理者行使。但是，所有权与控制权存在明显差异。人们不能完全有理由相信公司管理者——作为公司所有者的代理人，总是能够处处从股东财富最大化原则出发采取各种行动策略。在大部分的代理关系中，公司所有者必须花费大量的监督成本，以控制公司的管理者，使其规规矩矩地服务于股东。于是，企业所有者面临着两难选择：是花费一定监督成本还是采取一些报酬形式以促使代理人总能够从股东财富最大化原则出发而采取各种行为策略的权衡。假设在一种极端情况下，如果对代理人的报酬全部是公司的股份，那么，此时所有者的监督成本降低为零。可是，这种类型的治理方案在实践中几乎不存在。因为代理人经常获得其他一些非金钱利益的报酬形式，如扩大其办公空间、给予其昂贵的专用汽车和午餐，以及有权安排其亲属在公司工作等。而在另一种完全相反的极端情况下，企业的所有者不得不花费无限制的监督成本以保证公司的代理人总能依照所有者的意愿做出各种决策。显然，介乎这两种极端情况之间的某一处存在着最优的解决方案。所以，代理问题既是一个财务现实问题，也是一系列极其重要的财务理论问题，牵扯到股权资本结构安排、激励约束机制和产权制度安排等多个方面。

可见，公司治理结构的财务安排比投资决策、筹资决策和资本资产定价更加困难。而且，解释和研究公司治理结构假设的文献也非常少。根据哈特教授的理论，公司治理的假设至少有二：代理问题客观存在，合约具有不完备性。由于货币资本的股权和债权结构是传统企业治理结构的基础，因此，可以试着从公司资本结构方面探讨公司治理的结构问题。著名会计学教授、清华大学谢德仁老师在他的博士毕业论文中研究资本结构时，提及企业剩余索取权的几个假设。例如：①资源的稀缺性；②环境的复杂性和不确定性；③有限理性的经济人；④信息不完备和不对称分布；⑤人的机会主义倾向；⑥正交易成本。可以看出，谢德仁教授提出的获取企业剩余索取权的假设与西方公司财务中的投资假设、筹资假设和资产定价模型假设有一定的相似和相同之处，也许，这是因为公司治理结构正是企业投资决策、筹资决策和资本资产定价模型实现之后所形成的结果。

四、结论与猜想

综上所述，公司财务理论中的投资理论、筹资理论、资产定价理论和公司资本治理结构理论均涉及的财务假设，主要有：股东财富最大化原则、资本市场公平自由、永续经营、有限理性经济人、收益与风险匹配。这些假设可能属于财务学的基本假设。在股东财富最大化原则的假设下，有公司股本治理结构理论、委托代理理论、投资者偏好与投资决策分离理论等；在资本市场公平假设下，有资产定价理论、企业并购理论、企业价值评估理论等；在永续经营假设下，有跨期资本均衡配置理论、连续时间价值理论、边际财务活动理论等；在有限理性经济人假设下，有筹资决策理论、资本结构理论、股利分配理论等；在收益与风险匹配假设下，有投资决策理论、资本均衡配置理论、套利理论等。

当我国社会主义经济制度日趋完善，产生于我国本土的经济学理论日趋健全时，我国的财务学基础理论研究和基本假设研究就会得到长足发展。与此同时，当我们能够系统全面地讲解财务学原理时，服务于我国财务学基础理论研究和发展的基本假设可能就会很清楚了。

参考文献

［1］李心合．论公司财务学假设［J］．财会学习，2011（3）．

［2］王化成．财务管理理论结构［M］．北京：中国人民大学出版社，2006.

［3］托马斯·E.科普兰，J.弗莱德·威斯顿．财务理论与公司政策［M］．宋献中译．大连：东北财经大学出版社，2003.

［4］王福重．纯粹经济学［M］．北京：中信出版集团股份有限公司，2015.

第二篇 资本理论研究的新进度：
生产要素资本化

11 | 论要素资本*

一、引言

古往今来，我国百姓崇尚天人合一和法道自然。在琴棋书画与理工农医天文地理之间，人们似乎更偏好前者。所谓诗道禅茶可养性，琴棋书画能陶情，正是我国很多百姓对生活的理解。杯中影日月，壶内藏乾坤，就成为人们过往追求的生活写照。在文化与科学的建设发展中，人们也更加偏好文化。人们在日常生活中的交谈和阅读的文献里，更多描述的是儿童如何眯着一双眼睛凝神静听故事的姿态，长者如何指导后生做事做人和指点迷津，如何"己所不欲，勿施于人"，如何"推己由人，推人由己"，以及"先忧天下之忧，后乐天下之乐"，等等。人们主张尊老爱幼，喜欢孩子们全神贯注学文化的样子和天真无邪的秉性。人与人之间坦诚相见，人敬一尺，我敬一丈。人与社会的关系是水乳交融，人是社会的一分子。因此，知识分子或有科学和文化知识的人士，是社会里的一个很典型的相对独立的社会阶层。多数读书人有自己的思想和独立精神，当其面对一般世俗之人时，常常失去了那种自然交流的通道，并显得拘谨木讷。尤其是那些至情率性的人，很少不拙于言辞。但在他们的内心世界里却可能汹涌澎湃，而要向人表达的

---

　　* 原文最早发表于《财经理论与实践》2009 年第 1 期，第 3-8 页，发表时，题名为《论要素资本——由一则故事引发的思考》。

往往口不如笔。因此，中华民族给人的总体感觉是，我们是一个文化灿烂和人人知书达理的民族。我国百姓在日常生活中对科学技术的认识，要么是古代的工匠，要么是现代的航天科学，科学和技术并未全面进入百姓生活。

可是，一个社会不仅是文化社会，也是一个科学技术社会，经济社会，以及自然生命的社会。社会有其实体性，也有其虚拟性。在秦朝统一中国和建立中央集权的封建专制帝国前的春秋战国时期，在中国出现了一个学术思想空前繁荣的局面。诸子百家竞相著书立说，其中最著名的有道家、儒家、墨家和法家等多种思想流派。他们的经济思想，对中国的封建经济思想以至中国封建社会农业生产和社会分工，以及经济本身的发展产生了深远影响。道法自然是道家的经济思想。道家从自然哲学出发，主张经济活动应顺从自然法则运行，主张清静无为和"小国寡民"的生产状态。这种经济思想在汉代司马迁的著作《史记·货殖列传》与《史记·平准书》中得到阐发。儒家经济思想研究人们求利活动与道德规范之间的相互关系。儒家承认求利之心，人人皆有，因而不反对求利，但是他们把义放在利的前面，认为求利活动应受义的制约，主张重义轻利，先义后利。法家经济思想和墨家经济思想也各有自己的特征。总而言之，我国古代经济思想肯定人的物质和经济欲望，与"经济人"假设有异曲同工之妙。古人提出社会分工自然形成和自然调节学说，近似于亚当·斯密的分工理论；主张经济自由化，可以与亚当·斯密的经济自由主义相媲美。可是，我国历史上的经济学缺乏统一科学范式，经济学的一些基础范畴如商品、价值、价格、货币、土地、资本、产权和资源配置，以及供应和需求、企业和市场等，则研究得不够。反映经济活动规律的具有世界性普遍意义的经济理论不是很多。先秦典籍如《管子》重视用数字、重量、尺度等统计方法研究经济问题，重视理论探讨和充分说理的学风等，现在都没有被完全继承下来。我国传统经济思想总体上属于封闭性质。因此，当今中国经济，既要传承中华民族的优良经济文化传统，又要继往开来和创新，吸收现代科学技术丰硕成果和世界经济文明，才可能实现经济与社会的永续发展。

本文就是弥补我国经济学缺乏基础范畴研究的一种尝试。资本是经济学及其分支财务学的基础范畴。将资本与科学技术、新兴生产要素和西方经济理论联系起来，采取历史分析和会计分析的研究方法，论证生产要素的资本化。由此引发人们对财务学筹资理论、投资理论和公司股本治理结构理论的重新思考，并推动财务学研究取得新的进展。

二、文献评论

社会财富的生产、交换、分配和消费以及经济增长与发展，都是建立在生产要素的选择、配置与利用的基础之上。因此，经济理论的研究历来离不开对"生产要素"这个基础问题的探讨。但是，在不同的历史时期和同一时期的不同经济学家和流派，其对生产要素内容的认识是不完全一致的，有时甚至大相径庭。我们知道，生产要素是人们进行社会生产经营活动时所需要的各种自然和社会资源。它是人们进行物质生产所必需的一切要素及其环境条件，既有人的要素和物的要素，也有人和物相结合的因素。生产要素属于经济学的基础范畴。现代经济学认为，生产要素包括劳动力、土地、资本和企业家，以及技术、信息和知识等。这些生产要素可以作为相对独立的要素投入生产，产出产品和服务。这些生产要素进行市场交换，形成各种各样的生产要素价格及其体系。其中，劳动者和生产资料是物质资料生产的最基本要素。这是因为不论生产的社会形式如何，它们始终是生产不可缺少的要素，前者是生产的人身条件，后者是生产的物质条件。但是，当劳动者和生产资料处于分离的情况，它们只在可能性上是生产要素。它们要成为现实的生产要素就必须结合起来。劳动者与生产资料的结合，是人类进行社会劳动生产所必须具备的条件，没有它们的结合，就没有社会生产劳动。在生产过程中，劳动者运用劳动资料进行劳动，使劳动对象发生预期的变化。生产过程结束时，劳动和劳动对象结合在一起，劳动物化了，对象被加工了，形成了适合人们需要的产品。如果整个过程从结果的角度加以考察，劳动资料和劳动对象表现为生产资料，劳动本身则表现为生产劳动。

如果查阅学术文献并做进一步深入分析，可以发现，不管是西方经济学，还是国内经济理论界，经济学家在生产要素内容的认识和确认上尚存在一定的局限性。

首先，经济学文献主要考察和重视实体经济，对虚拟经济和资本市场的理论研究比较弱化。电子网络虚拟经济的崛起和发展是当今社会经济的一个极其重要的现象。信息技术虚拟经济是以货币虚拟资本和财务系统以及计算机网络为依托，开展生产经营和投入产出循环运动的经济活动。当前虚拟经济的发展已经到了国际金融集成化的地步，虚拟经济的总规模已经大大地超出了实体经济。可以预计，随着电子商务的发展和电子货币的发展，虚拟资本还会进一步膨胀。所以，研究信息技术虚拟经济非常重要。以往人们对生产要素内容的认识，都是放在实体经济的载体和背景下进行理解。劳动力、资本、自然力、技术、信息等要素实质上都是实体经济的分子和产物，都是实体经济中的生产要素，而且产生于实体经济之中。因此，我们可以把以上要素统称为实体要素。那些虚拟经济所需要的生产要素内容又是什么呢？我们知道，虚拟经济是建立在实体经济基础上的衍生经济。所以，虚拟经济中的生产要素当然也离不开实体经济当中的那些基本要素即实体要素。问题是，除了这些实体要素外，还有没有其他要素即虚拟要素的存在呢？

其次，"资本"概念混乱，生产要素与要素市场互相矛盾。当人们谈及生产要素当中的"资本"要素时，不管是西方学者，还是国内学者，都不把"资本"简单地表述为货币资本或其他物质资本，而是指"资本品"，即"资本（或资本品）(capital or capital goods) 包括那些生产出来的耐用品，它们在进一步的生产中被作为生产性投入。……资本品主要有三类：建筑（如工厂和住宅）、设备（耐用消费品和耐用生产设备）以及投入和产出的存货。"但是，当人们谈及要素市场中的"资本市场"时，却是不约而同地把其视为金融市场的一个关键组成部分。从"金融资产"的角度来论述"资本市场"，这里的"资本"特指那些能带来价值增值的价值。这里的价值范畴包括股票、债券、基金以及不断涌现出来的金融衍生品种。这样，同一范畴，在生产要素生产的类别层次上是指实物资本品，而在生产要素市场的类别层上则是多种异质生产要素的价值载体。一般地，人们对前者的研究较多，对后者多种异质个别要素资本的研究较少。资本是经济学的核心概念，也是财务学的基础范畴。研究资本理论和实践问题只能基于经济学或财务学，才有学术意义。资本属于生产要素范畴。人们研究资本基础理论的最佳途径是生产要素的生产和生产要素的交易。离开生产要素研究资本问题，有可能会偏离经济学理论及其发展。

最后，生产要素内容表述不规范，不明确，甚至含糊不清。人们对生产要素内容的表述和理解非常分散。例如，有学者把"企业家才能"作为一个独立的生产要素（约翰·穆勒），有学者则把"企业家才能"纳入"技术"要素当中（保罗·萨缪尔森），现在更多的则把其纳入"人力资源"要素当中。再如，人们对"劳动力"这个要素的认识也很不一致。有的认为"劳动力"既包含技术劳动力即高级劳动力（我们平时所称的"人才"），也应包括非技术劳动力即一般劳动力，二者可以合称为人力资源（保罗·萨缪尔森）；有的则认为劳动力仅指"非技术劳动力"，应把以上二者分别作为相对独立的生产要素（保罗·罗莫）。如此；等等，不一而举，确实让人无所适从。显然，由于人们划分生产要素的标准和视角不同，使得一些分类方法不够准确，不同的生产要素归类可能存在相互重复的成分。

要合理配置和利用资源，必须重新确认生产要素。生产要素的确认不是随意的，不能凭主观意志进行，应该有基本的标准即客观依据。从我国已处于工业化中期阶段发展水平、正在大力推进市场化取向改革的客观现实和技术进步日新月异的世界经济发展现状出发，结合上面的分析，我们认为，这个客观依据体现在以下四个方面：①先进的时代性标准。生产要素的生产发展是人类文明进步和科学技术迅猛发展的结果。不同的社会历史发展时期，其生产要素不同。原始社会早期的手工业和原始农业生产，其生产要素极其简单和落后。当人类社会早期的农业生产、手工业生产和牧业生产有了较大发展时，人类发明了冶炼技术和机械工具，而且交通运输工具的发展使得商品交换成为可能，于是，人类生产要素开始有了重大发展。因此，生产要素的确认要符合经济发展和社会进步的真实内容和内在要求，全面客观地反映全社会物品生产和服务提供的基本因素。②商品性标准。当一种新的生产力因素成为人们广泛交换的商品时，该新产生的生产力因素有可能成为生产要素。在市场经济条件下，生产要素也是种商品，必然要具有商品的一些基本属性，即具有服从价值规律和价格机制，能够形成要素市场，并具有商品的独立产权。③规模性标准。作为生产和经营的某种因素不是个别的、偶然的、突发的，而是普遍的、必然的、稳定的，此时，该生产力因素会形成一个新的产业。这种具有商品性质和产业性质的新生产力因素，就构成了社会的生产要素之一。④相对独立性标准。这又包括着三层意义：一是各要素之间可以相互独立，以独立的商品形态出现在市场上进行交易和流动。二是各要素有着各自的运动规律。三是除劳动力以外，其他生产要素均能够从"人体"中相对剥离出来，以独立的使用价值形态出现在市场上。

三、事实与故事①

我们从"鲁滨逊"的例子展开分析。"鲁滨逊"最初一人在岛上生存，不需要与人交易，也无法交易，所以他无须任何形式的货币。岛上有很多资源可供人类开发和利用。限于能力，"鲁滨逊"主要依靠果树上的果子生存和发展。他把一年收获的果子全部吃掉，没有从当期产出中节省一部分用作种子。数年以后，"鲁滨逊"发现一个"知识"：现在省下一个果子做种子，几年后新种果树结的果子数量是做种子的果子数量的数十倍。如新种果树结果数量为 100 个，那么，到那一年再吃掉这 100 个果子带来的效用，折现到今天的量，比今天直接吃这 1 个果子的效用量多很多。经过动态规划计算，"鲁滨逊"确定每年省下来用作种子的果子数量，于是投资行为出现了。原来，"鲁滨逊"吃掉各期的果子，没有进行任何投资。后来他每期都省下一些果子做种子，这时的"鲁滨逊"就进行资本积累了。一个必须接受的观点由此归纳出来：资本的本质是以往的生产过程的结果，它的任何积累是以缩减以前各期的消费为代价。不过，在"鲁滨逊"一人的世界里，没有货币的影子。

过了几年，孤岛上来了一位"星期五"种麦子。"星期五"和"鲁滨逊"共同组成了一个"二人经济体"。两人互相交换果子和麦子。以物换物。两人各自的资产、权益和负债可用果子来计量，亦可用麦子计量。此时他们的投资决策和消费决策变得复杂一些，不过，根本道理没有变。只不过在决策当中，要把个体投资行为带来物品相对价格的变化纳入考虑。每一期生产剩余下来用作种子的果子和麦子，就是"二人经济体"的投资。"二人经济体"的资本存量概念比较清楚了。而如何以一个同度量因素把用作资本的果子和麦子给加起来的"两个剑桥之争"难题之一，此时尚未出现。

接下来，没用几年时间，交易量就逐渐扩大。此时，"星期五"发现一个"新知识"：可用专司货币之职的贝壳来计量两人的资产、权益和负债。在整个"二人经济体"当中，贝壳充当财富的计量工具和交易媒介。但是，贝壳既不能当果子吃，也不能当麦子吃，更不能当作果树或小麦的种子。贝壳数量的增多，并不增加"二人经济体"总的生产性资本存量。因贝壳不是以往生产过程省下来的生产要素，贝壳不是"二人经济体"的资本。

又过了一段时间，"银行家"来孤岛寻找贝壳以回内地城市做观赏品出售，但他留在了孤岛，跟"鲁滨逊"和"星期五"学习种果树和小麦。于是"三人经济体"诞生。"鲁滨逊"和"星期五"都把一定量的贝壳存到"银行家"那里。不管存到"银行家"那儿的贝壳量有多少，贝壳还是既不能当果子吃，也不能当麦子吃；既不能当果树种子，也不能当麦苗种子。所以，贝壳这种财富计量工具数量的多寡，并不影响"三人经济

---

① 本文引用刘培林、宋湛发表的《金融资产、资本和要素禀赋结构》，《改革》2002 年第 2 期第 82-88 页的实例，做了适当改动，并征得刘培林博士同意。特此说明，并向刘培林博士、宋湛博士表示由衷感谢。

体"总的生产性资本的存量。

现在设想一种比较复杂的情形："鲁滨逊"要种麦子，"星期五"也要种果子。于是两个人互相购买对方产品的目的，就不仅是用来消费，还用来投资（做种子）形成资本。市场交易是良好的，一个贝壳能够买多少果子和麦子的价格，是稳定的。一开始"鲁滨逊"和"星期五"照旧从事各自的生产和交易。但是，后来"星期五"动了脑筋，发现拣贝壳比种麦子容易。于是他每次放下锄头休息时，顺便拣几个贝壳放到自己的兜里。"鲁滨逊"不晓得拣贝壳。两人的行为除了是否拣贝壳外，一如从前。一个生产周期终了的结果是，由于经济体当中的贝壳数量增加了，而且增加部分全部归于"星期五"，而"鲁滨逊"没有意识到应改变以往流行的市场价格。结果必然是，"星期五"凭着他在经济体当中占有计量财富工具贝壳的相对比例的提高，而在经济体总的果子和麦子当中占有了更大的相对比例。

这种情况立即被"银行家"看清楚。为了防止市场良好交易遭到破坏，避免欺诈行为发生，维持"三人经济体"的正常生产秩序，"银行家"把"鲁滨逊"和"星期五"召集在一起，说出了"星期五"拣贝壳的秘密，并提出一套新的办法：①贝壳的总数量及其增减由三人共同商量决定，多少贝壳可以交换一个果子和小麦也由大家商量确定。②"银行家"代理"三人经济体"专门管理贝壳，并从事少量的果树和麦子的种植业务。每一个人都在每个贝壳上留下自己的刻印而不被另外两个人知晓，从而防止出现假币。③"银行家"用贝壳向"鲁滨逊"和"星期五"分别购买一定量的果子和小麦，"鲁滨逊"和"星期五"可用从"银行家"那里交换得来的贝壳互相购买对方产品。最后，"鲁滨逊"和"星期五"都接受了"银行家"发明的这个制度。"三人经济体"又恢复了往日的秩序，并走向繁荣。

从上面的故事中我们可以归纳出几个判断并做出一些分析：

（1）在交易者和交易量很少的情况下，可以没有货币。简单的生产和交易，即使没有货币，人们也有办法把不同种类的资本品以一个同度量因素加起来。但是，当生产规模和交易量很大时，就必须有货币，而货币的有效使用又必须有一个制度。所以，"三人经济体"当中的必要生产力因素至少包括果种、麦种、贝壳和制度，还包括人。这五个生产要素是"三人经济体"有秩序运行的基础条件，缺一不可。大自然和社会里存在很多资源，发现和有效利用资源，决定于人类的能力。今天，一些财务学者将企业拥有的资源称为企业能力，有历史渊源。人类在原有能力的基础上加强学习、开发知识，就可以使资源变为生产要素。所以，一定时期生产要素的形成，取决于人类知识的增长。

（2）具体的资源转变为具体的生产要素，需要人们增加具体的"知识"，并需要经过生产过程的检验。经济体各成员辛勤而有效的劳动，果子、麦子和贝壳的数量都有很大增加，生产量大幅度增长。此时，由于"星期五"动脑筋增长了知识而发现贝壳可以充当货币，说明知识是人类的一种重要的生产要素。进一步地，由此可得出一个判断：人力资源、财务资源、物质资料资源、技术、信息和知识，已成为现代经济的生产要素。

（3）"鲁滨逊"、"星期五"和"银行家"为了获取投资所需的任何生产要素，都需要用贝壳跟别人交换。人与人之间进行交换的目的是进行资本积累和投资。"鲁滨逊"如需要"星期五"和"银行家"帮工，也得支付一定量的贝壳给"星期五"和"银行家"作为工钱。所以，在有货币的情况下，生产要素要转变为资本，就需要经过交易过程。"鲁滨逊"支付给"星期五"一定量的工钱之后，"星期五"这个帮工就被赋予一定量的价值而成为"鲁滨逊"的人力资本。"鲁滨逊"的货币贝壳资本减少了，但人力资本增加了。人力资本的劳动成果再出售给别人而带来的价值，远远大于支出的货币资本。同理，货币资本与果种、麦种等物质资本也有区别，货币资本所有者放弃其他用途而用来购置果种和麦种，此时，果种、麦种才能变为资本而创造价值。货币贝壳与"制度"也有关联，制度的产生是贝壳变成货币资本的重要程序。所以，制度是贝壳成为货币资本货币的充分条件。"鲁滨逊"、"星期五"手里的货币贝壳分别属于"鲁滨逊"和"星期五"的货币资本存量，而对于"银行家"来说，它只是一种社会资源或筹资渠道。如果"银行家"要增加自己的货币资本存量，只能用果子、麦子、自身的劳动或某种有用的知识从"鲁滨逊"和"星期五"那里购置或交易。只有"银行家"完成了购置这样一个交易过程，"鲁滨逊"和"星期五"那里的货币贝壳才能转变为"银行家"的货币资本。可见，在现代经济下，资本的本质是以往生产和交易过程的结果。即使是货币，也需要经过生产和交易才可成为资本。

（4）如果没有贝壳，交易过程就无法完成。交易既是生产要素的来源，又是生产过程的出口。货币贝壳作为生产要素，既是生产过程继续运行的必要充分条件，也是经济体资本存量中的核心资本。以往经济理论关于纸币不是资本品的解释经不起实践检验。在微观企业绩效的研究文献中，往往把金融资产排除在资本投入的度量范围之外是不恰当的。

四、生产要素、货币资本和价值的讨论

在生产要素里，货币属于财务资源。把以前各期生产过程的生产品缩减或放弃其消费而用作再生产准备——资本积累，货币发挥了核心作用。因为，当货币进入生产和交易过程之后，从微观企业的角度来看，持有货币资本意味着持有者对于社会上其他人或组织的真实财富的要求权。在市场交易良好的情况下，货币持有者可以随时把他持有的货币资本，兑换为生产所需要的资本品投入。进一步地，各个微观主体所持有的货币资本都具有这种要求权的功能。所以从微观角度来看，纸币、股票和债券等货币性财务资源，应该列入其占用的资本范畴之内。微观经济学里没有货币资本概念是一个极大的缺陷。

在没有货币的情况下，由微观主体组成的经济体里，其所有微观主体各自占有实物形式的资本品的量，就是其实际占用的资本量；把各个微观主体实际占用的资本量进行加总，就得到宏观层次的资本积累量。在货币出现之后，这一判断同样成立。决定微观主体实际能够动员的资本量的因素，不是各个微观主体实际占有的货币资本的绝对量，

而是各个微观主体占有的货币资本在微观主体里总的要素资本的相对比例，以及微观主体要素资本总额占整个社会总的真实资本的相对比例。我们仍以刘培林先生的例子来说明这个道理。

假定一个社会由"鲁滨逊"、"星期五"、"元旦"和"银行"组成。现在这个经济体要清盘，四个人各走各的路。我们还假定，在这个经济体当中，果子的价格在清盘那一天是 1 元钱一个。在这样的条件下，他们各自能够分割到的果子数量取决于这个经济体在清盘时的实物财富和货币资本的格局。见图 1 至图 4 表述的四个人资产负债数量关系。

鲁滨逊

资产	负债与业主权益
现金¥10	负债¥10
存款¥30	自有资本¥230
果子200	

图 1　资产负债关系

星期五

资产	负债与业主权益
现金¥15	负债¥15
存款¥25	自有资本¥155
果子130	

图 2　资产负债关系

元旦

资产	负债与业主权益
现金¥20	负债¥20
存款¥45	自有资本¥305
果子260	

图 3　资产负债关系

银行

资产	负债与业主权益
现金贝壳¥80	负债¥100
存款¥45	自有资本¥45
保险箱20	

图 4　资产负债关系

首先，分析贵金属充当货币的情形。如果认为贵金属能够充作资本品（质地优良、易于切割、不易磨损等优点，但不是用作导电体等），那么，"鲁滨逊"、"星期五"和"元旦"三个人各自实际拥有的财务资源和果子量对应的总权益量，直接就是各个人实际占用的资本量。"银行"在给三个储户兑付"贵金属存款"之后，仍保持了银行的资本总额。

其次，我们要明确，当纸币介入流通时，虽然纸币本身确实替代不了电力、机器、稀土材料，但是，电力、机器、稀土也难以替代纸币。过去，人们总是在说，当纸币介入流通时，纸币本身替代不了电力、机器、稀土材料。但是，大家没有考虑到，电力、机器、稀土材料也同样难以替代纸币！纸币本身是任何生产性活动和服务性活动必需的财务资源，如同制造汽车必需钢铁一样。因而，同机器设备和黄金一样，纸币本身能够担当资本品的职能。如果四个人都接受货币的价值尺度职能，都承认目前的财富格局是以往交易的合理结果，那么，四个人分得的真实的实物财富数量（以要素资本"果种"样本）分别为：

$$鲁滨逊实际占用的果种资本 = \frac{鲁滨逊的权益}{四人的权益之和} \times 社会果子总量 \times 1 元/个$$

$$= \frac{240}{240+170+325+145} \times (200+130+260) = 160.9091（元）$$

$$星期五实际占用的果种资本 = \frac{星期五的权益}{四人的权益之和} \times 社会果子总量 \times 1 元/个$$

$$= \frac{170}{240+170+325+145} \times (200+130+260) = 113.9773（元）$$

$$元旦实际占用的果种资本 = \frac{元旦的权益}{四人的权益之和} \times 社会果子总量 \times 1 元/个$$

$$= \frac{325}{240+170+325+145} \times (200+130+260) = 217.8977（元）$$

$$银行实际占用的果种资本 = \frac{银行的权益}{四人的权益之和} \times 社会果子总量 \times 1 元/个$$

$$= \frac{145}{240+170+325+145} \times (200+130+260) = 97.2159（元）$$

在这里，每个人的真实实物财富数量是每人今后在各自新的生活地区可以用作资本品果种的最大数量。注意，这只是实物资本而已。实际情况是，微观主体的资本占用量包括人力资本、货币资本、实物资本、技术资本、信息资本和知识资本等。财务学上的价值范畴，就是微观主体的资本占用量在市场上的价格（实现价值）。在现代经济社会，货币是资本的唯一度量单位。"鲁滨逊"、"星期五"、"元旦"和"银行"四个人实际占有的真实财富数量要真正成为现实的实物资本，就必须使"果种"价值化。我们强调，生产要素经历生产过程是其成为资本品的必要条件，经历交易过程则是其最终成为资本品的充分条件。马克思经济学始终认为，资本，说到底，它是一种社会关系。现在看来，这是极其精辟的论断。在"鲁滨逊"、"星期五"、"元旦"和"银行"的资产负债图示里，我们还可看出，四人除了占有一定量的实物资本外，还都占有一定量的货币资本，分别是40元、40元、65元和47.7841元。而且，四个人的资产负债图示隐含一个假设：经济体要清盘。当然，即使社会不清盘，各个主体实际可以动员的资本品量，也应该是这里揭示的要素资本结构。

有经济学家认为，社会不会清盘。大家没有必要计算清楚各自实际占用的资本量。依据是，当市场运作良好时，直接把各企业的资本品和存货，以及现金、银行存款和净应付账款等金融资产加起来，就是其占用的资本量的一个良好的近似（刘培林，2002）。这种见解，与近年来经济增长理论文献关注的如何刻画资本品里面物化的技术进步成分有关。一些经济学家认为，由于货币性资产代表对物质产品的要求权，而大量非固定资产性质的其他物质产品当中，也物化了大量的新技术，如新材料中凝结的技术。所以，占有货币性资产多的企业或产业，也就支配了更多的新技术。而如果市场交易良好的话，大量非固定资产的其他物质产品的价格，非常好地反映了其中所凝结的新技术的价值。这样，货币性资产凭借其内在的同质性，使得经济学家在对其加总时，可以不必面对类似固定资产加总时的那种可加性问题。很明显，舒尔茨、贝克尔等虽然把人力资本引入了经济学里，但时至今日，主流经济学家依然只认机器设备为资本，作为经济发展重要标志的要素禀赋结构的提升，即指（设备）资本相对于劳动存量的相对结构的提高。经济学里的劳动、资本和土地构成社会基本生产要素的假设依然根深蒂固。尽管在现实的企业里，作为生产必需的实物资本如设备与矿山资源，与生产某一种产品的技术、信息、知识和人力资本等要素资本是完全相对独立的，市场里这些要素资本的交易也是分别进行的，但是，因会计学现在只能核算实物和财务的投入产出，部分地核算人力的投入产出，无法核算技术、信息和知识资本的投入产出，会计核算技术没有解决这个问题，会计信息披露没有真实反映事实。于是，资本的理论研究尤其是资本理论个别问题的研究，远远落后于资本创造价值的实践活动，导致了经济学整体理论架构没有真正吸收人力资本、技术资本、货币资本等范畴，使经济学与管理学脱节较大。技术资本、信息资本和知识资本，乃至人力资本，其创造价值的现象，如果财务学或经济学在理论上难以解释清楚，在计量方法和技术上没有找到有效的工具，那么，人类社会生产中的技术产业、信息产业、知识产业和以人力资源为核心要素的劳动密集型产业，就很难全面迅速地发展。

现代社会因生产力的巨大发展，各种商品实际是自然物质、劳动和技术、信息、知识等多种要素的结合。商品的价值，当其所包含的自然物质和劳动被剔除之后，还依然包含着技术、信息、知识等要素的价值。资本的生产过程，实际是生产要素转化为商品、商品转化为货币、货币转化为资本、资本生产剩余价值、剩余价值形成资本积累的过程。在马克思看来，货币资本至少有两个作用：第一，它是单个资本产生的基础、起点和原动力，如同整个生产和流通过程的发动机；第二，在资本循环周转过程中，必须有一定比例的资本处于货币资本的形式，再生产规模总是受到货币资本数额的限制。对于第一点，我们已在前述的故事里作了系统推理和证明。对于第二点，现代企业的诞生必须注册一定量的货币资本就是最有力的证明。因为社会生产规模的扩大是生产力发展和市场需求的结果，但是，由于一定时期内生产规模的相对稳定性，企业增加其他生产要素的投入就会减少货币资本的占用量。即增加货币资本在技术、信息和知识等新的生产要素上的投资，会扩大新的要素资本在企业资本总额中的比例和作用。所以，货币资本是企业各种要素资本形成和工作的发动机，因而成为要素资本中的核心资本。

五、要素资本结构与企业所有权的讨论

在计划经济下，企业的所有者依靠其对物质设备等生产资料所有权而掌握其对企业

的所有权。在市场经济下，企业的所有者依靠其对货币资本的所有权而获得企业所有权。根据马克思的资本理论，市场经济中的企业所有权之所以由货币资本所有者掌握，原因在于：如果企业不由货币资本所有者掌握其所有权，那么企业必定由该企业的经营者或劳动者完全控制；在市场经济中，无论现实中还是法律上企业的经营活动，都必须首先从垫付足够量的货币资本的方式开始生产，其间也可垫支少量随时可以化为货币现金的实物，并且经营活动的运行还要不断地投入货币资本购置其他生产要素。企业完成生产和交易的标志是其经营成果又转化为货币资本。货币资本所有者将货币交给企业使用冒极大的风险——企业中的劳动者可以将这些货币用于自己的生活而不偿还借来的贷款。这样，预付资本的价值运动就会中断而不再进行，这意味着货币资本会由于经营失败而消失，而货币资本的消失意味着其所有者失去自己的财产。为了保证自己投入的货币资本能够收回，货币资本所有者就只有在资本所有者掌握企业所有权、最终控制企业的前提下，才会将其货币资本投入企业。这就使市场经济中的企业所有权几乎全部由货币资本所有者掌握。在这种情况下，"资本家所以是资本家，并不是因为他是工业的领导人，相反，他所以成为工业的司令官，因为他是资本家"。这种最终由货币资本所有者控制的企业就是"资本雇佣劳动"式企业。

实践表明，以物质设备资本和货币资本为主导的现代企业所有权安排，有一定的局限性。在传统经济条件下，物质设备和货币资本相对处于稀缺地位，企业产品所包含的知识和技术含量不高，企业对物质设备资本的控制在竞争中居于核心地位，因此企业的价值被认为更多地取决于物质设备资本的数量。然而，新经济时代高技术企业的涌现彻底改变了企业合约双方在企业收益创造中的相对地位。新经济下的企业拥有的技术、信息和知识等资产成为决定企业核心竞争力的关键，产品价值越来越取决于凝结在产品中的技术、信息和知识的含量。企业为了保持自身的竞争力和盈利能力，就必须在企业发展中不断地创造和形成基于技术、信息和知识的独特资产。这使得以新要素资本在现代企业中的稀缺程度和重要性远远超过了传统的物质设备资本。物质设备资本在企业中不再具有中心地位，其保值和增值开始依赖于管理型人力资本投入者的风险决策和日常管理活动的有效性。知识技术型人力资本成为高技术企业收益的直接创造者。因此，技术、信息和知识等要素资本的所有者，必然要求分享企业所有权。同时，只有根据要素贡献的大小形成企业所有权的对称分布，才能有效激励约束缔结企业契约的各方，从而降低企业内部交易成本，提高交易效率和生产效率。

不同的所有权结构产生于不同的要素资本结构，企业将财务索取权对那些交易费用极高的活动进行间接定价能改进交易的效率。在新经济出现之后，由于众多新兴资本的产生，企业所有权安排越发变得眼花缭乱，究竟谁应该掌握企业所有权，已成为新经济亟待解释和解决的现实问题。在人力资本、货币资本、物质设备资本、技术资本、信息资本和知识资本等要素资本中，形成企业制度的所有权结构模式除了"（物质设备）资本雇用劳动"外，还可能出现"劳动雇用资本"、"财务雇用资本"、"技术雇用资本"、"信息雇用资本"和"知识雇用资本"等模式，当然，随着分工的日益发达和要素资本的增加，可供选择的企业制度模式（主要是所有权结构模式）将呈几何级数增加。由于在现代文明社会，任何一个人都不可能拥有整个企业的全部人力资本，因而"劳动雇用资本"的企业制度模式不具有现实性。在"财务雇用资本"模式下，由于货币资本和物质设备资本都是传统资本，二者结合构建的企业在吸收新的资源方面不具有竞争力。很明显，如果一个企业主要由高新技术专家和拥有优良设备的生产专家构成，那么，该企业在以信息和知识为基础的新经济中会表现出很高的生产效率和很强的竞争力。与技术相比，信息和知识要素在当代经济中的投入量仍然比较小。而究竟是"技术雇用（物质设备）资本"还是"（物质设备）资本雇用技术"？拥有高新技术的专家和拥有优良设备的专家，究竟"谁当老板更有效率呢？这取决于两类专家劳动的交易效率。……当劳动的交易效率足够高于中间产品的交易效率时，分工会通过劳动市场和厂商来组织，而当用来生产中间产品的劳动交易效率比用来生产最终产品的劳动交易效率低时，中间产品专家是企业老板。反之，最终产品专家是老板。"所以，在要素资本假说下，有可能出现"技术雇用物质设备资本"替代"资本雇用劳动"的企业制度趋势。

六、结论与启示

研究表明，一个国家或地区，推动其社会和经济发展的生产力因素有许许多多，一种生产力资源和生产因素能否成为一种生产要素，主要看该生产力资源和因素是否在市场上被作为商品广泛地等价交换，并且该商品广泛的市场需求已形成新的相对独立的产业。同类众多主要生产力因素的集合被称为一种生产要素。一种产业则是众多生产要素的集合。在我国，人力资源、货币资本、机器设备和原材料、技术、信息、知识等资源已是必不可少的生产要素。前三项与传统生产要素人、财、物相似或相同，虽然其质和量发生了一定的变化；第四项"技术"即科学技术的含义，技术是生产过程中的技能、技巧和技艺的总称，如专利技术、专有技术、电子软件和新工艺产品等，技术是独立于人力、机器和知识之外的生产要素。"信息"是组织系统运行的密码，个人、企业和政府从事社会活动所必须掌握的情况及其新变化。"知识"是人类生存和发展所持有的信仰、理念、意志，以及其道德价值观。企业生产和交易活动是在一定的信仰、理念和意志支配下完成的，企业文化和经营管理制度是企业生存与发展的必要资源。企业可以吸收社会文化思想和科学理念甚至宗教信仰等作为企业自身的知识投入，也可以从市场上购买优秀的成熟的企业文化和经营理念，还可以自己创造适合自身的企业文化。根据财务管理属于综合性价值管理这一本质特征，如果这里提出的人力、财力、物力、技术、知识和信息等生产要素符合中国现有生产力水平和国情，那么，这些生产要素被投入货币资本从市场购入企业后，在财务学上可分别称为人力资本、货币资本、实物资产资本、技术资本、知识资本和信息资本。资源转化为资本，即生产要素资本化的条件是，生产要素资源进入市场作为商品经过交易过程，把各种具体的物质或精神的要素资源形态转变为统一的财务价值形态，同时启动资本的流动，并确认资本所有者。各种生产要素被人们用货币现金购买后，这些生产要素便开始执行货币现金聚财生财的功能。资本化是市场经济的产物。当某一物品已知其创造财富的能力及其收益，人们可用该收益额来除以市场收益率，就可得到该物品的市场价值。该过程称为资本化。该物品的市场价值就是该物品的资本数额，即物品转化为市场价值的过程为该物品的资本化过程。

财务学的资本结构理论将由同质货币资本结构向异质多要素资本结构转变。多要素异质资本配置和异质要素资本结构仍然服从资本结构 MM 定理。生产要素的资本化是市场经济发展的客观要求。资本属于生产要素范畴。研究资本离不开生产要素的生产和交易。只有生产要素，才可能资本化。货币资本不仅是人力资本、物质设备资本的媒介，而且也是技术资本、信息资本、知识资本与人力资本和物质设备资本之间的媒介，货币资本是公司要素资本结构中的核心资本。资源经人力和技术作用转变为生产要素。而生产要素经历生产过程是资本产生的必要条件，经历交易过程则是资本形成的充分条件。资本是现代市场经济创造价值的源泉。要素资本结构的形成，决定和影响着企业所有权结构的形成。

要素资本概念的提出，将使技术、信息和知识同原材料和机器设备一样，进入财务学研究范围。购入技术还是自主研究开发技术，技术与人力、设备的配置结构，以及技术资本化对人力资本、货币资本和机器设备物质资本的冲击，都将成为公司财务日常管理中的议题。技术资本、信息资本和知识资本等新兴要素资本，既是财务学研究关注的重点问题，也是现实企业新的经济增长点和新利润来源。

参考文献

[1] 刘培林，宋湛 . 金融资产、资本和要素禀赋结构 [J] . 改革，2002（2）：82-88.

[2] 罗福凯 . 要素资本、价值函数与财务效率 [J] . 中国海洋大学学报，2003（1）：30-33.

[3] 左大培 . 市场经济中公有资本的所有权与产权结构 [J] . 经济思想史评论，2007（2）.

[4] 曼昆 . 经济学原理 [M] . 梁小民，梁砾译 . 北京大学出版社，2015.

[5] 马克思 . 资本论（第 2 卷）[M] . 人民出版社，1963.

[6] 杨小凯，张永生 . 新兴古典经济学与超边际分析 [M] . 社会科学文献出版社，2003.

[7] 威廉·配第 . 政治算术 [M] . 陈冬野译 . 商务印书馆，2014.

[8] 罗伯特·索洛，刘勇 . 资本理论及其收益率 [M] . 商务印书馆，1992.

12

论技术资本：社会经济的第四种资本[*]

一、引言

新经济增长理论认为，企业成长最持久的源泉在于科学技术进步和人力资本积累。技术是经济发展的重要生产要素之一。我国"改革开放"的巨大成就，其经济奇迹的根源就在于制度变革、人民的劳动热情和引进国外先进科学技术的策略，以及经济对政治的替代，经济、政治和文化的均衡协调。现在，我国与经济发达的美国和欧洲国家在人均产值、人均收入和劳动生产率等方面，仍有较大差距，其主要原因是我国缺少自主核心技术。在许多科学技术领域，我国处于落后状态。人们日常工作或生活中的工具和用品，如电子打印机、传真机、计算机、播种机、汽车、飞机和通信手机，以及微波炉和冰柜等现代生产和生活用品，基本上都不是我国首创。许多现代高科技产品，我国都不拥有自主核心技术。至于生产中的工程挖掘机、煤矿综合采掘机、电厂发电机组，以及工厂里的高档机床等，我国更缺少自主核心技术。以工业母机机床为例，高档数控机床的国产率不足 10%，机床的数控系统国产化率仅占 20%[①]。总体上，目前我国工业的科技水平与西方发达国家相比，估计至少落后 30 年。我国不仅在家用电器、食品加工、纺织服装、电子信息、机械设备、生物和医疗等民用工业制造领域缺乏自主技术，而且在国防工业领域也缺少自主技术。据美国《航空周刊》2011 年 11 月 18 日载文称，我国军事科学院研究员陈舟谈道：解放军的实力"和西方国家的军事实力还有着 25~30 年的差距，我们甚至还没有彻底完成部队机械化的进程；而我们现在却不得不进入数字时代，军事装备数字化是我们现在需要面对的最大技术挑战。"解放军海军的"最核心力量是我们的精神和意志，而我们最大的弱点就是我们的技术和装备落后"[②]。相应地，我国的技术研发和人才培养也远远落后于西方国家，我国刚进入数字化的初级阶段。由于缺乏自主核心技术，国产手机、电视机、计算机、发动机的售价，约有 20%~40% 支付给国外专利持有者。所以，在国际贸易的政府间谈判中，我国政府总是呼吁欧美国家取消高新技术和高端装备的对华出口禁令。我国的国家和民族意识很强，政治文化很发达，但

* 原文最早发表于《山东大学学报》（哲学社会科学版）2014 年第 1 期，第 63-73 页。
① 国务院：机床工具行业"十二五"发展规划，2011-07。
② 人民网：美国媒体称解放军坦诚与西方技术至少相差 25 年，2011-11-24，责任编辑黄子娟。

经济文化和科技文化则比较落后。

有数据显示，我国专利技术的 90% 处在闲置状态，闲置未用专利技术的失效比重也很高。而日本和美国专利技术闲置率分别约为 30% 和 50%；我国因技术产权纠纷引发的经济赔偿在短短几年内累计超过数十亿美元。沉重的代价敲醒不少企业家的头脑，但真正把技术研发纳入企业发展规划，开展技术研究的企业屈指可数。我国拥有自主核心技术的企业仅为万分之三，90% 多的企业未申请专利，约 60% 的企业没有自己的商标；很多企业处在有"制造"无"创造"、有"技术"无"产权"的状态。这就昭示着我国专利的"硬伤"：数量多，质量差，竞争力堪忧。数年前，一位科学院院士曾经痛心疾首地表示："每年国家给我们研究所的经费有好几亿元，10 年之内，能真正实行转化的也就 5%，95% 还锁在保险柜里呢！①"同时，我国每年被提出无效请求的专利也很多，无效专利可能符合专利"三性"原则，但它们是无用途、无技术含量的垃圾性专利。我国企业购买国外无效专利的事例和法律诉讼案件时有发生，这给国家造成极大损害。

事实上，技术究竟如何转化为现实生产力，一直是我国经济发展中尚未解决的一道难题。市场经济里，只有资本才创造价值。现行企业资本主要是人力资本、货币资本和物质资本。技术资本的存在性急需在理论上和操作上给出解释。自主研发技术的产权问题在各种法规里尚没有统一解释。而且，信息技术的快速发展，企业性质逐渐变化并呈无边界化趋势②，这就使企业合约理论受到挑战和考验。企业无边界化的根源在于技术资本开始替代货币资本在企业资本总额中的核心地位。因此，本文的研究目的就是在人力资本、货币资本和物质资本之外，探索第四种资本——技术资本的生成机制，并论证技术资本的基本定理及其理论架构，从而使企业技术尽快变为技术资本，使技术进入创造价值阶段。

二、文献评论

（一）技术转化为生产力的文献评论

市场经济中的人力、金钱、劳动对象和工具等各种生产要素，只有进入市场交易过程，通过购买，将货币、人力和机器再投入生产而变为资本，才能创造价值。所以，技术转变为现实生产力的过程，实际是技术生成资本的过程。学界关于科技转化为生产力的主流研究主要集中在 TFP 增长率、R&D 与技术进步研究等领域。其中，全要素生产率（TFP）的增长研究，源于道格拉斯生产函数和丁伯根的改进，以及肯德里克（1956）的国民账户。其主题是索洛的"增长余值"。丹尼森发展了索洛余值的测算方法，把投入要素详细分类，利用权数合成总投入指数。1977 年，Aigner、Lovell、Schmidt 等提出了随

---

① 人民网：专利：中国企业心中的痛，2006-08-31，记者王立嘉。
② 李海舰，原磊．论无边界企业 [J]．中国工业经济，2005（4）：94-102.

机前沿生产函数，将 TFP 变化分解为生产可能性边界移动和技术效率变化。后来，Schmidt（1980，1986）、Kumbhakar（1988，1990）、Bauer（1990）、Kalirajan（1993）、Battese 和 Coelli（1988，1992，1995）等利用随机前沿函数法，对技术效率影响 TFP 和产出做了大量实证研究[1]，使该方法日渐完善。可是，TFP 研究未让技术转化为资本。

令人高兴的是，国外学者在对 R&D 和技术进步研究之后，明确提出了技术资本的命题。如艾伦·麦克格雷坦、爱德华·普雷斯科特发表的《开放，技术资本与发展》（工作论文，2007）[2]，马瑞克·卡皮卡的《技术资本对美国经济有多重要？》（美国经济周刊，2008）[3]，艾伦·麦克格雷坦、爱德华·普雷斯科特发表的《技术资本与美国现金账户》（美国经济评论，2010）[4]，罗伯特·埃文森、基斯·福格莱的《技术资本：进入增长俱乐部的代价》（生产率分析，2010）[5]，等等。这些论文将技术资本视为人力资本、货币资本和物质资本之外的第四种资本，这是经济学的重大进步。人们开始意识到"技术资本正在改造世界"[6]。而在此之前，Lucas（1988）、OECD（2005）、Gregory Chow（2008）研究技术外溢时，曾假设技术以设备为载体，后又假设以劳动者为载体研究人力资本对增长的影响[7]，技术和资本被联系起来，但未将技术视为资本，更没有研究技术如何转化为资本。美国学者认为，美国在海外的跨国公司，其员工多为当地居民、机器设备多为当地本土制造，只有技术由美国提供。经过会计测算，美国在海外市场的收益主要来自其技术资本的价值创造。对于技术资本的基础研究，国外文献甚少。

我国学者李艳荣和张晓原十几年前曾发现，同一般的货币、商品和其他实物一样，技术一经投入经济活动，与货币资本相结合参与价值增值，便成为企业资本[8]。但那时候，人们对此未给予足够关注。之后，张景安对此进行了深入探索。他认为，技术资本化趋势是一场资本革命[9]。虽然 20 世纪末技术资本研究在我国学界有了一个很好的开端，然而好景不长。美国的智力资本理论在 21 世纪初传入我国后，对我国的资本理论研究冲击很大。智力资本被称为物质资本以外的其他全部非物质资本即无形资产的价值之和，包括人力资本、组织资本和关系资本。智力资本甚至被很多人误译为知识资本。我们认

① 徐杰，杨建龙. 全要素生产率研究方法述评 [J]. 现代管理科学，2010（10）：3-5.

② Ellen R. McGrattan and Edward C. Prescott. Openness, Technology Capital, and Development. Federal Reserve Bank of Minneapolis Research Department [R]. Working Paper 651, 2007.

③ Marek Kapicka. How important is Technology Capital for the United States? [J]. American Economic Journal, 2008（22）：1-35.

④ Ellen R. McGrattan, Edward C. Prescott. Technology Capital and the US Current Account [J]. American Economic Review, 2010, 100（4）：1493-1522.

⑤ Robert E. Evenson, Keith O. Fuglie. Technology capital：The Price of Admission to the Growth club [J]. J. Prod Anal, 2010（33）：173-190.

⑥ 爱德华·普雷斯科特. 技术资本正在改变世界 [N]. 北京商报，2009-05-20.

⑦ Fleisher, Belton M. &Li, Haizheng & Zhao, Min Qiang. Human Capital, Economic Growth, and Regional Inequality in China, 2008. IZA Discussion Papers 3576, Institute for the Study of Labor（IZA）.

⑧ 李艳荣，张晓原. 技术的资本属性与技术投资 [J]. 中国软科学，1995（8）：102-105.

⑨ 张景安. 关于技术资本化市场化的发展趋势 [J]. 中国软科学，1999（1）：69-70.

为，智力资本缺乏理论依据和现实基础。这里的人力、组织和关系不仅存在相互重复的成分，关键的问题是，人力是活生生的物质实体而非无形资产，人力资产是人类经济活动中主要的有形生物资产。现在，虽然仍有少量学者研究技术资本问题，但研究质量急剧下降，如把技术资本的直接表现形式视为"知识产权"等。这就可能把技术资本与知识资本混淆了。技术、信息和知识是经济活动中相互独立的不同的生产要素。知识是经过证实了的真的信念。信息是组织系统得以运行的密码，而技术则是技巧和术用的合称，其主要形式是人工制品（软件、工艺机件）、工作文件（图纸、论文或报告）和人的特别行为（口技、平衡术等）。限于篇幅，本文对信息和知识存而不论。

（二）技术转变为技术资本的理论基础

我们知道，以研究技术进步著称的索洛教授将资本理论比喻成一锅沸水。自李嘉图撰写"论机器"这一章后，这锅沸水就一直被"文火蒸煮"，而且每隔一个历史时期，它就被大规模煮沸（索洛，1963）[1]。比较近的一次规模较大地被"煮沸"是 20 世纪 50 年代至 70 年代两个剑桥的资本之争。新近的资本煮沸则是 21 世纪初欧美国家商界和商学院学者关于智力资本的大讨论。他们把智力资本视作现行（物质）资本的对立面——非物质资本。我们认为，人力资产是典型的有形生物资产并非无形资产。任何事物的发展和演进，都是按自身的客观规律由量变到质变的渐进过程，资本的发展规律亦如此。近年来，笔者与所属研究团队一直致力于技术转化为技术资本的研究工作，主要采取历史分析和现实调查的研究方法，长距离综合考察资本理论发展演进过程，在马克思、萨缪尔森和索托等经济学家的理论基础上，以资本生成基础理论研究为起点，探索技术资本的产生、培育和作用机制，认为技术生成技术资本，需要经过生产劳动、登记所有权凭证确定产权、完成买卖交易进入经济领域等三个环节，资本生成机制是技术资本研究的基石。

马克思资本理论的最大特点在于强调资本的商品性，重视市场交易对资本产生的重要性，并强调资本具有物质自然属性与社会生产关系属性的双重性质。其有关资本的生产过程和资本的循环过程的论述，都是为了证明：劳动力经过市场交易转变为货币资本所有者的人力资本后，才能创造剩余价值。诚然，马克思批判以私有制为基础的近代资本时，并没有否认资本还可能存在其他形式，也没有否定还有比近代私有资本更为一般的资本。马克思资本理论的逻辑是：①资本是一种生产资料需求。近代资本的第一个前提是私有制，其本质是劳动者生活资料需求和生产资料归属问题。②资本是一种财富或权利。劳动者变为无产者的本质是社会财富分配给少数有产者。财富分配是资本出现的另一个原因。③资本是生产要素与财富的具体组合。近代资本的核心问题是生产力因素与社会财富私有化，资本主义资本是生产力因素和财富的一种特殊结合。

---

[1] 资本的理论问题历来众说纷纭，其文献浩如烟海。正如一位著名学者所言："经济学如能在资本的理论方面取得一致意见，那么，其他所有问题就将迎刃而解了"（布里斯，1975）。本文仅从财务视角加以综述。

现代经济学集大成者萨缪尔森的资本理论特点是，资本是生产劳动的一种结果。"资本，即一种被生产出来的要素，一种本身就是由经济过程产出的耐用投入品"。"资本是三大生产要素之一。另外两种是土地和劳动，通常被称为基本生产要素"。一块荒芜贫瘠的土地，本来一文不值。但由于新规划的高速公路要经过，该荒芜贫瘠的土地经过人们开垦整理活动，就可作为路基和路旁商业设施用地，于是该土地立刻身价百倍。相似的例子如地下资源的所有权问题。在地主拥有土地绝对所有权时，若发现地下有石油，土地价格就会暴涨。但许多政府规定，地下资源属于国家。这样，政府就可以极低的代价获得资源开采权。在地下，石油没有任何用途，而一旦经过生产劳动开采出来，石油就变为生产要素，成为汽车和舰船及航空的物质资本。

当代著名经济学家赫尔南多·德·索托的《资本的秘密》著作，对资本的产生给出了新的重要解释[①]。他认为，资本和资本主义制度之所以在西方国家取得非凡成就，而在其他国家却停滞不前，其秘密在于资本繁荣的西方国家建立了使资产转化为资本的经济机制。任何物品或资产要转化为资本，都要登记该物品的所有权凭证，以取得该物品的产权。该程序是物品转化为资本的机制即创造资本的机制。落后地区之所以贫穷，不是缺少金钱、技术和人力，而是缺少将金钱、技术和人力转化为资本的机制。创新能力、好的资本制度和将物品转化为资本的手续，就是一个国家的创造性资本。索托的资本理论实际是马克思资本理论的新进展。马克思说，货币变为资本的前提是劳动者成为商品。因为只有劳动者变为商品并成为雇主的资本时，货币才可能以货币资本的角色配置在生产过程。同理，劳动者要成为人力资本的前提，则是货币必须是商品。然而，马克思当时无暇研究人力资本，把主要精力用于研究货币资本和物质资本对劳动者的剥削。时至今日，马克思无论如何也不会想到，他倡导的社会主义国家仍未建立健全要素资本机制。以货币资本繁荣为基础的国家，其最大的收益者是政府（货币发行与货币回笼垄断者）和富人（货币主要拥有者）。货币资本的全球化进程，更多的是有利于社会精英和特权阶层内部资源交流，而与社会文明和技术进步无关甚至对技术创新有害。工人、农民和学者是产品、技术、知识、著作和论文的生产者，但不是货币生产者。在我国，只有当人力资本、物质资本、技术资本同货币资本一样，在法律里得到认可、在制度上许可自由流通时，工人、农民和学者才可能真正富有起来。

（三） 技术将改变企业的形态及边界

新古典经济学认为，劳动、土地和资本的效率呈递减趋势，当厂商配置劳动、土地和资本的生产成本极大化而股东收益趋近于零时，企业组织的存在是无效的。于是，劳动、土地和实物资本等有形生产要素的投入呈现最大化边界，这就是企业有形规模最大化的边界。但新古典经济学和新制度学派均没有考虑劳动、土地和实物资本等有形生产

---

① 赫尔南多·德·索托. 资本的秘密 ［M］. 于海生译. 华夏出版社, 2007.

要素之外的技术、信息和知识等新生产要素的投入问题。我国企业的技术有形化比较弱，信息和知识则基本呈无形状态。对于技术、信息和知识的收益增长，新古典经济学和新制度学派均未给出边际效率递减的证明。相反，现实经济中的事实是技术和知识的收益增长呈边际收益递增趋势。企业的所有者不再完全是货币资本提供者，还包括人力资本、物质资本和技术资本提供者，企业是有形要素和无形要素的综合体。从传统人力、机器设备、土地和货币资本看，企业是有形之体；从技术、信息和知识等新兴生产要素看，企业则是无形组织。因此，技术资本研究将是企业边界理论进展的新方向。技术的资本化将改变企业的股权性质、组织结构和生产方式，进而对经济理论的企业性质和边界提出挑战。

生产要素包括人力、货币、机器和自然资源，以及技术、信息和知识。只有经济学上的生产要素，才可能资本化。一些学者张冠李戴地将社会学里的"社会资本"、政治学里的"政治资本"视作经济管理概念，实属掩耳盗铃。本文不赞同网络资本、关系资本、环境资本、生态资本、绿色资本、美貌资本等称谓，虽然网络、关系、环境、生态、绿色和美貌很重要，但它们不是生产要素。目前学术界的资本命题混乱现象，实属脱离经济学的资本泛化，极不严谨。

三、技术资本生成机制研究：理论与证据

（一）技术的来源及其产权特征和独立性问题

技术产生的根源来自人类的社会实践。其基本来源和途径主要有三种：第一是人类的物质生产劳动。人类为了减少劳动支出、改进生产工具、提升产品质量和性能，以及扩大产量和增加效率等，就会发明新的工作技巧和方法。第二是人类的科学研究。这是生产劳动活动的衍生领域，也是社会分工的结果。科学研究既可发现新技术，也可改进旧技术。第三是人类的技术工程建设和技术研究开发。技术自身具有一定的发展规律，很多技术是原有技术的自然成长和繁殖。因此，不论生产技术和科学技术，还是工程技术，归根结底都是来自生产劳动和科学研究。同人力资本和货币资本一样，技术也有自己的产权特征。人力资本的产权权利一旦受损，其资产可能立刻贬值；货币资本则具有垫支性、增值性、周转性等特征。商品性、增值性、产权私有和系统性，可能是资本的一般特征。技术资本除了具有资本产权的一般特征外，还有自己独到的特征。这就是技术的发明性、模拟自然性和复制性等特征，这些产权特征实质是技术资本的产权特征。现在，科学家、哲学家、经济学家都在研究技术，管理学家、工程师和企业家也把技术作为关注热点①。技术与生产工具和材料具有密切联系，先进的机器设备和新材料主要体

---

① 参见我国的《哲学研究》和《科学技术哲学研究》等期刊。

现在这些机器设备和材料的科技含量较高；技术与人力资源也密切关联，优秀专业工程师的特点之一是掌握先进技术的能力较强。但技术与机器设备、新材料和专业技术人员不同，技术是独立于生产设备、材料和人力资源以外的生产要素之一，技术是市场经济里的商品之一，它在市场经济机制作用下，可以在经济领域转化为创造价值的资本。那种由技术人员代替技术、由先进机器设备替代技术的做法和想法都是错误的。

（二）为什么大量高新技术企业的利润很低

从沪深两市上市公司财务报告看，在过去的十年里，我国的石油、化工、煤炭、矿冶、银行、白酒、房地产等企业最赚钱，而大量高新技术企业和战略性新兴产业的收益却比较低。据 2013 年 2 月 1 日新华网等媒体披露，在 163 家发布业绩预告的央企上市公司中，有 45 家预告 2012 年为亏损，占比达 27.6%。亏损最严重的 10 家企业亏损总额为 350 亿元，按照 2012 年城镇居民人均可支配收入 24565 元计算，相当于 129 万人的一年收入之和。以振华重工为例，该公司是世界著名装备制造企业，注册资本 4390294584 元，截至 2012 年底，其总资产约 521 亿元。多年来，其年销售收入低于资产总额，利润总额为负数[①]。该公司已获得国家科技进步奖一等、二等奖等多项重大技术突破，拥有世界著名的设计研究院，专利数量居同行业之首，拥有世界领先技术。那么，为什么利润很低甚至还连年亏损？

我们认为，振华重工的主要问题有两个方面：第一，未将技术视为资产入账核算。企业未考虑到技术具有创造价值的功能和性质。实际上，一项技术往往比一栋办公楼、一座车间厂房和机器更有价值，办公楼、厂房和机器作为固定资产在会计账户里独立核算，而技术没有进入会计核算系统，因而没有核算其成本和收益。振华重工有世界一流的自主核心技术，但没有登记入账核算，也未明确技术属于股东还是发明者，更未计算技术成本和收益。自然地，公司只把这些技术锁在保险柜里，其专利技术证书的复制品放在总经理办公室橱窗里，供人欣赏。公司缺乏将技术转变为资本的生成机制，财务管理极其落后，技术与财务脱节。第二，公司的要素资本配置结构严重失衡。企业人力、现金、物质设备、技术、信息、知识等，要转化为企业创造价值的资本需要一定的过程，振华重工不了解这个过程。过多的货币资本和设备及存货，在公司里处于严重闲置和浪费状态。在市场经济条件下，货币资本和物质资本（含机器和存货）只有配置到技术资产上，劳动者才能创造利润。而且，人才、资金、技术要发挥作用，需要知识资本将它们组织在一起。知识资本就是企业的文化资产。然而，现实的振华重工却浪费了技术创造价值的功能。与振华重工不同，华为技术公司自 1998 年成立以来，每年的研发投入都保持在销售额的 10% 左右，并有效地将货币投资转化为技术资产，核算技术成本和收益，使企业利润的绝大部分由技术资本创造。2012 年，华为公司的专利技术数量占中国

---

① 《上海振华重工（集团）股份公司 2011 年年度报告》。

企业专利技术十大企业之首，其技术资本占企业资本总额的配置比重均超过人力、财力和物力资本的配置比例。近 10 年来，华为公司每年利润总额的 50% 以上的份额约为技术资本所贡献。华为技术公司的经营模式是以技术资产为基础资产，用技术替代货币现金，创建新产品生产线，然后合资，再接下来出售。技术是其核心资产，技术资本投入和技术资产增长是华为公司发展的基础和前提，技术替代了货币的部分作用。

我国很多由研究院改制的高科技企业，其收益多不景气，限于篇幅，不再列举实例。总体上，与美欧国家的企业相比，我国主要缺少自主技术和新资本生成机制。不少企业的技术进步和申请专利，不完全是为了向客户提供优质产品，也未将技术视为企业的重要资产，而主要是为了接受上级部门的检查和嘉奖，以及追求公司知名度。于是，我国企业有很多技术处于闲置和浪费状态。可喜的是，我国的一些民企开始注意技术创新、制度创新和管理创新，其目的是直接为客户服务。华为技术公司不仅有很高的技术研发强度、丰厚的技术资产，还有严格的技术成本和收益计算，以及技术发明人拥有公司股权的规定。许多企业的技术未转化为现实生产力，等于技术人员白白地劳动了数十年，既浪费了人力和财力，又浪费了技术。其原因是多方面的，但归根结底，在于没有将技术转化为技术资本。那么，技术资本究竟是如何生成的？

（三）技术资本生成过程及其机制原理

讨论技术资本的前提是社会的基础经济制度即商品市场经济。在现代企业，生产要素有人力、财力、物力、技术、信息和知识等，它们是人类生产劳动的结果。当企业为了生产经营从市场上购买人、财、物和技术之后，会登记账目，以表明拥有这些人、财、物和技术的产权。接着，将这些拥有产权的人、财、物和技术等要素，投入经济过程。那么，该企业就拥有了这些要素资本——人力资本、货币资本、物质资本和技术资本等。显然，技术资本的产生，起因于生产和经营对技术的需求，形成于市场交易和新的经济活动。技术资本产生的过程和原理如图 1 所示。

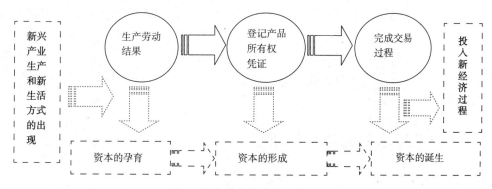

图 1　资本产生的过程及其原理

从图 1 可以看出，技术资本的产生源于新兴产业和新生活方式的出现引发对新技术的需求。技术被投入生产过程，生产出新产品和新的社会活动方式。这些新的产品和活动方式，可被人们自由选择和自由买卖，实现产权化。于是，技术开始转化为资本，成为社会扩大再生产的原动力。

显然，技术资本的孕育、产生和形成过程由五个环节构成：①新产业和新生活的出现；②生产劳动有结果；③登记生产成果凭证使之产权化和商品化；④完成买卖交易；⑤再进入新的经济过程。前两个环节的良好运行决定于生产力的先进程度，最后两个环节的持续进行决定于经济制度的科学化。而生产劳动结果、登记所有权凭证和完成买卖交易，则是资本生成的三个关键性环节，也是技术资本生成机制的核心，又可称创造性资本机制。图 1 表明，技术资本生成过程和原理，以及"资本生成的三个关键性环节"，实际是萨缪尔森、索托和马克思三位大师的资本理论组合。过去，我们对资本的理解有些像盲人摸象，只强调"货币变为资本的前提条件是劳动力成为商品"，未想到"劳动者变为资本的前提是货币和机器应成为商品"，更未认识到，"劳动者变为资本，实质是以出卖劳动力为前提条件"，学者们盛赞马克思发现了劳动与资本之间的关系，本文则更推崇马克思关于资本的产生需要资本载体或标的物成为商品并在市场里出售实现其价值的观点。生产劳动产品变为商品的条件也是需要经过出售环节，即"商品是用于交换的劳动产品。"可是，人们没有思考，劳动产品为什么能够销售出去而变为商品呢？赫尔南多·德·索托教授给出了答案：根本原因在于产品登记了所有权凭证，产权归属得到确认。国家法律和民间契约都明确规定物品的产权以拥有所有权凭证为准绳。一项技术转变为某一企业或某一个人的技术资本，该技术就属于商品和有明确的产权归属，而且一定要登记所有权凭证；然后，该项有产权证书的技术被准备进行生产的人或企业购买后，该技术就成为这个人或企业的技术资本。所以，技术被人们发明之后，要变为技术资本，就需要发明人或拥有人登记技术的所有权凭证，参与市场经济活动，并将该技术出售给生产领域的企业，那么，该技术就成为企业的技术资本了。

所以，在我国，不论专利技术闲置、失效和无效，还是高新技术企业利润很低，尽管其原因是多方面的，但与欧美国家相比，其根本原因在于我国的技术缺乏转化为技术资本的机制。欧美的市场经济由产品市场、资本市场、人力市场和技术市场构成，而我国恰恰缺少技术市场。重要的是，我国市场经济尚缺少创造新资本的机制，技术没有作为商品自由买卖并转变为资本。这就严重地妨碍了我国高新技术产业的快速发展。解决该问题的基础性方法是培育创造性资本机制，健全技术资本生成机制，掌握技术资本的基本理论和规律，使技术资本成为未来支柱产业和先导性产业的核心资本。

四、技术资本的理论分析框架

（一）技术资本与企业要素资本价值之间存在函数关系

命题 1：技术资本是一种可测度的资本要素或资本方式之一，并作为企业要素资本价值函数的一个变量。即：F=f（L，M，K，T，…）。

其中，F 是企业要素资本的价值函数，属于因变量。L 是人力资本，M 是财务资本，K 是实物资本，T 是技术资本，它们分别是产生企业价值的资本化生产要素，属于自变量。企业是生产要素投入和价值产出的一个经济系统。生产要素一般包括人力、财力、物力、技术、信息和知识等，同人力资本、财务资本和实物资本一样，技术资本也参与公司价值创造，其所有者拥有企业所有权，参与企业治理，分享剩余资产和剩余收益的分配。显然，命题 1 的理论依据来自生产函数理论和要素资本理论。新制度经济学在研究经济增长的条件时，将实物资本 K、劳动力资本 L、技术资本 T、人力资本 SK、自然资源 NR、结构变迁△STR、企业家 E 和制度 I 等纳入分析框架。因此，生产函数就变成了：F=F（K，L，T，SK，NR，△STR，E，I）[①]。

我们认为，新制度经济学里的劳动力资本 L 和人力资本 SK 实质是一种资本，可简称人力资本。它是活生生的人力（资源）的资本化。人力的质量由生理、体力、健康、智力、学历、阅历、经验，以及已取得的成就等多因素构成。而与它是否有知识、金钱或信息等，关系不是很大。对于要素资本创造价值的函数研究，我们将目前中国企业的要素资本分为人力资本、货币资本、实物资本、技术资本、信息资本和知识资本等，其函数关系可描述为：

$$Y=F（x_1，x_2，x_3，x_4，x_5，x_6，t）\tag{1}$$

为使价值函数表达式具有普遍适用性，设有 n 种要素资本投入经营过程，其价值函数的一般形式可定义为：

$$Y=F（x_1，x_2，\cdots，x_n，t）=F（x_i，t），i=1，2，\cdots，n\tag{2}$$

其中，Y 为某一时期内的企业价值；x_i 为某一时期第 i 种要素资本的数额；t 为时间。对此式的求解，我们可采取数量经济学的常用方法：两边取对数，然后对时间求导，测算出极小单位时间内的变化规律。这里的要素资本价值函数关系，源于柯布—道格拉斯生产函数关于 n 个要素生产函数的一般形式：$Y=F（A，X_1，X_2，\cdots，X_n）$。具体地，当 n=2 时，Y=F（A，K，L），其中，Y 代表国民生产总值或其他产出指标，K 代表资本投入，L 代表劳动力投入，A 代表除要素投入以外的其他影响产出 Y 的因素之总和，这些因素都随着时间而变化，因而也记作 A_t。而且，A_t 被定义为综合要素生产率，即如果经济过程里 n 个要素生产函数一般公式里的产出是 Y，要素投入是 X_1，X_2，X_3，…，X_n，那么，会得出差分方程。A 成为 n 个要素生产函数一般公式的综合要素生产率。可以看出，由 A 的定义说明，A 不是唯一确定的，根据索洛余值和要素资本理论，这里的 A 实际包括技术、信息和知识三个新生产要素，当然，如果公式里规定了 A 初值就可以是唯一确定值。如果对 n 个要素生产函数一般公式求全微分，可得出 A 在生产函数中的地位。索洛关于不改变边际替代率的中性技术进步 A，可以作为单一独立的技术资本计入生产函数。此时，A 仅代表技术资本，而不再是"综合要素生产率"。根据资本结构

[①] 参见何武刚、史漫飞关于"制度何以重要"分析（Wolfgang Kasper & Manfred E. Streit，1998：13-21）。

MM 定理和技术资本的产权特征，在资本总额既定情况下，技术资本的增加必然会减少和节约人力资本、货币资本和物质设备资本，并在现存税制下大幅度提高企业价值。于是，技术资本与其他资本的配置结构和相互替代系数，将成为技术资本与企业要素资本价值函数之间关系的重要研究内容。

（二）技术资本数额与技术产量、技术转化率和技术存量存在密切关系

命题2：技术资本数额主要由技术提供者的数量、技术转化为资本的转化率和技术资产存量等因素共同决定。即：T=t（L×r+k）。

式中的 L×r 是提供技术的人力资本量与技术转化为资本的转化率之乘积，k 是企业技术资产存量水平。命题2以命题1为前提，即技术资本是企业要素价值资本函数里独立的资本之一，并且技术进入企业会计核算系统。技术的提供者主要是科学家、工程师、企业技工、企业家、企业和政府等，其中，科学家和工程师统称为科技工作者，他们与技术工人和企业高管人士，共同成为技术的主要生产者。企业和政府则是组织人。当技术转变为资本后，技术提供者则享有技术资本产权，拥有企业所有权，并按照一定的财务规则参与企业治理和利润分享。而企业技术资产存量水平的高低，则取决于企业自主技术研发能力、技术引进率和技术进步程度等因素，所以，又有 $T_k = t$（自主技术研发能力，技术引进率，技术进步程度）的函数关系。其中，自主技术研发能力由企业研发强度、技术创新能力和科技工作者数量所决定，技术引进率则由企业财务资本充裕程度、技术消化能力和对外技术依赖度等因素所决定；技术进步程度由综合科技进步水平指数表示，具体的主要由科技人员占企业员工总数比重、每万人的专利技术数量及其增长率、研发强度与行业研发强度之比，以及技术资产收益率等指标表示。

企业的技术资本占要素资本总额的比重越大，则企业越有竞争优势。技术资本的增长是企业优化资本配置的根本途径。要素资本结构优化的核心，在于技术资本在要素资本总额里的配置份额得到持续增长。

（三）技术资本与其他要素资本的配置和优化存在着客观比例关系

命题3：自主技术研发能力作为企业的资源进入价值函数，只有自主技术研发能力与货币资本筹集能力、机器资本购买能力和人力资本招聘能力相当时，才可实现企业要素资本配置的最优化。

具体地，由公式（1）和n个要素生产函数一般公式可知，企业各要素资本相应地创造的价值为 $V_m = r_m F_m (X_1, X_2, \cdots, X_i)$，其中，$r_m$ 表示企业 m 的要素资本价格。于是，企业要素资本的最优配置，即为

$$\frac{\partial V_1}{\partial X_i} = \frac{\partial V_2}{\partial X_i} = \cdots = \frac{\partial V_n}{\partial X_i}，亦即 r_1 \frac{\partial F_1}{\partial X_i} = r_2 \frac{\partial F_2}{\partial X_i} = \cdots = r_m \frac{\partial F_m}{\partial X_i}，i = 1, 2, \cdots, n$$

论技术资本：社会经济的第四种资本

在经济学上，每个厂商从要素市场上购入生产要素，在产品市场上出售产品。具体到公司财务领域，则是企业从要素资本市场上用工资购置人力资本、用利息购置货币资本、用折旧基金购置机器等物质资本，用专利价格购置技术资本，然后组合各种要素资本以创造价值。企业的要素资本配置是企业在市场经济里的自发行为，该行为的目的是获取收益。要素资本的成交价格是买卖双方讨价还价的结果。该结果又决定于企业跨时间配置资本的财务能力。所以，在我国企业缺少技术的情况下，要素资本优化配置的影响因素包括自主技术研发能力、要素资本价格和企业的财务能力等。在这里，公司财务能力主要体现在高管对财务活动不确定的理解深度和跨时间配置要素资本的技术上（即企业安排各种要素资本的配置比重技巧）。

因此，如果企业 m（m = 1，2，…，n）在（要素）资本市场上出售资本的价格 $r_m = R(P_m)$，在生产要素市场上购入生产要素 X_i 的价格 $W_{mi} = W_i(P_m)$，此处的 P_m 实际是企业在（要素）资本市场出售资本和在产品市场上购入生产要素过程中的谈判力，即企业的市场竞争力。那么，企业可实现要素资本配置的内部优化，即要素资本函数 $Y = F(X_1，X_2，…，X_6，t)$ 存在。要素资本 X_1，X_2，…，X_6，分别与要素资本价值总额 Y 的各自比重，称为要素配置系数。

当产品市场上的产品出清，则有：

$X_{11} + X_{12} + \cdots + X_{1n} = X_1$，$X_{21} + X_{22} + \cdots + X_{2n} = X_2$，…，$X_{i1} + X_{i2} + \cdots + X_{in} = X_i$

这样，企业 m 的内部要素资本配置优化问题可表述为：

$\max \pi_m = R(P_i) F(X_1，…，X_n) - W_1(P_i) X_1 - W_2(P_i) X_2 - \cdots - W_m(P_i) X_m - \cdots - W_n(P_i) X_n$ 达到此优化目标需要满足一阶条件 $\partial \pi_m / \partial X_i = 0$，即：

$$R(P_m) \frac{\partial F_m}{\partial X_i} = W_i(P_i)，m = 1，2，…，n；i = 1，2，…，n$$

同理，对于企业 g（g = 1，2，…，n；g ≠ m），其一阶条件为：

$$R(P_g) \frac{\partial F_g}{\partial X_i} = W_i(P_g)，g = 1，2，…，n；i = 1，2，…，n$$

可见，只要有 $W_i(P_m) = W_i(P_g)$，就一定会有 $R(P_m) \frac{\partial F_m}{\partial X_i} = R(P_g) \frac{\partial F_g}{\partial X_i}$，亦即，企业可以实现要素资本的最优配置。此处的 P_m 和 P_g 实际是企业 m 和企业 g 在购买要素资本 X_i 时的谈判能力，即讨价还价能力和竞争力。公司财务里的谈判能力是什么？根据要素资本理论，我们将讨价还价能力归结为与技术有别的知识资本。这里的观点是，在技术资本不充裕时，企业的技术研发能力、要素资本价格和知识资本拥有量是企业要素资本配置优化的决定性因素。显然，知识资本是一个企业必要的基础性资本。对我国企业来说，知识资本在企业资本总额里的配置比重应适当提高一些。增加知识资本的要素配置系数，特别是提升企业人均知识资本量，则是我国企业推动技术进步的重要财务措施。同命题 2 一样，命题 3 也建立在命题 1 的基础之上。

（四）技术资本与人力、财力、物力等其他要素资本之间具有一定的替代性

命题 4：企业的技术资本、人力资本、货币资本、物质资本、知识资本和信息资本等要素资本，虽然属于异质性资本，但要素资本之间具有替代性，并且，技术替代人力的程度远大于机器设备替代人力的程度，企业技术水平的高低与员工数量之间具有负相关关系。

经济学生产理论认为，厂商在一定的技术水平条件下，生产同样数量的产品可以由生产要素间的不同组合来实现。在利润最大化目标下，厂商会选择成本最小的要素组合进行生产，当机器与劳动的相对价格发生变化时，只要技术条件允许，厂商会选择使用相对更便宜的要素替代另一要素，机器与劳动的相互替代也就取决于技术因素和机器与劳动价格的相对变化。显然，技术的供给量和质量水平是机器与劳动替代的决定性因素。前述要素配置系数，就是厂商生产某一单位产品所需要的各种生产要素价值的配合比例。如果生产某一单位产品所需的要素配置系数固定不变，那么，各要素资本之间往往难以替代。当生产某一单位产品所需的是可变要素配置系数，各要素资本之间可以彼此相互替代，但替代方向和比重大小取决于要素资本相对价格的变化方向。现在，生产理论特别关注人均设备资本量问题。当出现机器设备替代劳动趋势时，厂商生产过程会出现人均设备资本上升现象。在我国，由于经济发展的加速，人力资本相对紧缺和员工的工资率相对货币资本的利息率上升了，使得物质资本与劳动的相互替代表现出设备替代劳动的单向过程。在生产要素只有劳动、土地和物质资本的三要素情况下，这种现象被称为"资本深化"，即每一劳工所能使用的（物质）资本持续上升。但引发的问题是，物质资本递增会产生收益递减，从而可能导致经济成长停滞。所以，物质资本深化实际是物质资本、人力资本和货币资本三者之间关系的结果之一，因为，只有当人均储蓄货币资本超过资本宽化，使得人均物质资本比重上升时，"资本深化"才会出现。当技术资本出现后，新商业模式和技术资本可能取代规模经济和"资本深化"，成为经济增长的主要驱动力量。因此，技术、信息和知识等新兴资本的形成与供给，将缓解物质资本成本和人力资本成本的扭曲状况，并可能使实际物质资本的增长率与人力资本的增长率相等或相近，从而使要素资本总额与其他各要素资本的增长比率得以保持稳定或不变。我国长期以来缺乏自主技术产权，企业的技术资本相对贫乏。当资本总额不变时，增加技术资本，将使人力资本、物质资本等其他要素资本配置系数下降或不增加。于是，要素资本宽化将成为企业资本配置结构及其优化的方向。

当各要素资本成本保持不变，企业增加技术资本时，必将引起与新技术相匹配的机器设备质量提高和操作机器设备的员工素质的提高，从而引发劳动生产率提高和人均物质设备资本量的提升。其结果必将是企业技术水平的提升和员工人数的下降。由于技术资本配置数量是影响物质资本与人力资本替代关系的关键因素，所以，生产不同技术的

产品，其物质资本与人力资本的配置比例不同，其产品的等产量曲线就有不同的特征。考虑技术研发强度和技术成本问题，当技术资本配置数量在一定时期相对稳定或保持不变时，物质资本与人力资本、物质资本与信息资本、物质资本与知识资本，以及人力资本与货币资本之间的配置比例，可以在一定范围内变动和微调，在成本最小化约束下，企业可根据要素资本的相对价格改变和调整生产组合。但是，当随着技术进步的加快和信息化的发展，以及企业生产要素由原来的劳动、土地和物质资本，扩展到除该三要素外的技术、信息和知识等多项要素资本，并在生产要素边际替代率递减效用作用下，企业的经营规模越靠近等产量曲线的下方区域，等量技术、设备可以替代人力的数量就会越少，各要素资本之间的配置比重会趋于平均，其相互替代程度的波动就会越小。

由于本文研究正处于初始阶段，尚难以给出技术资本与人力资本、货币资本、物质资本、信息资本和知识资本之间的两两组合的替代系数公式，但 Arrow 1961 年的常替代弹性生产函数（CES）及 Hoffman 和 Revankar 分别于 1968 年和 1971 年提出的变替代弹性生产函数（VES），则是该问题的研究方向。替代系数以要素配置系数为基础，但二者不可混淆。例如，如果以常替代弹性生产函数（CES）为基础模型：

$$Y = A\ (\delta_1 K^{-\rho} + \delta_2 L^{-\rho})^{-1/\rho}$$

其中，A 为技术，K 为机器，L 为人力，δ_1 和 δ_2 是机器和人力的要素配置系数，ρ 是机器与人力的替代系数。于是可以证明机器与人力的替代弹性 $\sigma = 1/(1+\rho)$。假如对 CES 生产函数两边取对数，然后作泰勒式展开，就可测算出我们需要的替代系数 ρ 和其他变量。同理，当我们将替代弹性生产函数（CES）基础模型的因变量改为技术与人力的替代或技术与机器的替代，而 A 代表货币资本时，我们同样可以测算出技术与人力的替代或技术与机器的替代系数和替代弹性。因此，公司数理财务的研究重心由货币资本市场转向技术生产和流通领域，将有广阔的理论空间。

五、结论

本文研究的贡献在于为经济学界研究技术进步提供了一个崭新的财务视角；证明了技术资本的存在性。本文的结论有五项：①技术转化为现实生产力的首要问题是技术须进入企业财务系统，使技术变为技术资本。管理创新与技术创新相匹配。②技术转变为资本的生成机制，主要是在生产活动里创造技术、登记技术所有权凭证确立产权，然后再进入经济领域。③技术资本具有自身的内在逻辑。技术资本理论包括技术资本的生成、技术资本培育、技术资本配置结构和优化、技术资本的价值创造过程和模式，以及技术资本收益分配和享有所有权参与公司治理等内容。技术资本与要素资本价值之间存在函数关系，技术资本数额与技术产量、技术转化率和技术存量存在密切关系，技术资本与其他要素资本的配置存在着客观比例关系，技术资本与人力、财力、物力等其他要素资本之间具有一定的替代性，但技术、设备对人力的替代不具有完全替代性，人力资本存量存在一个下限。④我国大量高新技术企业利润率低的主要原因，在于未将技术视为企业资产入账核算，企业技术在财务上未获得产权，以及要素资本配置结构严重失衡。⑤从生产要素出发研究资本问题，可以将人力资本、货币资本、物质资本与技术资本的内在联系连接起来，避免重复和矛盾。

本文研究的不足在于未对技术资本拥有企业所有权并参与公司治理进行探索，也未深入到资本异质性问题。这些问题亟待财务理论给出解释。

参考文献

［1］李海舰，原磊. 论无边界企业［J］. 中国工业经济，2005（4）：94-102.

［2］徐杰，杨建龙. 全要素生产率研究方法述评［J］. 现代管理科学，2010（10）：3-5.

［3］李艳荣，张晓原. 技术的资本属性与技术投资［J］. 中国软科学，1995（8）：102-105.

［4］张景安. 关于技术资本化市场化的发展趋势［J］. 中国软科学，1999（1）：69-70.

［5］赫尔南多·德·索托. 资本的秘密［M］. 于海生译. 北京：华夏出版社，2007.

［6］Ellen R. McGrattan, Edward C. Prescott. Openness, Technology Capital, and Development［J］. Journal of Economic Theory, 2009, 144（6）：2454-2476.

［7］Marek Kapicka. How important is Technology Capital for the United States?［J］. American Economic Journal：Macroeconomics, 2012, 4（2）：218-248.

［8］Ellen R. McGrattan, Edward C. Prescott. Technology Capital and the US Current Account［J］. American Economic Review, 2010, 100（4）：1493-1522.

［9］Robert E. Evenson, Keith O. Fuglie. Technology Capital：The Price of Admission to the Growth Club［J］. Journal of Productivity Analysis, 2010, 33（3）：173-190.

［10］Fleisher Belton M., Li Haizheng, Zhao Min Qiang. Human Capital, Economic Growth, and Regional Inequality in China［J］. Journal of development economics, 2010, 92（2）：215-231.

13 | 异质资本边际替代率与技术资本配置水平分析[*]

——来自沪深两市高新技术企业的财务数据

一、引言

现代企业制度的理论和实践已经证明，新古典经济学的企业所有者即货币资本投入者的理论早已受到挑战。当代经济学教科书通常仅把机器设备、厂房建筑物等视为资本。实际上，该资本只是物质资本，除此之外，企业还有人力资本和货币资本等。令人高兴的是，我国很多经济学家已经注意到这个问题。周其仁在《市场里的企业：一个人力资本与非人力资本的特别合约》（1996）里，深入系统地论证了企业人力资本的理论存在性及其客观的产权特征，解释了人力资本与企业产生的内在关系，并在罗纳德·科斯、巴泽尔、张五常、阿尔钦和德姆塞茨等经济学家的理论研究基础上，证明企业的本质是人力资本与财务资本①和物质资本等异质资本所有者共同订立的特别合约。虽然周其仁研究的问题是企业理论而非财务问题，但是，财务学汲取经济学理论的新养分而发展。方竹兰则更直截了当地呼吁"人力资本所有者拥有企业所有权是一个趋势"（1997）。与此同时，汪丁丁（1997）的研究发现，知识的各个局部之间通常存在着互相解释或互为强化的关系。这说明，与物质资本不同，知识资本可以通过分工和专业化产生递增的经济收益。技术、知识的边际投资收益递增，将颠覆古典和新古典经济学的边际投资收益增减规则。同理，就技术的产生和交易而言，收益的递增性和递减性应当内生于技术的经济行为过程本身而非预先假设。诚然，如果我们所处理的问题是典型的新古典问题，即给定资源禀赋、技术和偏好结构，求解资源配置的一般均衡，那么技术存量就是给定的，由技术不变与制度假设反映出来。因而可以判定和假设该时点的技术结构收益递增或递减性。可是，当我们走出新古典经济学框架，研究制度变迁时，技术存量不再是给定的，从而要引进经济学的"内生性"，因为技术收益的递增或递减性，在这里不可避免的是"内生"且"不确定"的，而不能外在地假定。

柳欣坦陈，他曾花费十多年时间研究"剑桥资本争论"问题，结果发现，这场20世

---

* 原文最早发表于《财务研究》2015年第1期，第65—75页。

① 周其仁称为"财务资本"。本文作者10年前亦称财务资本。近年来，考虑异质资本载体的规范性，作者将原来的"财务资本"称为"货币资本"。

纪 50 年代由罗宾逊等发起的讨论，在 60 年代到 80 年代世界上几乎所有顶尖经济学家都对其发表过见解。然而，这是一个逻辑悖论。经济学家斯拉法得出的结论是：新古典理论只能存在于单一产品模型，不能推到异质品模型。只要是两种产品模型，所有的定理就都不成立了。其实这是一个加总问题，是由罗宾逊提出的生产函数 Y = F（K，L，A）引发的一个资本总量问题。机器设备、原材料和厂房的单位都不一样，要将它们加起来就需要有一个统一的计量单位。柳欣的答案是货币，并将货币定义为社会经济关系，而非技术关系。事实上，货币资本也是资本总量里的要素之一。笔者认为，正确的计量单位应该是资本。不论是同质资本还是异质资本，资本的计量单位都是价值形态，都使用货币工具。近十年来美欧经济学界的研究热点技术资本，也是使用货币资本计量其价值。异质资本的边际替代率是被经济学家忽略的一个重要命题，该问题对财务学和统计学都很重要。

本文研究的问题是：企业的异质资本客观存在，异质要素资本的边际替代率和边际收益率是企业优化资本配置的重要财务指标；技术资本与其他异质要素资本均衡配置时，企业可实现收益最大化。技术资本作为技术转化为现实生产力的媒介，其配置水平已成为当代企业财务管理的核心问题。本文先回顾学术界和作者的前期研究，然后采取理论求证和实证分析的方法，完成本文的研究和写作。

二、文献回顾与理论分析

（一）文献述评

我国学者对异质资本配置和替代的研究主要体现在四个方面：一是生产要素的多样化及相互替代；二是 C-D 生产函数的创新理论及应用；三是按生产要素分配收益问题；四是本文作者的前期研究——关于生产要素资本化及配置问题。

首先，回顾生产要素及其替代。很多学者认为，技术已成为独立的生产要素，劳动、资本、技术和企业家可以相互替代。企业为获得一个确定产量，可以选择不同的要素组合。在资本、企业家才能、土地等固定条件下，只考虑劳动和技术的不同投入方式，生产同一产品，既可选择投入较少劳动和使用先进技术，也可投入较多劳动而使用一般技术，不同的生产要素组合，都能得到相同产出（罗福凯，2001；唐才敏和王克勤，2005）。要素之间之所以可替代，一则成本原因，二则市场供求作用。数量充裕的生产要素，其供给量大，相对价格较低，具有比较优势。成本最小化原则引导生产者在资源配置过程中，以充裕要素的密集使用替代和节约稀缺要素投入。一般地，要素替代弹性在 0 与 ∞ 之间变化，当替代弹性为 0 时，说明要素之间不能互相替代，一种生产要素的价格无论如何变动也不能以另一要素来代替；当替代弹性为 ∞ 时，说明要素之间可以完全互相替代，某一要素价格变动时，完全可由另一要素代替；当替代弹性为 1 时，表明两种

异质资本边际替代率与技术资本配置水平分析

要素相对价格的变化会引起两者相对使用量同等幅度的变化（李红松和田益祥，2000）。

其次，回顾 C－D 生产函数的改进文献。利用随机前沿函数法，Schmidt（1980，1986）、Kumbhakar（1988，1990）、Bauer（1990）、Kalirajan（1993）、Battese 和 Coelli（1988，1992，1995）等对技术效率影响 TFP（全要素生产率）和产出做了大量实证分析，其研究缺陷是未将技术资本化。Mansfield（1977）、Romer（1986）和 Lucas（1988）在研究技术外溢时，先假设技术以设备为载体研究设备投资带来的技术外部性对经济增长的影响，后来又假设技术以劳动者为载体研究人力资本外部性对经济增长的影响，但也未将技术与资本等同。近年来，我国不少学者运用超越对数生产函数，把能源作为资本和劳动之外的独立要素投入，加入时间变量，使用回归方法估计其参数，研究我国经济系统的产出弹性、替代弹性和各种投入的技术进步差异（郑照宁和刘德顺，2004），取得了重要进展。李红松的《资本替代劳动与产业特征的关联机理及测度分析》（2010）和《资本——劳动替代的技术特征及其对扩大就业的启示》（2010），比较深入地讨论了边际替代率和替代弹性的测算问题，为研究要素资本提供了新的思路。

再次，回顾按生产要素分配收益的有关文献。按生产要素分配是生产要素使用者凭借要素所有权，从生产要素所有者那里获得报酬的经济行为。如果劳动是生产要素之一，那么按劳分配也是按生产要素分配的内容之一。马克思认为：只有参与了生产，才能参与分配；以什么形式参与生产，就以什么形式参与分配；参与者在生产中发挥多大作用，就在分配中占有多少产品。分配的结构完全决定于生产的结构。实际上，美欧学术界也发现了该问题，他们认为，知识、技术和管理要素在收益分配中的重要作用逐步得到凸显。于是，出现了分享经济、经济民主和人民资本主义三种收益分配观点。分享经济理论由美国学者威茨曼（M. L. weitzman）于 1984 年提出，其核心是按照劳动与资本边际效率的"分享比率"确定工资水平，使劳动和资本共享企业利润。经济民主理论以企业职工持股制度和职工参与制度等为基础，代表人物是美国的凯尔沃。人民资本主义是由英国的巴顿（L. Baddon）于 1989 年提出的，其理论核心是劳动者可以通过分享企业的利润和所有权等获得与资本家相同的权利。显然，进入 21 世纪以来，中外经济学家都注意到了异质资本的收益问题。

最后，关于生产要素的资本化，可参见《生产要素的重新确认与国有经济结构调整》（罗福凯和连建辉，2001）、《论要素资本——有一则故事引发的思考》（罗福凯，2009）和《论技术资本：社会经济的第四种资本》（罗福凯，2014）等论文。其基本观点是：①分工和组织变革，以及科学技术的发展，使得生产力要素不再局限于劳动、土地和资本。现代生产要素已由人力、财力（货币）和物力（机器、土地厂房和材料等），扩展为人力、货币、机器和材料及自然资源、技术、信息和知识，生产要素多样化。②市场经济里只有资本能创造价值，生产要素资本化是人们创造财富的必要条件。③同人力、货币和机器转变为人力资本、货币资本和物质资本的原理一样，技术、信息和知识也需要经过技术、信息和知识的商品化，明确其产权所有者，并重新投入经济过程，才可能转化为技术资本、信息资本和知识资本。经济学里单一的物质资本开始由异质资本所取代。④由于人类效用递减规律和传统要素的体积大而繁重，人力资本、货币资本和物质资本的增量投资呈现边际收益递减趋势；而技术资本、信息资本和知识资本因其载体的轻资产化和人类对其认识的有限性，使得技术资本、信息资本和知识资本增量投资，可能呈现边际收益递增趋势。⑤技术、信息和知识等新兴资本的收益率远高于人力、货币和物力等传统资本的收益率；技术、信息和知识比机器和货币更能节省人力。

（二）理论分析

异质资本的边际替代率（MRS）是在产量保持不变的前提条件下，增加一单位某种生产要素可以代替另一种要素的数量。由于投入生产过程中的生产要素不是完全替代，随着一种生产要素数量的增加，该要素对另一种要素的边际替代率呈递减现象。要素资本边际替代率之所以递减，在于边际产量递减规律发挥作用。由于边际产量递减，当某种要素增加一单位时，所引起的产量增加量是逐渐减少的。在维持产量不变的条件下，该要素所替代的其他要素数量就会减少。一种产品生产的资本配置要求各要素投入之间有适当的比例，这表明要素之间的替代存在弹性或有一定限制。以劳动和资本两种要素投入为例，在劳动投入量很少和资本投入量很多的情况下，为维持原有产量水平，减少一些资本投入量可以很容易地通过增加劳动投入量来弥补，即劳动对资本的替代很容易。但在劳动投入增加到相当多的数量和资本投入减少到相当少的数量情况下，再用劳动去替代资本就很困难。在同一条等产量线上，随着劳动对资本的不断替代，劳动的边际产量会递减，而资本的边际产量则会上升，这是无差异曲线凸向原点的根本原因。

需要说明的是，随着商品性质的改变和偏好的特殊性，以及异质资本对同质资本主导地位的替代，无差异曲线也可能凹向原点。当 MRS 递增时，就出现这种形状。因为 MRS 递增表示无差异曲线上各点从左上方向右下方移动时，各点的斜率递增。如果 MRS 为固定不变常数，则有两种情况：一是 MRS 为非零常数，其无差异曲线形状是一条直线。当斜率为非零常数时，曲线就成了一条直线。此时，两种要素 X 和 Y 存在完全替代关系。二是 MRS 为零常数，无差异曲线弯成直角，两条直角边分别平行于纵轴和横轴。这说明两种要素互补，完全不能替代，X 和 Y 的配置比例固定不变。

在利润最大化目标下，厂商会选择成本最小的要素组合生产。当机器与劳动的相对价格发生变化时，只要技术条件允许，厂商会选择使用相对更便宜的要素替代另一要素，机器与劳动的相互替代也就取决于技术和机器与劳动价格的相对变化。技术水平是机器与劳动替代的决定性因素。本文假定技术独立于劳动和机器，从而探索技术与劳动、技术与资本以及技术与货币之间的替代关系。在我国，由于经济发展加速，人力资本相对紧缺，工资率相对利息率加速上升，使得设备与劳动之间出现设备单向替代劳动的情况。但物质资本边际收益递减可能导致经济成长停滞。所以，技术创新被视为企业创新的首选。技术可能具有边际投资收益递增的趋势，可是，技术的增长需要以知识为基础。只有知识资产比较充裕的企业，其技术研发才可能持续发展。这说明，企业收益的持续增长，需要以多种异质资本适量配置组合为前提。如果缺少某一资本，另一种资本就难以发挥作用。例如：缺少机器，人力就难以发挥应有作用；缺少货币，机器就难以发挥应有作用；缺少知识，技术就难以发挥作用。如果某一资本投入不是适量或足量，那么该资本的成本就会大于其收益，发生资本减值。只有各种资本的投入量基本相当，并且每一资本的边际收益率相等或相近时，企业收益才会最大化。此观点的分析和证明如下：

设某企业的资本总额 V 由人力资本 L 和机器及原料等实物资本 K 两种资本组成，L 和 K 的数额分别是 p 和 q，即 V＝p＋q。设 L 和 K 的边际收益率分别是 MR_L 和 MR_K，并且 MR_L 和 MR_K 是资本总额的连续函数，则企业资本总额的边际收益率为：

$$TR = \int_0^P MR_L(t)\,dt + \int_0^q MR_K(t)\,dt \Rightarrow$$

$$\frac{dTR}{dp} = MR_L(p) - MR_K(V-p)。如令 \frac{dTR}{dp} = 0 \Rightarrow MR_L(p) = MR_K(V-p)$$

于是，设其解 $p = p_0$，$p_0 \in (0, V)$，因此 $MR_L(p_0) - MR_K(V-p_0) = 0$。由于人力资本和实物资本的投入均有边际收益递减的趋势，$MR_L(p)$ 是 p 的严格递减函数，$MR_K(V-p)$ 是 p 的严格递增函数，因此 $MR_L(p) - MR_K(V-p)$ 是 p 的严格递减函数。所以，$p = p_0$ 是前述恒等式的唯一解。又因为，$\frac{dTR}{dp} = MR_L(p) - MR_K(V-p)$ 是严格递减函数，并且 $p = p_0$ 是其根。因此，当 $p < p_0$ 时，$\frac{dTR}{dp} > 0$；当 $p > p_0$ 时，$\frac{dTR}{dp} < 0$；而当 $p = p_0$ 时，MR 极大。并且 p_0 是 $\frac{dMR}{dp}$ 在区间（0，V）内的唯一驻点。

接下来，从端点情况看，当 p＝V 时，则有：

$$TR(V) = \int_0^V MR_L(t)\,dt$$

$$= \int_0^{p_0} MR_L(t)\,dt + \int_{p_0}^V MR_L(t)\,dt \tag{1}$$

根据边际收益递减规则，当 $p_0 < t \leq V$ 时，$MR_L(t) < MR_L(p_0)$。因此，根据连续函数积分性质：

$$\int_{p_0}^V MR_L(t)\,dt < \int_{p_0}^V MR_L(p_0)\,dt = MR_L(p_0)(V - p_0)$$

因 $MR_L(p_0) - MR_K(V-p_0) = 0$，则

$$MR_K(V - p_0)(V - p_0) = \int_0^{V-p_0} MR_K(V - p_0)\,dt$$

由此可得

$$\int_{p_0}^V MR_L(t)\,dt < \int_0^{V-p_0} MR_K(V - p_0)\,dt \tag{2}$$

仍然根据边际收益递减规则，当 $0 \leq t < (V-p_0)$ 时，$MR_K(V-p_0) < MR_K(t)$。因此，根据连续函数积分性质：

$$\int_0^{V-p_0} MR_K(V - p_0)\,dt < \int_0^{V-p_0} MR_K(t)\,dt \tag{3}$$

根据式 （1） 至式 （3）， 可得到：

$$TR(V) < \int_0^{p_0} MR_L(t)\,dt + \int_0^{V-p_0} MR_K(t)\,dt = TR(p_0)$$

再分析 $p=0$ 的情况：

$$TR(0) = \int_0^V MR_K(t)\,dt$$
$$= \int_0^{V-p_0} MR_K(t)\,dt + \int_{V-p_0}^V MR_K(t)\,dt \tag{4}$$

同理， 根据固定资产和材料等物质资产投资边际收益递减规则， 当 $(V-p_0) < t \leqslant V$ 时， $MR_K(t) < MR_K(V-p_0)$。 因此， 根据连续函数积分性质， 推导的结果是：

$$\int_{V-p_0}^V MR_K(t)\,dt < \int_0^{p_0} MR_L(p_0)\,dt \tag{5}$$

相应地， 当 $0 \leqslant t < p_0$ 时， $MR_L(p_0) < MR_L(t)$。 因此， 根据连续函数积分性质：

$$\int_{V-p_0}^V MR_K(t)\,dt < \int_{V-p_0}^V MR_K(V - p_0)\,dt$$
$$= MR_K(V-p_0)\,[V-(V-p_0)]$$
$$= MR_K(V-p_0)\,p_0$$

仍因 $MRL(p_0) - MRK(V - p_0) = 0$, 则 $MRL(p_0)p_0 = \int_0^{p_0} MRL(p_0)\,dt$, 即

$$\int_{V-p_0}^V MR_K(t)\,dt < \int_0^{p_0} MR_L(p_0)\,dt$$

在边际收益递减规则作用下， 当 $0 \leqslant t < p_0$ 时， $MR_L(p_0) < MR_L(t)$， 因此得：

$$\int_0^{p_0} MR_L(p_0)\,dt < \int_0^{p_0} MR_L(t)\,dt \tag{6}$$

由式 （4） 至式 （6）， 可得到：

$$MR(0) < \int_0^{V-p_0} MR_K(t)\,dt + \int_0^{p_0} MR_L(t)\,dt = MR(p_0)$$

理论推导和求证得知， $MR(p_0)$ 为 MR 的最大值。 亦即 $MR_L(p) = MR_K(V-p)$ 时 $(0<p<V)$， 企业资本总额的边际收益取得最大值。 由此， 可得到推论 1 如下：

推论 1： 若对于任意资本数额 t， 只要 $0 \leqslant 2t \leqslant V$， 总有 $MR_L(t) = MR_K(t)$； 则当 $p = V/2$ 时， MR 取得最大值。 此时满足 $MR_L(p) = MR_K(V-p)$。

这说明， 如果企业资本总额由两种资本组成， 每一种资本的数额均为资本总额的 1/2 时， 企业的总收益将达到最大值。

以上分析仅假设企业资本由两种异质资本构成。 实际上， 当企业资本总额由三种或三种以上的要素资本构成时， 根据拉格朗日乘数法， 在 $\sum_{i=1}^n p_i = V$ 时， 构建函数和求证， 同样会得到企业资本总额收益最大化的异质要素资本配置数额。

设某企业资本总额 V 由三种或三种以上异质要素资本构成（即 n≥3），其个别要素资本的边际收益分别是 MR_1，MR_2，MR_3，…，MR_n，若以 p_1，p_2，p_3，…，p_n 分别表示 n 种异质要素资本的具体配置数额，则企业资本总额的收益为：

$$TR = \int_0^{p_1} MR_1(p)dp + \int_0^{p_2} MR_2(p)dp + \cdots + \int_0^{p_n} MR_n(p)dp$$

然后，求证 MR 在 $\sum_{i=1}^n p_i = V$ 条件下的极大值问题。令 $u = V - (p_1+p_2+p_3+\cdots+p_n)$，构造函数 $W = MR + \lambda \cdot u$，式中 λ 为一常数，令

$\dfrac{\partial W}{\partial p_i} = 0$；i=1，2，3，…，n。由于 $\dfrac{\partial W}{\partial p_i} = \dfrac{\partial MR}{\partial p_i} + \lambda \cdot \dfrac{\partial u}{\partial p_i}$

而 $\dfrac{\partial TR}{\partial p_i} = MR_i(p_i)$，并且 $\dfrac{\partial u}{\partial p_i} = -1$，于是

$$\frac{\partial W}{\partial p_i} = MR_i(p_i) - \lambda = 0 \tag{7}$$

式中，i=1，2，3，…，n。

由（7）式得到：$MR_1(p_1) = MR_2(p_2) = MR_3(p_3) = \cdots = MR_n(p_n) = \lambda$。

因此，根据拉格朗日乘数法，在 $\sum_{i=1}^n p_i = V$ 时，则有

$MR_1(p_1) = MR_2(p_2) = MR_3(p_3) = \cdots = MR_n(p_n)$。此时，MR 取得最大值。由此，可得到推论 2 如下：

推论 2： 若对于任意个别要素资本 0≤np≤V，只要 0≤np≤V，总有：

$MR_1(p_1) = MR_2(p_2) = MR_3(p_3) = \cdots = MR_n(p_n)$，那么，要使得 TR 取得极大值，应使得 $p_1 = p_2 = p_3 = \cdots = p_n = \dfrac{V}{n}$，即 $\sum_{i=1}^n p_i = V$。

推论 2 说明，如果企业资本总额由三种异质要素资本构成，那么，每一种个别要素资本的配置数额占企业资本总额的 1/3 时，企业的资本回报率将取得最大值。同样地，当企业资本总额由 n 种要素资本组成时，每一种个别资本的配置数额占企业总资本数额的 1/n 时，企业收益最大化。

经本文理论分析得到如下观点：在企业资本总额既定情况下，多种异质资本的要素资本配置系数等于 1，其各要素资本产生等边际收益时，企业才能取得收益最大化。

当前，关于要素资本研究的一些最新证据表明，技术资本已成为除人力资本、货币资本和物质资本之外的一种独立资本要素。要素资本理论指出，与人、财、物等传统要素资本相比，技术资本对提高企业竞争力的作用更为明显，其价值贡献度也更大。Mikkelson 和 Partch（2003）发现，相比固定资产投资，技术创新投资可以创造较大的边际价值。美国麻省理工学院国际问题研究员乔治·吉尔伯伊也指出，随着物价上涨和劳动力成本的上升，以投资和低成本为优势的中国企业的竞争能力在逐渐下降，而中国企业在技术上的普遍落后状态也使其缺少一流企业的产生。由于物价上涨和劳动力成本的

提高，长期以来拉动我国经济增长和企业成长的固定资产投资和"人口红利"均已渐显颓势。我国固定资产的过度投资也成为当前产业结构调整和升级的突出问题之一。根据前文的理论分析，当企业资本总额既定时，各种要素资本需均衡配置，才能实现企业收益最大化。当前我国企业固定资产比重过高和人力资本成本不断上升的现实，显然不利于企业保持成本优势和提高生产效率。鉴于此，适度缩减企业物质资本比重，引进新技术、新工艺替代劳动投入，对于控制企业人力资本成本、提高生产效率具有重要意义。基于以上现实证据和理论分析，我们以人力资本、技术资本、货币资本和物质资本为例，提出如下研究假设：

H1：在要素资本结构中，配置比例过高的要素对企业收益产生负向影响。

H2：与物质资本相比，技术资本对人力资本的替代程度更高。

三、数据、变量与模型选择

（一）样本来源及选择

本文以 2008~2013 年通过国家高新技术企业认定的沪深两市 A 股上市企业为研究样本。在样本的选取过程中，我们遵循以下原则：①样本企业均在 2006 年 12 月 31 日之前上市，以此保证样本高新技术企业的成熟性和可靠性；②由于 ST、PT 企业经营目标的特殊性，本文就剔除了该类企业；③样本还剔除了变量数据的异常值和缺失值；④为了减少极端值的影响，对主要变量进行了 1%~99% 分位的 Winsorize 处理。最终共得到 155 个样本连续 6 年的观察值。企业收益数据主要来自 CSMAR 数据库，其他数据为手工整理所得。

（二）变量设计

1. 被解释变量

净利润（NP）。在讨论企业收益问题时，净利润是一个重要的参考指标。借鉴罗福凯等（2013）的做法，我们选取样本企业的期末净利润为被解释变量。

2. 解释变量

（1）人力资本（HC）。我们认为，就微观经济组织企业而言，其支付给员工的工资可以被视为企业为购买生产经营所需劳动力而支付的人力资本。因此，借鉴相关研究方法，选取样本企业各年度支付的工资总额作为人力资本的衡量指标。

（2）技术资本（TC）。对于技术资本的衡量，目前已趋于一致。借鉴王贞洁和沈维涛（2013）、罗福凯（2013，2014）等专家的做法，我们选取专利、专有技术、非专有技术和软件作为技术资本的测算指标，即技术资本 = 专利 + 专有技术 + 非专有技术 + 软件。

（3）货币资本（FC）。企业货币资本包含会计上的货币资金、易变现的流动资产、短期投资、长期有价证券投资等现金和易变现的现金等价物（罗福凯和白莎莎，2010）。因此，我们选取的测算公式为：货币资本=货币资金+易变现的流动资产+短期投资+长期有价证券投资。

（4）物质资本（MC）。新古典经济理论认为，作为生产要素的资本实质是由异质的资本品和同质的资本金构成的。其中，异质的资本品包括厂房、机器设备和各种自然资源等有形资本；同质的资本金则主要是指货币资本。显然，此处的物质资本主要是指异质的资本品。相关研究表明，在企业内部，物质资本通常是由机器设备、房屋建筑和工场设施、在建工程和各类自然资源等构成，因此，我们选取物质设备资源资产总额来衡量企业的物质资本，即物质资本=存货+固定资产+在建工程+其他有形资产。

（三）模型设定

当前，我国正处于人、财、物等传统生产要素相对丰富而技术、知识和信息等新兴生产要素相对稀缺的阶段。根据要素资本理论，企业投入各种要素的最终目的是实现利润最大化。在这一目标下，企业的决策者将会根据各要素的相对资本成本而自主选择人力、货币和物质资本之间的替代，或者选择以技术替代人力。为考察人力资本、货币资本、物质资本和技术资本对企业收益的贡献差异和相互间的替代关系，借鉴 Banker 等（2004）和王华等（2011）的研究方法，我们选取超越对数生产函数作为本文的基本模型：

$$\ln NP_{it} = \alpha_0 + \alpha_1 \ln HC_{it} + \alpha_2 \ln TC_{it} + \alpha_3 \ln FC_{it} + \alpha_4 \ln MC_{it} + \alpha_5 T_t$$

$$+ \frac{1}{2}\alpha_6 (\ln HC_{it})^2 + \frac{1}{2}\alpha_7 (\ln TC_{it})^2 + \frac{1}{2}\alpha_8 (\ln FC_{it})^2 + \frac{1}{2}\alpha_9 (\ln MC_{it})^2$$

$$+ \frac{1}{2}\alpha_{10} T_t^2 + \alpha_{11} \ln HC_{it} \ln TC_{it} + \alpha_{12} \ln HC_{it} \ln FC_{it} + \alpha_{13} \ln HC_{it} \ln MC_{it}$$

$$+ \alpha_{14} T_t \ln HC_{it} + \alpha_{15} \ln TC_{it} \ln FC_{it} + \alpha_{16} \ln TC_{it} \ln MC_{it} + \alpha_{17} T_t \ln TC_{it}$$

$$+ \alpha_{18} \ln FC_{it} \ln MC_{it} + \alpha_{19} T_t \ln FC_{it} + \alpha_{20} T_t \ln MC_{it} + \beta_{it}$$

$$(8)$$

其中，NP_{it}、HC_{it}、TC_{it}、FC_{it} 和 MC_{it} 分别为企业的净利润、人力资本、技术资本、货币资本和物质资本投入量；i 和 t 分别代表企业和年份；T 为时间趋势项，β_{it} 为随机误差项。

通过对超越对数生产函数进行回归计量，我们不仅可以得出各投入要素的产出弹性，而且可以测算各要素之间的替代弹性。

1. 企业 i 在 t 时期各要素产出弹性测算

各要素产出弹性测算公式为：

$$\eta_{HC_{it}} = \partial \ln NP_{it} / \partial \ln HC_{it} = \alpha_1 + \alpha_6 \ln HC_{it} + \alpha_{11} \ln TC_{it} + \alpha_{12} \ln FC_{it}$$

$$+ \alpha_{13} \ln MC_{it} + \alpha_{14} T_t \tag{9}$$

$$\eta_{TC_{it}} = \partial \ln NP_{it} / \partial \ln TC_{it} = \alpha_2 + \alpha_7 \ln TC_{it} + \alpha_{11} \ln HC_{it} + \alpha_{15} \ln FC_{it}$$

$$+ \alpha_{16} \ln MC_{it} + \alpha_{17} T_t \tag{10}$$

$$\eta_{FC_{it}} = \partial \ln NP_{it} / \partial \ln FC_{it} = \alpha_3 + \alpha_8 \ln FC_{it} + \alpha_{12} \ln HC_{it} + \alpha_{15} \ln TC_{it}$$

$$+ \alpha_{18} \ln MC_{it} + \alpha_{19} T_t \tag{11}$$

$$\eta_{MC_{it}} = \partial \ln NP_{it} / \partial \ln MC_{it} = \alpha_4 + \alpha_9 \ln MC_{it} + \alpha_{13} \ln HC_{it} + \alpha_{16} \ln TC_{it}$$

$$+ \alpha_{18} \ln FC_{it} + \alpha_{20} T_t \tag{12}$$

2. 企业 i 在 t 时期要素替代弹性测算

要素替代弹性可以反映要素资本结构变化时各要素的边际替代率变动的程度。根据本文的研究假设 H2，我们分别测算了物质资本和技术资本与人力资本之间的替代弹性：

$$\lambda_{HC_{it}MC_{it}} = d \ln (HC_{it} / MC_{it}) / MRTS_{HC_{it}MC_{it}}$$

$$= [d (HC_{it} / MC_{it}) / (HC_{it} / MC_{it})] \tag{13}$$

$$\div [d (MP_{MC_{it}} / MP_{HC_{it}}) / (MP_{MC_{it}} / MP_{HC_{it}})]$$

其中，$MP_{MC_{it}} / MP_{HC_{it}} = \eta_{MC_{it}} HC_{it} / \eta_{HC_{it}} MC_{it}$；最终，经过测算可知，

$$\lambda_{HC_{it}MC_{it}} = \{1 - [\alpha_{13} - \alpha_9 (\eta_{HC_{it}} / \eta_{MC_{it}})] (\eta_{HC_{it}} - \eta_{MC_{it}})^{-1}\}^{-1} \tag{14}$$

$$\lambda_{HC_{it}TC_{it}} = \{1 - [\alpha_{11} - \alpha_7 (\eta_{HC_{it}} / \eta_{TC_{it}})] (\eta_{HC_{it}} - \eta_{TC_{it}})^{-1}\}^{-1} \tag{15}$$

事实上，就 λ_{ij} 而言，若 $\lambda_{ij} > 0$，说明要素资本 i 和 j 之间存在替代关系，企业若要实现收益的最大化，必须对 i 和 j 进行合理的增减配比。其中，当 $0 < \lambda_{ij} < 1$，则说明二者之间缺乏弹性；当 $\lambda_{ij} > 1$，则说明二者之间富有弹性。若 $\lambda_{ij} < 0$，则说明要素资本 i 和 j 之间存在互补关系，企业若要实现收益的最大化，必须适时对 i 和 j 进行适量的同向调节。

（四） 面板数据

在生产经营过程中，企业收益变动的影响因素较多。因此，在研究各要素资本与企业收益的关系时，可能遗漏某些关键变量。同时，由于企业的各生产要素投入往往具有相关性，因此相关解释变量之间可能存在显著的多重共线性问题。由于面板数据同时包含截面和时间序列数据，对重要变量的遗失不敏感，同时可以有效地降低多重共线性问题带来的估计偏差等问题。因此，我们构建了包含 155 家样本企业连续 6 年数据的平衡面板。

四、实证结果与分析

（一）平稳性检验

由于面板数据同时包括了截面数据和时间序列数据，为防止伪回归问题的出现，我们在回归时首先进行了平稳性检验。本文采用 PP 检验作为面板数据平稳性检验的方法。在实际检验过程中发现，经过一阶差分后，关键变量均为平稳时间序列，其结果如表 1 所示。

表 1　关键变量单位根检验

变量名称	PP 检验值	结果
$\triangle \ln NP$	566. 27 * * * (0. 000)	平稳
$\triangle \ln HC$	588. 27 * * * (0. 000)	平稳
$\triangle \ln TC$	724. 93 * * * (0. 000)	平稳
$\triangle \ln FC$	489. 18 * * * (0. 000)	平稳
$\triangle \ln MC$	594. 85 * * * (0. 000)	平稳
$\triangle (\ln HC)^2$	588. 32 * * * (0. 000)	平稳
$\triangle (\ln TC)^2$	709. 03 * * * (0. 000)	平稳
$\triangle (\ln FC)^2$	481. 46 * * * (0. 000)	平稳
$\triangle (\ln MC)^2$	597. 42 * * * (0. 000)	平稳
$\triangle \ln HC \ln TC$	685. 26 * * * (0. 000)	平稳
$\triangle \ln HC \ln FC$	477. 95 * * * (0. 000)	平稳
$\triangle \ln HC \ln MC$	612. 31 * * * (0. 000)	平稳

续表

变量名称	PP 检验值	结果
△ lnTClnFC	715.49＊＊＊ （0.000）	平稳
△ lnTClnMC	728.99＊＊＊ （0.000）	平稳
△ lnFClnMC	585.90＊＊＊ （0.000）	平稳

注：括号内为 P 值，＊＊＊表示通过 1%显著性水平检验。

（二）面板数据回归分析

面板数据回归通常采用三种形式：混合估计模型、随机效应模型和固定效应模型。为选择合适的回归模型，我们根据现有的研究方法，通过 Hausman 检验和 F 检验加以判断。根据检验结果，本文最终选取了固定效应模型对数据进行估计。同时，为消除异方差的影响，我们在回归过程中采用了截面加权（见表 2）。

表 2　面板数据回归结果

变量	系数	T 值	P 值
截距项	44.537	4.988	0.000
lnHC	−1.627	−1.545	0.123
lnTC	0.546＊＊＊	3.234	0.001
lnFC	−2.095＊＊＊	−2.690	0.007
lnMC	−0.341	−0.297	0.767
T	1.487＊＊＊	7.263	0.000
$1/2(\ln HC)^2$	−0.152	−1.153	0.249
$1/2(\ln TC)^2$	−0.008＊＊＊	−2.601	0.010
$1/2(\ln FC)^2$	0.119	1.302	0.193
$1/2(\ln MC)^2$	0.064	0.522	0.602
$1/2T^2$	−0.051＊＊＊	−6.713	0.000
lnHClnTC	0.001	0.060	0.952
lnHClnFC	0.162＊	1.940	0.053
lnHClnMC	0.065	0.663	0.508
TlnHC	0.039＊＊	2.268	0.023
lnTClnFC	−0.030＊＊	−2.064	0.039

异质资本边际替代率与技术资本配置水平分析

变量	系数	T 值	P 值
lnTClnMC	0.004	0.200	0.842
TlnTC	0.013 ***	3.348	0.001
lnFClnMC	−0.106	1.333	0.183
TlnFC	−0.060 ***	−4.098	0.000
TlnMC	−0.049 ***	−3.103	0.002
Adj-R2	0.967		
F	158.204 ***		
Hausman	46.441 ***		

注：* 表示通过 10% 显著性水平检验；** 表示通过 5% 显著性水平检验；*** 表示通过 1% 显著性水平检验。

回归结果显示，样本企业各要素资本都对其收益增长具有重要影响。技术资本的一次项系数为正值（0.546）且在 1% 的水平下显著，说明技术要素在企业收益增长过程中发挥越来越重要的作用。需要指出的是，除技术资本投入外，人力资本、货币资本和物质资本的一次项系数皆为负值（分别为 −1.627、−2.095 和 −0.341）。根据本文的理论分析，当企业的各要素资本配置不合理时，投入比例过高的要素将会对企业收益产生负向影响。显然，人力资本、货币资本和物质资本的回归结果验证了 H1。当然，这也从侧面反映出样本企业技术资本投入的不足。这一结论也与先前的研究文献相吻合[1]。实证结果表明，在资本总额既定条件下，企业里的某一要素资本过多而另一要素资本过少时，不仅那种过多资本创造的收益被另一过少资本的负市场价值所抵消，而且过多资本也阻碍了过少资本的创造价值机会。

表3　技术资本与物质资本对人力资本的替代弹性比较

年份	λHCMC（均值）	λHCTC（均值）	比较
2008	1.023	1.051	<
2009	−0.797	1.162	<
2010	−2.182	1.151	<
2011	1.185	1.344	<
2012	1.917	1.190	>
2013	1.384	2.500	<

① 详见文献：Kapicka M. How important is Technology Capital for the United States？［J］. American Economic Journal. 2008（3）：1-35；Ellen R. McGrattan，Edward C. Prescott. Technology Capital and the US Current Account ［J］. American Economic Review，2010，100（4）：1493-1522.

表 3 列示了 2008~2013 年各年度技术资本与物质资本对人力资本的替代弹性均值。很明显，2008 年样本企业物质资本对人力资本的替代是富有弹性的，技术资本对人力资本的替代弹性更大。2009~2010 年，样本企业物质资本对人力资本的替代存在失衡现象，即物质资本过度替代了人力资本；而技术资本对人力资本的替代是富有弹性的。2011 年和 2013 年，物质资本和技术资本对人力资本的替代都是富于弹性的，但技术资本替代的弹性系数要高于物质资本替代的弹性系数。由此可见，技术资本对人力资本的替代弹性，总体水平远大于物质资本对人力资本的替代弹性。该结论支持了本文的研究假设 H2。

此外，为保证实证结果的可靠性，本文采取如下两种方法进行了稳健性检验：一是选取样本企业主营业务收入作为净利润的替代变量；二是将原已剔除的 ST 类企业放入样本。稳健性检验的结果表明（我们仅列示了方法一的检验结果），本文的研究结论基本是可靠的，如表 4 所示。

表 4　稳健性检验

变量	系数	T 值	P 值
截距项	1.103	0.266	0.790
lnHC	0.838 *	1.823	0.069
lnTC	0.118 *	1.885	0.060
lnFC	−0.292	−1.041	0.298
lnMC	0.509	1.175	0.240
T	0.070	0.878	0.380
$1/2(\ln HC)^2$	−0.008	−0.208	0.835
$1/2(\ln TC)^2$	−0.001	−0.764	0.445
$1/2(\ln FC)^2$	0.071 **	2.433	0.015
$1/2(\ln MC)^2$	−0.024	−0.756	0.500
$1/2T^2$	−0.016 ***	−6.000	0.000
lnHClnTC	−0.032 ***	−5.159	0.000
lnHClnFC	−0.007	−0.272	0.786
lnHClnMC	0.0162	0.544	0.587
TlnHC	0.034 ***	5.545	0.000
lnTClnFC	−0.008 **	−2.188	0.029
lnTClnMC	0.031 ***	5.178	0.000
TlnTC	0.006 ***	5.144	0.000
lnFClnMC	−0.028	−1.090	0.276

续表

变量	系数	T 值	P 值
TlnFC	−0.030 ***	−5.828	0.000
TlnMC	−0.007	−1.313	0.190
Adj-R^2	0.994		
F	854.455 ***		
Hausman	51.188 ***		

注：* 表示通过 10% 显著性水平检验；** 表示通过 5% 显著性水平检验；*** 表示通过 1% 显著性水平检验。

五、结论

本文研究表明，企业是异质要素资本的集合，也是各异质要素资本所有者订立的特别合约。本文研究的贡献在于发现了公司财务的资本配置活动。迄今为止，人们将资本的筹集、投资、资产定价和公司股权结构治理视为公司财务的内容架构。事实上，在公司确定了投资决策并依据筹资决策将所筹货币资本投入到资产项目后，如何将新增货币资本合理分配到资产项目的各个环节及其生产过程，财务理论没有给出解释，本文就此进行了探讨。资本配置是独立于公司财务活动中的投资、筹资、资产定价和公司治理的另外一种财务活动。因此，本文的研究结论是：①企业异质要素资本配置结构实现均衡时，企业收益达到最大化。在企业资本总额既定情况下，某一种要素资本的配置比例过高，就会排挤另一种要素资本并对企业收益产生负向影响。如果异质要素资本配置结构失衡，将干扰或破坏企业生产过程的稳定性和产品产量及质量，并将引起企业财务活动紊乱。即异质要素资本结构的配置比例越均衡，企业收益率越高，企业可持续发展能力越强。②企业异质要素资本之间具有相互替代性和互补性，其替代和互补程度取决于要素市场的供求关系和企业成本收益规则。

虽然本文涉及人力资本、货币资本和技术资本，但本文内容仅研究了异质要素资本的配置结构均衡原理，以及技术资本的配置问题及作用。本文的不足是没有进一步研究人力资本与货币资本的替代，以及其他异质要素资本的具体两两替代和配置问题。这是因为，一方面本文是基础研究，另一方面受篇幅和认识所限，有关问题将留待后续研究。可以看出，我国企业管理人员过多和过度管理，以及过少的技术资本存量，已成为企业快速健康发展的重大障碍。企业增加技术资本的配置比例可大幅度节约人力支出，技术节约人力的程度远大于机器节约人力的程度。异质要素资本的相互替代和互补性，使得企业资本配置结构具有一定的弹性。异质要素资本配置结构和优化将成为企业财务管理工作的重心。

本文的启示还在于：当企业界和学术界将价值和价值创造视为财务管理研究的热点时，人们应深入理解资本是创造价值的源泉。技术、信息和知识等新兴资本将逐渐取代人力、财力和物力等传统资本在企业成长中的主导地位。

参考文献

［1］方竹兰.人力资本所有者拥有企业所有权是一个趋势——兼与张维迎博士商榷［J］.经济研究，1997（6）：36-40.

［2］李红松，田益祥.考虑要素替代弹性时技术进步影响劳动生产率变动的测定［J］.武汉科技大学学报（自然科学版），2000（1）：108-110.

［3］李红松.资本—劳动替代的技术特征及其对扩大就业的启示［J］.武汉科技大学学报（社会科学版），2010（1）：72-75.

［4］罗福凯，白莎莎.基于财务学视角的中小企业发展研究——兼评"中小企业融资难"命题的真伪［C］//中国会计学会2010年学术年会营运资金管理论坛论文集，2010：192-199.

［5］罗福凯，连建辉.生产要素的重新确认与国有经济结构调整［J］.福建论坛（经济社会版），2001（6）：10-14.

［6］罗福凯，于江，陈肖丹.高端装备制造上市企业技术资本测度及收益分析［J］.经济管理，2013（11）：59-70.

［7］罗福凯.论技术资本：社会经济的第四种资本［J］.山东大学学报（哲学社会科学版），2014（1）：63-73.

［8］罗福凯.论要素资本：由一则故事引发的思考［J］.财经理论与实践，2009（1）：3-9.

［9］罗福凯.要素资本平衡表：一种新的内部资产负债表［J］.中国工业经济，2010（2）：89-99.

［10］吕小柏，李红松.资本替代劳动与产业特征的关联机理及测度分析［J］.经济经纬，2010（2）：25-28.

［11］马克思，恩格斯.马克思恩格斯选集［M］.北京：人民出版社，1995：2-98.

［12］毛克宁.等边际原理的证明及应用［J］.长春工业大学学报（自然科学版），2011（5）：497-500.

［13］唐才敏，王克勤.从劳动与技术的替代选择谈全面建设小康［J］.重庆职业技术学院学报，2005（2）：101-103.

［14］汪丁丁.知识沿时间和空间的互补性以及相关的经济学［J］.经济研究，1997（6）：70-78.

［15］邓可斌，黄冬娜.人力资本部分替代了货币资本吗？［J］.国际经贸探索，2008（11）：55-59.

［16］王贞洁，沈维涛.金融生态环境、异质性债务与技术创新投资［J］.经济管理，2013（12）：130-138.

［17］张月玲，叶阿忠.中国区域技术选择与要素结构匹配差异：1996～2010［J］.财经研究，2013（12）：100-114.

［18］郑照宁，刘德顺.考虑资本—能源—劳动投入的中国超越对数生产函数［J］.系统工程理论与实践，2004（5）：51-54.

［19］周其仁.市场里的企业：一个人力资本与非人力资本的特别合约［J］.经济研究，1996（6）：71-80.

［20］Baddon L. People's Capitalism？：A Critical Analysis of Profit-sharing and Employee Share Ownership［M］. London：Routledge，1989.

［21］Banker, R. D., Hsihu, C., Mina, J. P. The Balanced Scorecard：Judgmental Effects of Performance Measures Linked to Strategy［J］. The Accounting Review，2004，79（1）：1-23.

［22］ Battese, G. E. , T. J. Coelli. Prediction of Firm－Level Technical Efficiencies With a Generalized Frontier Production Function and Panel Data ［J］. Journal of Econometrics, 1988, 38 (3): 387-399.

［23］ Battese, G. E. , T. J. Coelli. A Model for Technical in Efficiency Effects in Astochastic Frontier Production Function for Panel Data ［J］. Empirical Economics, 1995 (20): 325-332.

［24］ Battese, G. E. , T. J. Coelli. Frontier Production Functions, Technical Efficiency and Panel Data: with Application to Paddy Farmers in India ［J］. Journal of Productivity, 1992, 3 (1-2): 153-169.

［25］ Bauer, P. W. Recent Developmens in the Econometric Estimation of Frontiers ［J］. Journal of Econometrics, 46 (1): 39-56.

［26］ Ellen R. McGrattan, Edward C. Prescott. Technology Capital and the US Current Account ［J］. American Economic Review, 2010, 100 (4): 1493-1522.

［27］ Hyunbae Chun, Sung－Bae Mun. Determinants of R&D Cooperation in Small and Medium－sized Enterprises ［J］. Small Business Economics, 2012, 39 (2): 419-436.

［28］ Kalirajan, K. P. , Cao, Y. Can Chinese State Enterprises Perform Like Market Entities: Productive Efficiency in the Chinese Iron and Steel Industry ［J］. Applied Economics, 1993, 25 (8): 1071-1080.

［29］ Kapicka M. How important is Technology Capital for the United States? ［J］. American Economic Journal, 2008 (3): 1-35.

［30］ Kumbhakar S. C. On the Estimation of Technical and Allocative Inefficiency Using Stochastic Frontier Functions: The Case of U. S. Class 1 Railroads ［J］. International Economic Review, 1988, 29 (4): 727-743.

［31］ Kumbhakar, S. C. Production Frontiers, Panel Data and Time－Varying Technical Inefficiency ［J］. Journal of Econometrics, 1990, 46 (1-2): 201-211.

［32］ Lucas Robert E. On the Mechanics of Economic Development ［J］. Journal of Monetary Economics, 1988, 22 (1): 3-42.

［33］ Mansfield, E. , et al. Social and Private Rate of Return from Industrial Innovations ［J］. The Quarterly Journal of Economics, 1977, 91 (20): 221-240.

［34］ Mikkelson W. Partch M. Do Persistent Large Cash Reserves Hinder Performance? ［J］. Journal of financial and Quantitative Ayalysis, 2003, 38 (2): 275-294.

［35］ Robert E. Evenson, Keith O. Fuglie. Technology Capital: The Price of Admission to the Growth Club ［J］. Journal of Productivity Analysis, 2010, 33 (3): 173-190.

［36］ Romer Paul M. Increasing Returns and Long－Run Growth ［J］. The Journal of Political Economy, 1986, 94 (5): 1002-1037.

［37］ Schmidt, P. Frontier Production Functions ［J］. Economic Reviews, 1985, 4 (2): 289-328.

［38］ Schmidt, P. , C. A. K. Lovell. Estimating Stochastic Production and Cost Frontiers When Technical and Allocative Inefficiency are Correlated ［J］. Journal of Econometrics, 1980, 13 (1): 83-100.

［39］ Weitzman M: The share economy. Conquering Stagflation ［M］. Cambridge: Harvard University Press, 1984.

14

论新兴要素资本的配置规则及收益特征[*]

——基于技术与知识分离的视角

一、引言

随着我国经济与世界经济的深度融合，以及世界经济一体化进程的加快，科学技术发展成为经济增长核心动力的讨论从来没有像今天这样热烈。技术、信息和知识成为资本要素研究者近年来关注的热点问题。虽然技术创新、信息产业和知识经济等命题各领风骚，跻身经济学媒体的话语王国，尤其财务与会计文献里大量充斥着这些命题，但许多文献里的技术、信息和知识概念及其研究方向，并非清晰。很多财务与会计学者不是使用经济学尺度计量财务与会计问题。"改梁换柱"和"以假乱真"者十分普遍。生产要素是人类生产劳动的结果，具体实在，既可以自主自给消费和生产，也可以在市场里出售和投资（产权清晰），具有商品性质。现在，一些学者要么漠视知识商品极弱的现实，极力满足政策制定者的需求而人为制造一个知识经济幻象，干扰科学技术在工业和农业领域的广泛应用与发展；要么混淆技术、知识和信息的概念差别，降低人们对企业异质资本均衡配置的认识。事实上，知识的商品化程度很低，知识的会计核算十分薄弱，知识经济离我们很遥远。现代经济发展的主要生产力因素是人力、财力、物力，以及技术和信息。知识主要属于非卖品或公共产品。然而，同知识一样，在经济学的城镇中，技术和信息仍属于贫民窟。大多时候，人们忽略了技术和信息的资本化及其在企业里的不可替代作用。

令人鼓舞的是，新兴古典经济学不再固守"技术、效用偏好和资源禀赋不变"的标准假设。技术在经济学里开始由不变、外生，逐渐变为内生因素。信息和知识也不再是仅仅在脚注或尾注里讨论。信息问题和知识问题已得到经济学解释。技术、信息和知识的独立生产要素性质及其现实，开始被经济学家正视。投资人和企业家对企业性质的理解也更加深入与真实。企业既不是货币"资本家的企业"，也不是"企业家的企业"，而是异质要素资本家和企业家共同拥有的企业。现代企业的核心是资本企业。假如只把企业理解为货币资本出资人的企业，那么，人们只看到了企业的存在性。至于企业是如何

* 原文最早发表于《财务研究》2016 年第 1 期，第 55-64 页。

存在，如何成长与可持续发展，则未看到。传统企业理论认为，企业和市场是两种不同的组织劳动分工的方法，企业的出现一定是企业的交易费用低于市场的交易费用；交易费用的差别是企业产生的根源。货币资本家将货币资本委托给企业家代理经营，资本家在企业外部监督并依靠价格机制指导和调节企业生产；企业家在企业内部的具体管理和协调生产则是对价格制度的一种替代。如果企业家以较高成本完成企业内部的资源配置，则资源配置将由企业内部转移到企业外部的市场上进行。那么，企业就不复存在。企业之所以存在，原因在于企业家能够以不同于市场交易的方式更为经济地重新安排交易活动。于是，企业又被理解为"企业家的企业"。同新古典企业理论一样，传统的企业理论也犯了一个"知识"和"技术"的错误。他们只认为可通过购买服务的形式从市场上自由获取技术、信息和知识，未考虑到技术、信息和知识等新兴生产要素的生产不比生产货币或劳动力更容易，即只想到了交易费用而未考虑生产费用和交易效率问题。张五常和杨小凯的企业理论则更接近于真实，货币资本并非企业唯一资本。本文的观点是，技术、知识和信息等新兴生产要素及其资本化，将逐渐取代人力资本、货币资本和物质资本在企业的主导作用，新兴要素资本均衡配置将是财务管理的基本目标。

本文主要采取考察理论进展的历史分析方法。考虑到目前学术界比较重视实证分析问题，文中又先后使用经验事实分析和实证分析的研究方法，以证明现代企业的可持续发展主要源于异质要素资本的均衡配置。其中，技术、信息和知识等新兴异质资本具有边际收益递增的性质，企业是多种异质资本的集合。由于新兴异质资本增量的边际收益递增和有形传统资本增量的边际收益递减的共同作用，21世纪新兴经济业态的企业资本投资边际收益率，将可能出现恒定不变的态势。

二、理论文献回顾与评论

从技术或生产要素视角研究资本理论的权威，当属著名经济学家罗伯特·索洛。他在《资本理论及其收益率》（1963）中指出，近200年来，"人们往往诧异，资本理论为什么容易引起激烈的、无效的、混乱的争论，我想这有两个原因，其一是问题本身固有的，其二是附加的至少是理念上附加的"（第5页）。接着，他先解释第二个原因："从某种意义上说，19世纪资本理论有一种对利润提供意识形态上的理由的社会职能。"人们总是问"资本家为什么赚取收入，他们应当这样做吗？"、"利息率为什么是正的？"等等。显然，联系意识形态研究资本问题偏离了研究轨道。然后，他解释第一个原因，认为"这也是资本理论具有争议性的本质原因：它非常复杂且很困难。我认为，奥地利学派将资本（和资本理论）等同于时间时做得过分了——它是一种有卓识而无用的简化——但是，只有当我们试图考虑以某种主要方式涉及时间的生产过程时，才需要资本理论"（第6页）。可见，索洛属于"资本理论综合学派"——历史与现实的综合、旧资本理论与新资本理论的综合。据此逻辑，本节将追溯资本理论的历史与现实，从而研究新兴资本的理论渊源。

历史上，研究资本理论成就巨大且影响力最长久的经典文献，当属社会主义制度创立者马克思的《资本论》①。马克思在威廉·配第、亚当·斯密和大卫·李嘉图等的理论基础上，提出生产力发展决定生产关系基本状况的论断。以资本所有制为基础的生产资料与劳动力相结合的方式，即为资本主义生产方式。17～18世纪的资本主义，技术、信息和知识作为生产资料，尚未完全独立。技术与人力的结合主要由机器或其他生产工具所替代。虽然马克思提出了技术是第一生产力的想法，但技术尚未资本化。马克思把资本的实质表述为带来剩余价值的价值——生产收益的收益，强调只有活劳动——可变资本（人力资本）创造新价值，物化劳动——不变资本（物质资本）不创造新价值。剩余价值不是来自全部资本创造，资本不完全创造价值。资本家购买生产资料的货币资本在生产过程中借助于工人劳动把原有价值转移到新产品中去，并从销售收入中收回，其价值量未发生变化。这项由货币资本转化为物质资本方式的要素资本，马克思称之为不变资本。资本家用于购买劳动力的那部分货币资本经过生产过程由劳动力创造出大于自身价值的价值，使预付资本价值量发生变化。于是，货币资本转化为人力资本了，马克思称之为可变资本。显然，企业资本的不同部分，其创造价值的作用不同。马克思的要素资本是人力资本、货币资本和物质资本，人力资本为可变资本，货币资本和物质资本合称为不变资本。要素资本分别配置于采购、生产和销售环节，又形成了货币资本、生产资本和商品资本等不同资本方式。其中，生产资本又由固定资本和流动资本组成。前者表现为厂房、机器、设备、工具等劳动资料的那部分生产资本；后者表现为原料、燃料、辅助材料、包装材料等劳动对象和劳动力所构成的那部分生产资本。可见，生产资本由物质资本和人力资本构成。各种异质要素资本的配置，具有过程的连续性、空间的继起性和时间上的并存性等特征，运动中增值和过度剥削是资本主义资本的本质特征。其社会再生产是社会资本的再生产，其初期的社会资本主要由股份资本方式表现出来，其占主导地位的资本方式是货币资本。资本主义的货币资本和不变资本过度剥削工人的人力资本，受到马克思严厉抨击。资本主义资本的文明成分，马克思虽有论述，但谈论得较少。

与马克思资本理论唱反调的代表人物是维也纳大学庞巴维克教授。他在《资本实证论》（1889）著作中否定马克思可变人力资本创造剩余价值的观点。他认为，现代生产的本质不是直接生产而是间接地迂回生产，时间是最重要的生产要素。资本是时间对财富估价的影响而产生。显然，庞巴维克批判马克思的目的是维护资本主义制度，亦非纯粹资本理论研究。这表明，资本关系与所有制关系存在着天然的联系。资本方式（或资

---

① 马克思于1867年出版了《资本论》第一卷。该著作的副标题是"政治经济学批判"。该著作主要研究资本主义生产方式及其相适应的生产关系和交换关系。马克思在1866年10月13日给库格曼的信中写道："全部著作分为以下几部分：第一册 资本的生产过程。第二册 资本的流通过程。第三册 总过程的各种形式。第四册 理论史。"马克思在出版第一卷之后继续对其修改和校订，并着手对第二卷和第三卷的手稿进行反复推敲和修改。但因其社会活动繁重和身体状况恶化，于1883年3月14日逝世。其第二卷和第三卷由恩格斯于1885年和1894年出版。恩格斯继承马克思未竟的事业，把《资本论》"第二册"、"第三册"整理为第二卷和第三卷。本来，恩格斯曾打算整理出版《资本论》第四卷（理论史），可惜他未能实现这个愿望。后来由考茨基等将第四册整理后，作为独立著作，命名为《剩余价值学说史》。

本形式）与资本主义所有制关系演化的历史过程相统一。"资本是资本主义生产方式运动的主体，资本形式是资本主义生产方式内部矛盾发展运动的实现形式……资本形式的演化包含着资本关系的变革。资本所有制关系构成一切资本关系的基础，资本关系的一切变革在根本上是资本所有制关系的变革"（高峰、张彤玉等，2012）。因此，我国的资本关系必然与中国特色社会主义所有制关系相联系。这是因为，资本关系的调整过程，实际是资本所有制关系内部结构变化和资本内在属性变化的过程。所以，资本因所有制关系不同而有新旧之分。当然，时间也很重要。亚当·斯密在 1776 年出版的《国富论》里谈到资本财富划分时讲道："增进熟练程度的工人，可与便利劳动、节省劳动的机器和工具同样看作固定资本"①。欧文·费雪在《资本的性质和收入》（1906）著作里，将可以带来收入的物品或活动都称为资本，其价值等于该物品或活动未来预期收益的折现值。在这里，人力活动带来收入和收益时就可称为资本。虽然历史上已出现人力资本思想，而且人们在 20 世纪 50 年代明确提出了人力资本命题，现实经济中的人力也确实是一种独立的资本，但那时的人力资本属于新资本。

舒尔茨将厂房、机器设备、原材料、土地、货币和其他有价证券称为物质资本；将体现在人身上的生产知识、劳动技能、管理方法和健康素质等资本化称为人力资本②。可是，在舒尔茨人力资本理论产生 50 年后，现实告诉我们，人力资本并不包括知识和技术，如同物质资本不包括人力、技术和空气一样。人力资本并不是无形资产的资本化。人力资本是有形的人力资产的资本化。人是活生生的有形资产和生物资产。舒尔茨人力资本理论在批判经济学错误地以假定农业生产中的劳动力要素质量不变为前提研究经济问题时，却在犯另一个错误——假定技术和要素禀赋不变。事实上，半个世纪以来，技术的变化程度可能远超世界上任何事物的变化，以至于技术被视为唯一可以替代自然的系统。令人遗憾的是，迄今为止，舒尔茨的错误，多数经济学家视而不见。其实，加里·贝克尔教授的《生育率的经济分析》（1960）和《人力资本》（1964）论著中，更强调人力资本的生物性和有形性。但学术界却未加关注。本文认为，舒尔茨《论人力资本投资》（1961）和《对人口投资——人口质量经济学》（1981）等著作的贡献，不仅论证了人力资本存在性和收益性，以及人力资本在生产要素中的替代和补充作用等理论问题，而且论证了异质要素资本的差异性。正如希克斯告诫我们的，这种资本同质性的假定是资本理论的灾难。③ 相对而言，约翰·希克斯的《价值与资本》（1939）巨著，主要强调资本积累对于企业经营周期的作用，以及经济活动时间过程中证券和利息的不同表现。在希克斯著作里，物质资本和货币资本以及资本异质性概念也已出现。但异质资本（Heterogeneous Capital）真正引起学界关注，则是 20 世纪末期人们对个别人力资本（Idiosyncratic Human Capital）和一般人力资本（Coessential Human Capital）的讨论。学

---

① 亚当·斯密. 国富论（中译本）［M］. 北京：商务印书馆，1979：257-258.
② 丁冰. 舒尔茨人力资本论的意义与马克思资本理论的比较［J］. 山东社会科学，2008（7）：91-97.
③ 舒尔茨. 对人口投资——人口质量经济学（中译本）［M］. 北京：首都经济贸易大学出版社，2002：13.

者们认为，个别人力资本载体是企业家和高管，一般人力资本载体是企业的一般员工。前者具有边际报酬递增的显著特点，后者则是边际报酬递减。企业是个别人力资本和一般人力资本与其他非人力资本所有者达成的合约组织。在企业合约签订之前，一个人是否拥有个别人力资本属于一种私人信息。只有拥有个别人力资本的所有者与他人进行沟通交易，才可能将个别人力资本信息转化为人力资本公开信息。对此，斯蒂格勒和弗里德曼甚至说，股份公司并非所有权与经营权的分离，而是企业货币资本与经理人资本及其所有权之间的复杂合约①。我国学者丁栋虹在《异质资本与制度变迁的性质》(《当代财经》，1998 年第 2 期) 一文中，虽然仍以舒尔茨的人力资本理论为依据，并主要讨论和描述资源稀缺与新生产要素的出现，以及要素资本化的根源在于制度变迁后的新生产要素获得了资本地位等问题，但其理论分析已涉及新旧生产要素的替代和个别要素资本的价值转换。这与本文作者近十余年来研究要素资本理论的思路很接近。当然，本文对丁栋虹将异质资本表述为"具有报酬递增能力的人力资本"而对新技术视而不见持不同意见。

真正认识到新生产要素资本化的学者是当代著名的经济学家罗伯特·索洛。他深入分析经济发展的多种资本驱动力，其技术对经济增长贡献的测算——学界称"索洛余值"。他强调，"资本理论必须区分推算资本收益和资本家收入两者的概念差异。"并认为，分析资本配置是研究资本理论的最好范式之一。每一时期资本理论研究的进展与当时的社会生产力发展水平和社会经济状况及其学术研究水平相适应。温习索洛的观点和思路本文认为，18 世纪及其之前的资本理论可称为初级资本理论；19 世纪的资本理论可称为中级资本理论，其代表作有马克思的《资本论》（1867）、庞巴维克的《资本实证论》（1889）和马歇尔的《资本的诸定义》（1890）等；20 世纪的资本理论可称为高级资本理论，其代表作有欧文·费雪的《资本的性质与收入》(1906)，托尔斯坦·凡勃伦的《论资本的性质》(1908)，希法亭的《财务资本》（finance capital，1909），哈耶克的《资本的保持》(1935)、《资本纯理论》(1941) 和《保持资本的完整》(1941)，约翰·希克斯的《价值与资本》(1946)、《资本与时间》(1973) 和《关于资本的争论：古代与现代》(1977)，以及罗伯特·索洛的《资本理论及其收益率》(1963) 和西奥多·W. 舒尔茨的《人力资本投资——教育和研究的作用》(1971) 等。可见，20 世纪的资本研究达到了顶峰。多种要素资本配置结构成为企业管理的核心内容之一。而 21 世纪的资本理论可称为新兴高级资本理论，其代表作有赫尔南多·德·索托的《资本的秘密》(2000，中文 2007) 和托马斯·皮凯蒂的《21 世纪资本论》(2013) 等。如果以 2000 年为新的时间起点，那么能够发现，资本种类和形态呈现出多样性和异质化趋势。一个企业的注册资本如果是 300 万元，那么该 300 万元注册资本最初可能全部是货币资本，之后这 300 万元资本可能会分别配置在货币资本、人力资本和物质资本，以及技术资本等多种要素

---

① Stigler and Friedman. The Literature of Economics，The Case of Berle and Means ［J］. Journal of Law and Economics，1983（26）：237-268.

资本之上。也有可能，该 300 万元注册资本最初就是由货币资本、技术资本和物质资本组成，之后又重新进行了资本再配置。注册资本主要是法律意义。当企业成长过程中，又增加了技术资本 100 万元，虽然注册资本和公司股份未变，但每股净资产增加了。现在，技术资本、信息资本和知识资本等新兴资本，已成为企业资本再配置的重心，也是学术界新的研究难点和热点①。

应特别说明的是，当人类进入 21 世纪时，以计算机科学、信息技术、智能科学和新能源技术等为代表的高新科学技术在生产中的广泛应用，使社会经济驶入高新技术经济发展时代。原来在大机器工业时代发挥主要作用的人力、财力和物力，其作用开始减弱。智能机器人和互联网开始取代大机器在社会经济中的核心作用。于是，在财务学上，原来以人力、财力和物力为标的物的人力资本、货币资本和物质资本，被称为传统资本。技术、信息和知识等新兴生产要素开始取代人力、财力和物力的主导地位。事实上，中外学者几乎在同一时期发现了该问题。我国学者李艳荣、张晓原于 1995 年发表了《技术的资本属性与技术投资》(《中国软科学》，1995 年第 8 期)，张景安于 1999 年发表《关于技术资本化市场化的发展趋势》(《中国软科学》，1999 年第 1 期)，罗福凯、连建辉 2001 年发表的《生产要素的确认与国民经济结构调整》(《福建论坛》，2001 年第 6 期) 提出技术资本命题等论文，对技术资本的概念、特征和构成要素等基础问题，进行了有益探索。其研究方法多以舒尔茨研究的人力资本的方法为参考。与此同时，美国学者 IL Wilner、Bruce Koch 和 Thomas Klammer 于 1992 年发表《高新技术资本投资的必要性：一项实证研究》(The Engineering Economist，1992 (4)) 一文，采取问卷调查的方法，探讨技术资本的形成问题。1995 年，Ernst R. Berndt 和 Catherine J. Morrison 发表了《美国制造业高新技术资本形成与经济绩效：一个探索性分析》(Journal of Econometrics，1995 (65))，研究了 1968~1986 年产业绩效指标与技术资本的联系。其研究证据显示，盈利能力与技术资本之间存在积极关系。研究还发现，高科技产业的技术资本收益率明显较高。Hyunbae Chun 和 Sung-Bae Munf 则在《美国信息产业技术资本的可替代性和积累性》(Southern Economic Journal，2006 (4)) 一文深入研究了信息技术资本深化问题。他们认为，由于信息技术价格的快速下降，信息技术资本作为要素资本的替代品成为美国经济增长的重要来源。论文测算了信息技术资本对其他资本的替代程度，以及信息技术资本替代对于资本深化的作用。显然，要素资本之间的替代和配置被美国经济学家所关注。后来，Ellen R. McGrattan 和 Edward C. Prescott 等著名的经济学家发表了《技术资本与美国现金账户》(American Economic Review，Septmber，2010)，该文创建了一个多国模型研究那些缺少技术资本的国外美国子公司与美国国内公司收益的差别，其结论是该差别主要源于技术等无形资产的计量问题。该问题改变了美国经常性账户的性质。紧接着，Thomas J. Holmes、

---

① 本文作者近年来已发表了《论要素资本》(2009)、《知识资本与智力资本理论述评与差异分析》(2011)、《技术资本：战略性新兴产业的核心资本选择》(2012)、《论技术资本：社会经济的第四种资本》(2014) 和《异质资本边际替代率与技术资本配置水平分析》(2015) 等有关技术资本、信息资本和知识资本论文，以及近期《美国技术资本研究文献述评》(工作论文 2015) 等，敬请读者批评。

Ellen R. McGrattan 和 Edward C. Prescott 发表了《技术资本转移》（Federal Reserve Bank of Minneapolis Research Department；Working Paper 687；Revised November，2011），该论文认为，增加外国直接投资（FDI）和国外技术资本转移（TCT）是中国经济快速增长的重要因素；FDI 和 TCT 的两个渠道还可以引起中国企业技术资本存量的增加。2014 年，Sergey N. Grigorieva，Julia Y. Yelenevab，Alexey A. Golovenchenkoc，Vladimir N. Andreevd 等发表了《技术资本：现代经济创新发展的标准与转移对象》（2nd ICRM 2014 International Conference on Ramp-Up Management，Procedia CIRP，Volume 20，2014），该论文对技术资本在现代经济中的创新发展标准与转移对象提出了新的理解，并将企业的技术资本存量视为竞争优势的重要指标。技术资本在此文被定义为包括有形资产和无形资产的技术资本化。有形资产主要是固定资产中的技术部分，无形资产则是产品及其制造过程中的技术部分。论文分别从创新发展和技术转移两方面讨论了技术资本对企业的影响。

不难看出，美国学者对技术资本的研究已明显走在我国前面。我国多数学者的研究仍停留在技术资本的理解和表述等基础研究方面。美国学者则把技术资本的研究分为：①技术资本的基础研究，如概念、特征、作用、分类和范围，以及其性质和功能等；②技术资本配置、替代和互补，技术资本投资决策；③技术资本收益率及其对企业收益的贡献度，技术资本与产业绩效；④技术资本与国家经济增长，技术资本计量对国民账户的影响等。中美学者的相同之处是均重视技术资本基础研究。不过，美国学者在定义技术、知识、信息和人力资本时，有重复现象。这一点，我国学者理解得更确切。

三、经验事实、理论分析与假设

当我们打开"世界经理人"（World Executine，世界最大的管理门户）网站时，每年一度的"世界品牌大会"信息和《中国 500 最具价值品牌》立刻映入眼帘。仔细查阅、研读和测算我国近 10 年来 500 强企业最具价值品牌的有关数据和指标，可以发现，近十年来，《中国 500 最具价值品牌》前 1/2 企业，其技术资本、信息资本和知识资本等新兴资本的市场价值数额基本上都大于人力资本、货币资本和物质资本等传统资本市场价值，而其后 1/2 企业，其技术资本、信息资本和知识资本等新兴资本的市场价值数额①则略小于人力资本、货币资本和物质资本等传统资本市场价值。这表明，著名品牌企业的财务状况至少有三个基本特征：第一，有形资产和无形资产的各自数额比较匹配或接近；企业文化投资比较显著。第二，有形资产和无形资产的各自内部结构比较均衡。例如土地、房屋和建筑物，以及机器设备和原材料，其资本存量占用比较均衡；企业文化和理念、技术资产和品牌价值等无形资产的投资比较匹配或接近。第三，传统资本与新兴资本的

---

① 我们发现，历史上，人们早已把技术与知识分开。只是近 60 多年来，我国由于种种原因，知识界衰落了。本文的技术是生产过程中的技能、技巧和技艺，以及其术用载体。其形式是高技术含量的零部件等人工制品、图纸等人工文件，以及人们操作技术的特别行为等。技术的商品性质和变现能力均很强。而知识，则主要指信仰、理念、意志和道德等，多数为公共产品，其商品性很弱，变现能力极低。

配置比较均衡。与非知名品牌企业相比，被列入我国 500 强知名品牌企业的技术资本、信息资本和知识资本，其数额明显较高。于是，本文选取 2010~2015 年连续 6 年被世界品牌大会列入《中国 500 最具价值品牌》报告里的 52 家企业作为研究样本，以其连续六年的真实财务数据为事实，描述和探索其要素资本配置状态。结果发现，上述三项公司财务特征在财务数据和财务活动经验事实方面均给予支持。并且，有接近 1/3 的企业，即《中国 500 最具价值品牌》报告中的第 200 位至第 400 位知名品牌企业，其技术资本、信息资本和知识资本的数额比较接近和匹配；第 1 位至第 199 位企业，其企业文化和理念等知识资本的市场价值数额显著高于其技术资本和信息资本的市场价值；而第 401 位至第 500 位著名品牌企业的知识资本市场价值则明显低于其技术资本和信息资本数额。这说明，我国 500 强最具品牌价值的企业，其各个企业的新兴资本数额存在一定的差别。总体上，这些知名品牌企业的新兴资本配置比较有效和均衡。本文的研究对象包括中国石油、一汽轿车、青岛海尔和工商银行等 52 家上市公司，行业涵盖了汽车行业、家电行业、金融行业及其他工业企业，其中汽车行业 12 家，金融企业 12 家，家电行业 11 家，石化、钢铁、机械等其他工业企业 17 家。这些公司的品牌价值均连续 6 年位列在该榜单 500 强之中，因此案例具有一定的代表性。本文对 52 家知名品牌企业近 6 年来每年现金持有量和品牌价值以及其 6 年均值，进行对比分析。结果发现，其品牌价值与现金持有量占资产总额的比重，呈现交叉扁 U 形图示。该图示犹如总供应曲线与总需求曲线之间关系的图示，当企业品牌越知名、企业文化投资越大，其现金持有量就越低；当企业品牌知名度逐渐减弱，企业文化投资越来越少时，其现金持有量则越来越大。这表明，企业货币资本存量与知识资本存量之间存在一定的负向关系。如图 1 所示。

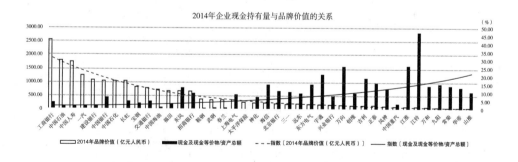

图1 货币资本存量与知识资本存量的对比关系

资料来源：《中国 500 最具价值品牌》前 40 家企业 2001~2014 年数据。

由图 1 所示的内容可以联想到公私财务的本质问题。爱德华·C. 普雷斯科特认为，"现代财务学主要是研究资产定价和收益无套利"。即资产定价和价值评估是财务学的核心内容。但是，罗伯特·C. 莫顿和兹维·博迪在"finance"著作里认为，"财务是人们研究如何对稀缺资源进行跨时间配置的学问"（2000）。显然，莫顿倾向于财务的本质是跨时间配置资源而非资产价值评估。我国由于历史文化和社会等原因，市场经济不是中华文明发展的主题。国家与民族兴旺发展，以及天下太平，成为我国社会历史发展中的核心内容和主题。发展市场经济只是国家兴旺发达的实现途径之一。公平、统一、均等和共享，一直是我国历史进程中的关键词。人才、技术和资金的合理搭配，以及股东价值、员工利益、客户体验和社会责任的平衡，一直是企业生存和发展的基本要素。因此，企业多种资本跨时间均衡配置，更能体现我国公司财务的本质特征。具体地，在以人力、财力和物力为主要资本配置对象的传统经济里，人力数量多而单位价值低，货币存量较大且其占资本总额比重较高；机器设备等物质资本是主要生产工具。虽然人力、货币和物质资本之间的替代性很强，但其替代性受技术水平和要素市场价格制约。在技术水平相对稳定和技术进步缓慢时，多要素资本之间的替代性主要取决于要素价格水平及其变化。一般地，企业可根据要素市场价格变动，以其中一种要素资本的增加，大幅度减少另外两种资本的必要存量。要素资本之间的相互替代和互补是资本有效配置的两种现象。但是，在人类社会进入 20 世纪下叶，技术开始成为人力、财力和物力之外的第四种驱动力。此时，原来的人力、财力和物力之间的资本配置和相互替代，开始向人力资本、货币资本、物质资本与技术资本之间的配置和替代转化。同理，市场的要素资本价格水平及其变动，制约着多要素资本配置结构及其变化。在技术成为独立的要素资本之后，企业的员工数量和货币资本存量明显下降，机器设备的工具作用也有所下降。企业技术资本存量的多少，则取决于企业文化的先进程度和知识资本的独立程度。只有企业文化、理念、价值观和制度等知识资本与技术资本彻底分离，知识资本与技术资本共同参与企业原有的人力资本、货币资本、物质资本等多资本配置时，技术资本才可能发挥资本配置和资本收益的财务作用。相应地，当技术资本和知识资本有效地与人力资本、货币资本、物质资本配置在一起共同创造价值时，必须要求信息资本的加入。技术、知识的社会性、意识形态性和国界性较弱，其开放性、共享性、包容性和外溢性较强，迫切需要信息资本的加入。前述"世界品牌大会"信息和历年《中国 500 最具价值品牌》报告的经验事实表明，世界优秀企业的新兴资本存量及其配置比重，已经接近或等于传统要素资本的配置比重。异质要素资本的有效配置和均衡配置已成为财务学研究的核心内容，新兴异质要素资本均衡配置则是公司财务管理的重心。

本文作者的前期研究已经证明，在企业资本总额既定条件下，若资本总额由三种或三种以上或者 n 种异质要素资本构成时，那么，每一种个别要素资本的配置数额占资本总额的 1/3 或 1/n 时，企业资本回报率将取得最大值[①]。而且，研究发现：①在异质要素资本配置结构中，如果某一资本的配置比例过高时，该要素资本则下降并对企业总资本收益产生负向影响；②技术资本对人力资本的替代程度，远远高于机器设备替代人力的程度；③企业员工数量和人力资本单位价值与技术资本存量存在负向关系。一个企业的员工人数过多和人浮于事，那么，该企业的技术水平会比较低。根据经验事实和前期研

---

① 见罗福凯《异质资本边际替代率与技术资本配置水平分析》（《财务研究》，2015 年第 1 期）一文里的证明。

究，本文认为，当企业要素资本由人力、财力和物力等少量具有同质资本性质的传统资本，扩展到人力、财力、物力、技术、信息和知识等多种异质资本占有量时，在企业资产规模相等条件下，每种异质资本的占有量占资本总额的比重就会降低。并且由于异质要素资本之间的替代和互补性作用，每一种个别资本的收益率将趋于市场平均收益率。特别是代表当代社会先进生产力的技术、信息和知识等新兴资本作用和存量处于优势地位时，企业的各种异质要素资本加权平均收益率将会趋于稳定状态，或者会减少收益波动程度。因此，本文提出的理论假设 1 是：

H1：传统资本存量与企业收益率的波动性呈现 U 形关系，传统资本投入过多或投入不足均不利于企业收益率的平稳增长。新兴资本与传统资本的均衡配置，有助于企业资本收益率持续平稳增长。

这说明，在企业资本总额一定的情况下，当技术资本、信息资本和知识资本的合计数等于或略大于人力资本、货币资本、物质资本的合计数时，企业多要素异质资本配置处于强有效状态，企业资本质量和配置水平高于或等于社会生产力水平，企业收益率将处于正常平稳和增长状态；反之，当技术资本、信息资本和知识资本的合计数，小于或接近于人力资本、货币资本、物质资本的合计数时，企业多要素异质资本配置处于弱有效状态，企业资本质量和配置水平低于社会生产力水平，则企业收益率将会处于波动和下降趋势。

因此，可以判定，企业的异质要素资本个数多少决定着资本收益率的稳定性。资本配置集合由一定数量异质资本构成。其具体数量大于 2，即任何企业的资本数量种类不会少于两种。任何个别资本只有与另一资本结合时，才能创造价值。如果资本配置集合由 J 维向量 h 表示，用 h_j 表示资本配置中的个别资本 j 的持有量，则资本配置收益——企业资本总额收益向量是 $\sum h_j x_j$。企业可通过生产要素资本市场的交易和企业内部资本市场的组合，得到所有可能的异质资本收益集合，即资本配置张成。如果某一个别资本的收益可以由其他资本所构成的资本配置集合的收益来表示，则表明该个别资本是冗余的（redundant）。对于我国企业而言，由于长期以来的人海战术习惯和人力资源成本意识淡薄，以及机器设备和厂房有效利用率较低，加之对货币时间价值的忽略，其传统资本存量总是高于新兴资本存量。而新兴异质资本配置数额不足的个别资本，又经常是知识资本。这是长期以来我国社会对市场意识和资本商品意识淡薄的结果。新兴资本里的技术和信息存量，主要取决于企业知识资本存量的有效性和均衡性。如果企业缺少对技术和信息足够认识的理念和意志，那么，企业技术创新将寸步难行。因此，本文提出理论假设 2 如下：

H2：知识资本存量大于零时，技术资本可实现有效配置；企业资本收益率会高于知识资本为零或小于零情况下（技术与知识合一时）的企业资本收益率。

在企业资本总额一定情况下，如果知识资本存量等于或小于零，那么，技术进步难以实现可持续性。技术资本之于知识资本如同人力资本之于货币资本，如果没有货币资本投入和支付薪酬，企业人力资本就难以形成；同理，如果企业没有独立的技术创新理念、价值观和企业文化，企业的技术就难以独立存在。换言之，当企业资本配置集合由人力、财力、物力、技术和知识五种异质资本构成时，企业收益率会高于企业由人力、财力、物力和技术四种异质资本构成的资本配置集合收益率。

技术、信息和知识三种新兴要素资本，与人力、财力和物力三种传统个别资本的替代性和互补性存在很大差别。其中，知识资本对人力资本和货币资本的替代性与互补性较强，技术资本对人力资本和物质资本的替代性与互补性较强，信息资本对人力资本、货币资本和物质资本的替代性与互补性比较中性。当企业的知识资本存量适量合理时，人力资本会发挥应有作用——其收益率趋于正常状态，此时，人力资本受其他因素影响较小。当知识资本存量较少时，人力资本所有者考虑自身的工资收入，也会努力发挥正常作用。当知识资本等于或小于零时，员工可能会难以忍受企业文化的极端离谱或高管无底线刁难而选择离职。与此同时，货币资本存量会随着知识资本存量的适量、下降和等于或小于零，而会处于适量、增量和囤积的状态，当企业大量现金囤积在一起而非均衡配置在多种要素资本标的物上的时候，企业员工是最大的受害者，其次是企业所有者——企业收益在下降，而最大的受益者则是企业高管。现金持有量过高并不表明企业现金流充裕，而是资本配置失衡；现金持有量较低和适量，并不表明企业货币资本紧缺，而是资本配置有效或均衡。一般地，那些企业文化落后而知识资本紧缺的企业，其现金持有量均比较高。因此，结合研究假设 1 和假设 2，本文提出如下推论：

推论：知识资本存量与货币资本持有量存在消长关系，当异质资本配置实现均衡时，企业知识资本存量处于最优状态。

显然，企业知识资本存量最大化或最小化，均属于资本配置失衡状态。犹如一个企业高管，当他（或她）的专业管理技能很高超而其思想品德和经营理念很落后时（过于自私），他（或她）本人的货币收入通常很高或者给别人的工资却很低；而当其思想品德高尚和经营理念先进时，他（或她）本人的货币收入通常较低或趋于正常，而给其他高管或员工的薪酬却比较高。可见，在社会生产力发展到一定水平情况下，企业的技术资本、知识资本与货币资本和人力资本之间的互补性与替代性比较强，技术资本、知识资本与物质资本之间的互补性与替代性则比较弱。

应说明，企业内部各种要素资本的替代和互补是资本配置的基本途径。其前提是企业资本总额既定。当企业总资本规模确定后，财务人员就要将资本总额分散地配置到人力、财力、物力、技术、信息和知识等要素资本上，如果增加某一要素资本，就要同量减少另一要素资本。如同资本结构 MM 定理中的股权资本与债务资本，它们是资本总额既定下的相互替代和互补。当增加债务，就要减少股权资本存量；反之则反。

四、样本、数据与模型

（一）样本来源及数据选取

本文从国泰安 CSMAR 数据库中选取 2008~2013 年沪深两市的 A 股上市公司为研究

样本，并在此基础上对样本数据做如下处理：①考虑到金融行业的特殊性，我们对金融类样本公司数据予以剔除；②由于 ST 和 PT 企业经营活动的独特性，本文对该类型企业的整体样本加以剔除；③为确保变量设定和分析评价的一致性，我们对所设定的变量中存在缺漏值的当年度样本数据予以剔除；④为克服样本离群值对分析结果的影响，我们针对实证分析中所需要的变量在 1%～99%分位点进行 winsorize 处理，最终获取 2420 家上市企业 9584 个观察值。

（二）变量设定

1. 被解释变量

（1）资本收益（TobinQ）。相比较于其他反映资本收益的指标，托宾 Q 值更能体现企业长期的发展能力，而且本文的实证分析着重探讨了异质性要素资本配置与资本收益关系，为契合资本存量的长期积累特征，本文以托宾 Q 值反映企业的资本收益状况。而且，在针对托宾 Q 值的核算中，为避免变量衡量的偏误，我们扣除了资产账面价值所包含的无形资产净额和商誉净额。

（2）收益波动性（bTobinQ）。基于所选取的托宾 Q 值，为反映企业收益的波动性，我们以三年为基准滚动核算托宾 Q 值的标准差（bTobinQ），具体而言，我们以 2008～2010 年托宾 Q 值为基准获取 2010 年托宾 Q 值对应的标准差，并以此类推，由此得到 2010～2013 年评价企业收益波动状况的替代变量。

2. 解释变量

（1）传统资本（FMHC）。当前我国上市公司普遍面临着资本配置的失衡问题，依据罗福凯（2010，2014）对传统与新兴资本的界定和核算，通过对企业货币资本（FC）、物质资本（MC）以及人力资本（HC）的汇总，本文进一步确定了样本公司的传统资本存量。考虑到企业规模的影响，我们定义企业传统资本的变量为：传统资本 =（货币资本+物质资本+人力资本）/总资产。此外，为体现异质性要素资本的均衡配置对企业资本收益稳定的影响，我们在模型设定中引入了反映传统资本变量的平方项（FMHC2）。

（2）技术资本（TC）。依据无形资产明细，本文参照罗福凯（2010）对技术资本的核算方法，提取专利、专有技术、非专有技术以及软件的合计数作为技术资本存量的替代指标，并以此生成技术资本替代变量：技术资本 =（专利+专有技术+非专有资本+软件）/总资产。

（3）知识资本（KC）。知识作为人们认知和识别自然与社会的信念、理念和意志，主要包括商誉品牌、公司理念与制度文件、党团工会经费以及购买知识产权等支出（罗福凯，2009）。为合理衡量企业的知识资本存量，我们对各样本公司无形资产明细中的特许经营权、专利权、商标权、著作权、工业产权以及知识产权进行汇总，进而企业知识资本的代理变量为：知识资本 =（特许经营权+专利权+商标权+著作权+工业产权+知识产权）/总资产。在此基础上，我们进一步确立了企业知识资本投入的虚拟变量（DKC），由于企业知识资本支出还涉及企业党团工会经费等项目，因此对于存在以上类型的无形资产支出或实际控制人为国有性质的企业，其知识资本投入的虚拟变量（DKC）取值为1，否则取值为0。

3. 控制变量

为有效评价异质性要素资本配置对企业资本收益的影响，防止变量遗漏所产生的内生性问题，本文在模型设计中引入企业规模（size）、资产负债率（lev）、资本支出率（CapExp）、两职合一（duality）、流通股比重（lshr）和管理层持股比重（mshr），作为衡量企业财务和公司治理的控制变量。变量的具体说明如表1所示。

表1 变量设计

变量名称	变量符号	变量定义
资本收益	TobinQ	市值/（总资产−无形资产净额−商誉净额）
收益波动性	bTobinQ	针对2008~2013年托宾Q值，以三年为基准滚动核算的标准差
货币资本	FC	货币资本存量/总资产
物质资本	MC	物质资本存量/总资产
人力资本	HC	人力资本存量/总资产
传统资本	FMHC	（货币资本存量+物质资本存量+人力资本存量）/总资产
技术资本	TC	（专利+专有技术+非专有技术+软件）/总资产
知识资本	KC	（特许经营权+专利权+商标权+著作权+工业产权+知识产权）/总资产
企业规模	size	总资产的自然对数
资产负债率	lev	负债总额/资产总额
资本支出率	CapExp	购置固定资产、无形资产和其他长期资产支付的现金/总资产
两职合一	duality	虚拟变量，董事长是否兼任总经理，兼任取值为1，否则为0
流通股比重	lshr	流通股份/股本总数
管理层持股比重	mshr	（管理层持股数/股本总数）×100

（三）模型设定

为检验传统资本存量对企业资本收益的稳定性所产生的影响，本文构建了反映企业收益波动状况的替代变量，并且在模型构建中引入传统资本变量的平方项。具体模型设定如式（1）所示。而且在进一步评价知识资本投入对技术资本有效配置所产生的影响中，笔者基于知识资本投入与否的虚拟变量对全样本进行分组，进而通过组间比较评价技术资本配置的有效性。具体模型设定如式（2）所示。

$$bTobinQ_{i,t} = \alpha + \beta_1 FMHC_{i,t} + \beta_2 FMHC2_{i,t} + \beta_3 FC_{i,t} + \beta_4 MC_{i,t}$$
$$+ \beta_5 HC_{i,t} + \beta_6 TC_{i,t} + \beta_7 KC_{i,t} + \gamma Control + \varepsilon \quad (1)$$

178

$$TobinQ_{i,t} = \alpha + \beta_1 TC_{i,t} + \beta_2 FC_{i,t} + \beta_3 MC_{i,t} + \beta_4 HC_{i,t} + \gamma Control + \varepsilon \qquad (2)$$

其中，$bTobinQ_{i,t}$、$TobinQ_{i,t}$、$FMHC_{i,t}$、$FC_{i,t}$、$MC_{i,t}$、$HC_{i,t}$、$TC_{i,t}$、$KC_{i,t}$ 以及 Control 分别代表收益波动性、资本收益、传统资本、货币资本、物质资本、技术资本、知识资本和各类控制变量，ε 为随机干扰项。

（四）实证分析和结果

1. 描述性统计

表 2 列示了模型中各变量的基本统计指标，模型（1）中的收益波动性变量为 2010~2013 年托宾 Q 值的标准差，故样本数低于其他变量。从各资本存量占总资产的比重来看，传统资本所占比重显著高于技术资本和知识资本的合计数。虽然技术资本和知识资本的标准差较低，样本间差异性较小，但这主要源于样本公司在新兴资本投入上普遍不足，大部分上市公司仍以货币资本、物质资本以及人力资本的投入为主，资本配置存在显著失衡。

表 2　变量描述性统计

变量	样本数	均值	中位数	标准差	最小值	最大值
bTobinQ	6994	0.7566	0.5110	0.8194	0.0243	4.9608
TobinQ	9584	2.0007	1.5204	1.7146	0.2090	9.7747
FC	9584	0.4512	0.4440	0.1929	0.0782	0.8984
MC	9584	0.4775	0.4746	0.1948	0.0551	0.8795
HC	9584	0.0586	0.0494	0.0417	0.0043	0.2248
TC	9584	0.0034	0.0004	0.0086	0.0000	0.0583
KC	9584	0.0005	0.0000	0.0023	0.0000	0.0182
size	9584	9.4725	9.4044	0.5318	8.3864	11.0993
lev	9584	0.4535	0.4604	0.2157	0.0454	0.9314
CapExp	9584	0.0629	0.0469	0.0568	0.0002	0.2682
duality	9584	0.2106	0.0000	0.4077	0.0000	1.0000
lshr	9584	0.7237	0.7781	0.2709	0.1902	1.0000
mshr	9584	0.0005	0.0000	0.0023	0.0000	0.0182

2. 实证结果分析

模型（1）重点探讨了传统资本与收益稳定性之间的关系，在模型分析中，笔者分别采用了普通最小二乘和加权最小二乘的估计方法，分别得到 M1 和 M2 相应的估计系数和 T 值，如表 3 所示。在同方差假设下，传统资本（FMHC）与收益波动性之间并未达到传统意义上的显著性水平，而传统资本的平方项（$FMHC^2$）前的系数为正，并且在 1% 的水平上显著，这表明传统资本与收益波动性之间存在非单调的正"U"形关系，企业收益的波动程度随着传统资本所占比重先降低后增加，传统资本投入不足或过度投入均不利于企业收益的稳定性，企业传统资本和新兴资本的均衡配置更有助于实现企业收益的平稳增长，由此假设 H1 得以验证。为克服异方差问题，我们选用了加权最小二乘的估计方法对模型进行了重新估计，选取残差绝对值的倒数作为权重。通过系数估计值可以看出，传统资本的平方项与收益波动性之间的相关系数依然为正，在考虑异方差假设的前提下二者之间的正"U"形关系依然成立。

表 3　模型（1）的参数估计结果

	普通最小二乘法		加权最小二乘法	
	系数	T 值	系数	T 值
FMHC	0.609	1.32	0.471**	2.24
FMHC^2	0.356***	5.22	0.365***	58.05
FC	−2.138***	−5.60	−2.002***	−10.80
MC	−2.575***	−6.78	−2.434***	−13.16
HC	−1.299***	−2.67	−1.281***	−6.26
TC	3.493***	3.35	3.820***	17.73
KC	19.112***	4.84	17.923***	16.88
size	−0.438***	−21.80	−0.402***	−70.53
lev	−0.095*	−1.80	−0.129***	−8.29
CapExp	0.826***	4.72	0.841***	20.17
duality	−0.007	−0.29	−0.010	−1.59
lshr	−0.338***	−8.16	−0.315***	−28.49
mshr	−0.004***	−7.68	−0.004***	−23.22
R^2	0.157		0.816	
Adjust R^2	0.156		0.815	
F−statistic	100.34***		2375.66***	
obs	6994		6994	

注：***、**、* 分别代表在 1%、5%、10% 的统计水平显著，下同。

为评价知识资本投入对技术资本有效配置的影响，我们采用加权最小二乘的方法对模型（2）进行了估计。从全样本数据的分析中可以看出，技术资本（TC）前的系数为正，并且在 1% 的水平上显著，这表明企业技术资本投入的增加有助于提高企业资本收益，实现长期发展。基于知识资本投入的虚拟变量，我们对全样本加以分组，并在此基础上通过各样本组内回归分析比较变量系数的组间差异。在各样本组内，虽然技术资本的估计系数存在差异，但是均在 1% 的水平上显著为正。为验证全样本中的结构性突变问题，基于所设定的虚拟变量 DKC，我们进行了邹检定，所获取的 F 值为 F（11，9562）= 23.64，拒绝了不存在结构性突变的原假设，进而通过比较 TC 的组间系数差异可以判断当企业存在知识资本投入时更有助于技术资本的有效配置，提高资本收益率。由此，假设 H2 得以验证。

表 4 模型（2）的参数估计结果

	全样本		DKC = 1		DKC = 0	
	系数	T 值	系数	T 值	系数	T 值
TC	7.919***	12.51	8.075***	10.45	7.110***	6.96
FC	-3.241***	-42.47	-2.768***	-32.36	-3.689***	-24.75
MC	-4.208***	-56.11	-3.441***	-40.77	-5.168***	-34.98
HC	1.586***	12.73	1.808***	12.92	1.953***	9.35
lev	-1.445***	-55.23	-1.929***	-68.03	-0.812***	-17.77
size	-1.125***	-126.81	-0.848***	-87.67	-1.679***	-78.50
CapExp	0.202**	2.52	0.187**	2.32	0.272*	1.79
duality	0.057***	5.03	-0.014	-0.83	0.050***	3.17
lshr	-0.059***	-3.09	-0.208***	-10.97	0.220***	6.89
mshr	-0.004***	-11.56	0.002***	3.07	-0.006***	-15.22
R^2	0.833		0.905		0.825	
Adjust R^2	0.832		0.905		0.824	
F-statistic	4761.24***		5463.81***		1814.44***	
obs	9584		5718		3866	

为确保实证分析的稳健性，通过样本区间以及估计方法的调整我们进行了稳健性检验。对于模型（1）我们截取 2011~2013 年的收益波动数据评价传统资本对其构成的影响。在模型（2）中，我们针对其 2010~2013 年的样本采用 White（1980）的异方差调整方法进行估计，通过以上方法所获取的稳健性检验结果均与文中所获取的结论相一致，具体数据结果如表 5、表 6 所示。

表 5 模型（1）的稳健性检验

	普通最小二乘法		加权最小二乘法	
	系数	T 值	系数	T 值
FMHC	1.395***	2.74	1.091***	3.64
FMHC2	0.371***	5.52	0.377***	40.27
FC	-2.758***	-6.46	-2.307***	-8.07
MC	-3.301***	-7.77	-2.857***	-10.00
HC	-2.186***	-4.06	-1.938***	-6.43
TC	2.848***	2.58	2.768***	8.17
KC	17.027***	3.93	19.375***	27.75

续表

	普通最小二乘法		加权最小二乘法	
	系数	T值	系数	T值
size	−0.322***	−14.28	−0.303***	−58.60
lev	−0.113*	−1.91	−0.137***	−8.65
CapExp	1.201***	6.26	1.236***	22.74
duality	0.006	0.23	0.008	1.36
lshr	−0.359***	−7.77	−0.333***	−26.96
mshr	−0.004***	−6.00	−0.004***	−18.73
R^2	0.146		0.788	
Adjust R^2	0.144		0.788	
F-statistic	73.34***		1597.17***	
obs	5588		5588	

表6 模型（2）的稳健性检验

	全样本		DKC=1		DKC=0	
	系数	T值	系数	T值	系数	T值
TC	8.020***	3.11	7.445**	2.18	6.876*	1.85
FC	−3.450***	−10.71	−2.946***	−8.44	−4.027***	−7.26
MC	−4.418***	−13.78	−3.646***	−10.78	−5.436***	−9.77
HC	2.008***	4.14	1.982***	3.41	2.082**	2.50
lev	−1.271***	−9.21	−1.683***	−10.51	−0.614***	−2.63
size	−1.277***	−24.43	−1.048***	−17.87	−1.757***	−16.96
CapExp	−0.034	−0.11	0.045	0.12	0.025	0.05
duality	0.025	0.58	−0.008	−0.13	0.018	0.31
lshr	−0.221***	−2.95	−0.481***	−5.20	0.123	0.99
mshr	−0.006***	−5.31	−0.002	−0.90	−0.007***	−4.64
R^2	0.348		0.367		0.311	
Adjust R^2	0.347		0.366		0.309	
F-statistic	362.00***		197.57***		137.48***	
obs	7162		4054		3108	

综上所述，本文的实证分析及其稳健性检验，证明了作者关于多要素资本均衡配置的理论见解和文中提出的两个研究假设。对于论文第三节里的推论，由于本文关于知识资本数据的不足而未加以证实。

五、结论

本文主要采取历史分析和实证分析等研究方法，并适当地运用了经验事实分析法，很好地得到了预期研究效果。论文梳理了资本理论研究进程，论证了新兴要素资本的一些重要财务规则。研究结论有三：①传统资本存量与企业收益率的波动性呈现 U 形关系，传统资本投入过多或投入不足均不利于企业收益率的平稳增长。当企业技术、信息和知识等新兴资本数额，等于或接近于人力、财力和物力等传统资本数额时，有助于企业资本收益率持续平稳增长。②当知识资本存量大于零时，技术资本可实现有效配置。只要企业发挥自身的经营理念、企业文化和公司章程等知识资本，企业资本收益率会高于知识资本为零或小于零情况下的企业收益率。③知识资本的适量配置，不仅促进技术资本收益能力的提升，而且会抑制和约束货币资本存量的过度配置。这里的第三个结论主要依靠经验事实分析得出。但本文的实证分析对第三个结论不具有证明力。

在这里，基本被证实的三项研究假设，实质是公司财务经理配置要素资本三项财务规则。实践中的要素资本有效配置如何实现均衡配置，是我国公司财务管理工作的重心。企业收益的高低，主要取决于技术资本和知识资本的存量及其均衡配置水平。本文的理论研究也说明，新古典财务学将无套利资产定价原理视为财务学理论基石，并以经济学消费理论为依据，过分强调市场机制，对于解释技术、信息和知识等生产力快速发展带来的财务理论新进展，显得有气无力。以经济学生产理论为依据的新兴古典财务学，遵循企业理论或企业内部机制将资产定价引向资本配置的研究，则代表了现代财务学理论与实践发展的新方向。基于生产理论的生产要素资本化及其资本均衡配置开始成为现代财务学的核心内容。资本作为财务学的基础范畴之一，其理论扩展的研究异常活跃，新兴高级资本理论应运而生。资本有效配置成为人们在不确定情况下跨时间配置有限资源的代名词。

本文研究的理论贡献：一是进一步证明了当新兴要素资本存量等于或接近于传统资本存量时，企业收益率实现最大化，并且在一定时期内企业收益处于平稳可持续增长态势。二是证明了技术、知识和信息等新兴生产要素的独立存在及其资本化，才使得要素资本出现等边际收益率时企业资本实现均衡配置和收益最大化的财务定理发挥作用。三是确认了技术与知识分离的理论基础和现实依据，以及人力资本的有形性。当然，本文也存在一定的不足。例如，要素资本配置必然涉及个人理性和市场机制，但本文基本没有联系期望效用最大化和贝叶斯法则进行资本配置理性预期的讨论。第三个结论是理论分析的一个推论，并使用经验事实分析方法得到，而非实证结果，这也是本文的一个重要缺陷。本文的后续研究将会关注这些问题。

参考文献

［1］丁栋虹. 异质资本与制度变迁的性质［J］. 当代财经，1998（2）：3-6.

［2］王刚. 论异质资本的生产功能［J］. 上海财经大学学报，2000（2）：12-15.

［3］罗伯特·索洛. 资本理论及其收益率［M］. 刘勇译. 北京：商务印书馆，1992.

［4］罗福凯. 论要素资本——由一则故事引发的思考［J］. 财经理论与实践，2009（1）：3-7.

［5］Stigler and Friedman. The Literature of Economics：The Case of Berle and Means［J］. the Journal of Law and Economics，1983，26（2）：237-268.

［6］Ellen R. McGrattan，Edward C. Prescott. Technology Capital and the US Current Account［J］. American Economic Review，2010，100（4）：1493-1522.

［7］Thomas J. Holmes，Ellen R. McGrattan，and Edward C. Prescott. Technology Capital Transfer［J］. Journal of Economic Theory，2011，144（6）：2454-2476.

［8］Robert E. Evenson，Keith O. Fuglie. Technology Capital：the Price of Admission to the Growth Club［J］. Journal of Productivity Analysis，2010，33（3）：173-190.

［9］Kapicka M. How Important is Technology Capital for the United States？［J］. American Economic Journal，2008（3）：1-35.

［10］Hyunbae Chun，Sung-Bae Munf. Substitutability and Accumulation of Information Technology Capital in U. S. Industries［J］. Southern Economic Journal，2006，72（4）：1002-1015.

［11］W. T. LIN，B. B. M. Shao. Assessing the Input Effect on Productive Efficiency in Production Systems：The Value of Information Technology Capital［J］. International Journal of Production Research，2006，44（9）：1799-1819.

［12］State of California，Office of the State Chief Information Officer，Information Technology Capital Plan. Preparation Instructions，Revised April 2009（SIMM Section 57）.

［13］Ellen R. McGrattan，Edward C. Prescott. Openness，Technology Capital and Development［J］. Journal of Economic Theory，2009，144（6）：2454-2476.

［14］Ernst R. Berndt，Catherine J. Morrison. High-tech Capital Formation and Economic Performance in U. S. Manufacturing Industries：an Exploratory Analysis［J］. Journal of Econometrics，1995，65（1）：9-43.

［15］Frank Lefley. Approaches to Risk and Uncertainty in the Appraisal of New Technology Capital Projects［J］. International Journal of Production Economics，1997，53（1）：21-33.

［16］Sergey N. Grigorieva，Julia Y. Yelenevab，Alexey A. Golovenchenkoc，Vladimir N. Andreev. Technological Capital：A Criterion of Innovative Development and an Object of Transfer in the Modern Economy［J］. Procedia CIRP，2014（20）：56-61.

［17］Robert C. Feenstra，Gordon H. Hanson. The Impact of Outsourcing and High Technology Capital on Wages：Estimates for the United States，1979-1990［J］. The Quarterly Journal of Economics，1999，114（3）：907-940.

［18］Wilner N.，Koch B.，Klammer T. Justification of High Technology Capital Investment-An Empirical Study［J］. The Engineering Economist，1992，37（4）：341-353.

15

资本理论的内在逻辑与中国企业的投资选择[*]

一、引言

目前，很多企业已将技术投入作为企业股份。《公司法》（2005）规定："股东可以用实物、知识产权、土地使用权等可以用货币估价并可依法转让的非货币财产作价出资……货币出资额不得低于注册资本的30%。"可是，现实公司财务却无视技术资本的存在，会计准则也未将其作为核算对象。方竹兰（1997）的研究发现，人力资本所有者拥有企业所有权是一种趋势。然而，几乎所有企业的资本结构决策，都是基于MM定理的货币财务资本股权和债权的比率设计，其人力资本、技术资本均被排斥在外。现在，欧美要素市场中的产品市场、资本市场、人力市场和技术市场已很发达，而我国的技术市场却尚未形成，这与人们对技术资本缺少认识有很大关系。

对资本的理解，多数人停留在马克思关于资本是创造剩余价值的价值的表述上。现代西方经济学进入我国后，学界对资本的理解开始出现混乱。一篇论文里，"劳动、土地和资本"中的"资本"是机器设备等耐用物品，人力资本是劳动者与公司签约形成的企业劳动资本。同一篇论文，当出现"资本"时，读者要仔细鉴别该处是作为耐用物品的物质资本，还是作为人力投入的劳动资本。人们对资本的称谓五花八门。本来，会计是国际商业通用语言，会计里的资本是货币财务资本。而政府测算GDP时，"资本包括那些生产出来的耐用品，它们在进一步的生产中被作为生产性投入。……资本品主要有三类：建筑（如工厂和住宅）、设备（耐用消费品和耐用生产设备）以及投入和产出的存货"（萨缪尔森，1999）。十多年前，美国有学者将物质资本以外的非物质资本统称为智力资本，内含人力资本、组织结构资本和顾客资本，试想，人力和技术是非物质的吗？而且，这个概括无视技术、信息和知识等新生产要素，实际这是一个落后的命题。可是，我国许多学者大肆传播，恣意解释，有称"知识资本"、"智慧资本"、"文化资本"或"人际关系资本"，甚至有学者将智力资本与人力资本分开，并将智力资本再分为顾客资

---

[*] 本文为作者在2008年写成的一篇工作论文，用于指导研究生。陈刚博士对文稿提出了有益的意见，在此表示由衷感谢。

本、制度资本和业务流程资本，等等①。远离我国社会现实，依照国外学者的观点联想我国经济社会给资本定义，十分不严谨。

实际上，微观经济学里没有货币和资本的论述。大学经济管理类教材对资本的解释各式各样。企业界、教育界对资本理论的需求从来没有像今天这样紧迫。

因此，本文认为，资本理论的发展与生产力发展相辅相成，以技术资本为核心的要素资本及其资本关系，将替代新古典经济学劳动（人力资本）与资本（物质设备）的相互关系，技术资本将成为中国经济发展的核心驱动力。新兴产业开发和新生活方式的产生是孕育新资本的源泉。新生产要素的研发、生产、交易和产权化是资本产生的内在逻辑。研究科学、开发新技术产业，增加创造资本，是未来中国经济发展的社会基础。我国企业资本方式的首选，应是技术资本和知识资本。宏观经济环境、资本配置机制和投资项目本身条件，构成投资选择的决定性因素。经济政策的有限性和市场经济的无限性，将使农业生产投资和新兴产业投资，取代当前重大基础设施重复建设的投资导向。

二、理论回顾与评论

资本理论和实践的丰富多彩，使得资本研究一直成为经济学研究的重要领域。马克思曾强调，"黑人就是黑人，只有在一定的条件下，他才成为奴隶。脱离这种关系，他也就不是资本了，就像黄金本身并不是资本，砂糖并不是砂糖的价格一样……资本是一种社会生产关系"②。同时，马克思也把资本视为生产力要素，注意到资产阶级在不到一百年的统治中所创造的生产力，比过去一切世代创造的全部生产力还要多。"资本的文明面之一是，它榨取剩余劳动的方式和条件，同以前的奴隶制、农奴制等相比，都更有利于生产力的发展，有利于生产关系的发展，有利于更高级的新形态的各种要素的创造"③。在马克思看来，资本的实质是一种生产关系，资本的方式是一种生产要素。生产要素转化为资本，需要一定的社会条件。生产要素只有纳入到历史的社会关系中，才成为资本。商品交易是资本产生的基础，但仅"有了商品的流通和货币流通，绝不是就具备了资本存在的历史条件。只有当生产资料和生活资料的占有者在市场上找到出卖自己劳动力的自由工人的时候，资本才产生"④。可见，今天的人力资本、货币资本和物质设备资本，在历史上具有共生性。马克思将人力资本称为可变资本，把货币资本和物质设备称为不可变资本，恩格斯对此作了高度评价："这个区别提供了一把解决经济学上最复杂的问题的钥匙"⑤。在我国，经济学界主要以马克思经济学为理论基础研究问题。经济学主流把

① 徐鸣. 虚拟资本与"资本三要素"的哲学思辨 [J]. 财经科学，2008（8）：42-49.
② 马克思，恩格斯. 马克思恩格斯全集（第四卷）[M]. 北京：人民出版社，1995：486-487.
③ 马克思. 资本论（第3卷）[M]. 北京：人民出版社，1975：925-926.
④ 马克思，恩格斯. 马克思恩格斯选集. 第2版，第2卷，第172页
⑤ 马克思. 资本论（第2卷）[M]. 北京：人民出版社，1975：22.

马克思的资本概念理解为一种特定的生产关系，主要强调资本的贪婪性和剥削性①，而把西方新古典经济学里的资本理解为一种生产要素。亦即资本理论在我国有两大学派：作为生产关系的资本和作为生产要素的资本②。

事实上，根据历史唯物主义的认识论和实事求是、一切从实际出发的现代认识论，资本的生产要素属性和生产关系属性是资本的两个不可分割的方面。它们是同一硬币的正反两面。并且，在不同的时期和条件下，正反两面可以相互转化。在科学技术不够发达、人类知识比较落后的情况下，资本的生产关系属性表现得更加充分。随着科学技术的发展和生产力的进步，以及人类知识的增长，资本的生产要素属性则越来越明显。

我们认为，以前我国对马克思资本理论的理解在一定程度上有失偏颇。政界和学界甚至否定社会主义制度下资本的存在。我们特别关注恩格斯对马克思的评价："马克思的第二个重要发现，就是彻底弄清了资本和劳动的关系，换句话说，就是揭露了在现代社会内，在现存资本主义生产方式下资本家对工人的剥削是怎样进行的"③。按照恩格斯的指引，我国学界和政界都认为，资本家只是人格化的资本，资本家的灵魂就是资本的灵魂，资本的生存本能就是获取剩余价值。马克思的资本理论之所以被中国人民所接受，很重要原因，在于新中国之前多数中国人民饱受国外列强、国内封建势力和官僚资本的剥削，马克思经济学是中国人民消灭剥削阶级的有力武器。西方学者反对马克思的经济学理论，则是维护其资本所有者的生产关系。马克思揭示资本家剥削工人的方法是区别劳动和劳动力。但熊彼特对此却耿耿于怀，他说，"在马克思的图式中，工人不出卖劳动（即服务），而是出卖他们的劳动力，就此而言，人们可以认为，这种安排并不是多余的，而是可以达到一定的分析目的。事实上，我们将看到，这种安排在他的剥削理论中得到了巧妙的应用。马克思之所以如此喜欢他的这种安排，把这种安排看作是他对经济理论的主要贡献之一，是因为他做了一个显然错误的关于事实的假定，他设想：'资本家'在购买了工人的'劳动力'以后，就任意决定这个工人应当工作多少小时。甚至在劳动合同并没有明白规定工作时数的时候，这也不是真实的；因为这种条件以及其他的条件总是隐含在劳动合同中的"④。看得出，熊彼特否认马克思资本理论的角度与其他西方学者不同。可是，只要仔细阅读马克思《资本论》第1卷第十五章劳动力价格和剩余价值量的变化，就可以清楚地知道，当时的工作日不像某些古典经济学家所说的是一个不变量，而事实是一个可变量。马克思也明确指出，当时工作日的最高界限取决于身体界限和道德界限。即使是后来的19世纪20年代，12小时半是当时"管理最好的"工厂的工作日⑤。时至21世纪初，我们仍可从媒体上看到在华世界著名大公司违背劳动法、劳动合同，延长工作日的报道。所以，在法律未发挥必要作用时，马克思的分析是正确

① 宋涛主编. 政治经济学教程（第6版）[M]. 北京：中国人民大学出版社，2004.
② 王振中主编. 政治经济学研究报告4——市场经济的资本理论研究 [M]. 北京：社会科学文献出版社，2003.
③ 马克思，恩格斯. 马克思恩格斯全集（第三卷）[M]. 北京：人民出版社，1972：42.
④ 熊彼特. 经济分析史（第二卷）[M]. 北京：商务印书馆，1992：381-382.
⑤ 克拉潘. 现代英国经济史（中译本，中卷）[M]. 北京：商务印书馆，1997：566.

的。马克思认为，"生产要素"的原始形式是"天然资源"又称"自然力"。作为生产关系力量的资本归根到底是必须通过支配和使用"自然力"才能现实地成为资本，在生产财富的同时实现价值增值。资本生产相对剩余价值的功能，就是资本文明化趋势的表现。不过，马克思和熊彼特都关注资本活动的逻辑过程和结果，未注意资本正常活动的逻辑前提——建立在法制基础上的市场经济。当20世纪40年代科斯的契约理论诞生后，熊彼特跟马克思理论的差异便迎刃而解。

现在，我国多数学者对资本理论的讨论，主要集中在人力资本、智力资本和制度资本，以及资本计量等问题的研究上。其中，关于资本计量及其对GDP核算影响的研究，柳欣教授的理论独树一帜。他的基本观点是坚持马克思经济学关于资本的实质是社会生产关系的论断。他认为，由罗宾逊1953年提出的总量生产函数问题引发的著名剑桥资本之争，其结论新古典理论只能在单一产品模型中成立，而不能适用于异质品模型的矛盾，至今没有得到澄清，使以总量生产函数为基础的新古典经济学依然统治着经济分析。因此，他主张：①以生产函数为基础的新古典理论只能应用于相对价格的解释，而不能应用于任何异质品的总量；②现实中以货币量值加总的国民收入核算的统计变量与生产函数是完全无关的，而是由社会关系所决定①。柳欣将资本的社会关系和资本的函数关系相结合开展研究，其成果属于我国经济学界资本理论研究的前沿。至于我国对人力资本、智力资本和制度资本的研究，主要是围绕人力资本、智力资本和制度资本的概念表述，以及这些新资本与生产要素、劳动如何参与收入分配的研究②，这些研究基本没有触及资本理论的内在逻辑。

西方经济学家对资本理论研究经历了古典、新古典、马克思主义、凯恩斯主义，以及当代资本理论等发展阶段③。其中，曾发生比较重要的三次学术论战：19世纪90年代奥地利资本理论创始人庞巴维克与美国学派创始人克拉克之间的论战，20世纪30年代奥地利学派重要代表哈耶克与美国新古典学派奈特等的重要争论，20世纪50~80年代英国新剑桥学派与美国新古典综合之间的资本大论战。此外，还有新近的人力资本理论的大讨论。在这里，奥地利与美国学派的争论内容，主要是资本与利息的关系、生产时间的资本密集度等问题，这也是古典和新古典经济学频频涉及的基本问题。英美"两个剑桥"的资本争论，前者以美国麻省理工萨缪尔森、托宾、索洛为代表，把1870年"边际革命"以来的新古典经济理论进行综合，秉承新古典技术关系上的供求分析传统，强调"技术关系"在经济变量决定中的作用；后者则以英国剑桥大学卡尔多、斯拉法为代表，把凯恩斯经济学与斯密1776年以来的古典经济理论相联系，秉承古典剩余经济的社会关系分析传统，强调"社会经济关系"在经济变量决定中的作用。"两个剑桥之争"实际上也就是两种经济传统争论的当代表现，争论的焦点是资本与收入分配的理论。

① 柳欣. 资本理论：总量与相对价格 [J]. 政治经济学评论，2003 (1).
② 周其仁. 市场里的企业：一个人力资本与非人力资本的特别合约 [J]. 经济研究，1996 (6).
③ 罗福凯. 资本理论学说的演进和发展研究 [J] // 王振中. 政治经济学研究报告4：市场经济的资本理论研究 [M]. 北京：社会科学文献出版社，2003.

显然，学者对资本的研究，多以资本与劳动、资本与利息、资本与收入分配的关系等视角开展研究。人们很少从基础环节研究资本与生产过程、资本与企业价值创造之间的内在机理，因此，剖析资本的内在逻辑，是理解资本创造价值和变化的钥匙。

三、资本产生的逻辑原理、作用过程和社会基础

一个新资本是如何产生的，这需要从生产过程谈起。以往，我们总认为货币是资本的前身，马克思也告诉我们，当劳动力转化为商品时，货币就转化为资本。可是，贝克尔、舒尔茨发现人力资本后，人们对资本的认识有了新的思维。种种事实表明，资本的出现可能早于货币。如大家熟知的"鲁滨逊"在岛上生存和生产的故事，可以解释资本产生的原理。

"鲁滨逊"一人在岛上，无须货币，主要靠果树上的果子生存和发展。数年以后他发现，现在省下当期一个果子用作种子，几年后新种果树结的果子是做种子的果子数量的数十倍。经过计算，他确定了每年省下做种子的果子数量，于是投资出现了。他每期都省下一些果子做种子，资本积累就开始了。一个必须接受的观点也就由此归纳出来：资本的本质是以往生产过程的结果（保罗·A. 萨缪尔森，1991），它的任何积累是以缩减以前各期消费为代价。作为资本的种子是人们为了延续生产活动而放弃少量消费所留下来的产品。过了几年，孤岛上来了"星期五"种麦子。两人互相交换果子和麦子，以物换物，组成"二人经济体"。此时投资和消费决策变得复杂一些，决策时要把个体投资带来物品相对价格的变化纳入考虑，单个主体的生产最优化问题转化为多个主体之间的博弈问题。此时，资本存量概念产生了。接下来，交易量逐年扩大。"星期五"发现一项"新制度"：可用专司货币之职的贝壳来计量两个人的资产、权益和负债。在"二人经济体"中，贝壳充当财富的计量工具和交易媒介。但是，贝壳既不能当果子吃，也不能当麦子吃，更不能做果树或小麦的种子。贝壳数量的增多，并不增加经济体总的生产性资本存量。因贝壳不是以往生产过程省下来的生产要素，贝壳不是经济体的资本。

又过了一段时间，"银行家"来孤岛寻找贝壳以回内地出售，但他留在孤岛，跟"鲁滨逊"和"星期五"学种果树和小麦。于是"三人经济体"诞生。"鲁滨逊"和"星期五"把一定量贝壳存到"银行家"那里。不管存到"银行家"的贝壳量有多少，贝壳还是既不能当果子吃，也不能当麦子吃，还不能当果树或麦苗的种子。所以货币贝壳这种财富计量工具数量的多寡，并不影响经济体的总生产性资本的存量。

后来，"三人经济体"的生产活动和生活都发生了很大变化："鲁滨逊"要种麦子，以改进饮食方式；"星期五"也要种果树。两人互相购买对方产品不仅是用来吃，还用来做种子形成资本。重要的是，两人要向对方学习种麦子和种果树的技术。市场交易是良好的，一个贝壳能够买多少果子和麦子的价格是稳定的。一开始"鲁滨逊"和"星期五"照旧从事各自的生产和交易。但后来，"星期五"动了脑筋，发现拣贝壳比种麦子容易。于是他每次放下锄头休息时，顺便拣几个贝壳放到自己的兜里。"鲁滨逊"不晓

得拣贝壳。两个人的行为除了是否拣贝壳外，一如从前。一个生产周期终了，经济体的贝壳数量增加了，增加部分全归"星期五"。"鲁滨逊"没有意识到应改变以往流行的市场价格。结果，"星期五"凭着他在经济体占有贝壳比例的增加，在经济体总果子和麦子当中占有更大的比例。这种情况立即被"银行家"看透。为防止市场交易遭到破坏，避免乱发货币，维持正常生产秩序，"银行家"把大家召集在一起，说出"星期五"拣贝壳的秘密，并提出一套新办法：①贝壳总数及其增减由三人共同商量决定，多少贝壳可交换一个果子和小麦也由大家确定。②"银行家"代理"三人经济体"专门管理贝壳，并从事少量果树和麦子的种植业务。每一个人都在每个贝壳上留下自己的刻印而不被另外两个人知晓，防止出现假币。③"银行家"用贝壳向"鲁滨逊"和"星期五"分别购买一定量的果子和小麦，"鲁滨逊"和"星期五"可用从"银行家"那里交换得来的贝壳互相购买对方产品。"鲁滨逊"和"星期五"也可物物交换；还可以相互帮工，并用货币贝壳计量劳动力价格。最后，"鲁滨逊"和"星期五"都接受了"银行家"发明的这个制度。"三人经济体"又恢复了往日秩序，并走向繁荣。

可见，在交易者和交易量很少的情况下，可以没有货币。简单的生产和交易，即使没有货币，人们也有办法把不同种类的资本品以一个同度量因素加起来。但是，当生产规模和交易量很大，以及生产关系向深度和广度发展时，就必须有货币。制度的产生是货币有效使用的基础。所以，"三人经济体"的必要生产力因素至少包括果种和麦种、贝壳、制度，以及种果树和种麦子的技术，还包括人。这五个生产要素是"三人经济体"有序运行的基础条件，缺一不可。此时，货币贝壳资本就产生了。同时，这里的劳动力也变成了商品。该实例验证了马克思关于劳动力成为商品是货币转化为资本的前提的论断。当然，劳动力转化为人力资本，也必须以货币成为商品为前提。贝壳的市场流通使种子、贝壳本身、制度、技术、劳动者和生产工具等生产要素，经过交易转变为资本。因此，经历生产过程是资本产生的必要条件，完成交易过程则是资本产生的充分条件。

同其他市场经济一样，社会主义市场经济里的货币也已转化为资本，企业员工都进入了市场经济人力资本合约之中。一个人可以把自己的劳动作为商品出售。农民生产和出售粮食，既要投入劳动力、现金、种子、设备工具和土地，又要有种植技术、信息和知识，前者是人力资源、货币财务资源和物质设备资源，简称人财物；后者是技术、信息和知识，则是新生产要素。最新研究表明①，技术是技巧术用的简称，信息则是资信讯息的简称，知识就是信念、理念和意志，知理识事。一个人有明确而深邃的信念、先进的理念和坚强的意志，此人就很有知识。企业管理制度建设、党团工会理念文化建设，就属于知识投资。人们为扩大再生产而准备的人力资源、货币资源、物质设备资源，技术、信息和知识等生产要素，经过交易过程，实现生产要素的产权转变，形成人力资本、

---

① 罗福凯. 论要素资本 ［J］. 财经理论与实践，2009 (1)；论要素资本中的技术、信息和知识 ［J］. 东方论坛，2008 (5).

货币资本、物质设备资本、技术资本、信息资本，以及知识资本。同农民生产粮食一样，工程师、医生、科学家、教授等人士，不仅出售自身的人力资本，还可以出售自己的生产成果——技术、信息和知识。当技术的购买者不是将技术作为产品消费掉，而是将技术作为资产投入生产过程生产新的产品，而且进入生产过程的技术被购买者产权化，购买者可自由选择地继续投资或出售该技术，此时，技术就转化为资本。工程师或科学家发明一种技术，该技术没有作为商品出售给他人，而是留在车间或实验室供自己工作使用或"消费"，此时，该技术没有形成资本。它只是发明者用于生产或发现新技术并使新技术变为技术资本的原料。如果该技术发明人与企业就该技术在内部达成交易协议，给予发明人薪酬补偿等，且该技术可以出售，则该技术就转化为资本。作为商品的技术产生于生产过程，形成于交易过程，被购买者产权化并投入新的生产过程之后，该技术就转变为技术资本。尽管技术商品主要由工程师、科学家等人力资源生产出来，但技术资本与人力资本不可替代和混淆。技术的生产成本项目有科学技术人员工资、实验室仪器和设备、材料消耗、电力照明，以及计算机系统等，如同"机床"、"装卸起重车"和"汽车"等其他商品一样，其生产成本由原材料钢铁、加工设备机床、劳动力、生产场地、专门技术，以及管理者组织支出等项目构成一样。企业经营过程中的"机床"、"装卸起重车"和"汽车"等物质设备资本，与生产"机床"、"装卸起重车"和"汽车"所投入人力、技术、设备等主要生产要素，不可等同。被投入生产过程的生产要素，经过劳动者的加工变成产品，投入生产过程的生产要素已被消耗。生产出来的产品供人类生活消费，也可供新的生产消费。供新的生产消费的产品可能会转变为新的资本。所以，新产业、新产品和新的生产过程的开发，是资本产生的根源。因此，哪里研发、产生了新产业和新产品，则探究资本孕育的源泉就在哪里。资本产生的过程和原理见图1所示。

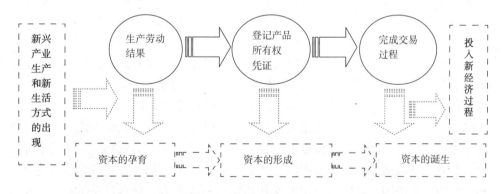

图1 资本产生的过程及其原理

资本是经济增长和企业可持续发展的发动机。从图1可以看出，资本的产生源于新兴产业的开发和新生活方式的出现，从而引发众多新生产要素投入新的生产过程，生产出新产品和新的社会活动方式，这些新的产品和活动方式可被人们自由选择、自由买卖，实现产权化。于是，新兴产业的部分生产结果就转化为资本了，成为社会扩大再生产的原动力。显然，资本的产生过程由五个环节构成：新产业新生活的出现、生产过程、交易过程、生产成果产权化，以及再投入生产过程。前两个环节的良好运行决定于生产力的先进程度，后两个环节的持续进行决定于经济制度的科学化。我国很多企业的生产要素因缺少图1里的中间三个环节，从而未形成要素资本。现代科学技术、信息资源和知识等新生产要素与创造资本相融合，就会产生崭新的先进生产力和新兴产业。现代社会生产关系、文化传统和人类新文明与先进生产力相融合，会促进新型经济制度的产生。制度属于知识范畴。新经济制度的产生会充实我国的经济管理知识。新资本诞生后，就会寻找新兴产业，从而进入新的再生产过程及其循环。生产要素是产生资本的根本资源，资本是企业创造价值的唯一源泉。那些未转变为资本的生产要素虽然也被投入生产过程，但它们是不完全经济投入，或者非经济投入，如所有者的非理性或出于政治和文化等角度的投入。

陈志武认为，“一个国家的核心资本源在三方面，第一是土地和自然资源，第二是企业财产和未来收入流，第三是社会个人和家庭的未来劳动收入。但把这些资产、未来收入流转变成‘钱’或‘资本’的前提条件是这些资本源能被买卖，最好是能自由买卖”①。在这里，陈志武对资本产生的解释与萨缪尔森关于资本是以往生产过程的结果的论断是一致的。这与图1里资本产生过程的第三、第四个环节是吻合的：进入交易过程→生产成果产权化→资本诞生。至于生产过程是如何发生和存在，即“土地和自然资源”、“企业财产和未来收入流”，以及“社会个人和家庭的未来劳动收入”是如何产生和实现的，也就是资本产生过程的第一、第二个环节，陈志武和学界则没有解释。事实上，我国近30多年的社会经济发展，一直致力于经济制度和社会制度改革。经济制度的建设目标在理论和实践上已基本得到解决。可是，我国在研究开发新的产业、创造新的生产方式和生活方式，以及利用技术革命和产业革命推进社会经济进步方面，尚极其落后。不仅缺乏经验，而且理论研究也很不够。以英美国家为代表的西方社会，其经济发展和社会文明进步的关键在于第一次产业革命产生于英国，第二次、第三次产业革命产生于美国，发起产业革命并取得成功的关键在于科学技术的飞跃和应用。如同前文的故事，“鲁滨逊”和“星期五”经济体的发展和文明进步，必须要开发出新的产业，要在种果树和小麦的基础上，继续开发新的种植业，如种植水稻、玉米、蔬菜，养殖牲畜等。这些新兴产业的开发，必须以科学技术的学习研究和开发为基础。

所以，我国企业最薄弱的业务就是新兴产业的开发。中国企业最缺乏的不是人力资源、货币资本和物质设备资本，而是推进企业将科学技术转化为现实生产力的创造性资本。中国企业究竟最缺少什么，确实值得企业家和学者们深思。我们的企业生存于具有五千年文明历史的中国，我们有丰厚的文化传统和制度资源。我国经济的要素禀赋结构是人力资本、货币资本、物质设备资本相对充裕，而技术资本、信息资本和知识资本极为紧缺。我们最缺少的是现代科学技术，以及把科学技术转化为产品的先进生产方式和商业模式。以技术资本、信息资本和知识资本组合的创造资本，则是企业研发新兴产业、

① 陈志武. 中国的钱为什么这么多？[N]. 证券市场周刊，2007-04-16.

新生产方式和新商业模式的发动机；科学技术、信息资源和经济管理知识，已成为我国经济社会的核心生产力。充分利用科学技术和新兴产业革命，发展核心生产力，推进我国社会的文明进步和发展，以形成我国经济发展的重要社会基础。

四、我国企业的资本选择方式及其实践

企业为了有效参与市场竞争，必须不断地创造新的产业和产品。发展核心生产力是提升竞争优势的基础。这就要求企业持续加大技术、信息和知识的资本投入，当然，新的核心生产要素投资应与其他要素投资相匹配。这就涉及投资的领域、数量和结构，以及资本配置方式的选择。今天，竞争的性质正在发生变化，全球化的压力不断增加，使得投资成为企业获取竞争力优势的最关键的决定性因素[①]。这也验证了中国政府在美国次级抵押贷款危机引发世界性经济危机时，立即启动 4 万亿投资的重大决策的正确性。

根据本文图 1 资本产生过程及其原理，我国企业的发展和资本选择方式的优化，应从新兴产业的研发开始，寻找新的市场增长点，培育更多的创造性资本，将创造资本与货币资本有效组合，配置于新兴产业研发和新产品生产之中。一项新产业、新产品的投资比例和优化，经常依赖于其他与之互补和相连续的投资活动。一个新工厂机器设备投资和员工的招聘，及设计生产能力的实现，必须有与之配套的技术、信息和知识投资，以及员工培训。如果设备精良而无先进的新产品、原材料和文明的员工，技术先进、员工文明而无科学的资本配置机制，那么，也不会生产出高质量的人们喜欢的产品。由于存在私人投资"外部效应"，社会的最优投资比例可能会不同于单个企业的最优投资比例。私人投资的外部溢出效应为整个国家经济带来的好处，可能会超过用以增加股东利益的私人收益。作为社会收益的外部溢出效应包括员工们更高的潜在薪金、当地供应商的更多利益，以及整个经济体的资本配置机制的优化。私人投资外部效应的产生，主要源于能够提高核心生产力的技术投资。

资本逻辑和企业投资实践说明，投资的决定因素主要有宏观经济环境、资本配置机制，以及投资项目本身具备的条件。宏观经济环境奠定了一个国家全部企业投资时面对的背景。中国推行社会主义市场经济制度，又有优秀的文化传统和当代社会相对科学灵活的政治体制，使得中国近三十年经济取得长足发展。当然，社会主义制度和相对科学灵活的政治体制，也易于出现宏观调控过度问题。这是我们应该注意的。

一个经济体中的资本配置机制，主要通过外部资本市场和内部资本市场发挥作用。在外部资本市场，股票和债券购买者向上市公司提供货币资本，根据上市公司效益和财务预期，增加或减少个别资产投资比例，使货币资本在不同企业之间配置。上市公司的所有权分享和代理关系模式、所有者和代理人的目标、评估企业方法及信息量，以及所

---

① 迈克尔·E. 波特. 资本选择：正在改变美国的产业投资方式 [M] //唐纳德·H. 邱主编. 公司财务与治理机制. 杨其静等译. 北京：中国人民大学出版社，2005.

有者或代理人影响管理者行为的方式等因素，对外部资本市场的有效均衡运行具有重要作用。在我国，政府直接投资也是外部资本市场的重要组成部分。由于政府的组织性质和职能不同于企业，决定了政府的直接投资只是企业外部资本市场的补充。如果政府直接干预市场过多，就会产生宏观调控过度问题，形成垄断并破坏正常的市场经济秩序。在内部资本市场，企业将内部资本和可利用的其他个人或机构资本在企业生产经营内部各项目之间进行分配。通过企业内部配置要素资本的生产项目，也具有竞争性质。对内部资本市场影响最重要的因素是公司目标、企业处理高层管理者与企业之间关系的组织原则、用于评估和监管内部投资选择权的方法和信息，以及高层管理人员干预投资项目的性质。这四个因素也是塑造企业外部资本市场的重要因素。由于我国推行公有制为主体、多种所有制经济共同发展的基本经济制度，坚持按劳分配与按生产要素分配相结合，于是，一方面，我国的市场经济与社会主义制度联系在一起，公有制主体地位产生了按照社会发展要求在宏观范围自觉科学配置资源的条件。劳动者把最重要的生产要素掌握在自己手中，而非货币资本所有者完全掌握。这就使生产资料摆脱了在私有制下按货币资本追求利润的需要配置资源的单一性。另一方面，公有制主体地位要求代表国家的政府承担按照社会发展需要宏观配置生产要素的任务，而政府的性质、政府官员和国有资本管理机构的高管拥有少量的经济学知识和管理经验，使得他们缺乏理解产品或新产业所需的关键技术。投资决策的设计、实施和评估涉及内部经营单位之间的信息交流或对话，政府官员不具备充分利用企业信息的能力。所以，我国企业的资本选择应以市场经济下的资本配置机制为依据。很明显，我国企业的投资活动和实践，应尽快回归企业外部资本市场和内部资本市场这两种主要的资本流动渠道。

投资项目本身具备的条件，反映着投资项目所在产业的发展空间和项目的收益情况。一项投资的潜在收益，可通过投资项目所在产业的性质、是否属于新兴产业、所在地区的竞争位势，以及投资企业的竞争位势等因素体现出来。项目的收益能力，在很大程度上依赖于所在产业的新旧程度、专业化技能的储备、技术和基础设施，有购买力的当地客户，强有力的供应商，与该产业在技术、信息或客户方面紧密关联的有竞争力的当地企业，以及鼓励持续投资和竞争活力的当地环境。这些因素结合起来，形成一个自我增强的投资系统。显然，投资项目越是新兴产业和具有挑战性，就越有更高的收益。

现在，我国政府正在落实十大产业振兴规划和扩大内需的4万亿投资计划。对于前者，截至2009年2月27日，国务院常务会议已先后通过了钢铁、汽车产业、纺织工业、装备制造业调整、船舶工业调整、电子信息产业、轻工业、石化产业、有色金属和物流业十大产业振兴规划，其实施时间将从2009年至2011年。其主要内容是产品技术升级和技术研发、设备技术改造和技术购置等技术投资，企业信息化投资，以及企业管理深化。可以预见，3年的实施将使上市公司中各龙头企业迎来更大的发展机遇。对于后者，目前4万亿元拉动内需的投资计划进展情况是：廉租住房、棚户区改造等保障性住房4000亿元，占10%；农村水电路气房等民生工程和基础设施3700亿元，占9.25%；铁路、公路、机场、水利等重大基础设施建设和城市电网改造15000亿元，占37.5%；医疗卫生、教育文化等社会事业发展 1500 亿元，占 3.75%；节能减排和生态建设工程 2100 亿元，占 5.25%；自主创新和产业结构调整 3700 亿元，占 9.25%；汶川地震灾后恢复重建 10000 亿元，占 25%。该 4 万亿投资中的重大基础设施建设和城市电网改造，以及医疗卫生、教育文化等社会事业发展投资，因我国近三十年的建设发展中，基础设施和文教卫生已有长足发展和巨大变化，目前增加这两个领域的投资有重复建设之嫌。重要的是，在应对国际经济危机时，进行投资大、时效慢、收回期长的项目，不符合财务规则。相反，应加大农村、农业和农民的投资，不仅要在农村人口饮水安全、农村电网变电站和电路、农户生活用沼气、保障性住房，以及水利工程和农村公路等民生基础设施上加大补偿性投资，而且要在农业生产技术研发、农产品升级、农业机械设备改造，以及土地整理和土地养护等方面加大投资。还要加大农民的专业技术培训。长期以来，我国农产品价格由政府统一定价，农产品生产者无定价权，严重损害了农民的利益。农业生产的现金流量极不畅通，不仅货币资本匮乏，而且技术、信息和知识的投入产出也非常落后，农业生产发展缺少基本的技术和设备基础。如果将重大基础设施建设和城市电网改造的 15000 亿元转为农业生产投资和农民技术培训，医疗卫生和教育文化 1500 亿元转为农村科学技术普及、医疗卫生和文化图书等基础设施建设，那么，该 4 万亿投资的 1/2 以上被用于新兴产业开发和新生活方式提升。这样，4 万亿投资活动，就会与资本的内在逻辑和客观规律相一致。资本与农民相结合，使农民通过货币资本的占有而与技术、信息、市场相结合，并占有技术、信息和市场，从而与世界相结合，资本由此在农村无限地发展起来。这就是资本逻辑。否则，若政府不纠正基本建设投资偏好，4 万亿中的很多货币资本不会发挥资本增值功能，而是仅仅起到一次性消费的作用，显然，这是一种浪费。当然，政府在节能减排和生态建设工程、自主创新和产业结构调整，以及汶川地震灾后恢复重建投资，都是极为必要的。投资方式的选择取决于经济过程多要素资本均衡配置状况。经济组织只有多种资本配置均衡，才能实现收益最大化。

五、结论与启示

（1）资本是人们的生产成果经过交易完成产权化之后投入再生产过程的价值。资本充裕程度与新兴产业的开发密切关联。生产和交易过程的完成是资本产生的必要充分条件。资本逻辑要求企业增强学习科学和研发新技术的能力，并适应新兴生产要素的创造——扩大新兴生产资料的开发和生产。遵循资本配置机制和市场规律把创造性资本配置到第一产业和第二产业的高新技术制造业，将是我国经济发展的必由之路。资本主义发展的根本在于货币资本积累，社会主义发展的驱动力在于扩大先进的新兴生产资料的生产。只有先进的生产资料的生产满足社会生产需要，社会主义经济才可能健康持续发展。多种异质要素资本的合理配置和增长是我国社会主义市场经济健康全面发展的基础。

（2）资本理论的内在逻辑和社会经济实践是企业投资方式选择的基础。社会政治制度和经济政策是投资者选择资本方式的重要参考依据。资本的有效配置服从于市场经济机制而非政府的良好行政意愿。在资本配置服从于市场经济机制的基础上，吸引政府对拥有新技术研发能力的企业①加强政策支持和投入，结合产、学、研、用等上下游相关单位，合理配置资源。新兴要素资本的出现，将中国经济带入社会主义新资本时代。

（3）加快推进创业板市场，促进风险投资资本的形成。依据资本理论的内在逻辑，借鉴发达国家经验，加快创业板市场的推进，努力形成中国的风险投资资本，使技术资本尽快转化为新兴经济产业。

（4）早在1995年，我国政府就提到："当前的主要问题是，农业基础薄弱、工业素质不高、第三产业发展滞后，第一、第二、第三产业的关系还不协调。"迄今为止，我国的农业基础薄弱、工业素质不高的问题并未得到改进，其根源与科学技术开发落后、新要素资本创造缺失不无关系。如果农业生产落后、农民收入过低，以及科学技术转化率过低、科技人员收入过低，那么，我国的消费市场就难以发展起来。

参考文献

［1］罗福凯. 论要素资本——由一则故事引发的思考［J］. 财经理论与实践，2009（1）：3-7.

［2］伊特维尔等. 新帕尔格雷夫经济学大辞典［M］. 北京：经济科学出版，1996.

［3］马克思. 资本论（第1卷）［M］. 北京：人民出版社，1963.

［4］罗福凯，李鹏. 论要素资本中的技术、信息和知识［J］. 东方论坛，2008（5）：76-82.

［5］罗福凯. 财务理论的内在逻辑与价值创造［J］. 会计研究，2003（3）：23-27.

［6］陆正飞，王化成，宋献中. 当代财务管理主流［M］. 大连：东北财经大学出版社，2004.

［7］希克斯. 价值与资本［M］. 薛藩康译. 北京：商务印书馆，1962.

［8］庞巴维克. 资本实证论［M］. 陈端译. 北京：商务印书馆，1983.

［9］杨小凯，张永生. 新兴古典经济学与超边际分析［M］. 北京：中国人民大学出版社，2001.

［10］唐纳德·H. 邱主. 公司财务与治理机制［M］. 杨其静等译. 北京：中国人民大学出版社，2005.

［11］中共中央文献研究室. 毛泽东、邓小平、江泽民论科学发展［M］. 北京：中央文献出版社，2008.

［12］方竹兰. 人力资本所有者拥有企业所有权是一个趋势［J］. 经济研究，1997（6）：36-40.

［13］蒋学模. 社会主义经济中的资本范畴和剩余价值范畴［J］. 经济研究，1994（10）：54-58.

［14］刘培林，宋湛. 金融资产、资本和要素禀赋结构［J］. 改革，2002（2）：82-87.

［15］Franco Modigliani，Merton H. Miller. The Cost of Capital, Corporation Finance, and the Theory of Investment［J］. American Economic Review，1958，48（3）：261-297.

［16］Michael C. Jensen，William H. Meckling. Theory of The Firm：Managerial Behavior，Agency Costs and Ownership Structure［J］. Journal of Financial Economics，1976，3（4）：305-360.

---

① 比如原美国朗讯的贝尔实验室，中国大量企业中拥有自己的实验室。

16 | 资本理论学说的演进和发展研究[*]

一、引言

　　财务学从商品物与物交换的使用价值开始，依次使用货币、本金、资本和价值等核心范畴，并依次由后者取代前者形成财务学理论的主导地位。从资本学说史上看，我们一直坚持和发展马克思的资本理论。马克思关于"资本是生产剩余价值的价值"的资本概念及其作用、分类、构成和运行机制等原理，是我国经济发展、企业理财的理论基础。19世纪著名经济学家、极力反对马克思的庞巴维克认为，"资本只是迂回行程中某些阶段里出现的中间产物的集合体"[①]，即生产资料，他称这种资本为"生产资本"；而那些"可以生产利息的物品"则可称为"获利资本"。庞巴维克的资本理论是建立在他的效用价值理论基础之上。马克思的资本理论则建立在劳动价值理论的基础之上。在人类社会与自然的发展中，任何生产要素，只有直接、间接地同劳动力相结合，才能生产物品、创造价值；相应地，今天的市场经济中的任何劳动（体力的和智力的、简单的和复杂的）只有直接、间接地同其他生产要素相结合才能生产物品、创造价值。马克思关于货币（本金部分）转化为资本的条件是劳动（并非劳动力）成为商品的论断是非常科学的，揭示了经济发展的本质特征，是劳动价值理论的基石。不过，马克思的劳动价值论忽视劳动客体的作用，也有其不足之处。庞巴维克、希克斯、凯恩斯等效用价值学派的资本理论，虽然部分地被应用于我国20世纪80年代的经济改革开放中并取得一定的成效是一个事实，但效用学派资本理论的主观性和劳动认识的不完全性确实是其理论的一个重大缺陷。在科学技术极大发展、人类认知水平发生极大变化并不断提高的情况下，重新审视和探索资本理论，其理论和实践意义都很重要。

二、简要文献述评

　　资本理论在整个经济理论中占据着重要地位，其研究的对象和范畴也是经济学家持

---

　　[*] 原文发表于王振中. 政治经济学研究报告 4：市场经济的资本理论研究 [M]. 北京：社会科学文献出版社，2003.
　　[①] [奥] 庞巴维克. 资本实证论 [M]. 陈端译. 北京：商务印书馆，1983：58.

续关注的问题，尤其是资本的构成及泛化，资本存量与回报率以及资本的配置问题。真正意义上的资本理论确认之初，古典经济学派就揭示了资本"预付"的特征，而且为达到这种"预付"，通常还伴随着资本品的积累——资本积累过程。最初，这种资本积累还仅限于为生产而蓄积的财富，但伴随着社会学、政治学有关资本认识的引入，产生了资本标的泛化的现象。资本概念的多维度释义以及对资本形成认知的缺乏是造成资本泛化的重要原因。汪丁丁（2006）分别从物质维度，社会关系维度以及精神生活维度对资本概念进行了归纳。他阐明了古典学派所关注的"物"的资本所具有的累积效应，以及由此针对资本存量所进行的总量分析。与此同时，在 20 世纪 70 年代后期，社会关系维度内的资本概念得到了更为广泛的关注，贝克尔进一步试图在其《社会经济学》中将资本概念从经济学"物的维度"脱离出来。但在经济学上，只有生产要素才可实现资本化，而且资本的形成需要经过生产活动、登记所有权凭证、完成买卖交易进入经济领域这三个关键环节（罗福凯，2008、2014），众多新型资本形式的产生是因为人们将那些能够带来经济利益的资源都称之为资本，更忽视了经济意义上的资本形成过程。资本存量的估计关乎以此为基础所进行的经济增长、投资效率和全要素生产率等众多研究，这些研究所存在的争论在很大程度上与资本存量的估算精度密切相关。整合国内外现有文献，Goldsmith（1951）开创的永续盘存法（PIM）在资本存量的估计中得到了普遍使用（王小鲁，2000；张军，2003、2004；单豪杰，2008）。有关资本存量的估算研究，既涉及总体宏观层面资本存量的估计，也包括地区和行业层面的估算。然而，现有文献所估计的资本存量存在显著差异，这主要源于公式中所涉及的基期资本存量、每年投资额、投资品价格指数以及折旧率的偏差，因此有关这些变量选取的合理性也成为资本存量估计中所关注的焦点。为评价资本投资效率，基于资本存量所估计的资本回报率成为资本理论中所关注的另一个重要问题。在资本回报率的测算中，通常以产出相对于资本存量的回归分析获得边际资本回报率（龚六堂和谢丹阳，2004）或以资本租金公式（Hall-Jorgenson，1967；白重恩，2007）及其公式变化形式对平均资本回报率进行直接估计。这种通过不同角度的资本回报率测算，实现了对既定资本存量利用状况的客观验证。有关资本配置中所强调的要素比例变动及替代性分析在门格尔的经济理论及维塞尔的后续改进中就有所体现，以替代弹性研究资本的配置问题实现了对生产要素间的替代或者互补性关系的客观评价。而且，理论和经验性分析也表明，产出水平不仅依赖于生产要素的总体投入状况，还依托于要素间的替代弹性。对于这种替代弹性的估计，当前研究集中于以下三种方法——推断法、单方程模型估计法及标准化供给面系统方法。在单方程模型的使用中，大量研究关注对前期模型的修正（郝枫，2015），然而由于标准化供给面系统方法实现了对单方程估计的整合，所以近年来得到了更多学者的采纳（戴天仕、徐现祥，2010；陈晓玲、连玉君，2012）。当前，资本理论的研究涉及多个方面，既包含资本的构成及形成过程的分析，也涉及资本存量、回报率和资本配置问题的探讨，它已经成为西方经济学中规模庞大的综合性理论领域。

三、资本理论研究的主要学派及其观点追溯

（一）古典经济学派的资本理论

以斯密（1723~1790）和李嘉图（1772~1823）等著名经济学大师为代表的古典学派主要是从生产的一般过程及其物质条件去研究资本，认为资本是与存在于劳动者身上的"活劳动"相并列的"积累劳动"和生产中不可缺少的物质要素，是人们增加生产、积累财富的手段。因此，把资本视为经济发展的一个自然的、永恒的财务范畴，因而资本主义也是一个自然的、不变的社会形态。斯密认为，资本是资本家为了增加财富而积累起来的"预储资财"。实质上是把资本当作一种会增加财富的自然力。这为后来的新古典经济学派代表人物萨伊的"三位一体"公式提供了经典性的理论依据。而且，人们要靠"节俭"和"勤劳"才能把资本"预储"起来，增加财富和价值①。这又为新古典学派的资本"节欲论"提供了依据。李嘉图则更加明了地把资本与生产资料直接画等号，认为猎人手中的猎具也就是资本②。

古典学派在范畴上提出了固定资本和流动资本及其构成。著名经济学家魁奈把资本分为"原预付"和"年预付"，实际是根据资本价值的周转方式不同把资本分为固定资本和流动资本，这里涉及马克思提出的不变资本和可变资本。但是，他没有像马克思那样先把资本划分为不变资本和可变资本、找到剩余价值的来源之后，再把资本分为固定资本和流动资本。并且，魁奈没有发现劳动的二重性问题；因而，即使他把资本划分为不变资本和可变资本，也难以解释清楚为什么固定资本在物质形态上全部加入生产过程，而其价值却部分加入新产品，流动资本在物质形态上只部分进入生产过程，其价值却全部加入新产品。魁奈还把农业资本看成一般资本。斯密的资本构成理论既有比魁奈的先进之处，也有比魁奈落后的地方。斯密认为，各个产业部门的资本都可以划分为固定资本和流动资本。这是极其科学先进的资本分类理论，是对经济学的巨大贡献。只是斯密的固定资本和流动资本的划分准则尚不完善，斯密把不参加流通、只固定在资本家手中就能带来利润的资本当作固定资本，而参加流通、进行交换、更易主人而为所有者带来利润的资本就是流动资本。显然，这一点斯密不及魁奈的思想明确、先进。斯密划分固定资本和流动资本的本意是寻找和说明剩余价值的来源。这为后来马克思研究资本和价值提供了借鉴。李嘉图在概念上继承了斯密的固定资本和流动资本，但其划分标准又与斯密有差异。李嘉图根据资本的"耐用性"来划分固定资本和流动资本，认为耐用性强、使用时间长的资本属于固定资本，不耐用、使用时间短的资本则是流动资本。这比斯密的思想有进步之处。马克思关于以资本价值的转移是一次转移还是多次转移来划分

---

① 斯密. 国民财富的性质和原因的研究［M］. 北京：人民出版社，1972：310.
② 李嘉图. 政治经济学及赋税原理［M］. 北京：人民出版社，1972：17-18.

固定资本和流动资本的准则与之比较接近。但是，李嘉图的流动资本只是支付工资的资本，不包括投入原材料的资本，应该说这是不完全的。但同时也说明，李嘉图划分固定资本和流动资本以解释资本的不同作用时，既考虑了资本在生产过程中滞留时间的长短问题，也考虑了资本与剩余价值的关系问题。因此，当他再考虑前一个问题时又在想着后一个问题，说明他认识到了有必要就资本与剩余价值的关系对资本进行归类——他的固定资本和流动资本同马克思的不变资本和可变资本在内容上很相近。但李嘉图没有建立比较系统的劳动价值论。

古典学派虽然从一般生产过程研究资本，但也涉及了生产关系问题。斯密指出，"资本一经在个别人手中积聚起来，当然，就有一些人，为了从劳动生产物的售卖或劳动对原材料增加的价值上得到一种利润，便把资本投在劳动人民身上，以原材料与生活资料供给他们，叫他们劳作"①。在这里，斯密已经认识到资本主义的生产前提——生产资料与劳动者的分离。同时强调资本原始积累要靠节俭和勤劳。李嘉图认为，物化劳动只参加产品的形成过程和价值转移，不创造任何新价值，只有劳动者的活劳动才创造新价值。李嘉图的劳动价值论提出资本不能创造价值，但没有像马克思那样论证或指出资本是怎样与活劳动相对立的一种生产关系。总体上，古典学派反对封建制度，为资本主义经济发展寻找理论和方法。

（二）马克思主义的资本理论

马克思（1818~1883）在19世纪40年代阅读了古典学派的大量著作，做了大量笔记和述评。经过研究，马克思发现，古典学派受其不彻底的劳动价值论和阶级局限性的束缚，把资本不恰当地等同于生产资料，把利润仅视为资本的产物。于是，马克思批评和否定了资产阶级经济学家将资本混同为一般生产要素的观点，并从唯物史观和科学辩证法出发，主张资本是政治经济学理论的主体要素，提出资本在本质上是一种社会生产关系。例如，在《1844年经济学哲学手稿》里，他认为，资本是劳动产品在私有制下异化的积累，是对别人的劳动产品拥有私有权，具有对劳动产品的统治能力。在1847年的《哲学的贫困》和《雇用劳动与资本》里则十分明确地指出资本"是资产阶级社会的生产关系"，积累起来的劳动"只有作为剥削活劳动的手段使价值增值的才成为资本"。"黑人就是黑人，只有在一定的条件下，他才成为奴隶。纺纱机就是纺棉花的机器，只有在一定的条件下，它才成为资本。脱离这种关系，它也就不是资本了，就像黄金本身并不是资本，砂糖并不是砂糖的价格一样……资本是一种社会生产关系。它是一种历史的生产关系"②。"资本来到世间，从头到脚，每个毛孔都流着血和肮脏的东西"③。这不仅指出了资本是一种生产关系，而且指出资本是怎样的一种社会生产关系——带来剩余价

① 斯密. 国民财富的性质和原因的研究［M］. 北京：人民出版社，1972：122.
② 马克思，恩格斯. 马克思恩格斯全集（第4卷）［M］. 北京：人民出版社，1975：486-487.
③ 马克思，恩格斯. 马克思恩格斯全集（第1卷）［M］. 北京：人民出版社，1975：256.

值的价值。在 1857～1858 年手稿和正式出版的《资本轮》第 1 卷（资本的生产过程）中，马克思又进一步系统地揭示了资本的本质是榨取剩余价值；强调"资本不是物，而是一种以物为媒介的人与人之间的社会关系。"在《资本论》第 2 卷（资本的流通过程）中，通过对资本循环和周转及社会资本再生产的分析，论证资本的本质特征是在不断地连续运动中为其所有者带来剩余价值。

马克思也认为资本有推动社会生产力发展和社会进步的作用。注意到了资产阶级在他不到一百年的阶级统治中所创造的生产力，比过去一切世代创造的全部生产力还要多，还要大。他说"资本的文明面之一是，它榨取剩余劳动的方式和条件，同以前的奴隶制、农奴制等相比，都更有利于生产力的发展，有利于社会关系的发展，有利于更高级的新形态的各种要素的创造。[①]"这说明，马克思对资本范畴本质的见解有二重性：一是包含了价值判断的资本的社会属性；二是不含价值判断的资本的自然属性。前者是建立在生产资料的资本主义私有制基础之上，体现资产阶级占统治地位的社会关系；后者则是资本自行增值的表象及其背后资本对别人剩余劳动的支配权的实质，以及资本促进生产力发展的能力。

资本的生命在于运动，如果离开运动，不能发生价值增值，也就不叫资本。马克思说，"价值成了处于过程中的价值，成了处于过程中的货币，从而也就成了资本。他离开流通，又进入流通，在流通中保存自己，扩大自己，扩大以后又从流通中返回来，并且不断重新开始同样的循环"[②]。

马克思分析了资本在历史上的形成史及其发展史，并通过对资本主义暂时性的论证，指出资本范畴是一种历史的社会关系，会随着资本主义的消灭而消灭。这一点同古典学派的资本范畴永恒存在的理论及人类进入 21 世纪的经济现实相差甚远。现在看来，马克思关于资本范畴的特定历史性乃至社会主义社会不存在商品经济的判断，是受其历史时间性、当时科学技术水平不够发达和人的认知能力有限性的影响的。科学技术及其应用程度较低，使人们难以发现土地的自然地理条件、资产质量和生产工具的科学先进性、效率性等劳动客体对劳动主体及其行为效果的作用。马克思研究资本是为了反对资本主义制度，揭露资本主义的反动性，为全世界无产阶级寻求解放、建立人人平等并拥有财富、没有剥削、实施无产阶级人民民主专政的社会主义制度寻找理论依据和方法。

对于资本构成，马克思将资本分为可变资本和不可变资本，这是很科学先进的。马克思的资本分类及资本有机构成理论是现代经济学人力资本投资理论的重要思想渊源。

总之，马克思主义经济学是古典经济学的重大发展，是系统、全面、科学先进的经济学。其资本的流通理论、资本的社会再生产理论、剩余价值理论等都具有超时代的历

---

① 马克思. 资本论（第 3 卷）[M]. 北京：人民出版社，1975：925-926.

② 马克思. 资本论（第 1 卷）[M]. 北京：人民出版社，1975：177，834.

史意义，虽然马克思的劳动价值论实为劳动主体价值论，忽视劳动客体的价值创造作用。[①] 在我国，马克思的经济学理论是国家、政党和人民建设国家、发展社会文明的思想基础和指导路线，社会各界对其很熟悉，此处不再详述。

（三）新古典经济学派：庞巴维克的资本理论

1890 年马歇尔《经济学原理》的出版，标志着新古典经济学的形成。尽管作为古典经济学灵魂的分工与专业化思想是经济学真正的核心问题，可是古典经济学的系统理论因没有一个好的数学框架来组织等原因，随后的一场致力于将经济学发展成为精密科学的边际革命，则将经济学关注的这一核心内容由经济组织问题逐渐转向资源配置问题。以研究资源配置的价格理论和边际效用分析为主流的新古典经济学又由英国"剑桥学派"、奥地利学派、瑞典学派、洛桑学派等若干子学派构成，其主要代表人物为英国的马歇尔和杰文斯、奥地利的门格尔和庞巴维克、瑞典的魏克塞尔、法国的瓦尔拉等著名经济学家，他们都曾对效用价值、边际分析和资本理论的研究做出了一定的贡献。其中，对资本和价值研究较多的奥地利学派虽然由门格尔首创，但该学派的理论在庞巴维克（1851～1914）的著作《资本实证论》中才表现得最为完整。

对于资本的性质，庞巴维克认为，资本是迂回生产过程和方法的产物。他以农民饮水为例，水源与农民住宅有一段距离，他认为至少有三种方法可以获取饮水：第一是直接方法——到水源地用手掬水喝。第二是间接方法——伐倒一棵树，做成木桶，用木桶把每天所需用水运到屋里。第三——另外一种间接方法——伐倒很多树，把树干劈开凿空，联结成能引水的渠道，将水运到屋里。显然，三种取水方法，后者依次比前者优。此例类似于斯密著名的制针厂生产的例子。庞巴维克说，"一切生产的最终目的，是制造满足我们需要的物品，亦即制造用于直接消费的财货，或消费品。……用迂回方法生产财货所得到的结果，比直接生产它们为大。如果财货可以用任何一种方法来生产，则用间接的方法可以以等量劳动得到较大的成果，或是用较少的劳动得到同样的成果。……迂回的方式比直接的方式能得到更大的成果，这是整个生产理论中最重要和最基本的命题之一。……而资本只是在迂回过程中的各阶段里出现的中间产物的集合体罢了。[②]" 虽然庞巴维克的这一表述是以斯密定理为依据，而且，美国经济学家阿伦·杨格（Allyn Young, 1928）那篇《递增报酬与经济进步》的著名论文，代表了研究分工问题的最高成就，但庞巴维克将资本的形成与分工和中间产品联系起来的思想却是非常先进的。现代著名经济学家科斯曾指出，中间产品与最终产品之间的分工，是厂商出现的必要条件但

---

① 人类的本质是劳动。"人类劳动的性质都是常态的或者说无差别性质的，劳动态势自古以来都是常态的，不是正态的。常态劳动包括正态劳动，也包括变态劳动，常态劳动是正态劳动与变态劳动的统一"。而不仅仅包括活劳动和物化劳动、主体性劳动与客体性劳动等部分。劳动的本质特征在于其整体性。劳动创造价值指的是"劳动整体创造价值"。见钱津. 生存的选择 [M]. 北京：中国社会科学出版社，2001.

② 庞巴维克. 资本实证论 [M]. 陈端译. 北京：商务印书馆，1983：53，55，58.

非充分条件，交易费用的差别是企业出现的另一个必要条件（Coase，1937）。当代著名经济学家张五常教授则进一步指出，当劳动力交易效率比中间产品交易效率高时，企业会从生产最终产品和中间产品的分工中出现（Cheung，1983）。著名经济学家杨小凯等指出，企业的形成必须满足三个条件：①不对称剩余控制权；②收益的剩余权；③雇主利用雇员的劳动生产出的某种产品或服务，必须是为了出售获利而不是全由自己享用。"这第三个条件，实际上意味着生产中间产品与生产最终产品之间的分工，中间产品是企业出现的必要条件"①。在这里，庞巴维克将资本的性质与企业的本质、价值或产权问题相联系，视资本为迂回生产过程的集合体（价值垫支或产权），是重要的资本理论创新，具有高远的前瞻性和有效的普遍性。

在迂回生产模型中，中间产品（如机器）的种类之所以增加，是因为这些中间产品可以提高最终消费品的生产率。但是，如果每个人同时自给自足地先生产很多种机器，然后再用其生产最终消费品，则由于每种机器生产中的专业化水平很低，最终消费品的生产效率也不能提高。因此，在最终产品生产率和中间产品生产率之间，存在着难以兼顾的两难冲突。当交易效率极低时，分工产生的总交易费用超过专业化经济的益处，人们必须选择自给自足。如果自给自足，由于每人的时间有限，提高机器生产率与增加机器种类以提高最终产品生产率的两难冲突就会出现。所以，在自给自足情况下，不会产生资本，财务价值的主要载体仅是本金——自给自足的本钱；封建社会及其以前的社会经济基本如此。当交易效率改进后，人们有更大的空间来折中关于节省交易费用与利用分工效益的两难冲突，因此，人们会选择高分工水平，当然也会增加迂回生产链条的长度。生产迂回度的增加是工业革命的主要特点。与美国、日本等发达国家相比，我国的生产迂回程度很低。美国人整理自家的花园，不常使用锄头等简单工具，而常常是向专业机器租赁商租用各种机器；美国人也较少用手搬运东西，而是常用各种汽车和专用的复杂工具来搬运，这些机器都是由一个非常长、分工水平极高的迂回生产过程生产的。而在我国，很多人都用扁担和手推车搬运东西，用非常简单的锄头、铁锨挖地，这些工具的生产过程并没有很长的迂回生产链，因而不需很多的资本价值。当然，我国创造的价值量也较少。中国人智商仅次于犹太人，可是为什么没有美国、日本等西方发达国家的生产率高？同样一个中国人，在中国时收入很低，但到了美国，技能没有什么变化，即使在餐馆打工也比在中国收入高得多。答案是个别人的技能和智商对提高生产力的作用，远不如复杂的分工网络对生产力的贡献那么重要。分工的发展不但能使个别人有限的能力加总后（产生的价值）比个别人（各自创造价值）能力的简单加总大得多，而且其发展有赖于交易效率的改进。所以，虽然中国人的锄头比美国人的精巧，使用锄头时也比美国人聪明，但美国人可利用一个非常复杂的分工社会网络——（社会）资本价值系统，取得可能比他们更聪明的中国人无法取得的高生产率。

关于资本的形态，庞巴维克将资本划分为社会资本（又称生产资本）和私人资本

---

① 杨小凯，张永生. 新兴古典经济学和超边际分析 [M]. 北京：中国人民大学出版社，2000：82，83.

（又称获利资本）。他讲，"一般说来，我们把那些用来作为获得财货的手段的产品叫作资本。在这个一般概念下，我们把'社会资本'这个概念作为狭义的概念。我们将把那些用来作为在社会经济方面获得财货的手段的产品叫作'社会资本'，或者由于只有通过生产才能有这种获得，因此，我们把那些被指定用于再生产的产品——简言之即'中间产品'——叫作社会资本。作为两个概念中较广义的一个的同一语，我们可以适当地使用'获利资本'这个名词；或者虽不大适当，但更符合习惯，可用'私人资本'这个名称。另外，'社会资本'，两个概念中狭义的一个，可以被恰当地简略地称作'生产资本'"①。这里的资本分类不是资本的构成问题，而是资本的两种意义。在迂回行程中充当生产资料的中间产品可称为生产资本或社会资本；而可以生产利息的物品则称为获利资本或私人资本。

新古典学派仍以维护资本主义制度为己任，庞巴维克的资本理论也如此。所以，在《资本实证论》这部内容系统、精辟、具有极高学术价值的著作里，有多处批评马克思的资本理论的论述。可是，时至今日，在我们内心形成了一种对马克思的偏爱，但坦诚、平心地说，与马克思的生活时代相近形成的新古典经济学的任何一位卓越经济学家，其任何一部经济学著作，都无法与马克思《资本论》的科学性相提并论。当信息化、经济全球化和知识经济时代的到来，马克思《资本论》关于经济发展规律、社会发展规律的见解必将发挥更大的作用。

（四）凯恩斯主义的资本理论

1. 凯恩斯的资本理论

凯恩斯有关资本理论的论述和观点在西方资本理论发展中占据重要地位，其价格水平基本方程阐述的资本家支出决定利润的重要思想对后来新剑桥资本理论的发展具有重要影响。在《就业、利息和货币通论》中，凯恩斯基于独特的研究方法，从实现和维持充分就业的相关角度对资本问题进行了考察。他批判了正统的新古典理论在总量分析中所采用的"实际国民收入"概念。社会的物品和服务产出量是一个非齐性的复杂整体，其具体形态的差异导致无法从实物上对它们进行加总计量。为此，凯恩斯提出了货币价值量和就业量这两种均质性计量单位，以实现对经济变量的加总计量。而且，他还注意到国民净产品的计量还应包含当期资本设备存量的增减。凯恩斯赞同古典学派的观点，将劳动视为唯一生产要素，任何东西都是劳动在工艺或技术、各种自然资源以及过去劳动具体体现的资本品协助下生产的。此外，他注重资本积累与就业关系的研究，认为当期的储蓄并不等于现实的资本积累，减少当前消费量可能对就业带来不利影响。而且，他否认了奥地利资本理论有关生产迂回程度和生产效率关联性的看法，认为短期生产过程同样会实现有效生产。

---

① 庞巴维克. 资本实证论 [M]. 陈端译. 北京：商务印书馆，1983：73.

1936 年，凯恩斯的《就业、利息和货币通论》在英国出版，标志着凯恩斯经济学已发展成为一个完整的理论体系，对战后资本主义世界走出经济萧条产生了巨大的影响，并引发一场西方经济学说史上的"凯恩斯革命"。西方一些经济学家及凯恩斯的追随者为补充、发展和修正凯恩斯理论而产生了凯恩斯主义的两大分支：以美国经济学家萨缪尔森、托宾、索洛等为主要代表的后凯恩斯主流学派又称新古典综合派；以英国剑桥大学经济学家卡尔多、琼·罗宾逊、斯拉法等为主要代表的新剑桥学派又称后凯恩斯学派。这两个学派在资本理论和经济增长等问题上展开了长期的论战，对资本理论的发展产生了广泛而重要的作用。

20 世纪 40 年代前后，英国经济学家哈罗德和美国经济学家多马基本上在同一时期对凯恩斯的短期分析方法分别提出质疑。学界称之为哈罗德—多马模型（Harrod-Domar Growth Model）。HD 模型强调经济发展的原动力是资本投入，并且投资具有创造需求和创造生产力的双重作用，而凯恩斯仅强调前者，古典经济学则强调后者。另外，HD 模型选择概括性变量。但是，HD 假设资本报酬率——利息率是常数，从而间接地架设了资本和劳动在增长过程中是不可替代的。这就使 HD 模型的实现很困难。HD 没有认识到资本和劳动是可以相互替代的。这就给新古典综合派的攻击竖起了靶子。论战由此开始。

2. 两个剑桥的资本理论之争

（1）新古典综合派的资本理论。

萨缪尔森等运用柯布—道格拉斯函数解释美国国民收入分配，试图证明克拉克学说在理论和实践上的有效性。之后，索洛、斯旺等又将这一函数进一步研究和发展，抽掉社会产品总量所包含的错综复杂的技术、物质特性，假设经济世界仅仅投入两种均质的生产要素：劳动和某种均质产品（去生产同一种均质产品），在此基础上形成一种线性齐次生产函数，从而为解决 HD 模型的刚性难题提供了契机。既然要素市场的价格机制会按照要素收入与其边际产品相均等的规律来调整资本和劳动的比例，并且，资本与劳动比例的调整，实际就是 HD 模型中资本系数 C 的调整，那么，对任何既定的 G_w 和 S 值，便总可以通过调整 C 值来实现充分就业、均衡增长。沿此思路，索洛、萨缪尔森、斯旺等建立了以市场机制和边际生产力规律为稳定均衡调节手段的新古典增长模型。

索洛认为，投资收益率在量上恒等于资本边际产品——通过求偏导数得到，而在均衡条件下，利息率又等于投资收益率，故通过投资收益率概念，利息率决定于资本边际生产力这一正统命题便不应再受到怀疑了。以后，面对罗宾逊、帕西内蒂等的质疑，索洛又对其理论作了进一步解释，指出投资收益率理论并不是要论证利率决定与资本边际生产力，只是表明当经济处于稳定均衡运行时两者存在一种等量关系，承认这种关系并不意味着利率唯一地由物质技术条件所决定。为解决 HD 模型中隐含的资本与劳动不可替代的假定的缺陷，索洛放松这一假定后，以 K 代表资本和劳动的比率，n 代表人口自然增长率，于是，均衡增长条件可表示为 sf（k）= nk 。式中 f（k）是齐次线性生产函数，即 f （k） 是人均产出①。索洛的均衡增长条件与哈罗德的恒等式是等价的。唯一的不同是在于索洛模型中使用了以 k 为变量的齐次线性生产函数，从而使均衡增长条件可以通过调整 k 值而得到一些满足，换言之，索洛模型满足了哈罗德模型提出的均衡增长条件。在均衡增长条件下，索洛模型的增长率可表示为 $g = \dfrac{\Delta y}{y} = \dfrac{\Delta L}{L} = n$。式中 Δy 和 ΔL 分别表示产量和劳动的增量。索洛模型的贡献是突破了哈罗德的局限，开创了长期经济增长与资本关系的理论研究。当然，索洛将自然增长率 n 假定为外生变量就受到许多经济学家的质疑。

在新古典综合学派的资本理论研究中，还经常引入技术进步、全要素生产率等因素，制作经济发展所需的各种数学模型。

（2） 新剑桥学派的资本理论。

当萨缪尔森、托宾等经济学家试图将凯恩斯理论移植到新古典基础上以实现某种"综合"时，罗宾逊、斯拉法等则倡导复兴古典传统来发展凯恩斯"革命"。罗宾逊在她的《资本的积累》（1956） 和《经济增长理论论文集》（1962） 两部著作中，深入系统地论述了她对资本理论的见解。同新古典综合学派一样，罗宾逊等经济学家在研究资本时，也是通过建立数学模型，采取数量分析的方法，研究经济增长的各种制约因素量的变化和资本在经济增长中的贡献，而不是单一地对资本进行定性分析。

罗宾逊认为，当每种产品存在一种正常价格，并且每一设备在其正常能力下运转时，经济处于均衡状态。当资本存量也按正常价格估价时，资本利润率就等于投资利润率。每年的利润等于净投资价值加上食利者消费价值。资本利润率由资本积累率和利润用于储蓄的比率所决定。工资水平由技术条件和利润率所决定。由于许多技术都可用来完成特定的生产线，每个企业都在使用产生最高投资利润率的那种技术，可是，当企业的未来预期与当期的预期一致时，所有生产线的预期利润率都相同。所以，与其说追求利润是为了经济增长，不如说追求经济增长是为了获得更多的利润。在这里，企业财务管理仍假设以利润最大化为目标。显然，在信息经济、知识经济取代工业经济之后，新剑桥学派有关资本理论的一些数学模型、结论和观点的科学性是要打折扣的。

关于资本理论研究的方法，我们主张采取定量和定性相结合、最大程度地使用现代科学技术知识的做法。在我国经济科学比较落后的情况下，经济研究数学化、科学技术化尤为重要。但是应注意，财务数学模型和方法是研究资本理论的先进工具，而不是资本理论本身；经济学研究和发展离不开数学，但经济思想更是根本。财务数学模型仅是财务理论的表达式之一。

（五） 20 世纪下叶西方主流经济学的资本理论

从最近 30 年来美国的 "Journal of Finance" （JF）， "Journal of Financial Economics"

---

① ［美］索洛. 经济增长理论导言 ［J］. 经济学季刊，1956 （2）.

（JFE），"Review of Financial Studies"（RFS）等学术期刊发表的论文来看，同时结合斯蒂格利茨（Joseph E. Stiglitz）的"Micro Economics"，"Including Uncertainty"，"R&D"著作，以及保罗·萨缪尔森、威廉·诺德豪斯的第 18 版、第 19 版《经济学》内容可以看出，美国和欧洲在 20 世纪 70 年代之后的主流经济学对资本理论的研究基本没有很大的突破。总体上，仍然继承萨伊把资本视为一种生产要素的理论。西方主流经济学里的新自由主义经济学派，将货币创造和财务创新工程产生的货币衍生品视为新的资本方式——货币资本开始替代实物资本在经济学中的主导地位。将股票、债券、基金、期货、期权、利率互换，以及其他财务或金融衍生产品，作为取代机器设备、新材料和高新技术等有形生产要素在经济增长中核心驱动力的地位，货币资本——财务资本成为美欧经济发展的核心驱动力。同时，美国将货币资本理论向世界各国推广，大力发展资本市场、扩大债务发行规模，倡导中央银行推行宽松货币政策和超发货币。美国和欧洲将货币资本理论及其应用作为推动经济增长的一种策略。这种策略的本质是以美国为主导的经济全球化战略和世界经济全球化战略的财务游戏规则。将货币资本视为符号资本，并最大限度地利用符号资本作为聚敛世界财富的杠杆。货币资本成为主要的资本方式是 20 世纪下叶西方经济学资本理论的主要特征。

美国在世界各国推行他们的货币资本策略。2000 年及其之前的亚洲金融危机——泰国、菲律宾、印度尼西亚、马来西亚、俄罗斯、墨西哥，以及韩国、日本和我国香港地区等，都引发了大规模的金融危机（财务危机）。实际上，这是美国经济学家和政界早已预期到的经济结果。当然，其货币资本发展战略也导致美国本土 2007 年和 2008 年发生大规模金融危机，并迅速蔓延欧洲，引发巨大经济损失和浪费。美国经济学界以财务创新工程取代日常科学的公司财务管理，以货币资本投入替代异质资本均衡配置。这是一些发展中国家学习美国资本理论并予以实施而带来严重经济混乱后果的根源。

21 世纪前夕，西方主流经济学界对社会资本和自然资本开始热议和推崇。法国社会学家布尔迪厄 1980 年提出社会资本（Social Capital）概念。1988 年美国社会学家科尔曼以论文的方式把社会资本概念发展成社会科学的热点问题。进入 20 世纪 90 年代，阿罗、索洛、斯蒂格利茨等著名经济学家也对社会资本发表了自己的观点和评论，社会资本开始被发展经济学研究领域所关注。在一些发展经济学家看来，制度和社会关系比市场更重要。社会资本理论倡导者开始以"制度至关重要"和"社会关系至关重要"替代"市场至关重要"的经济发展思路。与此同时，资本主义世界市场经济的许多衰败现象和经济危机的频繁发生，也引发了许多经济学家的新思考。于是，一些经济学家提出了与人力资本、货币资本、实物资本相平行的另外一种资本——自然资本（Natural Capital）。1999 年，美国三位著名学者霍肯、阿穆瑞、哈特，共同出版了《自然资本》一书。并主张将自然资本与人力资本、货币资本、实物资本一样对待，共同配置于经济过程。

法国经济学家托马斯·皮凯蒂出版了《21 世纪资本论》（巴曙松等译）一书，在我国产生了很大反响。由于现代社会科学技术迅猛发展，经济增长和知识技能的扩散，以及世界社会主义国家的社会变动，使得当今社会并没有像马克思预言的那样资本主义出现消亡和垂死。资本收益率持续高于经济增长率的趋势，将不断加剧收入不平等，有可能威胁到现代民主的价值观。因此，皮凯蒂在《21世纪资本论》一书中，对过去3个世纪以来欧美国家财富收入的丰富历史数据进行了详尽探究，证明"二战"以来各个国家的不平等现象已经扩大，并且很快将变得更加严重；现在一个人财富的多寡不仅由劳动所得决定，还由个人及家庭继承前辈的财富所决定。这说明，人的出身要比后天努力和才能更重要。皮凯蒂表明，我们可以通过政治制度和手段——在全球范围内实行累进资本税——来抑制贫富分化和收入不平等。托马斯·皮凯蒂的资本理论主要是新古典经济学资本理论。

四、基于中国经济实践的要素资本研究

根据我国工业化进程已处于中后期阶段这一发展水平的认识，我们认为，在我国，人力资源、财务资源、机器设备和原材料、技术、信息和知识等是必不可少的生产要素。前三项与传统生产要素人、财、物相似或相同；虽然其质和量发生了一定的变化。第四项"技术"即科学技术的含义，含专利、专有技术、网络软件、新工艺和新产品等。第五项"信息"即社会和自然界系统里经济组织变化的密码。它是经济组织、个人和国家从事生产和交易等经营活动所必须掌握的外部情况及其新变化。第六项"知识"即信仰、理念、意志和思想品质及道德。一个国家或地区，推动其社会发展的生产力因素有许许多多，一种生产力因素能否成为一种要素，主要看该生产力是否在市场上被作为商品广泛的等价交换，并且该商品广泛的市场需求已形成新的相对独立的产业。同类众多主要生产力因素的集合被称为一种生产要素，一种产业则是众多生产要素的集合。根据财务管理属于综合性价值管理这一本质特征，此处六种生产要素被投入货币资本而从市场购入企业后变为价值形态，形成生产要素资本——人力资本、货币资本（含货币、基础证券、衍生工具和易于变现的短期投资）、实物资产资本、技术资本、信息资本和知识资本。各种要素资本之和应是企业资本总额。各种要素资本的数量构成及其各占资本总额的比例关系就是真正的资本结构。要素资本的价值及其增值之和就是企业的财务价值，它是企业全部生产要素及其生产成果的市场公允价值，亦即企业价值。

生产要素确认和要素资本的形成及其命题非常重要。一方面，经济结构调整实际就是根据经济发展过程中的条件变化和需求增长，调整生产要素在各产业、各领域、各企业及其各自内部之间的排序和布局，使生产要素达到合理流动和有效配置。实质上，就是使各种要素资本在各产业部门之间、各地区之间、各企业之间以及各行业、地区和企业各自内部依生产发展、市场变化和经营需要自然合理地不断地重新组合和配置。这说明，不仅企业经营和发展存在着最佳资本结构问题，而且一个产业、一个国家的经济过程及其运行和发展也存在最优资本结构的规划和调整问题。根据此原理，我们曾对我国三次产业的生产要素分布及其次序做了调查研究，并对三次产业的各自资本结构分别作了描述，得出不同的产业具有不同的资本结构以及"科学技术是第一生产力"（邓小平

语）目前仅适用于我国第二产业、"劳动力是第一生产力"（列宁语）目前仅适用于我国第三产业和第一产业的第一生产要素是技术资本的结论①。同产业结构、市场结构一样，资本结构也是经济结构的组成或形式之一。资本结构与国民经济结构是部分和整体的关系。另一方面，经济组织获取任何生产要素，都要首先投入一定量的货币资本——要素资本之一。生产要素选择是否合理恰当，不仅对财务投资额的确定影响很大，关键是它直接影响财务管理决策、效率和效益。生产要素人力资源、财务资源、机器设备和原材料、科学技术、信息和知识等被投入财务资本后，才能产生和形成要素资本——人力资本、货币资本、实物资产资本、技术资本、信息资本、知识资本等。资本是价值的形式之一。资本结构决定于价值结构。经济组织的全部生产要素价值和要素资本增值形成的财务价值，其内部数量构成及其比例关系决定着要素资本的形成结构和投放结构。这种新的财务价值结构（简称财务结构）替代过去和现在人们正使用的会计上"资产负债表左边各项资产之间的数量构成及其比例关系"的财务结构概念，可走出传统会计学账户恒等式的窠臼，具有适应微观经济财务管理和宏观经济财务管理的普遍意义，是财务理论的创新。价值是财务学的基础核心范畴。财务价值结构是某一组织的有形、无形生产力要素和资源及其生产成果价值的构成或体现。所以，资本结构是财务结构的子集。经济实践及其生产要素的多样化，以及价值理论的发展引发了资本结构理论的发展。要素资本及其结构的形成使现行的会计学资产负债表无法满足财务管理的数据需要，会计学面临巨大的创新压力和挑战。

至今为止，资本理论仍然十分落后，远远不能满足新兴产业不断涌现、市场竞争日益激烈、世界经济日趋全球化的经济发展对财务管理的需求。首先，概念落后，含义杂乱。资本作为组织或经济人投入经济过程的生产要素价值的概念表述尚未得到普遍认可和使用。人们无视资本市场已成为相对独立的市场和行业，无视现金（含外币）、股票、债券、易变现的短期投资项目等财务资源是市场经济中重要的商品，也无视货币资本是经济发展必不可少的生产要素。目前的政府文件和会计账表里的"资本"是指货币资本或货币资金；而以新古典为主流的现代经济学和各种生产函数模型中的"资本"则是指机器设备或除劳动以外的所有生产资料；我国大学的政治经济学教材及很多人头脑中的"资本"仍是含有剥削关系并能带来增值价值的价值，即资本与资本主义一样，是一个历史范畴。在财务学界，有学者认为"财务资本包括货币资本、实物资本和衍生资本"（李心合、朱立教，1999），笔者认为李心合忽略了资源转化为资本需将资源投入市场并与财务资本相结合的过程。因为，同工业经济时代的劳动不能完全替代土地和机器一样，网络经济时代的财务资本也不能完全替代其他要素资本。值得注意和高兴的是，目前经济学界特别是我国最权威的《经济研究》期刊上的作者们，其学术文献经常把财务资本

---

① 罗福凯. 经济结构调整与发展中的财务问题. 载郭复初主编. 经济发展中的财务问题 [M]. 成都：西南财经大学出版社，2001.

与物质资本（Physical Capital，亦即本文命题实物资产资本）、人力资本相并列①，这是传统资本理论向要素资本理论迈出的可喜步伐。其次，作为资本理论基础的价值理论也亟待变革、创新。众所周知，价值学说历来存在劳动价值论和效用价值论两大阵营的斗争。以李嘉图、马克思为代表的劳动价值论认为，价值是凝结于商品中的人类抽象劳动，只有人的劳动才创造价值；完善劳动工具，增加劳动投入，改变劳动方式，发展科技，提高效率，减少成本，是增加和创造价值的根本途径。但是，马克思的劳动价值论在解释现代社会机器人是否创造价值、自然资源是否创造价值、资本家是否创造价值等问题上显得不够充分。按马克思劳动价值论的价值定义，对客观对象施加作用力使其形态发生变化的功能，如果由人力来完成，具有劳动因素，就创造价值；如果由机器人和物力来完成，因机器的运转不是劳动，于是就不创造价值。工人抡大锤打铁创造价值，效率更高的自动锻压机或机器人"打铁"（质量会更高）不创造价值。显然，这种劳动价值论的"价值"含有人为规定的成分，与事实不符。不仅如此，生产过程中的原材料和土地资源——劳动客体的质量及客观状况也对价值创造产生重大作用。例如，一个煤矿的两个工作面，一个煤层10米厚，另一个煤层仅1米厚。同一采掘队工人先后在这两个工作面劳动，两个工作面的工人数量、工作时间、劳动强度和劳动工具等均相同，但劳动成果却有很大差别。产生差别的根本原因在于两个工作面的煤层厚度、地质条件和劳动空间不同②。在这里，人的自身劳动行为不起主要作用。另外，马克思的劳动价值论也过分强调人的体力劳动而对人的脑力劳动重视不够。至于马歇尔、瓦尔拉、帕累托、庞巴维克、门格尔、希克斯和魏克塞尔等为代表的效用价值理论，宣称价值是商品给人们带来的效用和满足；人的体验、感受和主观判断是价值形成的基础。实际上，效用价值就是马克思的使用价值。并且，效用价值理论学派内部，其观点亦很不一致，魏克塞尔在价值论上是瓦尔拉学派，在资本论上则是门格尔、庞巴维克的奥地利学派；希克斯的《价值与资本》同马歇尔的《经济学原理》中的价值基本一致。总之，效用价值理论过分强调价值的后果和人的主观满足程度，具有非常明显的主观性、片面性。从财务学上看，人的劳动价值论侧重于关注劳动支出，人的效用价值论则侧重于人的劳动收入；二者均需改进和创新。

对于价值研究，人们不能只从劳动力出发，还应从资产、科技、资本、信息、知识等其他生产要素出发，开发和创造资产价值、科技价值、资本价值、信息价值和知识价值等。人们在投入生产过程初始阶段，以生产商品的各种要素价值，便是经济组织创造价值的资本。人类的经济活动，实际是学习科学技术知识，深入认识自然与社会，开发新的生产要素，将生产要素转化为资本，由资本创造价值。

研究资本不能不提及资本结构MM定理。自资本结构MM定理提出至今，西方资本结构理论在放松假设、提出质疑、提出新的理论假说、再提出疑问的过程中获得了发展，

① 周其仁. 公有制企业的性质［H］. 经济研究，2000（11）.
② 钱津. 劳动价值论［M］. 北京：社会科学文献出版社，2001：26.

又形成许多新的定理。但是，对该理论最核心的问题是：什么因素决定企业资本结构，既没有找到逻辑答案，又没有找到与现实一致的结果。非对称信息理论的引入，为研究资本结构提供了新思路，但由于其考虑到人的行为分析这一复杂的变量，问题变得更为难解。目前的信息不对称资本结构理论仍停留在保留 MM 定理大部分假设的基础上。重要的是，在莫迪格利尼和默顿·H. 米勒的资本结构理论模型中只有自由资本和借入资本及其比率等变量因素，财务资本是模型中唯一的生产要素，无视技术、机器、信息和知识等多种要素的客观存在。资本结构 MM 定理实际是建立在产权理论上的一个财务游戏规则，是关于货币资本的结构模型，并非资本结构理论全部。由此，我们可得到一个启示或结论：迂回生产过程和分工水平及结构决定着价值创造过程及其结构，从而形成对资本结构的需求；资本结构理论除财务资本结构外，还包含着实物资产资本结构、人力资本结构、信息资本结构、知识资本结构和技术资本结构等理论或模型。

五、结论与展望

同其他科学理论一样，经济学理论的发展也存在继承性问题。资本理论演进和发展的不同阶段，形成了不同的资本理论学说。这些理论学说的诞生与当时的社会历史现实密切关联。因此，经济学是历史性科学。研究证明，不论古典经济学资本理论、马克思资本理论、新古典经济学派的资本理论，还是凯恩斯的资本理论，以及新要素资本理论，它们之间都存在着内在的逻辑关系，并且具有显著的继承性特征。西方资本理论关注消费和市场，我国的资本理论关注生产和企业。由此可推论，技术资本、信息资本和知识资本的理论与实践，可能成为经济学或公司财务的新研究领域。

多种资本理论学说的出现、演进和发展表明，资本理论的进步有时是理论研究的结果，有时是社会经济活动变化的结果。当人们的科学技术水平比较低，信息和知识比较落后时，资本的社会实践活动决定或推进资本理论的发展；当科学技术比较发达和社会分工程度较高，以及人类的社会实践活动对理论研究的需求较多时，资本理论的进展主要依靠经济理论研究者的工作。并且，此时资本理论对资本实践具有决定性或指导性作用。资本是市场经济的核心要素；资本理论的继承性是当代经济学发展的基础；资本标的多样性和异质资本的均衡配置成为财务学发展的理论基石；生产要素创新和制度创新是资本理论发展的社会基础。资本是社会化大生产的产物，以集体生产方式为基础的公有制及其产权关系是理解和研究国有资本的钥匙。因此，资本理论的研究应与所有制理论和产权理论相结合。

参考文献

［1］马克思．资本论［M］．北京：人民出版社，1975.

［2］吴易风．马克思主义经济学与西方经济学比较研究［M］．北京：中国人民大学出版社，2014.

［3］罗伯特·索洛．资本理论及其收益率［M］．北京：商务印书馆，1992.

［4］希克斯．价值与资本［M］．薛藩康译．北京：商务印书馆，1962.

［5］庞巴维克．资本实证论［M］．陈端译．北京：商务印书馆，1983.

［6］魏克塞尔．利息与价格［M］．蔡受百译．北京：商务印书馆，1959.

［7］弗·冯·维赛尔．自然价值［M］．陈国庆译．北京：商务印书馆，1997.

［8］郭复初．现代财务理论研究［M］．北京：经济科学出版社，2000.

［9］杨小凯，张永生．新兴古典经济学和超边际分析［M］．北京：中国人民大学出版社，2000.

［10］胡岳珉．现代凯恩斯主义资本理论述评［J］．经济评论，2000（4）：70-73.

［11］钱津．劳动价值论［M］．北京：社会科学文献出版社，2001.

［12］杨志．论资本的二重性：兼论公有资本的本质［M］．北京：中国人民大学出版社，2014.

［13］张枫林．西方资本理论研究［M］．沈阳：辽宁大学出版社，1995.

［14］托马斯·皮凯蒂．21世纪资本论［M］．北京：中信出版社，2014.

17 关于人力资本的理解*
——基于生产要素的视角

一、引言

研究资本理论，难以绕过人力资本。"人口红利"曾被学界部分学者视为我国改革开放取得巨大经济成就的根源。同其他生产要素资本一样，人力资本的性质和特征既有资本的一般性质和特征，也有其自身的特殊性。与其他要素资本不同，人力资本的载体人力不仅是生产要素之一，而且人力本身的发展也是社会主义生产目的之一。马克思主义者认为，人的体力和智力的统一充分发展是社会发展的重要内容。显然，开展人力资本的基础研究，对学术进步和实践创新，均十分必要。

事实上，在我国，远古的《尚书·五子之歌》里有"皇祖有训，民可近，不可下。民惟邦本，本固邦宁"①的表述。那时，民本思想已经形成。《荀子·王制》传曰："君者，舟也；庶人者，水也。水则载舟，水则覆舟。"民本是我国古代国家治理理论的基础范畴。以人为本的人力资本理论与以民为本的国家治理理论，二者有相似之处，但两个理论的渊源不同。民本思想来源于中国古代哲学，以人为本的人力资本理论来源于20世纪80年代改革开放时引进的西方经济学。从人力资源开发和管理的新思维，上升到人力资本的经营和管理，我国的劳动人事制度和劳动人事工作取得了巨大进步。人力资本已成为我国经济学和管理学使用频率最高的词汇之一。随着科学技术的发展和社会生产方式的改进，人力资本理论越来越受到学者们的普遍关注。人力资本的价值计量、人力资本与企业所有权安排，以及人力资本贡献度测量等问题，也逐渐成为了学术界的研究重点。可是，人们却很少回到人力资本理论的原点，厘清人力资本的性质，看清人力资本的真相。由于经济学和管理学均关心人力资本问题，学者们对人力资本概念的表述存在差异，实属正常。在西奥多·W. 舒尔茨倡导的现代人力资本理论兴起之后，人们将体现

---

* 本文原文由我的研究生苗森执笔。

① 《尚书》是我国迄今为止发现的第一部古典文集和最早的历史文献，它以记言为主，汇编我国上古历史文献和部分追述古代事迹的著作。其时间宽度自尧舜而夏商周，跨越两千余年。《五子之歌》出自《尚书》中的《夏书》。《五子之歌》的成书背景是，大禹的儿子启是我国历史上第一个国王，他开始了子承父业的帝制时代。然而第一个继承皇位的儿子太康因为没有德行，遭到老百姓反感。太康贪图享乐，在外打猎长期不归，国都被后羿侵占。太康的五个弟弟和母亲被赶到洛河边，他们追述大禹的告诫而作《五子之歌》，表达了五个人的悔意。《尚书·五子之歌》原文，此处略。

在人身上的技术和知识定义为人力资本的观点，得到了中美学术界的广泛认同。但是，理论界对人力资本概念的表述却依然多种多样，甚至有些混乱。人力资本究竟是人的能力、人所拥有的技术和知识，还是活生生的人本身？确实需要学者们沉下心来仔细论证。如果人的技术和知识是人力资本，那么人身体上的四肢和心脑算不算人力资本，经验、体力和智力又算不算人力资本？经济学家们对这些问题并没有做出明确的回答。在现有研究文献里，人力资本有时仅指人的技术和知识，有时又会包括人的原始体力，有时会涵盖人的所有能力，又有时是指活生生的人本身。对人力资本概念界定的模糊，必然使得在此基础上建立起来的人力资本相关理论受到人们的质疑。然而，这一点却为学术界所忽视。

在市场经济中，只有资本才能创造价值。企业是投入生产要素和产出经济价值的社会系统。因此，研究人力资本的性质和特征等基础问题，理应回到企业价值创造的源头，从生产要素资本化的视角对人力资本进行解剖。本文基于生产要素资本化的相关理论，对人力资本的含义进行重新勘定。结果，将人力资本理解为有形生物资产的资本化。并在此基础上对人力资本的性质、产权特征、价值计量，以及人力资本参与企业所有权安排进行了分析。

二、文献综述

现代人力资本理论兴起于 20 世纪五六十年代，1960 年舒尔茨在美国经济学会第 73 届年会上发表的题为"对人的投资"的主题演讲标志着人力资本理论的诞生。虽然现代人力资本理论问世至今不过几十年，但是自经济学创立开始，浩繁的经济学著作中就不乏对人力资本思想的阐述。然而，到底什么是人力资本，人力资本的性质是什么，人力资本又该如何计量，学术界对这些基础性问题的认识仍然存在分歧。

（一）人力资本的含义

自威廉·配第以来，关于"什么是人力资本"的问题，学者们进行了广泛探索。但是早期关于人力资本概念的相关论述只是零星散落于经典的经济学著作中，正统的西方经济学也始终没有把人看作一种资本。直至 20 世纪中叶，随着科学技术的进步和社会生产条件的变化，人在经济发展中的作用越来越大，人们才对人力对经济增长的贡献刮目相看，人力资本命题开始受到重视。接下来，美国经济学家舒尔茨和贝克尔创立了现代人力资本理论，提出了系统的人力资本理论体系，开辟了研究人类生产能力的崭新思路。人力资本理论也被正式纳入经济学的研究范畴并获得长足发展。

1. 早期的人力资本思想

西方人力资本的思想最早可以追溯到英国古典政治经济学创始人威廉·配第（William Petty，1662，1672）。配第在《赋税论》（1662）中说道："所有的东西都应该由土地和劳动这两种自然单位来衡量其价值。也就是说，我们应该说一艘航船或者一件上衣值多少面积的土地，或者说值多少数量的劳动。原因是航船和上衣都是由土地和投入其中的人类劳动创造的"①。虽然配第明确指出了土地和劳动在财富创造中的作用，并提出了"劳动是财富之父，土地是财富之母"的思想，但同时配第也认识到了技术在促进土地产量增加和劳动力生产效率提高方面的作用。在其著作《政治算术》（1672）中配第解释道："一英亩的土地，如果加以改良，可以和幅员辽阔的土地相抗衡；一个人，如果技艺高超，可以和许多人相抗衡"、"贫瘠的土地，经过改良，也可以变为肥沃的土地，沼泽地经过排水也可以变为牧场"、"一个人用磨粉机把谷物磨成粉，他所能磨出的分量会等于二十个人用石臼所能舂碎的分量。一个印刷工人所能印出的册书会等于一百个人用手抄写出来的册书"②。从上述论述中可以看到，配第所说的"劳动"指的是简单的劳动人工时数的总和，是自然形态的"劳动力"即"人力"，而技术是与人力相分离的独立的生产要素。正如配第在论述什一税的内容时所说："我们就说这里什一税的意义是牧师俸禄的物质内容，如土地和水上的直接出产物，或者投入到土地和水上的人力、技术、原料的出产物"。因此，在配第关于人力资本思想的阐释中，技术是土地、人力和物质资料之外的第四种生产要素，人力资本和技术资本是一个国家经济体里的不同资本，人力与技术是相互分离的。很明显，舒尔茨没有重视威廉·配第的这一论断。

威廉·配第关于劳动与技术的论述开启了人力资本思想的萌芽，而最早将"人力"与"资本"联系在一起的是经济学鼻祖、英国著名经济学家亚当·斯密（Adam Smith，1776）。斯密在其代表作《国民财富的性质和原因的研究》（简称《国富论》）中将一个国家或者社会的总资财亦即其全体居民的总资财分为三个部分：留供目前消费的部分、固定资本和流动资本，并且将"社会上一切人民学到的有用才能"作为固定资本的第四项构成要素。斯密解释道："学习一种才能，须受教育、须进学校，所费不少。这样费去的资本，好像已经实现并且固定在学习者的身上。"③ 此后在亚当·斯密的基础上体现在人身上的知识、技艺、才能得到了经济学家的广泛关注。英国经济学家约·雷·麦克库洛赫（John Ramsay McCulloch，1825）在《政治经济学原理》中提到："在估计一个国家的资本和生产能力时，对这个国家的居民群众的技艺、才能和智慧，应该特别加以注意，不应该如通常所做的那样完全忽视它。机器是人们造来帮助工作的，可是人们把机器的相对力量和效能，都过分重视了。人本身是所有机器中最重要的，他的技艺和才能每有增加，都会得到很大的效果。"④

卡尔·马克思在继承和发展威廉·配第等古典经济学家劳动价值论的基础上，创立

---

① 威廉·配第：《赋税论》，邱霞、原磊译，华夏出版社，2006年5月版，第48、第107页。

② 威廉·配第：《政治算术》，选自《配第经济著作选集》，陈东野、马清槐、周锦如译，商务印书馆，1981年1月版，第11、第12、第33页。

③ 亚当·斯密：《国民财富的性质和原因的研究》（上卷），郭大力、王亚南译，商务印书馆，1972年12月版，第256-258页。

④ 约·雷·麦克库洛赫：《政治经济学原理》（中译本），郭家麟译，商务印书馆，1975年11月版，第67、第68页。

了马克思主义经济学说。其中同样包含着对人力资本理论的相关论述。在马克思资本理论体系中，与"人力资本"概念相对应的是"劳动力或者劳动能力"。马克思（1867）在《资本论》中说："我们把劳动力或者劳动能力，理解为一个人的身体即活的人体中存在的、每当他生产某种使用价值时就运用的体力和智力的总和。"[①] 可见，在马克思的人力资本概念中，既包含了配第的"劳动"所指的一个正常人先天本来就有的体力，也涵盖了斯密所说的需要后天经过学习或实践而积累起来的才能。

在威廉·配第、亚当·斯密、麦克库洛赫和马克思关于人力资本概念的论述中，不同程度地强调了人的体力及体现于身上的才能、技艺的重要性，因此也有学者将人力资本理解为集体力与智力于一身的活生生的人。例如，洛桑学派创始人莱昂·瓦尔拉斯（Léon Walras，1874）在其代表作《纯粹经济学要义》中，将整个社会财富分为四个部分，并且指出："构成我们社会财富的第二类是个人，其中包括：除了流浪和寻欢作乐之外一无所事的人；服侍别人的人，如车夫、厨子、男仆、女仆等；国家公务员，如行政官、法官、军人等；农业、工业和商业的男女职工；自由职业者，如律师、医师、艺术家等。""这就构成了我们的第二类资本，即人力资本或个人"。[②] 欧文·费雪（Irving Fisher，1906）在《资本的性质和收入》（The Nature of Capital and Income）一书中认为，财富由三部分组成，即土地、物质及人，并且强调这里所说的人不仅包括奴隶，自由人同样涵盖其中。[③] 虽然麦克库洛赫强调应将国家居民群众的技艺、才能和智慧看作国家资本的一部分，但同时却指出："不要把资本了解为人以外的那些用以维持生存和便利生产的那部分劳动产品；似乎没有任何好的理由可以说明为什么人本身不应该，而且是有很多理由说明为什么人应该作为是国家资本形成的一部分。"可以看出，麦克库洛赫对人力资本与其他生产要素资本的差别问题，特别予以重视，有时也存在一些矛盾。

2. 现代人力资本理论

20世纪50~60年代，经济学家对国民产量的增长率总是大于所测量出的主要资源贡献增长率的现象感到困惑。被誉为"人力资本之父"的美国经济学家西奥多·W. 舒尔茨（Theodore W. Schultz，1961）在长期从事农业经济问题研究中发现，人力资源质量的改进是经济增长的一个重要源泉。并把国民产量增长率与主要资源增长率之间的差额，归因于对人力资本投资的结果。舒尔茨对人力资本理论进行了系统阐释并将人力资本界定为主要体现在人身上的"知识和技能"。舒尔茨说："高收入国家和低收入国家经济现代化的共同内容是，耕地的经济重要性在下降，而人力资本，即知识和技能的经济重要

---

① 卡尔·海因里希·马克思：《资本论》（第1卷），中共中央马克思、恩格斯、列宁、斯大林著作编译局编译，人民出版社，2004年1月版，第195、第199、第200、第214页。

② 莱昂·瓦尔拉斯：《纯粹经济学要义》（中译本），蔡受百译，商务印书馆，1989年5月版，第216、第212、第218页。

③ Irving Fisher, The Nature of Capital and Income, The Macmillan Company, Published September, 1906：5.

性在提高。"①与此同时，舒尔茨也强调了人的健康状况的重要性，并指出："人力资本理论把每个人的健康状况都当作是一种资本的储备，即健康资本，并认为其作用是提供健康服务"，"人力资本的总投资涉及获得和保持这些资本所必须付出的成本，其中包括抚养照料年幼的孩子、营养、衣着、住房、医疗保健，以及自我照管所需付出的成本"②。因此，舒尔茨的人力资本概念不仅涵盖知识和技能，有时还包括了人的健康状况，即威廉·配第的"劳动"所指的人生来就有的自然状态的劳动力。正如丁冰（2008）所言，"这表明舒尔茨的思想体系有些混乱，有时把'人力资本'界定为只指'技能和知识'，有时还似乎包含一个正常人不需要专门学习、培训天生就有的体力"③。而且，把人们通常称之为费用支出的大部分内容归结为人力资本投资，诸如保健支出、在职培训、正规教育、成人教育，以及适应就业形势或变化所引起的移民。这里将无收益要求的费用化支出视为有收益要求的资本化投资，显然不正确。重要的是，人力不只是增加物质财富和收入的手段，而且人力增长同时也是经济发展的最终目的。人力不应像机器设备一样在生产中被损耗，相反却应在社会生产中得益和壮大。经济发展是手段，人的发展是目的。所以，舒尔茨的人力资本理论不仅在对人力资本含义的界定中存在着与麦克库洛赫相同的问题——自身论述的相互矛盾和不一致，而且其理论内容也存在严重缺陷。

以舒尔茨为开端，"人力资本"的概念开始广泛地被学术界所接受，并引发了对人力资本研究的热潮。加里·S. 贝克尔（Gary Stanley Becker，1964）的《人力资本》就是这一时期诸多研究成果的代表作。贝克尔将通过增加人的资源影响未来货币与心理收入的活动称之为人力资本投资，并指出"这种投资包括正规学校教育、在职培训、医疗保健、迁移，以及收集价格与收入的信息等多种形式"，"所有这些投资都提高了技术、知识或健康水平，从而都增加了货币或心理收入"④。并在书中重点论述了正规教育和在职培训的支出对形成人力资本的作用。此后的学者对人力资本含义的表述虽然有所不同，但其本质依旧是舒尔茨的人力资本理论。《新帕尔格雷夫经济学大辞典》中指出："人力资本是体现在人身上的技能和生产知识的存量。"⑤ 我国学者李建民（1999）则认为："人力资本是指存在于人体之中、后天获得的具有经济价值的知识、技术、能力和健康等质量因素之和。"⑥ 姚树荣、张耀奇（2001）在前人观点的基础上总结道："人力资本是指特定行为主体为增加未来效用或实现价值增值，通过有意识的投资活动而获得的，具

① 西奥多·W. 舒尔茨：《论人力资本投资》（中译本），吴珠华等译，北京经济学院出版社，1990年12月版，第43、第48、第69、第92页。
② 西奥多·W. 舒尔茨：《对人进行投资：人口质量经济学》（中译本），吴珠华译，首都经济贸易大学出版社，2002年6月版，第15页。
③ 丁冰：《舒尔茨"人力资本"论的意义与马克思资本理论的比较——纪念马克思诞辰190周年》，《山东社会科学》，2008年第7期。
④ 加里·S. 贝克尔：《人力资本》（中译本），梁小民译，北京大学出版社，1987年5月版，第1页。
⑤ 约翰·伊特韦尔、默里·米尔盖特、彼得·纽曼：《新帕尔格雷夫经济学大辞典》（第二卷：E-J）（中译本），经济科学出版社，1996年11月版，第736页。
⑥ 李建民：《人力资本通论》，上海三联书店，1999年8月版，第5、第42、第43页。

有异质性和边际收益递增性的，依附于人身上的知识、技术、信息、健康、道德、信誉和社会关系的总和。"① 从上述描述中可以看出，对于健康是否应该被包含在人力资本中，不同学者的认识存在差异。但将"知识和技能"看作人力资本，却是多数学者的普遍共识。

3. 人力资本含义文献梳理

从人力资本思想的萌芽到现代人力资本理论的产生和发展，学者们对人力资本含义的界定进行着不断的探索。其主要观点可归结为四种。第一种观点，将正常人先天本来就有的体力界定为人力资本，代表人物是威廉·配第。第二种观点，把人力资本定义为人经过后天学习获得的知识和技能，亚当·斯密、麦克库洛赫、舒尔茨都持有这种观点，权威经济学辞典《新帕尔格雷夫经济学大辞典》中的表述也是如此。第三种观点，认为人力资本是人的体力与知识、技能的总和，马克思是此种观点的代表人物，舒尔茨、贝克尔、李建民、姚树荣、张耀奇的论述中也将人的健康状况视为人力资本的组成。第四种观点，则将人力资本理解为集体力与知识、技能于一身的活生生的人，瓦尔拉斯、费雪、麦克库洛赫的表述中均体现出此种思想。

从主流的观点来看，目前的人力资本理论主流仍然是舒尔茨理论，即将人力资本理解为人的技术和知识。然而，机器等物质资本中也含有人力的投入，但我们从不说物质资本就是人力。同理，人力中也包含技术和知识的投入，我们为何又说技术和知识就是人力资本呢？人是活生生的生物和动物，也是一种不同于知识和技术的有形生物资产。因此，本文在对现有人力资本含义存在的问题进行分析的基础上，从生产要素资本化视角对人力资本的概念进行重新界定，并将人力资本理解为有形人力生物资产的资本化。人力资本不是体现在人身上的知识和技术。人力资本的载体或标的物是活生生的人力。技术和知识分别是技术资本和知识资本的载体或标的物。

（二）人力资本的性质与产权特征

资本能够创造超过自身价值以外的价值，理论界对此的认识并不存在分歧。但在新创造价值的分配问题上，学术界的意见并不统一。据此，人们对"资本"概念的界定可以分为两类。第一类是以西奥多·W. 舒尔茨（Theodore W. Schultz，1961）和加里·S. 贝克尔（Gary Stanley Becker，1964）等为代表的人力资本经济学家所倡导的广义人力资本概念②。舒尔茨指出："我们之所以称这种资本为人力的，是由于它已经成为人的一个部分，又因为它可以带来未来的满足或收入，所以将其称之为资本"。贝克尔则将那些通过增加人的资源影响未来货币与心理收入的活动称之为人力资本投资。所以，在舒尔茨和贝克尔看来，一项资产只要能够创造和带来超出自身价值以外的价值和收益就是资本，而无论其创造的价值归谁所有。第二类是卡尔·海因里希·马克思（Karl Heinrich Marx，

---

① 姚树荣、张耀奇：《人力资本的涵义与特征论析》，《上海经济研究》，2001 年第 2 期。

② 张建琦：《人力资本的性质与企业的剩余分配》，《中国工业经济》，2001 年第 5 期。

1849）提出的狭义的资本或严格意义上的资本。马克思说："作为进行新生产的手段的积累起来的劳动就是资本"，并且认为"资本也是一种社会生产关系"，"黑人就是黑人。只有在一定的关系下，他才成为奴隶。纺纱机是纺棉花的机器。只有在一定的关系下，它才成为资本。脱离了这种关系，它也就不是资本了，就像黄金本身不是货币，砂糖并不是砂糖的价格一样"①。按照马克思的资本理论，资本是带来剩余价值的价值，更重要的是，资本是有归属的，只有为所有者带来剩余才可以成为真正意义上的资本。因此，资本有权参与企业剩余分配。

对"资本"概念认识的分歧，使得学术界对人力资本的关注点也存在差异。支持第一类观点的学者则更加关注人力资本的性质，即人力资本的资本属性。正如李建民所说："分析人力资本的性质，实际上是要回答人力资本为什么可以被视为一种资本的问题"。而支持第二类观点的学者更加关注人力资本的产权特征，试图从人力资本与其所有者天然不可分的产权特征出发，分析人力资本与企业所有权安排的关系，探讨人力资本所有者是否应该参与企业剩余分配的问题。

1. 人力资本的性质

人力资本的性质即人力资本作为"资本"所具有的属性。李建民指出"人力资本的性质可以从其与物质资本及其他形式资本同一性角度来认识和理解"，并将人力资本的性质总结为人力资本的生产性，即人力资本是一种生产过程中必不可少的生产要素；稀缺性，即人力资本也是一种稀缺资源且存量水平越高的人力资本，其稀缺性也就越大；可变性，即人力资本同样存在着增长变化和负增长变化；功利性，即人力资本是其所有者用来谋取经济利益的一种手段。张建琦则认为："谋取剩余是资本的基本属性。任何商品生产都是以谋取剩余为目的的。人力资产被投入企业不仅仅是为了获取人力资产自身的价值，更重要的是为了谋取超过其自身价值以外的剩余，而无论剩余归属于劳动者还是资本家。因此，人力资产一旦被投入企业，无论其剩余归属如何，都转化成了一种资本"。

2. 人力资本的产权特征与企业所有权安排

从人力资本的产权特征角度探讨企业的所有权安排，学术界对此并没有形成统一的认识。争辩的过程形象一点形容，就是"拿着周其仁的枪，踩着张维迎的背，沿着方竹兰的路大踏步前进的"②。

周其仁（1996）在《市场里的企业：一个人力资本与非人力资本的特别合约》一文中，从科斯的企业理论出发，将企业理解为"以一个市场契约代替了一系列市场契约"的特别合约，并将其称之为"市场的企业合约"，"这个合约由投入企业的各生产要素及其所有者'同意'而订立，其本质正在于界定企业家权威的由来和范围"③。周其仁指

---

① 马克思、恩格斯：《马克思恩格斯全集》（第6卷），中共中央马克思、恩格斯、列宁、斯大林著作编译局编译，人民出版社，1961年8月版，第486、第487页。

② 宋周：《人力资本参与企业所有权安排问题研究》，四川师范大学经济学院硕士学位论文，2003年。

③ 周其仁：《市场里的企业：一个人力资本与非人力资本的特别合约》，《经济研究》，1996年第6期。

出，企业合约不同于一般市场交易契约的根本特征，在于"企业合约是权利义务条款没有事前完全界定、要素买方有权在合约过程中追加规定的一种特别合约"。企业合约具有上述特征的缘由是其中涉及人力资本的投入并且人力资本具有与所有者天然不可分的产权特征。文中指出："人的健康、体力、经验、生产知识、技能和其他精神存量的所有权只能不可分离的属于其载体，这个载体不但必须是人，而且必须是活生生的个人"。企业合约把隐藏在一般市场交易商品和劳务之中的人力资本分解了出来，并把人力资本本身当作可为企业购买的独立生产要素。

此后，人力资本的产权特征便成为研究企业所有权安排的有力工具。张维迎（1996）在其《所有制、治理结构及委托—代理关系——兼评崔之元和周其仁的一些观点》的文章中指出，正是"人力资本与其所有者天然不可分"的产权特征为"资本雇佣劳动"提供了解释。一方面，人力资本与其所有者的不可分离性意味着人力资本不具有抵押功能，不能被其他成员当作"人质"，文中说："常言道：'跑了和尚跑不了庙'，一个只有人力资本而没有非人力资本的人就类似一个没有庙的和尚，怎么能得到别人的信赖呢?"[1] 另一方面，人力资本与其所有者的不可分离性意味着人力资本的所有者容易"偷懒"，而非人力资本容易受到"虐待"。因此，按照"保护弱者"的原则，也应该让非人力资本的所有者掌握公司所有权；"资本雇佣劳动"是企业所有权最有效的安排。

这一论断在学术界迅速引发了广泛的讨论。随后，方竹兰首先对张维迎的观点予以了有力的回击。方竹兰（1997）在《人力资本所有者拥有企业所有权是一个趋势——兼与张维迎博士商榷》一文中指出，企业风险的真正承担者是人力资本所有者而不是非人力资本所有者。非人力资本社会表现形式的多样化及证券化趋势，使得投资者的投资方式由过去的实物型直接投资变为以股票为主的间接投资，从而大大降低了非人力资本所有者的投资风险。正如方竹兰所说："股东与企业的关系不在休戚与共，而是隔岸观火，这个岸就是证券交易市场"，"股东为了自己能获取丰厚的回报，甚至还会置企业的生死于不顾"[2]。在非人力资本的所有者与企业的关系逐渐弱化时，人力资本的所有者却因人力资本的专用性和群体性的特征而不断强化与企业的关系。因此，人力资本所有者作为企业风险的真正承担者，有权参与企业的所有权安排。

周其仁、张维迎、方竹兰开辟了从人力资本产权特征视角研究企业所有权安排的路径，但是他们却从同样的前提假设出发推导出了"资本雇佣劳动"与"人力资本与非人力资本共享企业所有权"完全相反的逻辑结论。这说明，上述研究同样存在问题。因此，学术界学者们也从不同的视角予以了论证。

一方面，人力资本的产权特征不能作为人力资本参与企业所有权安排的原因。人力资本的产权特征与人力资本是否应该参与企业所有权安排，两者之间并不存在逻辑上的

---

① 张维迎：《所有制、治理结构及委托—代理关系——兼评崔之元和周其仁的一些观点》，《经济研究》，1996年第9期。

② 方竹兰：《人力资本所有者拥有企业所有权是一个趋势——兼与张维迎博士商榷》，《经济研究》，1997年第6期。

因果关系。黄乾、李建民（2001）指出："人力资本产权特征并不能说明人力资本是企业所有权主体"，"从人力资本和非人力资本特征来推导企业所有权主体是有问题的"①。宋周（2003）也认为，"这种研究思路虽然在局部取得了一些成果，但在总体上却迷失了方向，这也直接导致其对现象解释能力的削弱"。虽然从人力资本产权特征出发研究企业所有权安排存在问题，但是学者对企业所有权安排依据的认识也并不统一。杨瑞龙、周业安（1997）指出："人力资本与非人力资本所有者都有平等的权利索取剩余，这种可能性若要转化为现实性，则要通过所有企业参与人之间的显性或隐性的谈判，还要取决于谈判时的环境条件"②。黄乾、李建民（2001）认为，"企业所有权安排的依据和原则是财产所有权原则和贡献原则"。张建琦（2001）则说："人力资本参与剩余分配的根本原因是剩余产生的源泉，而其使用必须要有激励。"

另一方面，人力资本与其所有者并非不可分离。周其仁关于"人力资本所有权只能不可分离的属于其载体"的论述，得到了学术界的广泛认同。但是，也有少数学者对此提出了异议，认为人力资本所有权与其载体并非天然不可分离。杨瑞龙、周业安（1997）指出，周其仁和张维迎以物权的含义理解产权，把产权理解为确定物的最终归属是不恰当的。"物权是法律赋予某人拥有某物的排他性权利"，但是"产权已经从单纯的物权转化为一束关于人的利益和行为的经济权利"。正如罗纳德·哈里·科斯（Ronald H. Coase，1960）所说："人们通常认为，商人得到和使用的是实物（一亩土地或一吨化肥），而不是行使一定（实在）行为的权利。我们会说某人拥有土地，并把它当作生产要素，但土地所有者实际上所拥有的是实施一定行为的权利。"③ 产权与物权的不同之处在于产权的行使会受到某些限制，所以尽管从自然属性看人力资本与其所有者是合二为一的，但当产权的行使受到限制时，行为人在支配其所有的人力资本以追求最大化时将会面临约束，这意味着人力资本与其所有者并非完全不可分离。黄乾（2000）则从周其仁人力资本产权特征的理论来源入手，认为在奴隶社会及我国的计划经济时代，人力资本表面上属于其载体，而本质上却属于奴隶主或国家，所以"人力资本载体并不天然拥有其人力资本所有权，人力资本载体并非是人力资本产权主体"④。张建琦（2001）认为，"人力资本一旦进入企业就为劳动者和非人力资本所有者共同拥有"。因此"企业中人力资本的产权归属并不唯一"。此后，部分学者将人力资本的产权特征描述为承载者"占有"人力资本的天然性，即产权的四项基本职能"占有、使用、收益、处分"中的第一项。因此，国家、组织等非载体投资者同样可以主张其所投资的人力资本所有权并

---

① 黄乾、李建民：《人力资本、企业性质与企业所有权安排》，《经济学家》，2001 年第 6 期。

② 杨瑞龙、周业安：《一个关于企业所有权安排的规范性分析框架及其理论含义——兼评张维迎、周其仁及崔之元的一些观点》，《经济研究》，1997 年第 1 期。

③ 罗纳德·哈里·科斯：《社会成本问题》，载《论生产的制度结构》，盛洪、陈郁等译，上海三联书店，1994 年 3 月版，第 190 页；原文：The Problem of Social Cost, R. H. Coase, Journal of Law and Economics, 1960, 3（10）：43-44。

④ 黄乾：《人力资本产权的概念、结构与特征》，《经济学家》，2000 年第 5 期。

有能力和资格支配人力资本的配置、使用和收益，而到底是"占有"还是周其仁所说的"所有"，学术界的认识也并不相同。

3. 人力资本的性质与产权特征文献梳理

人力资本理论的不断发展使得人在企业价值创造中的作用，得到越来越多的重视。因此，学者们也将重心放在了探讨人力资本所有者参与企业剩余分配问题上。人力资本的产权特征、人力资本参与企业所有权安排、人力资本在企业价值创造中的作用，以及员工持股、股权激励等，也成为了近些年研究的重点。相比之下，对人力资本的资本属性的关注则相对较少，学术界在人力资本性质的分析方面还存在着不足。另外，人力资本与其载体天然不可分的产权特征，也只是说明人力资本的使用需要激励，并不能作为人力资本参与企业剩余分配的依据。因此，本文从生产要素资本化视角出发，重新思考和理解人力资本概念，对人力资本的性质、产权特征以及人力资本参与企业所有权安排问题进行探讨。

（三）人力资本的价值计量

自人力资本思想萌芽时期开始，人的价值计量问题一直以来都为学者所关注。早期恩斯特·恩格尔和威廉·配第等学者的价值计量方法，虽然比较粗糙，但却为人力资本的价值计量提供了思路。人们在此基础上形成了成本法和收益法两种人力资本价值计量方法。

1. 成本法

成本法是根据人力资本形成过程中的累计投入量确定人力资本价值水平的方法。首先提出并运用成本法来估算人力资本价值的是恩斯特·恩格尔（Ernst Engel，1883）。恩格尔认为一个人的成本价值是指从出生到成长为劳动力所花费的全部费用，具体做法为将全体人口分为高、中、低三个阶层，假定每个阶层的人在出生时的成本为 c_i，每个阶层的人每年的新增成本为 $c_i q_i$，并且假定一个人在 26 岁的时候就被完全生产出来了，因此，一个年龄为 x 的人的人力资本为：$c_i(x) = c_i \left[1 + x + \dfrac{q_i x (1+x)}{2} \right]$（x<26）[①]。

此后，西奥多·W. 舒尔茨（Theodore W. Schultz，1961）为成本视角的人力资本价值计量提供了范式。舒尔茨指出："我研究人口质量的方法是把人口质量当作一种稀缺资源，也就是说它具有经济价值，而且要得到它就必须付出一定成本"，并将对人力资本的投资分为五类：医疗和保健；在职人员培训；正式建立起来的初等、中等和高等教育；不是由企业组织的那种为成年人举办的学习项目；个人和家庭是适应于变换就业机会的迁移。舒尔茨重点估算了教育资本的构成，认为教育资本由两部分组成，一部分学生在

---

① 转引自 Camilo Dagum，Daniel J. Slottje，A New Method to Estimate the Level and Distribution of Household Human Capital with Application，Structural Change and Economic Dynamics，2000（11）：74；中文翻译参照钱雪亚：《人力资本水平方法与实证》，商务印书馆，2011 年 12 月版，第 54 页。

上学期间所放弃的收入，另一部分是开办学校所需的费用，并将重点放在了估算学生在校期间所放弃的个人收入方面。

2. 收益法

从收益视角计量人力资本价值的思想，最早源于威廉·配第（William Petty，1672）。配第在其著作《政治算术》中已有关于人口价值计量方法的描述："假定英格兰全部人口为六百万人，每人开支为七镑，总共为四千二百万镑；同时又假定土地的地租为八百万镑，所有动产的收益每年在八百万镑以上。这么一来，其余的二千六百万镑，就要靠人民的劳动来提供。这二千六百万镑乘以二十（人群也和土地一样，值二十年的年租），得五亿二千万镑，这个数额就是全部人口的价值。再将这个数字用六百万镑来除，得八十余英镑，这就是每个男、女、儿童的价值，而壮年人的价值等于这个数额的两倍"。并且，配第认为一个国家人口的价值不在于这个国家所有人口的自然数量，即人口的单纯数目，而在于它的社会数量，即创造财富的能力。

加里·S. 贝克尔（Gary Stanley Becker，1964）指出，企业进行人力资源投资的均衡条件是收益与支出的现期价值相等，即：$\sum_{t=0}^{n-1}\frac{R_t}{(1+i)^{t+1}}=\sum_{t=0}^{n-1}\frac{E_t}{(1+i)^{t+1}}$（其中，$R_t$ 与 E_t 分别表示 t 时期的收益与支出，i 代表市场贴现率），从而形成了收益法的雏形。此后，巴鲁克·列弗和阿巴·施瓦茨（Baruch Lev and Aba Schwartz，1971）指出人力资本的价值即未来收入的现值，即：$V_\tau=\sum_{t=\tau}^{T}\frac{I(t)}{(1+r)^{t-\tau}}$（其中，$V_\tau$ 表示年龄为 τ 的人的人力资本价值，$I(t)$ 表示退休之前每年的收入，r 表示折现率，T 表示退休年龄)[1]。

3. 人力资本价值计量文献评论

虽然从成本和收益的不同视角对人力资本的价值计量研究存在差异，学者们的计量方法和计量口径也有所不同，可是，我们却从中发现一个共同的特点，即人之所以具有经济价值，一是因为人的成长和劳动能力的形成和维持需要花费成本，二是因为人具有产生未来收入的能力。但是，上述计量方法却混淆了"人的价值"和"人具有能力的价值"。主流的经济学观点将人力资本界定为人的知识和技能，而人是人力资本的载体。所以，人力资本的价值显然不同于人力资本载体的价值。因此，本文在从生产要素资本化的视角重新定义人力资本的基础上，认为人力资本的价值即为人力资本在市场交换中的价格，即从市场的视角对人力资本的价值进行了重新界定。

三、生产要素视角的人力资本含义及其分析

从生产要素资本化视角对人力资本进行界定，并在此基础上对人力资本的性质、产

---

① Baruch Lev, Aba Schwartz, On the Use of the Economic Concept of Human Capital in Financial Statements, The Accounting Review, 1971, 46（1）：105.

权特征、价值计量和人力资本产权如何参与企业剩余分配进行分析，其结论是不同的。

（一）人力资本的含义

从人力资本思想萌芽的产生到现代人力资本理论的发展，学术界对人力资本概念的界定并未形成统一的认识，虽然舒尔茨之后将"知识和技能"看作人力资本的思想成为了经济学的主流观点，但是人的原始劳动力是不是人力资本的组成部分，不同学者的表述存在着差异，舒尔茨对此的认识也比较混乱。然而人力资本的概念界定不清，人力资本的性质、计量等问题也就无从谈起，因此对人力资本理论的探讨，必须首先清楚到底什么是人力资本。

1. 现有认识存在的问题

在早期配第和马克思对人力资本思想的论述中，并没有提出人力资本的概念。人力资本思想的阐述也只是在作为生产要素的"劳动力"的基础上所做的改进。配第认识到了技术在推动经济发展中的重要作用，并将技术看作是土地、人力和物质资料之外的第四种生产要素。在配第的经济理论体系中，"人力"仅仅是指人的原始劳动力，而技术是与劳动力分离的独立的生产要素，并不是体现在人身上的技术。马克思的"劳动力"概念则包含了"体力"和"智力"两个方面，并将智力因素作为劳动力质量的体现。舒尔茨所说的"技术和知识"不过是马克思所说的劳动力的质量而已。因此，配第和马克思的论述中始终没有将人的原始劳动力或者包含知识和技能在内的劳动力看作人力资本。

伴随着现代人力资本理论的产生和发展，将体现在人身上的"技术和知识"看作人力资本成为了学术界的主流思想。在此之后，也很少有学者再对人力资本的概念进行讨论。因而这种将人力资本定义为无形资产的错误即为大多数经济学家所忽视。人具有生理和心理两个层面，在生理层面上我们需要食物和水，而在心理层面上我们需要知识和技术，食物、水、知识、技术是与人完全独立的要素，我们从来不会说人力资本是我们喝的水或是吃进去的食物。但是，为何却说人力资本是人身上的技术和知识呢？人力资本不包括知识和技术，就如同机器不包括人力、技术一样。物质资料中有人力、知识和技术的投入，但我们从来不会说物质资本是体现在物质资料身上的人力、知识和技术，为何到了人力资本这里，就变成了体现在人身上的知识和技术了呢？人同机器一样是有形资产而非无形资产。将人与知识和技术相混淆是主流的人力资本观点最大的问题所在。

虽然也有学者将活生生的人看作人力资本，但是却忽视了一个重要环节，即人只有经过交易进入组织劳动，才能成为真正意义上的人力资本。瓦尔拉斯将"资本"定义为一切耐用品，将"收入"定义为一切非耐用品，而资本的本质在于能产生收入，肥力是土地的收入、遮蔽是房屋的收入、劳动是工人的收入，以及法律或者医药问题的处理是律师或医生的收入。多数的经济学家在列举生产要素时所用的名词是土地、劳动和资本，但瓦尔拉斯认为用这些名词作为纯理论推断的基础时还不够精确，"劳动是人类能力的服务或人力的服务。因此，不可将劳动同土地与资本并列"。作为生产要素的名词，应该是

"土地服务、劳动和资本服务"①，而其背后是土地资本（即土地）、人力资本（即个人）和狭义资本，人是人力（即劳动）要素产生的源泉。虽然瓦尔拉斯将人视为人力资本的思想有重大的进步，但是其对人的定义仍然停留在人力资产或人力资源的概念上，并不是真正意义上的人力资本。在瓦尔拉斯看来，人是生产要素"劳动"的源泉，是符合资本定义的耐用品，可以源源不断地产出劳动。但是，瓦尔拉斯却没有意识到人要转变为资本创造价值就必须经过市场交易进入企业才可实现。在校学生是瓦尔拉斯所定义的"人力资本"，因为他们可以作为"劳动"的源泉，但若没有企业作为载体，学生最多只能算作"人力资产"，并不能创造价值。学生只有毕业离开学校进入企业之后，才会成为企业的人力资本，才能转变为生产力实现价值创造。因此，瓦尔拉斯将人看作人力资本的观点同样存在着不足。

2. 生产要素视角的人力资本含义界定

企业是一个生产要素投入和价值产出的经济系统。自经济学诞生之日起，学者们就在不断探索企业投入的究竟是什么，传统经济学界定的生产要素即为人力、财力和物力。然而，随着科学技术的发展和社会生产方式的进步，技术、知识和信息在经济增长中的作用越来越凸显，作为新兴生产要素的技术、知识和信息，也逐渐被经济学家所关注。按照瓦尔拉斯的理解，我们将生产要素表述为：人力（劳动）、财力服务、物力服务、技术服务、知识服务和信息服务，而在这些生产要素的背后是人、财、物、技术、知识和信息作为其产生的源泉，如同人不断产出劳动、土地产出肥力一样，即瓦尔拉斯所定义的资本。但是，我们认为，人、财、物、技术、知识和信息，只有经过市场交易过程进入企业投入生产，才能真正成为企业创造价值的资本。因此，生产要素转变为生产力的过程，实际是生产要素生成资本的过程。

秘鲁著名经济学家赫尔南多·德·索托（2000）在其著作《资本的秘密》中阐释了资本的生成机制，认为资本主义制度在西方取得成功而在其他地区却遭遇失败的原因，在于西方国家建立了使资产转化为资本的经济机制，即产权机制。索托说："这些穷人掌握财产的方式，有着相当大的缺陷：他们的房屋，建筑在所有权记录不够完善的土地上；他们的公司，既没有法人地位，也没有明晰的职责；企业处于财务学家和投资者的视野之外；他们的财产权利，没有得到可靠的登记和确认，无法顺利地转化成资本"；"与之形成鲜明对比的是，在西方国家，每一块土地、每一座建筑、每一台设备、每一件库存，都在所有权文件中得到过表述"；"从回形针到核反应堆，他们（指穷人）能够适应西方的每一种发明，然而，由于缺少关键的财产权表述，他们始终无法创造出足够的资本"②。

生产要素只有经过交易进入企业才能转变为资本创造价值，而索托告诉我们产权明晰是进行市场交易的前提。在现代企业运作中，企业为了生产经营从市场上购买人、财、

① 原文中为 rentes、labours、profits.
② 赫尔南多·德·索托：《资本的秘密》，于海生译，华夏出版社，2007年1月版，第5~6页。

物、技术、知识和信息，然后登记账目以表明拥有这些人、财、物等的产权，接着将这些拥有产权的要素投入企业生产过程，那么，该企业就拥有了这些要素资本，即人力资本、财务资本、物质资本、技术资本、知识资本和信息资本。

具体到人力资本而言，人力资本的生成同样要经过新兴产业和新生活方式出现、生产劳动结果、登记产品所有权凭证、完成交易过程、投入新经济过程五个过程。自人类诞生之日起，劳动就是人类改造自然、征服自然的工具，而"人"正是人类劳动产生的源泉。从人类自身的生产来讲，我们就是父母生产劳动的结果，如同小麦的种子、专门用于繁殖的公鸡母鸡、公猪母猪等生物资产一样，正如瓦尔拉斯所说："人同土地一样是自然资本，但是可灭的，就是说，由于使用或不测事故使可以毁灭的。他们过去了，但是通过代代相传，他们又出生了"，马克思也认为："劳动力所有者是会死的。因此，要使他不断出现在市场上（这是货币不断转化为资本的前提），劳动力的卖者就必须'像任何活的个体一样，依靠繁殖使自己永远延续下去'。因损耗和死亡而退出市场的劳动力，至少要不断由同样数目的新的劳动力来补充"。人类自身的繁殖使得人可以永续地延续下去，也正是这种自然的繁衍使得父母成为了我们每一个人天然的产权所有者。而生物资产能动性的特性又使得我们每个人同时也是自己的所有者。当在劳动力市场上，买卖双方达成合约从而使得人进入企业并被投入生产经营过程之后，人便成为了企业真正的人力资本。这就完成了人力资本孕育、形成，以及诞生的整个过程。

马克思说："劳动力只有而且只是因为被它自己的占有者即有劳动力的人当作商品出售或出卖，才能作为商品出现在市场上。"因此，劳动者变为资本，实质是以出卖劳动力为前提条件的；与此同时，资本的产生需要资本载体或标的物成为商品并在市场里出售以实现其价值。所以，只有买卖双方完成市场交易合约，劳动者进入企业投入生产经营过程，才真正转化为企业的人力资本。人力、人力资产与人力资本的关系如图1所示：

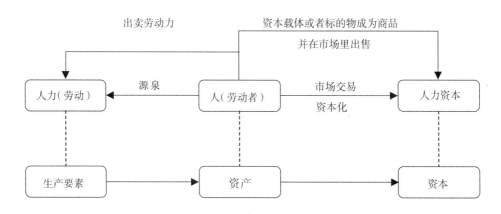

图1　人力、人力资产与人力资本关系

讨论和分析表明，人力资本是活生生的有形生物资产作为生产要素时的资本化。人力资产是活生生的物质实体而非无形资产。人力资本是有形人力资产的资本化或价值载体。

人力的质量由生理、体力、健康、智力、学历、阅历、经验，以及已取得的成就等多因素构成。人的质量与他是否有知识、技术、信息等，基本上没有多大关系。人力、技术和信息是不同的生产要素，人力资本、技术资本和信息资本是企业相互独立的要素资本。

（二）人力资本的性质

在这里，我们将人力资本定义为有形生物资产的资本化。因此，对人力资本性质的探讨也必然要从人作为生物资产所具有的性质入手。这也是人力资本同其他形式的资本最重要的差别所在。人力资本是投入生产经营过程中的生物资产。因此，从企业运营的视角分析，本文认为，人力资本的性质主要体现在两个方面，即自然增殖性与激励性。

1. 人力资本的自然增殖性

人是活生生的有形生物资产，可以通过生育而进行繁殖。虽然从个体的角度看，每个人都会消失。但是，通过代代相传，人类又得以延续下去。这种生物资产的自然增殖性，正是其他类型的资产（如存货、固定资产、无形资产）所不具备的。马克思说："劳动力的生产要以活的个人的存在为前提。假设个人已经存在，劳动力的生产就是这个个人本身的再生产或者维持。活的个人要维持自己，需要有一定量的生活资料。"因此，工资中必须有一部分是用于维持个体再生产所必需的支出。同时，人力资本的自然增殖性决定了要使劳动的供给能够永远延续下去，还必须为个人家庭的运行提供保障。所以，工资中还应包括对工人家庭生活必要支出的补偿。正如马克思所说："生产劳动力所必要的生活资料的总和，包括工人的补充者即工人子女的生活资料，只有这样，这种独特的商品占有者的种族才能在商品市场上永远延续下去。"

2. 人力资本的激励性

麦克库洛赫在《政治经济学原理》中，将人比作机器。他说："人正如一架为他的手所制造的机器一样，是劳动的产品"，"每一个成年人，虽然他不曾学到任何特殊技艺或专长，但完全可以正确地被看作一架耗费了二十年勤勉照顾和支付了很大一笔资金而制造起来的机器"。这种将人看作机器的思想，不仅忽视了人作为生物资产所具有的自然增殖性，更重要的是没有考虑到人的激励性。对于机器而言，如果想让它工作只需打开开关、插上电源即可，机器不存在愿意或者不愿意工作的问题。我们也从未听说过对机器的激励。但是，对于人来讲就有所不同了。人是有意识的生物，可以决定工作或者不工作，即人力资本存在打开或者闭合的问题。所以，厂房设备无须激励，无形资产也无须激励，但是遇到人就需要激励。周其仁说："一块被没收的土地，可以立即转移到新主人的手里而保持同样的面积和土壤肥力；但是一个被'没收'的人，即便交到奴隶主手里，它还可能不听使唤、又懒又笨，甚至宁死不从"，而这正是人力资本需要激励的原因所在。

我们说人力资本具有自然增殖性和激励性，其实最根本的原因在于我们将人力资本看作有形生物资产的资本化，而非无形资产。一直以来，人力资本都被界定为体现在人身上的技术和知识等无形资产，似乎不应该把人当作普通的物品一样买来买去，更不应该把人看作牛马等生物资产一样豢养在马厩里。其实，抛开社会伦理学的观点，单纯从经济学的角度来看，人的本质就是生物资产，与牛马羊在作为资本的属性上并无不同。因而人力资本也就具有生物资产的自然增殖性和激励性。自然增殖性是所有生物资产共有的属性，即可以通过自然繁殖实现再现。这是与物质资本不同的地方，虽然机器设备也可以再现，但他们的再现是社会经济生产的结果而不是生物自然繁殖的结果。从激励性来讲，其实不仅是人，动物也同样需要激励。在动物的劳动中，食物就是最好的激励。相比动物而言，我们人类需要的激励更加多样和复杂。我们总说人是高等动物，不可将人同普通的生物资产相提并论。但在现实经济中，生物资产在企业的资产负债表中都有相应的核算及体现，而人却至今都没有被纳入企业的资产之中，将人力资本看作有形生物资产资本化的思想，现在被绝大多数经济学家所忽视。

（三）人力资本的产权特征

学术界对人力资本产权特征的表述虽然很多，但其根本依旧是周其仁"人力资本与其所有者天然不可分"观点的延伸和发展。周其仁的观点是建立在将人力资本理解为体现在人身上的技术和知识的基础之上。当我们从生产要素视角，把人力资本界定为活生生的有形生物资产资本化时，本文认为人力资本的产权特征即为人力资本的"产权二重性"——人力资本为自己所有，同时亦为组织所有。

人力资本为自己所有，其实并不难理解。我们每个人都是自己的主人，可以决定自己的生或死，工作或不工作，努力或不努力。其显著的事实是，一个健康的人，其劳动过程中动作的缓慢和快速以及其控制程度，由劳动者个人根据生产工艺规则所决定。与其他要素资本相比，人力资本的特殊性就在于它是一种"活"的资本，是有生命、有意识的资本。震惊中外的富士康公司员工跳楼事件曾引发我们的无数反思，但究其根源，是企业并没有把活生生的员工看作他们创造价值的人力资本。人力资本为企业所有，同时也为员工个人所有。富士康的员工选择用跳楼的方式结束自己的生命，失去了自己所拥有的人力资本，同时企业也失去了人力资本。提到人力资本概念，人们总会说，那是体现在人身上的技术和知识、经验和阅历，人们总是把人力资本看作无形资产，却忽视了人本身作为生物资产的有形性。人力资本不是冰冷的技术和知识，而是活生生的生物实体。且不论人力资本是否应该参与企业的剩余分配，只有将人看作"活生生的有形生物资产"，企业才会对人有更大的尊重和爱护。富士康员工跳楼事件才不会重演。只有企业真正意识到人力资本生物有形性及人力资本同时可以为员工自己所有的产权特征，才会真正树立以人为本的理念，人力资本才会以很小的成本创造更高的收益，人力才会获得更好的发展。

人力资本不仅为自己所有，同时可以为组织和代理人所有。这里的组织即为家庭（父母）或企业。人力资本自然增殖性的特点，决定了父母是每个人的天然所有者。人力资本在进入企业之前，我们每个人都为自己的家庭所有；在我们年幼无知或意识不清时，我们已然无法成为自己人力资本的所有者，而这时我们的人力资本即属于我们的家庭。当我们与企业签订合约从而投入企业生产经营活动中时，我们的人力资本同时又可以为企业所有。企业享有人力资本的使用权和收益权，通过人力资本劳动的输出为企业创造价值。除了家庭、企业和国家外，父母、子女和配偶也可以成为人力资本的代理人。

其实，不仅仅是人力资本，许多资产也具有产权二重性的特点。土地即是一个典型的例子。我们说某个人（某个组织）拥有某块土地的所有权，其实他们所拥有的也仅仅是土地的使用权而已，土地的最终归属仍然属于国家。但是，这并不妨碍土地成为企业创造价值的资本，因此许多经济学家将产权理解为"一束权利"，而不是像物权一样的绝对意义上的所有权。土地为个人（组织）和国家所共有，就如同人力资本为自己和组织所共有一样，人力资本的产权二重性同样也不阻碍人成为企业创造价值的资本。

（四）人力资本的价值计量

在探讨人力资本的价值计量之前，首先要明确何为"价值"，又何为"计量"？这是两个看似不成问题的问题。实际上，只有真正理解了"价值"和"计量"的含义，才会对人力资本的价值计量有更加深入的认识。

在对"价值"的理解中，我们需要区分两种"价值观"，即马克思所倡导的"新增价值"及西方经济学所倡导的"市场价值"。马克思的劳动价值论认为，只有劳动才能创造价值，物质资本并不能创造价值。马克思说："机器不在劳动过程中服务就没有用。不仅如此，它还会受到自然的物质变换的破坏力的影响。铁会生锈，木会腐蚀。纱不用来织或编，会成为废棉。活劳动必须抓住这些东西，使他们由死复生，使他们从仅仅是可能的使用价值转化为现实的和起作用的使用价值。"所以，马克思将"资本"与"劳动"两个要素对立起来，并且认为资本家是剥削工人剩余价值的寄生虫，从而号召工人阶级团结起来推翻资本主义。现在，我们不去谈论是否应该推翻资本主义的问题，仅仅从经济学价值创造的视角而言，任何资本创造价值都是与其他资本配置在一起才可以实现。单一的资本并不能创造价值。因此，企业的价值创造不仅来源于人力资本，物质资本的作用同样不可忽视。我们知道，会计的基本假设有四个，即会计主体、持续经营、会计分期和货币计量，但其实还有一个非常重要的假设被我们忽视了，那就是价值转移。在核算产品的成本时，无论是原材料价值的直接转移，还是机器设备价值以折旧方式的转移，我们都假定物质资本的价值转移到了新创造的产品中去了。企业的价值创造是人力资本与物质资本合理配置及共同作用的结果。因此，我们应该明确马克思所说的"价值"强调仅仅的是劳动创造的新增价值部分。西方经济学中所指的价值仅是商品的市场价值，即由于资源的稀缺性带来的商品在商场的交易价格，它是买卖双方相互博弈的结果，由市场的供需所决定。例如，机器设备在马克思的理论体系中是不能创造价值的，但是在西方经济学理论中，机器设备同样具有价值并且可以创造价值。在马克思的资本理论里，假定社会主义社会是生产力极大地发展，物质资料极大地丰富，商品经济、资本关系和剥削制度已被消灭，整个社会经济实行各尽所能，按需分配。社会主义经济制度对马克思而言是一种设想和理想，马克思本人没有亲身经历。研究资本理论史可以发现，资本形式与所有制关系演化年谱存在密切联系。自 14~15 世纪资本关系萌芽时期、16~18 世纪上叶至 19 世纪初资本关系形成，物质资本占主导，资本雇佣劳动的所有制形成和确立。19~20 世纪上叶，近代工业股份资本形成，资本所有权与职能开始分离；继而出现物质资本和货币资本等异质资本配置问题。20 世纪下叶至今，科技革命轮番升级，虽然金融货币资本一度统治所有制，但社会资本和技术资本的出现，使资本关系开始由法人资本、国家资本和国际资本共同主导（William E. Halal，1988；张彤玉，1999）。马克思早期的所有制研究表明，"一切所有制关系都经历了经常的历史更替、经常的历史变更"，并对未来共产主义社会所有制内容和特征给出科学预见。苏联经济学家主张纯而又纯的生产资料全民公有制，理论和实践证明高度集中单一全民所有制制度与生产力发展水平严重脱节。西方经济学家则主张完全私有化所有制，又走了另一极端。从李嘉图和斯密古典资本理论、马克思资本理论、新古典庞巴维克资本理论和凯恩斯主义资本理论看，资本理论的发展总是伴随着所有制变革理论研究的发展而发展。资本所有制关系是一切资本关系的基础。各种资本关系的变革均源于所有制关系的变革。新旧资本历史形式的演化更迭过程实质是资本所有制内部结构的演变过程。当现代政治家和经济学家发现社会主义初级阶段制度时，混合所有制应运而生。除货币资本和物质资本外，人们对人力资本、社会资本和技术资本基本视而不见，这受"资本雇佣劳动"是使企业价值最大化的最优企业所有权安排思想的影响（张维迎，1996）。对此，方竹兰（1997）针对人力资本所有者拥有企业所有权，指出人力资本所有者与非人力资本所有者是两个对等的产权主体。由于人们对异质资本缺乏有效认识和评估，使得企业异质资本缺乏有效保护，混合所有制各类资本难以优化配置。生产资料混合所有制是私有制和公有制之外的第三种所有制。本文的价值，可以理解为混合所有制经济中的价值。

明确了"价值"的含义，那什么又是"计量"呢？这个问题似乎很好回答，但又似乎难以给出答案。其实，计量的本质即是人们认识事物的一种方式。举个例子，现在我的手中有一杯水，我说二十块钱一杯，结果是没有一个人会去买，甚至白送也不会有人要。但是我们换一个场景，在一望无际的沙漠上，现在只有这一杯水，或许无论我出多少钱，大家都会争着去买。那问题是，这杯水的价值到底是多少呢？再者而言，在会计上，我们有历史成本、重置成本、可变现净值、现值、公允价值等一系列的价值计量属性，那又到底该用哪一个呢？大家知道，会计上的计量，其本质是依据会计准则将某一数额分配给客体。例如，我们规定存货取得时，应当按照历史成本进行初始计量；在资产负债表日，存货又应当按照成本与可变现净值孰低计量。其实，这种按照主观制定的会计准则将某一数额分配给客体的程序就是我们以会计视角认识事物的一种方式。计量只需满足我们的需求即可，无须精确，计量永远不会等于数学上的精确计算。再回到水的那个例子，无论那杯水是分文不值还是价值连城，都是我们认识那杯水的一种方式。

无论我们将 0 元、20 元还是 1 万元赋予这杯水，都能满足我们在不同的环境中对这杯水的认识和评价。满足不同环境中对事物认识和评价的需求，即为经济计量的本质所在。

那么，人力资本的价值又该如何计量呢？每当我们谈论起对人的价值计量问题，总会有人质疑人的价值该如何计量。如果在现在的公司，我的年薪是 10 万，然后换了一家公司年薪变成 50 万，那我的价值是多少呢，10 万还是 50 万？其实，理解了"价值"和"计量"的真正含义，就会明白无论是计量 10 万还是 100 万，都是满足我们在不同的企业中对员工认识和评价的一种方式而已。10 万和 100 万这两个数额的形成是双方博弈的最终结果，即人力资本的市场价值及其带来现金流入量的折现值。在不同的企业，我们被赋予不同的价值数额，即满足了企业对我们的评价需求。只要这种计量能够满足认识和评价的需求，那么，无论数额是多少，在经济学上都是合理可行的。这个过程是供需双方价值判断的结果，也是由双方的相互博弈所形成。

在生产要素资本化的过程中，经历生产过程是其成为资本品的必要条件，而经历交易过程则是其最终成为资本品的充分条件。人力资本产权二重性的特征，为其进入交易环节提供了前提条件。在交易过程中，人们对人力资本价值的判断则由人力资本的供需所决定，即我们计量的是人力资本的收益能力和市场价值而非新增价值决定。在这个过程中，对人力资本价值的评估即为企业认识人力资本的方式，在不同的情境中，不同的评估数额满足了不同企业对人力资本评价的需求，并且随着环境的变化而有所不同。因此，我们认为，人力资本的价值是人力资本的收益能力及其在市场上交易的价格表现。

四、人力资本与企业所有权安排

尽管从人力资本产权特征探究企业所有权安排已有深入研究，但是我们必须明确，人力资本与其所有者天然不可分的产权特征只能说明人力资本只可"激励"，不可"压榨"，并不能作为人力资本参与企业剩余分配的依据。而且，从生产要素资本化的视角分析，人力资本是有形生物资产的资本化，是活生生的物质实体而非无形资产。因此也就不存在人力资本与其所有者天然不可分的问题了。人力资本参与企业所有权的制度安排，其依据是所有权理论和产权制度。根据产权理论，当不同的资本所有者在资本配置的合作效果相同时，应选择交易费用较低的资本配置合约形式。在制度经济学里，这里的合约形式可理解为制度安排。并且，在交易费用为正的情况下，企业是否承认人力资本，其多种异质要素资本的配置方式和配置效率，则完全不同。

企业的价值创造过程，是人力资本、货币资本、实物资本、技术资本、知识资本和信息资本等多种异质要素资本合理配置，以及共同作用的过程和结果。因此，从理论上讲，每种资本的所有者均有权参与企业的剩余分配。但在现实的企业中，各种类型的资本所有者参与剩余分配的权利能否实现，则取决于资本各方的谈判力。这种谈判力的高低不是来源于谈判过程中的技巧或是谈判方式，而是取决于各种类型资本的稀缺性和产权合约形式即制度安排。作为生产要素的资本形式之一，人力资本的产权在多大程度上归属于自己，在多大程度上归属于企业，现在尚没有一个逻辑自洽的制度安排。至少在理论上尚未有一个科学的财务解释。众所周知，产权意味着个人或组织对某种资源的排他性占有和使用。产权制度是一种基础性的经济制度。人力资本的产权归属明确与否，不仅影响人力资本的经济效率，而且也是企业多种异质资本实现均衡配置的基础。现在的关键问题是，虽然企业制定经营决策时考虑了人力资本的成本和收益，但在安排公司剩余控制权分配时，却将人力资本视为即期的原材料一样费用化；企业的原始注册资本仅含有货币资本，不包括人力资本。这就使得人力资本个人所有者没有参与企业剩余收益和剩余资产的分配权。人力资本产权的二重性没有体现在企业所有权的制度安排里。人们研究人力资本的全部意义，在于承认人力资本的经济性质。否则，人力资本称谓就是企业家处理劳资关系的噱头而已。

在企业经济发展的早期，物质资本和货币资本处于相对稀缺的地位，企业生产的产品中技术和知识的含量也比较低。企业有了现金和机器设备，再雇佣一些工人就可以运营起来。因此，物质资本和货币资本的所有者处于绝对的优势地位，即形成了"资本雇佣劳动"的传统模式，也就是我们通常认为的观点，即企业为物质资本所有者（传统意义上的股东）所有。但是，随着科学技术的发展和社会生产方式的进步，企业的核心竞争力不再主要源于物质资本，而是更多地取决于产品中所包含的技术、知识和信息，人们对新兴生产要素的需求及其稀缺程度已经远远超过传统的物质资本。于是，物质资本所有者占有企业全部剩余的观点也越来越受到人们的质疑。本文是人力资本问题的基础研究，不涉及人力资本如何具体地参与企业剩余索取权的分享设计。

既然新兴生产要素的稀缺性在不断提升，那么，为何现在学术界多在探讨人力资本所有者参与企业剩余分配问题，而不是技术、知识和信息资本所有者参与企业所有权安排的问题呢？答案是目前的资本理论混淆了技术、知识、信息和技术、知识、信息的载体，即人。主流经济学把人力资本界定为体现在人身上的技术和知识，而没有认识到人、技术、知识和信息是完全相互独立的企业生产要素。人可以是技术和知识的载体，但人不是技术和知识本身。周其仁在将人力资本看作体现在人身上的技术和知识的基础上，提出了人力资本与其所有者不可分的产权特征。但是，他又指出："知识和技术的载体是有头脑的人。知识和技术转化为生产力的载体是企业。"[1] 由此可见，周其仁对人力资本含义的认识，也存在着一定程度的矛盾或混乱。

人与技术、知识和信息的关系究竟是什么呢？以技术为例，技术是技巧和术用的合称，其主要形式是人工制品（如软件、工艺机件）、工作文件（如图纸、研究报告）和人的特别行为（如口技、平衡术）等。如果企业购买了一项专利技术，就拥有了这项技术的所有权，但是专利技术并无法直接投入到生产经营过程中去，需要人作为桥梁和纽带。企业即使拥有一座偌大的图书馆，书里都是技术、知识和信息，可是如果没有人，那么企业所拥有的不过是一堆纸和印刷在上面的字而已。人是技术、知识和信息投入生

---

① 周其仁：《真实世界的经济学》，中国发展出版社，2002 年 2 月版，第 29 页。

产过程并转化为现实生产力的媒介。所以，技术、知识和信息在经济发展中作用的提升，也就带动了人力地位的提升。可是，我们必须清楚，人、技术、知识、信息是相互之间完全独立的要素，人不是技术、知识和信息，人只是活生生的人而已。将人力资本定义为体现在人身上的技术和知识的观点，仅仅注重了那些人所具有的技能，也就是技术中"人的特别行为"。实际上，技术还有很多的表现形式，人本身所拥有的技能只是其中一部分而已。从主流的人力资本定义来看，人力资本、技术资本、知识资本和信息资本存在着相互重叠的地方。一个高级技术工程师拥有高超的技艺，他是技术资本的所有者。同理，一个普通的人，如果买入了一项专利技术的所有权，虽然他本身可能没有任何技艺，但他同样是技术资本的所有者。因为技术与机器设备、新材料和技术人员是不同的生产要素，可以独立于其他生产要素而存在。人力和技术不可相互混淆。

大量研究已证明，企业的要素资本有人力资本、物质资本、货币资本、技术资本、知识资本和信息资本等多种形式，随着社会生产方式的进步，"资本雇佣劳动"的传统模式可能不再适用。究竟是"劳动雇佣资本"，还是"技术雇佣资本"、"知识雇佣资本"、"信息雇佣资本"，则取决于各要素资本的收益能力和稀缺性。不同要素资本所有者谈判力的高低，决定了不同所有权模式的形成。如果在未来的社会中，每个人都不愿进入企业劳动，那么愿意提供劳动的人力资本所有者拥有企业或许会成为现实。但是，从目前的情况看，"技术雇佣资本"、"知识雇佣资本"、"信息雇佣资本"的模式，或许更具有现实意义。

五、结论

本文主要论证和解释了两个问题：一是人是经济活动里的有形生物资产。人与现金、机器、技术和知识等生产要素，各自相互独立。二是人作为有形生物资产转化为人力资本，需要一定的社会经济过程。企业价值或收益是多种生产要素资本均衡配置在一起，共同作用所创造。

威廉·配第对人力资本的阐释，开启了人力资本理论研究的萌芽。经济学家早期对人力资本的研究，只是对生产要素的一些理论解释和认识提升。长期以来，经济学家没有明确地提出人力资本的科学概念。关于人力资本含义的理解，学术界也并未形成比较统一的认识。20世纪五六十年代，现代人力资本理论研究的兴起，对人力资本理论进行了较为详细的阐述和推进。此后，人们将人力资本定义为体现在人身上的技术和知识的观念，广为学术界所接受。但是，进一步研究和事实表明，在经济活动中，人是活生生的有形生物资产而非无形资产。那种将人力资本定义为技术和知识等无形资产的资本化的观点，完全忽视了"人"作为生物资产的生物性和有形性。

当人们清楚了人是经济活动里的有形生物资产之后，才能明白人力资本是如何形成的。研究表明，生产要素资本化的过程，要经过新兴产业和新生活方式出现、生产劳动有结果、登记产品所有权凭证、完成交易过程，以及投入新经济过程等五个步骤。如果没有这五个环节，任何生产要素都难以转变为资本。活生生的人作为生产要素"劳动力"的源泉，经过上述五个步骤即完成了人力资本的生成过程。人力资本的生物性和有形性，决定了人力资本的自然增殖性和激励性；同时也使得人力资本具有"产权二重性"的产权特征，即人力资本为自己所有，同时亦为组织所有。经过交易过程是生产要素成为资本的充分条件。人力资本的价值体现在生产中的收益能力和交易过程中的价格水平。人力资本、物质资本、财务资本、技术资本、知识资本和信息资本的均衡合理配置，是企业价值创造的源泉。理论上，虽然每种资本的所有者均有权参与企业的剩余分配，但是这种权利能否实现则取决于多种资本均衡配置的制度安排和资本稀缺性所带来的资本所有者的谈判能力。

重要的是，人力资本不仅是生产要素资本，而且实现人力资本的载体人本身的全面发展是社会生产发展的追求目标。公有制经济下的人力资本理论是我国学术界的一个新课题。人的发展最根本的是人的劳动能力的全面发展，即人的智力和体力的充分统一的发展，包括人的身体、脑力、才能、志趣和道德品质的多方面发展。所以，人力资本理论是资本理论的核心内容。

参考文献

［1］威廉·配第：《赋税论》，邱霞、原磊译，华夏出版社，2006 年 5 月版。

［2］威廉·配第：《政治算术》，选自《配第经济著作选集》，陈东野、马清槐、周锦如译，商务印书馆，1981 年 1 月版。

［3］亚当·斯密：《国民财富的性质和原因的研究》（上卷），郭大力、王亚南译，商务印书馆，1972 年 12 月版。

［4］约·雷·麦克库洛赫：《政治经济学原理》（中译本），郭家麟译，商务印书馆，1975 年 11 月版。

［5］卡尔·海因里希·马克思：《资本论》（第 1 卷），中共中央马克思、恩格斯、列宁、斯大林著作编译局编译，人民出版社，2004 年 1 月版。

［6］莱昂·瓦尔拉斯：《纯粹经济学要义》（中译本），蔡受百译，商务印书馆，1989 年 5 月版。

［7］西奥多·W. 舒尔茨：《论人力资本投资》（中译本），吴珠华等译，北京经济学院出版社，1990 年 12 月版。

［8］西奥多·W. 舒尔茨：《对人进行投资：人口质量经济学》（中译本），吴珠华译，首都经济贸易大学出版社，2002 年 6 月版。

［9］丁冰：《舒尔茨"人力资本"论的意义与马克思资本理论的比较——纪念马克思诞辰 190 周年》，《山东社会科学》，2008 年第 7 期。

［10］加里·S. 贝克尔：《人力资本》（中译本），梁小民译，北京大学出版社，1987 年 5 月版。

［11］约翰·伊特韦尔、默里·米尔盖特、彼得·纽曼：《新帕尔格雷夫经济学大辞典》（第二卷：E-J）（中译本），经济科学出版社，1996 年 11 月版。

［12］李建民：《人力资本通论》，上海三联书店，1999 年 8 月版。

［13］姚树荣、张耀奇：《人力资本的涵义与特征论析》，《上海经济研究》，2001 年第 2 期。

［14］张建琦：《人力资本的性质与企业的剩余分配》，《中国工业经济》，2001 年第 5 期。

［15］马克思、恩格斯：《马克思恩格斯全集》（第 6 卷），中共中央马克思、恩格斯、列宁、斯大林著作编译局编译，人民出版社，1961 年 8 月版。

［16］宋周：《人力资本参与企业所有权安排问题研究》，四川师范大学经济学院硕士学位论文，2003 年。

［17］周其仁：《市场里的企业：一个人力资本与非人力资本的特别合约》，《经济研究》，1996 年第 6 期。

［18］张维迎：《所有制、治理结构及委托—代理关系——兼评崔之元和周其仁的一些观点》，《经济研究》，1996 年第 9 期。

［19］方竹兰：《人力资本所有者拥有企业所有权是一个趋势——兼与张维迎博士商榷》，《经济研究》，1997 年第 6 期。

［20］黄乾、李建民：《人力资本、企业性质与企业所有权安排》，《经济学家》，2001 年第 6 期。

［21］杨瑞龙、周业安：《一个关于企业所有权安排的规范性分析框架及其理论含义——兼评张维迎、周其仁及崔之元的一些观点》，《经济研究》，1997 年第 1 期。

［22］罗纳德·哈里·科斯：《社会成本问题》，载《论生产的制度结构》，盛洪、陈郁等译，上海三联书店，1994 年 3 月版。

［23］黄乾：《人力资本产权的概念、结构与特征》，《经济学家》，2000 年第 5 期。

［24］赫尔南多·德·索托：《资本的秘密》，于海生译，华夏出版社，2007 年 1 月版。

［25］周其仁：《真实世界的经济学》，中国发展出版社，2002 年 2 月版。

［26］Irving Fisher, The Nature of Capital and Income, The Macmillan Company, Published September, 1906.

［27］Camilo Dagum, Daniel J. Slottje, A New Method to Estimate the Level and Distribution of Household Human Capital with Application, Structural Change and Economic Dynamics, 2000 (11).

［28］Baruch Lev, Aba Schwartz, On the Use of the Economic Concept of Human Capital in Financial Statements, The Accounting Review, 1971, 46 (1).

［29］The Problem of Social Cost, R. H. Coase, Journal of Law and Economics, 1960, 3 (10).

18 | 论新兴生产要素：技术、信息和知识[*]

一、引言

　　资本是经济发展的重要动力，资本理论是经济学的核心基础理论。随着我国以工业为重心、以信息技术为核心工具，并以农村城镇化和现代化为目标进入新的经济发展时期，现实中的资本要素和经济学上的资本范畴在质和量上均发生了重大变化。西方管理学界将传统物质资本以外的非物质资本称为"智力资本"（含人力资本、结构资本和关系资本），但西方经济学界对此极为谨慎，其权威期刊很少见到"智力资本"的称谓。我国学术界部分从事财经知识研究和传播的学者，对"智力资本"很感兴趣，发表了大量介绍性文章。事实上，我国的市场经济土壤与西方是有区别的。"智力资本"不仅在我国经济发展中缺乏实践基础和难以操作，而且在理论上难以解释并易产生混乱，如人力资本早已同货币资本和物质资本相区别而成为独立的资本形态。人力资本、货币资本和物质资本都是传统的资本形式。其中，因科技发展和社会文明巨大进步而使人自身的能力极大提高，以及人力资源的差别化，使经济中的人力资本作用日益显著；同时，随着经济增长对石油煤炭天然气等能源资源、有色金属等矿物资源、水资源和土地资源的极大需求，物质资本作为经济发展的基础，再一次被人们所重视。尽管人力资本和物质资本似乎比货币资本更加重要，但人力资本和物质资本的作用是通过技术资本、信息资本和知识资本的媒介和参与才实现的。

　　宇宙中的各种资源在被视为生产要素时，这些资源大致分为人力资源、财务资源（货币、证券等）、物质资源（机器设备、作为原料燃料的自然资源等）、技术、信息和知识，随着人类文明的进步，人们还会发现更重要的生产力因素。这些生产要素经过市场交易过程转变为资本，于是，我们称人力资本、货币资本、物质资本、技术资本、信息资本和知识资本为企业组织的要素资本。西方学者的"结构资本"和"关系资本"存在于我们的知识资本和信息资本之中。在我国，虽然按生产要素分配的理论已被学术界所接受，而要素资本理论在学界和企业里尚未被广泛认可，一则由于经济学里的劳动、资本和土地构成社会基本生产要素的假设依然根深蒂固，二则由于会计学现在只能完全

＊ 原文最早发表于《东方论坛》2008 年第 5 期，第 76-82 页。

核算实物资本和财务资本的投入产出，有关人力资本、技术资本、信息资本和知识资本的会计确认计量问题，尚未在理论和方法上得到解决。企业会计难以披露要素资本的流入流出和收益。因此，资本理论研究远远落后于资本创造价值的现实活动。在要素资本研究和应用中，一些学者经常提出技术、信息和知识难以区分的问题，我们认为，现实中的技术、信息和知识是很清楚的，如企业里有技术研发中心、信息中心，地方政府里有科技局、知识产权局等，都没有产生重复和冲突。

概念问题很重要，技术、信息和知识是要素资本理论体系之网上的纽结，只有概念清楚，才可能进一步解决技术、信息和知识的成本计量和定价问题。本文试图对技术、信息和知识的概念及其作用加以解释和定义，使其在财务学乃至管理学和经济学中普遍适用。

二、技术范畴及其在公司财务学中的理论价值

技术在社会生产和经济发展中的作用，早在 100 年前就被经济学家所关注，也被管理学家们所熟知。但是，长期以来，技术是经济学家和管理学家们的能力所不能及的一门学科，除非他们正好接受过技术工程方面的培训。很多经济学家曾试图解释和理解技术的演变过程，可是他们多数都受到了自身条件的限制。有趣的是，在我国推行经济改革开放、快速发展市场经济的今天，社会学家和哲学家似乎比经济学家和管理学家更加关心技术问题[①]。在社会学家看来，技术是一把双刃剑，它既是价值观的携带者，也是其破坏者。技术给接受者带来了对待理性、效率、价值和历史与自然的特别态度，使接受者脱离了自然界和传统规范的各种限制。使用新技术，人们能在冬天吃到夏天的蔬菜和水果，在身体严重创伤时可用人造生物皮肤缝纫，利用风、水和太阳能替代煤炭或石油发电，坐着自制的航天飞行器可前往月球和其他星球去工作，等等。与此同时，技术也破坏了社会赖以生存的关于需要和满足的大量规则，使公平、等级制度和内部按需分配的秩序遭到袭击，并引发了人们对物质欲望的增长远远大于新的资源创造的增长。技术改变或破坏了人与社会、人与自然的关系，使所有的人生价值、社会价值都具体产业化和商品化，友情、伙伴、苦乐、爱情、生育等都可以讨价还价。技术更使人们感觉自己无能为力，这种感觉比闪电、风暴和洪涝等自然事件所带来的感觉更加强烈。可能由于在某些领域，技术已经取代了自然而成为决定社会决策的关键背景因素，《简明不列颠百科全书》认为，"技术是人类改变或控制客观环境的手段或活动"。

我国哲学家陈士俊教授曾系统深入研究过技术的本质问题[②]，他认为，在古代，技术是与生产活动相联系的技能和技巧，到了近代社会，人们适应和改造自然的活动范围更

① 以技术为题名，通过百度或谷歌搜索引擎，我们会发现社会学、哲学期刊里的有关技术研究文献，比经济学和管理学期刊里的文献多得多。

② 陈士俊，柳洲. 技术管理中的若干基本问题——从技术的本质谈起［J］. 科学技术与辩证法，2005，22（1）：72-74.

加广阔，人类生产经验和技能的积累加快了，许多在一定程度上替代人的体力和无须人直接操纵的机器被生产出来。同时，人们对机器的合理操纵需要遵循一定的程序和规则，不同机器的配置和加工次序组合，以及技能和技巧的运用，则形成经济活动的一定工艺和流程。此时，技术被理解为与生产活动相联系的技能、技巧和工具、机器，以及工艺、程序和规则。19世纪以后的现代社会，各种复杂机器设备的设计、制造和大机器生产工艺的制定、实施，使得自然科学知识成为技术发展的关键。于是，现代社会的技术除含有技能、技巧和工具、机器，以及工艺、程序和规则之外，还包含与技术直接相关的理论知识即技术理论知识。基于这样的认识，哲学家们把技术描述为"技术不仅是人类为提高社会实践活动的效率和效果而积累、创造并在实践中运用的各种物质手段、工艺程序、操作方法、技能技巧和相应知识的总和，作为一种复杂的社会现象，它也是人类的一种特殊的实践活动方式"①。我们认为，哲学意义上的技术概念是一个很宽泛的定义。实际情况是，技术和机器是完全不同的事物。在现实社会经济活动中，人们购买一台机器与购买该机器的生产或维修技术价格是不同的，而且技术和知识也不是同一事物，如我国政府里既有科技局，也有知识产权局。

我们认为，在现实经济社会和经济学里，技术是劳动、土地和资本之外的另一个新的生产要素，这个新的生产要素本身只含有生产中的技能、技巧及其核心工具，以及工艺、程序和规则。它不包括机器设备和相关理论知识，如同技术不包括人和人的劳动一样。但是，在各种生产要素之间，技术与人和机器设备之间的关系最为密切。很多技术与一些人的天赋、本能有关，如口技、绘画、雕塑、飞机驾驶员的平衡能力、木工手艺和铁匠，以及船舶与舰艇的技能性能差别等，都是技术范畴。所以，在财务上，作为生产要素的技术，就是生产过程中的技能、技巧和技艺，以及其术用载体。简单地说，技术就是技艺和术用的合称。无技艺不科学，无术用不活络。于技艺与术用中都能游刃有余的事物才是真正的技术。技术的载体和形态可以是高技术含量的人工制品、人工文件，以及人的特别行为。这些高技术含量人工制品、人工文件和特别行为，都是私人商品，而非公共产品。在经济过程中，高技术含量人工制品、人工文件和特别行为被企业组织购买后，便形成企业组织的技术资本。应该说，现代市场经济中的各种资源和生产要素，技术的内在价值潜力、创造价值的现实能力和技术资本收益率，当属第一。这也是经济发达国家将技术系统视为比自然系统更重要的原因之一。可是，技术资本只有与信息资本、知识资本、物质资源资本和人力资本共同形成科学合理的要素资本结构，才能发挥最大的作用。

在现代经济社会里，技术开始取代成本成为企业生存和发展的决定性因素。由于产品市场细分和产品生产供应链的高度社会化，以及企业生产和市场的透明度极高，会计上的产品成本不再是公司的秘密，所以，披露成本信息如同上市公司披露资产、负债和

---

① 陈士俊，柳洲. 技术管理中的若干基本问题——从技术的本质谈起 [J]. 科学技术与辩证法，2005，22（1）：73.

损益一样，已成为改进会计报告的重要内容。历史上，科学的起源与技术的起源属于两个不同的分支，科学来源于对神学自然解释的不满和人们对宗教桎梏的挣脱；而技术则来源于人类的生存需求和中世纪欧洲形成的工匠传统，起源于社会经济发展对工具和装备复杂性、精确性与多样性需求的增加，所以，决定企业生存和发展的真正因素是技术。现代企业发展的驱动力是技术创新，包括技术的原始创新、自主创新和系统集成，技术创新则源于社会经济发展需求的拉动、技术人员的发明和创造性，科学家和工程师对宇宙、生命和社会进化的认识所得到的启示与学习模仿，以及科学新知识的推动。技术资源转化为技术资本，就是技术成果转化为市场价值的过程。因此，当技术资本作为要素资本时，技术就真正成为企业生存和发展的方式。

三、信息范畴及其在公司财务学中的理论价值

早期的信息理论是美国贝尔公司电话研究所的数学家申农于1948年创立的，它主要研究电子通信、电话、卫星和有线电视系统，以及计算机等通信设施的信息传递，以及如何提高信息传输系统的有效性和可靠性。申农认为，信息是物质事物"不确定性"的反映，并给出详尽的数学描述。在申农看来，在传输信息时若接收者能完全知道所传输的内容，就会感觉没有得到什么信息；反之，若传输的内容使其感到十分意外时，就会感觉得到很多信息。即解除的"不确定性"越大，得到的信息量就越多。信息具有消除不确定性的功能，它的作用是消除受传者信宿的某些不确定性。通信的目的就是使信源发出的信息能被信宿所接收。申农的信息理论初步解决了从信宿提取由信源发出来的信息的技术问题，并提出了充分利用信道容量，在有限的信道中以最大速率传递最大信息量的基本途径。这正是通信系统研究信息的重点。与此同时，维纳在1948年发表了著作《控制论》，从控制论的角度把通信领域的信息概念与控制系统联系起来进行延伸，他认为："一个系统中的信息量是它的组织化程度的度量，一个系统的熵就是它的无组织化程度的度量。"因此"这正好是一个负数"（维纳：《控制论》，科技出版社，1963年，第11页）。"熵"原来是统计热力学中的概念，它表示系统中存在的某种无序状态程度的量，而"负熵"则被认为是系统组织化程度（或有序性）的量。这样就把信息概念推广到一切组织系统中。所以，在通信及控制论中讲信息时，就是通过一系列的数学描述来计算系统的"负熵"，即计算"不确定程度"。

在新闻媒体传播领域中，人们使用申农的信息论定义，如"凡是在一定情况下能减少不确定性的任何事物都叫信息"（苑子熙，《应用传播学》，北京广播学院出版社，1991年，第202页）。大众传播学家施拉姆等人认为，"直接运用数学方法是有局限性的，因为人类信息领域不像数学和电学那么简单……"（同上，第206页）。他们认为，信息就是"传播材料"或"传播内容"。在这里，施拉姆已察觉到人文科学与通信理论对信息的定义应该有不同的解释，这种不同的解释由各自学科的特点和实用价值所决定。如"信息论是指用符号传送的报道，报道的内容是接收符号者预先不知道的"（《现代汉语词

典》）。我们也听到这样的解释，"有用的新资料、新数据都叫信息"，等等。

当然，我们也可以从哲学上引申出"信息是物质运动的一种反映"来表述。信息是物质运动的一种存在形式，它是以物质的属性或运动状态为内容，它的传播或储存借助一定的物质作为载体。信息不是物质存在方式和运动状态本身，而是物质存在方式和运动状态属性的自身显示。所有的信息都是以事物自身发展变化过程中的性质以及和其他事物的性质的差异为基础的。没有事物的发展变化或事物之间的性质差别，就没有信息。所以，事物之间差别的变化性是信息的本质特征。

在经济领域，信息产业越来越成为我国经济发展的支柱产业。早在 20 世纪 20 年代，美国经济学家奈特（F. H. Knight），就已把信息与市场竞争、企业利润的不确定性、风险联系起来，认识到企业为了获取完备的信息必须进行投入的重要性。他在 1921 年出版的《风险、不确定性和利润》一书中，发现了"信息是一种主要的商品"，并注意到各种组织都参与信息活动且有大量投资用于信息活动。1959 年美国经济学家马尔萨克（J. Marschak）发表的《信息经济学评论》一书，讨论了信息的获得使概率的后验条件分布与先验条件分布有差别的问题。以后他又研究了最优信息系统的评价和选择问题。斯蒂格勒（G. J. Stigler）于 1961 年在《政治经济学杂志》上发表题为《信息经济学》的著名论文，研究了信息的成本和价值，以及信息对价格、工资和其他生产要素的影响。他提出信息搜寻理论，后来还在 1977 年指明，应当用不完全信息假设来替代有完全信息的假设，以修正传统的市场理论和一般均衡理论。信息经济学主要包括对信息的经济学分析和对信息产业经济的研究两个方面。前者把经济行为变量视为信息，研究信息的不完全性、不完备性，信息成本、信息的非对称性对市场运行的影响，以及信息收益等。其中，非对称信息博弈论在经济学中的应用，非对称信息情况下的最优合约，被视为信息经济学的核心问题。后者研究信息产品、信息服务和信息产业发展规律等。

公司财务管理围绕着时间、不确定性、信息、资本和价值等要素，开展财务活动，在不确定情况下，跨时间配置有限资源，处理财务关系，发现和创造价值。因此，财务学或经济学上的信息，指的是社会再生产过程运行和变化的密码。信息是经济活动和经济系统运行变化的信号信息。信息既可消除不确定性，又可发现价值、创造价值。因此，人们愿意支付一定的成本获取信息，现在，信息已成为经济活动不可缺少的生产要素。某一财务事件的发生及其后果是人们预先可以部分或全部了解的。信息越多的地方，不确定性事件就越少。所以，信息是公司财务管理所必需的要素。对于农民来说，如果他知道过去几十年时间里的降雨量历史数据和最新的气象卫星资料，并因此分析出该地区的降雨量规律，那么他就有可能预测出该地区的明年降雨量。尽管这种预测本身仍然寄托于一定程度的假设，只要农民掌握有关天气的新信息越多，如历史数据或者卫星云图，他就越能预测出明年该地区的降雨量，从而有效克服农业生产的不确定性事件。财务上的不确定性是未来一定时间内发生任何当前市场所不能预见的事件的可能性。这就是华尔街名言"Financial values comes from uncertainty"的本意。所以，财务上有关不确定性的描述主要是围绕着时间序列分析而展开的。公司财务特别关注市场所不能预期的事件。

任何有关可以预见事件的信息都已经被会计、统计和财务管理充分表达在有效资本市场上了，以至于资本市场上仅剩下当前所有信息都不能预测的不确定事件。财务能力是获取某种信息克服不确定性并创造价值的能力。首先，在现有市场条件下获得更多的信息，或者克服更多的不确定性；其次，比现有的市场更廉价地获取相同的信息或者承担至少相同程度的不确定性。显然，掌握更多的信息和拥有更多的能力就能够帮助我们降低不确定性。财务管理的任务，实际上就是充分利用市场信息对任何一种不确定性资产进行准确而合理的定价，然后以这个合理的市场定价作为参照物，测算出以多大的代价去开发新信息和创造新资源。信息已成为财务学的核心范畴，信息资本投入是企业解决新生产要素不确定性及其跨时间配置的重要方式。

四、知识范畴及其在公司财务学中的理论价值

公司财务上的知识是作为商品的知识，不能成为商品和资产的知识，其不是财务学的研究对象。一般地，绝大多数哲学家赞同柏拉图在《泰阿泰德篇》中对知识的看法：知识是经过证明了的真的信念（knowledge is justified true belief）。一般而论，知识可区分为经验知识（或后验知识）和非经验知识（或先验知识）两大类。经验知识的证明依赖于感觉经验。与之相反，先验知识的证明则依赖于康德所谓的"纯粹理性"。在莱布尼茨和休谟的哲学中已有经验知识和先验知识的分类，但是关于这两类知识的现代分类则主要源于康德的《纯粹理性批判》。在什么样的感觉经验条件下，才能形成经验知识所必需的证实是知识理论研究中一个最为困难的问题。同样，关于先验知识形成的具体条件也是一个悬而未决的理论问题。关于物理客体的知识显然是属于经验知识范畴，而关于逻辑、数学等学科的知识则不是经验知识。对于后者的证明断然不能来源于经验和依靠经验。我们讨论的重点是经验知识的定义及其证实，首先要讨论的问题是经验知识究竟是如何构成的问题。对于这个问题柏拉图在他的《泰阿泰德篇》中给予了经典性的回答，即所谓的知识必须能够满足如下三个条件：信念的条件、真的条件和证实的条件。总而言之，知识是经过证实了的真的信念。可见，知识和信念有密切的联系。知识一定是信念，信念却不一定是知识。信念是构成知识的必要条件，却不是充分条件。没有信念就必然没有知识。信念是形成知识的第一个条件或构成知识的主体因素。罗素在他晚年比较详细地论述了信念理论。罗素讲，信念不是人特有的，是从变形虫到人类的心理发展的历史演化中一脉相承下来的，当一只猫看到一个老鼠洞的时候，它有了一个捉老鼠的想法，同时产生了一种信念。对于人类而言，在直接的感知中，例如在你不远的地方"嘭"的一声爆响，你可以由听觉得到一个感觉和信念，这可以说是一种不需要思考而得到的信念，但是当你想起你在过去的时间和地点听到这声爆响时，不仅有回忆而且有信念。信念是身体上或心理上有机体的一种状态。信念是先于理智并且可以表现在动物行为上的东西。

知识具有多种特征和性质，既有主观性，又有可观性，还有共享性；既来源于直接、

间接的实践活动和经验，也来源于直接、间接的理论，以及研究开发活动。将知识的定义扩展到经济领域，称为经济知识。经济知识是由生产性知识构成的，具体分为技术性知识和制度性知识。技术性知识包括有关技巧描述、生产操作方法和通用技术知识等，制度知识则包括合作伙伴之间的默契和情感，以及通过正规教育获得的公共性知识。企业将搜寻解决问题的方法的经历存储于组织记忆中，称为企业拥有知识。组织记忆的外在表现是企业的"惯例"，包括行动的指南、方针政策、规章制度等明晰的惯例以及企业组织心智模式等默会性的惯例。企业的知识就是企业成员共享的知识。法国的摩萨德·肯将知识投资定义为"目的在于改善现存知识、获取新知识或者传播知识的活动上的支出"，并将其分为三部分：研发和创新支出、教育和培训支出以及软件支出。

经济知识的基础范畴是知识产权。多米尼克·弗莱将知识产权定义为某种知识产品的创造者对该产品加以有效利用，并独占其收益的权利。他将知识产权分为工业产权与文学和艺术产权，其各自的主要产权代表为专利权和著作权。随着科学技术的发展，著作权由于被信息技术、文化和多媒体产业的采用，而进入了企业领域，与专利权相融合。商业秘密作为企业能够享有一项创新并带来收益的另外的方法，并不产生产权。专利权会保护第一位创新者，但会限制知识的实际应用，只有知识的广为传播，才使得知识能够被更加有效地利用。因此专利权就是在知识的专有权和传播之间寻找一个平衡点。但是，当今的信息通信技术的发展带来了挑战，知识的形成和传播成本大大降低，比如数字作品的复制和传送更为简捷，尤其是互联网的广泛使用更是加大了可能。多米尼克·弗莱是从知识的传播和保护角度来研究企业的知识产权的，而且将涉及技术的专利权与著作权一起列入知识的内容中。现代意义上的知识产权包括工业产权和著作权。工业产权包括专利权、商标权等。除此之外，植物新品种权、商业秘密也属于知识产权，但是显然弗莱将商业机密排除在知识产权之外。

财务理论认为，经济领域中的知识是具有知识产权的知识。具有产权的知识能够自由地进出市场和企业。知识作为生产要素经过交易过程进入企业，形成知识资本，生产出产品和服务，再进入市场出售，给企业价值增值或创造新的企业价值。组织的价值最大化是财务管理的目标，价值创造是知识经济时代财务学的研究对象。知识在财务学中的作用通过其对价值的创造而体现出来。与传统资本不同，随着技术资本、信息资本和知识资本等新要素资本的增值和投入，企业股东的数量会扩大，股权将可能由财务资本一元化转向财务资本与技术资本，或者财务资本与知识资本的二元化，企业所有权可能更趋分散化。于是，"股东"的概念也更趋模糊化和复杂化。企业所有者地位的变迁和数量的变化，必然要求企业财务管理目标由一元化转向多元化。在知识经济社会里，财务管理的目标是与经济发展紧密相连的，企业是各种要素的所有者达成的一种契约，企业的利益是所有签约各方的共同利益。因此财务管理要考虑所有有关利益方，调动各方面的积极因素，实现企业及企业与外部各方的良性发展，最终实现企业与环境的和谐发展。公司财务理论和实践的这一发展趋势，与知识社会多样性、和谐性和共享性是吻合一致的。

五、新兴生产要素——知识、信息和技术的相互关系

技术、信息和知识之间不仅有区别，而且也密切相关。如同人力资源需要投入财务资本并需要物质资本辅助，才能在企业里生产产品和服务一样，技术也需要投入财务资本并需要一定量的物质资本、信息资本或知识资本辅助，才能创造价值。同理，信息和知识也如此。试想，如果一个企业拥有雄厚的技术资本，但其设备极其落后，信息资源的投资几乎趋近于零，那么，该企业怎么可能生产出高质量、高科技含量的适销对路产品来？企业的技术、信息和知识之间具有相互作用、相互补充性。可是，在现实工作和理论研究中，仍有不少人将技术、信息和知识混为一谈，有的学者认为知识包含技术，有的认为技术包含知识，还有的认为知识属于信息，等等。如"信息是具有意义的消息、事实或知识"（《英汉大众传播辞典》）。"信息意为消息、情报、知识、资料、数据等"（苑子熙，《应用传播学》，北京广播学院出版社，1991年，第204页）。这里把信息与知识等同，显然不妥。某一个具体的信息可能是一种知识，但其他知识却不一定是信息。经济领域里的信息和知识都有成本，都可以购买和出售，但购买一个信息和购买一种知识，如同购买一台机器和购买一部分股票一样，它们完全是不同的交易事项。

知识是企业生产和交易所必须自己生产或者从市场购买的科学文化知识，企业理念、信仰、意志和道德价值观等，都是企业的知识资产。对于其分类，我们认同将企业知识分为技术性知识和制度性知识的观点，也认同把知识分为显性知识和默会知识。技术性知识是对技术、技巧和技艺的科学描述和文化总结，制度性知识则侧重企业的组织、文化以及员工之间的配合等软因素。知识是被企业所拥有的，由于技术性知识的可模仿可复制，因此技术性知识应该是知识产权等被赋予并确认归属企业或个人的权利。制度性知识往往是企业根据自身状况在长期生产经营中培养和形成的，一般无法被拷贝。因此，企业知识的专属性成为重要的特征。有人说，技术专家都是一些知识分子，因而技术不仅包括知识，也包括技术革新的人为因素。这里的知识就是技术性知识，有时，人们对于技术和知识含义的混淆就在技术性知识到底是知识还是技术上。技术是一种技能、技巧和技艺，也是一种手段和工具，主要用于处理人与自然、人与生产活动的关系，其形态载体主要是人工制品。而一个技术专家的技术性知识，则是这个人所拥有的具有其知识产权的一种信念，当然属于知识。我们不能说，作为人力资源的技术专家拥有某种知识，那么"技术"就包括了某种知识。毕竟作为技术专家的人与技术是不同性质的生产要素。

如同财务资本在经济过程中经过交易活动可以转化为机器设备一样，新的不同生产要素经过企业内部经营效率的转换也可以相互转换。例如，信息是有时效性的，过期的信息不再具有价值，已经被用于创造了企业价值增值的信息要么不具有价值，要么由于被赋予权利而被企业拥有，可以在未来持续带来价值增值。此时，信息转化为知识。如某生产氧化铝产品企业可以利用某特定季度该产品的价格变化信息，确定产销量，给企

业带来最大的利润，但该时期的价格信息对下季度来说则不再具有指导性；企业根据消费者的需求和行业技术发展情况的信息，自主研发出某项技术，并申请了专利，则信息成为了知识。

六、结论

本文研究的技术、信息和知识，是作为生产要素的技术、信息和知识。这些新兴生产要素是人们在市场经济里为了出售而生产。那些不能成为商品和资产的技术、信息和知识，不是本文研究的对象。

企业要素资本的投入产出及其结构状态直接影响着企业的核心竞争力。从我国目前的国情看，企业竞争主要是不同企业对经济领域有限资源和产出市场的竞争，而要获取有限资源投入和产出市场的竞争力，就必须拥有良好的内部机制和资产运营效率。所以，我国的企业竞争，实际是要素资源的竞争、产品竞争和企业运营效率的竞争。这是因为，企业生产所必需的生产要素——资本、土地、劳动、企业家在现实生活中都是稀缺的，其中，技术、信息和知识等新的生产要素，比人力资源、财务资本和物质资本更为紧缺，因而企业在要素市场的竞争非常激烈。这是经济全球化和信息化的一个特征。经济学研究的主要目的就是研究在资源稀缺的条件下如何获得更大的产出。产品竞争是企业竞争的主要目的。产品市场的竞争首先来源于现实的、在位的同种产品生产者，这种竞争很大程度上决定该产品市场竞争的激烈程度。其次，产品市场的竞争者来源于该行业的潜在进入者、替代品的生产者和独立品的竞争者，这些竞争者往往又与资本市场的竞争者相关联。随着经济的发展，企业竞争力越来越多地要依靠于企业高的资产运营效率和经营机制，良好的内部运营机制会高效率地把要素投入转换为高质量产出。所以，企业在要素市场的竞争力是企业竞争力的最初来源。企业运营效率竞争力是企业竞争力的基础，它将企业要素市场竞争力转化为企业产品市场竞争力。这三种竞争力分别从投入、产出、转换三个角度解释了企业的竞争力。

企业要有强大的技术资源、信息资源和知识资源等先进的资源竞争优势，企业内部经营活动的良好运作和效率提升才有前提条件。企业在产品市场的竞争力会反过来影响到企业在要素市场的竞争力。企业的竞争对手体现在要素市场的竞争者与产品市场的竞争者，从这个角度来分析，企业仍旧成为一个"黑箱"，一边是投入，另一边是产出。现实中企业内部的生产转换效率有较大的差异，不同企业的投入与产出不成比例。如果是在一个资本可以自由流动及产权可以自由交易的市场条件下，从长期趋势看应该是各个企业的投入与产出成比例，在这种情况下企业竞争力就可以仅用产品市场的竞争力与要素市场的竞争力来进行衡量。但实际情况是，我国多数企业是由计划体制下的国有企业转变为市场经济下的公司制企业，不少企业内部治理结构不够完善，资本结构没有达到优化状态。建立合理科学的要素资本结构，则是优化公司资本结构的必要条件。要素资本理论的提出，为财务学界研究资本结构理论指出了新的方向。

参考文献

[1] 罗福凯. 要素资本、价值函数与财务效率 [J]. 中国海洋大学学报，2003（1）：30-33.

[2] 罗福凯. 财务理论的内在逻辑与价值创造 [J]. 会计研究，2003（3）：23-27.

[3] 王太昌. 对信息概念的探索 [J]. 徐州师范大学学报（社科版），2002（3）：142-145.

[4] 申农. 信息论基础 [M]. 上海：上海市科技编译馆，1965.

[5] 维纳. 控制论科技 [M]. 北京：科技出版社，1963.

[6] 苑子熙. 应用传播学 [M]. 北京：北京广播学院出版社，1991.

[7] 柏拉图. 泰阿泰德篇 [M]. 北京：商务印书馆，1963.

[8] 罗素. 人类的知识——其范围与限度 [M]. 北京：商务印书馆，1983（120）：176-195.

[9] 汪丁丁. 知识沿时间和空间的互补性以及相关的经济学 [J]. 经济研究，1997（6）：70-77.

[10] 胡军. 什么是知识 [J]. 求是学刊，1999（3）：5-12.

[11] 李钢. 企业竞争力研究的新视角：企业在产品市场与要素市场的竞争 [J]. 中国工业经济，2007（1）：61-67.

19 | 要素资本平衡表：一种新的内部资产负债表*

一、引言

企业是由一些有经济能力的人和有专门用途的生产机械、材料、资本、土地和技术等要素，组合构成的一个开放性系统。形成企业物质形态的那些厂房、机械工具、原材料和产品，其本身不会与外界发生吸纳和输出的交流，企业之所以能与外界交流，完全是人力资本、货币资本和技术资本联合作用的结果。可是，现行的会计报表既不反映人力资本的投入，也不反映技术研发投入，更没有反映企业理念和党团工会组织的知识投入情况，从而严重低估了企业资产总额，忽视了劳动者、技术和知识等生产要素对企业的经济贡献。

本来，会计是国际通用的商业语言，客观、公允和正确的会计报表是企业向外界传递财务信息的主要方式，并以此有效地披露投资者和债权人的合法权益，为投资人、债权人和政府进行经济决策提供科学的依据。可是，由于当代财务活动的多样性和复杂性，企业资本种类和形态的重大变化，科学技术在生产中的广泛深入应用，以及新兴产业的不断涌现，现行会计报表难以准确反映企业生产要素的投入和产出。于是，改进会计报表的项目内容和列示方式，就成为现代企业财务管理亟待解决的问题。现在，企业把一些为取得和开发人力资源而发生的费用全部计入当期损益，背离了收入与费用配比的会计原则，歪曲了企业的财务状况和经营成果。目前，除上市公司要求年报披露盈利预测信息外，其他企业均未要求在报表中反映对将来发展情况的前瞻性和预测性信息。历史信息虽然在一定程度上可以预示未来，但决不能等同于未来。因为机会和期权随时发生。显然，改进和提高会计报表工具的科学化已迫在眉睫。

撰写本文的其他原因，则是通过设计和研发要素资本平衡表，将要素资本理论在企业中的实践和要素资本平衡表的操作方式做出总结。本文的最大贡献，则是厘清了经济增长理论中的技术、信息和知识，究竟分别包括哪些具体内容。同时，研制出一种新的财务报表。

经济增长理论中的全要素生产率（TFP）概念，源于 20 世纪 20 年代 P. H. 道格拉斯的工作。1957 年，R. 索洛发表了《技术变化与总合生产函数》，该论文将经济学的生

---

* 原文最早发表于《中国工业经济》2010 年第 2 期，第 89-99 页。

产理论、拟合生产函数的计量方法与国民生产核算法融为一体，并首次运用微积分方法获得研究结论。索洛模型继承前人研究思路，将总产出增长无法由劳动投入和资本投入增长说明的部分归结为"技术变化"，在索洛模型中表现为拟合余值亦称"索洛余值"。现代经济增长理论将 TFP 视为解释经济长期增长动力的关键。但众所周知，经济发展中的总产出，不仅源于劳动投入、机器设备投入，还源于货币资本投入、技术投入和制度等。显然，将劳动投入增长、机器设备投入增长以外的经济增长驱动因素统称为"技术变化"，很不符合事实。人们对此理论的批评也一直没有中断。很明显，增长回归的索洛余值是一个混合物，其主要成分不是纯粹的技术进步。即使搁置诸如测量误差、遗漏变量、总合偏差等技术性噪声不提，仅就提升产出水平的因素来讲，TFP 中仍包含着诸多非技术进步因素。如法治、企业家创新、政治稳定，适宜的自然环境和独到的资源禀赋，都不是技术资产。有时，人们在分析企业生产率时，TFP 中可能含有行业垄断、环境污染、资源滥用等因素，这些因素也不能归为技术。因此，在现有增长理论基础上，将 TFP 等同于技术进步，并依据回归分析的 TFP 水平衡量各种经济体的增长质量，实属一种极不可靠的做法。因此，索洛之后的经济增长源研究，很大一部分努力是分解 TFP，以使更多的增长因素从 TFP 中分立出来，成为增长模型中的解释变量。随着越来越多因素从 TFP 中分离出来，技术变化概念的外延也在拓展，除了希克斯的中性技术变化外，还出现了要素增强型技术变化概念和要素资本理论等。

我们在 2000 年提出的要素资本理论[①]，厘清了技术与人力资本、物质设备及自然资源资本、信息资本、知识资本的区别，解释了技术如何转变为技术资本的内在逻辑机制。现在，我们试图采取设计和研制要素资本平衡表的方法，明确列示技术资本具体包含的内容，揭示技术、信息和知识等新要素资本在企业全部资产总额中的配置数额及其比例，并由此探寻和计量技术、信息、知识等新要素创造利润的贡献份额问题。

二、理论与评论

(一) 生产要素与要素资本

资产负债表的项目内容主要是流动资产、固定资产、企业商誉和品牌价值等资产，以及企业的货币资本来源。从企业实际情况看，人力资源、财务货币资本、机器设备和原材料、技术、信息、知识等资源已是当代企业必不可少的生产要素。前三项与传统生产要素人、财、物相似或相同，虽然其质和量发生了一定的变化。第四项"技术"即科学技术的含义，含专利技术、专有技术、新工艺和新产品等；作为生产要素的技术，指的是生产过程中的技能、技巧和技艺，以及其术用载体。简单地说，技术就是技艺和术

---

① 参见罗福凯，连建辉. 生产要素的确认与国民经济结构调整 [J]. 福建论坛，2001 (6).

用的合称。技术的载体和形态可以是高技术含量的人工制品、人工文件，以及人的特别行为。这些高技术含量的人工制品、人工文件和特别行为，都是私人商品，而非公共产品。在经济过程中，高技术含量的人工制品、人工文件和特别行为被企业组织购买后，便形成企业组织的技术资本。第五项"信息"即经济组织、个人和国家从事生产和交易等经营活动所必须掌握的新情况和新变化，这些"新情况和新变化"对生产活动的影响力越大，掌握这些新情况和新变化的人越少，这些"新情况和新变化"就越有市场价值。在这里，信息是社会和自然系统的组织有序化与生产过程变化及其后果的信号信息。信息既可消除不确定性，又可发现价值、创造价值。因此，人们愿意支付一定的成本获取具有秘密性质的信息。因为信息已成为经济活动不可缺少的生产要素，所以信息越多的地方，不确定性事件就越少。第六项"知识"即企业生产和交易必须从市场上获取的科学文化知识，含购买知识产权、引进管理经验、聘请经济咨询、委托价值评估和购买经济决策等。所以，知识是人们认知和识别自然与社会的信念、理念和意志，以及知理识事的合称。一个有明确而深邃的信念、先进的理念和坚强意志的人，则是一位有知识的人。

研究表明，一个国家或地区，推动其社会发展的生产力因素有许许多多，一种生产力资源和生产因素能否成为一种生产要素，主要看该生产力资源和因素是否在市场上被作为商品广泛地等价交换，并且该商品广泛的市场需求已形成新的相对独立的产业。同类众多主要生产力因素的集合被称为一种生产要素。一种产业则是众多生产要素的集合。根据财务管理属于综合性价值管理的本质特征，如果这里提出的六种生产要素符合中国现有生产力水平和国情，那么，六种生产要素被投入货币资本从市场购入企业后，在财务学上可命名为人力资本、财务货币资本、实物资源资本、技术资本、信息资本和知识资本①。

对一个企业来说，这六种资本的合计数应是企业资产负债表最后一行数据的公允市场价值。习惯上我们所说的生产要素"资本、劳动、技术"中的"资本"，多数情况下（会计账表和政府文件中）是指财务学上的货币资本，它是作为商业通用语言的会计学上的资本。但在经济学上和生产函数模型中，"资本"则是机器设备或除劳动力以外的所有生产资料。这给理论研究和实务操作带来许多混乱和麻烦。哈特的《合同、企业与财务结构》的研究早已表明，财务机制既可调控微观经济，也可调控宏观经济。因此，我们把以往适用于工业化之前使用很宽泛的、易于引起概念不清的"资本"范畴，严格定义为"财务货币资本"。它是经济组织、个人和国家进行生产交易活动垫支的货币资源，以及经济活动中易于变现的流动资产和金融资产的价值之和。

（二）资产负债表的项目内容列示依据

关于资产负债表项目内容的列示方式，世界上绝大多数国家采用的方法是按流动性

① 关于要素资本理论，从命题提出，到生产要素转变为资本的机制和逻辑过程研究，我们已发表了7篇论文。详见论文《论要素资本》（2009）、《要素资本、价值函数与财务效率》（2003）等。本文对此从略。

248

要素资本平衡表：一种新的内部资产负债表

对资产和负债项目进行分类列示，该列示方法也是国际会计准则委员会推荐的方法，目的在于为报表使用者提供有关汇总的财务数据和摘要，以便在必要的分析和解释后作出财务决策。流动性是投资安全性的重要标志，有关资产流动性的信息，对投资者制订投资决策和债权人进行信贷决策，具有重要的参考价值。资产按其流动性程度的高低可分为流动资产和非流动资产。由于报表使用者比较关心企业偿债能力，所以排列资产负债项目时，一般以其流动性的大小列示，将流动性大的项目排列在前，其后依次递减排列，主要顺序为流动资产、长期投资、固定资产、无形资产和其他资产。流动资产又包括若干具体项目，这些项目亦按其流动性的大小如货币现金、短期投资、应收票据、应收账款、存货，以及待摊费用等顺序排列。负债是按偿还期限的长短和偿债风险的大小来区分，具体分为流动负债和非流动负债。所有者权益则分为投入资本和留存利润，在资产负债表中一般按投资者对权益要求权的顺序来排列。所有者权益内容比较少，但其流动性存在很大差别。就实收资本项目而言，它表明投资者对企业的"有限责任"，反映企业的法定资本额，在企业持续经营期间，一般只能增加，不能减少；它属于永久性存在项目，属于股权资本里流动性最差的一种。未分配利润则未限定用途，一般计入当年的可供分配利润，在投资者中进行分配。当企业经营亏损时，它也可用来弥补账面亏损。可见，未分配利润的流动性最大。资本公积、盈余公积的流动性介于上述两者之间，加之企业可将盈余公积随时用来弥补企业亏损或支付公益金专项开支，故其流动性比资本公积大。所以，根据流动性大小排列原则，股权资本类项目将流动性小的排列在前面，据此有实收资本、资本公积、盈余公积、未分配利润的排列顺序。

近年来，资产负债表项目按核心性业务分类，成为改进资产负债表的一种尝试。虽然企业所有业务都对企业利润产生贡献，但只有核心业务才能创造持续的动态收益。企业竞争是核心业务的竞争。核心业务反映了企业工作的内在动力，它不仅描述了企业的经营内容，而且表达了企业的灵魂，它是企业持久发展的源泉和动力，一般不随趋势的变化而变化。美国注册会计师协会于 1995 年发表了一份题为《改进企业财务报告》的研究论文，提出了多项改进财务报告的建议，其中内容之一就是要求企业报告核心业务与非核心业务。核心业务是正常的或经常性的业务、交易和事项。非核心业务是非常态的、偶发的业务、交易和事项。按照这一建议，资产负债表项目将划分为核心资产和核心负债及非核心资产和非核心负债。

本文研究的要素资本平衡表，属于一种内部资产负债表，主要向企业管理当局提供经营过程的生产要素投入数量和要素资本配置结构，以及新生产要素和企业资源获取渠道等信息。当然，它也可以满足企业披露资产负债的时间长短和流动性要求，还可以满足外部投资者和债权人对企业核心业务和非核心业务的披露要求。因此，要素资本平衡表也可以作为外部财务报表披露企业财务状况。重要的是，要素资本平衡表反映了人类科学技术、信息资源和社会文明在企业中的利用程度。表 1 是不同性质的资产负债表及其比较。

表1　资产负债表的演进过程

报表性质	内容分类依据	构成部分	计量依据	反映内容	包括范围
传统资产负债表	时间长短与流动性	流动资产，非流动资产；流动负债，非流动负债；股东权益	历史成本	历史信息	会计准则规定的项目
改进的企业报告资产负债表	与价值和主营业务的关系	主营和非主营资产，债务索取权，其他资本索取权，普通股索取权	当前价值	将来可能产生的现金流量	与价值有联系的项目
要素资本平衡表	生产要素的性质差别	生产要素资本、货币资源、非货币资源	市场价值	资产构成及其占有水平	与企业经营有关的全部项目

注：此表仅以报表内容大类变化为依据，描述资产负债表的历史变化过程，而非会计史学上的详细描述。

资料来源：根据《财会通讯》（2008）、《会计研究》（2004~2009）和拙文《论要素资本》（2009）整理得到。

三、要素资本平衡表的设计

（一）要素资本平衡表的格式和列示的内容项目

根据资产负债表原理，研发和设计企业的要素资本平衡表，既是科学技术革命和产业革命引发企业生产方式变化的结果，也是企业生产方式变革对会计信息披露的客观要求。当世界经济经历大机器工业进入电子信息化工业时代之后，科学技术迅猛发展和新兴产业不断涌现，企业的资本投入不再仅限于人力资本、财务货币资本和机器设备及自然资源资本，而是重点投入和配置技术资本、信息资本和知识资本。本文研制的要素资本平衡表如表2所示①。

表2　要素资本平衡表

企业名称：　　　　　　时间：201×年　　　　　货币单位：

资本占用	资本来源
一、人力资产	一、货币资源
普通职工（人数）	（一）短期负债
薪酬总额	短期借款
高级管理者（人数）	应付票据
薪酬总额	应付借款、利息
人力资产合计：	

① 根据公司年报，我们初步编制了沪深两市每个公司的要素资本平衡表。需要获取资料的读者，请联系我们。

续表

资本占用	资本来源
二、货币财务资产	应付职工薪酬
货币资金	应缴税金
易变现流动资产	应付股利
有价证券投资	其他流动负债
货币财务资产合计：	短期负债合计：
三、物质设备资源资产	（二）长期负债
机器设备	长期借款
房屋建筑和工程设施	应付债券
在建工程（包括工程物资）	长期应付款
自然资源（能源、矿物、水和土地）	专项应付款
生物资产	递延所得税负债
物质设备资源资产合计：	其他长期负债
四、技术资产	长期负债合计：
专利技术	（三）业主资本
专有技术	实收资本
研发机构经费支出	资本公积
软件	盈余公积
技术资产合计：	未分配利润
五、信息资产	业主资本合计：
网络信息资产	货币资源资本合计：
纸质信息资产	二、非货币资源
电子产品资产	（一）社会共享资源
信息机构经费	（二）政府特别资源
信息资产合计：	行业地位（行业协会、工商联等职务）
六、知识资产	政治地位（人大、政协、政府、民主党派职务）
商誉品牌	企业资质（名牌产品、质量免检、专项经营牌照）
公司理念与制度文件	企业荣誉（信用评级、先进企业）
党团工会经费	（三）客户资源（终身客户、中长期客户等）
购买知识产权支出（含商标权）	（四）股东的威望（社会兼职或职位资本）
知识资产合计：	非货币资源资本合计：
合计：	合计：

    从会计学视角看，资产负债表是一个企业的财务结构情况的记录。企业价值每天都在变动，资产负债表只是表明企业在某一时点所拥有资产的账面价值，所承担的义务或欠别人的资本是多少。从财务经理的视角出发，资产负债表描述了公司的资产结构与货币资本结构两大结构内部之间的协调关系。资产结构与货币资本结构存在一定的对称关系，在于各类资产的购置和耗费源于货币资本的支出和配置，以及生产要素向要素资本

的转变。根据现代化生产过程的实际情况，我们将企业的要素资本资产列示资产负债表的左边，形成企业的要素资本占用。同时，将企业各种要素资本资产的购置能力列示在资产负债表的右边，形成企业的要素资本来源。这种改进的新型资产负债表，实为要素资本平衡表。它表明企业在某一时期所拥有生产要素的市场价值，以及企业应履行义务的要素资本的市场价值。其左方是企业投资活动、筹资活动和经营活动形成的资产存量，表明企业要素资本的用途和耗费。其右方则表明企业要素资本的来源和形成，它包括货币性资本来源和非货币性共享资源的来源。其中，货币性资本来源，亦即传统资产负债表的右方内容项目；非货币性共享资源主要是企业无偿获得的社会共享资源、政府特别资源、客户资源和股东个人的社会资源。要素资本平衡表反映了现代企业资本的来龙去脉。该要素资本平衡表具备了传统资产负债表的基本功能，可以实现报表的左右平衡。要素资本平衡表内容项目的计量，采取市场交易价格，即市场价值属性。人们购买一项技术、信息或知识，如同企业购买一台机器设备一样，其价格确认和计量完全按照市场交易合约和市场价格来处理。

编制和披露要素资本平衡表的难点，在于准确定义企业的技术、信息和知识三种不同的新资产，即技术、信息和知识资产发生的确认。在日常工作中，人们经常把技术、知识和人力资源混淆在一起，事实上，技术、信息、知识和人力资源是企业的不同资产。

（二）要素资本平衡表左边的技术、信息和知识的确认与具体内容构成

前已述及，技术是生产过程中的技能、技巧和技艺，以及其术用载体。它可以作为商品而通过市场交易创造价值。技术是一种很具体的商品，作为技术载体的高技术含量的人工制品、人工文件和特别技巧行为，被企业使用货币购买后产生产权，转变为企业的技术资本。要素资本平衡表里的技术主要包括专利技术、专有技术、技术研发机构财产、计算机软件。现代市场经济中的各种生产要素，技术的内在价值潜力、创造价值的现实能力，以及其资本收益率，当属第一。

同当代经济发达国家一样，我国的信息产业也越来越成为经济发展中的支柱产业。事实上，早在 20 世纪 20 年代，美国经济学家奈特（F. H. Knight）就把信息与市场竞争、企业利润的不确定性与风险联系起来。在我国，人们经常容易把信息与知识混淆起来，现在很多学术文献和大学教材是这样描述信息的："信息是具有意义的消息、事实或知识"（《英汉大众传播辞典》）、"信息意为消息、情报、知识、资料、数据等"（苑子熙，1991）。如果把信息与知识等同，就不够妥当。某一个具体的信息可能是一种知识，但其他知识却不一定是信息。也有学者认为，"凡是在一定情况下能减少不确定性的任何事物都叫信息"（苑子熙，1991）。这就使信息的概念过于宽泛。实际上，信息是一种很具体的生产品和商品，信息是社会和自然系统发生变化及其后果的信号消息。财务管理的任务，实际上就是充分利用企业内部会计信息和市场外部客户信息，对任何一种不确

定性资产进行准确合理的定价，然后以这个合理的市场定价作为参照物，测算出以多大的代价去配置各种要素资本，创造新资源和新价值。根据信息的财务定义，要素资本平衡表里的信息主要包括网络信息、纸质信息资产、电子产品资产、信息机构财产等。信息资本的投入和配置是企业解决新生产要素不确定性及其跨时间配置的重要方式。

我们经过长时间且广泛地深入研究，得到的结果是，知识是人们认知和识别自然与社会的信念、理念和意志。人们获取知识的主要途径是家庭教育和社会经历，其次是学校课堂学习。很明显，知识不同于技术和信息。从财务理论视角看，经济领域中的知识是一种很具体的具有知识产权的知识商品。根据知识的定义，考虑会计确认和计量的便利，要素资本平衡表里的知识主要包括商誉品牌、公司理念与制度文件、党团工会经费（财产）、购买知识产权支出（含商标权）等。具有产权的知识能够自由地进出市场和企业。知识作为生产要素经过交易过程进入企业，形成知识资本，生产出产品和服务，再进入市场出售，为企业价值增值或创造新的企业价值。在我国，由于技术是稀缺资源，很多人误把知识当作技术了，这是不恰当的。严格说来，技术专家不能等同于知识分子。高中生考大学主要是为了学技术以在将来作为谋生的手段，其次是学知识。人类学习知识的最好途径是社会实践而非学校课堂读书。技术与知识的关系有可能是：技术是知识的必要条件而非充分条件。一个人做事很有原则，其理念先进，意志坚强，不易被错误事件干扰或诱惑，我们称此人很有知识。同理，一个拥有机械专业博士学位并拥有十多项专利发明的机械工程师，在道德品质、合作精神和工作投入方面经常发生一些问题，我们称此工程师是一位技术专家但可能不是一位知识分子。

（三）要素资本平衡表右边的资本来源设计

要素资本平衡表的关键技术是在报表的右边增加"非货币资源"，此方法使该报表达到左右平衡。一方面，现实经济生活中的企业资本来源于货币资本和非货币资本；另一方面，随着会计核算工作的改进和发展，准确反映物价变化下的企业财务状况，可以从资源的货币性程度出发，分为货币性项目和非货币性项目。前者直接以货币金额表现其价值，不存在计量属性问题。在物价变动情况下，其金额固定不变，但实际购买力发生变化。非货币性项目的列示，存在着基于各种假设、估计、判断之上的计量问题，在物价变化的情况下，其金额随物价水平变动，但不发生实际购买力的变化。在货币性项目下，资产负债表项目又可分为货币性资产、货币性负债和货币性所有者权益。货币性资产是企业拥有的货币资产以及可支配的以定量货币金额表示的权利；货币性负债是企业承担的以定量货币金额表示的债务；货币性所有者权益则是企业投资者享有的货币金额且固定不变的那部分所有者权益，诸如收取固定股利的优先股、企业清算时对剩余资产只拥有固定要求权的优先股等。同理，在非货币性项目下，资产负债表项目也可分为非货币性资产、非货币性负债和非货币性股东权益。非货币性资产是企业拥有的人力、物力、技术、信息和知识；非货币性负债是企业得到社会、政府、客户等利益攸关者的支持而承担的社会责任；非货币性股东权益是企业股东拥有的社会职位资本，以及企业得到投资者支持享有的非货币资源。资产负债表原理表明，流动负债与流动资产对称，长期债务和股权资本与长期资产对称。在要素资本平衡表的右边加上非货币资源项目，这张新资产负债表就可以实现左右平衡。

在要素资本平衡表的右边增加"非货币资源"项目，不仅可以达到报表左右平衡，重要的是，它反映了企业资源构成和企业经营过程的客观事实。在企业的人、财、物支出中，员工薪酬和日常经营活动的财务支出主要由企业流动负债承担；固定资产和在建工程等实物资产投资，以及长期证券投资，主要由公司股权资本和长期债务资本承担。而在企业的技术、信息和知识支出中，技术的购置主要来自实收的股权资本或部分长期债务支出，信息的购置有可能来自少量流动负债和大量长期资本，而知识的购置和获取往往不完全依靠货币资本。企业在商誉品牌培育、经营理念和制度建设、党政工会机构日常活动支出，以及知识产权购置四项知识资产的配置和占用，除了少量使用股权资本外，可能多数情况下需要企业动用一定量的非货币性社会资源。诸如企业对现代科学技术发展的发言权，对民族文化、社会共享文化的、国家政策和经济学普通知识的掌握程度，以及社会资源的整合能力等。在这里，如同有的经济学家指出，企业边界不再是物质边界，而是指能力边界，企业边界的大小，取决于商人从经营企业转向经营社会的能力，也就是企业融入社会的能力。所以，现实中，非货币资本资源是企业的一项极其重要的资本。从我国目前实际情况看，企业的非货币资本资源主要包括社会共享文化资本、政府政策资本、客户友情资本和股东的社会职位资本等，企业的知识资产购置和形成主要来源于这些非货币资本资源的作用。

四、要素资本平衡表的应用价值

（一）从会计方程式的改变到会计机构工作内容的变化

与通用的资产负债表一样，要素资本平衡表适用于市场经济里的各类企业。要素资本平衡表在企业中的使用，改变了会计基本方程式，增加了会计信息披露内容，充实了总会计师的工作内容，改变了目前企业财务管理落后于采购管理、客户管理和人力资源管理的困境。

会计学的平衡方程式为：资产＝负债＋股东权益，这里的资产主要是实物资产，负债和股东权益则均为货币资本。要素资本平衡表的平衡公式则是：

实物资产＋新要素资产＝货币资本＋非货币资本

上述方程形成新的会计方程式。这就拓展了资产负债表里的资产深度和广度，以及新的资本来源。方程式两边的项目仍按照流动性强弱排序。从资产占用看，实物资产的流动性强于技术、信息和知识等新要素资产，其流动性表明资产价值实现或转移摊销时间的长度；从资本来源看，货币资本的流动性强于非货币资本，其流动性表明融资清欠、退还或可以使用时间的长度。因为，生产过程和方式正在发生巨大变化，经济转型时期的一个明显标志是经济发达地区和著名企业的工作场所正发生着本质的变化，以物品为基础的生产明显地转向高技术、网络化和以服务为基础的增长，以劳动为基础的生产向低成本地区转移，经济发达城市中的低技能、蓝领职位以惊人的速度消失；相应地，企业与客户、企业与战略伙伴或政府的隐性资源的急剧增长，被视为我国转型经济制度下的企业新特征。于是，CFO 或总会计师的工作由过去主抓实物资产投资和人事，转向技术、信息和知识等新要素资产和非货币资源管理。企业会计机构将原来的原材料核算、工资核算、固定资产核算，安排 1~2 人使用计算机会计核算程序完成工作。同时，设置技术会计、信息会计和知识会计等新的要素资产会计岗位，承担新要素资本和隐性资源的总分类核算及明细分类核算。公司财务分析的数据首先来源于要素资本平衡表，其次来源于会计数据库，最后来源于传统会计报表。传统资产负债表以累计方式反映不同时期取得的资产和债务，由于建筑物或机器等长期资产和土地或矿产资源等基础资源的价值，会与账面价值有很大差别，而且剩余会计价值与股票价格经济价值也存在较大差异，从而导致资产负债表扭曲。而使用要素资本平衡表，可以解决资产现时经济价值与会计准则账面价值之间的差异问题，使所有者权益的会计账面价值回归真实市场价值情况。该项工作，通过编制新要素资产会计报表，即可以实现。

（二）从企业资源的深度利用到生产方式的改变

要素资本平衡表能够真实准确地反映当代企业的生产过程及其工作方式，其披露的财务信息具有引导企业生产的功能。我们初步测算，我国著名企业的技术、信息和知识资产，大约是其流动资产和固定资产账面合计数的一倍以上。事实上，没有哪一个公司的董事长或高管让他的机器或现金处于闲置状态，然而，他们公司的大量技术、信息和知识确实处于闲置和浪费状态。欧美国家的企业并购，既测算实物资产，又计算其所谓的智力资本。而我国企业的改制或并购，主要测算固定资产和土地等实物资产，以及员工安置等因素，至于企业的技术、信息和品牌知识等资产，往往被浪费或流失。编制要素资本平衡表，披露各类资产市场价值，会使高管明白：一项专有技术、一个药方或一台数控机床的软件程序等"软"资产，比一栋房屋建筑、一个药店或一台机器本身等"硬"资产更有价值，并且其风险也更低。有形实物资产的市场价值可能转瞬即逝，但技术和知识资产的价值消耗则会持续很长时间，并且技术、信息和知识等新要素资本的收益率，远远高于实物资产收益率。这就引导企业高管增加技术研发和技术购进融资，重视信息资产利用，深入挖掘和利用公司的知识资本。同仁堂与青岛海尔的差别，可能是同仁堂的技术、人文资产和非货币资源的利用率不足 20%，而海尔的非货币资源、技术和人文资产利用率高达 200%，所以，企业的竞争力，不再主要取决于资源配置能力，而关键取决于资源吸收、挖掘和利用能力。

国外"今天的'知识工作'涉及教育、广告、建筑、研究与发展、媒体制作、销售、电影制作、会计工作、法律、计算机软件开发……银行、房地产和大部分政府工作等诸多领域。虽然这些以知识为基础的工作在传统意义上常常是无形的，但在现代经济中逐渐成为财富创造和就业的主体"（达尔·尼夫，1998）。虽然达尔·尼夫混淆了技术、信息和知识之间的不同，但他看到了新的事实。在我国，有研究表明①，与传统的土地、资本、劳动等有形生产要素不同，知识、网络、客户等无形要素是在使用的过程中不断获得增长，而且不会稀缺，这些新要素满足边际成本递减、边际收益递增的新规则，与实物资产边际成本递增，边际收益递减正好相反。这样，企业就必然要成为学习型组织，有效利用新要素资产，改变生产和工作方式。由此，才可能适应社会经济的快速发展和社会文明的进化。

（三）要素资本平衡表解释和披露企业特有的经济关系

我国实行以公有制为主体多种经济成分并存的经济制度。因此，我国的经济关系特别丰富。欧美企业使用一个契约关系就解决了所有者与经营者、员工与企业、企业与企业之间的各种商业关系，但在我国，契约关系主要是企业与供应商、售货商、银行之间的业务关系，以及员工与企业之间的劳资关系。至于企业所有者与经营者之间的委托代理关系、股东等出资人与企业法人之间的产权关系、政府与企业资本所有者之间的政资关系，依然独立存在。具体说，劳资关系、代理关系、政资关系、产权关系，是我国企业的主要经济关系。要素资本平衡表左边的知识资产，主要是为了协调和解决这些经济关系所投入的新要素资产。从知识是一种信念、理念和意志的定义出发，企业对党政工团业务投资属于知识投资。这也解释了一些私营企业设立党组织的问题。

（四）要素资本平衡表是"智力资本年度平衡报告"的升级和完善

美国会计界的一个新会计分支是智力资本会计，又称公司智商会计，它实际是人力资源会计的升级版。许多企业编制"智力资本年度平衡报告"，反映公司高端人才的需求和供应。该会计分支在我国也很流行，学界对智力资本的传播也很热烈。但该智力资本是实物资产以外的其他所有资源资本的统称，主要由人力资源、组织机构和顾客关系等资本构成，也包括技术和信息等，重点解释"知识工作"。所以，在美国公司的日资产负债表上，实物资产全天不动，货币资产留到下午5点钟，智力资产下班全回家。美国企业的高端人才流动性很大，发现和招揽高端人才，也是公司首席财务官（CFO）的主要职责之一。要素资本平衡表的研制和应用，说明实物资产需要智力和体力共同创造，

---

① 请参见李海舰博士的学术团队的有关研究，如《全球化时代的企业运营》（2002）、《论企业与市场的相互融合》（2004）、《论无边界企业》（2005）以及《从经营企业到经营社会》（2008）等文献。

技术和人文资产等并非完全是智力资产。不少技术和知识的创造主要以体力健康为条件，如航空公司飞行员的工作、建筑施工技术、航海捕捞和极地科学考察，以及体育公司的球员技艺等。所以，在要素资本平衡表里，人力资源属于传统实物资产，组织机构和客户关系属于知识资产中的部分项目。技术类资产、信息类资产和知识类资产属于企业的新资产项目，经过会计确认、计量和报告披露，企业可以准确具体地计算每一项新资产的购置支出和收益水平。因此，要素资本平衡表报告"智力资本年度平衡报告"的改进和升级。

五、结论

经济活动的日益全球化和科学技术的快速发展，劳动、土地和机器设备可能不再是企业的核心生产要素，技术、信息和知识开始成为企业的必要生产要素。现行传统资产负债表难以准确反映企业客观经营活动，因而已不再可靠和真实。企业的资产投入和资本占用，同企业资本来源之间的关系，可以利用资产负债表原理，吸收要素资本理论，编制新型的资产负债表加以披露。资产负债表属于企业外部报表，主要供投资人和债权人决策参考，而新型的资产负债表——要素资本平衡表，既能满足对外披露公司基本财务状况的外部报表功能要求，又具有内部会计报表提供生产要素投入明细的功能。由于要素资本平衡表是以传统资产负债表为基础，引入财务学上的要素资本，研制出来的新型财务状况变动表，因而从报表内容、编制过程和作用看，它更适合于公司内部高管阶层使用。所以，我们称要素资本平衡表为内部资产负债表。

财务学理论的发展是会计报表改进和发展的基础。技术资本、信息资本和知识资本是继人力资本诞生之后出现的新资本形态。运用要素资本理论，从企业会计核算实际工作出发，研发新的资产负债表，这对于现行财务报表的改革和会计工作创新，都是一种有益的尝试。通过编制和分析要素资本平衡表，可以评估企业的收益和风险，新生产要素占用水平；可以考核企业的资产结构和竞争优势，以及企业融入社会的能力。不同企业要素资本平衡表披露信息的差异，主要反映企业在掌握先进生产要素技术、信息和知识等方面的差别，以及企业经营理念和经营社会的能力差别。在要素资本平衡表里，企业的非货币资源是企业全部资本占用与资本来源中货币资源之间的差额。一个基本的判断是，在同等规模的一些企业中，那些著名的优秀企业，其非货币资源会高于普通企业。通过将要素资本平衡表与平衡计分卡（BSC）和企业资源规划（ERP）进行比较分析，我们发现，要素资本平衡表在我国企业的应用，有可能发挥 BSC 和 ERP 等绩效评价工具所不能发挥的作用。

要素资本平衡表是企业测算要素资本结构的操作工具，也是要素资本理论在企业应用的有效途径。与现行财务的股权债权资本结构不同，要素资本结构加入了人力资本和新要素资本含量。即使从资本、劳动力、土地和自然资源所形成的要素禀赋结构看，要素资本平衡表不仅可以用来描绘地区或企业的要素禀赋结构情况，而且也改进了要素禀赋结构理论的结论——要素禀赋的真正差距来自于资本（货币和机器）的积累。事实上，用于生产的货币和机器的积累程度，取决于技术的先进程度和投入量。劳动与技术的替代率，远远高于劳动与机器的替代率。技术越先进，用工就越少，每个员工的薪酬就会增加，而且腾出更多的货币用于购置先进的机器。所以，要素资本平衡表反映了每个员工可支配的机器资本量和技术资本量，以及各要素资本的拥有量。

由于前期研究已经对技术、信息和知识给出定义和描述，要素资本的内在逻辑和理论内容已在多篇论文里给出论证，所以，要素资本平衡表的实证分析、要素资本在我国沪深两市上市公司占用水平的全面测试和实证分析，应成为本文后续研究的方向和重点。要素资本平衡表将成为我国第二代资产负债表的雏形。

参考文献

［1］Rongbing Huang, Jay R., Ritter. Testing Theories of Capital Structure and Estimating the Speed of Adjustment［J］. Journal of Financial and Quantitative Analysis, 2009, 44（2）: 237-271.

［2］Shantanu Banerjee, Sudipto Dasgupta, Yungsan Kim. Buyer-Supplier Relationships and the Stakeholder Theory of Capital Structure［J］. The Journal of Finance, 2008, 63（5）: 2507-2552.

［3］［美］威廉·R. 斯科特. 财务会计理论［M］. 陈汉文等译. 北京: 机械工业出版社, 2005.

［4］田洪红, 邵希娟. 经济值资产负债表及其编制［J］. 财会通讯, 2008（12）: 39-40.

［5］罗福凯. 论要素资本［J］. 财经理论与实践, 2009（1）: 3-8.

［6］罗福凯, 连建辉. 生产要素的确认与国民经济结构调整［J］. 福建论坛, 2001（6）: 10-14.

［7］罗福凯, 李鹏. 论要素资本中的技术、信息和知识［J］. 东方论坛, 2008（5）: 76-82.

［8］李海舰, 原磊. 论无边界企业［J］. 中国工业经济, 2005（4）: 94-102.

［9］李海舰, 郭树民. 从经营企业到经营社会［J］. 中国工业经济, 2008（5）: 87-98.

［10］韩朝华. 浪得虚名的 TFP［EB/OL］. http: //ie. cass. cn/window/xslw_ index. asp, 2009-04-15.

［11］苑子熙. 应用传播学［M］. 北京: 北京广播学院出版社, 1991.

20 高端装备制造企业技术资本测度及收益分析*

——来自沪深两市高端装备制造公司的财务数据

一、引言

随着科学技术的迅猛发展和广泛应用，技术、知识、信息从传统的生产要素中分离出来，显示出强大的价值创造能力。在人力资本、货币资本和物质资本的基础上，技术、信息和知识开始转化为新的要素资本。我们将技术资本、信息资本和知识资本称为新兴资本。现实证明，新兴资本的价值创造能力已远远超过了传统的人、财、物等资本。在知识、信息和技术等新兴资本中，中国企业相对最缺少的是技术资本。技术资本存量和技术资本回报率已成为学界、商界和政界亟待解决的问题。

高端装备制造产业是那些富含多领域高精尖技术、设备复杂先进、产品功能巨大，并处于价值链高位和产业链核心部位的机械装备制造高端产业。根据国务院《关于加快培育和发展战略性新兴产业的决定》，作为战略性新兴产业之一的高端装备制造业，是我国经济发展的先导产业和支柱产业。实际上，高端装备制造业也是节能环保、新一代信息技术、生物、新能源、新材料、新能源汽车等其他战略性产业的基础产业和母机制造产业。未来 10~20 年，预期中国高端装备制造业将迎来黄金增长，高端装备制造产业必将成为带动整个装备制造产业升级的重要引擎，形成国民经济重要的支柱产业。国家重点培育和发展高端装备制造业是走上创新驱动和内在增长轨道的必然选择。在过去的 200 年间，我国的经济发展处于历史进程的低谷。近 50 年来，我们开始追赶和缩小与西方发达国家的经济差距。虽然我们已取得瞩目成就，但我们的技术和生产方式仍然落后于西方发达国家。如何改变自主技术研发较弱和缺乏核心关键技术的状况，如何改变依赖资源和货币资本大规模投入的粗放发展方式，打破一般产品产能过剩、高端产品恶性竞争和效率低下、市场秩序混乱的局面，已成为我国经济社会共同关心的议题。

装备制造业的技术创新体系，主要由基础研究、共性技术研究、产品开发、产业化等环节构成，其每一环节均以企业技术资产为基础。本文从要素资本的角度，运用中国高端装备制造业 2007~2011 年的上市公司财务报表数据，以永续盘存法为基础方法，初

---

* 原文与于江、陈肖丹合作完成，发表于《经济管理》2013 年第 11 期。

步估计出其人力资本、货币资本、物质资本及技术资本存量，然后依据经济增长理论，使用边际替代率方法，对物质资本、技术资本和人力资本的各自收益率进行测算，并重点分析中国高端装备工业企业技术资本的价值创造功能及其对企业的贡献。该研究有助于我们对当前高端装备制造企业的技术水平和资本回报率，有一个比较清晰和深入的认识。

二、理论文献回顾和评论

1. 技术资本存量及其定价问题

技术转化为资本的基础理论是要素资本理论。该理论认为，企业的生产要素由人力、财力和物力，以及技术、信息和知识等构成。企业收益由人力资本、货币资本、机器设备资本、技术资本、信息资本和知识资本配置组合而共同创造。一般企业和一般产品的生产，其资本主要是人力资本、货币资本和机器设备资本，即传统意义上的人、财、物。高端装备制造企业的要素资本，除了一般意义上适量必要的人力、货币和物力投资外，主要是技术资本、信息资本和知识资本的投入和配置。技术是有别于人力、货币、物力、信息和知识的一种独立的生产要素。在这里，人力是体力与智力、身体与心理的合一，是活生生的、独立的有形生物资产。货币即现金或货币资本。物力即机器、生产工具和装备，以及原材料和自然资源等。信息是自然与社会系统的组织状态及其运行方式的密码。经济领域的信息主要是对称或不对称的信息（商品），它是经济系统组织状态有序性的度量和反映。知识则是人们对于自然和社会的信仰、理念、意志和道德，市场经济下的知识主要表现为企业文化取向、经营理念和企业内部党政工团的投资建设。如果一个人或组织有明确而深邃的信念、先进的理念和坚强的意志，不被错误信息干扰或诱惑，我们就说此人或该组织很有知识。至于技术，它是生产过程中的技能、技巧和技艺，以及其术用载体。它是人类长期生产劳动的结晶。简单地说，技术就是技艺和术用的合称。技术的载体和形态可以是高技术含量的人工制品、人工文件，以及人的特别行为。这些高技术含量的人工制品、人工文件和特别行为，作为生产劳动的结果或产品，都是私人商品而非公共产品。当这些技术产品被登记入账和确认产权后，经过市场交易由某一组织购买，再投入经济领域便形成该组织的技术资本。理论研究表明，技术节省和替代人力的程度远大于机器设备节约和替代人力的程度，并且企业的技术水平高低与员工数量多少呈负相关关系（罗福凯，2009）。技术如何转化为现实生产力的问题，已使我们苦思冥想了半个世纪，现在，该给出答案了。

应特别指出，西方部分学者将人力资本、结构资本（组织资本）和客户资本（关系资本），视为新古典经济学物质资本（建筑物、机器和存货）以外的非物质资本，又称无形资产资本或智力资本。我们对此持不同意见。此处的人力、结构和客户不仅存在相互重复的成分，重要的是，人力是有生命的有形生产要素而非无形资产。事实上，经济学鼻祖亚当·斯密在《国富论》巨著中就讲过，具有良好熟练程度的劳动者与具有节省劳动或替代劳动的机器设备，都是固定资本。学界将人力资本定义为劳动者的技能和知识，不是很严谨。技术、知识与劳动力是相对独立的不同生产要素。企业购买某一技术或者知识，并不意味着要购买劳动力。企业资本总额是企业的要素资本合计数。技术资本存量是企业某一时间持有技术资本的数额及其在要素资本合计数里的占有份额。索洛曾提出，收入增长的唯一源泉是技术。本文则倾向于收益由要素资本共同创造。其中，技术、信息和知识等新兴资本对企业成长发挥了关键性作用。资本是生产要素的资本化。只有生产要素才可资本化。当企业为了生产经营从市场上购买人、财、物和技术之后，会登记账目，以表明拥有这些人、财、物和技术的产权。接着，将这些拥有产权的人、财、物和技术等要素，分次或同时投入经济过程。那么，该企业就拥有了这些要素资本。显然，技术资本的产生，起源于生产和经营对技术的需求，形成于市场交易和新的经济活动。因此，技术资本的产生前提是市场经济比较发达和繁荣。同人力市场、产品市场和货币资本市场一样，技术市场的繁荣是技术资本生成的充分必要条件。

在国外，有学者把企业资本划分为信息技术资本、非信息技术设备资本和结构资本三个部分（Hyunbae Chun 和 Sung-Bae Mun，2008），他们认为，企业的信息技术资本（IT Capital）包括计算机硬件和计算机软件两个部分。对信息技术资本的这种定义在研究中被 Sichel（2000）、Jorgenson（2001）和 Stiroh（2002）等一些学者所采用。然而，Berndt、Morrison 和 Rosenblum（1992），Morrison（1997）使用了更广泛的技术资本定义（So-called High-tech Capital），把跟信息有关的其他设备也包括进信息技术资本当中来。本文支持斯蒂格利茨将信息视作不同于技术的独立商品的观点。

同其他生产要素一样，技术的价格也是由技术市场的供应和需求关系决定的。技术的定价同人力资源定价和机器设备定价一样，在成本与收益的财务规则约束基础上，由购买和出售双方自愿协商形成。即使是企业内部的自主技术研发形成的技术资本，也是基于市场价值的参照系而确定其价格。该理论的有关论述，请参见我国要素资本研究的有关文献（罗福凯 2001~2012 年的有关论文）和《微观经济学：不确定性与研发》（约瑟夫·斯蒂格利茨，2009）。此处暂存而不论。因此，技术资本存量的测算，将采取人力资本、机器设备物质资本的定价与测量方式。

2. 永续盘存法测算资本存量的综述

自 Goldsmith（1951）提出永续盘存法估算固定资本存量后，该方法已逐渐成为国际通用的资本存量估算方法，被 OECD 国家广泛使用。永续盘存法测算中国资本存量的研究也比较成功。贺菊煌（1992）利用积累法对我国生产性资本存量和非生产性资本存量进行了估计，估算出我国的资本存量当时为 679 亿元；王小鲁和樊纲（2000）估算出我国 1952 年的资本存量为 1600 亿元；邹至庄使用净投资方法估算出 1952 年我国的资本存量为 1030 亿元。此外，张军扩（1991）、任若恩和刘晓生（1997）、唐志宏（1999）、黄勇峰（2002）、宋海岩等（2003）、李治国和唐国兴（2003）、张军（2004）等，也分别运用此种方法对我国的物质资本存量进行了估算。虽然各项研究在细节方面存在着差异，但学界、商界和政界比较认可。对于物质资本存量的测算，其主要目的是为政府宏观调控和资本有效配置提供参考。但是，这些研究也存在一些问题：①数据问题。目前研究所用数据都是与宏观经济总量有关，这些数据因其来源不同，其统计口径可能存在很大差别。同一问题的研究可能因数据性质和选择不同，影响可比性和可靠性。②存量测算结果存在较大主观性。永续盘存法的基本原理是根据基期资本存量和每期的折旧额，以及当期投资进行递推，最终求出当期资本存量。基期资本存量、折旧年限、折旧率、当期投资的任何一个指标估计不合理，都可能影响最终的结果。③对资本范围界定过于狭窄。以往对资本存量的测算局限于货币资本和物质资本，对技术资本、信息资本和知识资本的研究比较少。显然，这些研究有待改进。

本文运用的永续盘存法以企业为样本，侧重微观层面的计算，可避开上述问题。首先，我们的数据直接取自众多上市公司的财务报表。上市公司财务信息披露统一遵循《公司法》、《证券法》和《企业会计准则》等法律法规，样本和数据的选取真实可靠、原始公允，具有普遍性和可比性。其次，财务报表里有关要素资本结存数据经过了价格指数调整，能够有效反映企业价值。每一项资本的结存数额都扣除了折旧和减值。不像宏观经济研究中只选择某一个综合或者某几个行业确定的数值当作折旧率。最后，本文研究的资本存量，既考虑传统的人力资本、货币资本和物质资本，也包括技术资本等新兴资本。扩宽了资本存量的研究范围，提高了资本存量测算的准确性。在本文里，我们将从会计和财务（资本结构）两个途径出发，运用永续盘存法对中国高端装备制造企业的要素资本存量进行测算和分析。

3. 资本收益率的文献综述

2006 年 5 月，世界银行在《中国经济季报》里对中国净资产收益率进行了报告。该报告引发了学界对中国资本回报率的激烈争论。一时间，中国企业资本回报率到底有多少成为学界研究的热点，又称中国利润率之谜。针对争论，我国学界对收益率的测算出现了宏观和微观、"高" 和 "低" 等不同派别。对此，2007 年，北京大学中国经济研究中心课题组（宋国青、卢锋、唐杰等）研究认为，以净资产作为资本存量计算，净资产净利润率从 1998 年的 2.2% 上升到 2005 年的 12.6%，税前利润率从 3.7% 上升到 14.4%，总回报率从 6.8% 上升到 17.8%；以总资产作为资本存量计算，总资产净利润率从 1998年的 0.8% 上升到 2005 年的 5.3%，税前利润率从 1.3% 上升到 6.0%，总回报率从 2.5%上升到 7.5%。计算总资产回报率所用利润数据已扣除利息支出，2005 年不扣除利息的总资产净利润率为 6%~7%。如以利率作为投资机会成本，2005 年总资产净利润率比一年期 4.9% 贷款利率高出 23%~43%，比当年企业和居民存款利率 2.25% 更是高出 170%~210%。对此，清华大学课题组（白重恩等）运用不同的统计数据及测算方法得到了一致的结论：中国的工业资本回报率得到了真实而非虚构的强劲增长。不过，该结论也受到一些学者的质疑。因为 1998 年国家统计局调整了工业统计口径，将 "乡及乡以上独立核算工业企业" 改为目前沿用的口径，调查企业数由 50 多万家减少到 16 万家左右，这 16万家被调查企业是政府对规模企业优化选择的过程，亏损或破产企业存在部分或全部资本金消失等问题，这就会拉高全社会的资本回报率（单伟，2007）。因此，"这可能导致过高地估计企业平均利润"(许宪春，2007）。可以看出，学者们对资本收益率的测算主要集中在传统的物质资本、货币资本回报率的测算上，对物质资本的定义也不一致。近年来也有一些学者关注人力资本收益率问题。但对技术资本、信息资本和知识资本回报率的研究，只是近年来才开始引起学界重视。总之，资本收益率测算的内容和方法在不断改变。

关于技术投资对经济增长的研究，学界主要将 R&D 支出或其他技术指标作为企业技术水平的替代变量，以此研究技术水平与企业业绩指标之间的关系，以及技术效率等，解释技术对企业价值增值的作用和贡献份额。其研究方法和模型选择，先后经历了由传统的柯布—道格拉斯生产函数到新经济增长理论生产函数的发展。在传统的柯布—道格拉斯生产函数中，技术被作为一个外生变量来研究。新经济增长理论则把技术看作一个内生经济变量。张海洋（2005）、吴延兵（2006，2008）、周勤（2008）、王玲（2008）等，使用新经济增长理论模型，对我国 R&D 与经济增长之间的关系进行了深入研究。但这些研究主要为宏观经济调控服务，对企业经营的指导作用不大。相对而言，张学勇等（2009）利用浙江六地区的民营工业企业数据，以技术员工人数与普通员工人数之比、机器设备价值与员工总数的比例等指标作为技术水平替代变量；以销售利润率、资产利润率、人均利润率等指标作为被解释变量进行的相关实证研究，对企业经营管理的指导作用比较显著。概括地讲，人们直接使用公司财务数据研究企业技术资产的文献很少。

国外学者大都把信息和技术混合在一起，以此研究信息技术投资与经济增长之间的关系问题。例如 Kweku-Muata、Osei-Bryson 和 Myung Ko（2004）运用回归分析的方法，发现信息技术资本和企业成长之间存在着显著的正相关关系。Weill（1992）、Mahmood 和 Mann（1993）、Loveman（1994）、Kivijarvi 和 Saarinen（1995）、Lichtenberg（1995）、Hitt 和 Brynjolfsson（1996）、Dewan 和 Min（1997）、Bharadwaj（2000）、Lee 和 Menon（2000）、Stratopoulos 和 Dehning（2000）、Shao 和 Lin（2002）、Sanjeev Dewan 和 Kenneth L. Kraemer（2000）等，分别使用不同的数据，采用多种方法研究了信息技术与企业可持续发展之间的联系。一些学者归纳了信息技术投资（Information Technology Investment）与企业成长之间的三种关系：①负相关关系。Roach（1988）、Berndt 和 Morrison（1994）等认为，技术资本投资与企业成长存在一定的负相关性。②不相关。Turner（1985）、Strassmann（1990）、Loveman（1994）、Strassmann（1997）等学者研究指出，没有发现信息技术投资与经济增长存在显著关系。③正相关关系。Bender（1986），Northrop、Kraemer、Dunkle 和 King（1990），Harris 和 Katz（1991），Weill（1992），Mahmood 和 Mann（1993），Bharadwaj、Bharadwaj 和 Konsynski（1999）等在研究中都发现企业信息技术投资与企业成长或经济增长之间存在着显著的正相关关系。然而，这些研究，都是将生产要素局限在人力资本、货币资本、物质资本和技术水平的替代变量上，未对技术资本进行独立研究。他们把除人力、货币和设备资本以外推动经济发展的因素，都归结为技术的贡献。迄今为止，多数研究者把知识、信息和技术混合在一起研究。前已述及，本文强调技术、信息和知识是完全不同的生产要素，并重点测算技术资本的存量和收益水平，以期人们对新兴要素资本的优化配置和价值创造能力有一个更清晰的理解。

三、样本选择与研究设计

1. 样本来源及选择

本文以我国沪深两市高端装备制造业 A 股上市公司为研究样本，共包括航空产业、卫星及应用产业、轨道交通装备业、海洋工程装备和智能制造装备五个细分领域。所使用的数据来自国家证券监督管理委员会网站公布的上市公司年度财务报告，采用手工摘录整理而成。我们遵循如下原则进行了样本筛选：①考虑到我国《新会计准则》的颁布和实行，为保证数据的可比性，在测算要素资本存量时，我们选用 2007~2011 年连续 5 年的数据；②由于 ST、PT 类公司经营目标的特殊性，我们剔除了该类公司；③为避免极端值和缺失值的影响，我们剔除了存在前述情况的样本。最终，我们得到了 845 个样本观察值，其中，2007~2011 年的样本企业数量分别为 135 个、127 个、136 个、212 个和 235 个。

2. 模型构建

本文的基础研究模型是扩展的柯布—道格拉斯生产函数，即在传统生产函数的基础上加入了技术资本要素后的柯布—道格拉斯生产函数：

$$Q_i = AC_i^\alpha L_i^\beta K_i^\gamma e^{\varepsilon i} \tag{1}$$

其中，Q、C、L、K 分别代表产出、物质资本投入、劳动投入及新技术资本总量，A 为常数。α、β、γ 分别表示物质设备资本的产出弹性、劳动的产出弹性和技术资本的产出弹性。ε 为随机误差项。在模型（1）的左右两边同除以 L，然后取对数，得到如下模型：

$$\ln Q_i - \ln L_i = \ln A + \alpha (\ln C_i - \ln L_i) + \gamma (\ln K_i - \ln L_i) + (\mu - 1) \ln L_i + \varepsilon_i \tag{2}$$

其中，μ = α+β+γ。为便于研究，我们对模型做了简化处理：假定 μ = 1，即企业规模报酬不变。以此为基础，我们可以求出物质资本、人力资本，以及技术资本的弹性系数，进而分析各种资本对企业创造价值做出的贡献。模型可以简化为：

$$Y = W + \partial X_1 + \gamma X_2 + \varepsilon_i \tag{3}$$

这样，物质设备资本对经济的贡献份额可以定义为 $\frac{\Delta C}{C} \times \alpha$，人力资本的贡献份额可定义为 $\frac{\Delta L}{L} \times \beta$，技术资本的贡献份额为 $\frac{\Delta K}{K} \times \gamma$。

3. 变量定义

在生产函数当中，对产出发挥重要作用的不仅是当期各种资本投入量，而且还有以前积累下来的各种资本存量。所以，在生产函数中，我们用历年积累的资本存量替代当期资本投入，以反映有效资本投入和产出的关系。投入指标的选择应该和产出指标有着强烈的相关性（金怀玉等，2011）。近年来，上市公司的财务报告中开始披露企业的 R&D 投入指标，根据企业会计的处理方法，研发支出一部分费用化，进入利润表的项目，另一部分则资本化，形成企业资产负债表的项目。只有形成资产的那些研发投入最后才能持续为企业创造价值。所以，技术资本存量比 R&D 投入能更好地反映企业技术水平对产出及其增长的贡献。事实上，R&D 活动只是技术进步的一个重要途径，而不是唯一途径（吴延兵，2008）。对处于不同技术水平阶段的生产者来说，R&D 活动并不一定是最有效的，此时，引进先进的技术也不失为一个好的方法（周勤等，2008）。只要界定了技术资本的含义，技术资本不仅可以代表自主研发形成资本积累，而且还包括引进的国外的先进技术，因而能更客观地代表企业的技术水平。我们将变量定义如下：

（1）物质资本（C），主要包括固定资产和存货等。本文采用永续盘存法得到的固定资产和存货等项目之和作为每年的物质设备资本存量，并且每年的物质设备资本存量均以 2007 年的价格指数为基准进行折算。

（2）人力资本（L），是指为获取员工的服务所需支付给员工的代价，这种代价既有货币形态的支付又有非货币形态的支付，主要通过应付职工薪酬来衡量。

（3）技术资本（K），"技术"即专利技术、专有技术、新工艺和新产品等，在报表项目中主要通过无形资产项目下的专利技术、专有技术、软件等明细项目来体现。技术资本数据来源于上市公司财务报表附注中的财务报表项目注释，我们同样按价格指数进行了调整。

（4）产出指标（Y），用营业收入表示，在实际处理过程中，我们将 2008～2011 年的数据按 2007 年的价格基准进行了折算。

（5）控制变量。综合国内外的研究成果，本文选取了几个变量作为控制变量：①企业规模（SIZE），以总资产平均余额的对数来测算；②资本密集度（CPA），以资产总额/销售收入来测算；③股权集中度（FSR），以第一大股东持股数/总股本来测算；④国有股持股比例（SSR），以国有股数/总股本来测算；⑤资产负债率（LEV），以总负债平均余额/总资产平均余额测算。据此，模型变为：

$$Y = W + \alpha X_1 + \gamma X_2 + b_1 SIZE + b_2 CAP + b_3 FSR + b_4 SSR + b_5 LEV + \varepsilon_i \quad (4)$$

4. 研究假设

根据前文讨论，我们提出如下探索性研究假设。

H1：资本是产生收益率的源泉，在企业资本总额既定的条件下，要素资本配置水平与其收益率正相关。

H2：技术资本存量水平与其对企业收益率的贡献度呈正相关。如果企业缺失资本生成机制，那么，企业收益率的高低与其技术资本的存量多少相关性较弱；技术资本存量比重虽然很低，但其影响力很大。

结合我们的研究假设，本文研究的核心内容为技术资本存量及其收益的测算、辅助性的测算以及研究人力资本、货币资本和物质资本。因此，本文假定信息资本和知识资本保持不变。

本文研究的目的在于运用财务会计计量原理和要素资本配置理论，测算我国高端装备制造企业技术资本水平及其收益效率情况。从而为企业制定战略发展规划，为政府宏观调控提供理论和数据参考。因此，我们首先从总体上对中国高端装备制造企业的人力资本、货币资本、物质资本和技术资本等几种主要的资本存量进行测算，即要素资本存量总量的分析。然后，重点测算和分析技术资本存量及其收益水平。接下来，进行技术资本存量和收益的回归分析，讨论我国高端装备制造企业的要素资本配置结构和水平。最后得出结论。

四、描述性统计与资本存量测算

1. 要素资本存量总量的分析

根据样本和数据，我国高端装备制造企业要素资本存量测算结果如表 1 所示。

表 1　高端装备制造企业要素资本存量

变量	人力资本存量	货币资本存量	物质资本存量	技术资本存量	员工人数
2007 年	36829423398.72 （0.0347）	412200501853.10 （0.3880）	612064957974.40 （0.5761）	1303370397.06 （0.0012）	877108
2008 年	6449360079.68 （0.0126）	309245370862.27 （0.6020）	196218265042.03 （0.3820）	1798002776.51 （0.0035）	518424
2009 年	9615701684.46 （0.0089）	473472511406.84 （0.4372）	597872509480.71 （0.5521）	1908024354.68 （0.0018）	683085
2010 年	12981932560.50 （0.0111）	764056381620.70 （0.655262）	385981015177.12 （0.3310）	3012837682.68 （0.0026）	882642
2011 年	43694515498.34 （0.0401）	706386215048.84 （0.6482）	337095545404.48 （0.3093）	2643075487.68 （0.0024）	768570
平均值	21914186644.34 （0.0215）	533072196158.35 （0.5461）	425846458615.75 （0.4301）	2133062139.72 （0.0023）	745966

注：括号内为相关资本的相对比重。

需要说明的是，要素资本理论认为，反映人力资本的变量应该包括普通员工薪酬、离退休员工退休金和高级管理者薪酬等。我们在测算人力资本存量时，选用企业薪酬总额作为替代变量，数据取自上市公司财务报告中的高管工资总额和资产负债表应付职工薪酬等，并经过了价格指数调整。在接下来的收益率测算中，运用员工总人数作为人力资本替代变量，依据扩展函数对要素资本收益率进行测算。

根据表 1 的统计结果，我们进行了样本企业的相关要素资本存量的变动趋势和结构比例分析。

（1）变化趋势分析。自 2007 年以来，中国高端装备制造企业的人力资本存量呈现出两端高而中间低的 U 形，从 2008 年到 2010 年都处于较低水平，到了 2011 年又恢复至原来的存量水平。之所以呈现出此种趋势，我们认为，最重要的原因是经济危机导致工人大量失业和工资水平下降。随着中央政府各项政策措施的出台和经济的恢复，2011 年人力资本存量又恢复到以往的正常水平。货币资本存量在 2007~2011 年期间，则处于稳步上升的状态。这也与中央政府推行积极的货币政策密切关联。而高端装备制造企业的物质资本存量，除了2008年呈现出明显偏低的趋势外，如果把2007年、2009年、2010年和2011年的物质资本存量连成一条线，物质资本存量整体上呈现明显的下降趋势。技术资本存量则呈现稳定的上升状态。这就说明，在企业资本总额不变条件下，作为技术密集型企业代表的高端装备制造业，近年来逐渐加大了技术资本投入比重，认识到技术资本对企业价值创造的重要作用。技术资本对物质设备资本的替代作用日渐明显，高端装备制造企业的资本配置结构逐渐得到改进。

（2）相对结构比例分析。根据2007～2011年每年的技术资本存量相对于物质设备资本存量的比例，可以看出，虽然高端装备制造企业的技术资本存量近年来有上升的趋势，但其相对比例仍然很低。显然，我国高端装备制造企业的资本配置结构还存在严重的不合理问题。企业仍需投入大量的技术资本，由传统的粗放型增长方式向集约型经济增长方式转变。根据技术密集型的高端装备制造企业技术资本存量相对物质资本的比例较低，可以推断，我国一般制造企业的技术资本存量相对比例也不会理想。所以，中国企业最缺乏技术资本（罗福凯，2009）。因此，技术资本存量、技术资本收益率、要素资本结构的优化配置等，已成为我们亟待解决的问题。我们同时发现，我国高端装备制造企业的货币资本存量和物质资本存量仍占有很大的比重，人力资本存量相对比重不高；这表明中国高端装备制造业仍然保持以货币资本和物质资本为主的要素资本配置结构。

2. 要素资本存量的地区分布

经过前文的计算，我们对中国高端装备制造企业要素资本存量总量和结构有了一个总体描述。但我们对前文数据的分析，并不能反映出不同地区高端装备制造企业资本存量的分布情况。为此，接下来，我们按照样本企业所在省市的不同将其区分为东部地区企业、中部地区企业和西部地区企业，以进一步进行分析。具体的划分标准如下：东部地区包括江苏、上海、浙江、福建、广东、山东、安徽、海南、黑龙江、辽宁、吉林、河北、天津和北京；中部地区包括河南、湖北、湖南、江西、山西和内蒙古；西部地区包括陕西、宁夏、甘肃、四川、重庆、贵州、广西、云南、西藏、青海和新疆。据此，我国高端装备制造企业各要素资本存量的地区分布如图1至图4所示。

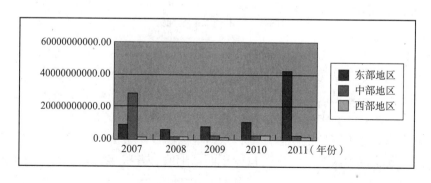

图1　人力资本地区配置

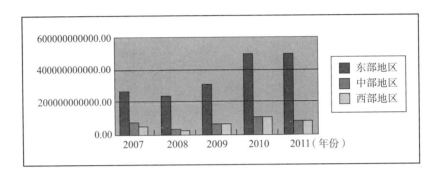

图 2　货币资本地区配置

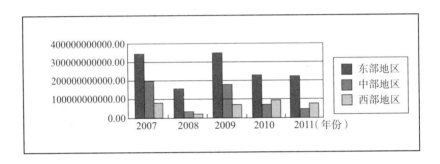

图 3　物质资本地区配置

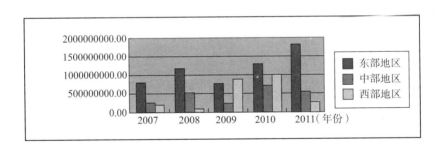

图 4　技术资本地区配置

由图 1 至图 4 可见，总体上，高端装备制造企业人力、财力、物力和技术资本等要素资本存量的地区分布呈现东高西低状况，数量和比重均呈现非均衡状态。对于技术资本存量的地区分布，如果仅以东部地区技术资本存量的变化趋势看，技术资本有随时间变化呈明显上升的趋势。中部和西部地区的技术资本存量，虽然随着时间变化也有上升趋势，但其上升趋势不够稳定。总体上，东部地区的技术资本存量最多；对于中、西部地区，有些年份中部地区技术资本存量少于西部地区，有些年份则相反。在企业资本总额既定情况下，若技术投资较多，则人力和设备投资就会减少。

从数据测算和分析可见，在 2007~2011 年期间，东部地区高端装备制造企业人力资本存量、货币资本存量明显高于中西部地区。而东部地区的物质资本存量则保持相对稳定。中西部地区的物质资本也相对稳定。

五、实证结果与进一步分析

本文第四部分对我国高端装备制造企业要素资本存量的测算和描述，反映了我国高端装备制造企业人力、财力、物力和技术、信息和知识等资本拥有量，以及资本配置结构状况。然而，单纯从趋势和结构比例方面看，目前这种资本配置结构是否合理，往往难以做出判断。无论是高端装备制造业还是其他类型的企业，资本获利能力往往在一定程度上反映出企业资本结构的配置是否合理。因此，接下来我们通过建立增长模型测度样本企业各种要素资本盈利能力，以考察和优化我国高端装备制造企业的技术资本配置。

我们选用营业收入作为因变量对物质资本存量、技术资本存量的贡献度进行回归分析，并重点对以营业收入为因变量的回归结果进行讨论。表 2 列示了样本观测值的描述性统计和相关性检验结果。从表 2 可以看出，样本企业营业收入比 Y 的均值为 13.424（标准差为 93.7%），表明样本企业的营业收入水平差距较大；自变量 X_1 的均值为 12.775（标准差为 92.8%）；自变量 X_2 的均值为 7.011（标准差为 219.6%），说明样本企业的物质资本存量和技术资本存量水平与配置方式有显著的差异。

表 2   描述性统计与 Pearson 相关性检验

	均值	标准差	Y	X_1	X_2	SIZE	CAP	FSR	SSR	LEV
Y	13.424	0.937	1							
X_1	12.775	0.928	0.802**	1						
X_2	7.011	2.196	0.160**	0.212**	1					
SIZE	21.402	1.108	0.518**	0.484**	0.005	1				
CAP	1.878	0.969	-0.272**	-0.015	0.222**	-0.239**	1			
FSR	0.408	1.983	0.233**	0.264**	0.024	0.461**	-0.429**	1		
SSR	0.363	1.983	0.080*	0.071*	-0.129**	0.145**	-0.080*	0.054	1	
LEV	0.195	0.235	0.070*	0.128**	-0.036	0.292**	0.175**	0.372**	0.353**	1

注：①其中 Y 代表每人力资本营业收入的自然对数；X_1 代表每人力资本所占用物质资本的自然对数；X_2 代表每人力资本所占用技术资本的自然对数；SIZE 代表企业规模；CAP 代表资本密度；FSR 代表股权集中度；SSR 代表国有持股比例；LEV 代表资产负债率。② * 、** 表示相关变量在 5% 和 1% 的水平下显著相关。

同时，由表 2 可以看出，Y 与 X_1 和 X_2 均在 1% 水平下显著正相关，这说明中国高端装备制造业企业的物质设备资本和技术资本对其盈利能力具有明显的促进作用。当然，严格结论还有待于下文的进一步分析。

表3　混合截面多元回归结果

变　量	系　数	T　值
常数项	1. 354 ***	3. 760
X_1	0. 754 ***	36. 115
X_2	0. 031 ***	3. 940
SIZE	0. 144 ***	7. 691
CAP	−0. 302 ***	−15. 505
FSR	−0. 709 ***	−6. 719
SSR	0. 140	1. 219
LEV	−0. 317 ***	−3. 926
调整后 R^2	0. 743	
F 检验	349. 161 ***	
杜宾检验	1. 709	

注：变量指标的定义见表1，* 、** 、*** 表示参数在10%、5%和1%的显著性水平下显著。

由表3可知，除了SSR外，其他的自变量均与因变量 Y 存在显著的相关性。另外，本文对回归分析进行了 VIF 检验，VIF 值均小于2，表明模型不存在严重的多重共线性。此外，从表3中可以得出，物质设备资本5年的平均产出弹性为0.754，技术资本每年的平均产出弹性为0.031，相应的人力资本的产出弹性为0.215（1−0.754−0.031）。

为了求出各种主要要素资本对经济增长的贡献率，我们结合表1的要素资本存量求出了2008~2011年各种要素资本的平均变动情况，结果如表4所示。

表4　各种要素资本的年度变动率

	员工变动率	物质设备资本变动率	技术资本变动率
2008 年	−0. 4089	−0. 6794	0. 3795
2009 年	0. 3176	2. 0470	0. 0612
2010 年	1. 2921	−0. 3544	0. 5790
2011 年	−0. 1292	−0. 1267	−0. 1227
平均	0. 2679	0. 2216	0. 2242

通过表3和表4，基本可以估算出2007~2011年每年的技术资本贡献率为0.695%（0.2242 ×0.031），物质设备资本贡献率为16.678%（0.2216 ×0.754），人力资本贡献率为5.760%（0.2679 ×0.215）。

综上所述，物质资本存量的贡献率为 16.678%，人力资本存量的贡献率为 5.760%，技术资本存量的贡献率为 0.695%。这说明，我国高端装备制造业虽然是典型的技术密集型企业，但它的技术资本对经济的贡献份额很低，企业的物质资本、人力资本仍然是营业收入增长的主要动力。其原因可能是：一方面，我国的自主技术数量很少，人均专利数量很低，拥有自主核心技术的企业仅为万分之三。绝大多数企业没有申请过专利，缺乏关键的先进性自主技术，甚至没有自己的商标。很多企业处在有"制造"无"创造"、有"技术"无"产权"的状态。作为工业母机的机床业，我国高档数控机床的国产率仅为 10%左右，企业对外技术依存度达 50%以上，远远高于发达国家 5%的水平。另一方面，我国约九成专利技术处在闲置状态，失效专利的比重也很高。技术转化为资本的程度很低。而日本和美国的专利技术闲置率约三成和五成。所以，我国企业有效技术资本存量和产出之间的关系亟待进一步改进。虽然科技是第一生产力已经成为共识，但本文研究表明，高端装备制造企业的财务活动基本没有发挥技术资本的价值创造功能。与发达国家相比，我国高端装备制造业的公司财务还处在很落后的状态。我们不仅自主创新能力薄弱，关键技术和核心技术受制于西方，而且公司财务也未将技术进行会计核算。R&D 高投入不一定意味着高产出，企业应通过各种途径努力提高技术商品化、技术资本化和技术资本回报率。在这里，技术资本贡献份额偏低的另外一种原因，可能与本文使用历年累积下来的技术资本存量进行测算有关。该方法的投资数额比单独考虑当期技术资本投入要大，技术贡献份额数值结果就会变小。虽然这是一种比较保守的测算方法，但毋庸置疑，我国的高端装备制造企业技术资本配置较低、收益能力较弱是确定的。

对物质资本、技术资本和人力资本的贡献份额进行排序可知，物质资本对企业产出的贡献率最大，人力资本对企业产出的贡献率次之，技术资本对企业产出的贡献率最低。在国外的相关研究中，Antle（1983）、Hayami 和 Ruttan（1985）、Craig 等（1997）、Wiebe 等（2003）都发现劳动（Labor）的产出弹性最大，其次是土地（Land）和牲畜（Livestock）。虽然在数据和指标的选取以及研究方法方面有所不同，但是，这至少说明我国学界关于要素资本收益率的研究，与国外学界关于资本收益率方面的研究存在着一致性或近似性结果。我国高端装备制造企业的资本配置特点是，传统的物质设备投资和人力投入仍然是推动其发展的源泉和动力。技术远比不上人力、金钱和机器重要。

六、结论及建议

企业是一系列要素资本的集合体。各种要素资本相互作用，共同对企业的经济增长产生影响。本文单独测算了每种要素资本对经济增长的各自贡献。研究表明：①本文的实证结果较好地支持了研究假设。技术资本客观存在，高端装备制造企业的资本方式呈显著多样化状态。中国高端装备制造企业的人力资本存量呈现 U 形变化的趋势；货币资本稳步上升；除 2008 年外，物质资本存量基本呈现下降趋势，但其绝对数值仍然很大；技术资本存量则有上升趋势，但其上升速度比较缓慢。高端装备制造企业货币资本和物质资本存量的相对比重较高，分别占 54.61% 和 43.01%；人力资本存量相对比重较低，占 2.15%；技术资本存量的比重最低，仅占资本总额的 0.23%。显然，加大技术资本投入和企业内部技术资产的资本化转换、提高技术资本比重、优化要素资本结构，将是高端装备制造企业转变经济增长方式的财务基础。②高端装备制造企业要素资本存量的地区分布，总体上呈现东高西低状态。地区之间要素资本配置结构的差距非常显著。③我国高端装备制造企业名义上是技术密集型企业，但其经济增长原动力仍然主要来自物质资本和人力资本投入。技术资本对高端装备制造的产出贡献率非常小。按本文样本数据，2007~2011 年的 5 年间，我国高端装备制造企业的平均总资产收益率为 5.31%，平均净资产收益率为 20.17%，而来自技术资本的贡献份额仅为 0.685%。这一结论也在一些关于中国高科技产业技术效率测算的文献中得到了验证。高科技产业的技术收益贡献很小，虽然与技术资本的投入量小、技术研发效率低有关，但更深层次的根源则是我国工业制造企业的要素资本结构严重失衡。传统人力、货币和物质设备资本投入过多，新兴资本技术、信息和知识投入过少，尤其是企业理念、意志和信仰等知识资本投入非常少。研究结果显示，高端装备制造业企业的物质设备资本收益率最高，人力资本收益率次之，技术资本收益率最低。中国高端装备制造业企业仍然是靠传统的物质资本和人力资本来推动其经济增长的，并非真正意义上的高端装备制造企业。

根据研究结论，本文提出如下建议：①企业建立资本生成机制。企业应明确技术的产权特征和资本性质，企业的技术资本提供者应拥有相应的企业所有权和剩余资产分配权，并有效地参与企业内部治理。这就需要企业将技术视为企业资产单独进入会计账户进行核算。技术的成本、收益和税金问题，都是会计核算应解决的问题。只有将技术引入企业会计核算，高端装备制造企业的技术资本才会真正发挥其应有作用。目前，我国的科学技术研究和应用迅猛发展，自主技术和前沿核心技术的拥有量不断增加，但我们缺少将技术生成技术资本的机制。如果我们像重视人力资本和货币资本一样，重视技术资本的培育和开发，我们的战略性新兴产业就会得到长足发展。②加强企业文化建设，增加知识资本投入力度。技术与知识的密切程度，远远超过人力与货币及机器的亲密程度。知识是技术诞生的土壤，也是技术资本化的必要条件。在我国，很多企业由于知识资本的缺乏，经营理念落后或缺失理念，无法很好地将企业技术资本成功地运用到企业的价值创造当中，从而浪费了大量的技术资本，导致中国高端装备制造业企业的技术资本收益率极其低下。全面提升我国企业员工的经营使命感、价值观、先进理念等知识要素，是企业发挥技术资本价值创造能力的首选措施。③更新公司财务理论和方法，真正吸收美欧发达国家优秀企业的财务理论和方法。可以按照正态分布或者近似平均的比例对要素资本进行配置，如技术资本和物质资本分别占 20% 和 30%，人力、财力、信息和知识等资本各占 10% 左右，从总体上优化整个高端装备制造业企业的要素资本结构。另外，我们要平衡地区之间的资本存量配置情况，使各个地区的资本存量分布更加合理。④进一步改革开放，精心培育技术市场，努力使我国的技术市场与欧美国家的技术市场接轨。目前，我国已拥有了人力资源市场、货币资本市场和产品市场，唯独薄弱的是技术市场。私人专利技术在市场上的买卖和交易，尚无明确政策规定。美国等少数国家不仅阻碍我们进入它们的技术市场，而且还极力干扰我国的自主技术进入国际市场交易。发展技术市场是提升我国企业技术资本化的必由之路。技术市场的发展是技术资本化的充分条件。鼓励社会民间资本创办技术研发和经营企业，并在工商注册、税金优惠、进出口及海关手续、国有银行贷款和劳动就业等环节，适当给予政策支持，应是目前我国科技政策的重要选择。

应说明，由于财务报告披露存在局限性，我们将主要控制变量以外带来产出变化的因素全部纳入变量 A 中，如信息、知识等要素资本之间相互作用和一些不可控因素。这些因素本章暂存而不论。

参考文献

［1］Arun Rai, Ravi Patnayakuni, Nainika Patnayakuni. Technology Investment and Business Performance ［J］. Commuications of the ACM, 1997, 40（7）.

［2］Ellen R. McGrattan, Edward C. Prescott. Technology Capital and the US Current Account ［J］. American Economic Review, 2010, 100（4）.

［3］Ellen R. McGrattan, Edward C. Prescott. Openness, Technology Capital, and Development ［R］. Federal Reserve Bank of Minneapolis Research Department. Working Paper, 2007.

［4］Thomas J. Holmes, Ellen R. McGrattan, Edward C. Prescott. Technology Capital Transfer ［R］. Federal Reserve Bank of Minneapolis Research Department. Working Paper, 2011.

［5］CCER "中国经济观察" 研究组, 卢锋. 我国资本回报率估测（1978~2006）——新一轮投资增长和经济景气微观基础 ［J］. 经济学（季刊）, 2007（3）.

［6］方文全. 中国的资本回报率有多高？——年份资本视角的宏观数据再估测 ［J］. 经济学（季刊）, 2012（2）.

［7］郭庆旺, 贾俊雪. 中国全要素生产率的估算：1979~2004 ［J］. 经济研究, 2005（6）.

［8］何枫, 陈荣. R&D 与广告对中日家电企业技术效率影响的比较研究 ［J］. 中国管理科学, 2008（4）.

［9］黄勇峰, 任若恩. 中美两国制造业全要素生产率比较研究 ［J］. 经济学（季刊）, 2002（4）.

［10］金怀玉, 菅利荣, 焦立新. 安徽省农业技术效率变动的实证分析 ［J］. 中国科技论坛, 2011（7）.

［11］蒋云赟, 任若恩. 中国工业的资本收益率测算 ［J］. 经济学（季刊）, 2004（3）.

［12］罗福凯. 要素资本平衡表——一种新的内部资产负债表 ［J］. 中国工业经济, 2010（2）.

［13］罗福凯. 论要素资本——由一则故事引发的思考 ［J］. 财经理论与实践, 2009（1）.

［14］罗福凯, 永胜. 技术资本：战略性新兴产业的核心资本选择过程 ［J］. 科学管理研究, 2012（4）.

［15］李治国, 唐国兴. 中国平均资本成本的估算 ［J］. 统计研究, 2002（11）.

［16］任若恩, 刘晓生. 关于中国资本存量估计的一些问题 ［J］. 数量经济技术经济研究, 1997（1）.

［17］单豪杰, 师博. 中国工业部门的资本回报率：1978~2006 ［J］. 产业经济研究, 2008（6）.

［18］邵挺. 金融错配、所有制结构与资本回报率：来自 1999~2007 年我国工业企业的研究 ［J］.

金融研究，2010（9）.

　　[19] 唐志宏. 中国平均利润率的估算 [J]. 经济研究，1999（5）.

　　[20] 吴方卫. 我国农业资本存量的估计 [J]. 农业技术经济，1999（6）.

　　[21] 王玲. 高技术产业技术投入和生产率增长之间关系的研究 [J] 经济学（季刊），2008（4）.

　　[22] 吴延兵. R&D 与生产率——基于中国制造业的实证研究 [J]. 经济研究，2006（11）.

　　[23] 吴延兵. R&D 存量、知识函数与生产效率 [J]. 经济学（季刊），2006（3）.

　　[24] 吴延兵. 用 DEA 方法评测知识生产中的技术效率与技术进步 [J]. 数量经济技术经济研究，2008（7）.

　　[25] 王益煊，吴优. 中国国有经济固定资本存量初步测算 [J]. 统计研究，2003（5）.

　　[26] 辛清泉，林斌，杨德明. 中国资本投资回报率的估算和影响因素分析——1999～2004 年上市公司的经验 [J]. 经济学（季刊），2007（4）.

　　[27] 易纲，樊纲，李岩. 关于中国经济增长与全要素生产率的理论思考 [J]. 经济研究，2003（8）.

　　[28] 张帆. 中国的物质资本和人力资本估算 [J]. 经济研究，2000（8）.

　　[29] 张军，章元. 对中国资本存量 K 的再估计 [J]. 经济研究，2003（7）.

　　[30] 周勤，蔡银，杜凯. 技术水平与技术利润贡献的实证研究 [J]. 中国工业经济，2008（12）.

21 | 知识资本与智力资本的理论述评及差异分析[*]

近年来，有关企业生产要素和资本问题的研究越来越多。从 20 世纪 80 年代末，"知识管理"、"智力资本"等词汇在财务学界引起了比较大的反响，很多财务专家致力于这方面的研究，并取得了一定的成果。可是，我们也发现，其中关键术语的描述内容存在很大差异；尤其是知识资本与智力资本的混乱特别突出。智力资本与知识资本是不同的。西方智力资本引入我国以来，由于翻译方法不同，有人翻译为"智慧资本"，也有人直接用"知识资本"。很多学者将智力资本和知识资本视为同一个概念使用。知识资本研究专家万君康教授，虽然同意智力资本与知识资本两个概念是有区别的，但是在他的文章中却提到"'Knowledge Capital'是知识资本的直译，把'Intellectual Capital'理解翻译成'知识资本'也是合适的"，"'Intellectual Capital'也可翻译成'知识资本'，而与'knowledge capital'同义"。这种现象并非个案，不加区分地应用不同的概念，让人感到惋惜。本文拟通过对知识资本与智力资本的文献综述，区分两者的不同点。以期对于相关的研究有所帮助。

一、智力资本的研究成果和发展趋势

"智力资本"被视为经济学里以机器设备、存货和自然资源为主要内容的"资本"之外的非物质资本，亦被称为智慧资本。20 世纪 80 年代以后，由于经济全球化的快速发展、美国新经济和知识经济命题的出现，以及东西方文化交流的日益扩大，人们关于智力资本的研究迅速升温，世界各地的经济学家都对此产生了浓厚的兴趣。学界对于智力资本的研究，大致分为以下五个阶段或层次：关于智力资本概念的讨论、智力资本的构成要素、智力资本的特征、智力资本的计量以及智力资本报告。

（一）智力资本的历史渊源和表述问题

西尼尔（Senior）早在 1836 年就提出了智力资本（Intellectual Capital）一词，但是当时只是作为人力资本的同义词出现，意指个人所拥有的知识及技能。加尔布雷斯于 1969 年发展了智力资本的概念。他指出，智力资本不仅包括纯知识形态的知识，还包括

---

* 原文最早发表于《财会通讯》2011 年第 25 期（2011 年 9 月），第 19-21 页。

相应的智力活动，智力资本不是静态的，而是一个有效利用知识的动态过程。安妮·布鲁金（1996）认为，智力资本是公司得以运行的所有无形资产的总和。斯图尔特（1997）将智力资本界定为"公司中每个员工所拥有的、能为公司创造竞争优势的一切知识和能力的总和"，凡是能够用来创造财富的知识、信息、智力资产及经验等都是智力资本。埃德文森和马隆（1997）认为，智力资本是企业市场价值与其账面价值之间的差额，主要由能够为企业创造持续竞争优势的知识资源组成。Lev（2001）从另外的角度指出，智力资本是指企业对未来收益非实物形态的要求权。董必荣（2009）则认为智力资本是能够为企业创造价值、带来竞争优势的所有知识和能力的总和，也代表了企业对未来收益非实物形态的要求权。

（二）智力资本构成要素

大多数学者认为，智力资本可以大致划分为 2~4 个主要构成要素[①]。具有代表性并为国内外大多数学者所接受的分类方法是斯图尔特（1997）的观点。他提出了 H-S-C 的结构模型，即企业的智力资本由人力资本、结构资本和顾客资本构成。

埃德文森和沙利文（1996）将企业的智力资本分为人力资源和结构资本两部分，其中人力资源指组织中所有与人的因素有关的方面，包括企业的所有者、雇员、合伙人、供应商以及所有将自己的能力、诀窍和技能带到企业的个人。结构资本指不依附于企业人力资源而存在的组织的其他所有能力。这种二分法同时认为结构资本可以进一步分为组织资本和关系资本。安妮·布鲁金（1996）提出的 M-K-H-O 结构是把智力资本分为市场资产、知识产权资产、人才资产和基础结构资产四个部分。如果将二分法和三分法中的结构资本进一步划分为知识产权资产和基础结构资产则三者是一致的。

当然，关于智力资本分类的方法还有其他一些，但是通过分析，目前国内外学术界和实务界基本认同将智力资本分为人力资本、结构资本和客户资本三部分。

（三）智力资本的特征

由于对智力资本内涵和分类的不同认识，国内外学者对于智力资本特征的意见也并非一致。万君康（2006）认为，企业智力资本有如下六个特征：①智力资本的投入性；②智力资本的价值性和高增值性；③智力资本的耐用性；④智力资本的无形性；⑤智力资本的共享性；⑥智力资本的不稳定性。还有学者认为，智力资本的特征可以总结为：①稀缺性；②活力；③不确定性；④长期收益性。人们通常认为，智力是无限的，之所以称智力资本还具有稀缺性，是因为"土地和资金等物质资本都可以从市场上购得，而智力资本的形成需要靠智力劳动者长期积累。除了一些外购的知识产权外，大量的智力资本都不是轻而易举获得的。正因为如此，智力资本具有比物质资本更高的稀缺性"。

---

① 本文沿用董必荣先生关于这几种构成要素的称呼方法："二分法"、"三分法"和"四分法"。

（四）智力资本的计量

一般而言，对于智力资本的计量可以分为两类：一是货币计量，主要方法有市场—账面价值法、托宾 Q 值法、无形价值计量法、经济增加值法等；二是非货币计量，常用的方法有 ANP 法、平衡计分卡法、智力资本导航器和智力资本指数（ROOS）等。智力资本不同于传统的资本形态，由于其无形性，大多数学者赞同采用货币与非货币计量相结合的指标评价法。平衡计分卡是卡普兰和诺顿为研究公司绩效的管理体系而设定的财务与非财务指标相结合的评价方法。平衡计分卡强调，传统的财务会计模式只能衡量过去发生的事项（落后的结果因素），但无法评估企业前瞻性的投资（领先的驱动因素）。因此，必须改用一组由财务、顾客、企业内部流程、学习与成长四项观点组成的绩效指标架构来评价组织的绩效。另一种被广为推崇的智力资本计量方法是斯堪迪亚模型（又称 SKANDIA 公司智力资本模型）。该模型是由斯堪迪亚公司的首席智力资本主管埃德文森提出的。它以顾客、财务、流程、人力、更新和发展五个方面为重点，设定了 164 个具体指标，对企业智力资本的衡量比较全面。

（五）智力资本报告

有实证研究表明，"我国上市公司年度报告中关于人力资本、组织资本与客户资本等构成的智力资本信息内容已经存在"，而且"企业越来越愿意披露智力资本信息"，"我国企业的智力资本信息披露对市价影响显著"。1997 年，斯堪迪亚保险公司首次以智力资本报告表的形式对外公布其智力资本情况。另外的智力资本报告方式还有智力资本星相图、智力资本指数法等。对于智力资本，很多国家或地区虽然没有明确指出如何报告，但是提出了一些有指导意义的指南，以规范和引导企业的智力资本报告方式内容，比如在 1998 年到 2002 年间由丹麦政府资助的一个丹麦研究项目提出的 DMSTI 指南，由欧洲委员会支持、欧洲的六个国家共同开展的研究计划提出的 Metrium 指南等。

二、知识资本理论的文献综述

（一）要素资本理论

智力资本是针对西方市场和企业提出的，具有典型的西方色彩。鉴于这种情况，有学者在 2000 年前后基于中国的国情，提出了要素资本命题（罗福凯、连建辉，2001），厘清技术与人力资本、物质设备及自然资源资本、信息资本、知识资本的区别，解释了技术如何转变为技术资本的内在逻辑机制。这是对企业投入生产要素的重新划分，具有全面性和系统性。之后，我国学界对要素资本理论进行了系列研究（罗福凯，2001，

2003，2008，2009)①。

要素资本研究团队认为，当今世界的生产力要素，主要有人力资源、财务货币、物质设备及自然资源，以及技术、知识和信息。这些生产要素被人们生产出来之后，经过其产权的确认和交易过程，就转化为企业或个人的要素资本。企业的利润是要素资本共同创造的。

在企业里，技术是生产过程中的技能、技巧和技艺，以及其术用载体。简单地说，技术就是技艺和术用的合称。技术的载体和形态可以是高技术含量的人工制品、人工文件，以及人的特别行为。这些高技术含量的人工制品、人工文件和特别行为，都是私人商品，而非公共产品。在经济过程中，高技术含量的人工制品、人工文件和特别行为被企业购买后，便形成企业的技术资本。企业的技术主要有专利技术、专有技术、软件，以及技术研发组织等。决定企业生存和发展的真正因素是技术。

技术、知识和信息是如何转变为资本的？生产过程是资本产生的必要条件，完成交易过程则是资本产生的充分条件。技术、知识和信息都是人们生产劳动的产物，这些劳动成果在拥有了所有权凭证之后，所有人可以出售它来获得财务货币，出售之后的技术、知识和信息，则变为其新的所有者的资本。在这里，资本的产生有三个关键性条件：一是劳动生产过程，即萨缪尔森教授所说的资本是生产的产物；二是所有者或持有人取得所有权凭证，即在合约上确立产权关系；三是进入市场完成交易过程。一项新产业、新产品的投资比例和优化，经常依赖于其他与之互补和相连续的投资活动。一个新工厂机器设备投资和员工的招聘，其设计生产能力的实现，必须要有与之配套的技术、信息和知识投资，以及员工培训。如果设备精良而无先进的新产品、原材料和文明的员工，技术先进、员工文明而无科学的资本配置机制，那么，也不会生产出高质量的被人们喜欢的产品。

要素资本理论主要包括其命题、两个定理和一个工具，其中，两个定理是：企业的技术水平与员工数量成反比，技术与劳动的替代率远高于机器设备与劳动的替代率。一个工具，则是为测算要素资本的投入产出效率和效益而研制的要素资本平衡表。知识是要素资本理论的关键范畴，这也是本文研究的重心。

（二）知识资本

本文所讲的知识资本即要素资本的一个组成部分。由于以往对于要素资本的研究相对较少，而且集中于整体研究，所以关于知识资本的单独研究也比较少。知识是人们认知和识别自然与社会的信念、理念和意志，以及知理识事的合称。信念是构成知识的必要条件，却不是充分条件。没有信念就必然没有知识。信念是形成知识的第一个条件或

---

① 参见罗福凯，连建辉. 生产要素重新确认与国有经济结构调整 [J]. 福建论坛，2001 (6)；罗福凯. 要素资本、价值函数与成本的关联性 [J]. 中国海洋大学学报社科版，2003 (1)；罗福凯，李鹏. 论要素资本理论中的技术、信息和知识 [J]. 东方论坛，2008 (5)；罗福凯. 论要素资本 [J]. 财经理论与实践，2009 (1).

构成知识的主体因素。柏拉图在《泰阿泰德篇》中提到，知识必须能够满足如下三个条件：信念的条件、真的条件和证实的条件。合而言之，知识是经过证实了的真的信念。显然，知识和信念有密切的联系。知识一定是信念，信念却不一定是知识。

据此理解，知识是企业生产和交易所必须从市场上获取的科学文化知识，含购买知识产权、引进管理经验、聘请经济咨询和购买经济决策等专有资产。企业知识可以分为技术性知识和制度性知识。技术性知识是对技术、技巧和技艺的科学描述和文化总结，制度性知识则侧重企业的组织、文化以及员工之间的配合等软因素。汪丁丁（1997）认为，技术性知识是社会分工逐渐细化所形成的，而制度性知识的发展有助于将不同类型的知识整合起来发挥巨大作用。技术性知识的重要性正在下降，而制度性知识的重要性正在增强。

要素资本平衡表中知识资本的内容可以分为四个部分：①企业文化和经营理念：企业宗旨、企业使命、企业精神，以及企业信仰和理性观念等。这些资产的创立是通过长期积累和经常性的维护与补充而形成的，发生的费用一般于当期计入营业费用。②制度文件：管理制度、权责管理和激励制度、业绩量和评价、团队合作情况，以及现代管理方法的应用程度等。这些项目在现行的会计核算上均不做计量、确认和披露，但它们是企业经营成败的关键基础资产。③党团工会经费：这是针对我国企业的情况提出的特殊指标。并非每一个企业都拥有大额的此项支出。党团经费在某些企业中可能支出额较小，而工会经费是每个企业必须缴纳的（2%）。作为通用的指标设计，此项需要列示在指标体系之内，没有此类费用发生的企业可能不产生此项指标的具体内容列支。④购买知识产权支出（含商标权）：知识产权资产包括专利权、版权、设计权、特许权、植物新品种权、著作权、商标权等。知识产权是典型的智力成果，也称为智力成果权，是受法律保护的资源，企业通过在市场上买卖知识产权获得知识资源的流通。作为经济知识的基础范畴，知识产权是最具有明晰性的知识资本之一。

三、智力资本与知识资本的异同分析

（一）智力资本和知识资本的发展历程

智力资本的发展是从对人力资本的研究开始的，最早提出智力资本一词的西尼尔（Senior）就是把它作为人力资本的同义词应用的。现在的有关智力资本的文献也都同意把人力资本作为智力资本的核心内容研究。复旦大学的芮明杰教授在对智力资本研究多年的基础上提出，智力资本分为三个层次，狭义的智力资本就是指人力资本，中观的智力资本包括人力资本和组织结构资本，广义的智力资本则包括人力资本、组织结构资本和客户资本三个方面。可见，无论从哪个层次研究，人力资本都是智力资本的核心和起点。

知识资本是从对企业生产要素的重新划分角度进行描述的，以知识为起点。柏拉图在《泰阿泰德篇》中指出，知识是经过证实的真的信念。由这种信念发展到企业资本的研究，再发展成为今天的知识资本。企业中只有事关企业信念，并且能为企业创造新的价值的资源才能被划分为知识资本的组成成分。秦江萍等认为，"知识与智力都是最重要的资源和生产要素，但其含义还是有区别的。知识是'人们在实践中获得的认识和经验'；智力指'认识、理解客观事物并运用知识、经验等解决问题的能力'。……在新经济时代，经济学术语中的知识被赋予新的含义，其内涵应是很深刻的，'专指那种能够作为资源投入到生产过程中并在生产过程中起主要作用的现代知识'"。关于知识的讨论，是知识资本研究的逻辑起点。

（二）含义内容

安妮·布鲁金（1996）认为，智力资本是对公司得以运行的所有无形资产的总和，她提出了著名的公式：企业=有形资产+智力资本。这种方法企图绕过对智力资本的直接定义，从有形资产的角度倒挤出智力资本的内容。埃德文森和马隆（1997）认为，智力资本是企业市场价值与其账面价值之间的差额。那么，如果企业有形资产的范围扩大了，或者企业账面可以涵盖的内容增多了，是不是智力资本的研究内容就相应减少了呢？可见，智力资本内容虽然有个大致的范围，但是具体边界在哪里，至今没有人能说得清，人力、科学技术、企业文化、组织结构和客户关系等都有所涉及。具体智力资本涵盖哪些内容出现了"因人而异"的尴尬局面。

相比智力资本，知识资本研究的范围明显要小得多。人力资本、技术资本、信息资本和知识资本的区别划分，使知识资本的研究集中于企业理念的层面。知识资本决定着一个企业的发展方向和凝聚力，同时它又是企业的活力所在。企业将搜寻解决问题方法的经历存储于组织记忆中，称为企业拥有知识。组织记忆的外在表现是企业的"惯例"，包括行动的指南、方针政策、规章制度等明晰的惯例，以及企业组织心智模式等默会性的惯例。企业的知识就是企业成员共享的知识。经济知识的基础范畴是知识产权，知识资本不单包括知识产权的主要内容，也包括企业的客户关系投资、理念制度惯例和政治资源等。知识资本的边界在于企业中理念的范畴，超出理念范畴的技术、信息等不能称为知识。

（三）划分

智力资本一般倾向于划分为三个组成成分，也就是通常所说的"三分法"：人力资本、组织结构资本和客户关系资本。进一步把组织结构资本分为知识产权资本和基础结构资本则总共可以分为四部分。这种达成共识的划分方法与知识资本所含内容有交叉重叠的部分。知识资本的研究内容也应当包括知识产权资本、基础结构资本和客户关系资本等。可见，不同的研究方法所涉及的企业内容应该是一致的，只是研究的角度不一样。

在要素资本平衡表中，为了便于会计确认和计量，将知识资本划分为四个部分：品牌商誉、公司理念与制度文件、党团工会经费和购买知识产权支出（含商标权）。品牌商誉可以从整体的角度衡量企业的客户关系和与市场的对接；公司理念与制度文件反映企业在战略、文化和组织结构方面的投入情况；党团工会经费是对政企关系的一个描述，不仅包括中国共产党，而且包括其他一些党派，这种投入会给企业带来一些固定的政治资源；购买知识产权支出（含商标权）反映了企业外购知识资本的情况，通过在市场上买卖各种权利体现出了知识资本的流动性特征。

（四）度量

关于智力资本的具体计量方法，目前学术界比较认可的计量方式是财务指标与非财务指标的联合应用。从平衡计分卡诞生以来，这种方法逐渐得到认同。由于智力资本范围比较广泛，相应的指标设定也较多，以斯堪迪亚模型为例，就设定了164个指标进行度量。台湾学者陈振东和陈佩筠试图用模糊数法进行智力资本的总体测度，其原理也是非财务指标的应用。知识资本也可以采用财务指标与非财务指标相结合的方式进行测度。由于知识资本侧重于公司理念，而且范围比智力资本要小，因此，采用非财务指标测算的比例也比智力资本要大。非财务指标的好处在于可以考虑很多不易用货币衡量的因素，比如政策的变更、政企关系、企业文化等。通过专家打分或者其他方式评估出来的非财务指标对于智力资本的衡量具有一定的代表性，可以较为全面地反映智力资本的总体状况，也受到包括瑞典、丹麦和欧盟等国家和地区的青睐。这些国家和地区出台了相应的政策，鼓励通过这种方式反映企业资本。可是，非财务指标的应用也有其不容忽视的问题，即精确度的问题。非财务指标可以定性地描述一个企业的发展和资源存在状况，但是很难实现不同企业之间的对比分析，以及解决主观评估中的客观性问题。如何实现资本报告标准化和精确化仍然是智力资本知识资本理论发展中共同的难题。

四、结论

第一，研究表明，智力资本与知识资本虽然在研究内容上有所重叠，但是，两者在内涵、划分和计量等方面却是有较大差异的。理论研究中应当首先搞清概念问题，不能简单地将两者混为一谈。智力资本和知识资本是从不同的角度研究企业资源问题的，可谓各有特点，如果简单地视为同一概念，势必会在研究中引起混乱。

第二，我们通常认为细化的研究能使研究更加深入和有效，如同物理学、化学、数学、天文学、地理学等细化学科从哲学中分离一样。这也就是为什么研究智力资本的学者还要继续将智力资本细化分类的原因。可是，我们通过前边的分析知道，智力资本概念尚不明晰，范围也存在争议，这会给研究工作带来一些困难。知识资本的内容范围相对较小，对于进一步的应用和研究工作来说都要相对容易一些。

概念的划分是研究的第一步，目前，学术界中智力资本与知识资本概念的混淆已经造成了研究的一些障碍。人们很难分清一篇文章中的"知识资本"指代的是智力资本还是其他。当学者阅读或者引用文章时，很多都是人云亦云，而无法搞清自己的研究对象到底是什么。笔者认为，这种现象是不应当发生的，如果正确恰当地区分人力资本、技术资本、知识资本和信息资本，那么无论对于知识资本本身的研究，还是对于智力资本的研究，都将是一个大的进步。搞学术，一个对象两个名字或者多个名字并不是好的现象，对于指代有区别的概念更加不能随便乱用。概念错误，不仅造成学术研究混乱，重要的是危害人们的实际工作。

参考文献

［1］万君康，梅小安. 企业知识资本管理及其绩效评价 ［M］. 北京：机械工业出版社，2006.

［2］董必荣. 企业对外智力资本报告研究 ［J］. 会计研究，2009 （11）：53-58+95-96.

［3］罗福凯. 论要素资本——由一则故事引发的思考 ［J］. 财经理论与实践，2009 （1）：3-8.

［4］张虎，冯华，王志勇. 智力资本与人力资本、无形资产的比较研究 ［J］. 现代管理科学，2006 （11）：84-85.

［5］李冬琴，黄晓春. 智力资本：概念、结构和计量述评 ［J］. 科学学研究，2003 （11）：210-214.

［6］张丹. 我国企业智力资本报告建立的现实基础：来自上市公司年报的检验 ［J］. 会计研究，2008 （1）：18-25+95.

［7］罗福凯. 论公司财务的价值创造功能 ［J］. 财会通讯 （学术版），2004 （4）：3-8.

［8］罗福凯. 要素资本平衡表：一种新的内部资产负债表 ［J］. 中国工业经济，2010 （2）：89-99.

［9］芮明杰，郭玉林，孙琳. 智力资本收益分配论 ［M］. 北京：经济管理出版社，2006.

［10］傅元略. 企业智力资本与企业资本结构优化 ［J］. 中国工业经济，2002 （3）：83-90.

［11］董必荣，李虎，路国平. 论智力资本报告的标准化 ［J］. 经济管理，2008 （14）：57-62.

［12］曾洁琼. 企业智力资本计量问题研究 ［J］. 中国工业经济，2006 （3）：107-114.

22 | 知识资本与中小企业发展研究*

——兼评"中小企业融资难"命题的真伪

一、引言

现实表明，中小企业融资难是一个世界性难题。小企业缺乏规模效益，而且固定成本较高。所有商业银行也都会"重大轻小"。这是经济学的一个根本性问题：成本制约企业发展。企业家要有能力找出影响成本的各种因素，并把这些因素代入经营决策里以做出经营选择。辨认影响真实成本的各种因素需要一定的经济学专业训练。而中小企业的高级管理者往往缺乏这种专业训练。因此，我国的中小企业很难得到国有大型银行贷款，银行对民营中小企业还存在一定程度的"重公轻私"现象。有学者认为，中小企业占中国企业总数的99%以上，但长期以来80%的中小企业的流动资金需求不能得到满足，60%的中小企业没有中长期贷款，因此普遍面临资金短缺的问题。相较其他国家，中国中小企业的资金缺口要大得多。在我国，中小企业作为创造经济奇迹的重要因素，其融资难问题已成为人们关注的热点问题。另据媒体报道，国家工商行政管理总局统计，截至2008年底，全国实有企业971.46万个①，其中99%以上为中小企业。中小企业对GDP的贡献超过60%，对税收的贡献超过50%，提供了近70%的进出口贸易额，创造了80%左右的城镇就业岗位，吸纳了50%以上的国有企业下岗人员、70%以上新增就业人员和70%以上农村转移劳动力。在自主创新方面，中小企业拥有66%的专利发明、74%的技术创新和82%的新产品开发。然而，多年以来，学界和企业主都认为，"融资难"已成为困扰中小企业发展的一大难题。

那么，我国的中小企业数量真的占有企业总数量的99%以上吗？我国的中小企业在成长过程中，真的缺少货币资本吗？中小企业的最大困难究竟是什么？这些问题很值得仔细观察和分析。

我们知道，一个企业，除了需要人力资本、财务货币资本和物质设备及自然资源资本外，还需要技术资本、信息资本和知识资本等。那么，在众多的要素资本中，中小企

---

* 原文最早发表于《中国海洋大学学报》（社会科学版）2010年第6期，第57-62页。

① 根据2008年末我国人口132802万人计算，我国每千人拥有7个企业。与发达国家或地区每千人口50个企业相差甚远。

业在经营和发展中最缺少的是什么？阻碍中小企业发展的最大障碍是什么？我国中小企业资本配置结构里最缺少货币资本吗？从我国社会经济发展历史和现实看，我们认为，首先，我国中小企业最缺少的是知识，员工和公司管理者缺乏必要的企业知识；其次，中小企业还缺少技术；再次，缺乏高质量人才；最后，有可能缺乏财务货币资本。如果根据统计学上的正态分布原理，那么，我国的中小企业数量一定不是全部企业数量的99%，大致上，大中小企业应该各占1/3。因此，"中小企业融资难"命题是否成立，值得论证和分析，本文试图对此加以研究。

二、我国中小企业的数量与研究问题的理论基础

（一）关于中小型企业的表述和分类问题

总体来看，世界各国（或地区）中小企业的界定标准大致可分为三类：第一类是以单一从业人数作为界定标准，如意大利和法国；第二类是既可以用从业人数作为界定标准又可以用资本额或营业额作为界定标准，如日本；第三类是同时采用从业人员和营业额作为规定的划分标准，但不同行业选取标准不同，如美国、中国。我国对主要行业的中小企业的标准做出了明确的界定，见表1。

表1　我国中小企业规模国家认定标准

行业	中型企业			小企业		
	人数	销售额	资产总额	人数	销售额	资产总额
工业	2000 人以下，300 人以上	30000 万元以下，3000 万元以上	40000 万元以下，4000 万元以上	300 人以下	3000 万元以下	4000 万元以下
建筑业	3000 人以下，600 人以上	30000 万元以下，3000 万元以上	40000 万元以下，4000 万元以上	600 人以下	3000 万元以下	4000 万元以下
零售业	500 人以下，100 人以上	15000 万元以下，1000 万元以上	未作明确规定	100 人以下	1000 万元以下	未作明确规定
批发业	200 人以下，100 人以上	30000 万元以下，3000 万元以上	未作明确规定	100 人以下	3000 万元以下	未作明确规定
交通运输业	3000 人以下，500 人以上	30000 万元以下，3000 万元以上	未作明确规定	500 人以下	3000 万元以下	未作明确规定
邮政业	1000 人以下，400 人以上	30000 万元以下，3000 万元以上	未作明确规定	400 人以下	3000 万元以下	未作明确规定

续表

行业	中型企业			小企业		
	人数	销售额	资产总额	人数	销售额	资产总额
住宿和餐饮业	800 人以下，400 人以上	15000 万元以下，3000 万元以上	未作明确规定	400 人以下	3000 万元以下	未作明确规定

注：根据原国家经济贸易委员会、原国家发展计划委员会、财政部、国家统计局 2003 年 2 月 19 日发布的《中小企业标准暂行规定》（国经贸中小企〔2003〕143 号）整理。根据此文件，《统计上大中小型企业划分办法（暂行）》（国统字〔2003〕17 号）、《部分非工企业大中小型划分补充标准（草案）》（国资厅评价函〔2003〕327 号）等文件也相继公布。

我们认为，表1 中我国政府对中小企业的定义不够准确。目前的企业规模划分标准是 2003 年初发布的，它已经不能反映我国现阶段企业规模的性质和数量问题。2003 年初的全国企业数量与今天的企业数量相比有很大差距，企业的数量基础发生很大变化。2003 年的中小企业认定标准是基于改革开放前的"大中型企业"标准修正而成的。本来，大中型企业的认定和划分标准是我国条块计划管理体制的产物，它是行政管理体制的衍生品。一般地，国务院部委直属企业，其行政级别与国务院部委的行政级别相适应，政治行政级别高就是大企业。直到今天，我国大型企业可能 99% 以上都是中央企业，地方企业极少是大型企业。这与市场经济是百姓经济、市井经济的性质完全背离。所以，"中小企业"的提法不够正确。经调查研究，我们认为，企业应根据注册资本和经营业务量的规模大小，将企业分为大型企业、中型企业和小企业，规模不同的各类企业，其经营方式和发展战略，以及要素资本的配置方式等，会存在很大的差异。之所以将企业规模划分为大中小三类，一是准确反映各类企业的经营特征，二是便于政策指导和宏观管理。这样，对于我国目前的工业企业，我们粗略估算，注册资本 5000 万元及其以上、年营业收入在 5000 万元以上的企业，可视为大型企业。这些大型企业约占我国目前企业总数量的 9%。注册资本 700 万～5000 万元、年营业收入 700 万～5000 万元左右的企业，可视为中型企业。这类中型企业的数量目前约占我国企业总数量的 45%。注册资本 100 万元至 700 万元、年营业收入 700 万元左右的企业，可视为小型企业。这些小企业目前约占我国企业总数量的 46%。该估算说明，我国不仅企业数量过少，每千人企业数量低于世界经济发达国家和地区[①]，而且企业规模的结构也极不合理，大型和中型企业比重过少。企业数量过少，就容易使得企业人浮于事和机构臃肿，也使得很多人没有机会参与生产活动。企业数量结构不均衡，就会使各类企业参与市场竞争的机会产生更大的差距。所以，我们既要鼓励青年人进行创业投资和开办高新技术企业，增加我国的企业数量；又要加大企业改革力度，提升企业成长速度，增加大中型企业比重。

---

① 摘自《中国老百姓穷在中小企业太少》。

将企业规模分为大中小三类的标准，只能是注册资本多少和年营业额多少。注册资本和营业额是普遍使用的财务指标，不论高科技企业、传统产业企业，还是机械、化工、电子、冶金、建筑、农业、医疗、计算机网络、商店服务业等，都具有可比性，也是投资人和市场顾客共同接受的统一价值评估标准。使用人数多少评价企业大小就不够科学，因为注册资本和营业额相同的企业，如果某企业的科学技术比较先进，那么，它的员工人数就会减少，反之则相反。

（二）知识资本问题

要素资本理论认为，企业不论大小，其生产要素基本相同，都包括人力资本、财务货币资本、物质设备和自然资源资本、技术资本，以及信息资本和知识资本。企业里的技术、信息和知识属于先进生产要素。一个企业的先进生产要素越多，该企业的市场竞争力就会越强。小企业之所以竞争力比较弱，实质是技术、信息和知识等先进生产要素贫乏或落后，而不是缺少金钱。财务货币资本只是众多生产要素之一，在企业生命周期的不同阶段，企业对生产要素的需求量不同，因而每个生产要素在企业不同发展阶段所发挥的作用也有区别。要素资本理论有两个定理：① "技术水平高低与企业员工数量多少呈负相关"；② "技术与劳动的替代率远高于设备与劳动的替代率"。所以，知识和技术都是企业的优质资产。目前，在中国企业的要素资本里，知识资本的价格和效率都很低。一方面，知识的价值与时间有关，而中国人迄今为止对时间价值认识不足，浪费时间的现象普遍存在；另一方面，中国人的商品意识比较薄弱，知识尚未商品化。

对于知识的认识，很多人把知识资本和技术资本、人力资本混为一谈，例如，我国很多人将西方国家的智力资本视同知识资本。殊不知，智力资本是西方人区别物质资本的一个统称，西方学者把物质资本以外的资本统称为智力资本，主要包括人力资本、结构资本和关系资本。而我们认为，知识是人们知事识理的状态，主要包括信念、理念和意志，它有别于技术。高中生上大学的目的，主要是学习技术，其次是学习知识。因为，一个人学习知识的最优途径是其成长过程，次优途径是学校课堂听讲。人出生之后，自己的父母和家庭其他成员的教育、邻居大人和伙伴行为的模仿、小学与中学老师和同学的教育和模仿，对人学习知识和积累知识特别重要。当一个人参加工作之后，其知识增长和积累，主要取决于他的工作实践和参加培训以及自己阅读的情况，其次取决于家庭成员的教育。在人类社会早期，生产过程简单，科学技术发展缓慢，生产知识基本完全公开，任何人从事某一项经济活动所需知识都可在劳动中自然地得到。那时，知识不存在稀缺问题。随着社会生产的扩大和复杂化，当人类在劳动中尚未创造出某些知识而经济活动中又非常需要它时，知识开始成为稀缺物品。掌握某一项知识的人数决定着该知识的可使用规模。如果社会对该知识的需求规模大于可使用规模，该项知识的需求就会被抑制，经济过程也面临如何配置该项知识的问题。相对于需求规模，可使用规模不足，说明经济活动中存在部分知识的稀缺。

一个企业的知识，主要包含企业的信念、理念、制度和购买知识产权等。在要素资本平衡表里，知识栏目包括品牌、理念、制度、党政工团经费，以及购置的知识产权。显然，这与企业的技术不同。技术是生产过程中的技能、技巧和技艺，以及其术用载体。技术的载体和形态是高技术含量的人工制品、人工文件，以及人的特别行为，它们被企业购买后，便形成企业的技术资本。所以，企业的技术和知识是两种不同的资产。一个人有明确而深邃的信念、先进的理念和坚强的意志，不被错误信息干扰或诱惑，此人就很有知识。人的知识多少与学历高低没有多大关系，学历高低与技术水平高低的关系可能比较密切。在我国，如果从职业分工出发，把人分为工人、农民、工程师、学者、经理人、军人、律师和政府公务人员等，那么，我们的科技工作者、教师和律师，以及小企业主或小企业经理人，其知识水平可能没有人们预期的那样高。

分工原本可以腾出很多闲暇时间，结果人们却发现每个人都越来越忙，越来越成为分工的奴役。对于知识资源的购置规模，企业应遵守资本成本最低、企业价值最大和风险较小的最优财务结构规则。人们以有限的闲暇时间获得多个不同的知识，使人或组织的知识结构产生最大的价值。这就是知识的经济学性质。只有知识收入大于知识成本时，财务经理才可能愿意支付货币资本购买知识。当企业资本一定时，公司筹集、获取知识资本就会对其他要素资本的存量和流量产生影响，如技术或信息资本的减值损耗。知识作为一种极富生命力的生产要素和战略性资源，对企业竞争力的形成、强化和提高是举足轻重的，尤其是我国的自然科学知识的社会普及程度不是很广很深，企业需求知识的空间特别大。但是，市场经济下的任何知识资源，只有同财务资本和人力资本相结合，才能资本化。企业可以使用其他要素资本的存量来换取知识资本的流量增大，从而增加知识资本存量。但这种财务安排不是无限制的，它有数量和结构的约束。

知识的生产和供应是一个过程，有些知识尚未系统化，有些知识甚至不可靠，这就需要人们先识别、检验知识，然后再学习和掌握。但是，识别、检验和获取知识是需要花费时间和资金的，只有在时间允许且知识带来的效益大于检验成本和学习成本时，对知识的可靠性检验和获取知识才有财务意义。

知识必须由人掌握才会发挥作用。受记忆力和理解力限制，一个人即使花费毕生时间和精力也不可能把人类的知识全部学到手。因此，人类社会不得不在获取知识、转让和流通知识时实行分工。又因为，知识与知识之间总是按照一定的逻辑关系联系在一起的，高深的先进知识建立在初级的基础知识之上，人们不易撇开初级基础知识直接获取先进的专业知识。一般地，学习最好按照知识的逻辑联系循序渐进展开，获取知识的社会分工也只能沿着广度方向展开，并且是有限度的不完全社会分工。学校分为小学、中学和大学，研究机构分为研究课题组、研究室、研究所和研究院，就是现实知识传播运行载体的案例。所以，先进知识要比初级基础知识深奥得多、复杂得多，获取先进知识的成本要比初级基础知识成本大得多。知识成本的高低，不仅受知识逻辑分工的影响，而且还受学习组织的工作效率、质量、内部成员天赋和知识积累程度的影响。人们获取先进知识的成本会因个人聪明、悟性能力不同和学历的不同而存在很大的差异。高深学问总是被少数社会成员所掌握，大多数社会成员学习高深先进知识会因为学习成本太高而放弃或调整学习对象——只能重新做出别的选择。通常，大多数人一生中获取和应用的知识均为普通的基础知识。可是，企业获取和应用先进的知识比应用普通的知识更能提高效率并赚取高额利润，也能降低人力成本、实物资产成本和资本成本。只要条件和能力许可，企业都愿意雇用掌握先进知识的人，因而，先进知识的稀缺性问题也不可避免地发生了。

三、中小企业核心资本的讨论

（一）"中小企业融资难"命题是如何形成的

中小企业主高估货币资本需求和过高的发展期望，导致了资本饥渴症。很多小企业成立没多久，甚至第一桶金还没有收获到，就幻想做大做强，幻想三年走向全国，五年冲向世界，希望自己要排在福布斯的前几十名。一般地，中小企业不切合实际的期望越高，对外部资本就越饥渴，人为放大中小企业融资难的情况就越普遍。"中小企业融资难"命题，其实是由中小企业主和政府共同"催生"出来的。企业再生产规模总是受到货币资本数额的限制，不仅"中小企业融资难"，而且"大企业也融资难"。但是，我国的大企业很多都是国有企业，当遇到"融资"难题的时候，相比中小企业而言，无论是从融资渠道还是融资方式，无论是从政策倾斜还是预算软约束来看，都有比较优势。于是，中小企业主内心感到了"极大的不平衡"，进而"呼吁"解决"中小企业融资难"。"呼吁"是"中小企业融资难"命题产生的第一原因。无论是从保证社会稳定还是推动经济发展的角度出发，身为社会管理者的政府不能让中小企业不停地"呼吁"。为了社会稳定与和谐，政府形式上对中小企业很重视。1998年经贸委成立了中小企业司，专司中小企业宏观管理事宜；2002年6月29日第九届全国人民代表大会常务委员会第二十八次会议通过《中华人民共和国中小企业促进法》；时任总理温家宝在2009年政府工作报告当中强调采取有力措施加强中小企业发展；2009年6月6日钓鱼台国宾馆举办了"中小企业融资难"国际论坛。政府对"呼吁"解决"中小企业融资难"的配合，助长了"中小企业融资难"命题的传播。"中小企业融资难"命题的含义有二：一是中小企业融资渠道狭窄；二是中小企业货币资本紧缺是阻碍其健康发展的主因。

（二）"中小企业融资难"命题难以成立

中小企业同所处行业的"大企业"相比，正是因为人员规模、经营规模与资产规模都比较小，才被称为"中小企业"。其本质特征是注册资本少，生意小，经营业务少，营业额低。所以，"中小企业资金紧缺"、"中小企业融资难"阻碍了中小企业发展等提法，如同"儿童年龄小"、"儿童社会阅历不丰富"阻碍了儿童在社会上的事业发展一样，毫无意义。儿童的本质特征是年龄小。如果年龄大，就不能称其为儿童。因此，小企业紧缺货币资本是一种必然的客观现象。如果小企业的业主资本充裕，那么，该业主就会成立一个大企业而非小企业。小企业缺少货币资本不属于企业困难。社会生产规模的扩大是生产力发展和市场需求的结果。由于一定时期内的生产规模具有相对稳定性，当企业增加其他生产要素的投入时，就会减少货币资本的占用量。于是，企业在资本循环周转过程中，必然会有一定比例的资本处于货币资本的形式，即再生产规模总是受到货币资本数额的限制。

2007 年夏天爆发的美国次贷危机引发了后来的世界性经济危机，很多中小企业受到冲击甚至倒闭。但是，歇业和倒闭的中小企业，其根本原因并不是"融资难"所致。地处江苏宜兴的锡阳研磨科技公司，虽然资产总额只有 2000 万元，出口产品达 70%，在此次危机中却"安然无恙"。究其原因，在于拥有自主技术。该公司依靠高科技产品渡过难关，将研制的"高性能耐磨陶瓷微珠"广泛应用于非金属的超细研磨，使产品性能得以提高，从而在 2009 年第一季度实现销售收入 795 万元，利润 40 万元。据央行统计，2009 年第一季度新增贷款中仅票据融资就增加了 1.48 万亿元，其中有 1/4 流向了中小企业，高达 3700 亿元。银行的短期贷款、中长期贷款也并非全部贷给大型企业。工商银行披露，2009 年前 5 个月，工商银行向中小企业新发放贷款达 3254 亿元。如果考虑其他银行及金融机构给中小企业发放的贷款，在 2009 年新增贷款中投向中小企业的比重应该远远超过 5%。可见，问题不在于资本紧缺。

本文随机选择深证 100 指数中的十家中小板上市公司①作为样本，测算和分析其货币资本占有量及其比重，并给出十个样本企业的六种要素资本占资产总额的比重。其中，80%的企业，其货币资本占有量位居第一；20%的企业，其货币资本占有量位居第二。毫无疑问，80%的企业，其财务货币资本在企业里不是最紧缺的生产要素。样本企业中，金风科技和苏宁电器的财务资产比重达到 80%以上。尽管财务资产最低的中泰化学只有 19.76%，但是其实物资产也有近 80%之多。

数据计算显示，样本企业的财务资产平均占了资产总数的"大半壁江山"，传统的"人财物"中的人力资产明显过低，与此同时，新要素资产比重普遍很低。在财务资产和实物资产两者"瓜分天下"后，余下的四种资产只能拥有总资产不足 5%的席位。打开新和成公司的网页，就能看到"创新、人和、竞成"六个字。然而，这个重视"创新"的企业，在财务资本占资产总数 63.33%的情况下，2008 年的研发支出竟然为 0。令人惊讶的是，本文十个中小企业样本中，竟然只有露天煤矿一家有信息资产，而且还只是区区 399.9 元，只占资产总数的千万分之一。透过这些数据，不难发现，中小企业的最大困难不在于财务资源稀缺，而是在于人才、信息、技术、知识的匮乏。因此，与其说中小企业"融资难"，不如说"融人难"、"融技术难"、"融信息难"、"融知识难"，

---

① 截止到 2008 年 11 月 24 日，深证 100 指数中的中小板公司有金风科技、新和成、华兰生物、大族激光、科华生物、苏宁电器、宁波华翔、中泰化学、山河智能、露天煤矿、宁波银行 11 家。考虑到宁波银行行业的特殊性，剔除该样本。

这也印证了我们关于"融资难"命题不成立的推断。

（三）我国小企业和中型企业的核心资本：知识资本与技术资本

在以大机器生产为基本特征的工业经济时代，财务资本作为最基本和最重要的生产投入要素是社会经济增长和企业发展的第一推动力。随着知识经济时代的到来，财务资本的主体地位发生了动摇，技术、信息和知识等已成为决定企业核心竞争力的关键。新要素资本在现代企业中的稀缺程度和重要性，已远远超过了传统的财务货币资本，产品价值越来越取决于凝结在产品中的技术、信息和知识含量。

根据实地考察和样本测算，我们认为，我国的小企业最缺少的是知识。我国五千年文明史的特征是仁义礼智信、温良恭俭让，万般皆下品、唯有读书高，推崇天地君亲师，视技术为淫巧，视经商为末业，将商人诬蔑为贱人。这些传统文化观念仍在百姓生活和工作中根深蒂固，小企业主要依据传统文化而非企业制度经营。加之新中国成立之后高度集权的社会制度，科学技术、知识和教育等被政府机构高度控制，以及我们的经济发展水平还比较落后，广大的老百姓和小企业难以接触到先进的科学技术。在这种社会历史和现实背景下，小企业的所有者、管理者和员工，通常社会阅历简单肤浅，缺乏社会活动经验，且受教育程度较低，科学文化知识水平比较低。众所周知，人们做任何事情，最大的困难和最可怕的问题是无知。相对于大型企业和中型企业，小企业的业主和员工对企业理论和企业常识了解得最少。由于知识贫乏，多数小企业既没有先进的机器设备，又没有专有技术，更没有足够的高端人才，这使得小企业在市场经济中的竞争力很弱。即使提供丰厚的货币资本给小企业，因业主的企业知识、战略决策能力和员工的综合素质所限，也难以高效率地发挥货币资本的价值。小企业最大的困难是缺少学习经济学、管理学和科学技术的机会，普及企业知识培训是解决小企业知识贫乏的根本途径。

与小企业相似，中型企业最缺少的是技术资本。我们得出这样的判断，依据有二：第一，从大中小三类企业的比较看，大型企业往往是由一些优秀的中型企业成长和发展起来的，而且多为国有控股企业。这些大型企业不仅拥有丰厚的人力资本、财务资本和物质资产资本，而且也拥有比较先进的技术资本、信息资本和知识资本。相对中小企业，大型企业的技术资本、信息资本和知识资本比较充裕。而中型企业，可能其人力资本、财务资本和物质资产资本能够满足企业发展需要，但自宋朝以来，我国的科学技术在世界上就一直走下坡路，由于我国企业整体上缺乏自主技术产权，使得较低的技术水平成为我国中型企业成长和发展的最大障碍。第二，从整个社会单元比较看，如果把我国的社会机构划分为政府机关、企业、部队、学校与科研机构、社会团体、民间组织等，政府机关的人力资本最丰厚，国家的大量优秀人才（综合素质高和能力强）经过一系列机制聚集在政府机构里，但政府机关里的财务货币资本、物质资产资本、技术资本都很薄弱；企业里的制度和理念（知识）最先进、设备最雄厚、人员数量最多、财务货币资本最多，但企业里的技术比较少。学校与科研机构的技术专利、专有技术最多，人力资本比较丰厚，机器设备也比较先进，但学校与科研机构里的制度和理念等知识资本最贫乏，10余年来，学校与科研机构的信用危机、道德危机和学术丑闻频频发生。至于社会团体和民间组织，则基本沦为我国社会的弱势群体。由此可见，中型企业发展中的最大困难是缺乏技术研发能力。增加政府用于科学技术研究和普及的基础设施公共支出、鼓励大量学生学习自然科学技术专业，以及突出高新技术企业税收优惠等措施，应是中型企业克服技术研发困难的基础。

四、结论与建议

长期以来，我国拥有深厚的人文社会科学知识以及大量的传统生产知识和自然科学知识。但是，我国比较缺少现代经济学和管理学知识，以及现代自然科学知识。本文研究表明，与西方发达国家相比，我国最缺少的是现代科学技术及其研发能力。中小企业的自主技术产权尤为贫乏。但从企业要素资本视角看，小企业最缺少的是知识资本，大中型企业最缺少的是技术资本。根据我国的社会经济制度，可以推论，财政政策是我国中小企业走出困境的必要条件，科技政策则是中小企业走出困境的充分条件。优化中小企业要素资本配置，则是我国中小企业可持续发展的根本途径。

因此，我国各级政府的国有资产管理机构，可以收购和参股一些小企业，增加知识投资，待被收购或参股的小企业有了自己的企业理念、制度和文化，以及产品品牌，并且具备自主技术研发能力时，政府的国有资产管理机构可以出售持有的小企业股份。政府以财政拨款或大型国有独资企业参股小企业，以货币资本的形式进入小企业，成为小企业的股东之一，目的是便于参与小企业的内部管理，获取小企业控制权。当小企业的要素资本结构得到优化之后，政府可低价将股本转让给小企业主或他人。

此外，政府工商管理部门可向小企业提供市场知识、企业知识和管理知识的培训，小企业成立的第一年，政府工商管理公务人员应定期进企业现场指导生产和经营，帮助小企业建立企业管理制度，研发先进的经营理念，培育充足的技术研发员工，使小企业拥有足够的知识资源和必要的技术资产，保障小企业的生存和长期发展。

参考文献

[1] 罗福凯. 论要素资本——由一则故事引发的思考 [J]. 财经理论与实践, 2009 (1): 3-8.
[2] 罗福凯, 李鹏. 论要素资本理论中的技术、信息和知识 [J]. 东方论坛, 2008 (5): 76-82.
[3] 汪丁丁. 知识的经济学性质 [J]. 深圳大学学报（社科版）, 1996 (3): 3.
[4] 王开明, 万君康. 知识的经济学性质 [J]. 经济问题, 2001 (5): 5-8.

23 | 论营运资本的性质和特征[*]

一、引言

营运资本的性质和特征等基础理论研究，虽然可浸润财务管理思想，拓展财务活动领域，开阔财务经理视野，但基础研究确实是一件十分困难和复杂的工作，即使历经长时间艰苦奋斗和努力劳作，也难以有新的发现。尤其在我国社会主义市场经济制度背景下，学术研究也已由学校和学术组织下达计划改为研究者自主开发，找米下锅。于是，财务管理基础理论研究者依靠企业和政府资助经费，其基础研究近乎难以为继。然而，我国的营运资本管理实践却极为丰富，一些公司利用技术创新与组织创新，以及经营方式和商业模式的重大变化，完全颠覆了传统流动资金管理的做法。如松下公司、GE 公司、戴尔公司和海尔公司等一些知名企业，在生产经营中实现了零库存和零净营运资本，与客户实现零距离。苏宁电器因其巨额的负营运资本而备受关注。企业以订单为中心，在拿到订单之后再组织生产，可极大地减少存货及其高额成本。企业之间的竞争，已从直接市场竞争转向客户竞争。很多企业通过实施 JIT 采购、JIT 送料、JIT 配送，实现零库存目标。显然，在现代化生产方式下，营运资本开始成为公司日常财务管理的核心内容之一。可是，在理论上，人们会发问：既然营运资本可以为零，那么，我们还需要对营运资本进行财务管理吗？学术界还有必要继续研究营运资本理论吗？仅有实践的发展和应用研究的进步，是否还需要基础研究呢？

对此，由中国会计学会和中国海洋大学联合创建的中国企业营运资金管理研究中心，给出了部分答案。该研究中心每年出版《营运资金管理发展报告》和发布"中国上市公司营运资金管理绩效排行榜"，持续举办"营运资金管理论坛"，并开通了"中国上市公司营运资金管理数据库"，描述、再现、解释和指导企业的营运资本管理实践，为推进企业营运资本管理创新做出了重要贡献。但是，该研究中心的工作主要涵盖学术和实务两个方面，并非纯粹的学术理论研究。我国的财务基础研究仍然十分薄弱。因而至今难以平息人们对"营运资本为零"的理论追问。

我们知道，营运资本是公司短期资产投资所形成的货币财务资本，它体现着企业周

---

* 原文最早发表于《财会通讯》2012 年第 34 期（2012 年 12 月），第 6—9 页。

转性资产的规模大小及其配置和优化程度。企业零距离管理实际就是企业与市场零距离,生产人员根据用户需求拿到订单,以最快的速度满足需求。一些员工的工作地点不在企业而在市场里,直接面对客户,以用户为服务对象。这种方式因服务时间极度压缩而使企业产品不会积压,从而减少了产成品的库存,同时也节约了商品时滞成本。公司财务不再仅关注生产过程,而更关心市场流通领域。零营运资本管理不仅是公司财务部门的工作,也是一种全方位、多角度、突破企业边界的运营管理工作,并且已成为公司 CFO 的重要工作之一。那么,企业营运资本除了出现零库存、零净营运资本,以及变为公司的重要财务战略之外,还有哪些变化?本文认为,科技革命引发了生产方式变迁和企业组织的重大变化,而生产方式演进与营运资本运行方式之间,存在某种内在联系。长期以来,学界研究营运资本,仅限于现金、应收账款和存货等个别项目的研究,人们很少从生产过程考察营运资本投入、占用、流动和回收的规律性。事实上,科学技术在企业的应用程度、生产方式网络信息化和模块化进程,与营运资本占有量存在密切联系。因此,研究营运资本管理,离不开技术进步和生产方式的变化。技术资产作为比人力资产更重要的企业新资产,它与营运资本是否存在联系,确实需要给出解释。朝着这个方向,本文试图做一点基础分析,以向专家们请教。

二、文献评论

在我国,学界研究营运资本问题,可以追溯到 20 世纪 50~70 年代,著名财政学家许毅和黄菊波等前辈对流动资金运行规律进行了探索性研究。那时的研究主要基于计划经济的制度和实践。市场经济下的营运资本管理,则始于毛付根教授的《论营运资金管理的基本原理》(《会计研究》,1995)一文。该文对营运资本存在的必要性、营运资本的盈利性和风险性,以及营运资本管理与资产管理的协同问题,进行了深入广泛论述。在毛教授看来,由于企业对偿付流动负债所形成的现金流出易于预测,而对流动资产转化为现金流入的预测则比较困难,因此,企业现金流入的不确定性与流出的确定性,以及净现金流量难于预测和非协调一致性,将使企业必须保持一个适量的净营运资本水平。从盈利性看,与净营运资本相对应的净流动资产是以长期资本为其资本来源。基于流动资产与固定资产盈利能力上的差别,以及短期资本与长期资本筹资成本上的差别,净营运资本增多,意味着企业是以更大份额的筹资成本较高的长期资本投入到盈利能力较低的流动资产上,从而使企业整体的盈利水平相应地降低;反之亦然。从风险性看,企业陷入无力偿付到期债务而导致技术性无力清偿的可能性越大,净营运资本需求量就越大。显然,流动资产与流动负债之间的差额越大,则企业陷入技术性无力清偿的可能性也就越小。可以看出,毛付根教授研究该问题的前提是大机器工业背景。当信息技术出现且电子商务网络的形成,会计分期假设形同虚设,上述营运资本运行机制就受到挑战和破坏。不过,人们对此并未予以足够认识。如杨雄胜(2000)、汪平等(2007)学者,曾就营运资本基本原理、营运资本与企业价值之间的联系,以及营运资本与现金流量管理的关系等方面，做过深入有益的探讨。但均未涉及技术进步、供应链和生产方式变革引发营运资本需求和占用的变化。王竹泉教授（2005，2007，2010，2011）是近年来研究营运资本的明星。他提出"基于渠道管理的营运资本管理"思路，主张企业应根据采购渠道、生产渠道和营销渠道配置营运资本，测算营运资本指数，改进公司内部管理。该研究的原创性和实用性较强，有力推进了公司财务管理工作的改善。

可以看出，虽然学界从来也没有中断营运资本的研究，如 Harry G. Guthmann（1933）对营运资本影响因素的论述，Charles、Cortez、Abbott（1944）对战争时期与和平时期营运资本占有量的差别分析，William Beranek（1966）对营运资本占用模式的归纳，Keith V. Smith（1973）建立了营运资本的多种管理方法，Kenneth P. Nunn（1981）将营运资本与企业战略相结合提出"部分性永久性营运资本"，以及 Hyun Hanshin（1998）、Matthew D. Hill（2010）等学者将营运资本同股东价值最大化联系起来的研究，还有余绪樱教授20世纪70年在《工业企业财务管理》教材里对营运资本的阐述，王庆成等教授20世纪80年代对"流动资金"的论述，但是，这些研究实际上都是建立在大机器工业化时代的生产方式基础之上。在现代高新技术快速发展和网络信息化生产方式下的营运资本性质及其作用，就成为财务学亟待研究的问题。以往，我们总认为营运资本是低收益资本，而流动资产是低收益或非收益性资产。但进入21世纪以来，西方很多学者将企业收益能力与营运资本占有额联系起来，并得出营运资本管理对企业盈利能力具有重要影响的结论（Trivedi Savtia，2011；Vivek U. Pimplapur，Pushparaj P. Kulkarni，2011；Hernan Etiennot，Lorenzo A. Preve，Virginia Sarria Allende，2012；etc.）

实际上，财务组织机构、财务功能与营运资本管理效率也存在密切联系。财务功能是财务系统对其他经济系统发生关系时的做功能力。公司财务具有维护经营过程、发现价值和创造现金流量等功能。生产方式和财务系统的存在，以及财务组织机构的设置，成为财务功能得到发挥的前提（罗福凯，2007）。而财务系统对企业其他系统做功，又是通过财务结构的工作来完成的，财务结构是借助企业财务组织机构作为桥梁，实现财务系统的功效和能力。财务组织机构设计的依据是企业组织和财务结构的实际情况。现在，很多企业财务组织的设计充分运用了团队工作原理。公司财务组织的性质发生了很大变化，财务机构成为公司价值链的重要节点。营运资本则是财务机构的日常管理重心。尤其在技术创新、制度创新和"现金流量比利润更重要"理念盛行的背景下，营运资本受到企业高管和股东高度重视。

三、营运资本的物质承担者及其特征

从公司财务视角看，资产是资本的物质承担者，资本则是资产的价值形态。在不考虑无形资产的情况下，劳动资料是固定资产的物质承担者，劳动对象是流动资产的物质承担者。同理，固定资产和流动资产的价值形式就是固定资本和流动资本，又称固定资金和流动资金。而流动资产的价值又称为营运资本，流动资产与流动负债的差额则称为净营运资本。那么，营运资本就是企业的流动资金或流动资本了。显然，研究营运资本离不开流动资产的探索。

判断一个物品是不是流动资产，不能从它的自然形态出发给出定义，而要根据它在生产和经营过程中的作用加以确定。不是从自然形态上看可以成为劳动资料的所有物品都属于固定资产，只有当它们参与生产过程并在生产过程中发挥劳动手段的作用，或者保证生产过程的正常进行而作为储备的劳动手段时，才是固定资产。同样，不是从自然形态上看可以成为劳动对象的所有物品都属于流动资产，只有当它们参与生产过程并在生产过程中成为劳动者利用机器设备进行加工的劳动对象时，或者保证生产过程的正常进行而作为储备的劳动对象时，才是流动定资产。机械制造公司为了销售制造出来的机器尚未出售时，不是固定资产，而是劳动产品——流动资产；从机械制造公司运出来的机器还没有抵达购买企业时，也不是固定资产，而是库存产成品——流动资产。处在装配、安装和调试阶段的机器设备及其所有的劳动工具，还没有成为员工生产产品的工具，依然是作为劳动对象的流动资产而非固定资产。农村里农民饲养的牛和驴，当它们被用于耕地、运输物资和繁殖牲畜的工具时，它们是固定资产；而当它们被作为加工肉制品的原材料时，它们又是流动资产。所以，一个实物究竟表现为原材料、劳动对象还是产品，完全取决于它在经营过程中发挥的特定作用和所处的地位，随着特定作用和地位的改变，其资产的性质也在改变。因此，我们要研究营运资本，就需要研究作为营运资本物质承担者主要成分的流动资产的特征和属性。

流动资产是相对于固定资产的一种经营性资产，其特征和属性与固定资产有别。固定资产的根本特征在于：实物形态上是整体一次性投入、退废和替换，而价值形态则是部分地渐次性转移、收回和补偿。固定资产的实物形态长期地固定在生产过程，成为生产过程里稳定的要素，它在一个或长或短的期间里，不断地、反复地执行相同的职能。它一经进入生产过程就不再离开，而在执行职能时把消耗的一部分价值转移到它生产的产品之中，另一部分则仍旧固定在自身之中。固定资产的实物不流通而只是价值形式的流通。流动资产则相反或更为复杂，其基本特征是：实物形态和价值形态合二为一，当一个生产周期开始时其实物和价值一次性地进入生产过程，而在生产周期结束时又一次性地离开生产过程；其实物和价值全部构成新产品的实物和价值。企业里的流动资产一经进入生产过程，就很快离开生产过程而进入市场或机构及个人消费领域，其价值也一同离开生产进入市场或消费领域并同时得到补偿和收回。即流动资产及其价值是同时进入生产过程，又一同离开生产过程而进入市场的。显然，只有那些与一种产品的生产周期完全一致、在较短的时间里作为经营对象经过生产和交易过程并很快收回其全部价值的资产，才是流动资产。所以，流动资产的支出，不仅包括原料、主要材料、辅助材料、燃料、在制半成品，以及尚未出售的产成品的资本垫支，还包括产品的市场调研费和客户订单开发费，以及必要经营信息获取的支出。在市场经济下，如果没有市场调研获取订单和必要信息的支出，那么，原材料购置和投入生产就会产生浪费，生产过程难以为继。当然，产品研发设计支出、计件工资和加班费支出，以及应付日常经营急需的现金储备等，也属于此类营业性资产。这说明，企业的流动资产，实际上由部分实物资产、部分货币资产，少量客户资产和信息资产，以及部分短期人力资产等构成。可见，营运资本的物质承担者，包括存货和设备、货币现金、知识资产、信息资产、技术资产和人力资产等。

从价值形式和流动性的视角看，流动资本与固定资本的产生或区别，在于其经营过程中执行资本职能的资本周转方式的不同。流动资本是于产品生产过程的开始，经过原材料的投入、加工和产成品的出售，完成货币资本、生产资本、商业资本和货币资本等形态的一次循环和周转。其循环周转时间与产品生产时间基本一致，时间较短，一般地，在一个会计年度内会完成多个循环周转。而固定资本的循环和周转，则是少量收回的价值与产品生产时间基本一致，这少量收回的价值作为货币资本形成营运资本的一部分，其大量的价值仍然束缚在生产过程里的固定资产实物形式上。固定资本的循环周转时间也比较长，其循环周转一次的时间相当于流动资本周转数次或数十次的时间。即固定资本需要经过多个会计年度才能完成一次循环周转。可见，营运资本不仅包含流动资产价值、无形资产价值和人力资产价值，还包括少量固定资产损耗价值。而且，营运资本的基本特征之一就是它的循环周转时间较短，与一个产品的生产时间基本吻合。而从生产要素的视角看，人力资产的价值形成企业人力资本，现金、应收账款和短期证券形成企业的货币资本，存货、机器设备和厂房则构成物质资本，而技术、信息和知识等新兴资产则形成企业的技术资本、信息资本和知识资本。显然，营运资本是企业多种实时性要素资本的集合。

四、营运资本属性演进和存量的决定因素：科学技术的应用程度和生产方式的改进

由于固定资本是逐渐分次回流，并且通过流动资产作为载体或中介，才能从产出价值中收回和实现，所以，一旦物质产品生产周期延滞或加长，固定资产周期所垫支的资本就会被占用较长时间，而且新的要素资本诸如人力资本、物质资本、货币资本等还要不断地垫付下去，从而增加资本投入。显然，营运资本存量的多少与固定资产的技术含量、固定资产与流动资产之间的比例关系有关。马克思讲："社会生产力是用固定资本来衡量的，它以具体形态存在于固定资本之中"①。固定资本的配置结构和效率决定着其单位时间内消耗流动资本的数量多少。固定资本实物形态的固定资产，其最积极部分是机器设备。机器主要是人类科学技术发展的产物。机器设备作为生产工具，最初是简单的工具如石器、木器和铁器，经过人们改进产生了人手开动或由风力、水力等自然力开动的复合工具如发动机。接下来，由复合工具改造为一些简单的机器，由简单的单一机器又改进为比较先进的、复杂的机器体系。此时，手工业开始进入机器大工业阶段。后来，

---

① 政治经济学批判大纲（第 3 分册）［M］. 北京：人民出版社，1963.

就是电力和电气自动化,以及计算机应用领域的智能高端机器装备。当以机器替代手工劳动为主的技术进步阶段,即在简单工具、复合工具和简单机器设备的生产发展时期,企业开采和加工每一单位普通原料要求有更多和更复杂的机器设备,而且加工的原料需要经过连续的多环节工艺过程才能生产出产品,这就增加了固定资产的投资比例。相应地,流动资产的数量变化不是很多。可是,当科学技术迅猛发展和广泛深入地应用于生产活动,复杂精密的机器设备、计算机信息网络化,以及高端机械装备智能化逐渐实现,单位时间单位固定资产所加工的劳动对象数量急剧增加,企业的流动资产存量(含有形资产和无形资产)开始大幅度增加。此时,营运资本存量占企业资本总额的比重迅速提升。显然,企业营运资本存量的多少,不仅与其自身循环周转特点和固定资产工作状态有关,而且与科学技术发展及其应用密切相关。

科学技术的发展及其在生产中的应用,不仅改变和调节着营运资本存量和固定资本周转速度,也改变和调节着人们的生产方式和生活方式,使得生产组织和社会活动方式发生重大变化。例如,电脑整合制造系统(CIMS)的创建,企业生产自动化制造程度的提高,使企业库存量大幅降低,不仅通过电脑辅助设计系统(CAD)设计产品,而且使用电脑辅助工程系统(CAE)测试产品设计,利用电脑辅助制造系统(CAM)生产产品,即使用电脑控制机器及机器人生产产品。整个企业生产系统的所有活动,从市场供应、设计、制造到市场销售,均借用计算机技术而使整个生产业务流程自动化,并整合而成为一个信息系统。企业的原材料和产成品库存量趋近于零。在 CAM 系统中,有一种弹性制造系统(FMS)是一种在电脑控制下,利用一组机器人和其他自动化设备,生产一批少量而多品种产品的制造系统。假如生产汽车且某一种类型的汽车有四门和两门之分,FMS 可按客户需要混合生产该类汽车,不需要划分个别生产。企业生产车间不再是边角料堆撒满地,生产完全电子自动化或半自动化,材料浪费趋近于零,生产现场一尘不染,直接成本的降低特别是原材料成本的降低幅度和潜力几乎等于零。与此同时,管理工作也实现了办公自动化。技术和信息已成为企业必要的基础性资产,并成为营运资本新的物质承担者。生产方式和商业模式的改变,使得企业营运资本占有量急剧下降。

特别是新一代信息技术和计算机的普遍使用,企业虚拟研发、虚拟生产和虚拟销售的实行,传统基于流动资产价值的营运资本开始趋近于零。我们知道,研发活动包括团队构建、产品和生产过程设计、结果评价、修改完善等环节。传统企业研发活动的所有环节都由自己完成。现代企业借助外部力量,研发工作的部分甚至所有环节以虚拟化的方式运作。以美国 Threadless.com 公司为例,该公司的 T 恤研发团队由隐匿在互联网中的无数设计爱好者自发组成。这些设计者包括专业的 T 恤设计师,也包括非专业的 T 恤设计爱好者。他们成为 Threadless.com 研发团队的成员主要受两个因素驱动,一是对 T 恤的热爱,二是希望获取大家的关注和认同,并因此取得奖金或其他荣誉。然后就是过程设计的虚拟化。传统研发活动需要研发企业自己进行过程设计,对研发目标、步骤、进程等都做统一、细致的计划和安排。在 Threadless.com 网站上,大家看到的都是已经设计成形的 T 恤,其整个设计过程都是由隐匿在互联网中的设计师们在私下完成的。不需要 Threadless.com 做任何参与。虚拟制造生产方式已普遍化。企业的制造活动包括厂房的建立、员工的组建、设备的购置、生产工艺的设计、加工过程的开展，以及生产组织和协调等。传统企业制造活动的所有环节都以机器设备为重心，集中在企业自己的车间里完成。现代企业虚拟制造包含两种方式：一是公司所有的人力、物力和财力主攻产品设计、市场营销和品牌培植，产品的具体制造环节全部外包。二是如果生产过程分为产品设计、加工和销售等阶段，那么，虚拟制造就是企业自身负责设计和销售，中间环节的加工制造实行外包。如果一个行业整条产业链由产品设计、原料采购、仓储运输、定单处理、批发经营、终端零售以及加工制造 7 个环节构成。其中前 6 个环节是整条产业链里面最有价值、能够创造出最多盈余的环节，目前基本上均由西方人控制。我国企业仅处于加工制造业最底层粗放型的制造环节，属于最低价值环节。以广东制造的芭比娃娃为例，出厂价是 1 美元，到美国终端沃尔玛超市售价是 9.99 美元。我国企业在国际分工时被分派到价值最低、浪费资源、破坏环境和剥削劳动的环节，即制造环节中。当我们破坏环境、浪费资源、剥削劳动创造出 1 美元血汗产品之后，我们就同时替美国制造出了 9 美元的价值。因此，我们主张中国企业应尽力进入国际产业分工中的高端环节。著名的波音公司 777 型大型客机的生产也是采取虚拟制造方式。波音公司对设计、研发、生产、总装和试飞的整个过程，采用了装配仿真、并行工程等先进的虚拟制造技术，通过 CAD 软件先设计出飞机的各部件模型，然后，组装成一个三维飞机模型。接着对其进行反复修改和完善，在整个设计过程中，并行进行结构的详细设计、系统布置、制定工艺计划和进行工装设计及跟踪服务等工作，使设计者和客户在虚拟的环境中完成飞机的组装过程。之后，对飞机各个部分进行检测，一并提出修改意见。通过数字化预装配等虚拟制造技术，事先发现可能出现的各种问题并予以解决，然后，波音公司按照仿真的优化方案进行实物零部件组装。通过虚拟制造过程，波音公司实现了在没有制作原型机的情况下，一次试飞成功。那么，在生产过程虚拟化、生产方式智能网络化和商业模式集聚模块化的情况下，对企业营运资本的形式、性质、特征发生了什么变化，亟待给出解释和答案。

企业生产过程的虚拟化、生产方式的智能网络化，以及商业模式的集聚模块化，其根源在于现代科学技术在企业经营过程中的普遍深度应用。在人类经济发展史上，每一次生产方式的变革和经济腾飞，都是技术革命引发新兴产业革命的结果。我国的战略性新兴产业，诸如节能环保、新一代信息技术、生物、高端装备制造、新能源、新材料、新能源汽车等产业，实质是以原子能技术、计算机技术和空间技术为主要内容的第三次世界技术革命的衍生品，技术的先进性及其发展依靠信息和资源给予支持。因此，信息技术是当代技术中的基础性技术。于是，技术和信息已成为当代企业资产的重要组成部分。企业是由传统的人力资产、货币资产和实物资产，以及新型的技术资产、信息资产和知识资产等要素所有者结合在一起的合约组织，各种资产相互配合，共同创造价值。在企业的人力资产、货币资产和实物资产，以及技术资产、信息资产和知识资产里，货币资产是显著的流动性资产，其价值形成企业的营运资本。从营运资本周转时间小于一个会计年度的特征看，企业的小部分人力资产、大部分信息资产的价值具有营运资本特征，重要的是，营运资本是完成一件或一个生产单位（一批订单或一种产品计划）的产品生产所必须垫支的资本，这是营运资本的基本性质。营运资本是企业维持日常经营的会计年度资本，主要由现金、应收账款和短期证券等货币资本、少量存货等实物资本，以及与货币资本同时存在的短期要素资本构成。由于生产过程的虚拟化，企业的很多资产开始成为流动性资产，如虚拟技术研发、产品设计垫支和样品、订单开发和网络信息，以及短期人力资产聘用等，都变成企业的流动资产且在企业边界内，而其固定资产数额则相对稳定甚至下降。相应地，企业的技术资产、信息资产和知识资产（企业的信仰、理念和意志等文化资产）开始大幅度增加，人力资产和机器设备及存货等实物资产则显著减少，存货趋近于零。当然，那些处于产业链分工低端的加工装配企业，其人力资产与机器设备及存货等实物资产仍然会占企业资产总额的较高比重。可见，科学技术在企业的深度应用和生产方式的智能网络化，使得企业资产呈现多样化趋势。在此情况下，营运资本属于流动性资产价值的性质没有改变，其周转时间等于一个产品生产周期或少于一个会计年度的特征也没有改变，但又增加了新的特征：其构成内容主要是多种短期实时性生产要素价值，其形式呈现多样化。

五、结论与建议

营运资本是企业的必要资本方式之一。企业的货币资本主要来自营运资本。营运资本的产生源于企业日常经营活动对货币资本的需求。科学技术快速发展和企业技术资产的日益增加，将对营运资本存量产生重要影响。营运资本的实物载体实际上由部分实物资产、部分货币资产、客户资产和信息资产，以及部分短期人力资产等项目构成。营运资本是企业实时性多种要素资本的集合。其主要构成内容有货币资本和短期生产要素资本，其特征是周转期短并与产品生产周期基本吻合。所以，研究营运资本必须联系企业技术进步和研发强度。企业营运资本的管理与企业技术资产的占有量及其配置比例密切相关，营运资本存量多少将在一定程度上制约着企业经营战略和商业模式的选择。

参考文献

[1] 梁文森，田江海. 社会主义固定资产再生产 [M]. 北京：中国社会科学出版社，1983.

[2] 马克思，恩格斯. 马克思恩格斯全集（第31卷）[M]. 北京：人民出版社，1998.

[3] 李海舰，陈小勇. 企业无边界发展研究——基于案例的视角 [J]. 中国工业经济，2011（6）：89-98.

[4] 罗福凯，袁龙龙，邵云. 中国会计学会2011年学术年会营运资金管理论坛论文集 [C]. 2011.

[5] 罗福凯. 论要素资本——由一则故事引发的思考 [J]. 财经理论与实践，2009（1）：3-8.

[6] 毛付根. 论营运资金管理的基本原理 [J]. 会计研究，1995（1）：38-40.

［7］杨雄胜. 营运资金与现金流量基本原理的初步研究［J］. 南京大学学报（社科），2000（5）：32-39.

［8］王竹泉，逄咏梅，孙建强. 国内外营运资金管理研究的回顾与展望［J］. 会计研究，2007（2）：85-90+92.

［9］王竹泉，刘文静等. 中国上市公司营运资金管理调查：2007～2008［J］. 会计研究，2009（9）：51-57+96-97.

［10］孙莹. 营运资金概念重构与管理创新［D］. 中国海洋大学，2011.

［11］汪平，闫甜. 营运资本、营运资本政策与企业价值研究——基于中国上市公司报告数据的分析［J］. 经济与管理研究，2007（3）：27-36.

［12］Hernan Etiennot, Lorenzo A. Preve, Virginia Sarria Allende. Working Capital Management：An Exploratory Study［J］. Journal of Applied Finance，2012，22（1）：162-175.

［13］Trivedi Savtia. Impact of Working Capital Management on the Profitability of Limited Companies［J］. Advances In Management，2011，4（10）：48-59.

［14］Vivek U. Pimplapur, Pushparaj P. Kulkarni. Working Capital Management：Impact of Profitability［J］. SCMS Journal of Indian Management，2011，8（4）：53-59.

［15］W. D. Knight. Working Capital Management-Satisfying Versus Optimization［J］. Financial Management，1972，1（1）：33-40.

［16］Tim Reason. Capital Ideas：The 2005 Working Capital Survey［J］. CFO Magazine，2005，21（12）：88-93.

24 论信息资本的成本控制[*]

一、引言

信息作为人、财、物、技术、知识要素以外的第六生产要素，其最大特点是充裕性、共享性和持续增长性。过去，人们手中持有的某种东西越多就越不值钱，街道如果是用金子铺的，水泥就反而比金子更值钱，大规模生产会降低产品的价值。但在信息网络时代，同类产品越多，其价值往往越大。因为拥有产品、服务或创意越多，吸引和锁定用户的可能性越大。微软公司 Word 软件的大量普及使之更具价值，运行 Windows 系统的电脑越多，Windows 系统就比 Unix 系统具有更大的价值。市场份额是网络经济中最具价值的企业资产。微软公司通过执行一个共同操作标准、操作系统就可获得锁定用户的效果。用户如果不采用 Windows 标准，重新培训操作人员代价太大。共享程度越高的东西越有价值，有更多人认可和使用，一项技术的价值才能得到最大限度的体现。造成"多"的最好方法就是符合"标准"，各个国家和地区采用统一标准可以降低交易成本，因此任何企业要把市场作大，必须保证产品的通用性或共享性。网络服务是标准化要求最严格的经济活动，尽管终端设备多种多样，但必须统一格式、统一语言、统一服务方式，未来的发展方向是全球一网、互联互通，统一兼容是网络最强大的生命力。

传统经济由于资源稀缺性的约束，生产中存在着"收益递减规律"。然而，由于信息的使用具有外溢性，别人和自己可以同时使用同一种信息而不产生竞争性与排他性，如果两个以上的人创造性地使用已有的信息和知识存量，事实上能创造出更多和更新的知识。信息资本的这种特性，决定了由信息要素驱动的经济是一种报酬递增的经济：信息提高投资的回报，反过来更增进知识的积累。通过信息溢散，信息可以在几乎不用额外财务支出的情况下重复利用，那么，技术进步可以被看成是内生于增长的过程中，形成收益递增模型，投入得越多，收益也就越多。例如进行网上拍卖的 eBay，拥有的买主和卖主越多，其市场地位越稳固，能够吸引更多的用户，由于其边际成本几乎为零，所以每个新用户和每笔交易都可以增加公司收益。企业今天出售得越多，明天就能出售得更多，一旦建立起产品销售的网络，企业收益会与日俱增。如果能成为行业标准，则会

---

[*] 原文发表于《郑州大学学报》（哲学社会科学版）2006 年第 1 期，第 71—74 页，原文合作者为丁庭选教授。

使公司收益持续地大幅递增，这一点可以从微软公司的发展得到证实。

信息经济中的公司财务规则发生一定变化，优势企业追求最大利润和市场份额的努力必将使劣势企业遭到无情的淘汰。信息资本对优势企业时刻产生压力和推力，成功者会发现周围很快出现多位跟进者，企业必须不断创新才能在市场立足和发展。创新不只局限在技术层面，还包括每一次市场的创新、每一个商业模式的创新和每一种财务规则的创新。一个没有创新能力的企业注定要被市场所淘汰，要被创新型企业"吃掉"。信息经济是一种时间竞争占据主导地位的经济。在传统经济中，一种产品的价格主要取决于人们为生产这种产品而花费的时间。但在信息经济中，一种知识密集型产品（包括信息产品）的定价主要取决于其在短期内具有的排他性。结果是市场竞争越来越成为争时间、抢速度的竞争，时间价值成了产品价格的决定性因素。信息经济时代，小公司可以战胜大公司，转型快的公司可以战胜转型慢的公司，新公司可以战胜老牌公司。没有一家公司可以永远立于不败之地，要成功就要以快于别人的速度不断创新。任何企业在本产业中必须第一个淘汰自己的产品，一家企业如要在市场上占主导地位就必须第一个开发出新一代产品。与其作为第二家或第三家将新产品打进市场的企业，不如作为第一家开发出该产品的企业，尽管你的产品还并不完美。英特尔公司的微处理器并不总是性能完美、速度最快，但它总是新一代产品的首家推出者，这巩固了英特尔公司的市场领先地位。微软公司不断推出新的 Windows 操作系统，从 Windows95、Windows98 到 Windows2000，自己淘汰自己，信息时代科技创新加速带来的竞争压力是微软、英特尔和其他高科技企业要不断努力更新自己产品的原因。信息经济大大减少和排除了低效经济活动，对价值链实现优化。新的规则是"要么增值，要么灭亡"。有学者将此称为经营"非居间化"（Disinter Media-tion）。非居间化原意为"金融机构作用消减"，指客户从银行中大量提取存款，在证券市场直接投资以取得较高利息收入，从而造成银行作用减弱。此处旨在说明尽可能地削减价值链中的多余环节，减少浪费，从而使价值链增值。供应商与生产商之间、生产商与零售商或消费者之间，在排除中间商的同时，缩短了价值链并使其增值。

信息不仅是重要的生产要素，而且当用户从市场上购买后会变成用户的信息资本。同其他要素资本一样，信息资本也具有增值性、周转性和垫支性等财务资本的一般性质。同理，人们获取任何要素资本，都要支付资本成本。信息产品或信息资源变成企业、个人的信息资本，需要经过信息产品进入市场交易的过程，企业或个人使用现金购买信息资源，使信息资源嫁接在财务资本上，从而变成信息资本——企业、个人经营过程中的要素资本之一。

二、文献综述

"信息资本"概念来源于人们对信息经济和知识经济的研究。较早使用"信息资本"一词的有两位美国学者乔治·施蒂格勒（George J. Stigler）和马克·波拉特（M. U. C. Porat），他们都从经济学的角度定义了信息资本。施蒂格勒认为信息是一种资本，无论是买主还是卖主，或者无论是雇主还是劳动者，他们拥有的信息都具备资本的价值。而波拉特（1977）则给出了关于信息、信息资本、信息劳动、信息活动等一系列既有经济含义又能计量的定义，他认为"信息资本指与信息活动相关的信息设备设施，用于满足经济主体对信息的需求和为从事信息活动提供适当的环境，例如录音机、打字机、计算机、传真机、文件柜和磁盘等，而且以办公室或办公楼为代表的建筑物也属于一种信息资本。笼统地说，与信息服务相关的各种信息设施和设备的投资，均称为信息资本"。不难看出，波特拉仅仅认为信息资本是一种实物资产。

从国内来看，鄢显俊（2001）从资本主义发展的角度阐述了"信息资本主义是资本主义发展的新阶段"这一政治观点，同时他认为信息资本的特征是信息垄断，它垄断的是信息技术的核心即计算机芯片和操作系统设计技术以及相关联的互联网技术，仅仅将信息资本局限于计算机及互联网显然有点狭隘。肖峰（2004）从哲学的角度把信息资本定义为"信息资本是一个集合性概念，如它既是生产力（如科技知识等信息作为公共品上升为生产要素），也是生产关系（其增值或贬值中的实质是人和人之间关系的改变）"。

王遐见（1997）则从国有企业的角度阐述了信息资本，他认为信息是一种宝贵的资本，规定了企业的决策取向，甚至影响着企业竞争的成败。国有企业应当自觉地把研究政策信息与市场信息、接受政府调控与市场调节融为一体，成为信息资本经营的楷模①。可见，王遐见仅仅把信息资本局限于国有企业范围之内，在我国国有企业深入改革和民营企业异军突起的今天，他的观点需要进一步地扩展。

之后，许多学者从各个角度对信息资本进行了研究，但所得结论多数与政策与哲学相联系。直到吴志强（2003）提出了新的观点，他认为信息成为一种资本必须具备4个基本条件：

（1）信息是一种资源，能够产生利润和收益。

（2）信息具有资本的特性：①信息是劳动产品，获取信息需要付出劳动和代价；②信息具有价值和传递性；③信息能够积累。

（3）企业需要对信息资本进行投资才可以从中获取经济收益。

（4）资本主义的发展导致信息成为资本，信息资本是金融垄断资本和信息技术产业垄断资本的结合体。

进一步地，他把信息资本分为：

（1）硬信息资本，包括：①信息投资，即投入信息产业或其中的行业，或者用于购买信息产品、设备的资金；②信息设备，指计算机、通信及办公自动化等信息设备和信息部门的建筑物等硬件设施。

（2）软信息资本，包括：①无形资产，如企业的品牌、商标、商誉和专有技术、专利等；②信息资源，如各种机构为搜集信息而建立的信息库、数据库，包括传统载体形式的文献信息资源和数字化信息资源；③信息技术，指居于领先地位的计算机硬件技术、软件技术和通信技术等高技术；④智力资本，即存储于人脑的信息和知识；⑤特定的关

---

① 王遐见. 现代企业资本经营战略及其动力机制 [J]. 税务与经济，1997（1）.

系和渠道，在一定范围内特定的人群、组织间相互接触、沟通而形成的联系。①

由此可见，吴志强认为的信息资本是广义的信息资本，既包括硬信息资本也包括软信息资本，而且他把重点放在了软信息资本上。他的理解大大拓宽了信息资本的界限。

许秀梅（2014）认为，信息资本是指经营过程中企业拥有且生产中必须掌握的新情况和新变化，是社会和自然系统的组织有序化与生产过程相关性发生变化及其后果的信号信息，她从通过"反映信息网络支出以及财务机构支出的指标"来反映信息资本的投入状况这一新的视角为信息资本的定量分析提供了借鉴意义，但仅仅把处理信息的工作归于财务部门显然缩小了信息资本的范围。

综上所述，现有文献对信息资本的概念和分类进行了深入的研究而且取得了丰硕的成果，但是却鲜有文献对信息资本的成本进行分析。信息资本与其他资本一样，它的取得都需要企业投入大量的人、财、物资源，因而信息资本的取得也是有成本的。与此同时，由于信息的时效性特征，信息资本的舍弃也伴随着一定的成本即转移成本。根据成本效益原则，信息资本的取得和舍弃必须比较相应的成本和效益。为弥补学术理论在信息资本成本方面的空白，并且为一般企业对信息资本的运用提供指导意见，本文将从经济学的角度对信息成本的特征进行深入分析，在此基础上探讨如何降低非信息产业企业的信息资本成本。

三、信息成本的特征分析

信息是消费者必须试用一次产品才能对它进行评价的产品，因而信息是"经验产品"。应该说，几乎所有的新产品都是经验产品，市场营销者已发明了诸如免费样品、促销定价和鉴定书等策略来帮助消费者了解新产品。而信息产品，在每次消费的时候都是经验产品，这是由信息产品的崭新性、机密性和增值性所决定的。因此，信息产业经营者运用各种策略来说服谨慎的顾客在知道信息内容之前进行购买。一旦信息内容被解密、公开，被所有人都知道，信息产品的使用价值就会消失或减少。通常，信息生产者和供应者，一是通过各种形式的浏览诸如报摊上的报纸题目、电视收音机播报、电影会议预告和电脑网页等开拓市场，二是（也是最重要的途径）通过媒体制造商的品牌、信誉来克服经验产品的难题。无论什么方式和途径，都要发生信息交易成本。如何降低信息的生产成本和交易成本是信息的生产供应者和信息消费者共同关心的问题。重要的是，要尽可能既不发生转移成本，又不被锁定；同时，使信息成为所有企业（信息产业和非信息产业的各种企业）重要的新的要素资本，充分发挥财务创造价值的作用。这是财务理论研究中急需研究的问题。

信息产品成本的主要特征之一是它的生产成本集中于它的"原始拷贝成本"。刻一张光盘只需不足10元，耗资数千万元的电影巨片的成本大部分都花费在第一份拷贝产出

---

① 吴志强. 信息资本涵义探 ［J］. 图书情报工作，2003（10）.

之前。一本科学期刊中的论文需要作者花费一年或多年的时间，投入大量的智力、体力劳动和设备才能完成，而期刊的印制则在很短时间花费较小的费用即可完成，一旦第一本杂志被印刷出来，生产另一本杂志的成本就只有几元。随着信息技术的快速发展，信息传递、分发的成本也在不断降低，使信息的原始拷贝成本在总成本中的比例更大了。信息在被送到网络上以数字形式分销时，原始拷贝成本的构成和补偿问题就更加突出：一旦第一份信息被生产出来，多拷贝一份的成本几乎等于零。显然，信息的生产成本很高，但是它的复制成本很低。也就是，信息生产的固定成本很高，复制的变动成本很低。这种成本结构产生了巨大的规模经济效应：生产量越多，生产的平均成本越低。并且，与实物资产等其他物质产品的成本构成不同，信息产品成本不只是生产成本，信息产品生产的固定成本和变动成本都有特殊的结构。

其中，信息生产固定成本的绝大部分是沉没成本（Sunk Cost）——如果生产停止就无法挽回的成本。人们如果投资一项其他别的实物资产比如房产，后来又改变主意不要它了，可出售房屋换回部分成本。但是，如果拍了一部电影失败了，或者一项研究出现错误、一本书未写成，那么就没有市场把剧本卖出去，或者根本不能发表该研究结果或著作。信息的沉没成本通常必须在生产开始之前预付。除原始拷贝成本很高外，信息产品的营销成本也很高。在信息经济社会，人们的注意力是一项稀缺资源，用户数量也是一种信息资本。销售信息的内容需要营销者对信息销售投入新的要素资本才能抓住潜在顾客的注意力。顾客价值逐渐取代公司股票价值的财务地位而日益成为企业最重要的价值。

信息产品的变动成本也与一般实物产品成本不同。受机器设备和自然资源的限制，以及会计上折旧费计提和分摊的规定，物质产品的生产数量和成本总额一般是有限制的，要遵守配比原则，还要考虑设备和人的自然承受力以及持续经营会计假设。信息产品的生产与核算则没有这些限制。企业和市场对多生产一份信息产品是没有自然限制的，如果你能生产一份拷贝，你就能以相同的单位变动成本生产 100 万份拷贝或者 1000 万份拷贝。这种低增量成本和大规模生产经营运作使信息产业的大型企业获得超额利润。信息产品的超低变动成本为信息生产者和营销者提供了巨大的发展机会。凡是会穿衣服、会吃饭的人，都需要持有大量的不断变换的信息。显然，信息市场巨大。

信息成本具有价值发现功能。信息越隐藏就越有价值，公开则无价值。在市场经济中，竞争可产生价值和价格，但这是对一般实物产品而言的。对于实物产品，人们通过基本的会计知识和经济学常识就可推算出产品的成本和利润。信息的价值和价格与实物产品不同，它因人而异，虽然其成本可以估价。信息能够资本化并因使用者不同而产生不同的价值，在于使用者与供应者之间信息不对称的程度，这是信息成本发现价值功能的根本。正因为如此，人们都千方百计提高信息意识，极为留心地吸收、搜寻信息并降低其代价。信息成本由使用者搜寻成本，购置使用成本，供应者生产成本，传递、发送或转移成本等构成。不难看出，企业只有降低信息成本，强化信息资产的专用性，同时又不断地更新信息，才可能使信息保持资本化状态，提高信息资本的价值贡献率。

四、投入适量信息资本，预见本金锁定周期，降低转移成本

当从一种品牌的技术转移到另一种品牌技术的成本非常高时，企业或用户就面临着锁定。这种锁定表面上是技术所定，实质是用户购买产品时投入原始资本的锁定即本金锁定，引发本金锁定的根本原因是信息不对称，以及企业缺少信息资本的垫支。例如，20 世纪 80 年代后期，贝尔大西洋公司投资 30 亿美元购置 AT&T 的 5ESS 数字转换器，以运行它的电话网络。那时，AT&T 的数字转换器非常先进。贝尔大西洋希望通过 AT&T 将自己的电话系统带入数字时代。可是，5ESS 数字转换器采用了一种被 AT&T 控制的封闭操作系统。AT&T 没有向贝尔大西洋提供独立开发某中心功能所需要的计算机编码（信息）。每当贝尔大西洋公司想要增加一项新功能或者把这些转换器与新的周边设备连接时，就发现自己不得不依靠 AT&T 来提供必要的操作系统升级和开发所需界面。例如当贝尔大西洋想要提供"声音拨号"服务，使顾客只需说出名字而不需拨电话号码时，就得求助 AT&T 并支付了 1000 万美元才得到必要的软件。贝尔大西洋的电话网络被 AT&T 锁定了。如果贝尔大西洋公司要把 AT&T 的设备换成另一种品牌的设备，就得承担巨大的转移成本。这些交换器大约可用 15 年，卸下它们重新安装新设备非常费钱，卸下的旧设备又很不值钱。理解和处理锁定的最基本原理是在开始时投入一定的信息资本，预见整个财务本金的循环周期，亦即产品或设备购置成本的补偿周期，然而这是非常困难的。美国著名信息经济学家卡尔·夏皮罗和哈尔·瓦里安说，简单地认为"我不会被锁定"或者"以生命周期为基础评价成本"不起多大作用。

既要不被锁定，又要减少转移成本，就需要研究锁定的动因、形式和类别及其相应的转移成本。顾客锁定是信息经济的规律，因为信息是在一个由多种硬件和软件组成的系统中存储、控制和流通的，并且使用特定的系统需要专门的训练。仔细观察转移成本的潜在来源，注意其战略意义；鉴别不同产业中出现的许多不同类型的锁定，对于预防和估计转移成本意义重大。各种锁定与其相关的转移成本的类型及其对应关系[①]如表 1 所示。

表 1　锁定及其相关转移成本的类型

序号	锁定的类型	转移成本
1	合同义务	补偿或毁约损失
2	耐用品购买	设备更换，随着耐用品的老化而降低
3	针对特定品牌的培训	学习新系统，既包括直接成本，也包括生产率的损失，随着时间而上升
4	信息和数据库	把数据转换为新格式，随着数据的积累上升
5	专门供应商	支持新供应商的资金，如果功能很难得到维持，会随时间而上升
6	搜索成本	购买者和销售者共同的成本，包括对替代品质量的认知
7	忠诚顾客计划	在现有供应商处失去的任何利益，再加上可能的重新积累使用的需要

---

① ［美］卡尔·夏皮罗，哈尔·瓦里安. 信息规则——网络经济的策略指导［M］. 张帆译. 北京：中国人民大学出版社，2000.

可见，在信息社会的市场经济中，人们在签订一份合同、购买一件耐用品、针对特定工作进行培训、购置信息和数据库、成为专门供应商、发生搜索成本和执行忠诚顾客计划时，都可视为被锁定。开启锁定就需支付转移成本。按以往的财务规则，当被锁定而造成的损失低于转移成本时，则维持锁定；反之，则相反。可是，被锁定造成的浪费和损失是难以计量的。我们知道，在信息经济时代，货币以电子般的速度周转，信息（资本）则以光的速度周转得更快。时间和效率对于厂商来说是生存和发展的生命线。因此，科学的方法是投入适量信息资本，减少转移成本，开启锁定。

每一类锁定的转移成本总额都包括顾客为转移供应商而承担的成本和新供应商为服务新顾客而承担的成本。其中，顾客承担的转移成本主要包括：改变根深蒂固的习惯的心理成本，选择、鉴定新供应商所花费的时间、精力和物耗，选择未知供应商所带来的风险等。潜在的供应商承担的接触和获得新顾客的转移成本包括：促销费用，实际完成交易的费用，设立新账户的费用和了解、处理未知顾客的信用风险等各项问题。而锁定在本质上是一个动态概念，它产生于不同时间的投资和现实的需求。转移成本会随着时间增长或萎缩，不会一成不变。有效处理锁定的新财务规则是：在购买、投资行为开始时，就预测可能的整个锁定周期；然后，计量、分析真正的转移成本的组成；把目光放在多个周期上，设计出多个相应的财务策略。一开始就准备好"钥匙"，等赚足了钱再把"门"打开。

转移成本衡量了顾客被某一位供应商锁定的程度。供应商预期从一名顾客身上获得的利润，一般地等于转移成本总额加上供应商通过更高的产品质量或更低的成本而享受到的其他竞争优势的价值。锁定是一把双刃剑，用户和供应商都必须认真对待。

五、一般企业对信息资本的运用及其成本控制

我们已知道：①信息产品的生产成本很高，复制成本很低；固定成本很高，变动成本很低。②一旦第一份信息被生产出来，其大部分成本就成为无法挽回的沉没成本。③多份拷贝可以以大致相同的单位变动成本进行生产。④生产信息或拷贝的数量不受自然能力的限制。⑤信息社会的市场经济使时速经济成为主导，锁定和转移成本成为企业家和财务经理的关注要点。掌握信息成本的这些特征对一般企业——非信息产业的企业财务战略管理具有极其重要的意义。

（1）信息资本的形成将对企业传统（货币）资本结构的内涵产生冲击。优化公司资本结构，不再是仅着眼于财务上的自有资本与债务资本之间的数量构成及比例关系，而是更重要地全面考察企业总资本额中的实物资产资本、人力资本、货币资本、技术资本、信息资本和知识资本等要素资本之间的数量构成及其比例关系。要素资本结构及其价值创造开始成为财务管理的根本任务。在信息产业兴起之初，一般企业有时可以迅速、便捷、低价地得到信息，出现企业信息超载。可是，企业"信息的丰富产生注意力的贫乏"（Herbert Simon），信息资本在企业总资本中的适当比例是财务学急需解决的问题。

我国上市公司技术等无形资产不宜超过公司注册资本的 20%，信息资本的比重可以此为参考依据。信息产品的价格成为一般企业获得信息的成本。只有企业的信息收益大于信息成本时，企业信息的获取和信息资本的形成才有财务可行性。显然，信息成本的管理应与信息的利用及其收益管理相结合。如何对信息进行过滤、充分运用和价值计算、评价是目前公司财务对信息成本进行控制亟待解决的问题。

（2）与信息资本和实物资本、人力资本、技术资本及货币资本捆绑在一起进行管理一样，信息成本也应同企业自己生产的其他产品成本一样统一管理、统一考核。企业的各种成本在价值上都是一样的，都是企业利润的减项。财务部门统一管理信息成本有利于发现问题、避免不必要的无价值的作业支出，同时，优化成本结构和要素资本结构，最终形成企业的核心竞争力和财务的价值创造力。根据迈克尔·波特的成本竞争战略理论，企业成本的发生，有结构性成本动因和执行性成本动因之分。前者由规模、范围、经验、技术和多样性等动因形成；后者有劳动力投入、全面质量管理、生产能力利用、工厂布局、产品外观和公司对外联系等动因。应注意，波特成本理论是 20 世纪 70 年代初提出来的，其时间上的历史局限性是不言而喻的。我们认为，信息成本同直接材料成本、设备加工成本、人力成本、资本成本一样，是企业生产经营的基础性成本。结构性成本动因和执行性成本动因及其管理是建立在基础性成本管理的基础之上的。信息成本是企业战略成本管理的核心。只讲信息对价值链运行和价值创造的作用，忽视信息成本的计量、分析和控制，会为企业战略成本管理带来巨大的潜在危机，现代企业对此不可掉以轻心。

（3）避免信息资源浪费是企业财务控制的又一课题。企业没有信息不行，但信息过多也会造成资本浪费。企业不适量地获取和使用信息，会引发信息拥塞成本，对企业自身和社会都造成危害。过量信息获取的直接后果是消耗大量时间，降低工作效率，从而产生额外的信息拥塞成本。一个人或企业节省的时间有时是他人或其他企业节省的时间，一个人或企业浪费的时间有时也是他人或其他企业损失的时间，信息经济下人们对时间的消费会对其他消费者产生正的或负的外部效应。当一名汽车司机将车开进一条拥挤的公路时，他不仅延长了自己的交通时间，而且增加了拥挤程度，使所有的司机都减慢了速度。但是这名司机绝不会考虑到他施加给其他人的由拥塞带来的外部成本。当一名不熟练的读者在图书馆进行光盘检索时，当一名职员使用办公打印机而他人正在等待时，当一名顾客没有及时把杂志还给资料室而有人正需要这本杂志时，都会由于拥塞而产生外部成本。互联网上传送电子包的数量增加，信息拥塞成本会阻碍所有客户的响应速度；发送人的电子包传送速度也同样减慢。基于此原理，企业或个人的信息资源获取不可没有会计核算。信息拥塞总成本、信息拥塞外部成本和信息边际成本的计量、控制，已成为会计和财务工作者的重要任务。信息拥塞成本的控制是一般企业必须给予高度重视的一个财务问题。

六、结论与启示

信息资本是社会发展和共享的基本生产要素。由于社会收入差距的拉大，国家的 GDP 增长和人均 GDP 增长并不是全社会每个人的收入和生活水平的增长。不同于经济发展，经济共享可舒缓社会收入差距过大问题。共享是全社会的闲置资源进入生产和交易过程的新经济形态。其要素是闲置资源、使用权、信息、流动性和连接，其关键是如何优化配置资源，实现收益均衡。

在信息时代，信息资本正逐渐成为企业资本的重要组成部分。与其他资本一样，信息资本的获取和使用也是有成本的。而且，当前的资本市场并非强势有效市场，信息不对称普遍存在，企业能够轻而易举地"被锁定"，而开启锁定就需要支付相应的转移成本，企业要根据由锁定带来的损失和开启锁定的转移成本孰高孰低来决定是否紧随信息变动而开启锁定。由此可见，信息资本成本贯穿于取得和舍弃信息资本的全过程。随着企业信息化程度的普及，非信息产业企业也面临着尽可能减少信息资本成本的现实。因此，本文的最后对信息资本对企业财务管理的影响进行了简单的梳理，以期能够为一般企业财务状况的改善提供指导意见，起到抛砖引玉的作用。社会越开放，信息资本越重要。信息资本配置的直接效果是学习成本大幅度降低。

由于信息不对称，经济增长和发展有可能以小企业不发展、农业不发展和拥有新技术的大学毕业生放弃专业为代价，于是，高收入富裕阶层和低收入贫困阶层长期各自存在，高科技资本密集企业与劳动密集小规模企业长期各自存在。信息投资和共享可舒缓和解决非均衡经济发展问题。信息资本是共享经济的核心资本。

参考文献

[1]［美］卡尔·夏皮罗，哈尔·瓦里安. 信息规则——网络经济的策略指导［M］. 北京：中国人民大学出版社，2000.

[2] N. Barberis, A. Shleifer, R. Vishny. A Model of Investor Sentiment［J］. Journal of Financial Economics, 1998, 49（3）：307-343.

[3] 罗福凯. 财务理论专题［M］. 北京：经济管理出版，2003.

[4] 吴志强. 信息资本涵义探［J］. 图书情报工作，2003（10）：50-54+77.

[5] 王遐见. 现代企业资本经营战略及其动力机制［J］. 税务与经济，1997（1）：52-53.

[6] 鄢显俊. 信息资本与信息垄断——一种新视野里的资本主义［J］. 世界经济与政治，2001（6）：72-77.

[7] 肖峰. 信息资本与当代社会形态［J］. 哲学动态，2004（5）：34-37.

[8] 许秀梅. 新兴资本与企业绩效关系研究［J］. 广东财经大学学报，2014（1）：22-34.

第三篇　公司财务战略

25 | 基于财务战略的资本运营*

一、引言

人无远虑，必有近忧。任何组织或个人要想健康长久地生存和发展，都要居安思危，未雨绸缪。这就涉及一个战略思想问题。众所周知，在现代社会日趋激烈的市场竞争中，一个企业是否具有可持续发展能力，在很大程度上取决于它的成本水平、资本周转速度和财务决策的卓有成效。因为财务战略的失败往往是致命的、不可挽回的。这是由财务管理作为企业价值流程综合管理的本质特征所决定的，也是财务战略不同于产品开发战略、市场营销战略的根本原因。资本运营是企业实现财务战略普遍使用的有效手段之一，也是一种专门的财务策略，更是公司的一种复杂的高级的经营活动。具体来看，如果把资本和资金比作企业运营的"血液"，那么财务战略就是保证"血液"顺畅流通的关键。而高超的资本运营方法作为财务战略的有效手段，对企业资源的优化配置和顺利发展能够起到事半功倍的效果。本文首先从财务战略的角度对现代企业资本运营进行简要的概述和分析，进而对资本运营的方式、理论和学术界目前对其存在的误解进行了详细说明，明晰了如何从财务的角度评价资本运营效率这一困扰学界多年的难点。与一般资本运营的理论分析不同的是，本文的创新点在于首次对巨人集团的成长历程进行"画龙点睛"式的说明和分析，通过案例研讨明确了理论研究与财务实践的契合点。此外，本文在现有文献的基础上增加了对资本运营的财务评价部分，这为我国企业资本运营的实际效果

* 作者：罗福凯，最早发表于《新理财》2004 年第 3 期，第 18–36 页，原题目为《巨人资本运营透视》。

分析提供了量化的评判方法。

二、理论与认识统一

（一）财务战略问题

对于财务战略，无论在实践上还是理论上，人们对它的运用都已非常娴熟了。尽管如此，我们仍然可以随时对财务战略的概念表述列出长长的清单：

"财务战略是指公司在一定时期内，根据宏观经济发展战略和公司的经营方针、经营战略，对财务活动的发展目标、方向和道路，从总体上做出的一种客观而科学的概括和描述"（郭复初，1998）。这一定义与前述美国著名战略学家 H. I. Ansoff 和 K. Aadrews 关于企业战略的观点很相近。

"财务战略是指为谋求企业资金均衡有效的流动和实现企业战略，为增强企业财务竞争优势，在分析企业内、外环境因素对资金流动影响的基础上，对企业资金流动进行全局性、长期性和创造性的谋划，并确保其执行的过程"（刘志远，1998）。

财务战略是关于企业整体发展的财务安排，财务战略管理的理解包括财务战略方案的形成、实施和评价（陆正飞，1997，2000）。

"所谓企业财务战略就是指企业财务决策者为使企业在较长时期（1 年至几十年）内生存和发展，在充分估计影响企业长期发展的内外环境等各种因素的基础上，对企业财务所做出的长远规划等"（很多论文和著作对此加以引用）。

"财务战略是企业组织或处理重大而复杂财务活动或财务关系智谋策略。……战略财务管理是企业为解决复杂而重大的财务问题，或为了实现公司财务管理目标而使用财务战略作为手段对企业全局产生作用的关键性管理行为"（罗福凯，2000）。在第一种观点基础上重新解释。

应该说，人们对财务战略内涵的种种认识，在一些基本问题上还是达成了共识，如都认为财务战略是对企业财务活动的整体性、全局性、长期性决策；其着眼点不是当前，而是未来，是立足于长远的需要对企业财务活动发展做出的判断。综合考虑各种认识，财务战略的本质特征还应包括多因素性、重大而复杂性。

在现实企业经营过程中，我国企业的财务战略应用模式主要有：

（1）成本领先战略。这是使企业的经营活动保持同行业最低成本的财务战略。在战略实施时期，降低生产要素成本是企业经营活动及其管理的第一项工作，也是企业在该时期各项作业和发展规划的核心。成本领先战略是公司通用的财务战略。

（2）利润领先战略。衡量利润增长有利润额和利润率两种标准。利润额可衡量同一企业不同时期利润增长的情况，但不同企业之间不具有可比性。利润率没有利润额那样直观，但利润率既可衡量同一企业也可评价不同企业之间不同时期利润增长情况。利润领先也有两种标准，一种是利润额最大化，另一种是利润适度增长。从战略角度看长期保持利润最大化是很难实现的，利润领先是利润在长时期内保持适度增长。利润领先战略的基础是产品经营和以市场为导向。

（3）资产整合增值战略。资产整合增值战略以资产的保值、增值和整合为核心，企业各项经营活动都为实现资产整体规模的扩大和增值服务。资产整合增值战略是从投资角度出发制定的财务战略。资产增值的基础是资产保值，资产增值是资产整合的基础。在资产保值和增值基础上实现资产整合与企业成长。资产增值表现为资金利润率大于市场利率，超出的部分才是资产增值部分。增值战略与利润领先战略相比，不仅涉及价值创造和价值实现，而且涉及利润分配问题，要求层次更高，涉及的领域更广，因此资产整合增值战略是一种中高级的财务战略。

（4）资本运营风险战略。这是一种利用风险机制和资本运营规则，冒大的风险去实现高额资本效益的财务战略。高新技术企业的产品由实验室转化成生产研制有较大的风险，其产品投入市场能否为消费者所接受也有较大的风险。高新技术企业的财务管理技术和理念起点较高，一般都采用资本运营风险战略。资本运营风险战略的另一种情形是纯资本产品开发经营或负债经营。企业将一切经营活动及其生产要素资本化，其基本规则或代价是还本付息和增值。在物质产品市场、人才市场和资本市场等各种生产要素市场上，资本市场起伏变化的风险最变幻莫测。资本运营风险战略是公司走险棋的财务战略。

（5）财务战略联盟。这是迄今为止世界上最先进的财务战略。我们知道，战略联盟产生、演进和发展的过程如图1所示。

在这里，资本联盟和价值联盟是财务战略联盟的高级形式。其中，资本联盟是以资本为桥梁的两个或两个以上的企业的战略联盟。联盟的原因在于解决资本稀缺问题，其目的是使财务部门参与价值创造，实现企业质和量的扩张。价值联盟是把财务战略定义为业务性质、重要性和复杂程度的结合并将其最重要的资源——资本、知识和对外关系连接起来的不同企业的联合经营方式。公司财务的根本任务是开发和建立价值创造系统，并直接参与价值创造。

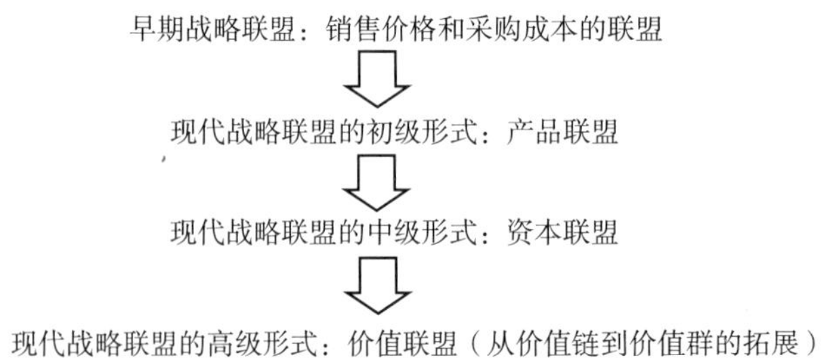

早期战略联盟：销售价格和采购成本的联盟

⇩

现代战略联盟的初级形式：产品联盟

⇩

现代战略联盟的中级形式：资本联盟

⇩

现代战略联盟的高级形式：价值联盟（从价值链到价值群的拓展）

图1 战略联盟的演进过程

（二）资本运营的认识和界定

与财务战略不同，资本运营在公司财务中是一种崭新的财务手段。人们对资本运营现象的认识也多种多样。

（1）有价证券与金融工具的经营。机构和个人从事有价证券和现代金融工具的交易活动，诸如股票、债券、外汇、期货、期权等金融资产的经营，被称为资本运营，又称资本经营。这里涉及价值发现、投资决策、资本成本计算、资产定价和价值评估，以及资本市场的建立监管等财务工作。从经营对象视角出发，把有价证券交易视为资本运营是可行的，但不够准确，因为一些非财务资源的资本化经营也属于资本运营。

（2）产权交易与企业重组。资本既是一种财务价值，也是一种产权（或所有权Property Rights）关系。产权交易是产权价值按市场规则进行的交易或有偿转让。机构或个人之间在市场规则约束下发生的生产要素以及附在生产要素上的各种权利关系的有偿转让行为，都是产权交易活动。企业整体或部分转让、公司制企业股权的对外转让，以及企业的兼并、收购、拍卖、托管等，都属于产权交易性质，因此也被视为资本运营活动。从资本运营的内容看，我国的产权资本交易主要是企业产权整体交易、企业产权分割交易和企业产权分期交易三种情况。从财产或价值的所有权视角出发，把产权交易视为资本运营，符合财务关系原理。但这种认识同样不够准确，因为产权与资本毕竟不是同一概念，产权交易或经营不等于资本经营。这种认识易于导致资本运营的片面化和决策技术上的错误。

（3）经营方式的演进。市场经济是以市场规则为依据以销定产的经济形式。在市场经济进程中，交易场所的建立是以人类消费的物质产品市场开始的；当生产规模和分工水平大幅度提高之后，社会组织日益完善，才产生了作为物质资产的生产工具市场；当物质文明和精神文明空前提高，部分机构和个人的货币、外汇及金银大量剩余时，才产生资本市场。相应地，人们经营方式的选择是随着市场形态的变化和市场经济深度广度的升级而不断变化和升级。于是，人类经营方式的进程是产品经营—资产经营—资本运营，这是一个逐步升级的过程。

关于产品经营：产品经营又称生产经营，它是企业以研制、开发和生产多品种、高质量、适销对路产品为核心内容的生产经营方法和形式。企业怎样确定产品的规格或型号才有利于销售率和回款率的提高，怎样确定质量等级及范围才能使质量成本与质量收入之差最大，怎样安排每种产品的产量规模才能保证平均总成本最低，采取怎样的推销方式和营销规模才能与现有生产相适应，等等，都属于产品经营方式要解决的问题。因此，单纯的生产经营活动不同于拥有法人财产的公司所进行的资产运作。产品经营的对象是具体的商品和服务，产品经营的方法是扩大产量、提高质量、增加品种，产品经营的目标是商品的数量、质量和品种，以及收入和利润最大化。产品经营决策的区位是中下层或前沿经营者，以及基层单位战术性经营策略的确定和实施。

关于资产经营：资产经营是调整和改变现有资产形态、结构及功能以达到与外部环境的平衡与协调，预期资产规模扩大和增值。资产是所有者投入经营的"所有物"，以机器设备、建筑物等形式存在。资本是所有者对投入经营的"所有物"的"所有权"，它以股权形式存在。由于资产和资本的存在形式不同，二者流动的目的及其形态也不同。资产流动属于物权交换，流动目的在于变换资产物质形态，谋求资产规模。而资本流动则属于产权交易，流动目的在于调整投资方向。企业的全部资产由自有资本和他人资本购置、创造。资产经营者一般是各类生产流通法人企业；资产经营的对象是具有整体性的法人资产，即法人直接经营的实体，企业利润增长和自我发展是法人资产经营的动力；资产经营的方法是通过变换资产物质形态谋求市场机会的最优化，谋求资产的"整合效益"，最大限度地发挥资产的整体优势；资产经营的目标不是单项资产的流动问题，而是整个企业占有的法人财产的总量保值和增值。因此，企业总资产及其增长率、总利润及其增长率是衡量资产经营效果的终极指标。一般竞争性企业常采取资产多样化经营对策，以结构优势和组合效应抵御市场风险，保证资产收益。资产经营适用于生产经营状况良好，处于成长发展的大中型企业和一般竞争性企业。资产经营决策层区位主要是企业中高层决策。

关于资本运营：资本运营是资本运作经营的简称，它是企业在有效开展生产经营和资产经营基础上发展起来的一种高级经营方式。实际上，资本运营是资产经营的一种特殊形式——以金融资产为主要经营对象的经营方式。它适用于大中型优秀生产、流通企业和所有的金融性企业。资本运营者一般为资本所有者及其代理人；资本运营的对象则是具有分割性的资本；资本运营的方法是通过资本的流动、组合和交易进行有效运营；资本运营的目的是以少控多，实现价值最大化。与作为生产要素稳定地处于商品和劳务生产过程中的资产不同，资本始终处于生产和市场运行的全过程，呈现流动状态。

资本运营、资产经营和产品经营的三个层次之间相互联系、相互制约，构成从投资到收益有效运作的完整体系。该体系存在两个基本约束顺序，即资本运营→资产经营→产品经营的经营条件约束和产品经营→资产经营→资本运营的经营效果约束。缺少资本投入就不能购置资产，没有资产就不能进行生产和销售活动；同理，生产不佳，则资产无效、资本无利。

表1　产品经营、资产经营和资本运营的区别

经营方式	经营主体	经营对象	经营方法	经营目标
产品经营	工厂	具体的产品和服务	增加品种，扩大产量，提高质量	扩大产量，实现销售收入和利润最大化
资产经营	法人企业	法人资产	变换资产形态、结构和功能，整合资产	扩大资产规模，保值增值，资产整合效益最大化
资本经营	出资人（资本所有者及其代理人）	可分割的资本	资本流动，资产组合，产权交易	以少控多，所有者价值最大化

（4）出于战略发展需要的资产选择。出于重大投资项目的选择，企业并购、战略联盟的财务选择，以及公司性质和治理结构的改变等战略发展需要，企业往往进行新的资产选择决策——资本运营策略。本文研究的是既出于战略发展需要——基于财务战略，又作为先进的经营方式的资本运营。

三、样本与案例透视

在中国的企业和企业家中，史玉柱和他的巨人集团是迄今为止为数不多的经历了大起大落又大起这样一个完整过程的成功企业家和企业，这是中国企业的活标本，即使在世界经济的历史长河中也不多见，对其进行解剖自然而然就成了重要的教案。针对巨人集团的兴衰起伏，管理专家们认为，其"成功经验的总结多数是扭曲的，失败教训的总结才是正确的"；史玉柱对此说法表示认可，同时产生深刻共鸣，并进一步感叹道，过去在"高峰期的体会，现在看来都很荒唐。有了这样一次经历，如果我以后再出什么岔子，大概也不会跌这么大的跤"。那么，巨人集团究竟成功在哪里？失败在哪里？从公司财务的视角全面深入考察，我们的结论与媒体、学术界和史玉柱本人的看法是不同的。

我们认为，巨人集团的价值流程基础建设和日常财务管理工作是粗糙、落后、失败的，但其战略发展布局和通过资本运营实现的财务战略是非常先进和成功的。其资本运营的设计、实施和效果堪称当代中外公司财务作为企业腾飞发动机的典范。

（一）样本公司的成长过程与日常基础财务管理的失败透视

（1）巨人集团的成长过程。1989 年 8 月，在深圳大学软件科学管理系硕士毕业的史玉柱和他的三个伙伴，使用借来的 4000 元承包了天津大学深圳科技工贸发展公司电脑部，并在《计算机世界》上利用先打广告后付款的方式做了 8400 元的广告，将其开发的 M-6401 桌面排版印刷系统推向市场。广告刊出 13 天，史玉柱的银行账户一下子收到三笔汇款共计 15820 元，巨人事业由此起步；到 9 月下旬，史玉柱将收到的款项再次全部投入广告；4 个月后，M-6401 的销售额一举突破百万元大关，从而奠定了巨人集团创业的基石。

1991 年 4 月，珠海巨人新技术公司注册成立，公司共 15 人，注册资金 200 万元，史玉柱任总经理。8 月，史玉柱投资 80 万元，组织 10 多个专家开发出 M-6401 汉卡上市。11 月，公司员工增加到 30 人，M-6401 汉卡销售量跃居全国同类产品之首，获纯利 1000 万元。1992 年 7 月，巨人公司实行战略大转移，将管理机构和开发基地由深圳迁往珠海。9 月，巨人公司升为珠海巨人高科技集团公司，注册资本 1.19 亿元。史玉柱任总裁，公司员工发展到 100 人。至 12 月底，巨人集团主推的 M-6401 汉卡年销售量 2.8 万套，销售产值 1.6 亿元，实现纯利 3500 万元，年发展速度达 500%。1993 年 1 月，巨人集团在北京、深圳、上海、成都、西安、武汉、沈阳、香港成立了 8 家全资子公司，员工增至

190 人；12 月，巨人集团发展到 290 人，在全国各地成立了 38 家全资子公司。集团在一年之内推出中文手写电脑、中文笔记本电脑、巨人传真卡、巨人中文电子收款机、巨人钻石财务软件、巨人防病毒卡、巨人加密卡等产品。同年，巨人实现销售额 300 亿元，利税 4600 万元，成为中国极具实力的计算机企业。由于国际电脑公司的进入，全国电脑业于 1993 年步入低谷，巨人集团也受到重创。

1993 年、1994 年，全国兴起房地产和生物保健品投资热，为寻找新的产业支柱，巨人集团开始迈向多元化经营之路——计算机、生物工程和房地产。在 1993 年开始的生物工程刚刚打开局面但尚未巩固的情况下，巨人集团毅然向房地产这一完全陌生的领域发起了攻击。欲想在房地产业中大展宏图的巨人集团一改初衷，拟建的巨人科技大厦设计一变再变，楼层节节拔高，从最初的 18 层一直涨到 70 层，投资也从 2 亿元增至 12 亿元，1994 年 2 月破土动工，气魄越来越大。对于当时仅有 1 亿资产规模的巨人集团来说，单凭巨人集团的实力，根本无法承受这项浩大的工程。史玉柱的想法是：1/3 靠卖楼花，1/3 靠贷款，1/3 靠自有资金，但大厦从破土动工到被迫停工从未向银行贷款。1994 年 3 月，巨人集团推行体制改革，公司实行总裁负责制，史玉柱出任集团董事长；同年 8 月，史玉柱突然召开全体员工大会，提出"巨人集团第二次创业的总体构想"，其总目标是：跳出电脑产业，走产业多元化的扩张之路，以发展寻求解决矛盾的出路。1995 年 2 月，巨人集团隆重召开表彰大会，对在巨人脑黄金战役第一阶段做出重大贡献的一批"销售功臣"予以重奖。同时将其百亿计划的总体方案和盘托出：在产业多元化的同时实行产品多元化，以产品多元化推进企业大规模化；巨人将全面进入保健品、医药、电脑三大领域，推出三大系列产品，一起投放市场；预计 1995 年完成 10 个亿，1996 年完成 50 个亿，1997 年全面实现百亿元的产值。1995 年 5 月 18 日，巨人集团即在全国发动促销电脑、保健品、药品的"三大战役"。霎时间，巨人集团以集中轰炸的方式，一次性推出电脑、保健品、药品三大系列的 30 个产品。巨人产品广告同时以整版篇幅跃然于全国各大报纸。不到半年，巨人集团的子公司就从 38 个发展到 228 个，人员也从 200 人发展到 2000 人。多元化的快速发展使得巨人集团自身的弊端一下子暴露无遗。1995 年 7 月 11 日，史玉柱在提出第二次创业构想一年后，不得不再次宣布进行整顿，在集团内部进行了一次干部大换血。8 月，集团向各大销售区派驻财务和监察审计总监，财务总监和监察审计总监直接对总部负责，同时，两者又各自独立，相互监控。但是，整顿并没有从根本上扭转局面。9 月，巨人的发展形势急转直下，步入低潮。伴随着 10 月发动的"秋季战役"的黯然落幕，1995 年底，巨人集团面临着前所未有的严峻形势，财务状况进一步恶化。

1996 年初，史玉柱为挽回局面，将公司重点转向减肥食品"巨不肥"，3 月，"巨不肥"营销计划顺利展开，销售大幅上升，公司情况有所好转。可是，一种产品销售得不错并不代表公司整体状况好转，公司旧的制度弊端、管理缺陷并没有得到解决。相反"巨不肥"带来的利润还被一些不遵守纪律的员工私分了。而此时更让史玉柱焦急的是预计投资过亿元的巨人大厦的建设进度，他决定将生物工程的流动资金抽出投入大厦的建设，而不是停工。进入 7 月，全国保健品市场普遍下滑，巨人保健品的销量也急剧下滑，维持生物工程正常运作的流动资本和广告费用不足，公司生物产业的发展受到极大影响。按原合同，大厦施工 3 年盖到 20 层，1996 年底兑现，但由于施工不顺利而没有完工。大厦动工时为了筹措资金，巨人集团在香港卖楼花拿到了 6000 万港元，国内卖了 4000 万元，其中在国内签订的楼花买卖协议规定，3 年大楼一期工程（盖 20 层）完工后履约，如未能如期完工，应退还定金并给予经济补偿。而当 1996 年底大楼一期工程未能完成时，建大厦时卖给国内的 4000 万元楼花就成了导致巨人集团财务危机的导火索。巨人集团终因财务状况不良而陷入了破产的危机之中。

这就是巨人集团的衰落史。当然，几年之后巨人集团卷土重来，脑白金在保健品行业的激烈竞争中再次取得骄人的业绩。古语说：前事不忘，后事之师。我们试图对巨人集团的衰落过程进行深入系统的考察，运用财务理论，分析破解史玉柱及其巨人集团衰落之迷。

（2）日常基础财务管理的失败透视。首先，财务体制落后，财务制度不健全甚至混乱，财务支出漏洞一直伴随着巨人集团的衰败。巨人集团一经创立，其销售额、资产规模和分公司子公司的组织架构等在几年内神速扩张，使巨人集团公司没有来得及或忽略了搭建先进有力的财务管理系统。从巨人的组织构架看，巨人应该采取行之有效的集权式财务管理，这既有利于集团内部财务目标的协调统一，又有利于实现集团整体利益的最大化，包括在财务控制上形成一套含有财务激励机制、财务监控机制和资金运作机制在内的集团公司财务管理体系，促进管理的信息化和网络化，并强化财务监督，从而有利于集团公司对各子公司的财务控制。而在巨人集团，即便在集团向各大销售区派驻财务和监察审计总监之后，各种违规违纪支出、挪用贪污甚至卷款潜逃事件依然层出不穷。其属下的全资子公司康元公司财务管理极度薄弱、混乱，集团公司也未派出财务总监对其进行监督，导致公司浪费严重，债台高筑，至 1996 年底，康元公司累计债务已达 1 亿元，且大量债务存在水分，相当一部分是由公司内部人员侵吞造成的，资产流失极为严重。巨人集团未能建立集中、高效、先进、统一的财务管理体制，使巨人日常财务战略管理缺乏良性的制度约束，公司的成本、资本和价值管理非常落后。这在一定程度上加速了巨人的衰落。

其次，筹资方式和策略过于单一，资本结构畸形。筹资策略是根据企业内外环境状况和趋势，对企业资金筹集目标、结构、渠道和方式等进行长期而系统的谋划，旨在为企业战略实施和提高企业长期的竞争能力提供可靠的资金保障。筹资既有短期长期、内部外部之别，也有主权和债权之分，短期筹资可采用发行债券、短期借款甚至灵活地使用商业信用，中长期筹资可采取使用自有资金、银行借款、发行长期债券和股票，以及融资租赁等。每一种筹资方式的成本和风险又有不同，企业应根据各方面情况进行权衡和分析，制定切实可行的筹资战略。巨人进军的房地产行业具有资金周转慢、资金占用量大的特点，而就当时背景而言，资本市场刚刚起步而巨人又作为一个民营企业，其可选融资渠道受到一些限制，史玉柱计划卖楼花、贷款和吸收自有资金；但实际操作则是主要向私人借款——直接吸收投资，公司资本结构变成了单一的自有资本。随着巨人大厦层数的不断攀升，资金的缺口越来越大，令人惊奇和费解的是，大厦从1994年2月破土动工到1996年7月，巨人集团未申请过一分银行贷款，全凭自有资金和卖楼花的钱支撑。当大厦建筑资金短缺时，集团决定将生物工程的流动资金抽出投入大厦的建设，而不是停工或寻求其他的资金支持。这种杯水车薪的资金调度不但未能填平大厦的资金缺口，反而使正处于成长期的生物产业的发展受到了极大的影响。这表明，巨人集团决策层缺乏资本结构基本知识，不具备公司常规财务管理的基本能力。

再次，战略反应失灵，缺乏基本的财务环境意识。战略不是一个随心所欲的目标或一句空洞的口号，战略是基于对特定历史时期特有经济规律的深刻把握、宏观环境和行业动态的透彻理解、竞争者和自身竞争能力的深入了解而采取的经营方略，并随着企业运行环境、行业、竞争者和自身情况的变化而变化。巨人集团百亿元资产规划总体方案的可行性常引起人们的怀疑，巨人集团的成长速度和历程常使人惊讶，冷静和仔细分析当时的背景，我们会发现，巨人集团的飞速崛起有其必然性。20世纪80年代末90年代初的大陆，正处于经济体制的大变革时期，由计划经济向市场经济变革所展现出的巨大的真空地带形成了诸多行业的超额利润，中国的第一代民营企业家们就是在这一时期掘取了他们的第一桶金。像人们熟悉的南德公司、太阳神、三株等，甚至可以夸张地说，这一特殊的时期，稍有些胆识、经验和资本的人大都可以赚个盆溢钵满。可是这一历史时期很快就以国家1993年的加强宏观调控为标志而宣告结束，超额经济利润被平均利润所代替，国民经济中的很多泡沫破裂，经济由过热转向稳定地发展。此时企业应采取稳健发展或防御收缩型财务战略，而巨人集团并未预料盛极必衰的到来，依然采取了快速扩张的财务战略，甚至在其快速扩张中遭受挫折也未能适时地调整投资方向，所以，巨人集团的衰落就有其必然性了。

最后，财务管理功能丧失。巨人集团以计算机行业白手起家，由于国际电脑公司的进入，电脑业于1993年步入低谷，巨人集团也受到重创，此时巨人集团积极寻找新的经济增长点本无可厚非，但巨人涉足的保健品非长久之业，而同时又涉足其完全陌生的房地产业也不能不说是冒险。事实证明，最终点燃巨人集团财务危机的导火索就是其引以为荣的巨人大厦。巨人集团所走的路子可以用投资的多元化来概括，但巨人集团是否就为多元化投资做好了准备？从集团内部分析，在组织结构上，集团的急剧膨胀使组织建设远远地落后于集团的发展，巨人集团采取的是控股型组织结构形式，各厂属单位（子公司）都保持了较大的独立性，缺乏集权控制；同时其财务内部控制不力，从而使公司违背不相容职务分离的财务规则，挪用贪污资本时有发生。在产品结构上，集团缺少其具有核心竞争力的产品，而集团所选择的保健品和房地产行业风险高又很难培植成为新的核心竞争力，企业的长期稳定的发展必然难以维持。从集团外部分析，国家从1993年开始加强宏观调控，银行收缩银根，经济由过热逐渐趋于持续稳定增长，各行各业原有的超额利润空间都受到了挤压，巨人集团选择于此时大举进军保健品和房地产领域，风险极大；而巨人大厦的戏剧性拔高，则是忽略财务存在的表现。巨人集团不把财务放在眼里使集团公司遭受灭顶之灾。

（二）巨人集团资本运营战略的成功实施与资本运营之谜

从无锡健特药业有限公司、青岛健特生物投资股份有限公司、上海健特生物有限公司、上海巨人投资公司几家公司的名字，就很难让人不对这些公司的资本关系产生联想。上海健特生物有限公司成立于1999年7月，注册地是上海徐家汇。上海巨人投资公司成立于2001年4月23日，注册资金5000万元，其中史玉柱占有95%的股权。要解开上述四家公司的产权与资本关系之谜，还要涉及黄山康奇实业有限公司、珠海康奇有限公司和上海华馨投资有限公司三家公司。据媒体透露，黄山康奇实业的出资人为魏巍和陈先生；魏巍1999年7月曾担任上海健特生物的法人代表，而陈先生则为史玉柱老家安徽怀远人。珠海康奇则是史玉柱在珠海注册的公司，"脑白金"的生产许可证在珠海康奇公司手中。2000年3月，上海健特与黄山康奇收购了无锡华弘集团药业有限公司，更名为无锡健特，专司"脑白金"的生产，其中上海健特持股比例为60%，黄山康奇持股比例为40%，至此，"脑白金"王国搭建完毕，即由两个健特、两个康奇和一个巨人组成。巨人是"脑白金"商标的最初注册人，珠海康奇拥有"脑白金"的生产许可证，上海健特是"脑白金"的全国总经销，无锡健特是"脑白金"的生产厂家。

2001年这种局面开始改变，原因是引进了新的合作伙伴上海华馨投资有限公司。2000年9月21日，上海华馨在上海市卢湾区注册成立，注册资本金5000万元，两名股东为自然人高洪英和王建平，高洪英出资额为3750万元，王建平出资额为1250万元，两人均为安徽怀远人。正是这"脑白金"实体王国中并无实际价值的上海华馨的横空出世，使得"脑白金"帝国变成了资本运营迷宫。在上海华馨成立仅一周以后，2000年9月29日，上海华馨与青岛市商业总公司签署股权转让协议，将青岛市商业总公司持有的2811万股青岛国货转让给上海华馨。由于上海华馨的对外投资额已超过了有关规定，两周以后，上海华馨注册资本增至1.8亿元，并引进新股东黄山康奇。此时的上海华馨是没有任何实业的投资公司，从成立时间看，上海华馨似乎专为上市公司青岛国货而生。

2001年2月，上海华馨的股权再次调整，曾任上市公司河南思达高科董事长的汪远思收购了王建平的股权。至此，上海华馨的股权结构就像在公开资料中看到的一样：公司注册资本1.8亿元，其中高洪英出资6300万元，为公司法定代表人；汪远思出资11700万元。2001年5月11日，黄山康奇将名下40%的无锡健特股权以428.51万元转让给上海华馨，并对无锡健特进行增资。增资后，无锡健特实收资本为1亿元，其中上海华馨出资9000万元，上海健特出资1000万元，上海华馨绝对控股90%。2001年7月1日，无锡健特与珠海康奇签订《协议书》，珠海康奇委托无锡健特为生产、销售"脑白金"的唯一合法单位，协议有效期为3年。而在2001年4月5日，无锡健特与上海健特签订《商标使用许可合同》，许可无锡健特使用其拥有的"脑白金"商标，年使用费为1万元，期限至2004年12月31日止，使用期满，如需延长使用时间，由双方另行续签合同。这一系列的资本经营行动，为"脑白金"进入上市公司铺平了道路。

2001年7月4日，青岛市商业总公司与上海华馨签署《股权委托管理协议》，至此，上海华馨实际控制了青岛国货。随后，上海华馨将所持有的优质资产无锡健特注入青岛国货。2001年9月26日，青岛国货临时股东大会通过了公司重大资产重组方案，收购上海华馨所持有的无锡健特51%的股权。因为"脑白金"的贡献，ST国货2001年每股收益达0.32元，2002年2月6日，ST国货成功摘帽。2002年3月8日，青岛国货召开股东大会，通过公司出资12200万元收购上海华馨所持有的无锡健特39%的股权方案。随后一天，上海华馨出资3128万元收购了上海健特持有的无锡健特10%的股权。青岛国货也更名为青岛健特生物投资股份有限公司。至此，与史玉柱有公开关系的上海健特生物彻底退出"脑白金"的生产厂家无锡健特，无锡健特变成了与史玉柱没有任何法律关系的上海华馨和上市公司青岛健特生物的子公司。

2002年11月18日，央视2003年招标现场，史玉柱显得不是特别突出。当他代表上海健特拿出5400万元广告费时，并未引起过大的震动。面对"脑白金"在央视广告节目中的狂轰滥炸，史玉柱出手显得理所当然。然而，五天后史玉柱却出人意料地甩掉了"脑白金"。2002年11月23日，青岛健特生物投资股份有限公司以1.46亿元将其拥有的"脑白金"商标所有权及制作方法技术转让给无锡健特药业有限公司，而无锡健特是青岛健特生物的控股子公司。此前，青岛健特生物已经取得了"脑白金"除生产许可证和商标所有权以外的其他东西。从法律意义上说，青岛健特生物、无锡健特药业与史玉柱的上海健特生物没有任何关系，史玉柱从此与"脑白金"划清了界限。

谁也不相信史玉柱真的跟"脑白金"划清了界限，因为就在数天前，他还在和"脑白金"共进退。史玉柱到底想干什么？为什么要卖掉他一手养大的"脑白金"？对此，史玉柱的说法是："青岛健特一直希望能把'脑白金'的商标权和销售都把持在自己手中，说这里有来自监管部门的压力和确保上市公司规避市场风险等多方面的原因。为这件事，他们（青岛健特）来找我们谈了好几次，每一次都非常诚恳。说实在的，我舍不得卖，但经过董事会认真研究，还是转让给了他们。大家都认为这样做将会更好地维护上市公司股东的权益，绝不是像有些人说的，我们是为了圈钱。"事实果真如史玉柱所说的那么简单吗？答案恐怕是复杂的。但是结果很清楚，巨人集团公司的一系列资本运营险棋渡过了险滩和难关，成功地到达胜利的彼岸。

（三）巨人集团资本运营之谜的谜底透视

巨人公司创新地、大胆地把生产要素资源如生产许可证、商标权、销售代理商和公司名称品牌，以及公司壳资源等进行资本化，运用财务套利原理，将资产经营升级为资本运营，实现巨人集团资产整合、以少控多和税后利润大增的再飞跃。

在巨人集团的一系列资本运营中，有些财务举措仅属资产经营或产品经营行为，但结果是资本运营的效应。巨人集团资本运营效应如图2所示。

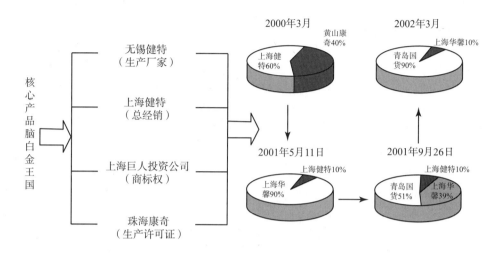

图2 巨人集团资本运营效应

从图2中看不出公司进行产品经营和资产运营的痕迹，但公司在实现资本运营效应的同时，也极大地推进了公司整体实业（产品和资产）的全面发展。

四、资本运营——针对巨人案例的理论和实践分析

（一）巨人集团资本运营的特征分析

公司某一种产品的生产专有技术、生产许可证、经营资质和公司壳资源等属于企业的知识资源，商标权、特许经销商、公司名称品牌等则在《公司法》和会计学上属于公司的无形资产。在有价证券和货币现金等财务资本之外，主要运用知识资源和无形资产的资本化从事资本运营活动是巨人集团资本运营的第一特点。

前述巨人集团资本运营之谜的种种现象可概括为三大类，这三大类现象也是一些知名的优秀企业关于知识资源和无形资产经营的三种主要情况。设 A 公司为一知名优秀大企业，B 公司为一普通企业。则 A 公司与 B 公司作为商业伙伴，在双方合作经营 A 公司的知识资源和无形资产时，存在三种情况：

情况一，A 公司将自己的名称和知名品牌评估作价，投资 B 公司。A 公司名称和品牌作价 9000 万元，由此 A 公司在 B 公司里占有 51% 的股份，每年享有税后资本收益。

情况二，A 公司将自己的名称和知名品牌的使用权出售给 B 公司在国外使用 10 年，售价 9000 万元。B 公司以现金支付价款，A 公司净资产增加 9000 万元。

情况三，A 公司和 B 公司经商谈达成协议，B 公司作为 A 公司所生产商品在某一地区或国家的唯一特许经销商，即 A 公司在该地区只把商品出售给 B 公司，然后由 B 公司投放市场。B 公司可直接支付一定的费用给 A 公司作为获得 A 产品特许经销商权利成本，

也可以由 A 公司以相对较高的价格出售商品给 B 公司。在这里，特许经销商权利成本或一定时期内因相对较高价格而获得的收益折现值，约为 9000 万元。

在三种情况里，情况一是资本运营，情况二属于资产经营，情况三则是产品经营。但是，在巨人集团的资本运营过程中，虽然存在大量的资产经营、产品经营行为，却基本看不见它们的痕迹。为什么？其答案在围绕"脑白金"和史玉柱的一系列眼花缭乱的股权设计中寻找是非常困难的。正确答案只能从法律上、史玉柱同相关公司之间的关系和财务理论中求解。

虽然青岛健特生物、无锡健特药业、上海健特生物、上海巨人投资，以及黄山康奇、珠海康奇和上海华馨在法律上都是相对独立的法人企业，甚至不存在资本所有关系，但史玉柱拥有的上海巨人投资公司"巨人"品牌英文"GIANT"的发音"健特"和史玉柱本人与这些公司存在着密切的关系或严格的契约。例如，在史玉柱的设计中，"脑白金"的生产者上海健特生物有限公司在最初成立时，史玉柱仅是该公司的一名决策顾问，公司并不属于他自己所有；但史玉柱声称他对该公司具有绝对控制权。实际上，上海健特生物有限公司的骨干和决策层有一半是史玉柱原巨人集团的旧部。当然，史玉柱拥有绝对控制权的关键只能是事先达成的合约或关系。这种合约是史玉柱与上海健特生物有限公司私下签订的规范和保证上海健特生物有限公司健康运行发展的秘密协议。笔者在几年前与几位朋友创办一家公司时也曾在《公司章程》之外签订过这种私下协议。

在很长一段时间，这一私下协议不宜公开拿到桌面上，因而史玉柱就处于幕后。当时机成熟，史玉柱便走到前台；2001 年 4 月 23 日以后，史玉柱通过控股 95% 的上海巨人投资公司控股上海健特，正式从幕后走到台前。

又如，史玉柱与上海华馨和青岛健特生物的关系，虽然不能推断史玉柱分别与他们签订了私下协议，但其操作手法如出一辙。按照史玉柱的设计，上海巨人投资公司要通过买壳上市的办法变为上市公司，然后以这个上市公司去收购他手中的部分产业即上海健特，再在资本市场上将上海健特的原出资人的权益变现，让他退出上市公司。那么，始终隐藏在幕后的原出资人是否愿意出局？答案是肯定的。上海华馨股东之一高洪英系史玉柱老家安徽怀远县档案局职工——同乡关系，另一股东是上市公司河南思达高科公司的董事长汪远思——与史玉柱有相似经历的朋友关系。史玉柱曾解释：一则权益变现后数额极大，二则已有协议在先。青岛健特生物有限公司的发展进程与史玉柱的设计不谋而合。

不难看出，由于合约的作用——合约成为巨人公司开展资产经营、产品经营而为史玉柱产生的一个资本期权。合约作为资本期权被史玉柱用于资本运营之中，成为巨人集团资本运营的第二大特点。

近年来，西方财务理论也告诉我们，业务、知识和关系已成为现代企业发展的三大资源；公司财务应充分利用这三大资源直接创造价值。在这里，"关系"指的是顾客。消费者、供应商、商业伙伴、其他公司等，都是顾客；顾客是公司与市场之间的一种关系，即顾客关系。我们知道，公司财务就是组织财务活动、处理财务关系，实现价值创造。财务关系由顾客关系和资本关系构成。巨人集团主要通过顾客关系解决公司面临的资本关系；其资本运营流程是：出资→合约→变现。合约是巨人集团资本运营的桥梁。美国哈佛大学著名管理学教授迈克尔·波特先生在《竞争战略》著作中提出，公司的外部"联系"是公司重要的成本动因。史玉柱的"合约"或关系定理与迈克尔·波特的"联系"是一致的。

（二）壳资源价值的功能分析

巨人集团运用壳资源价值及其原理进行资本运营，表明巨人集团的财务战略手法和思想达到很高境界。壳资源是我国资本市场形成之后新产生的可用于交易的上市公司资格，具有很高的稀缺性和收益性。一般地，壳资源指上市公司的上市交易资格，拥有壳资源的上市公司被称为壳公司，壳资源在二级市场上的价值即为壳资源价值，有时人们用壳资源代替壳资源价值。上市公司壳资源产生于以发行配额制度为核心的证券市场管制，它是政府干预证券市场的结果，在证券市场制度转轨过程中长期存在。壳资源形成于"总量控制、限报家数"的制度安排下，"壳"具有极高的稀缺性和增值性。我国政府与市场的制度基础决定上市资格的供需矛盾，壳资源已成为非上市公司的"必争之地"。而且在我国企业进入证券市场存在较高准入限制的情况下，上市公司的上市资格成为政府授予的垄断权利。只有那些生存极为艰难的壳公司，才可能出售这种"政府授予的垄断权利"，以换取数额巨大的财务资本，为企业供血造血，走出深渊。

壳资源价值最基本的市场表现是它在二级市场的转让价值使得上市公司不论资产价值好坏都可以获得较高的二级市场股价，形成畸高的初始收益率；壳资源的存在使得上市公司即使资产质量下降也会获得"价值支撑"，过低股价不会出现，ST、PT类高风险亏损公司可通过不正常的高股价完成壳资源交易而获得新生。壳资源价值的计量以高风险亏损壳公司获得新生的成本为基础。例如，郑百文公司2000年每股净资产为-6.9元，2001年每股净资产为-6.2元，公司严重亏损、资不抵债，但山东三联集团公司仍决定以旗下全资企业三联商社的部分优质资产和主要零售业务注入郑百文，以3亿元价格购买郑百文所欠中国信达公司的部分债务约15亿元，实现买壳上市。高额的价格除媒体炒作和广告效应外，最合理的解释和最根本的原因仍是壳资源价值原理。山东三联公司正是为了取得郑百文的壳资源而不惜巨资填平郑百文的亏损黑洞，这种决策具有充分理性，考虑了资产已经为负，因为郑百文的壳资源价值在3亿元以上。巨人集团与青岛国货公司壳资源的交易，既使巨人集团上市了，史玉柱有了进入资本市场筹资和投资的资格，又使青岛国货摘掉ST帽子并很快恢复元气。

巨人集团购买壳资源的资本运营策略的高明、厉害之处，在于自己先生产一个普通的公司壳——上海华馨，接着用这个普通的公司壳交换能够上市的壳公司资格——青岛国货，然后再低价收购和控股上海华馨。随着与国际惯例的接轨，我国创办新公司或关闭旧公司的门槛也越来越低，只要地方政府工商管理局审批即可，成本很低。史玉柱设计的壳资源资本运营战略不仅成本低，而且风险也低，安全性很高，真正实现低成本、低风险的公司资本和资产规模的快速扩张。对于巨人集团热衷上市的理由，史玉柱解释道："中国企业倒退 15 年（看），没有哪一个没经历过风波。但是如果是上市公司，每一个波折后它都能起得来。"上市的好处至少有两个：一个好处是逼着自己走稳，"企业大了，第一位的便不是利润，而是企业安全，上市公司通过法律等各种手段形成制约，相对来说做出错误决策的可能性减少，董事会、股东大会等在组织安排上又多加了几道保护"；"上市的另一个好处是……在资本市场的支持下，企业有了强大的融资能力，抗风险能力自然会大大改善"。在筹资方面栽过跟头的史玉柱先生对此深有感触。这些理由应该是史玉柱设计壳资源资本运营策略的初衷。

（三）壳资源创造价值的再证明

中国远洋运输集团公司（简称中远集团）原是我国大型知名国有独资企业，主营国际航运业务，其集装箱船队名列世界前五。中远集团在主营国际航运的同时，为适应世界市场的竞争和变化，开始向综合物流、多式联运等多方向发展，在上海、青岛、宁波、蛇口和日本神户等地投资港口工程及仓储业务，并取得显著业绩。但是，20 世纪末，世界经济出现严重的通货紧缩；亚洲爆发金融危机，大量廉价制造业产品涌入国际市场，使世界上包括钢铁、汽车、纺织、造船、航运、化工、芯片等在内的主要产品和业务都出现生产过剩。各国经济和贸易增长率大幅度下降。中远集团的主营业务面临异常激烈的竞争、挑战和困难，而国内经济仍以 7% 的年平均递增比例快速发展。面对复杂的环境变化，中远集团提出了"下海、登陆、上天"的新发展战略，使公司由原来的主营航运业转变为主营航运和综合物流两大产业，同时进入国内迅速发展的房地产行业使之作为多元化经营的一个方面。如何实施新的发展战略？中远集团决定购买上海众城实业股份有限公司的壳资源。该壳公司是于 1991 年 10 月在浦东地区成立的第一批股份有限公司，1993 年在上海证交所挂牌上市，以房地产开发和经营为主，集餐饮、娱乐、商贸为一体。

促使中远集团购买上海众城壳资源的因素有四：①深知买壳上市具有点石成金的效应。②上海众城的资产集中分布在浦东新区，具有巨大的升值潜力；并且可享受 15% 的企业所得税等浦东新区众多优惠政策。③上海众城的资产流动性很高，公司资产负债率很低，财务风险极小。④上海众城具有一定的知名度，顾客价值较高。于是，中远集团在实施买壳决策时，采取史玉柱先生产"上海华馨"的办法，先成立主体公司——中远（上海）实业发展有限公司，由其实施购买。具体采取了剥离上海众城不良资产，主要投资其壳资源、优质资产和盘活存量资产的办法，接管整治，成功上市。尔后，中远集团利用其了解国际市场和拥有巨大的海外客户网络系统等优势，使众城大厦等沉寂呆滞多年的房地产能够在当时楼市一派低迷情况下立刻活跃起来，很快变现。中远集团由此走上新的发展时期。上海众城实业股份有限公司被收购之后，开始享用中远集团的综合资源优势、世界知名品牌和雄厚的资本优势。这也是上海众城愿意被收购的根本原因。

巨人集团的资本运营使巨人在短期内完成资本积累，筹集大量资本，从而使巨人集团的规模和核心能力有了巨大的飞跃。中远集团的资本运营则使其改变了公司性质，并走出困境而进入新的历史发展阶段。

五、资本运营的主要技术方式、误区和理论混乱

（一）资本运营的主要技术方式

（1）兼并收购模式。这是企业资本经营中最为活跃的模式，也是资本运营的传统形式，有条件的企业都应该积极采取这种形式。兼并收购模式主要有下列几种：吸收合并式、净值购买式、承担债务式和投资控股等形式。

（2）资产剥离模式。这是将非经营性闲置资产、无利可图资产以及已经达到预期目的的资产从公司资产中梳理出来。从表面现象看是公司规模收缩，但实质是收缩后更大幅度、更高效率的扩张。资产剥离让公司选择适合自己经营的领域或产品，剔除自己不善于管理的资本，可大大提高资产运作效率。从具体实践看，该模式主要包括减资、置换、出售等形式。

（3）联合模式。它是两个或两个以上的公司通过合并同时消失，重新设立一个公司，这个公司叫新设公司。新设公司接管原来几个公司的全部资产和业务，重新组建董事会和管理机构。联合模式有兼并联合、参加联合和投靠联合三种类型。优势企业可以通过购买吸收式、控股式和承担债务方式兼并弱势企业，开发新产品，这种投资控股并购与整体的吸收并购相比，其优势在于用较少的资本就能支配和控制一家企业，这是一种低成本并购，对于促进企业发展和积极兼并、盘活资本存量、调整经济结构具有重要意义。同时也应注意，兼并是一种高风险的资本经营方式，企业除了关注兼并的各种收益和成本，还应重视兼并过程中的营运风险、信息风险、融资风险、反收购风险、法律风险和体制风险，否则就会招致并购后"1+1<2"的负效应。

（4）跨国投资经营，也称吸引外商投资经营。企业跨国经营已成为一种发展趋势，如果企业科技水平高，在国内居于领先地位，占有广阔的市场空间，可通过海外上市，采用跨国度并购等国际化经营的高级形式。此外，吸收外商兴办合资合作企业，通过外资嫁接改造，也可使企业实力增强，有利于更快地发展。一般说来，可以通过调整股权比例、以相对较低的价格收购经营不善的合资企业、与国外大公司实现整体性资产重组等方式实施资本运营。

（5）托管模式。企业法人财产权以契约形式进行部分或全部让渡，即作为委托方的企业财产权法人主体，通过契约规定，在一定条件和一定期限内，将本公司企业法人财产的部分或全部让渡给受托方，从而实现财产经营权和处理权的有条件转移。托管方式

能够在不改变或暂不改变原有产权归属前提下，直接开展企业资产重组和流动，从而有效地回避了企业破产、购并的某些敏感性问题和操作难点。

（6）债务重组。企业可以通过债权转股权、债权转让、资产转移等方式，重整企业债务。债权转股权是通过一定的程序，将企业无法收回的债务转为对这些企业的股份控制，这也是有效地实现资本扩张的便捷手段。此外，可以通过契约关系，将企业债权转让给新的债权人；或经债权债务双方协商同意，可以将企业积压的固定资产、存货等转让给债权人，这样可以减轻债务企业的债务负担，盘活存量资产。

（7）拍卖出售、破产重组。对扭亏无望、严重资不抵债的企业，可以通过拍卖，将企业折实变现出售或整体出售；或依照《破产法》，对其实施破产处理。

（8）管理层收购（Management Buy-Out，MBO）。这是现代公司从财务途径造就一批忠诚企业的管理者的行为，同时达到筹集资本、激励管理者和巩固、扩张企业的目的。管理层收购最初是从激励管理者、解决代理成本过高而产生的。

降低代理成本的关键是解决委托人与代理人之间在利益上的不对称问题。于是，公司治理结构、激励约束机制、信息对称等概念及其实践开始作为企业加强对代理人监督的手段，也成为公司财务内容的扩展和研究重点。但监督本身并不能解决激励兼容问题。只有激励机制和监督机制同样有效的财务制度才能催生既有自觉性又富有主动性的管理者。管理层收购使管理权与所有权形成联盟，既建立了公司股东与管理层互相制约的责任机制，又建立了利益共享的激励机制。管理层收购的财务动作向企业提供了一种努力与收益或付出相对称的激励机制。这种财务机制是对职业经理的最大激励——拥有公司股权，从而拥有公司的控制权和利润分享权，这是公司经理或管理者们的最终追求。

管理层收购可以结合职工持股计划（Employee Stock Ownership Plan，ESOP）同时进行。同样，管理层收购也可与杠杆收购相结合。

（二）资本运营的前提条件与错误操作

资本运营作为一种高级的经营方式，其基本前提是：①完成资本积累准备工作。除金融企业外，其他所有企业在实施资本运营策略之前，应高质量地完成产品经营和资产经营两个经营阶段，从而积累必要的企业发展资本。②具有较高水平的、完善的会计核算制度和信息披露制度。③具有完善的产权交易制度、健全的资本市场机制和科学的企业内部治理结构。④中介机构具有较高的信誉度。证券公司、投资银行、资产评估公司、会计师事务所、律师事务所等，应积极维护公平竞争的市场原则，并成为企业信誉评价和传递的权威机构。⑤企业资本具有良好的盈利性、流动性和安全性。当一个企业不具备这些基本条件时，其资本运营活动被视为资本的错误操作。

（三）资本运营的理论混乱问题

市场经济的快速发展，使一些健康持续发展的优秀企业纷纷在产品经营基础上，开展资产经营和资本经营。但理论界对资产经营和资本经营的含义在认识上有很大的差异，本文前已述及。现在的问题是，有些学者不是将理论与实践相结合，也不是潜心深入系统地研究资本理论，更没有对市场经济背景下的企业资本运营实践进行深入透彻的把握，仅凭个人某一专业知识背景发表观点，危害甚深。如有一种观点认为，"资产负债表是威力强大的会计报表，任何企业任何时刻的重要资料尽在这张表中。表的左边是资产，代表资金运用；右边是负债及所有者权益，代表资金来源。（左边）资产包括固定资产、流动资产、长期投资、无形资产和其他资产。它们有特定的物质形态或特定属性。（右边）负债及所有者权益作为资金来源，又叫资本。前者叫借入资本，后者叫自有资本，资产经营就是经营资产（资产负债表左边），解决资金运用问题；资本运营就是运营资本（资产负债表右边），解决资金来源问题。由此实现企业的目的。"（黄建英，2002）在这里，使用会计学知识解释资本运营问题是不合适的。首先，会计学是关于如何确认、计量、记录和报告披露会计信息的一门科学，资本运营不属于会计信息问题，也不是会计范畴。重要的是，资本运营解决的不是资金来源问题，资本运营的重点是解决资金运用问题。其次，资产负债表左边的资产，不能涵盖资产经营中的各种资产形态，如知识资产、技术资产、网络虚拟资产等；资产负债表右边的资本来源，主要是财务资本，并未包含人力资本等其他资本。最后，资本运营是公司财务学（Corporate Finance）范畴，是财务学里资本理论的重要内容。公司关于资本的筹集来源、投放运用、价值创造、风险退出和战略联盟等一系列资本运营问题，都是公司财务理论解释和解决的问题。

还有一些同仁脱离快速发展的经济现实，仅从资产和资本的名词上寻找何谓资本运营的理论答案，并把马克思《资本论》搬出来佐证。由于马克思认为资本主义社会的资本"从头到脚，每个毛孔都滴着血和肮脏的东西"，把资本视为能够增值的价值，而资产是能够带来经济利益的资源，资产和资本从价值形态上看是一致的，因而资产经营和资本运营的含义是一致的。很明显，这种错误认识严重地扰乱了资本运营实践及其认识。

虽然资本运营属于公司财务范畴，但从事资本运营理论和实践研究的人的背景应该是具有现代公司财务理论知识背景，同时，还应具备现代经济学知识背景、计量经济学知识背景和会计学知识背景。否则，如果是一个人而不是课题组集体研究问题，那么，很容易歪曲资本运营的理论和实践。

六、要素资本运营与财务战略联盟

（一）要素资本的产生——生产要素资源资本化

现在的巨人集团、联想集团、海尔集团、新希望集团和微软公司等许多企业，在战略发展和规划中把知识、信息、合约等当作重要的生产要素加以充分利用。这说明，现实经济生活中人们早已把生产要素从人、财、物三大要素扩展到技术、知识和信息等方面了。拥有技术、知识和金钱的机构及个人，同拥有机器、厂房和劳动者一样，也能相对独立地创造价值。企业不仅是一种合约关系，更是一种有规则地循环吸纳各种生产要素投入，输出各种价值产出而与外界发生联系的价值网络系统；它是由一些有行为能力的人和有专门用途的生产机械、材料、资本、土地、技术、社会关系和信息等要素构成的一个开放性系统。这一系统由无数个拥有生产要素的环节不间断地连续创造价值。车间、财务部门、经理办公室等机构都要创造价值，完成利润指标。吸收生产要素而未创造价值的环节是无效作业环节，应予废除。

一种生产力资源和生产因素能否成为一种生产要素，主要看该生产力资源和因素是否能在市场上作为商品广泛地等价交换，并且该商品广泛的市场需求已形成新的产业。同类众多主要生产力因素的集合被称为一种生产要素。产业则是众多生产要素的集合。在我国，人力资源、货币资本、机器设备和原材料、技术、信息、知识等资源已是必不可少的生产要素。前三项与传统生产要素人、财、物相同；第四项"技术"即科学技术；第五项"信息"即经济组织、个人和国家从事生产和交易等经营活动所必须掌握的外部情况及其新变化；第六项"知识"即企业从事生产和交易所必须从市场上获取的科学文化知识，如购买生产许可证和特许经销商权利等知识产权、引进管理经验和购买壳资源、聘请经济咨询、委托价值评估和购买经济决策等。财务管理属于综合性价值管理，如果这里提出的六项生产要素符合中国现有生产力水平和国情，那么六种生产要素被投入财务资本从市场购入企业后，在财务学上可命名为人力资本、货币资本（含货币、基础证券、衍生工具和易于变现的短期投资等）、实物资产资本、技术资本、信息资本和知识资本。资源转化为资本即生产要素资源资本化的条件是，生产要素资源进入市场成为商品，经过交易过程，把各种具体的物质或精神的要素资源形态转变为统一的财务价值形态，同时启动资本的流动，并确认资本所有者。各种生产要素被人们用货币现金购买后，这些生产要素便开始执行货币现金聚财生财的资本功能。

（二）要素资本运营可培育企业核心能力

生产要素确认很重要。一方面，经济结构调整实际就是经济发展过程中各种生产要素在各产业、各领域之间的重新分布和排序，达到合理流动和有效配置。实质上，就是要素资本在各行业、地区和企业间的重新组合。另一方面，企业获取任何生产要素，都要首先投入一定量的财务资本。生产要素的确定和选择，不仅直接关系财务资本需求量预测的准确性，而且关系到财务管理对象的确认、财务目标的选择和财务效率的改进问题。生产要素的确认是财务学上要素资本范畴产生、形成的基础。当工资作为劳动力商品的价格成为一种经济规则时，投入经济过程作为生产本金的货币就转化为资本了。同时，商品经济升级为市场经济。市场规则的重要内容之一是一切经济活动货币化。人力资源、货币资本、实物资产、技术、信息、知识等生产要素，只有被投入一定量的财务资本从市场上购置，才会进入企业成为生产经营的要素资本，即人力资本、财务资本、实物资本、技术资本、信息资本和知识资本。一个公司的要素资本总额的数量构成及其比例关系就是该公司真正的资本结构。

要素资本与组织资本和社会资本相互联合，共同推动企业核心能力的增长。核心能力不是一般意义上的科学技术，它是一种制度化的相互依存、相互联系的知识体系，表现为企业的整体行动能力，其效果是企业具有创造独特客户价值的能力。核心能力是企业从过去成长历程积累中产生的，不是通过市场交易获得的。因为它不仅是简单地拥有资源和利用资源，而且还与组织结构密切相关，这就产生一个如何将资源转化为能力的组织资本问题。企业将组织结构与核心能力联系在一起，使之协调和有机结合，需要投入一定量的组织资本和社会资本。作为筹集、投放和管理资本的财务部门，其职能就有所增加。财务上的组织资本是财务部门代表企业协调和组织生产营销活动而投入的价值。社会资本则是企业获得良好社会环境的财务投入，如企业文化投资。显然，组织资本和社会资本产生效率是有一个过程的。核心能力的关键是"协调"和"有机结合"，其存在形态具有结构性、隐性和非要素性等特征。核心能力是企业要素资本相互依存和补充，并在组织资本和社会资本的支持下而共同创造价值的一个系统。企业培育核心能力的财务问题，就是财务部门如何设计要素资本结构、适量运筹组织资本和社会资本，达到企业生产协调和可持续发展的问题。这正是目前资本运营要解决的问题。

（三）企业战略联盟的形成、形态及演进过程

在企业扩张发展中，企业之所以选择战略联盟而不选择市场购买，也不选择企业内部化策略，原因在于公司在扩张中仍缺少某种资源使目标难以实现。企业自身单一独立地面对市场求扩张，比较有效的途径是并购活动，但并购必须满足一定条件：①优势企业并购必须符合公司目标要求和具有兼并能力；②被兼并者拥有某种比较稀缺的资源或能力，并对并购者具有极高价值；③并购者必须拥有整合此种资源的实力，能够获得预期收益。可见，市场购买并非轻而易举。公司通过内部分工、重构和优化谋求扩张增长，需要建立内部和谐的经营秩序，并且企业作为一个完整的实体应该随时都可变现。显然，多数企业不具备随时进出市场的变现能力。企业只有通过与互补企业之间的联合获得某种稀缺资源，才能得到扩张。战略联盟就是两个或两个以上的企业，为了达到企业某些方面的共同战略目的而在一定时期内进行合作的安排，从而解决公司自身因能力或资源所限难以发展的问题。它是一种双方或多方协商控制的不完全合同。公司与其互补企业联合获取最稀缺资源的形式不同，会形成不同的战略联盟。

（1）早期战略联盟：销售价格和采购成本的联盟。工业化初期生产力不够发达，人们对产品质量要求不高，产品差异不明显，产品之间的替代性较强，使产品竞争在市场上体现为产品价格之间的竞争。选择最优产量和控制价格是企业取胜的关键；价格作为单位产品价值的计量单位成为企业渴望的最稀缺的财务资源。在不完全竞争市场中，寡头企业发现如果相互联合控制价格，而不是打价格战，就会给各自带来超额利润。于是，

在 19 世纪末，价格联盟以卡特尔（Cartel）形式出现，以后逐渐演化出来的经济联合组织形式辛迪加、托拉斯，基本上都是以控制销售价格和采购成本为目标的联盟形式。这是战略联盟的初级形式，其本质是一种初级的财务联盟，目标单一，合作简单。在产品差异度较小和市场集中度较高的产业里，以价格为纽带的财务联盟，效果明显。

此种联盟容易引发共谋垄断市场的倾向。因此，价格联盟过度，有失市场竞争公平原则，很多市场经济国家均有立法对此予以限制。我国市场经济起步晚，此战略联盟在我国仍是主要联盟形式。

（2）现代战略联盟之一：产品联盟。现代意义的战略联盟始于"二战"之后。"二战"后的企业竞争异常激烈，科学技术快速进步，市场发生了重大变化：一是商品极大丰富，人们追求差异和创新消费给企业带来极大的机遇和挑战。二是激烈的竞争使市场瞬息万变，快速反应成为公司的金科玉律。企业只有跑得快，才有出路。三是经营环境复杂多变，经营风险无处不在。追求技术创新、速度和效益，以及规避风险，成为此时期的主题。当企业缺少核心技术，单枪匹马闯世界极其困难或者根本无法实现时，选择合作联盟就成为必然。这时的战略联盟已涵盖了产品价值创造的全过程，包括产品的设计、生产、销售和财务管理等各个环节，甚至把股权和非股权合作均包括在战略联盟之内。迈克尔·波特当时将这种战略联盟定义为："企业之间达成的既超出正常交易，可是又达不到合并程度的长期协议。"产品联盟的核心内容是产品技术的联盟。

（3）现代战略联盟之二：资本联盟。市场经济的核心是资本流通和资本的价值生产。当市场经济进入全球化状态时，不论发展中国家还是发达国家，企业对资本的需求达到了极大化。20 世纪 80 年代后世界范围内的第四次、第五次并购浪潮，实际是全球大企业之间实施资本联盟的浪潮。资本的本质是创造价值。并购浪潮，归根结底是为了解决大公司资本规模持续扩张问题。当知识日益成为社会经济发展的核心要素时，货币资本交换生产要素资源的根本法则并没有改变。知识的价值仍然由知识转化为资本后的增值性所决定。人力、技术、信息和知识在企业里遵循的是资本法则。资本雇用劳动的定理，已推广到资本雇用人力、技术、信息、知识等方面。资本联盟是市场经济发展到一定阶段后企业之间战略联盟的成熟形式或财务联盟的比较级形式。

资本联盟是以资本为桥梁的两个或两个以上企业的战略联盟。联盟的起因在于解决资本稀缺问题；其目的是使财务部门参与价值创造，提高资本的效率，通过资金流推动企业可持续快速发展，实现企业质和量的扩张。其主要形式有：①跨国合资经营。一般是发达国家的优势企业到不发达国家与有一定发展潜力的公司合资兴办企业，共同投资、共担风险，依法按股份分配利润。②跨国合作经营，是一种契约式的资本联盟战略，即合作双方或多方根据各方达成的资本投入、管理责任和收益分配等协议，合作投资建厂的财务活动。③"买壳上市"。④"资产置换"。青啤集团将"青岛啤酒"品牌使用权出售给山东菏泽啤酒厂，并同意投入部分资本改善生产设备，山东菏泽啤酒厂则出售部分资产所有权给青啤集团，双方形成以资本为核心的财务联盟。⑤企业托管。⑥以资质换资本的联盟。本文案例巨人集团购买青岛国货"上市"资质，即属此策略。

（四）价值联盟：从价值链到价值群的拓展

（1）价值联盟的产生。美国人认为财务战略是人们创造价值的艺术性策略，它为商人提供思维框架、定理化财务模型和思想。中国人则认为，财务战略是公司定义其业务性质、重要性和复杂程度，并把资本、知识和关系三种资源连接起来的策略。因为有钱没有知识不会干不行；有钱又会干但没有关系和路子也不行。这三种重要资源实际是财力、学问和顾客。但是，社会的快速发展和公司的急速变化，使价值创造战略内容发生重大改变，无论是美国企业还是中国企业，都感觉到公司全面的战略性思考越来越重要，但也越来越困难。自20世纪70年代人们发现价值创造理论以来，创造价值思想一直建立在新兴产业不断涌现的假设基础上。据此，每个企业在价值链上占有一席之地。在价值链上游，供应商提供投入，而后公司在投入点上创造价值，再交给价值链下游的顾客和其他公司。价值创造战略从根本上说是公司在价值链上的正确定位问题。

可是，研究发现，这种对价值创造的理解如同原车间的装配线一样已经过时。相应的财务战略观念也需更新。不断变化的市场需求和新兴技术使创造价值的方式不断翻新。公司、顾客和供应商可以得到的机会和价值创造途径，会以韦尔奇、亨利·福特和张瑞敏等企业大师想象不到的方式激增。当然，更多机会和途径也意味着更多的不确定性和风险。曾经一直是外部因素而现在已成为公司适应市场变化的内部动力，原来不相关的公司而现在已经进入本行业，这使游戏规则突然发生变化。战略分析中心不再是公司本身，也不是整个行业，而是整个地域的价值创造系统。这个系统中的不同角色如供应商、商业伙伴、联盟、顾客等，共同合作来创造价值，共同盈利。财务经理的战略任务是重新安排新的价值群中各角色的作用和他们之间的关系，以动员新的联合体和各个角色去创造价值。与时俱进的公司，会把财务战略视为社会创新过程和对复杂经济系统连续的财务设计和再设计。

（2）公司与顾客之间的联盟是最有效的价值联盟。公司提供给顾客的商品不仅要质量高、价格低，而且要传达一种信息和知识，从而向顾客提供新的分配劳动和改进生活时间的安排。如果顾客仅要求一些传统上由制造商和零售商完成的工作，那么，公司应以很低的价格提供这种已设计并已加工完毕的产品。只有顾客提出新的设计要求时，商品价格才可能比市场价格高一些。每个客户因居住空间和对商品用途理解不同，对物质产品的体积、尺寸、功能、原料、颜色和价格等要求是不同的。如果商品在被顾客买回家后，顾客可以根据自己的情况和从厂商那里获得的知识对商品做适当改进，使其发挥更大效用，则顾客就能为自己创造价值。这是最有效的公司客户联盟，公司可通过顾客为自己创造价值而获得超额利润。此时，公司出售的物质产品和提供的无形服务之间的区别已经消失。顾客不只是消费者，还是创造价值者、提供利润者。

公司不仅是价值链的连接物，也是商品、服务和设计的中心。因为仅使用价值链的概念已经不能解释公司在价值创造系统中各种角色及其关系的复杂性。先进的企业已不再仅以某一产业为背景事先设计价值链及其为自己定位。相反，优秀企业已开始进行价值再创造，重新设计向各种角色交付价值的价值创造系统。公司主要为顾客和供应商提供工作享受、共同生产的安排，使他们用一种新方式思考价值。其中一种安排是，顾客也是时间、劳动、信息、运输等方面的供应商，供应商也是对商业机会和服务需求的顾客。财务部门在评价公司人均价值创造时，应该采用价值创造总量与公司员工、顾客、供应商总和之比。

（3）新兴的价值联盟：价值群。公司财务上的价值链转变为价值群是中国公司财务实践和财务理论的进展。公司财务人员已经发现并深刻认识到，公司的任何产品和服务实际都是一系列复杂活动的结果，包括供应商与顾客之间、雇员与管理者之间、技术小组与专家之间无数的经济交易和制度安排。因此，产品和服务是公司基于各种有价值的活动创造出来的"产出"。有价值的活动和价值流量不仅表现为一个链条，而且表现出多样性，其形态有时候可能四处横溢。科学技术的快速发展和人类生活方式变化对公司的要求，使人们发明了许多从一些不同的经济活动中组合出来的价值创造新方法、新途径。财务经理已经感到，对公司向顾客提供的是产品还是服务已很难做出回答。各种方法的产出越来越成为产品和服务的复杂联合体。公司的投入方式和途径也呈现多样化。

以顾客从银行账户提款为例，几年前或现在的一些不发达地区，这种活动仍然是一种服务，顾客到当地银行去取款，出纳员将现金交给顾客。但是在最近的 10 余年里，由于信息技术的应用，这种传统服务完全改变了，大部分现金都通过自动取款机提取。这一变化使取款业务出现两个趋势：第一，顾客专注于自我服务活动。第二，人们的大量注意力、专门技术和活动开始集中于自我服务支持工具的设计、制造和维修上，这些工具包括自动取款机本身、取款卡、连接自动取款机和银行的信息与会计系统的计算机网络。这不仅是技术的变化，也不仅是这项业务的变化，而且是整个价值创造系统的改变，剧本、相关人员情节和角色都发生了变化。在自动取款机刚推出时，一些观察家对顾客是否会使用自动取款机提出疑问，批评家甚至预测顾客会抵制银行的这种试图给他们带来额外负担的做法。但事实很快使批评家明白：取款业务的重新安排给顾客创造了一种新价值，并使顾客利用新价值自己为自己创造价值。新取款方式消除了银行办公地点和营业时间的传统限制，为顾客节约了时间和交通费用。

整个价值创造系统的改变，使价值变得更加密集了。密度成为公司财务衡量信息、知识、资本、技术等资源的重要范畴。经济个体在任何时候都可及时地掌握这些资源以创造其价值。任一产出都存在着越来越多的价值创造机会，价值变得更加密集。商店不仅是购物场所，也是休闲去处；自动取款机不仅用于取钱，也可随时随地察看自己的资本积累。于是，新兴价值联盟的出现，使我们对公司财务做出三点推论：

第一，公司之间的竞争将由产品和价格竞争，转为公司综合产出上的竞争，以使顾客愿意花时间、精力和金钱来购买。在一个价值不存在于连续的链条而是存在于复杂的价值群的世界里，公司不仅是为顾客创造价值，更重要的是动员顾客充分利用公司为其提供的价值密度，并为他们自己创造价值。

第二，公司财务的首要战略任务是对财务关系做出重新安排，使战略联盟不断适应整个价值创造系统的变化。当潜在的产出变得更加多样和复杂时，制造产品和提供服务所需要的关系也发生变化。几乎没有公司能提供每一种产出。相反，最有吸引力的产出需要顾客、供应商、同盟和其他商业伙伴共同参与。顾客和供应商参与公司的活动越多，公司创造的价值越大。

第三，公司财务的最高战略是开发和建立价值创造系统。如果创造价值的关键是联盟各方能够合作起来，共同生产出可动员顾客创造价值的产品，那么，竞争优势的唯一来源是构思整个价值创造系统并掌握使它运转的能力。

七、结论

本文以巨人集团的兴衰发展为例，以点带面，深入剖析了企业财务战略与资本运营之间的关系，明确了企业应该如何合理制定财务战略，进而提高资本运营的效率，实现企业经营的效率最大化。为了使企业的财务决策能够有据可依，企业财务机构应该对并购活动提供财务评价标准，并分享与之相伴的协同效应。公司的并购活动是否具有财务可行性，其财务评价标准是：公司并购后的企业价值增大，并购收益大于并购成本。当然，在既定的并购条件下，也可将并购之后形成的新公司的投资收益率 i' 与既定的投资收益率 i_H 进行比较，若 $i'>i_H$，则表明公司收购成功；反之则相反。

公司在进行主营业务的同时，通过财务途径实施并购、重构和财务联盟等扩张行为，不仅增大了公司规模，而且提高了公司业务流程和价值流程的协同效应。协同效应主要体现在业务协同效应、组织协同效应和财务协同效应等方面。由于企业和市场的互补性以及规模经济的作用，两个或两个以上的公司合并后可提高其经营活动的效率，避免无效作业活动的发生，这就是业务上的协同效应。公司获取业务协同效应的一个重要前提是产业中的规模经济尚未形成，并且存在着规模经济。在我国，由于市场经济发展比较晚，加之缺乏产业规划，很多行业仍处于不规模、不经济状态。兼并、收购等财务扩张行为就会产生协同效应。组织协同效应表现为，如果一个企业有一支高效率的管理队伍和组织机构，其机构效率和管理能力超出本公司的需求，但公司又不能通过解聘和撤销机构释放能量时，公司就可通过接受委托管理请求、并购企业、建立战略联盟等，提高公司整体效率和业绩。财务协同效应则是由于在税收避让、资金拆借、投资与会计信息交流和财务关系处理等方面的协同作用为公司带来的种种收益。财务协同效应具体包括：①税收避让协同效应；②资金拆借协同效应；③价值预期协同效应；等等。

本章讨论的资本运营财务战略是典型的货币资本经营战略。同理，人力资本经营战略、技术资本经营战略和信息资本经营战略也是成熟的财务战略选择。本章巨人集团货币资本财务战略主要依托于战略联盟方式得以运行。因此，企业要素资本非货币资本财务战略的选择，应以战略资本均衡配置为基础。资本均衡配置是战略决策的依据。

参考文献

［1］郭复初. 财务专论［M］. 上海：立信会计出版社，1998.

［2］周守华，陆正飞，汤谷良. 现代财务理论前沿专题［M］. 大连：东北财经大学出版社，2000.

［3］罗福凯. 战略财务管理［M］. 青岛：中国海洋大学出版社，2000.

［4］张景奇. 从战略管理角度透视财务管理目标［J］. 商业研究，2002（14）：58-60.

［5］刘志远. 企业财务战略［M］. 辽宁：东北财经大学出版社，1998.

［6］德泓. 史玉柱学乖了［J］. 新财经，2003（1）：26-30.

［7］何学林. 巨人史玉柱怎样站起来［M］. 北京：光明日报出版社，2002.

26 | 我们处在资本时代，还是价值时代？[*]

一、引言

在财务学里，时代即行情，而且是大行情。时代是环境和潮流，时代是企业发展空间。在我国，人们历来重视对时代的界定和描述。在《晏子春秋·霸业因时而生》里，晏子讲："识时务者为俊杰，通机变者为英豪"。商场如战场，认清时代潮流，顺势而为，见机行事，方可成为英雄豪杰。在《三国志·蜀志·诸葛亮传》中，裴松之注引晋·习凿齿《襄阳记》时，亦提及"儒生俗士，识时务者，在乎俊杰。此间自有卧龙、凤雏"。这可能是中国共产党人今天强调"实事求是"、"一切从实际出发"，以及"与时俱进"的缘由。

在我国学术界，许多人主张，我们当今所处的大时代仍然是由资本主义向社会主义过渡的时代。这一提法是 1957 年在苏联召开的世界共产党和工人党代表大会形成的《莫斯科会议宣言》所提出，具有权威性。即："我们时代的主要内容是由俄国伟大十月社会主义革命所开始的由资本主义向社会主义的过渡。"持这种观点的学者的理由是，这一提法传播最广，影响最大，被当时世界大多数共产党人所认同。不过，也有不少学者主张，当今世界，资本主义生产方式仍然发挥主导作用。因此，我们当今所处的时代仍然是资本主义占统治地位的时代。虽然资本主义国家和社会主义国家都在进行制度改进，但总体上，当今世界的主要社会制度仍然是资本主义制度。

中国共产党十八届中央委员会总书记、国家主席习近平于 2015 年 10 月 20~23 日对英国进行国事访问。期间，习近平说："我们今天所处的时代，是以和平与发展为主题的时代，也是各国同舟共济、携手共进的时代。在这样伟大的时代，站在全面战略伙伴关系的新起点，中英两国携手，恰逢其时。"从政治家视角看，我们今天所处的时代是以和平与发展为主题的时代，也是各国同舟共济、携手共进的时代。

从民间百姓视角出发，人们更关心信息安全、饮食安全、交通工具的发展与便利、人造器官开发、高分子材料的广泛应用、清洁能源的发展、宇宙空间探测拓展人类活动范围，以及智能机器人能否引发工人失业等问题。事实上，信息技术、生物、能源、材

---

* 本文最早发表于《会计师》2007 年第 10 期。

料诸多研究方向的突飞猛进和应用，也是世界人民关心的共同问题。科学技术的发展，带来了社会文化、经济与军事的快速变化，老百姓如何应对？这一切，均源于科学技术的快速发展。因此，人们可以将今天我们所处的时代，理解为科学技术与文化知识的发展时代。

基于公司财务视角，我国现阶段的经济社会发展是处于资本时代，还是处于价值时代？这个基本判断的准确度如何，对企业家的经营策略选择至关重要。很明显，企业家们非常关心这个问题。可是，笔者发现，近些年来，学者们似乎更关心此问题，我们从经济学、管理学各种学术期刊和学术会议上看到，经济学或管理学教授们张口价值创造、闭口价值链管理，价值发现、价值评估、价值管理成为学术界研究热点；企业家们则力争向自己产品的价值链高端攀升。"价值"已成为我国经济学和管理学领域研究得最多、讨论得最热烈的问题。

那么，我们所处经济时代的特征或性质究竟是资本还是价值？笔者使用文献搜索统计方法，曾于2007年7月26日在百度网站里分别输入"资本时代"和"价值时代"，显示出的标题或页码很多，两者都是76页（每页10个题目），即都是760个标题。接下来，笔者进入"维普资讯—中文科技期刊数据库"，第一次，分别输入题名为"价值创造"和"资本问题"字样，时间定为2000~2007年，则前者有454篇论文，而后者仅有45篇，前者文献数量是后者的10倍以上。第二次，分别输入题名为"价值"和"资本"字样，则前者为156547条，后者为67601条，前者是后者的1.3倍以上。近期，笔者于2016年7月14日，在百度网以"价值时代"、"资本时代"为主题进行文献搜索，结果是百度找到的价值时代相关结果约为16900000个，而找到的资本时代相关结果约为6850000个。可见，人们仍然愿意选择价值时代。再从中国知网的学术文献看，笔者于2016年7月21日分别以资本时代和价值时代作为主题，在中国知网里的全部期刊里搜索，时间跨度为1949年至2016年7月，搜寻结果为：资本时代相关结果为17984条，价值时代相关结果约为65862条。目前的社会各界关注价值时代的程度远胜于资本时代的注意力。不论是公司财务的价值创造，还是人力资源的价值创造、顾客价值创造、战略联盟价值创造，都广泛地被学术界关注，可见，学者们更热衷于价值问题的研究。

可是，笔者认为，我国经济所处时代，至少在21世纪上叶仍然会处于资本时代。中国经济处于资本时代，其根源在于中国经济在本质上属于社会主义制度初级阶段市场经济。事实上，在21世纪初，我们的企业刚刚进入资本时代。当今世界的主流是科学技术、知识经济和多元文化并存的时代。我国则刚进入科学技术时代初期市场经济的资本时代。我国经济发展中最紧缺的是技术资本和知识资本。对于技术资本，我们主要缺乏自主研发的先进技术。对于知识资本而言，我们不缺少知识，但缺少将知识转化为资本的机制。

二、时代特征的财务文献述评

我国财务学界曾经形成以本金、资本和价值为核心范畴的三大财务学逻辑（郭复初，1993；阎达五、陆正飞，2000；李心合，1996）。李心合教授在《论公司财务的性质与职能》（《财务研究》，2016 年第 1 期）一文中，全面综述了我国 1949 年以来财务学基础理论研究的发展历程和主要学派。资金（资本）管理是 1949 年以来企业管理的重心。这表明，自 1949 年以来，我国就开始步入资本管理时代。郭复初教授在其《中国特色财务理论研究》著作里，全面深入论述了财务学的产生问题，并对基金、资金、资本和价值等不同概念进行了细致研究，虽然该著作属于论文集性质，但其内容前后一贯，属于典型的财务基础理论研究著作。郭复初教授是我的博士生导师，对我的学业栽培恩重如山。对于恩师的著作，笔者认真拜读。从郭老师的著作里可以看到，他主张资本是当代财务学的研究重心。他认为，人类社会远古时期处于财务的本金逻辑阶段。后来，随着社会经济的不断发展，财务学也在不断发展变化。当本金生出资本并由资本逐渐替代本金而在经济过程中发挥新的更大的作用时，财务的本金逻辑便更新为资本逻辑（罗福凯，2003）。经济组织的最主要生产要素是资本——财务资本（货币资本）及其与生产要素相结合形成的要素资本。投资人从市场上筹集货币资本并将货币资本投放到市场和企业，与机器设备、劳动者、技术、信息和知识等生产要素相结合生成或创造实物资本、人力资本、技术资本、信息资本和知识资本等。资本的筹措、投放、耗费、收回、分配及其产生的资本经济关系，成为财务学研究的重要内容。当信息经济取代工业经济时，货币资本和实物资本的作用在减少——在没有财务资本的条件下，知识、技术和劳动相结合也可生成知识资本、技术资本和人力资本以创造价值。我国少数国有垄断企业处于财务的资本逻辑向价值逻辑的过渡阶段，但大部分企业财务管理的核心依然处于由资本逻辑阶段。

我们正处在一个从工业社会向后工业社会过渡、计划经济向市场经济过渡，以及传统资本向新兴资本过渡的历史时期。在这一时期，复杂性和不确定性迅速增长。科学技术的快速发展和深度应用，引发科技革命由机器设备变革转变为技术成为生产力核心要素，科学技术的发展和应用改变了社会文化的发展历程，科学与民主开始被人们普遍关注，并使知识资产在经济发展中的作用日益凸显。在一定程度上，复杂性、不确定性、开放与共享，是我们时代的基本特征。从经济上说，社会的转型会以经济结构的变化、经济要素的调整等形式出现，原有的经济关系、经济格局都会发生变化。由于经济要素在经济结构中地位的变化，一些经济要素原先是重要的经济因素现在可能变得不重要了，甚至有可能被排除到经济活动之外，成为可有可无的因素。自 20 世纪 70 年代之后，技术资本、人力资本等不但从企业资本的影子里走了出来，而且径直走向大企业的舞台中心。科学和技术已经成为国际竞争的核心，成为引领未来经济社会发展和人类文明进步的主导力量。对刚进入市场经济资本时代的中国来说，技术资本是该时代的主要特征，并可能成为中国经济发展的核心驱动力。

三、学者们为什么热衷于价值问题研究?

经考察，学术界热衷于价值管理研究的原因有四。

(1) 知名的优秀大公司已经形成对价值创造理论的极大需求，而生产和提供价值创造理论的任务又主要由理论研究工作者来完成。众所周知，我国近年来进入世界500强的企业数量越来越多，不论是中国石化、国家电网、中国石油、中国人寿、中国移动通信、中国工商银行、中国电信、宝钢集团，还是中粮集团、五矿股份、上海汽车、一汽集团等，这些知名的优秀大公司多是国有独资或国有控股公司，都是行业龙头企业，具有资源垄断和市场垄断地位。它们基本完成了资源优势的建立和资本积累工作，而它们的主营业务主要在国内，与国内的其他一般企业相比，这些优秀大公司必须在单位资源价值创造上具有领先优势，才能具有市场竞争优势和可持续发展能力。如中国石化公司，它在人力资源、货币资源、物质设备资源和技术资源等方面，都是居行业绝对领先地位，它关心的是公司如何获取更多信息、开发新的客户、改进公司理念，创造新的价值。中国工商银行是一个股本达3300多亿元的大公司，货币资本充足、人力资源丰富、物质设施先进，他们缺少的是如何增加公司价值的方法、策略和制度。招商银行的人、财、物都不及中国工商银行，但招商银行的每股市价在2007~2016年期间远远高于中国工商银行，这就不能不使中国工商银行的决策者们感到头痛。国务院国资委所属中央企业，很多企业属于这种情况。这就吸引很多学者来关注和研究它们。尤其是国家教育部所属的国有重点大学的教授们，将国有大型知名企业的学术研究与日常教学工作紧密联系，把研究成果传播给学生，对学术界和教育界影响很大。

(2) 世界经济全球化的提升，使得人们关心资本价值问题比关心资本问题更费心思，研究市场价值成为学术界的一种时尚。美国企业和学界的价值链管理、经济增加值、顾客价值创造等理论，在我国企业的应用效果很好。于是，一般企业都喜欢学习价值链管理知识。这就引发我国学者关注价值链、价值群、价值流程、价值创造等问题的研究。现在，我国对价值链会计、价值链财务、价值链审计和价值链统计的研究非常普遍，该类研究文献也特别多。价值创造研究，在近几年似乎成为学术界的一种潮流。然而，我国经济发展的真实情况是，我国企业和私人机构的资本机制尚未建立起来，产权制度尚不健全，资产转变为资本的过程或通道尚未通畅。

(3) 由于价值创造文献很多，学者对此类课题的研究成本就会较低，加之政治领域社会主义核心价值观的传播，企业财务上的价值范畴开始成为学术界研究重点。重要的是，我国学术界、期刊界已经形成了关注价值创造的研究风气，因而，写出来的论文也比较容易发表。而且，我国的学术期刊基本上全部被政府垄断，而不是被学术界自己掌握。学术界缺乏相对独立性。经济学的发展以政府工作重点为转移，偏离了经济学自身的客观规律性。

（4）我国学术界拥有研究价值理论的传统。21 世纪初，我国少量经济学家开始重新反思和研究马克思的劳动价值理论和剩余价值学说，这使得从事财务管理研究的许多学者产生兴趣。经济理论研究的发展是公司财务和管理学研究的重要驱动因素。著名经济学家蔡继明教授在出版了《广义价值论》（蔡继明、李仁君，2001）之后，又出版了《从狭义价值论到广义价值论》（2010）著作，一方面论证价值决定与价值分配之间的关系，并对价值理论研究中若干似是而非的问题展开讨论，证明"价值是凝结在商品中的一般人类劳动"的论断。另一方面，把新古典经济学中的边际生产力理论引入广义要素价值决定模型，在广义价值理论基础上阐明生产要素功能性分配，从而完善广义价值理论。从而为按生产要素投入和按贡献份额进行分配提供理论依据。另外，著名经济学家陈志武教授极力向我国学者推荐的其同事威廉·N. 戈兹曼（William N. Goetzmann）与罗文霍斯特（K. Geert Rouwenhprst）出版的《价值起源》（The Origing of Value）一书，对我国学术界研究企业价值问题也起到了一定的推动作用。价值创造或创造价值已成为企业家们的口头语。

这里的四个原因，对我国的经济增长都不构成决定因素。因此，本文认为，从国家整体上看，我们现在所处的时代可能并不是价值创造的时代。企业将创造价值作为其经营重心或财务活动重心，仍然存在一定的差距。价值创造和价值管理离企业经营核心尚有很大的距离。我们的经济发展尚未进入价值时代。

四、我们刚进入资本时代

从国际范围看，世界上 180 多个国家和地区组织，大多数国家或地区实行资本主义制度。即多数国家或地区实行生产资料私有制和追求私人生产资料财富最大化。其社会产品的分配虽然纳入市场经济，但其规则是私有制。我国的社会主义制度刚确立了属于中国特色的社会主义初级阶段。虽然我们废除了私有制主体地位，但尚未彻底消灭剥削阶级，私有制在我国仍有合法地位。而且现在，我国社会主义国家与欧美一些资本主义国家一同进入世界经济全球一体化进程。社会主义经济与资本主义经济相互交叉和互补。在未来很长一个发展时期，我国的经济发展均会处于资本时代。当世界上约有 1/2 的国家选择了社会主义制度，我国的社会主义经济可能会进入一个新的经济时代。

前已述及，我国那些直属国务院国有资产管理委员会的国有独资或国有控股公司，虽然资本和市场处于绝对领先优势，但其数量很少。市场经济是百姓市井经济，在市场经济众多行业的汪洋大海里，绝大部分企业关注的不是它的单位资源能创造多少价值，而是关注它能获得多少个单位的资源，以及企业能够获得多少生产要素和资本的配置。绝大多数企业的成长和发展取决于资本的投入和资源的开发。新兴生产要素的开发及其资本化，开始成为新经济增长的核心驱动力。技术资本、信息资本和知识资本开始替代人力资本、货币资本和实物资本的核心地位，多要素异质资本均衡配置及其收益最大化开始成为企业财务管理的重心。中央政府关于国有企业的经济管理体制正在试图以资本管理替代资产管理。所谓中央政府对国有中央企业的管理由资产管理转变为资本管理，实际是中央政府对中央企业的管理由具体的经营活动层面管理安排转变为股权资本层面的产权制度管理安排。企业剩余索取权和剩余控制权的管理是企业股权资本管理或股本产权管理的核心。

（1）从整个社会看，无论中小企业，还是大企业（包括进入世界 500 强的知名优秀大公司），都认为企业的健康成长和发展需要获取必要的资源配置。这里的资源既包括人力资源、货币资源、物质设备资源等传统资源，也包括技术资源、信息资源、知识资源和文化政治资源等，这些资源经过市场交易过程进入生产领域，就变为企业的要素资本。我国优秀的大公司，可能并不十分缺乏传统资源，但它们获取新资源的途径还不十分通畅，因而多数大公司的信息资本、技术资本和知识资本都比较少，特别是技术资本和知识资本，我们尤为贫乏。以青岛海尔公司为例，它的冰箱销售额曾经约占我国冰箱市场 1/3 的份额，其销售量和营业额都很大，可是冰箱生产的核心部件与技术核心至今仍需从国外购买，海尔没有核心技术和自主知识产权。同样，迄今为止，计算机、打印机和复印机等产品，其核心部件和技术，我们都没有自己的知识产权。我国已成为世界第一或第二大汽车生产国和消费国，可是汽车制造的发动机、控制系统等核心部件以及核心技术等，我们不具有优势。企业品牌和汽车文化等知识资源，我们也缺少自主知识产权。那么，企业为何不增加技术资本解决这些问题呢？因为增加技术资本和知识资本的成本太高，不如增加物质设备的效果快。商人首先看重的是利润和市场资源，有利有市场就可以先赚钱。联想集团也是这个思路。过度优先重视市场眼前机会，已使联想集团为此错误战略选择付出了沉重的代价①。中国企业会在未来的 30 年里一直缺少技术和技术产权。很显然，我国的多数大公司都没有完成技术研发和新要素资本的必要积累。多数大公司都是刚开始重视新的要素资本筹备和投入，多数中小企业刚开始有条件考虑财务资

---

① 参见投资界网站（北京）2016-05-28，18：20 披露：联想集团和华为公司这两家优秀的中国企业，都是中国企业国际化的典型代表，他们却选择了不同的发展道路，也出现了不同的结果。在 23 年时间里，两家公司发生了业绩、实力的惊天大逆转！命运为何如此不同？

联想 6 年来首次全年亏损。2016 年 5 月 26 日盘后，联想集团（0992.HK）发布了该公司 2015 年全年财报，财报显示，联想收入为 449 亿美元（约合人民币 2945.4 亿元），同比下降 3%；净亏损为 1.28 亿美元（约合人民币 8.4 亿元），而 2014 年的净利润为 8.29 亿美元。联想上次出现年度亏损是在 2008/2009 财政年度。该年度联想净亏损 2.26 亿美元。其主要原因是 2008 年金融危机造成全球市场低迷，该财年联想个人电脑销售下滑 8%。而现在亏损的原因则是，不断萎缩的 PC 市场，智能手机战略的失误，加之与摩托罗拉整合不畅让老牌联想陷入了前所未有的困境之中。与联想陷入巨亏尴尬相反的是，同为中国企业国际化典型代表的华为公司，2015 年华为开始向苹果公司收取专利许可使用费。据报道，华为技术公司 2015 年年报显示，华为 2015 年全球销售收入 3950 亿元（608 亿美元），同比增长 37%；净利润 369 亿元（57 亿美元），同比增长 33%。联想和华为一个年净亏 8.4 亿元，一个年净利润 369 亿元！这背后其实也是两种模式的较量。仅 2014 年，华为收入 2800 亿元、研发投入 405 亿元，研发支出占比 14.46%，2015 年华为收入 3900 亿元，研发投入 500 亿元，研发支出占比 12.8%；而过去 10 年，联想研发支出占收入比从未超过 2%，累计投入研发成本 44.05 亿美元，与华为 2014 年的研发支出的一半持平。华为公司的自主技术道路与联想集团的市场营销策略，孰对孰错，资本收益率给出了答案。

本积累，并试图增加技术资本投资。

（2）我国资本市场里上市公司所在的十几个行业，多数行业刚进入资本时代。如机械制造、交通运输和汽车、房地产、金融、计算机与通信、能源、航天与海洋科技等行业，基本上都是刚刚踏上资本投入征程。现在，这些行业发展的核心驱动因素是资本投入。房地产和金融业是 2001 年前后开始启动资本征程的，路线选择正确，即使道路不平坦也可达到理想的繁荣目标。汽车业起步于 20 世纪 90 年代初，以华晨和吉利进入汽车领域为重要标志，后来又有长城汽车和奇瑞汽车等相继诞生。但汽车的产业链较长，产业升级较慢。此前，中国汽车行业是典型的计划经济的产物，主流企业都是一汽、上汽、东风等大型国有企业。在市场经济的初期，这些大型国有汽车企业没有完全显露出生机，天津汽车公司、北京汽车公司以及东风汽车等企业甚至一度巨额亏损。华晨公司最初进入汽车领域时，一心想利用汽车题材在股市上炒一把，结果公司非但没有升值，反而被迫陷入了金杯客车的泥潭。因为华晨公司那时并不具备价值创造的基础条件。为了能给上市公司赢得一个好的业绩，华晨只好介入企业经营，并慢慢从一个以资本运作为主的公司，转变成为实业型的汽车公司。随着中华轿车项目和宝马项目的实施，华晨在汽车行业里占据了一席之地。在进入汽车领域的非传统汽车企业中，只有华晨、吉利、长城等几家汽车企业取得了成功。其中，吉利汽车有限公司凭借自主技术研发和勇于学习创新的理念，在我国汽车生产行业成为最著名的民族品牌之一。其成功的奥秘也在于资本驱动和持之以恒的技术创新。生产汽车需要很多物质设备、厂房和货币资本，只要做了汽车，大量的固定资产就逼得你一直要玩下去，不可能像有些行业可以只做资本投入，市场一旦滑坡就可撤资而转投其他领域。因此，汽车行业既是技术密集型行业，也是资本密集型行业。我国的通信业，主要缺乏货币资本和技术资本。如果不能筹集足够的货币资本，技术研发投资和产品升级上不去，那么通信业就难以全面健康发展。

资本的嗅觉是最敏锐的。我国的医药行业、酿造业、机械装备制造业，2007 年以来都是外资的并购对象。医药、酿造和机械装备制造，都是我国的传统产业，但现在它们为经济增长的贡献份额还很低。虽然医疗设备越来越先进，医生学历越来越高，但是，似乎医生越来越不会看病了，医生的技术越来越落后，医患关系也越来越差了。医生利用医疗器械过度检查，反而给患者造成危害。倘若医生滥施检查，这个设备也就背离了研制的初衷。同理，饮食酿造业和机械装备制造业，我们只能生产普通产品，难以生产出科技含量较高的先进产品。我们有丰富的人力、物力和市场订单，但缺少先进技术和技术研发投入。技术资本将逐渐替代货币资本的主导作用而成为企业发展的核心资本。在我国，先进机械制造业、信息网络产业、农业生产、生产性服务业和新能源、新材料、生物医药，应是未来技术资本投入的重点领域。

（3）一个国家和地区在工业化、城镇化初期，经济发展的主要发动机是货币资本、人力资本和物质设备资本。当人们有能力开发和取得技术、信息和知识等新要素资本时，才有可能进入工业化、城镇化的中期或后期，在走出资本时代之后，我们才能进入价值时代。这样看来，以经济发展主要驱动因素的性质判断，社会经济发展实际是由自然资源时代（主要是人力资源、土地资源、水资源和煤炭及石油资源等）、资本时代和价值时代等构成，我国的农业和农村目前基本上仍处于自然资源经济时代向资本时代转变时期。经济学的一个重要定理是资源会流动和配置到最有生产效率的用途上。农业生产急需的资源是人力资本、技术资本、物质设备资本，接受人力资本投资的农民可以提升其专业素质而具有较高的生产率；资本所有者向农业投入财务资本可以改善农业生产条件和生产过程的优化，增加现金流入量，吸引新技术资本的流入；增加物质设备资本，可以有力地改进农业的工具效率和基础设施。工业化程度高的行业或企业，应偏重于增加技术资本、信息资本和知识资本的投入，恰当地将技术资本、信息资本和知识资本与传统的人力资本、货币资本及物质资本的整体投资组合最优化，从而实现最佳的效益。一些资本充裕的企业，开始重视资本市场上的证券投资，这种财务资本投入的回报率从企业发展看会远远低于企业的技术资本投资。

我国的人口数量众多，但这些人口数量中的劳动力资源如何转变为人力资本并投入生产过程，则基本上处于落后状态。其原因有二：一是我国的学制比较长，不论中小学义务教育十二年学制还是大学学制，都比较长。一些高中生本来属于优质的产业工人，但这些不适合读书或不喜欢读很多书的学生在父母或爷爷奶奶的威逼下，不太情愿地参加高考。还有一些大学毕业生，本来应立即进入社会化大生产过程补充人力资本，然而，却非要报考硕士研究生继续学习2~3年，从而延缓人力资源的资本化。二是我国法律关于人力资本的规范比较落后。企业实际生产活动或学术理论界，早已认可人力资本的客观存在和实际作用，但法律上的具体条款很少。法制建设落后于经济发展，严重干扰了人力资本财务性质的作用发挥。如果人力资源没有转化为人力资本，那么，这些劳动力数量就没有进入生产领域，劳动力的生产参与率很低。当然，参与财富分配的程度也很低。这说明实际的就业率较低，失业率很高，人力资源闲置率很高；同时也说明国有企业员工数量过多、政府机构公务员数量过多，以及每千人企业数量过少，使得我国的人力资源效率很低。美国、英国、法国、德国、日本、加拿大、韩国等比较发达国家，以及我国的香港和台湾地区，其每万人注册企业数量一定会高于我国内地的每万人注册企业数量。我国内地的广东省、浙江省、江苏省、上海市等比较发达地区，其每万人注册企业数量，一定会高于我国的西部地区每万人注册企业数量。小企业数量少，大量人力资本和货币财务资本没有进入企业生产领域，是我国经济发展处于资本时代初期的一个重要标志。什么时候我国的老百姓能够自主地将自身的劳动力自由地和自觉地转化为人力资本，广泛地直接参与企业生产经营过程和财富分配过程，什么时候我国市场经济里的企业不是完全由国有企业主导而由国有企业和老百姓民间企业共同主导，那时，我国的经济发展可能就完全进入了真正的资本时代。此时，百姓生活也必定会富裕起来。员工薪酬水平与注册企业数量有关。而且，一个企业的员工数量越多，其技术进步就越缓慢。相应地，员工收入水平的增长速度就越缓慢。

五、社会主义初级阶段的经济制度性质与资本时代

（一）社会主义初级阶段的市场经济制度及其性质，决定了我国经济处于资本时代

社会主义制度与资本主义制度是两种完全不同的社会制度。但社会主义初级阶段的经济制度与资本主义高级阶段的经济制度存在一些交叉和相似之处。因为我国的社会主义经济里既有公有制，也有少量私有制。生产资料所有制决定一个国家的资源归属方式、资本配置结构与生产形态，因而也是一个国家经济制度的基础和根本。20 世纪 80 年代，我国以生产资料所有制改革为起点，重新思考和构建中国特色社会主义经济制度。经过十余年的探索和实践，其最终形成的基本经济制度是：公有制为主体、多种所有制经济共同发展的基本经济制度。在这制度中，公有制既是主体，也是前提和基础；但同时，必须包容非公有，并与非公有共存发展。在 20 世纪 50 年代至 70 年代的实践中，生产资料公有制首先选择的是计划经济运行方式，并严格限制和杜绝私有制。由于完全十足的公有制不适合社会主义初级阶段的发展情况，1980 年以后的改革开放政策开始倡导调整企业公有制结构和布局，走社会主义市场经济之路。同时，也为补充公有制经济的私有制企业发展创造相应的空间。显然，这是一场革命性的经济制度变革。因为世界各国的市场经济都主要以私有制为其运行的所有制基础。因此，中国人必须解开公有制与市场结合的谜题：将市场经济成功地建立在以公有制为主体的经济制度基础之上。中国人开始探索和实践既遵循市场经济规律，但又不同于西方发达国家的私有制市场经济制度。在过去的 30 多年里，我国的市场经济发展很好，未出现私有制市场经济固有的经济危机、私人资本过度垄断和财富两极分化等问题，这就说明，我国经济刚进入资本时代的基本判断是正确的。

人们怀疑资本时代的原因在于对社会主义制度的理解尚待深入。在我国，由于经济改革和开放，尤其是商品和货币经济理念的影响，许多人在思想信念、制度自信和文化自信方面出了问题，甚至怀疑我们的社会主义。过去的 30 多年，商品和市场经济对我国社会的冲击非常大。人们的思想缰绳应该收拢一些了。

（二）解释社会主义由 1949 年改为 1840 年和天下为公思想是一个巨大的进步

我国的社会主义社会制度探索并非始于 1949 年 10 月 1 日中央政府由"中华民国"改为中华人民共和国。实际上，从 1840 年开始，中国人就开始了探索独立自主、自力更生的公有制均贫富社会大同制度。近年来，学术界和政界将此解释为古代中华文明发展的必然结果。从上下五千年的中国历史进程看，中国社会先后经历了先秦的封建时期、

秦朝之后的中央集权专制时期，以及辛亥革命之后的民主共和时期。每一个形态所创造的新结构、新治理与新秩序，都是中华文明进步与发展的自然延续，也为今天中国的发展提供了基础和动力。马克思和恩格斯严谨论证提出的"人类社会发展是由低级到高级，由片面到全面的发展过程"的重大论断，完全符合人类社会发展的现实。

我国选择社会主义制度是中国社会发展历史的逻辑延伸，符合人类社会发展规律，实质是人民的选择。近代以来，帝国主义列强的入侵中断了中国社会发展的正常进程。面对山河破碎、生灵涂炭的危局，中国人民奋起抗争，提出了各种改造中国社会的方案，甚至提出建立资本主义的构想，但最终都以失败而告终。苏联1917年十月革命一声炮响，给中国送来了马克思列宁主义。一些优秀的中国人开始从孙中山、洪秀全等革命先人吸取经验和教训，深入社会内部开展深度调查和研究，把社会人民群众作为老师，探索中国社会制度的发展。其中，有13位仁人志士[①]于1921年7月1日在上海成立了新的党派——中国共产党。在马克思列宁主义同中国工人运动相结合进程中诞生的中国共产党，高擎起马克思主义理论旗帜，历经千难万险，团结带领中国人民进行了一场场气壮山河的斗争，完成新民主主义革命，成立了中华人民共和国；完成了社会主义革命，确立了社会主义基本制度，推进了社会主义建设。最初创建中国共产党的13人，多人在枪林弹雨的年代为中国革命牺牲了年轻的生命，也有的人脱离了组织和叛党或出卖同志，甚至成为日本人的走狗。但中国共产党还是迅猛地壮大和发展了起来。可以说，中国共产党深刻改变了中国人民和中华民族的前途和命运，也深刻改变了世界发展的趋势和格局。对此，毛泽东同志发挥的作用最大。毛泽东提出人民群众是历史创造者的思想，奠定了中国共产党发展壮大的基础。

事实上，人们对社会主义制度的认识是一个漫长的发展过程。马克思主义最初对社会主义制度的预测是：社会主义社会以生产力的高度发展为物质前提；全社会共同占有生产资料，消灭私有制；高度集中的计划经济取代无政府的盲目生产，没有商品和货币；在共产主义第一阶段对个人消费品实行按劳分配，到高级阶段则实行按需分配；过渡时期只能是无产阶级专政，之后，阶级和国家逐渐消亡；在共产主义社会，人类将获得彻底解放，每个人自由发展将是一切人自由发展的条件。可是，人类社会历史上第一个社会主义制度苏联制度的实践表明，现实社会主义制度及其国家与马克思的设想略有差别。苏联社会主义国家根据马克思主义和列宁的设想而成立，其特点是实行高度集权的无产阶级专政国家，大规模和统一计划经济体制，以及生产资料全民所有制和按劳分配制度。结果，由于多种复杂原因，苏联解体，其新兴国家放弃社会主义制度。我国对社会主义

---

① 1920年初，全国各地出现了马克思主义小组和共产党早期组织，1921年7月23~31日有来自全国的13位代表，在上海市出席中国共产党第一次全国代表大会。13位代表是：上海小组的李达、李汉俊，武汉小组的董必武、陈潭秋、包惠僧，长沙小组的毛泽东、何叔衡，济南小组的王尽美、邓恩铭，北京小组的张国焘、刘仁静，广州小组的陈公博，旅日小组的周佛海。他们代表着全国50多位党员。当时，对党的创立做出了重要贡献的李大钊、陈独秀因各在北京和广州，工作脱不开身，没有出席大会。共产国际派马林（荷兰人）和赤色职工国际代表尼克尔斯基（俄国人）出席了会议。此后，中国共产党在艰难曲折的发展道路上迅速壮大和发展。

制度的探索，在1949年之后有了新的突破。虽然我们也走了一些弯路，但在前进中逐步认识到，计划经济不等于社会主义，市场经济不等于资本主义，社会主义可以搞市场经济（邓小平语录）。平均主义和两极分化不是社会主义，社会主义的最终目标是实行共同富裕。因此，社会主义的本质是解放生产力，发展生产力，消灭剥削，消除两极分化，最终达到共同富裕。解放生产力和发展生产力是科学社会主义的根本点。社会主义的最终目标是实现共同富裕。在走向共同富裕的过程中既要防止出现严重的两极分化，又要克服平均主义倾向。生产力高度发展是社会主义其他原则实现的前提。发展生产力是社会主义的根本任务，也是评价和检验社会主义制度和方针政策的客观依据。解放和发展生产力是社会主义生产关系性质的体现，也是实行公有制和按劳分配的必然结果。这一原则既有马克思主义观点，也有中华民族传统文化思想。

我国特色社会主义经济制度的主题是社会主义基本经济制度与市场经济相结合和相统一。坚持社会主义市场经济的改革方向，既是我国改革发展实践需要坚持的基本原则，也是中国特色社会主义政治经济学的主题。这一主题的核心在于，如何把我国公有制为主体、多种所有制经济共同发展的社会主义基本经济制度与市场经济统一起来。一方面是社会主义基本经济制度，特别是作为主体的公有制经济如何与市场经济有机统一；另一方面是政府调节与市场调节如何有机结合，使市场在资源配置中发挥决定性作用，使政府在宏观调控和市场失灵等领域更好地发挥作用。无论在理论上还是在实践上，社会主义公有制与市场经济的统一问题，都是一个需要不断深入探索的难题。西方主流经济学否定公有制与市场经济统一的可能，进而把市场经济作为资源配置方式紧紧与资本主义私有制结合起来。马克思主义经典作家没有考虑过公有制（社会共同占有制）与市场经济统一的可能及必要，而是把公有制与计划经济机制统一起来。无论是十月革命后进行最初社会主义实践的苏联，还是"二战"后建立的实行社会主义计划经济体制的国家，都把公有制与市场经济根本对立起来，在"纯而又纯"的公有制基本经济制度条件下建立计划经济体制。20世纪80年代后，这些国家为获取市场竞争带来的高效率又放弃了公有制。我国经济改革和发展最重大的成就和根本的特色，就在于既坚持公有制为主体、多种所有制经济共同发展的基本经济制度，又在资源配置中发挥市场的决定性作用，实现二者的结合与统一，建立并逐步完善社会主义市场经济体制。

（三）对21世纪中国社会主义经济制度的进一步认识

中共十八大以来，习近平总书记多次谈及"天下为公"、"大道之行也，天下为公"的中华传统文化思想和治国理政观念。"大道之行也，天下为公"主要出自儒家经典文献《礼记·礼运》篇，由孔子在阐述自己的社会政治理想时给出深刻解释，从而为人们刻画和描绘了最理想而崇高的政治目标，最远大而美好的社会愿景，这就是中国人所熟知的"大同"理想。紧接"大同"理想，孔子进一步阐述了他对于"小康"社会的看法。"小康"可以说是较次一级的政治目标和社会理想，但也更加接近现实而具有实现的可能性。

"大同"、"小康"的社会理想和政治目标，虽然是出于对上古时代状况充满历史想象力的重构而提出的，但为人们提供了一种用来审视、评判现实世界的理想社会蓝图与标准，自它们提出之日起，就在历史上不断激发人们改进现状、追求理想的向往、意愿、热忱和行动。在近现代，西方列强和日本帝国主义的欺凌与侵侮，更激起了中国人民反抗外侮、追求实现国家富强乃至"天下为公"和"大同"理想的坚定决心与信心。今天，我们党正领导全国人民为全面建成小康社会而努力奋斗，并且我们的奋斗目标不止于此，还有更崇高远大的理想信念和目标追求，那就是对"天下为公"、"大同"世界的无限向往与渴求。那么，从古至今，何为中国的思想家、政治家和革命家如此热忱推崇和深沉追求"天下为公"的博大情怀和思想境界？这就是中华民族传统文化的底蕴和本质。天下之为天下，乃是指包含所有人在内的人类整体。自先秦以来，天下便是中国思想家和政治家思考和关切的对象，治国平天下或重建天下秩序是他们追求实现的终极政治目标。因此，天下的观念实际上寄托了中国思想家和政治家最崇高而博大的政治理想、道德情怀和价值信仰。孔子以后，人们就一直在讨论君子的标准是什么，君子之道是什么？在《礼记》里，就有"天下为公"的政治理想。古代中国人认为，好的社会标准应该是选出一位高素质的领导，《礼记》里说："大道之行也，天下为公。选贤与能，讲信修睦。"这种说法非常有意思，它和马克思主义的共产主义意识形态不一样，马克思主义认为，人们不需要国家和领导，只要大家平等就可以。但是按照儒家的标准，最理想的社会还需要选比较有能力、有道德的领导，所以我们应该讨论，究竟哪些能力和道德重要？怎么培养这些道德和能力？中国很多知识分子一直都在讨论这样的问题。2016年5月17日，习近平总书记在当日召开的哲学社会科学工作座谈会上，又一次讲道，"一切有理想、有抱负的哲学社会科学工作者都应该立时代之潮头、通古今之变化、发思想之先声，积极为党和人民述学立论、建言献策，担负起历史赋予的光荣使命。"这里的观点，以开阔的历史眼光和理论视野，既充分肯定了我国学习和应用马克思主义理论，又提出了传承我国历史文明的重要性。

实际上，中华传统文化思想与马克思主义理论存在许多共同之处。在上古唐尧、虞舜、大禹朝代，国家实行公天下制度。"公天下"应是我国最早的公有制。之后的夏朝开始实行家天下。"家天下"的制度安排诞生了集体所有制。天下为公思想已经形成。我国儒家学者比如孟子曾反复思考采取什么方式解决人类贫困问题，如何科学分配土地给农民等。马克思主义的本质是生产资料公有制和劳动人民是社会的主人。可见，我国社会主义制度与马克思主义倡导者具有共同的价值观。在管理社会和国家方面，中国先秦儒、墨、道、法等各家的思想家一致认为，天地之道是博厚广大和公平无私。在政治上严明天下为公还是天下为私的问题，并一致主张，统治者只有遵循、效法天地之道，才能真正引领整个天下走向太平大治，唯有天下为公，才能平治天下，反之，"私者，乱天下者也"。《礼运》篇所谓"大道之行也，天下为公"，重建天下秩序的根本含义即在于此。

天下为公、大同世界的中华民族理想，向世人展现了一幅最崇高而远大的关于人类美好社会超越性的理想和愿景。但中国的思想家们从不架空虚设一种高远孤悬的天下主义理想，也不认为可以跨越时代的可能性而一下子实现大同社会的终极理想。正如《大学》所说："物有本末，事有终始。知所先后，则近道矣。"因此，儒家视域中的修齐治平或家国天下问题所期望达到的，乃是一种不断扩展的"同心圆"秩序或循本末终始之序而层层推进的"差序格局"。今天，倡导"天下的当代性"或"新天下主义"，必须首先能够实现全面建成小康社会、实现中华民族伟大复兴的中国梦的奋斗目标，才有可能逐步引领全人类走向天下为公、大同世界的终极理想和崇高目标。现在，我们实行中国特色社会主义制度建设，实际上，就是希望能够循序渐进地使天下人都能够共同进入天下大道，秉持世界人民是一个命运共同体，大家共臻于大同。中国人追求天下为公、大同世界的终极理想和崇高目标，并不简单地排斥和否定家国、民族、地域、宗教等种种差异性和特殊性对于世人身份认同和寄托其归属感所具有的重要意义，中国人喜欢平等和友善。在终极理想的意义上，总是期望能够化天下为一家，四海皆兄弟，整个天下成为一个人类休戚与共的命运共同体。

当今世界的基本社会制度，主要有两种制度存在：社会主义制度和资本主义制度。两者的首要差别和根本差别在于生产资料的所有制形式：社会主义社会以生产资料公有制为基础，资本主义社会以生产资料私有制为基础。物质资料所有制是社会制度的基础。物质生产资料公有制是社会主义经济制度的基本特征。但是，物质消费资料仍然属于私有制形式。两种社会制度的第二个差别则是意识形态差别：社会主义社会奉行劳动人民是社会主人，无产阶级是整个社会的统治阶级。第三个差别：社会主义制度的基本生产目的是满足全社会人民日益增长的物质和文化增长的需要，消灭剥削和贫穷，实现人民共同富裕。社会主义制度的重点是探索先进科学的生产方式，发展生产力，创造人民共同需要的财富，实现全社会共同富裕。资本主义制度的基本生产目的是资本增值，满足资本所有者对资本价值的追求，其生产活动的重心是追求利润。社会主义制度追求整体产出和财富的最大化，资本主义制度追求个人的利润最大化。但是，资本主义经济和社会主义经济也存在许多共同之处。比如尊重产权。资本主义制度下的产权强调私人产权的重要性，但没有完全排斥共有产权。社会主义制度下的产权制度强调共有产权的重要性，但没有完全排斥私有产权。事实上，在中国古代的天下为公思想下，也没有否定私人产权。例如，"民之为道也，有恒产者有恒心，无恒产者无恒心"（《孟子·滕文公上》），就隐含一定的产权含义。

现在，我国正处于社会主义社会的初级阶段，尚未完全实现物质生产资料公有制，部分生产资料私有制依然存在。回顾社会主义原有的经济发展模式，无论是"大跃进"还是"人民公社化"运动，都是无视资本投入基础和自身实际发展情况的价值创造。而资本主义制度在它不到100年的阶级统治中所创造的生产力，比过去一切世代所创造的全部生产力还要多、还要大。这一点上我们应吸取历史经验和教训。资本主义制度过度重视消费，过度体现个人财富最大化，以及大量严重的贫富差距或两极分化，是我们应避免的问题。社会主义制度也有过度重视生产、过度体现公有制和共同富裕，以及容易忽略非经济领域的劳动者对社会经济发展的贡献，也是我们应注意和避免的问题。生产与消费的均衡，供给与需求的均衡，应是社会主义制度经济理论的基础。

正确认识和定位资本时代是我国人民的一种自信。2016 年，在中国和韩国之间发生了一件不愉快的事情：韩国要求美国在其本土部署现代军事武器装备"萨德反导系统"。该军事装备直接危害到我国的国防工程和科学技术发展。这是我们不允许的。然而，在我国，贬损本国而崇洋媚外是近代鸦片战争以来出现的不良思潮。由于在反抗西方列强侵略的斗争中屡战屡败，我国有一些人丧失了民族自信和文化自信，民族自卑心理和否定中国历史文化的思潮一度成为当时的意识形态。现在，这种情况依然存在。我国游客在日本和欧洲与当地人发生一些纠纷，国内一些人立刻拿来渲染，用以论证中国人不文明和劣根性。但事实被澄清之后，人们才发现真相往往相反。我们青岛的城市排水系统，每到雨季经常变身"网红"，某些媒体总是将青岛的德国造下水道作用无限放大。其实，青岛的城市排水功能主要是由青岛人自己修建的数千公里排水管道来承担，当年德国造排水管道只剩下约 3 公里，其作用并不像媒体描述的那样。相比之下，中国社会发展和建设的种种非凡成就和感人故事，往往不被关注。原因在于我们缺乏自信。

六、结论与建议

对中国特色社会主义制度的解释，从 1949 年我国实行社会主义生产资料公有制开始改为从中国秦汉天下为公和天下大同思想开始，是我们对社会主义制度认识的一个深入和进步。社会主义制度生产资料公有制与我国传统文化里的天下为公思想一脉相承。社会主义制度初级阶段决定了我们所处经济时代的性质，我们仍处于资本经济的时代。

理论研究和现实表明，中国已开始进入新兴资本时代，该时代以技术资本为基础资本。技术资本将成为中国经济发展的核心驱动力。既然我们正处于资本时代的开始，那么，财务学界重视技术资本、知识产权资本和信息资本的研究，就有可能产生比人力资本研究、内部治理结构研究更原创性的学术成果。技术进步与注册企业数量、员工数量有关。要素资本理论与基于制度经济学的企业理论相结合，以及要素资本结构的构建，将是财务学者关注或感兴趣的课题。技术资本研究，将有可能推动全要素生产率（TFP）理论的发展，解决技术进步非技术因素干扰。当然，财务学上资本结构理论的研究在我国也刚进入成长或发展初期。企业界应将新资源的开发和投资视为企业发展的主题，资源的寻找和有效配置与价值链管理相结合，企业的经营效率会更高。建议学界同行对研究问题的选择，一定避免发生股市里的"羊群效应"现象。期望我国的老百姓多参与市场经济，多注册企业；我们的大学应届毕业生多进行创业型投资，应从小企业做起，选择高新技术产业里的小项目、小产品进行研究和开发，推进我国经济发展早日进入资本时代。

中国特色社会主义初级阶段和公有制经济是我国进入新兴资本时代的社会基础。世界经济全球化是我国进入新兴资本时代的社会环境。技术创新、制度创新，共享和包容，并最终实现要素资本均衡配置和资本收益最大化，应是新兴资本时代的主要内容。

参考文献

［1］林毅夫. 中国经济专题［M］. 北京：北京大学出版社，2012（9）.

［2］路甬祥. 全面认识科学的价值及其时代特征［J］. 科技导报，2005（11）：3.

［3］张康之. 时代特征中的复杂性和不确定性［J］. 学术界，2007（1）：49-58.

［4］罗福凯. 财务理论的内在逻辑与价值创造［J］. 会计研究，2003（3）：23-27.

［5］李心合. 论公司财务的性质与职能［J］. 财务研究，2016（1）：4-17.

［6］Ellen R. McGrattan, Edward C. Prescott. Technology Capital and the US Current Account［J］. American Economic Review，2010，100（4）：1493-1522.

［7］Robert E. Evenson, Keith O. Fuglie. Technology Capital：The Price of Admission to the Growth Club［J］. Journal of Productivity Analysis，2010，33（3）：173-190.

27 | 企业营业杠杆战略及其理论改进

一、引言

在企业的生产经营中，总是会存在一部分资本性资产，即投资开办企业、保持经营，扩充生产规模所购置的持久性资产。由于这部分资产的存在，生产过程便不可避免地会发生固定性生产成本。由单位产品分担固定成本的存在和变动引起的利润变动率大于销售额变动率的现象，就是营业杠杆的作用。显然，由于营业杠杆的存在，企业可以利用其获得一定的营业杠杆利益，但同时也面临着遭受损失的经营风险。众所周知，企业生产成本按其习性分为变动成本和固定成本两大类。在一定的相关范围内，固定成本总额并不随着企业工作量或销售额的增减变动而变动。销售额的增加不会改变固定成本总额，但会使单位产品（或业务量）固定成本降低，从而提高单位产品利润，并使息税前利润 EBIT 增长率大于销售额的增长率；同理，企业销售额或业务量的减少也不会改变固定成本总额，但会使单位产品的固定成本升高，从而减少单位产品的息税前利润，并使该利润下降率大于销售额的下降率。这种由于单位业务量固定成本的发生和变动引起的利润变动率大于销售额变动率的现象就是营业杠杆的作用。营业杠杆作用的大小直接影响企业 EBIT 的金额及其变化幅度。

可是，营业杠杆生成机制原理与营业杠杆对外作用的机制原理人们却未加区别。营业杠杆的作用或活动现象虽然清楚了，营业杠杆的本质却不甚清楚。我国多数财务学者认为"经营杠杆（本文称营业杠杆）的实质是指企业固定成本比重对利润的影响作用。""营业杠杆利益，是指利用企业固定成本而带来的额外的营业利润"。在这里，营业杠杆实际被定义为企业在经营过程中对固定成本的利用。可是，笔者认为，在营业杠杆利益系数的计算公式中，不仅固定成本影响 EBIT，而且产品价格、变动成本等变量都影响着企业的 EBIT 金额。所以，固定成本与业务量（销售额）之间数量对比关系的变化对 EBIT 的影响，只是营业杠杆作用的标而不是本。对此，笔者同意青年学者刘韬先生近来的论文提及的美国财务学者 Eugene F. Brigham 和 Louis C. Gapenski 的观点：营业杠杆的产生是由于在企业资产中必须有一部分是资本性资产（主要是固定资产）；而财务杠杆的产生是由于在企业全部资金中应该有一部分是债务性资金。前者具有刚性，难以选择；后者不具有刚性，可以选择。亦即，企业资本性资产的购置、存在和变化是营业杠杆产生的根源，是营业杠杆作用的本而不是标。如果企业经营过程中没有使用或不存在资本性资产，经营过程中也就不会发生固定性生产成本，因而也不会出现营业杠杆现象。

现在的问题是，资本性资产是怎样的一种资产。刘韬先生同目前多数学者认为，"劳动手段就是资产中的资本性资产（主要指固定资产），劳动对象就是指资产中的流动资产（主要是指实物性流动资产）"。笔者认为，这种认识和表述在农业经济时代是可以的。但是，当一个国家或地区的经济发展进入工业化阶段，生产要素不仅仅是资本、劳动和土地，还包括科学技术（取代劳动者成为第一生产力）、信息、知识和管理行为时，将资本性资产表述为劳动手段（主要是固定资产）就不够科学了。资本性资产（Capital Assets）原本是复式记账系统下企业经营活动必不可少的固定性设备、设施、开业时必然发生的长期性递延费用而作为企业经营基础的各项持久性资产。这种'持久性资产'与其说是资产，不如理解为资本或初始本金。它是投资人开办企业、扩充生产规模所购置的持久性资产。以后，这部分资产的维持和更新则可理解为资本价值的保持和增值以及生产规模的扩大。因此，这些资产即使运用重置成本法进行维持和更新，也不能成为通过折旧进行会计学上成本分配的对象。它是资本性资产投资人的本金和财富。然而，坚持成本分配原则的现代会计学却不承认资本性资产作为企业持久性资产的概念，在会计规范（制度、准则和法规）及会计实务中，会计人员把资本性资产视同固定资产。

二、营业杠杆的性质

工业经济时代，不仅生产要素发生了变化，而且经营过程和方式也发生了重大变化。在过去的农业经济时代，经营方式主要是产品经营，习惯上称"生产经营"。这种经营方式是以研制、开发和生产多品种、高质量、适销对路的产品为核心内容的一种生产经营方法和形式。其经营主体主要是工厂，经营对象是商品和服务。经营目标是增加产品的数量、品种和质量。其所使用的资源主要是自然资源和劳动力资源，交易动机和财务目标是利润最大化。而工业化进程启动后，人类发展经济除采用产品经营方式外，还采取了以科技和信息为主要资源的资产经营方式、资本经营方式、网络经营方式等，从而开发知识资源，发展技术产业、信息产业、教育产业、旅游娱乐产业等。其中，资产经营方式的经营主体是法人企业，经营对象是具有整体性的法人资产，经营方法是不断变换资产的物质形态、谋求市场机会的最大化，交易动机和财务目标是谋求资产的整合效益和最大限度地实现资产增值。资本经营方式的经营主体则是资本所有者及其代理人，经营对象是具有分割性的资本即金融资产，经营方法是通过资本的流动、组合和交易进行有效运营，经营动机和财务目标是讲求"以少控多"，实现股东财富和企业价值最大化。因此，从经济发展过程看，资本性资产不仅包括企业创办初期的固定资产和开办费及注册费，还包括企业投产以后：①机械设备设施更新，土地厂房及其增加形成的增量资产；②研制、开发和生产新产品的品牌和专有技术形成的有形、无形资产；③企业研究与开发、管理形成的经营制度（知识资产）；④企业文化设施建设、卫生保健、防治

財务学的边界 (第二版)

环境污染等基础性建设形成的资产等。所以，资本性资产是投资者开办企业、保持经营、扩充生产规模所购置的持久性资产。这与财务学上资产形成（capital formation）的概念及会计学上资本支出（capital expenditure）的含义也相协调或耦合。

虽然会计学上把资本性资产视同固定资产，但有些国家如日本的会计实务是将其作为"土地、作为折旧对象的有价固定资产、有价证价投资以及专利权、版权等无形固定资产的总称"。这使原本不能成为成本分配对象的资本性资产在会计上变为通过成本分配逐渐费用化的资产。这一点它同存货等资产没有什么不同；而从作为取得收益的投资物看，也同其他资产不作本质区别。但是，资本性资产毕竟是当作盈利手段长期使用和持有的持久性资产或财富。因此，资本性资产所具有的被长期使用和持久占有的性质，是会计师在处理它们产生的损益时所依据的标准又不同于存货等资产损益处理标准。也许这就是会计工作中仍有一定种类的固定资产被视作"资本性资产"的缘故。

因此，营业杠杆的概念可表述为：企业资本性资产对企业总资产的数量比例关系。资本性资产的持久占有性及其对投资者和企业的不可替代性，使经营过程中营业杠杆的存在成为客观和必然。营业杠杆及其作用存在于经济生活中各种经营方式之中，并非仅限于产品经营方式下的经营过程。著名学者刘韬把营业杠杆表述为固定经营成本在全部成本中的比重，依据的是"资产作为一个财务项目，只是生产经营活动的条件，而非现实的生产经营活动。资产一旦进入现实的生产经营过程，它就变成了另一个财务项目，即经营成本，而且与资本性资产相对应，属固定经营成本。"可是，人们不能混淆经营方式的区别。在产品经营下，资产确实是生产经营活动的条件，但在资产经营方式下，资产就变成了经营对象或经营产品，而在资本经营方式下，资产就实实在在地形成了金融机构等组织的经营业务。刘韬运用会计学逻辑分析财务学中的杠杆原理，其结果可想而知。殊不知，会计师不关心经营方式。无论什么经营方式，会计要素和人们对会计要素活动进行确认、计量、记录的复式记账原理，以及会计目标都是一样的。相反，经营方式是财务学的重要研究内容。不同的经营方式，其财务主体、财务管理对象、财务对策、财务关系和财务目标等都是不同的。所以，资本性资产的购置和持有是形成营业杠杆的根本原因。

三、营业杠杆正负效应的定量分析

前文已述及，企业因资本性资产的购置、持有和变动而在经营过程中产生了营业杠杆。作为资本性资产耗费的固定营业成本的发生、抑减和增加，以及存在固定成本的情况下企业产销量的增减变动，便发生了营业杠杆作用，即固定成本对息税前利润的影响。其作用大小由营业杠杆系数 DOL 表示。根据定义，

DOL=息税前利润变动率/销售额变动率=（$\Delta EBIT/EBIT$）/（$\Delta S/S$）　　　（1）
由于 EBIT=Q（P-V）-F
$\Delta EBIT=\Delta Q$（P-V）　　　（2）

352

则 $DOLQ = [Q(P-V)] / [Q(P-V)-F]$ 　　　　　　　　　(3)

$DOLS = (S-VC) / (S-VC-F)$ 　　　　　　　　　　　　(4)

式中，Q——销售量

　　　P——销售单价

　　　V——单位变动成本

　　　F——固定成本总额

　　　C——单位产品贡献

　　　S——销售额

　　　VC——变动成本总额

又由于，当固定成本不变而销售量发生变化时，将引起变动成本总额发生变化，从而改变固定成本与变动成本之间的比率，使营业杠杆作用也发生变化。所以，研究营业杠杆还应观察销售量或销售额的变动及其与成本、利润之间的规律性关系。设 Q0 为企业产销量盈亏平衡点，则有，

$PQ0 = VQ0 + F$

$Q0 = F / (P-V) = F/C$ 　　　　　　　　　　　　　　(5)

式（1）及其相关计算公式表明，营业杠杆及其作用系数发生效应的基本原理是：

（1）企业生产运行和利润实现的一般规律要求企业先购置和持有资本性资产，并支付其资本成本；然后购买原材料，招聘劳动者。①当生产规模处于低谷时购买有限原料，招聘有限劳动力，但仍须持有大量资本性资产。②当生产规模扩大时，企业购买更多的原材料，招聘更多的劳动者，但不必扩建厂房、添置新设备。此时，企业可能还无法补偿其固定成本。③当企业产量继续增长，生产规模达到其收入正好抵销固定成本和变动成本总和的水平时，企业经营处于盈亏平衡状态。在这种情况下，营业杠杆效应最敏感，作用最大，企业稍提高管理效率，加快技术进步，就可抑减固定成本或增加产销量，企业就盈利。反之，企业稍懈怠就变为亏损性质。在盈亏平衡点上，营业杠杆系数为无穷大。

（2）在企业预期或实际销售量大于盈亏平衡点销售量之后，其收入大于固定成本和变动成本之和，企业出现息税前利润。企业生产进一步增长，利润将进一步增加。但是，冶金、钢铁、机械制造、水力发电等固定成本高、变动成本低的行业的利润增长幅度大于纺织、食品、医药、建筑等固定成本低、变动成本高的行业的利润增长幅度。这说明，在销售量不变时，固定成本与变动成本比重不同，其营业杠杆效应不同。在总成本一定时，固定成本高、变动成本低情况下的营业杠杆作用大，固定成本低而变动成本高情况下的营业杠杆作用小。因为预期或实际销售量超过盈亏平衡点销售量的部分不再增加固定成本总额，这部分销售增量的收入扣减变动成本便是利润，不需负担固定成本，见式（2）。所以，总成本一定时的固定成本比重越大，变动成本就越少，销售增量的增量利润就越大；反之，增量利润就越小。实际销售大于盈亏平衡点销售量时，营业杠杆发挥正效应。

（3）企业因各种原因，其实际或预期销售量小于盈亏平衡点销售量时，其销售减量将减少变动成本总额，但不减少固定成本总额，企业出现亏损，营业杠杆系数为负值，营业杠杆发生负效应。固定成本比重越大，亏损额越大，营业杠杆负作用也越大。

这里再列举数据做进一步分析。例如某企业的产销量、成本和利润等主要财务数据如下：

项目	2003 年数据	2002 年数据
销售量	37200	30000
销售收入	372000	300000
固定成本	40000	
变动成本	223200	180000
总成本	263200	220000
息税前利润	108800	80000

根据营业杠杆系数定义［式（1）］计算：

$$DOL = [(108800-80000)/80000] / [(37200-30000)/30000]$$
$$= 36\%/24\% = 1.5$$

若使用式（3）、式（4），则分别为：

$$DOL（3）= [30000×(10-6)] / [30000×(10-6)-40000] = 1.5$$
$$DOL（4）= (300000-30000×6) / (300000-30000×6-40000) = 1.5$$

显然，计算结果相同。在这里，营业杠杆系数 1.5 是销售量为 30000 个单位情况下企业的营业杠杆系数，不能简单地说"该企业的营业杠杆系数为 1.5"。营业杠杆系数的计算以基准销售额为基础，不是以增减变动后的销售额为准。该系数表明，在总成本及其结构不变的情况下，如果企业销售额增长 100%，其息税前利润将增长 150%，若销售额下降 50%，则 EBIT 会下降 75%。这是营业杠杆正效应的例证。

如果该企业销售量由 30000 个单位下降到 20000 个单位，固定成本总额不变。实际上，固定成本在总成本中的比重出现上升的变化。那么，杠杆作用将会增大。其系数为：

$$DOL = [20000×(10-6)] / [20000×(10-6)-40000] = 2$$

如果该企业销售量下降至 10000 个单位，销售量处于盈亏平衡点状态。则：

$$DOL = [10000×(10-6)] / [10000×(10-6)-40000] = +\infty$$

这是一种不常发生的特殊情况。另一种特殊情况是：当固定成本为 0，即企业不存在资本性资产，那么从财务定量分析看，销售量与息税前利润同比例增减变化，营业杠杆系数等于 1。第三种特殊情况是：当单位产品贡献等于 0 或者销售量为 0 时，营业杠杆效应为 0。所以，营业杠杆系数等于 0、1、∞是营业杠杆效应的三种极端情况。

如果该企业产量和销售量连续滑坡，致使年产量仅为 8000 个单位时，则：

$$DOL = 8000×(10-6)] / [8000×(10-6)-40000]$$
$$= 32000 / (-8000) = -4$$

若年产量仅有 2000 个单位时，

DOL = ［2000×（10-6）］／［2000×（10-6）-40000］ = 8000/（-32000）

　　　= -0.25

这是营业杠杆负效应情况。数据计算表明，实际销售量越接近盈亏平衡点销售量，其营业杠杆系数的绝对值越大，营业杠杆效应越大。反之，其绝对值越小，营业杠杆（负）效应也越小。当销售量减少到 0 时，DOL 为 0，这与前述第三种特殊情况一致，杠杆作用为 0。

杠杆负作用定量测算和分析还可发现：当企业产销量多次或频繁发生变化时，计算 DOL 应使用式（3）和式（4），不宜使用式（1）。因为营业杠杆作用前的基准销售量不宜确知。此处实例略去。

综上分析可知，营业杠杆正效应的前提条件是：［Q（P-V）-F］>0；营业杠杆正效应的作用范围为：+1<DOL<+∞。每个企业应选择适合本企业的营业杠杆系数，从而发挥营业杠杆积极、有效、恰当的作用。

四、营业杠杆作用的必要条件和充分条件究竟是什么

在企业经营过程中，究竟是什么财务变量引发和决定着营业杠杆？这里以本文已有的结论和定理为基础，使用另一实例对营业杠杆作用的产生做进一步论证。

1. 固定成本（FC）的绝对额或相对额不能直接决定经营杠杆的大小

我们可将营业杠杆系数的定义公式进一步转化为下列形式：

由于 DOL =（ΔEBIT/EBIT）／（ΔS/S），假设企业的成本仅由固定成本和变动成本构成，并且总成本与总收入曲线呈线性一次函数关系。

于是，DOL =（S-VC）／（S-VC-FC）有

$$DOL = \frac{EBIT+FC}{EBIT} = 1 + \frac{FC}{EBIT} \quad\quad (6)$$

过去，人们把"假设"和"结论"颠倒了，不恰当地把假设仅由固定成本和变动成本构成的总成本与企业总收入之间的关系再次假设为线性一次函数视为营业杠杆的核心内容或结论。从而产生只要企业存在固定成本，不论数量大小，就存在经营杠杆，以及固定成本越大营业杠杆作用越大的偏颇认识。由此，引发许多人有一种错觉或错误认识，即固定成本的绝对或相对额的大小直接决定着经营杠杆的大小。之所以说这是一种错觉或错误，在于企业的息税前利润不是一个常数，它对营业杠杆的产生及其作用大小发挥着关键性作用。并且人们也很少运用 DOL 式（6）。事实上，式（6）表明，企业的息税前利润 EBIT 和固定成本 FC 的合力决定着经营杠杆的大小，而非固定成本的单一作用。表 1 和表 2 中的财务数据可说明这一点。

表1 销售变动前的企业财务状况

分析项目	A 企业	B 企业
销售额	10000	19500
固定成本	6000	12000
变动成本	2000	3000
息税前利润	2000	4500
固定成本对总成本比例	0.75	0.80
固定成本对销售额比例	0.60	0.62
DOL	4	3.667

表2 销售额第二年增加 50% 后的企业财务状况

分析项目	A 企业	B 企业
销售额	15000	29250
固定成本	6000	12000
变动成本	3000	4500
息税前利润	6000	12750
EBIT 变化率	200%	183%
DOL	4	3.667
变化后的 DOL	2	1.94

表1、表2给出了A、B两家企业销售额增加50%前、后的相关财务数据。可以看出：B企业的固定成本绝对额是A企业的两倍。而且，B企业固定成本的相对额（无论是固定成本/总成本，还是固定成本/销售额）也都大于A企业。但是，当销售变动率为50%时，营业利润的变动率却是A企业较大，即A企业的营业杠杆（系数4）大于B企业的经营杠杆（系数3.66）。因此，我们通常认为的具有最大固定成本绝对或相对额的企业会自动表现出最强的经营杠杆效应的看法是错误的。

2. 销售量对盈亏的平衡点的相对水平在一定程度上决定着营业杠杆的大小

为了便于分析说明问题，我们在此以从事单个或单种产品生产的企业为例。假定某企业产品销售单价为30元，每年固定成本为8万元，每件产品单位变动成本为20元。相关销售量T的计算信息如表3所示。

表3 销售量对盈亏平衡点的相对水平与 DOL 之间的关系

销售量（Q）	营业利润（EBIT）	经营杠杆系数（DOL）	Q/Q_{BE}
0	−80000	0	0
2000	−60000	−0.33	0.25
4000	−40000	−1.00	0.50

续表

销售量（Q）	营业利润（EBIT）	经营杠杆系数（DOL）	Q/Q_{BE}
6000	−20000	−3.00	0.75
$Q_{BE}=8000$	0	无穷大	1
10000	20000	5.00	1.25
12000	40000	3.00	1.50
14000	60000	2.33	1.75
16000	80000	2	2.0

注：表中 Q_{BE} 为盈亏平衡点销售量。

在表3中，我们列出了在不同销售量水平下的营业利润（EBIT）和营业杠杆系数（DOL），而且我们注意到，$Q_{BE}=8000$ 件恰为企业的盈亏平衡点（Break-even Point）的销售量。于是，一个有趣的现象出现了，当销售量（Q）从上面或下面向盈亏平衡点（Q_{BE}）逼近时，营业杠杆系数（DOL）就分别趋向于正或负的无穷大。当销售量超过盈亏平衡点而继续增长时，营业杠杆系数趋向于1。这表明：当销售量超过盈亏平衡点继续增长时，一定范围内的固定成本对营业利润所造成的放大效应逐渐向1∶1的关系缩小。由此可以看到：即使企业有很大的固定成本，但如果它们的经营水平远远超过了盈亏平衡点，它们的经营杠杆系数也将较低。同样，固定成本很低的企业，如果靠近盈亏平衡点进行经营，它们也将有巨大的经营杠杆效应。这恰恰可以再次说明：固定成本的绝对额或相对额不能直接决定经营杠杆的大小。相反，在企业原有总成本变化幅度不大的情况下，充分运用企业资本性资产、提高其利用效率，大幅度增加销售量和扩大市场份额，就会增大营业杠杆作用，从而大幅度提高公司的息税前利润。利用营业杠杆是企业增加息税前利润的有效途径之一。营业杠杆作用的发挥依赖于企业资本性资产的充分有效利用和企业市场销售份额的扩大。而一个企业的市场销售份额的扩大是由若干因素决定的。所以，从财务活动方面看，营业杠杆的产生及其作用是由企业资本性资产的存在及其利用以及销售量对盈亏平衡点的相对水平决定的。换言之，公司资本性资产的耗费才产生固定成本，因而，企业资本性资产的存在是营业杠杆存在的必要条件；企业市场销售份额及其对盈亏平衡点的相对水平则是营业杠杆作用的充分条件。

从表3中还可以看出，不是营业杠杆作用（DOL）越大企业的经营业绩就越好，明确这一点非常重要。对一个具体的企业来说，只有恰当地利用营业杠杆，才会实现最大的息税前利润。根据财务理论推测，我们认为，优秀企业的营业杠杆系数应保持在1~2.5，即：$1<DOL\leqslant2.5$；一般企业的营业杠杆作用系数可在2.5~4之间，即：$2.5\leqslant DOL<4$；市场竞争能力弱、效益较低的企业，其营业杠杆系数可保持在4~5之间，即 $4\leqslant DOL\leqslant5$。当然，这只是猜测，尚需实证分析和检验。

五、以 $Q = Q_{BE}$ 和 DOL 趋近于 1 为渐近线的双曲线特征

根据表 3 中的数量关系，可以画出图 1。该图是以 $Q = Q_{BE}$ 和 DOL 接近于 1 为渐近线的双曲线。图 1 表明营业杠杆系数与销售量之间的非线性关系。所有具有稳定的和线性成本结构的企业，都将具有类似的营业杠杆系数图形。但是，每个企业的图形都将以各自的盈亏平衡点为中心。为了消除这一影响，可将图示 1 中的横坐标用销售量对盈亏平衡点的相对水平（Q/Q_{BE}）来替换（对应数量关系见表 3），从而得到图 2，即营业杠杆系数与销售量对盈亏平衡点相对水平关系图。图 2 说明企业销售对盈亏平衡点的相对水平（即 Q/Q_{BE}）决定着营业杠杆系数的大小。显然，这是一个适用于所有具有稳定和线性成本结构的企业的营业杠杆系数标准化图形。使用销售额（S）来描绘，即用 S/S_{BE} 来替代 Q/Q_{BE}，也会得到形状相同的图形。

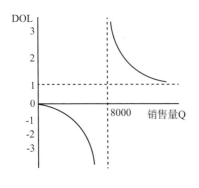

图 1　营业杠杆系数图示 I　　　　图 2　营业杠杆系数图示 II

图 1 和图 2 表明了营业杠杆系数的完整边界：$-\infty \leqslant DOL < 0$，且 $+1 < DOL \leqslant +\infty$ 的正确性，还发现了在 0~1 之间不存在 DOL 的现象，这对于人们掌握营业杠杆作用的规律性和作用边界具有重要理论价值与实践意义。

六、结论

资本性资产的购置和持有是形成营业杠杆的根本原因。企业只有选择恰当合理的营业杠杆系数，才能恰如其分地发挥营业杠杆的积极作用，清除负面作用。明确什么是恰当合理的营业杠杆系数，找出衡量最优营业杠杆系数的标准和尺度，则是解决问题的关键。所以，企业财务管理中的营业杠杆问题，实际是处理好影响营业杠杆系数选择的几个问题，诸如把握 DOL 与企业生命周期和宏观经济发展周期之间的关系，把握营业杠杆与财务杠杆作用的配合问题，处理好财务假设与财务实务之间的关系，以及考虑企业预测预警能力，恰当选用和调整营业杠杆系数。显然，营业杠杆系数的确定是企业财务战

略的重要选择。

限于篇幅和样本与数据的有限性,本文省略了实证分析部分内容。研究数据表明,企业最适度营业杠杆系数的范围应为:$1 \leqslant DOL < 2.5$ 水平。对营业杠杆系数在此范围内的企业,基本可以做出经营业绩较好、经营风险较小的判断。

根据企业总资产收益率、净资产收益率、总资产周转率和主营业务收入增长率等基本财务状况的测算,通过沪深两市上市公司财务数据的计算和分析,可以对营业杠杆系数取值范围做出如下分类:第一类企业,经营十分安全,经营业绩优秀的企业,营业杠杆系数应位于 $1 \sim 2.5$ 之间,即 $1 \leqslant DOL < 2.5$;第二类企业,经营风险适度,经营业绩中等的企业,营业杠杆系数应位于 $2.5 \sim 5$ 之间,即 $2.5 \leqslant DOL < 5$;第三类企业,经营风险较大,经营业绩不理想的企业,营业杠杆系数大于5,即 $DOL > 5$,$DOL < 0$ 的企业;第四类企业,当营业杠杆系数 $DOL < -1$ 时,此类企业面临着很大的经营风险,经营业绩很不理想。

当然,也有个别企业仅仅是在该计算年度中发生了非经常性突发事件,对企业当年经营业绩产生较大的负面影响,DOL 表现出较高水平,不适用于以上分类。但本文得出的一般性结论可供大多数企业参考,用营业杠杆系数值来对自身面临经营风险和经营状况做出判断,特别是若能将营业杠杆系数控制在 $1 \sim 2.5$ 之间,则可认为企业经营十分安全。营业杠杆作用的有效边界应是:$-\infty \leqslant DOL \leqslant +\infty$。企业任何实物资产投资战略的实现,必然会改变企业的营业杠杆系数。营业杠杆作用的预先设计和作用系数的选择,属于公司财务战略的基础性决策。重要的是,营业杠杆与财务杠杆存在内在联系。同企业并购战略、成本优势战略和资本运营战略一样,企业财务总杠杆战略也是一项极其重要的常规性公司财务战略。该战略与技术创新、制度创新、管理创新,以及税制、利率和会计准则密切相关。因此,营业杠杆战略研究属于企业财务基础研究。建议学界和商界均予以关注。

参考文献

[1] 刘韬:《论现代企业财务中的杠杆》,《山西财经大学学报》,2000 年第 22 卷第 2 期。

[2] 张鸣:《财务杠杆效应研究》,《财经研究》,1998 年第 5 期。

[3] [美] 威廉·L. 麦金森:《公司账务理论》,大连:东北财经大学出版社,2002 年。

[4] 郭复初:《财务通论》,上海:立信会计出版社,1997 年 9 月。

[5] 罗福凯:《战略财务管理》,青岛:青岛海洋大学出版社,2000 年。

[6] 荆新、王化成主编:《财务管理学》,北京:中国人民大学出版社,1993 年。

28 通货紧缩情况下的财务战略选择*

一、引言

1997 年亚洲金融危机爆发，除中国外，亚洲主要经济较发达国家的货币贬值率为 15%~75%，引发该地区市场需求锐减。并且，大量廉价制造业产品涌入国际市场，使世界上包括钢铁、汽车、纺织、造船、化工、芯片等在内的主要产品都出现了生产过剩。各国经济增长率和贸易增长率大幅度下降。英国《经济学家》报道，1997~1999 年，国际市场工业品价格指数下降了 30%；反映原油、农产品、贵金属等 17 类主要商品价格变动情况的 GRB 期货指数，跌到 1975 年以来的最低点；并指出，在经历了 20 世纪 30 年代经济大危机之后，世界经济首次进入了一个全球性的通货紧缩时期。

研究表明，我国经济景气循环的短周期为 5~6 年，一般上升不超过 3 年，回落也不超过 3 年。但这一次世纪之交的景气循环情况却明显不同。上个周期的高峰年是 1988年，当年经济增长速度达 11.3%，回落的低谷年是 1990 年，经济增长率为 3.8%。从 1991 年经济开始回升，进入本次周期，1992 年即达到高峰，增长率达到 14.2%；1993 年之后，增长速度在高位上逐年回落，持续下降时间至今已达 8 年之久，明显超出短周期景气循环的一般规律。通货紧缩是经济发展过程中价格总体水平的持续下降，是实体经济和货币经济共同作用的一种特殊经济现象。当整个社会的经济增长速度持续回落明显超出短周期景气循环的一般规律时，我们视经济发展出现了通货紧缩。按美国财务学家、通货膨胀财务的提出者 Eugene F. Brigham 的逻辑，与通货紧缩状态下过剩经济相适应，公司财务开始进入一个新阶段——通货紧缩财务管理时期。

以往，人们经常把通货膨胀视为公司财务的一个变量，而通货紧缩下财务经济变化的规律性问题，并未引起财务学界的关注。事实上，通货紧缩是一种普遍的经济现象。据统计，英国自 1800 年以来有 78 年发生过通货紧缩，美国自 1864 年以来有 34年发生过通货紧缩。瑞典、德国、法国、日本、新加坡等许多国家都发生过不同程度的通货紧缩。投资和消费预期变化、信贷过度扩张产生大量不良投资、生产过剩、众多企业财务状况恶化、货币政策不当等原因都可引发通货紧缩。可是，通货紧缩的危

---

* 原文发表于《会计研究》2002 年第 4 期，第 38-41 页。

害很容易被人忽视。表面看，价格持续下跌会给消费者带来好处，并且低利率、低物价会提高人们的实际购买力。然而，通货紧缩的历史教训是深刻的。它不仅会抑制消费，加重债务人负担，增加银行业不良资产，而且会导致经济衰退，如不及时治理就会给经济带来极大的危害和混乱。本文认为，通货紧缩与私人或经济组织的财务之间有着密切的关系，通货紧缩一旦发生将影响或决定着公司财务状况，公司的财务运行及其管理也在一定程度上影响和制约着通货紧缩，二者存在着作用与反作用关系。本文试图对此做一探讨。

二、通货紧缩对公司财务的决定性作用和影响

通货紧缩给经济发展带来了许多障碍，也给企业财务经济及其管理带来许多问题和困难。主要表现在：

（一）公司实物资产大幅度减值，资产资源价值流失严重

在通货紧缩情况下，企业的各种原材料、在制品、产成品、固定资产和在建工程等实物性资产存量的价格大幅度下跌，金融资产、人力资源等相关资产资源的价值也随之下降，并且生产开工不足，整个公司资产出现萎缩。同时，引发公司投资能力下降，财务竞争力急剧减弱；企业价值大量流失，各种资源的浪费都非常严重。虽然市场上一般物价水平持续下降或持续低价位，财务资本会"缩水"，货币现金甚至升值，但通货紧缩给财务管理工作的价值发现、价值预期等功能带来紊乱和障碍，使资产估价和资本计量发生冲突，导致资本周转缓慢，价值流量和价值创造受到严重干扰。并且，不同的资产受通货紧缩的影响程度不同，各种资产的减值幅度亦有所不同，从而增加财务管理成本。

（二）要素资本过剩，财务资本需求锐减，资本增值能力减弱，财务资源浪费严重

通货紧缩造成整个国家或地区经济过剩运行，企业生产任务不足，机器设备闲置和浪费。物价水平的持续低价位，使同等数量的存货和固定资产不正常地占用很少的货币资本，降低现金流量，并破坏原有的资本结构。由于原材料和产成品的价格不断下降，而生产自动化和 JIT 生产系统以及管理信息化的实现使所有企业都非常重视成本减除和成本竞争优势，于是造成产品滞销更加严重。企业实物资产的过剩和闲置，极大地制约和妨碍了新的技术资本、信息资本、知识资本和人力资本的流入，减缓技术研发进度。同时，企业现存的技术资本、知识资本、人力资本、信息资本和实物资产等要素资本，同财务资本也一起闲置和浪费。由于各种生产要素要从市场进入企业变成要素资本，必须先经过交易过程同财务资本相结合，技术、信息、知识、人力资源和新材料、新能源

等生产要素的闲置和过剩，将使公司财务资本也发生严重的闲置和过剩，财务资源严重浪费，经济发展基本处于停滞状态。在这种情况下，企业经营发展受到阻碍和打击，财务资本需求锐减，资本增值能力减弱。

（三）货币资本长时间供过于求，资本成本下降，资本投放领域缩小

通货紧缩，经济过剩，银行资产业务大幅度减少，不良资产增加，信贷资本充裕，货币供过于求，使公司货币资本也相应地供过于求。如果在通货紧缩期间，中央政府为了刺激经济增长而额外增发货币或推行积极的货币政策，也会使企业货币资本成本减少，干扰企业正常的财务活动。同时，社会资本的充裕，资本价格下跌，使公司筹集资本的筹集成本和使用成本都很低，企业财务资本的成本显著下降。可是，由于银行的不良资产大量增加，即使很低的利息率企业也不愿借款；借了款也没有投资业务，只能造成资本闲置。显然，通货紧缩过程中的项目投资数额严重降低。

（四）企业利润率下跌，财务效率低下

全球经济紧缩，经济发展出现低效率过剩运行态势，企业市场占有份额缩减，营销成本、顾客成本增大，加之没有投资业务，企业利润率快速下跌。同时，资本循环周转速度减缓，导致单位要素资本的价值创造与企业总价值之比率——财务效率不断下降。财务资本失去了作为企业经营和经济发展发动因素的作用，也失去了作为各种要素资源进入企业并转化为要素资本的桥梁作用。市场上的要素不易或无法进入企业，企业里的产品和服务也不易进入市场，价值流量时断时续，财务资本没有活力且增值能力大减，财务经济运行出现了严重问题。在政府的就业政策和《劳动法》推动下，很多企业尤其是国有控股公司难以做出裁减员工的决定。生产量锐减，而人力不减，企业的技术研发和技术进步会受到严重破坏。在生产量不变情况下，人力资源投入越大，企业的技术进步就越缓慢。公司的员工数量与产品的技术水平之间具有负相关关系。因为，产量不变时，人越多，加之组织管理工作存在不足，员工或高管的偷懒问题就会不可避免地产生。相反，产量不变，人越少，人们就越发想办法改进工艺过程和创造新的生产工具，探索新的生产技巧，从而生产出技术更先进的产品。长期以来，我国的科学技术落后，其重要原因在于我国的生产活动主要依靠人力资源投入，忽略技术资源的投入和配置。

不仅公司财务状况受到严重的负面作用，而且通货紧缩对私人家庭财务的影响也非常大。突出表现是私人参与市场的机会大大减少，家庭收入增幅减弱，从而严重制约居民生活的改善。相应地，家庭支出结构不尽合理，衣食支出占很大比重，生活质量难以提高。特别是通货紧缩和生产过剩，进一步增加第二、第三产业的职工下岗比重，使困难家庭的财务状况更加拮据。农村经济和农民收入也因城镇工商经济的收缩而失去若干市场及收入来源，而农民的制度性费用支出并未减少，农民更加辛苦。当然，国家财务

活动和财务关系也失去了规律性；国家财务管理未能发挥应有作用。

三、财务反作用于通货紧缩：通货紧缩产生原因的理论分析

财务经济活动应包括不同财务主体的财务活动和不同产业不同经济领域的财务活动。过去，我们主要重视以企业为财务主体，忽视以国家为财务主体、以私人为财务主体的财务活动；并且，只重视工商企业特别是第二、第三产业的财务活动及其管理，忽视第一产业的财务经济规律和管理；除商业外的大部分第三产业的企业财务工作也不被重视；被重视的产业财务或企业财务的管理也多以会计年度为财务管理时间，不是以经济活动的运行周期为财务管理周期。这些问题是引发、纵容通货紧缩的重要财务原因。

（一）会计信息失真，财务管理不力，不良财务活动成为通货紧缩产生的催化剂

公司制企业的根本特征之一是所有者与经营者的分离，这种分离的优点是产权清晰，责权明确，合理分工，提高效率。然而，两权分离也带来了上市公司投资者与管理者的信息不对称，并成为会计造假的诱因之一；加之我国市场经济起步较晚，机制和制度不健全，会计人员专业知识不高、法制观念不强、道德信用观念转变不够，于是，身为公司管理者的会计师听命于总经理的授意，造假账，操纵公司盈余，欺骗公司股东、社会公众和国家。有的公司会计人员和经营者伙同大股东共同提供假会计信息，通过资产收购、公司分立、折旧、应收账款、广告费等做假账，欺骗公司众多中小股东和广大顾客；向市场提供假的价格信号。本来，注册会计师对上市公司会计报表进行独立审计，既可对管理层的会计信息编报权力进行约束，也可督促管理层充分披露会计信息，缓解管理层与投资者之间的信息失衡问题，可是，我国注册会计师聘任制度的不健全，严重影响了社会审计的独立性。根据中国证监会的要求，上市公司聘请注册会计师事务所必须经过股东大会批准，但公司内部人控制的现象普遍存在，聘任会计师事务所的真正权力实际掌握在经营者手中，股东大会对此充其量只是一个橡皮图章。这种被扭曲的聘任制度使会计师事务所只顾收费、不问账务甚至成了企业造假账的帮凶。假的会计信息扰乱了市场信号，对投资者的决策和国家宏观调控造成极大危害，成为不健康经济运行的催化剂。

（二）国家财务管理不到位，公司财务管理受干扰，企业财务经济质量、效率低下是通货紧缩产生的基础性、根本性原因

以国有独资企业、国有控股企业资产所有者为财务主体的国家财务虽然一直被政界、学界所重视，但国家财务管理工作却经常脱离财务理论，偏离财务原理和财务目标而误用财政理论和政治理论管理企业财务活动。结果，越是使用财政手段管理企业财务问题，

越是使企业财务状况日益恶化。新中国成立后的半个多世纪大部分时期是政府行为推动经济发展，由政治因素推动的投资膨胀和重复建设现象很严重。20世纪80年代初实行全面经济改革和开放，经过10余年的改革、调整，盲目投资、重复建设有所控制和改变，但90年代上半期投资膨胀又有所抬头。在非市场因素冲击下，价格信号严重扭曲，人为引导了价格指数特别是工业生产资料价格指数大幅度上涨；各地区、各产业部门争投资、抢项目造成地区间、产业间产业结构趋同，忽视科技开发和产业升级。这种长时期低层化、同结构化重复性投资的累积结果是现在生产能力大量过剩、价格普遍下降、通货紧缩发生的根本性原因。

国家财务中的国有独资企业三年脱困目标虽然基本实现，但国有独资企业的竞争力明显不足，产品科技含量低，不仅财务资本短缺，而且技术资本、信息资本、知识资本和人力资本也很匮乏；部分国资企业的亏损势头得以控制，经济增长没有急剧下滑，可是产品不适销对路，仓库积压严重，这种情况只能是增长率越高，社会资源浪费越大，企业生产成本越难以补偿。重要的是，国家财务主体缺位问题始终未得到解决，国有独资企业财务管理又同市场经济脱节较大，国资企业"三年脱困"实际是政府业绩的总结，"宏观报喜，微观报忧"，企业的生存、发展和核心竞争力问题并未得到解决，大部分企业缺少新产品开发和管理创新能力，更谈不上主业升级。这是引发生产能力过剩和通货紧缩的基础性、普遍性原因。

（三）私人家庭财务状况对通货紧缩的反作用

私人家庭理财受社会经济整体发展状况影响或由其决定。资料显示，1996~1997年，我国最低收入户、低收入户、中等偏下收入户、中等收入户、中等偏上收入户、高收入户和最高收入户的消费支出增长率分别为0.25%、2.38%、4.96%、6.50%、7.59%、9.71%和12.76%。这说明，改革开放以来随着经济发展和居民收入的增长，私人家庭消费支出增长至1997年仍呈递增态势。可是，我国毕竟是发展中国家，劳动者总体收入水平尚比较低下，经济发展中居民收入差距拉大现象开始出现，社会整体消费倾向并未随着经济增长而增长。1998年是政府改革住房体制的最后一年，银行、保险、交通、海关、大学、地方政府部门和经济效益较好的国有独资企业单位，在这一年都突击盖房、买房、分房，各单位给予职工最后一次分房补贴。某大学分房时规定，购房教师必须以现金支付30%的房款，70%的房款可向银行贷款，由学校担保；房价每平方米按成本800元计算。这样，该学校的购房教师的90%向银行贷款，借款期限分5年、10年和20年不等。即使享有学校担保银行贷款，仍有部分老教授放弃分房权利，他们不愿将一生的储蓄全部用于买房。买了房的教师在5~10年内会节衣缩食，降低其他开支。根据家庭理财相对收入原理，一个家庭的收入用于消费的部分依赖于其相对于邻居家庭或者其他同等收入家庭的收入水平。如果一个家庭的收入与其他同等收入家庭的收入以相同的比率提高，而且在收入等级上的相对地位保持不变，那么收入在储蓄和消费之间的划分也将保持不变。家庭绝对收入的提高，其消费和储蓄也相应地增加，但其边际消费倾向不变。如果一个家庭的收入不变而其他家庭的收入提高了，那么这个家庭在相对地位上的变化将导致其原来收入用于消费的部分上升。因此，私人家庭收入的增加伴随着使收入趋向于更均等的重新分配，所有的家庭边际消费倾向将趋于减小。收入等级的每一水平家庭所受到的"赶上别人"的压力，会不断地增加消费支出，但其约束条件是其储蓄大于等于零。虽然更为均等的重新分配和所有家庭边际消费倾向减小在一定程度上会减轻"赶上别人"的压力，但减轻的程度有限。经济发达国家的居民用于衣食的支出仅占消费支出的30%，而我国居民用于衣食的支出占家庭消费支出的50%。所以，我国大部分或所有在近两年购房的家庭，其消费支出锐减，这使经济发展中的生产过剩和通货紧缩雪上加霜。

（四）农业财务经济和管理对通货紧缩形成的影响

种植业和林牧渔业财务状况基本被人忽略。在学术界，很少见到人们讨论农业的财务管理问题。农业固定资产投资、农副新产品开发投资的资本奇缺，致使农业产品质量低劣，农产品品种低劣化，优质品种严重短缺。2000年的有关数据表明，目前我国整个农产品的合格率仅为约76%，粮食的品种结构和质量低劣尤为严重，以小麦、水稻和玉米为例，小麦基本全是软小麦，优质小麦自给率只有约10%，所需要的专用小麦几乎全靠进口。黑龙江省生产的春小麦，皮厚、沟深、蛋白质含量低，没有市场销路，至今该省的国有粮库已储存了四五年之久的积压春小麦已达77亿公斤，造成严重的生产浪费。水稻生产中的早籼稻比重较大，在稻谷的增产中早籼稻占大部分；可是我国生产的早籼稻质量较低，口感和味道差，农民自己也不愿意吃，又不适宜做饲料，现在库存积压严重，有相当部分已经陈化，很难销售出去。玉米的质量也存在问题，其水分含量远高于安全水分含量15%的标准，近年来东北玉米的水分含量高达33%，超标1倍以上。农产品质量低、成品率低的问题极大地影响了农产品价格和农业资本的收回，也造成了生产能力过剩，并加剧了通货紧缩。显然，调整农业资本结构，加大产品技术开发投资，实行科学的成本计算，严格财务预测和财务决策，考核资本周转率，全面系统地进行财务分析，已成为农业经济发展中财务管理工作者的艰巨任务。农业财务属于企业财务范畴，不应列入私人家庭财务。

四、应对通货紧缩的财务途径和措施

除了针对上述引发通货紧缩的财务原因而采取相应措施外，诸如加大会计信息体制深层改革力度，完善国家财务管理体系，提高公司财务管理的先进性和效率性，适当调整公司资本结构，在社会经济各领域普及财务知识外，还应通过加强财务经济薄弱环节的管理等其他财务途径减缓通货紧缩程度，消除生产过剩现象。目前，可从以下三个方面考虑。

（一） 实施成本优势战略，夯实发展基础

经济发展中的企业竞争，归根结底是成本水平的竞争。企业的生产加工、技术创新、市场营销和人力资源管理等各种经济活动，只有首先实现了成本补偿，其次才能以此为基础创造新价值。当几个企业的市场占有份额相同时，哪个企业的成本低、产品质量好，哪个企业就会给客户带来利益而受到市场的长久欢迎。产品质量和技术开发在一定条件下是企业的生命线。可是，当产品技术性能和质量已满足了客户的需要时，低成本企业会因为给客户创造经济利益而更具有较强的竞争力。如同一个国家或地区的产业竞争力取决于各产业的产品成本水平一样，成本水平越低竞争力越强。而一个产业在特定时期内成本水平的高低，主要取决于该产业是否充分有效利用本国或本地区在相应时期内的比较优势。如何发挥比较优势则涉及要素禀赋结构等多种因素。

企业在目前生产任务不多的情况下，适时反思和分析企业成本状况，实施战略成本管理，降低费用，避免不必要的支出，对于抵御通货紧缩带来的负面作用、夯实财务基础和提高企业核心竞争力具有重要的意义。

1. 分析成本动因，寻找成本问题

以新经济替代工业经济时代之后，素质较高的知识工人的形成和精良设备的普遍使用，原材料浪费和消耗成本、直接人工偷懒成本和机器维修成本等都降低到了极限程度，继续降低的潜力和可能性很小。但是，企业设计成本、规模成本、环境成本和顾客成本等许多新的成本领域尚未被认识和开发，成本问题常隐藏在未被认识的环节。现代经济下引发成本产生的驱动因素主要有结构性因素和执行性因素。前者包括：规模、范围、经验、技术和多样性；后者包括：劳动力投入、全面质量管理、生产能力利用、工厂布局的效率性、产品外观以及与供应商、客户、公司价值链的每一环节的关系的开发等。传统做法是，人们总着眼于直接材料、直接人工、机器加工费用和销售费用、管理费用、财务费用，以及利息、股利、税收、价格等，开展财务工作。对于规模、范围、经验、技术和多样性，以及工厂布局、产品外观、与外部客商联系等作为引发或制约成本高低的因素，并成为财务管理的内容和研究对象则是未曾有过的。这就是知识经济替代工业经济之后财务内容的转移和变化。这种现象为财务理论研究提出了新课题。

规模、范围、经验、技术和多样性等是结构性成本动因分析的对象。一般地，这些驱动因素越多、作用越大，公司业绩就越大，但是，它们也不完全是越大、越广、越多或者越高，企业经济效益就越好；也不完全是规模、范围、经验、技术和多样性越少，成本就越低。对结构性成本动因的财务管理要使用价值工程分析方法，对财务项目的成本、功能和价值创造进行具体计算和分析，并做出判断和选择。当驱动因素满足了功能要求时，成本越低、价值创造越多，作为财务管理对象的项目才具有可选择性。企业生产经营中的结构性、整体框架性成本动因是战略性成本动因。这些动因是形成企业的成

本构造和成本定位的基础性、关键性动因。

执行性成本动因一般是数量越多、作用越大。企业为降低成本所采取的组织调整改革措施必然强调劳动力的全员参与。对于全面质量管理，企业出于长期地、可持续地降低成本的考虑，一般借助于专门的技术管理模型和财务思想，从原材料送达、加工生产到产品销售和售后服务的全过程，都全面地实施质量成本控制。生产能力利用的创新和工厂布局优化变动都是提高效率而采取的强化措施。产品外观则通常结合技术成本来考虑降低成本、提高价值。价值链各环节的开发，既立足于组织内部又延伸到企业外部，运用全面联系的、集组织与生产于一体的对"空间过程"成本的控制。可以看出，执行性成本动因是在既定的结构性成本动因选择前提下进行成本管理的进一步强化，属于战略成本管理的技术操作和贯彻。

忽视或无视生产经营过程中的结构性成本动因和执行性成本动因，使企业发生一些与生产和经营无关的费用，是我国企业成本居高不下的根本原因，也是成本管理的落后之处。

2. 面对通货紧缩和知识经济，企业如何降低成本

企业应当从如下三个方面来降低成本：①考察成本动因，消除无效作业。根据零基预算原理，重新逐个地测算、分析企业结构性成本动因和执行性成本动因的有效性与可选择性，消除一切无价值的规模、计划、实物消耗、资本耗费、人力消耗、时间浪费、行为浪费、无效制度和不增值作业，设计企业成本新数据，实现成本定位的创新。预期按此思路优化结构性成本动因和执行性成本动因，可使我国现行企业成本水平降低5%以上。②选择先进的财务战略，优化财务活动。实施以作业为基础的成本管理战略，消除一切低效率、无价值的经营活动。审查作业的必要性——保留增值作业——能给企业带来价值的作业，废除不增值作业；辨识增值作业和非增值作业通常采取计算"制造循环效率"（Manufacturing Cycle Efficiency，MCE）进行测定，以加工作业为例：MCE=加工时间/（加工时间+检查时间+移动时间+等待时间），其中的检查时间、移动时间和等待时间都是无效时间，这类无效时间越短，加工作业的MCE越高，作业的增值性越强。当批量规模为1时，作业间无丝毫时间间隔，在制品损耗为零，不需设备调试，各作业绝对均衡运作等假定的理想条件下，MCE值应为100%，虽然现实中难以实现，但是，只要MCE没有接近100%，生产过程就存在非增值作业。作业效率、完成作业的必要时间和工作质量是分析和控制作业成本的基本标准。以用户的视角安排作业顺序，设立作业中心。推行适时生产系统（JIT）与提高管理效率相结合，全面大幅度降低成本。③改进经营理念，优化财务机制。更新质量概念，加强质量作业成本、质量管理成本和产品质量成本的定位控制，消除无效管理活动及其成本。通过成本优势树立企业核心竞争力，抵御通货紧缩在内的各种不利的外来冲击，为企业的健康持续发展打下坚实牢固的财务基础。

（二） 调整工业化实物资产投资与人力资源投资的比率，改变我国企业人力资本价值过低的财务状况，从而推动经济发展

在我国，长期的低劳动力成本是有负面作用的。低劳动力成本的原因主要是，一方面，我国居民收入水平偏低，企业支付的工资成本很低，居民的收入主要用于基本的生存需要而难以有足够的收入用于自身未来的投资；另一方面，与人力资本有关的教育、文化、医疗等事业性部门的投资偏少，企业对人力资源的培训、开发投资则更少。可是，长时期违背市场价值规律的低劳动力成本支出，不仅带来人民低消费和低生活水平的恶果，而且不利于推动企业技术创新和知识创新，使企业热衷于使用劳动力，而不愿意使用技术和信息。在劳动力无限供给的情况下，如果财务上不加大对人力资源的投资、不提高人力资本的价值，经营者就会非常愿意使用劳动力而对先进技术和精良的设备失去兴趣。这种投资偏差不仅片面强调对实物固定资产的投资，造成产业结构的扭曲和低度化，也使财务管理在资本规划和参与投资决策管理上失去意义。更重要的是，使我国经济发展中人才资源稀少、劳动力素质不高的问题长期得不到解决，严重阻碍企业核心竞争力的提升。

在生产过剩、存在明显通货紧缩的情况下，适当集中一定量的资本广泛地进行职工专业知识培训，提高劳动者工作技能和文化素质，丰富劳动者的现代科学技术知识，改善人力资本的财务价值评估，从而调整企业财务结构和宏观投资结构。按经济学的人类需求理论，人们的需求一般首先满足"生存"、"安逸"，其次满足"发展"和"安全"的需要，并且这是一个不断升级的过程。人力资本理论表明，生存和安逸享乐方面的需求只是满足衣食住行等日常生活支出，而发展和安全方面的需求则主要是人们对自身未来工作的一种投资，具有收入资本化的形态。人力资源投资不仅可以改变实物资产投资与人力资本的结构，而且还能拉动技术服务、科学研究、教育和文化等新兴产业的发展。这对于缓解我国目前生产过剩和通货紧缩具有显著的作用。

（三） 建立适应市场经济发展的财务分配制度

改革开放以来，财务学界关于研究财务分配的文献越来越少，原因在于分配由效益所决定，国有独资、控股公司扭亏为盈、走出困境，已成为人们近年来改革的根本任务。因此，财务分配问题没有引起财务学界的足够重视。由于财务分配包括收入分配和成本补偿两方面内容，因而在一定程度上制约着人们的消费水平。一个社会的消费总额与投资总额之和，加上该国进出口净额等于该国家的 GDP，可是，以往我们只重视投资活动和外贸企业的财务管理，对于消费问题的理财或财务管理则基本未予以考虑，显然，财务学应弥补和完善财务分配理论，根据我国的实际情况，既要按劳分配，也要考虑市场机制按生产要素分配，建立适应市场经济的财务分配机制。应果断停止和减少政府行政制度决定公司财务分配的做法，减少政府对企业经营活动的过多干扰。

财务分配成本补偿的理论，主要是选择科学准确的生产要素财务价值计量标准、政策和模型，并利用会计方法加以汇总归集，进行成本的财务分配。目前，企业成本中的大量普通职工的工资标准过低，而经营者和公司领导的工资标准过高、增长过快使工资分配走到另一个极端。公司的工程技术人员、研究开发人员的工资标准也很低，这种财务分配政策所形成的激励约束机制，限制或阻碍了企业的技术创新和人才流入，影响了职工工作质量的提高，使通货紧缩下企业的生产能力过剩更加严重，也不利于改变我国目前研究与开发投资比率过低的现象，并诱导企业职工一门心思要当官，经常发生通过政治、社会关系得到提升的现象。研究开发成本补偿不足也是目前财务分配存在的一个问题。我国许多工业企业的 R&D 投入占销售额的比重较低，使宏观通货紧缩及其对企业的不利影响雪上加霜。

收入分配中的税收上缴和股利分配方面，许多优秀的上市公司没有发挥现金股利分配的财务作用，甚至没有进行股利分配工作。放弃股利的财务分配职能，是造成企业资本不能正常持续运行的重要原因，也不利于资本市场的正常经济调节职能的发挥。完善有盈利企业的利润分配机制，是改善财务分配工作的关键。这一点，西方企业的若干股利分配理论可以借鉴。我国改革开放前的利润分配制度也有可取之处，应该认真加以总结和利用，并不断创新，建立符合市场经济要求的新财务分配理论，以此拉动市场内需，减缓通货紧缩，推动经济快速发展。

账务分配方式取决于企业所有者参与生产过程的方式和性质。现在，只有货币资本提供者完全参与了企业收益分配，少量技术资本提供者部分地参与了企业收益分配。建议我国以立法方式规定技术资本和人力资本提供者完全参与企业收益分配。

五、结论

通货紧缩和产能过剩情况下，企业最宜重新审视和修订财务战略。宏观经济的通货紧缩是企业财务战略调整的最佳时机。通货紧缩是一种经济周期现象。通货紧缩时期的财务活动则是财务周期转换的表现。

我国企业存在的一个非常严重的问题是技术资产薄弱。在经济发展出现问题时，人们喜欢从宏观和文化视角考虑问题。事实上，在通货紧缩时期，市场为企业提供了非常难得的技术研发投入时机。从宏观经济层面讲，我国的能源、水和矿产资源、环境、农业、制造业、交通运输业、信息产业及现代服务业，甚至人口与健康、城镇化与城市发展、公共安全、国防工业等，都需要依靠先进而强大的技术力量支撑。有一种现象很怪异，一方面我们是科技投入不足，另一方面我们又存在很多的生产要素浪费。人们没有想到，技术能为我们带来很多生产便利，减轻劳动量，提高产品质量，技术能赋予我们生存和发展能力，现代企业的生产活动和现代生活用品，无一例外地需要技术支持。如同人们创造企业会把人的意愿赋予企业章程里一样，人们在创造和发明技术的同时，也就创造了人们使用它的意愿。这种意愿就是企业的知识资本。知识资本有可能成为我国将来经济发展中的核心资本。

参考文献

［1］周振华. 挑战过剩 ［M］. 上海：上海人民出版社，2000.

［2］刘诗白. 过剩经济运行问题研究 ［M］. 成都：西南财经大学出版社，2000.

［3］郭复初. 经济发展中的财务问题 ［M］. 成都：西南财经大学出版社，2001.

［4］郭复初. 经济体制改革中的财务问题 ［M］. 成都：西南财经大学出版社，2001.

［5］王化成. 现代西方财务管理 ［M］. 北京：人民邮电出版社，1993.

29 | 公司财务周期及其战略抉择[*]

一、引言

约瑟夫·熊彼特在 1911 年出版《经济发展理论》著作时，就提出了经济周期理论。1926 年他在出版《经济发展理论》（第 2 版）时，做了大幅度修改，并加上了副标题"企业者的利润、资本、信贷、利息及其景气循环"，进一步表明企业经营活动具有循环和周期变化规律。后来，同样在哈佛大学任教的潘卡基·格玛沃特（Pankaj Ghemawat）与巴利·纳尔波夫（Barry Nalebuff）于 1985 年提出了"规模有损于企业生存能力"的命题，并建立了企业衰退模型：G-N 模型。其特定主题是：在其他条件不变的情况下，在产业衰退时期，企业规模会伤害其生存能力。1990 年，二位教授又对 G-N 模型做了进一步扩展。这两个 G-N 模型可被视为在设定两个向下游延伸的生产能力柔性假设的基础上，建立的一个命题：即设定生产能力只能选择满负荷与零（G-N，1985），以及设定生产能力可以连续减小（G-N，1990），于是，当经济波动或产业生命周期处于衰退阶段时，若企业生产能力等于或小于零，则该企业应退出所在产业和市场。这说明，企业进入和退出某一市场存在一定的条件和周期。具体地，企业技术研发和公司财务活动是否也有周期性规律，财务学家和公司经理们没有注意到该问题。

格玛沃特和纳尔波夫认为，在一个无差异的市场里，该市场由于外生原因需求可稳定地趋向于零。由于需求下降，企业就必须限制生产能力以保持盈利。于是，在每一个即期，企业都会面临进退两难冲突做出二者择一决策，是继续按初始生产能力运行还是退出市场。二位教授是从两个不同规模但效率相同的企业案例开始论证的。一双寡头退出博弈如同其他消耗战一样，有不止一个的纳什均衡。如果每个企业将其他企业的战略视为已给定的话，那么，大企业可以继续保持生产以迫使较小的竞争对手先退出；相反的情况也是有可能的。但是，如果按照完美子博弈（Selten，1975）的要求，那么大的有效率企业先退出将是唯一的均衡。完美子博弈不仅要求每个博弈者的战略都是对另一个博弈者战略的最优反应，而且要求这种最优性在博弈进行过程中不断地加以重新评定。运用这些要求，可以证明，小企业将给出比规模较大的对手继续生产更长时间的承诺，

---

* 本文主要取自作者《公司财务周期研究》（中国海洋大学出版社，2007 年）著作的个别章节。

而导致规模较大的企业较早退出，因为小企业作为有利可图的垄断者时间较长。在消耗战被缩至有限时间内的情况下，大多数（或全部）纳什均衡将会消失（Wilson，1983）当需求降为零时，所有获利能力将最终耗尽。

格玛沃特和纳尔波夫在 1990 年又提出新的 G-N 模型。两个 G-N 模型的最大相同点是，他们都认为在衰退产业中，规模将损害企业生存能力。这对财务理论是一个极大的丰富。

当经济发展处于经济周期衰退和萧条时期，新兴产业扶持和衰退产业调整升级是产业结构政策的两个基本内容。我国学者陆国庆在其《衰退产业论》著作中，对衰退产业的理论根源、识别诊断、调整、创新和战略分析等问题进行了深入系统的论证，提出了若干创造性见解。其中，陆国庆关于衰退产业调整的微观机制分析对于公司财务具有重要指导意义。如同本文提出经济衰退对公司财务产生重要影响一样，《衰退产业论》认为产业衰退对企业具有深刻影响，并从短期均衡和长期均衡两个方面予以论证①。一般地，一个企业只有在生产比不生产更有利可图时才会生产，此时的收入大于生产能力成本或可避免成本②。企业在产品价格（P）大于或等于平均可变成本（AVC^*）时从事经营活动，而在 P 小于 AVC^* 时则停产，即产品价格低于 P_{s1} 时就停产；但企业在 P_{s1} 点生产时已出现亏损。因此，产业内单个企业的供给函数就是位于平均可变成本 AVC^* 之上的边际成本曲线的向上倾斜部分。在短期内，由于短期利润或亏损诱使企业进入或退出直至价格到 A^*，使整个行业出现均衡。在长期均衡中，衰退产业需求和供给函数随时间而变化。

财务是人们在确定和不确定情况下跨时间配置要素资本以创造价值的工作。笔者在 2000 年研究经济周期对企业的反应时，发现公司财务活动好像也有周期性规律。本文是笔者《公司财务周期研究》著作的内容节选，试图依据经济周期理论，探索和解释公司财务周期的有关问题。

二、理论回顾与评论

（一） 企业的生物特性

一个企业连续不断地开发和生产新产品，先进技术就会很快地淘汰落后技术，旧设备就会不断地被新设备所替代，企业的管理思想也会不断地涤陈升级，与时俱进。企业生产要素科技含量的变化特别是生产工具的重大变化、产品的不断更新换代和管理思想的确认、修正、发展及转换的周期性变化，构成了企业生命周期。当一个企业生存和发展了 100~200 之久，后代人因社会变迁、科技与文化进步已使其生产工具和产品更新了多次并发生了根本变化，管理思想也发生了根本性转变，所处地理和空间亦变，原来的

---

① 陆国庆. 衰退产业论 [M]. 南京：南京大学出版社，2002.
② 在这里，厂商停产时不会发生的成本称为可避免成本。

面貌和理念早已不复存在，尽管仍使用着原来的名字，我们说该企业已开始了新的生命周期。一个企业在经历了若干代人的经营之后已进入衰退时期而又由人们对其实施根本性的全面彻底地改革和再造，使其继续生存，犹如人们克隆牛羊一样，对此我们仍认定该企业经历了一个生命周期。企业再造是要支付成本的，如果再造成本大于企业生存收益，则企业再造不具有财务可行性。

企业是由一些有行为能力的人和有专门用途的生产机械、材料、资本、土地、技术等要素构成的一个开放性系统。在财务上，企业可表述为人们有规则地循环吸纳各种要素资本投入，输出各种价值产出而与外界发生联系的一种价值网络系统。企业不论大小，都是经济资源现金流入流出的财务价值系统。在企业内部生产要素中，人力资本是企业的要素资本之一，企业是由人有意识地创造出来的。人们在创造企业的同时也将人的意志赋予了企业，期望企业生产某种特定产品和服务，实现人的目的。企业生产经营活动是人的思维能力发生作用和人的生命活动的连续。形成企业物质形态的那些厂房、机械工具、原材料和产品，其本身不会与外界发生吸纳和输出的交流，企业之所以能与外界交流，完全是企业里人和财务资本的作用。人通过财务资本和产品价值把企业与外部市场连接起来，使企业像有生命的人一样不停息地运动着。企业是一种通过产出价值反映人的意志的经济组织。企业具有生物特性，并且与生产要素及其产品生命周期的发展变化方向和规律相一致。企业的生物特性使企业具有生命周期。

企业在初创阶段，财务目标为筹资数量最大化。当企业处于成长阶段时，财务目标为销售收入最大化；当企业长到青壮年阶段时，财务目标变为利润最大化；当企业发展到中年阶段，价值创造和价值最大化成为公司财务目标；当企业处于老年阶段时，产品开始衰退，利润快速下降，财务目标则调整为销售收入最大化，因此要求经营者加大保护市场、开拓新市场力度；当企业走到晚年衰退阶段时，财务目标又返回到筹资最大化。财务目标的这种变化是因企业生命周期、整个市场生意上的周期（Business Cycle）和财务周期变化而产生的必然结果。除目标外，成本、资本结构、财务战略、价值流程等，也都具有周期性变化特征。

（二）技术资本锁定周期和转移成本

科学技术迅猛发展，新兴产业不断涌现，信息和知识作为新生产要素，转移成本和资本锁定成为经济发展的普遍现象。当使用者从一种品牌的技术转移到另一品牌技术的成本较高时，用户就面临资本锁定。企业控制转移成本，不论对于购买者还是销售者都非常困难。美国著名经济学家卡尔·夏皮罗和哈尔·瓦里安认为，如果"运用简单的规则：'尽量不被锁定'或者'以产品生命周期为基础计量评价转移成本'都没有太大的用处。[①]"

---

① [美] 卡尔·夏皮罗，哈尔·瓦里安. 信息规则：网络经济的策略指导 [M]. 北京：中国人民大学出版社, 2000.

例如，贝尔大西洋公司在 20 世纪 80 年代后期投资 30 亿美元购买 AT&T 的 5ESS 数字转换器，以运行它的电话网络。这些大型复杂设备实际是能与传输系统和其他设备连在一起的大型计算机，每台售价数百万美元。贝尔选择 AT&T 的数字转换器是试图将自己的电话系统带入数字时代。那时 AT&T 的转换器非常先进。可是，AT&T 的 5ESS 转换器采用了一种被 AT&T 控制的封闭式操作系统。每当贝尔大西洋想要增加一项新的电话功能或把这些转换器与新的周边设备相连接时，它就发现不得不依靠 AT&T 来提供必要的操作系统升级和开发所需界面。当贝尔想让它的系统自动辨认以"888"开头的免费电话功能时，就得与 AT&T 协商，因为 AT&T 没有向它提供独立开发这种功能所需的计算机编码。贝尔公司为得到识别 888 号码的软件而向 AT&T 支付 800 万美元。后来，为得到"声音拨号"服务软件，又被 AT&T 敲了 1000 多万美元的竹杠。如果贝尔公司试图把 AT&T 的转换器更换成别的供应商的产品，就得承担巨大的成本。这些转换器大约可用 15 年，卸下它们重新安装需要一大笔资金，代价非常大。卸下用过的转换器的价值也大大降低。因此，贝尔公司只能忍气吞声，承担不断发生的零部件成本和很高的设备沉没成本。贝尔公司被 AT&T 锁定了，原来投入的本金难以被解放。

本金锁定或称本金套牢，是指本金投入某种核心技术后形成的该项技术超额价值与其转移成本之间的对比关系。当技术超额价值低于转移成本时，公司财务活动便发生本金锁定；只有技术超额价值大于转移成本时，本金解放才具有财务可行性；目前看，本金锁定是企业追求核心竞争力和战略优势的结果。研究本金锁定的原因、类别和周期及其对企业生命周期和整个市场生意周期发生作用的财务原理，已成为财务学极为重要的课题。

对于锁定周期，卡尔·夏皮罗和哈尔·瓦里安在《信息规则》一书中论述道：

锁定在本质上是一个动态的概念，它产生于不同时期的投资和实现的需求。转移成本会随着时间增长或萎缩，但是它们不会一成不变。我们设计了一个图形来帮助你动态地思考锁定。这个图形适用于我们讨论过的所有锁定。我们把这称为锁定周期，如图 1 所示。

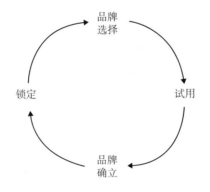

图 1　技术资本锁定周期

最容易进入锁定周期的动机是品牌选择点——就是顾客选择一个新品牌的时候。品牌选择可以是购置一个价值上亿美元的转换器、购买一个影碟机、购买新的软件程序，或登记加入一个新的常客计划。一个顾客在第一次选择一个品牌时，对该品牌没有基于锁定的偏好。你并不是生来就"锁定"的；你只是由于自己的选择而锁定。但是，再次经过这个周期时，路就不那么好走了。

品牌选择后面是试用阶段，在这个阶段顾客主动使用新品牌，并且利用各种优惠条件进行尝试。提供很诱人的优惠条件来吸引新顾客会产生一种危险：顾客可能会接受免费样品但是今后不会花钱购买产品。一些读书俱乐部以1美元提供八本书，承担了这种风险；另一些读书俱乐部要求新成员首先以常规价格购买一定数量的书……信息的边际成本极低。一张CD的生产成本不到1美元，相比之下，生产印刷材料的成本要达到5美元或更多。

试用之后，有顾客便进入了品牌确立阶段。这时候顾客已经习惯了新品牌，对于这种品牌产生了偏好，并且可能通过互补投资被锁定在这种品牌中。通常，供应商试图延长这个阶段并且延迟顾客对其他品牌的主动考虑，希望顾客的转移成本会增加。品牌确立阶段到达高潮便进入了锁定阶段，这时转移成本就变得异常高了。

我们回到品牌选择点。这时顾客正在更换品牌，或者虽然没有重新选择，但是正在积极地考虑别的品牌。当然，与上一周期的同一点相比，情况已经有了变化。顾客的转移成本当然要比第一个周期高。对专门产品——如五角大楼所需的武器系统来说，一些别的供应商可能已经在这个周期中退出或失去能力了。另外，新技术可能会出现。

本金解放或解套的关键是在开始时就准确预见到整个价值流程技术资本的周期性变化。实际上，人们在一开始设计产品或经营项目时就应该把目光放在多个周期上，着眼于未来。评估企业价值流程是周期预测的一部分；通过计算企业顾客在将来（下一个周期）对企业有多大的价值，人们可以决定现在应该对客户投入多少（如吸引顾客进入下一个阶段，开始试用企业的产品）。如果转移成本随时间增加（比如随着客户住处储存和针对品牌的训练）而不是减少（如折旧并且会被新的、更高级的模型代替的耐用设备），这种方法就尤其适用。在这里，运用信息系统中的数据挖掘技术，既可降低成本，又能充分提高数据仓库里的信息利用率，实现价值创造。

（三）本文的基本见解

整个国家或地区的市场经济运行存在着商业上的经营周期又称经济周期，这种经济周期必然由大量企业的经营状况和财务状况反映出来。不仅如此，企业生命周期的变化也直接影响着企业财务状况的起伏波动。事实上，企业财务状况本身的起伏波动也存在着低谷、增长、高峰和衰退的周期性变化。本文主要研究公司财务周期的客观存在性、科学性及其理论内容，研究公司财务周期与经济周期的相关性、公司财务周期与企业生命周期的相关性，以及公司财务周期理论的主要内容构成和应用研究。财务是人们研究不确定情况下如何对稀缺资源进行跨时间配置的学科。财务周期是公司多期配置稀缺要素资本的时间密度分割。在一定的多时期内，如果配置要素资本的时间密度高，则财务周期的时间短、阶段多；如果配置要素资本的时间密度低，则财务周期的时间长、阶段少。因此，公司财务周期既是公司财务的基础问题，也是公司财务战略问题。

1. 企业财务活动存在周期性现象，企业财务周期客观存在

分析探索经济周期与财务周期的理论关系、企业生命周期与财务周期的理论关系，以及经济周期与企业生命周期之间的关联性。通过这三种关系的研究开发，探索公司财务周期分析的理论基础。经济周期波动是形成公司财务周期的外生变量，企业生命周期变化和演进是形成公司财务周期的内生变量。财务周期具有自身的内在规律性和解释这些内在规律的一系列新的财务范畴。

2. 企业财务周期涉及企业财务活动的全部内容

企业财务活动会适应经济周期的变化演进而不断变换战略选择。企业财务的成长理论、财务扩张理论、财务衰退理论，以及财务创造价值理论，均将成为企业财务周期理论的重要组成部分。适应企业生命周期变化的企业初创时期财务周期理论、企业成长期财务周期理论、企业成熟期财务周期理论和企业衰退期财务周期理论，公司财务周期识别、预测和控制理论，以及财务周期下的财务战略选择理论等，都将是企业财务战略选择的理论依据。

3. 从长期看，企业财务周期与国家宏观经济的周期变化基本吻合一致

根据公司财务周期理论框架，研究经济周期背景中的公司财务周期理论，分别对经济周期低谷和企业成长时期的财务运行模式、经济扩张和高峰时期的财务运行模式、经济衰退时期的财务运行模式展开系统全面论证。寻找要素资本和价值创造在经济波动低谷、复苏、扩张、高峰、下降、衰退等不同阶段的财务变量的反应及其规律性，建立不同阶段的财务周期定理和模型模式。经济周期从根本上是缘于众多企业财务周期变化而又最终反映在公司财务周期上。财务周期是形成经济周期波动的基础。从微观研究生产要素及其价值的周期性变化，更有利于企业管理的操作。财务周期是经济组织的价值运行周期，财务活动的客观独立性使财务周期也有其客观存在的相对独立性。财务周期有其自身的机制、规则、模型和理论体系。经济周期、企业生命周期和公司财务周期三者之间存在层级关系，后者是前者的重要组成部分；同时，三种周期相互交织，密切相连。

4. 企业财务周期是企业生命周期的核心内容

将公司财务周期理论与企业生命周期理论相结合，研究企业生命周期背景中的公司财务周期理论，分别探索企业初创期、成长期、成熟期和衰退期的财务周期成因、特点、状态和要素资本需求，及其战略财务管理规则。本文主要通过分析公司财务报表信息、考察公司要素资本需求，研究公司财务周期不同特征和相应的财务战略选择。很明显，企业分别处于初创期、成长期、成熟期和衰退期等不同阶段，其资源配置方式和财务战略选择是不同的。

5. 企业财务周期具有可测性

在建立了公司财务周期模式理论之后，接下来应进一步开展财务周期预测研究，建立财务周期预测模型。由于学术界对企业利润最大化、价值创造最大化和提高核心竞争力及可持续发展的正方向财务业绩研究非常普遍，而企业萎缩的反方向财务滑坡研究甚少，因而本文重点对财务衰退预测进行深入研究。建立了比现行的财务预警分析更先进的财务衰退预测理论和模型。

三、基于财务周期的财务战略选择

（一）财务周期与经济周期

由于产品开发生产、市场供求关系变动、生产要素投入、资本扩张和本金锁定等现象呈现出明显的周期性变化，加之经济发展客观规律的作用，以及人类自身行为和政府经济政策的影响，使一个国家和地区的经济波动出现周期性，这种波动的周期性主要由市场的总需求和总供给的对比关系表现出来，我们简称经济周期，也称为商业周期，西方人称为 Business Cycle（生意上的周期）。

既然经济活动不可避免地存在周期性波动，而且这种波动不论对于社会福利、经济制度变革，还是对企业生存和发展，都直接或间接地产生极大的作用，那么对经济周期进行符合实际的财务理论分析，尽可能准确地做出财务预测，对周期波动的动因、形态、模型及其产生的广泛影响做出财务理论描述和解释，就显得极其重要。因为，当企业家和财务经理知道经济扩张期即将到来时，他们就会加大筹资力度，多寻找投资项目，抓住盈利时机；当他们知道经济的衰退即将来临，就会尽早处理存货、减少投资和生产，防止更大的损失。由于"经济周期研究是一种复杂的社会过程；……经济周期已经以一种实质上不变的形式困扰资本主义社会至少达两个世纪，看来把这一缓慢进展的某些方面归于问题的困难性本身而不是归于人们见解中某些易于纠正的缺陷是不无道理的[1]"。"因此，经济学家对经济波动的分析和预测，比气象学家对天气的分析和预测更加困难[2]"。

经济周期波动不仅反映在总需求和总供给方面，更重要的是直接反映在产品生命周期、资产使用寿命、要素资本投入、本金锁定、转移成本和财务状况周期性变化等众多微观经济方面。经济学界认为，增长率波动是经济周期波动理论的主题。当经济增长率呈现由低到稳定上升态势时称经济复苏并开始进入发展、扩张期；当增长率达到一定高度，由于各种因素制约而难以进一步提高时，则称经济扩张接近或达到周期波动的顶峰；而当增长率呈现难以避免的下滑态势时，就自然地进入下降期和衰退期，直至低谷。一般地，物价指数波动滞后于公司财务状况周期性变化 3~6 个月。现在，中外财务界只有经济波动处于顶峰时期出现通胀时的财务理论成果。经济周期衰退、低谷、复苏、成长和扩张等其他阶段的财务理论基本上处于缺乏或空白情况。实际上，经济周期波动是各

---

① 卢卡斯. 经济周期理论研究［M］. 朱善利等译. 北京：商务印书馆，2000.

② 张军扩. 面对增长之波［M］. 北京：中国发展出版社，1999.

种财务经济活动周期性变化的综合反映。

我国对经济周期的研究，首推著名经济学家刘树成研究员，其《中国经济的周期波动》（1989）、《中国经济周期波动的新阶段》（1996）和《繁荣与稳定——中国经济波动研究》（2001）三部论著，代表了我国对经济周期研究的最前沿成果。论著（1996）对西方经济周期研究 200 余年的历史进行了学术厘清，总结出 30 个经济周期学术流派；对中国经济发展进行了全方位的考察论证，提出了新的理论和模式，特别是对固定资产投资周期的研究，极大地丰富了发展经济学理论，并已成为政府制定政策的重要依据。刘树成将经济周期研究称之为商业活动春夏秋冬四季变化的预测研究，非常妥帖。但经济学界的经济理论研究者没有将经济周期引入企业理论研究中去。

（二）基于产品生命周期的财务周期研究

将产品生命周期与公司财务管理联系起来开展研究，David R. Rink，Dianne M. Roden 和 Harold W. Fox 三位学者做了有益探索。Rink，Roden 和 Fox 1999 年在《商业瞭望》第 9~10 月号杂志发表了《基于产品生命周期的财务管理与规划》（Financial Management and Planning with the Product Life Cycle Concept）一文。该文对产品生命周期同公司财务管理的联系作了简单陈述，他们认为，现代公司日益激烈的全球竞争和技术变革，快速发展和降低风险的压力，以及产品成本的增加和消费者偏好的多变，使得财务管理的范围大大拓宽。因而，财务管理在企业战略的确定中起到越来越重要的作用。站在更战略的高度去思考公司快速健康发展，同样需要发展和运用更及时、有效的财务战略。其中，最重要的是需要一套根据一些可行的框架认真构想的财务战略和战术，其战略思想基础就是产品生命周期（PLC），因为产品生命周期概念指出了依照产品销售周期不同阶段来制定和实施财务战略的本质。

财务活动依赖于产品的销售趋势的观点最早出自 Fox（1973），用 PLC 作为市场状况变化的尺度，Fox 表述了一系列描述性的财务战略（简称 FSs），他还推荐在产品销售的不同阶段使用这些战略。后来，在随后与几位财务经理的研究和讨论的基础上，Fox 和 Rink（1978）扩大了原来"产品生命周期—财务战略"（PLC-FS）模型的范围，新的模型包括 91 条标准化的财务战略。David R. Rink，Dianne M. Roden 和 Harold W. Fox 三位学者在文章里综合、扩大和更新了早先的 PLC-FS 模型，从而帮助企业经理们构建和实施更加及时有效的财务战略。PLC-FS 模型源于 20 世纪 70 年代，那时，公司财务不断扩展，针对不确定性和风险有了越来越多的处理办法。期权和衍生有价证券的广泛运用很好地反映了这种趋势。外部环境也发生了深刻的变化，产品变得更加复杂，科技也在快速发展，以至于产品的生命周期越来越短。消费者需要更高质量和更快更新的产品，来自全球市场的激烈竞争要求企业更快、更好地应对。要解决这些问题，财务经理需要得到帮助，这就是 PLC-FS 产生的原因。生命周期是描述某种严格定义的产品从第一次在市场上出现到消失的过程中销售趋势的一般模型，销售趋势近似于钟形或 S 形曲线，并被分为若干阶段。不同产品和不同产业的各阶段持续时间和整个 PLC 曲线形状都不相同。除了诸如小麦的日常必需品或者被公司过早干涉的产品外，大多数产品都遵循 PLC 曲线的钟形或 S 形。学者们一般认为 PLC 由介绍期、成长期、成熟期、衰退期四阶段组成，但是，在与各方面经理们讨论后却发现五阶段的 PLC 更具有实际意义，因为它还包括设计或者上市前阶段。一些公司战略和实际运作决策必须在新产品上市前做出。因此五阶段 PLC 曲线是：初创期，介绍期，成长期，成熟期，衰退期。PLC 概念特别适合这样一些公司，这些公司的产品特殊性比起管理思想和产品市场份额更重要。不过产品特性的重要性在不同阶段有所不同。早期阶段比后期阶段在对职能部门运作的影响上更具不稳定性和较强因果关系。在可以延长的、稳定的成熟期，周期性模式可以更优于 PLC。到了衰退期，管理的重心转移到了新一代产品上。PLC 概念不适用于具有长期稳定产出的企业组织（如非品牌硬件），也不适用于对各类产品无侧重的企业。

David R. Rink，Dianne M. Roden 和 Harold W. Fox 三位学者认为，PLC 并不仅随时间的改变而改变，它还是大量变量共同作用的结果。它受到市场需求因素和其他外部情况的影响，这些通常企业是不能控制的，也受到企业营销的影响。甚至当产品销售保持稳定或开始下滑时，企业可以采用其他的战略来延长销售周期。这些战略包括增加产品的特性，瞄准新的市场，重新设计产品，或实施新的促销战。以 PLC 为框架来制定和实施及时的财务战略，很容易说明。产品开发小组通常包括一名财务专家，它的主要目的是确保整个公司的利润和股东价值最大化。最佳的财务决策来源于在 PLC 的不同阶段采用不同的方法。投资于新产品时，在早期阶段会有负的净现值，但早期阶段进入市场能使公司在成长和成熟阶段获利。因此，早期阶段的战略价值在于期权，这项期权带来了后期投资和增长机会，此时期权分析优于传统的折现现金流分析。尽管大规模的生产决策可以看作是标准的资本预算问题，但进行产品试验和市场试验的决策类似于购买一项期权。在衰退阶段放弃期权的战略价值同样变得重要，要加以考虑。为了增加财富和减少损失，我们可以使用期权定价理论来给这些战略机会进行估价。不同阶段的产品应该组成多样化的产品组合，这样可以减小风险。成熟期的产品能提供很稳定的现金流，可以有助于平衡开发产品阶段造成的现金流赤字，这样就可以减小破产的风险。合适的产品组合还有助于协调产品和人事的需求。产品在介绍期和衰退期产品销售量小，可以通过成长期和成熟期高的产品销售得到补偿。这将便于生产期的安排并提高生产的效率和稳定性。因为任何产品终究会成熟以至衰退，如果公司希望健康的发展并获得持续关注，就不能只依赖于一种产品，而是要保持一系列产品组合，最理想的就是至少在每个 PLC 阶段都有一款产品。成熟和衰退阶段产品的现金流入能为新开发产品提供现金，形成持续的研发循环。一代产品能促成下一代产品的诞生。现金资源不必来源于资本市场，而更应从产品的销售中获得。通过这种方式，公司就可以自给自足，不断地发展下去。

David R. Rink，Dianne M. Roden 和 Harold W. Fox 三位学者认为，他们综合、扩张和更新了 PLC-FS 模型，新的模型包括针对五阶段 PLC 的 126 条财务战略，财务选择和分类的基本准则是：财务部门在努力达到股东财富最大化的目标的同时对整个公司利润的贡献。模型中的大多数财务战略在产品销售周期的不同阶段是在发展和变化的。在初创阶段，财务经理会协助分析可能的供应商的财务能力。在介绍期，财务经理会极力要求公司尽可能地采用分包商使得在工厂和设备这些方面的固定投资最小化。在成长阶段，财务经理会考虑采用各种渠道来确保长期的供应和销售，比如买下主要分销商和供应商。还可以与供应商谈判，以获得最优惠的赊销条款。在产品成熟阶段，这类谈判会更加激烈。到了产品衰退阶段，财务经理将会协助严格控制存货以保持低的存货量。同时，当专业化的设备不能有新的用途时，财务经理也将采取措施帮助如何处理这些设备。另外，有些财务策略从一个阶段开始，并在剩余阶段持续使用。例如，在初创阶段，财务经理根据未来的现金流分析对新产品进行了销售预测。当市场发生变化，经理将调整个 PLC 阶段的产品销售预测和现金流估计。

PLC-FS 模型的另一个重要方面就是为财务管理和规划提供了一个系统性的视角。除了 PLC 五个阶段的 126 条财务战略，三位学者的模型还根据 14 个部门内部、公司内部职能和外部的财务关系，将这些财务战略有机地联系起来：财务目标，投资和资本预算，融资和资本结构，运营资本，财务管理，市场营销，研究开发，生产和工程技术，存货管理与控制，采购，会计和法律，股东，债权人和政府。在该模型中，战略选择的基本准则就是：财务部门在努力达到股东财富最大化目标的同时，应对整个公司利润的增长做出贡献。财务决策并不是凭空产生的，也不是与其他部门或公司战略毫不相干。比如，在初创阶段的目的就是对有前景的新产品进行财务实力的评估。财务经理参与预测初步的销售额和营销计划的制定，这些使他们能够对新产品的增量现金流进行预测。

模型的结构既是垂直排列又是水平排列。在每个 PLC 阶段，所有的财务职责都相互协调一致，在五个销售阶段，14 项功能依次构成一条合理的发展轨迹，并与财富最大化准则相一致。比如关于研发，在初创阶段，财务管理人员为不断增加的现金费用进行规划。在介绍阶段，为使新产品的调试成本降到最低，财务管理人员对工程技术进行监控。当产品销售增加时，他们开始把资金委托给研发部门进行产品扩展或开发下一代产品。在成熟期，他们把从现有产品销售得到的现金投资产品的延展或新产品的开发。最后，在衰退期，他们降低或取消现有产品的研发预算。

使用三位学者修正的 PLC-FS 模型，财务经理能确定在每个产品销售阶段应该考虑采用的一系列规定的战略。这些战略能依次作为各阶段不断进行财务活动调整的参考。最佳财务决策可能来自于在不同阶段使用不同的方法。不同阶段的产品可以形成多样化的产品组合，这将降低企业风险并协调现金流、生产以及人事需求。在规划和执行更好的财务策略时，必须至少考虑两个因素：企业目标和市场环境的变化。企业目标决定企业的行动。只有把财务目标与企业目标直接联系起来，财务经理的付出和行动才有意义。计划者和执行者都知道财务上的要求，也知道这些努力怎样与更宽泛的职能部门和公司目标相联系。通过可预料的市场变化，将财务灵活性融入财务规划中。在产品的整个生命周期里把 PLC 概念作为准则，这些基本转换是可预料的。

财务规划人员知道要完成的目标，他们可以采取针对各 PLC 阶段的合适财务战略，这样就可以得到期望的财务灵活性。在这类规划中需要强调的是，最佳地利用企业资源来安排策略的改变。有效的、不确定的财务规划是这样的：当发生不确定性情况时，财务已经有了合适的选择。在采用这个模型的过程中会有越来越多的步骤。财务管理人员采取的大多数紧急措施发生在 PLC 的早期阶段，这个阶段比较不稳定，经常与常规运作大相径庭。在稳定的成熟阶段，财务活动受周期模式的影响较大。当销售降低时，管理的重心转移到下一代产品上。在对该模型进行一些试验后，如果试验结果支持更大范围地使用我们的模型，那么财务管理人员就可以把该模型应用于部门目标、职位描述和工作计划。但是，全部的方法和细节并不是普遍适用的，模型是针对个体公司状况制定战略的一个出发点。

PLC-FS 模型也为产品销售周期各阶段提供了财务职能的全方位视角。因为它提供了在可行的框架内对职能的总的看法，所以在很多方面都有用：为新雇的人员、最近提拔的或中层财务经理以及管理新手进行在职培训规划；为财务和其他职能部门有经验的经理主管进行再培训；为对财务管理及规划感兴趣的大学生和讲师进行的教育和培训。而且，该模型从系统的角度对财务管理进行描述，清晰地说明了在决策制定过程中财务部门与公司其他职能部门的关系，特别是当模型假设站在高管理层的位置进行决策的时候。财务管理人员或者以个体名义或者作为交叉职能团队的一部分几乎每天都与其他职能部门打交道。因为 PLC 概念的一个主要优点是它能有助于站在整个职能范围的角度上一体化地思考，因此模型在描述财务管理与公司其他部门的相互关系方面非常有价值，这还有助于财务管理人员与其他部门管理人员行动一致。如果其他各部门的活动遵循同样的标准，活动效率将达到最大。

美国 Illinois 大学 Murillo Campello 博士于 2003 年在《财务经济学》杂志发表《资本结构与产品市场的关系：来自经济周期的检验》一文，系统深入地研究了两组描述资本结构与产品市场格局的动态模型。论文用行业层次的数据对 Chevalier 和 Scharfstein 涨价周期理论进行验证，发现在外部融资较多的企业，其涨价更明显地逆经济周期而行。该模型还显示当 GDP 下降 1% 时，假定存在"全债务"行业与"零债务"行业，前者的涨价幅度比后者高 40%。Murillo Campello 博士关于债务引导下涨价的反周期理论，在考虑对行业产能利用率水平、市场集中度和产品需求周期的限制等因素后依然成立。接下来，Murillo Campello 博士选取涵盖 71 个行业的企业 20 年间关于季度信息的一组平板数据对企业层面负债融资影响销售业绩的分析。研究的重点是在债务水平不同的行业企业销售与财务杠杆敏感性对于宏观经济变化的不同反应。结论表明，当宏观经济恶化时，在竞争对手财务杠杆较低的行业，企业对负债融资的依赖将压制其销售业绩——相对于整个行业而言。在负债水平较低的行业，将资产负债率高于行业平均水平 10% 的企业与低于行业平均水平 10% 的企业相比较，笔者发现在消除行业因素的影响之后，当 GDP 下降 1% 时，前者的销售增长率比后者的低 1.3%；与此相反，在负债水平较高的行业没有出现这种现象。

关于涨价和销售—债务的敏感性的周期表现在不同行业的差别，Murillo Campello 博士的结论与 Checalier 和 Scharfstein 的理论一致。尤其是，此理论预测高度依赖外部融资的企业在经济衰退期更倾向于减少用于巩固市场份额的投资，并且由此导致的竞争结果同时受企业及其竞争对手的资本结构的影响；Murillo Campello 博士的发现与此一致。但是，关于企业层次的研究结果并不能否决 Telser（1966）的状态依存的"深口袋"观点，后者认为在需求满足率很低的条件下，若竞争对手的负债相对更低（高），则高负债的企业将失去更大（小）的市场份额。我们知道，Chevalier（1995a，1995b），Phillips（1955）和 Kovernock，Phillips（1997）分别对资本结构与产品市场的关系进行了开创性研究，Murillo Campello 博士在此基础上进一步进行研究。文章采取的实证策略与 Chevalier 和 Scharfatein（1996），Zingales（1998）以及 Khanna 和 Tice（2000）的基本相似，主要是考察当经济环境受到外部冲击（原油冲击，市场放开和准入等）时，资本结构与产品市场关系在不同时期的表现。上述学者们的研究主要集中于对时期或行业的变化的考察，而本文将在以往研究的基础上对企业融资结构对竞争表现的影响进行更具经济显著性和说服力的考察。据知，Murillo Campello 博士在该文里首创了在同时考虑企业层面和宏观经济的影响下，研究资本结构、产品市场和经济周期的相互联系。接下来，文章大体回顾了资本结构与产品市场的关系方面的主要研究成果，并将讨论实证分析的前提假设；在经济周期的全部阶段对行业层面的负债是否对涨价有影响进行检验；运用企业层面的数据，通过研究宏观经济变化是销售业绩对负债的敏感性在不同行业的差别来检验资本结构与产品市场表现的关系。

　　由于融资决策在企业层面是内生的，因此很难确定资本结构与竞争表现之间的因果关系。对产品市场和资本结构关系的理论的每个实证检验都必须清晰地说明其内生性及其他估计偏差等顾虑。很不幸，这绝不是容易的事。减少此类顾虑的一个方法是在既定的融资结构下考察那些同时影响产品市场环境和竞争者竞争动机（能力）外生变量变化时企业的竞争表现。本节的检验将使用此方法。为找到适合本检验的外生变量，笔者考虑了一系列因素。首先，必须是竞争环境产生冲击的外生变量。其次，该冲击应该可以解释财务结构的意料之外的效果。也就是说，该冲击使企业和他们的资金提供者很难在其融资合同中将全部可能产生的影响内生化。最后，该冲击与行业无关，应该同时对一系列行业产生影响。最后的这个条件使我们能够对企业及其竞争对手财务状况的关系进行跨行业的有益比较。Murillo Campello 博士发现，经济总体的冲击发生的不同时期可以满足上述条件。尤其是，战后美国的经济衰退，同时伴随着货币当局相机抉择的政策和更为严厉的贷款政策。当营业收入很低时，债务往往会约束公司行为，并且当贷款条件严苛时对债务条款的重新谈判是相当困难的，因此那些同时发生的宏观经济变动能使我们清楚地看到资本结构与产品市场表现之间的关系。特别地，这些外生变量对需求贷款的影响能大大缓解关于资本结构与产品市场表现的经验关系的"共线性"疑虑；它们的变动会影响市场中的每个企业。但由于每个企业自身及其竞争对手的财务状况各不相同，因此它们的市场表现应该不同。

　　尽管引入宏观经济冲击这一外生变量减少了关于资本结果与产品市场表现的内在关

联性的顾虑，但是仍不能排除意料外因素对二者的同时影响。解决此问题的一个理论设想是企业财务影响其竞争表现的程度是其竞争对手财务状况的函数。因此，该文对负债较高和负债偏低的行业中销量对资本结构的敏感性进行比较。具体方法是，在每季度，依据财务杠杆对行业进行排序，然后从低负债和高负债的行业中分别选取企业。以季度数据为样本进行测算回归，得到各自的财务杠杆系数，形成一个时间序列矢量；再在方程里进行回归，对得到的系数进行比较即可。结果是，在竞争对手财务状况与总需求状况变化时，企业销量与资本结构关系在不同行业有明显差别，不同估计方法下低负债和高负债行业中宏观经济衰退对资本结构—销量敏感性有不同影响。可以看到，每次回归中在低负债行业宏观利率对企业业绩的影响总是负的；这些系数在 2% 的水平上均具有显著性。而在高负债行业这些系数是正的，且均不具有显著性。宏观经济衰退对销量—债务的敏感性的影响在不同行业的差别基本可以忽略。这些结果表明，当经济受到负面冲击时，相对于行业竞争对手负债较高的企业，其市场份额将会下降；但在经济繁荣期则相反。而相同条件下高负债行业中并不呈现这种竞争态势。在低负债行业中，经济状况的波动与企业销量—财务杠杆敏感性的关系尤其如此。在多元回归分析中，经济周期因素的编辑预测力在 4% 或者更高的水平上。这说明不考虑其他宏观因素但经济势头减弱这一项因素就可以预测销售债务敏感性的增加。

Murillo Campello 博士指出，财务协定能够改变企业的竞争动机（或能力），因此资本结构会影响企业在产品市场的表现。研究和检验表明，在经济衰退时，负债对低负债行业中负债较高企业的销量的负面影响较之整个行业为高，但是在经济增长期不会出现这种情况。在行业层面，我发现行业负债水平较高时，其涨价的逆周期性较强。这些结论与 Chevalier 和 Scharfstein（1996）的理论一致，他们认为面对总需求的负向波动时财务受限的企业更倾向于以未来销量为代价以提高短期利润。尽管行业内部的研究很难以检验，但是他们提供了有价值的研究视角。笔者认为资本结构对产品市场竞争的影响是系统的，本文的检验可以看作是证据。因为，Murillo Campello 博士的结论表明，企业的融资决策在总体上影响了动态宏观经济周期的同时也影响了产品市场的动态战略竞争。

美国学者约翰·W.戈德纳在《如何防止组织衰败》（《企业管理》杂志，2000 年 5 月）中认为，组织与人和植物一样有生命周期，既有精力旺盛、适应性强的青年时代，也有枝繁叶茂的中年时代，还有饱经风霜的老年时代。但是，组织与人和植物是有区别的，它们的生命周期是不可预测的。一个组织可能会在二三十年间从青年跨入老年，也有可能延续几个世纪，也可能停滞一段时期之后重新焕发青春。总而言之，组织的衰败是可以避免的，停滞也是可以避开的，比如通过补充开发人才、提供良好的环境、增强内部结构的灵活性，以及制定研究计划等措施。这篇文章侧重于如何防止组织的停滞与衰老，系统探讨了组织的生命力与生命周期问题，总结了九种组织复兴的规则。我们认为，这篇文章对组织的生命周期现象描述得很逼真、很生动，但是，我们不同意组织生命周期不可预测的见解。事实是，组织的生命周期可以预测，只是预测的准确性不是100%，如同股市行情可以预测但不是每次吸货都可赚钱一样。所以，约翰·W.戈德纳先生如果在文章里告诉我们如何识别和计量组织的复兴和衰败，就更好了。

理查德·L. 达夫特（1999）在《管理学》（机械工业出版社，2003年1月）中提出组织发展经历四个主要阶段——创业阶段、集体化阶段、规范化阶段、精细化阶段，并从结构、产品或服务、奖励与控制系统、创新、企业目标、高层管理方式六个方面对组织在这四个阶段的特点进行描述。他认为在这四个发展阶段中，企业面临着不同的危机。这篇文章从纯粹的管理学角度研究了组织发展各个阶段的特点，从理论上丰富了生命周期的理论。这里的四阶段发展理论主要适用于现代高新科技企业的发展过程。

（三）基于供应链周期的财务周期

南澳大利亚大学的 Michael S. H. Heng、中国台湾元培科学技术学院的 Yu Chung William Wang 和沈阳市东北大学何祥华三位先生于20世纪下叶发表了《供应链管理与经济周期》一文。该文的研究目的在于研究电子商务经济的供应链管理在经济周期宏观现象中的应用情况。文章的研究方法是建立一组命题，为探索和研究供应链的改革影响经济周期这一机制的实证研究的后续工作奠定了深厚基础。研究发现：曾有经济研究文献指出存货投资与经济周期波动间存在关联性。如果电子经济供应链管理可以在很大程度上改变很多产业的存货投资，那么它就有可能影响经济波动行为。该论文的创新之处是，对在本国或全球范围内进行经济政策的完善有借鉴意义。首先，供应链管理（SCM）改变了存货管理理论及实践。其发生原因已成为电子商务教科书的核心内容，并在商业报刊上进行了详细描述。其次，存货管理对经济周期有直接影响，该事实已被经济学研究者很好地研究论证了。综合上述，供应链管理会影响经济周期行为。接下来，Michael S. H. Heng 等学者研究了存货投资的成本结构，为我们理解 SCM 如何改变成本结构提供了基础。大家都熟悉生产型企业中存货的三种类型，即原材料、在制品和完工产品。从产品角度出发，原材料的良好储备是保证生产顺利进行的前提。这就像是一个缓冲器，即使供应商延误了发货，生产照样可以顺利进行。这一点对于生产型企业非常重要，因为生产准备成本使得他们对每种产品都安排了长期的生产线（Lovell，1981）。从销售角度出发，完工产品的存货储备就像生产型企业给消费者发送货物的蓄水池，即使产品中断发货也可顺利进行。这一理论是使用存货来保证生产顺利进行这一实践的支撑。生产可以占据核心地位，要么是由企业的性质决定的，要么是企业关键管理人员对此的态度。我们再来看商业企业。根据 Garrison 和 Noreen（2003），商业企业只有一种存货——那就是从供应商手中购入，准备再销售给消费者的货物。Blinder（1981）对此有更为复杂的描述：企业为了交易、投机以及预防动机而持有存货。例如作为预防动机，一个部门宁可承担持有存货的成本，也不愿意去冒缺货和失去客户的风险（Blinder，1981）。最后我们来看服务型企业。尽管服务型企业也采用了类似于生产型企业的词汇，但它没有缓冲器，许多服务型企业的成本在短期是固定的，他们很难控制质量。

一般而言，存货的取得成本（Garrison 和 Noreen，2003）可以分为：①存货本身的成本；②运输成本，包括保险费；③持有成本，由储存成本、保险、折旧和银行利息构成；④管理费用，由订货成本、验货成本和质量、手续费以及报告成本构成。电子商务环境中的供应链管理大大降低了③和④的成本。

在网络经济里，供应链管理支撑了需求导向或者说由订单所决定的生产计划（Turban 等，2004；Kalakota 和 Robinson，2001）。根据所发生的成本，现在的原材料成本很低，在产品成本属于正常水平，完工产品成本很低。由于供应链管理，没有增加与订货、验货以及质量、支付以及报告相关的额外费用。与存货管理相关的全部成本降到了最低点。在经济衰退的环境下，生产企业没有原材料存货和完工产品存货。当需求较低时，相应的原材料订货量也较低。Abramovitz（1950）在他的著作中说，质量较差的股票往往会促成经济稳定。换句话说，新经济下的供应链管理并不能呈现出传统经济下的前周期性。Cairncross（2000）认为，当需求较过去有缓慢增长时，投资往往会下降，从而使得经济从轻微减速转向萧条。总而言之，《经济学家》（2001）总结为：就整个经济而言，适时的存货管理会降低存货占销售的比例。但是当波动发生时，它很难抵制加大的余量。它只能保证某种波动下的偏差达到最小。迄今为止，无论需求跌落得多急剧，建立起来的库存都是适度的。

（四）固定资产投资周期的财务反应

固定资产的根本特征在于实物形态上整体性一次投入、退废和替换，价值形态上则部分性地消耗、转移和补偿。固定资产在一个或长或短的期间内，在不断反复的劳动过程中始终执行着相同职能。它一旦进入生产过程就不离开，并在执行职能时把它的一部分价值逐渐转移到它生产的产品中去，另一部分价值仍旧固定在生产过程。流动资产的特征在于其实物形态和价值形态的周转运行合二为一。流动资产及其价值是同时进入生产过程，又一同离开生产过程而进入市场的。固定资产价值的逐渐回流，只有通过流动资产作载体或中介，才能从产出价值中收回和实现。一旦物质产品生产周期延滞或加长，固定资产周期所垫支的资本就会被占用较长时间，而且新的要素资本诸如人力资本、物质资本、财务资本等还要不断地垫付下去，从而增加资本投入。

在企业内部，设某机器设备原值为 M，设备的经济寿命为 X，截至 X 年的年平均折旧费则为 M/X；如果企业固定资产在使用过程中的维修维护费用每年以等值 C 递增，则截至 X 年的固定资产维修维护费用应为：（X-1）×C/2。

再设 Y 为固定资产使用过程中的平均成本，则有：

$Y=\dfrac{M}{X}+（X-1）\dfrac{C}{2}$　对函数 Y 式中的 X 求一阶导数，使 Y 值达到极小。于是，

$y'=\left[\dfrac{M}{X}+（X-1）\dfrac{C}{2}\right]'=-\dfrac{m}{x^2}+\dfrac{c}{2}$；令 $y'=0$，则有：$x=\sqrt{\dfrac{2m}{c}}$，这是企业固定资产最佳使用周期的财务模型。

固定资产与流动资产之间存在着数量上的比例关系，可称为固流比例。并且，在产品生命周期和企业生命周期中，固定资产周转一次，流动资产会周转若干次。如果流动资产周转期与某一物质产品生产周期相一致，则固定资产周转一次，会包括该产品生产的许多周期。如何计量和处理固定资产投资与流动资产投资之间的数量关系、协调固定资产投资周期与流动资产投入周期之间的关系，应是财务管理的重要任务。

（五）技术研发周期的财务战略问题

技术研发周期与一项技术的生命周期密切联系。某一项技术的生命周期又与一个国家的科学技术发展水平、经济增长水平和技术的市场化程度相关。在经济与社会平稳情况下，科学技术自身的发展存在一定的规律性。在市场经济中，技术研发周期受市场产品周期的变化影响很大。企业可以自主研发技术，也可以购买技术。因此，研究技术研发周期，离不开新产品开发周期和技术商品化的研究。每一种产品都有其产生、成长、发展、衰亡的过程。一种产品从进入市场逐渐被广大消费者接受和欢迎，到逐渐被广大消费者放弃而退出市场所经历的时间，就是该产品的生命周期。它与产品使用寿命不同。前者是受社会需求变化、科技进步、财务成本和收益、新产品开发、国家经济发展等多种因素制约，而形成的一种产品由投入市场到畅销、转而滞销直到淘汰所经历的时间周期。后者则是某一具体产品从开始使用到其报废所经历的时间。

产品生命周期依产品销售增长率的不同而分为萌芽期、成长期、成就期和衰退期四个阶段。产品销售增长率 = （后期销售量−前期销售量）/前期销售量。当产品初次从生产领域进入流通领域，处于试销、缓慢增长和无利、微利阶段时即为萌芽期，此时的销售增长率很不稳定，一般低于10%；当产品经受了市场考验，销售局面已完全打开，产品已基本定型，形成批量生产能力，产品销售量以10%以上的速度增长并有利润的阶段，称为产品成长期。当产品销售量达到最大化，销售增长率处于0.1%~10%之间并开始缓和，该产品的利润率增长幅度也随销售状况而趋向缓和并有所下降的阶段，即为成熟期。产品衰退期则是产品已经老化，市场上出现了更先进的新产品，老产品销售量开始快速减少，利润率大幅度下降直至出现亏损终止生产。同产品生命周期变化相适应，企业主要财务活动——筹资、投资、成本补偿、资金收回和利润分配等环节也出现了周期性波动，并与产品生命的不同阶段相对应。企业产品的成长、壮大、衍生、衰退的不同阶段，其财务战略是不同的。

虽然个别少数企业的财务周期与经济周期的变动幅度、时间不同，但大多数企业的财务周期与经济周期幅度、深度和时间是一致的。企业财务周期是一个国家和地区经济周期的组成部分。著名财务学家郭复初教授对此作过深入研究，认为一般而言，经济周期与财务战略存在如下匹配关系：

经济周期：高涨→萧条→危机→复苏→高涨……

财务战略：扩张型 → 紧缩型 → 稳定型 → 扩张型……

图 2　经济周期与财务战略的匹配

在宏观经济处于高涨时期，公司可采用扩张型财务战略，其特征是冒险经营、较高负债、内涵与外延扩大再生产投资并重和保持较高积累水平；在宏观经济处于萧条与危机时期，公司可采用紧缩型财务战略，其特征是缩小经营规模、降低负债，着重保证简单再生产资金需要，保持较低积累水平；在宏观经济处于复苏阶段，公司可采用稳定型财务战略，其特征是安全经营、中等负债、着重于内涵扩大再生产投资和保持中等积累水平。当国内宏观经济周期与国际宏观经济周期的发展阶段不一致时，公司财务战略以何者为主选择财务战略类型，则应看公司的主要市场是国内或国际而定。[①]　笔者认为，郭老师关于经济周期与财务战略联系的论述非常精辟，不仅阐明了经济周期与公司财务之间的关系，而且揭示了财务战略具有周期性的问题。

经济周期可为公司财务周期波动的管理提供市场财务信号。经济周期是财务周期的环境，财务周期是经济周期形成的土壤，国家可使用财政和货币政策作为工具干预公司财务周期，达到调整经济周期的效果。经济周期向企业提供的市场财务信号同市场供求信号一样重要，经济周期财务信号是企业经营过程的重要导向。

经济周期对公司财务构成一种不确定的市场或资源环境。对此，公司财务可根据自身条件分别采取简单顺其自然地服从、积极应对利用和主动出击三种策略。①适应经济周期变化，研究和选择恰当的财务战略类型，调整公司财务活动和财务关系，尽量使公司财务周期完全服从于经济周期波动和企业生命周期，减少企业外部不利因素的影响。②积极利用经济周期波动，加长或缩短财务周期和价值流程。加大公司研究开发力度，搜寻外部环境信息，充分利用经济周期变化态势，加长或缩短公司财务周期和财务价值链，有创造性地开展新的财务活动，建立新的财务关系，兴利除弊。③打破常规，创造新的财务周期。从企业自身实际情况出发，充分运用公司财务优势，结合企业生命周期特点，与经济周期针锋相对，开拓公司财务新领域，创造新的财务状况，实现新的财务循环和价值创造功能。

我们知道，美国的伊查克·艾迪斯博士（Ichak Adizes），John R. Kimberly 和 Robert H. Miles 教授，都是知名的企业生命周期理论专家。其中，伊查克·艾迪斯尤为著名，他把企业分为孕育期（Courtship）、婴儿期（Infancy）、学步期（Go-Go）、青春期（Adolescence）、盛年期（Prime）、稳定期（Stable）、贵族期（Aristocracy）、官僚化早期、官僚期（Bureaucracy）、崩溃期（Death）之后，又以企业的盛年期为分界点，把企业的生命周期简化为成长与老化两个阶段（见图 3）。在各阶段，企业的灵活性和可控性互有增

---

① 郭复初. WTO 与公司高层主管人员财务策划［J］. 财政研究，2002（10）：54.

减：企业在年轻时代充满了灵活性，但控制力却不强；企业在贵族期以后，控制性增加了，但灵活性却减少；企业在盛年期前后，同时具备灵活性和控制性的优势，是企业成长阶段中较为理想的时期。

Greiner 于 1972 年在《哈佛商业评论》上发表了《组织成长过程中的演化与变革》一文，提出了企业组织成长的五阶段模型。每一阶段都是由演变和变革组成的。演变（Evolution）是对于企业相对振动较小的成长过程，变革（Revolution）是企业成长过程中那些重大的动荡时期。演变是企业成长的常态，演变到一定时期，企业组织成长的内在机制和外部因素就会促使企业组织发生变革，企业组织在这种转折点上实现企业转型。五阶段模型如图 3 所示：

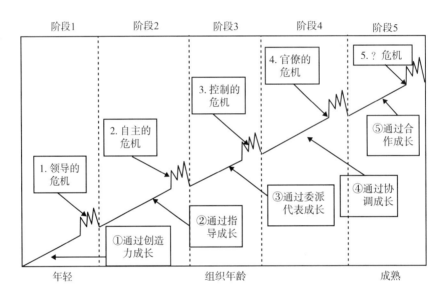

图 3　组织成长五个阶段

第一个阶段：企业在创始人领导下，通过创造一个产品和适合自己的特定市场而生存，组织充满活力和创造性。然而随着时间推移，逐渐出现第一次危机：创始人不可能包打天下，在适当的时候需要寻找管理经理。

第二个阶段：在克服了上一阶段的危机以后，企业组织内部出现了管理阶层，各项规章制度逐渐建立起来。该制度构架能使组织自行有效运作，然而企业很快发现：市场机会的多样性、企业的进一步成长和中央集权形成了第二次危机：自主危机。如果不能够很好地调动下层员工的积极性，企业可能很难迈过这个坎。

第三个阶段：企业认识到分权的重要性，开始通过委派代表的方式给员工和部门以相对自主性。但好景不长，企业家们很快发现那些充分授权的种种"代表"胃口越来越大，自主的倾向越来越严重，这时企业就面临第三次危机：控制危机。这种对失控的恐惧不仅折磨着企业家，而且在上下层之间的矛盾中消耗了管理人员和员工的过多精力，容易带来巨大的不信任感。

第四个阶段：企业家和企业下层组织之间通过一次又一次的磨合，使用各种协调手法，建立了相对科学完善的管理制度，既保证了上下级之间权责分明，又有效制止了部分被授权人的机会主义行为，组织效率大大提高。然而又很快看到本意用于协调的规章制度却又按照正反馈逻辑快速成长，出现"制度异化"现象，这就是第四次危机：官僚主义和繁文缛节的危机。组织过于依赖制度，这些制度约束了员工的活力和创造力，官僚主义幽灵在企业回荡，企业变得越来越僵化。

第五个阶段：为了克服官僚主义和繁文缛节，企业呼唤简单化，要求整合信息系统，强调团队导向。该时期通过建立各种团队，分享个人和部门的技能，减少对企业正式制度的依赖，通过合作获得新效率。遗憾的是虽然有美好的合作，但只要有人和组织就会有矛盾冲突，Larry E. Greiner 在这里给大家留下了一个问号，这可能是一些难以预料的新危机吧。

虽然人们对企业是否具有生命周期仍有争议，但本文认为，企业由于具有生物特性而确实存在生命周期的客观性。

四、公司财务战略的理论前瞻

同其他事物一样，公司财务战略也具有时效性。公司财务中的某一策略的形成总是在某种内外部背景下诞生的。当企业的内外部环境和公司财务目标发生变化时，该项财务战略就将失去存在价值。因此，公司财务战略具有时间上的周期性。

（一）公司跨期均衡配置资本的战略选择

跨时期均衡配置异质要素资本是公司财务的工作重心。农业生产的季节性变化和工业生产活动的技术工艺过程的时间变化是财务管理周期性的技术基础。跨时间或跨时期是公司财务管理的重要变量。公司财务战略与财务周期的联系，缘于公司财务跨时间均衡配置资本的本能。多期财务活动具有周期性规律，这是财务周期的初始含义。同财务周期一样，企业生命周期的存在也具有其客观性。对此，前述 Ichak Adizes 和 Larry E. Greiner 的研究已给我们提供了答案。本文认为，财务周期是企业生命周期的一部分，企业生命周期决定着财务周期，皮之不存毛将焉附？同理，财务周期会反作用于企业生命周期。二者之间是相互保护的关系。财务周期的设计、控制和管理，其目的是适应、利用和改造不确定的经济周期波动，履行财务创造价值职能，提升企业核心竞争力，力争企业健康持续地快速发展。

公司跨期均衡配置资本的难点有二，一是跨期，二是均衡配置。超过一个会计年度的经营活动及其财务安排远比年度内经营活动及其财务安排复杂得多，这就需要具备财务专业理论知识的专业人士承担决策管理工作。多种资本的均衡配置是公司高级财务工作的重心。我们知道，如果企业资本总额由三种异质要素资本构成，那么，每一种个别要素资本的配置数额占企业资本总额的 1/3 时，企业的资本回报率将取得最大值。同样地，当企业资本总额由 n 种要素资本组成时，每一种个别资本的配置数额占企业总资本数额 1/n 时，企业收益最大化。这说明，在企业资本总额既定情况下，多种异质资本的要素资本配置系数等于 1 即各要素资本产生等边际收益时，企业才能取得收益最大化。因此，公司财务经理如何使多种异质要素资本在组合配置过程中使各要素边际收益率相等，就成为一项极为复杂和高难度的工作，涉及公司财务战略的抉择。

一般地，产品生命周期是企业生命周期的物质基础。这是因为，企业和市场的共同规则是：企业拥有自主技术和自主产品生产能力，以及其成本优势形成，企业才可能创造价值和可持续发展，从而实现生存和盈利目标。许多中小企业的诞生和大企业的持续成长，为企业生命周期理论的发展提供了重要的实践基础。企业生命周期是企业所在行业的产业生命周期的物质基础，因为产业是由众多具有相同或相似产品或服务的企业构成的便于管理和交易的行业。社会历史表明，行业同产品一样，同样存在着形成、发展、繁荣和衰退的周期现象。由于一个社会的经济是由众多产业构成的生产体系，所以产业生命周期又是经济周期的物质基础。财务作为物质运动的价值形态，其规则是：产品的研发、生产和出售必须满足收入大于成本的财务要求，并且产品生产需要多种要素资本合理均衡配置；否则产品生产难以为继。只有符合财务规则的产品生命周期所形成的企业生命，才是健康、有效的企业生命周期。只有健康旺盛的众多不同性质的企业所组成的不同产业的迅猛发展，国民经济才会可持续健康发展。因此，产品生命周期应服从公司科学的财务周期。全社会众多公司的财务周期形成整个国家的经济周期。

财务周期与企业生命周期之间的关系，还可由企业产品生命周期与财务周期之间的关系反映出来。产品的生命周期又与人们的消费需求和科学技术发展相联系。人们的消费需求决定于整个社会的物质发展水平。科学技术发展则体现在企业自主技术研发能力。财务周期与技术周期相关。著名财务学家郭复初教授指出，"一般来说，主导产品生命周期与财务战略也存在一定的匹配关系"，如图 4 所示。

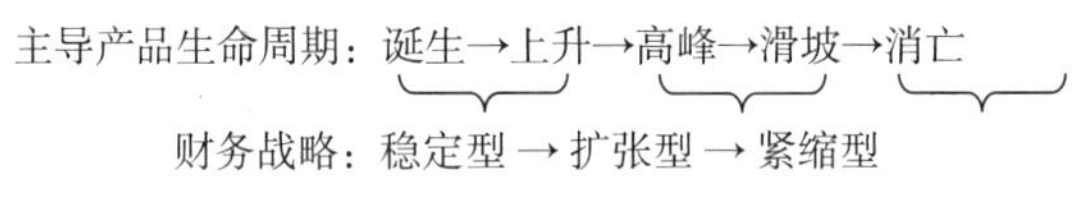

主导产品生命周期：诞生→上升→高峰→滑坡→消亡

财务战略：稳定型 → 扩张型 → 紧缩型

图 4　主导产品生命周期和财务战略匹配关系

在公司主导产品刚形成时宜采用稳定型财务战略，当公司主导产品已被国内外市场逐步接受，从上升走向高峰时，可采用扩张型财务战略，当公司主导产品的生命周期从高峰走向滑坡与消亡阶段时，宜尽快采用紧缩型财务战略（郭复初，2002）。郭老师的论述非常准确、形象地刻画了产品生命周期与公司财务之间的密切关系。财务规则是稳定的，但财务战略和财务周期应随着物质产品和市场的发展变化而不断创新和改进。

（二）资本运营战略

资本运营是我国 20 世纪 80 年代初改革开放以来产生的新概念，这可能是我国企业对货币资本过度开发的结果，中小企业应慎用资本运营战略。资本运营或资本经营是我国企业界的一项创新。资本运营理论是我国财务实践对财务理论的贡献。在《基于财务战略的资本运营》一文，作者已有论述，这里不再赘述。

（三）成本优势战略

科学技术的发展，生产过程的重大变化，以及管理工作的信息网络化，使企业的成本内容及其结构也发生全新变化。企业的生产车间不再是边角料堆撒满地，生产过程完全电子自动化或半自动化，机器人开始被投入使用，材料浪费趋近于零，生产现场一尘不染，会计上直接成本的降低特别是原材料成本的降低幅度和潜力几乎等于零。因此，产品生产成本中的原材料成本、辅料成本和直接人工成本的比重相对减少。可是，公司的研究开发成本、信息成本、客户成本、管理成本、学习成本等新内容骤然增多，企业文化投资的成本加大，无形资产成本增大，从而使公司的成本结构发生重大变化。企业的成本识别和确认、成本计算、成本预测、成本控制和成本分析工作，应适应成本内容及其结构的新变化。很明显，成本优势战略的内容与传统成本战略完全不同。

知识管理、信息管理和技术管理，以及传统会计成本管理，将可能成为企业新成本优势战略的重心。财务战略管理开始成为企业财务的常规性管理工作。

五、结论

时间是财务学的基础范畴。跨时间或跨期配置异质要素资本是公司财务工作的重心，投资周期和技术研发周期是公司财务研究的薄弱领域。企业财务周期理论的发现，不仅丰富了公司财务战略的研究，而且有力推动了我国财务学研究的新进展。基于社会主义经济制度的企业财务研究，在吸收美欧经济学里的生产理论和消费理论的同时，将跨期资本均衡配置作为财务学的研究目标，必将丰富我国的社会主义政治经济学理论和实践。财务周期理论将成为跨期资本均衡配置理论和方法的核心内容。跨会计年度时间的财务周期战略，将会改进不确定性资本预算理论，并且有助于提升资产组合理论的科学性。

企业财务周期理论的诞生，使企业财务管理开始关注内部财务活动和外部财务活动的均衡发展问题。技术创新周期、产品生命周期、人类消费水平变化周期和资本市场涨跌周期，可能是公司财务周期的形成基础。科学技术的迅猛发展、生活节奏加快和速度经济的出现，使得公司财务周期的预测更加困难和复杂。因此，公司财务周期作为公司财务战略理论的内容之一，可能比较妥帖。

参考文献

［1］郭复初. WTO 与公司高层主管人员财务策划［J］. 财政研究，2002（10）：53–56.

［2］魏明海. 财务战略——着重周期性因素影响的分析［M］. 北京：中国财政经济出版社，2001.

［3］卢卡斯. 经济周期理论研究［M］. 朱善利等译. 北京：商务印书馆，2000.

［4］Zvi Bodié, Robert C. Merton. Finance（First Edition）［M］. Prentice-Hall, Inc. 2000.

［5］Antony P. Mueller. Financial Cycles, Business Activity, and the Stock Market［J］. The Quarterly Journal of Austrian Economics, 2001, 4（1）：3–21.

［6］Josh Lerner, Hilary Shane, Alexander Tsai. Do Equity Financing Cycles Matter? Evidence from Biotechnology Alliances［J］. Journal of Financial Economics, 2003, 67（3）：411–446.

［7］Murillo Campello. Capital Structure and Product Markets Interactions：Evidence from Business Cycles［J］. Journal of Financial Economics, 2003, 68（3）：353–378.

［8］David R. Rink, Dianne M. Roden, and Harold W. Fox. Financial Management and Panning with the Product Life Cycle Concept［J］. Business Horizons, 1999, 42（5）：65–72.

［9］Stephen A. Ross. Financial Regulation in the New Millennium［J］. The Geneva Papers on Risk and Insurance, 2001, 26（1）：8–16.

［10］Michael J. Brennan. Corporate Finance Over the Past 25 Years［J］. Financial Management, 1995, 24（2）：9–22.

［11］郭复初等. 经济发展中的财务问题［M］. 成都：西南财经大学出版社，2001.

［12］罗福凯. 财务理论专题［M］. 北京：经济管理出版社，2003.

第四篇　财务学的学术批判与大学教育

30 | 互联网对公司财务研究的影响与学术批评

——兼评"互联网金融"命题

一、引言：一个真实故事

数月前，笔者遇到这样一件事情：我校财务管理专业本科 2011 级某同学写毕业论文时，自己确定一个"互联网金融及其对商业银行经营的影响"的题目。"互联网金融"是我国政府工作人员提出来的新命题，而非金融学专业人士或经济学家提出。根据以往经验，经济建设和经济学里的一些新提法或新概念，只要是政府提出而非专业研究者发现并经过论证后提出，那么这些新概念或新提法多半不靠谱。学者们对此不用当真。因此，作为老师，笔者便建议学生将论文题目适当做一点修改，如改为"信息技术对商业银行资产业务的支持研究"、"信息技术对商业银行负债业务的支持研究"，或者"信息技术对商业银行成本水平和效率的财务分析"等，并解释道：第一，"互联网金融"的提法不够严谨，学界尚未取得共识；第二，对商业银行经营业务的影响，题目过大。最好改为信息技术对银行某一具体业务活动的影响。商业银行有资产业务、负债业务、中间服务业务、理财业务以及投资业务等。而且，同一般工商企业一样，商业银行公司也有公司内部治理、人力资源开发、经营战略和财务管理等工作，笼统地写"互联网金融"及其对商业银行的影响，内容过于宽泛。然而，学生并不接受该建议。理由是：①现在网络和媒体几乎每天都有大量"互联网金融"信息报道，人民银行领导有针对"互联网金融"的重要讲话，中国金融学会专家也有对"互联网金融"的研究报告；而且从各级政府领导的讲话中也可看出，"互联网金融"业务很重要。②学生本人已同中国工商银行签订了就业协议，希望对"互联网金融"有所研究，以备以后工作之需。乍听起来，这两点理由很充分。作为教师，笔者只能耐心讲解互联网是一种新工具，就像哥伦布当年发现的新大陆一样，互联网是人类社会的重大发现，其本质是一种新的生产和生活平台。在互联网货币——比特币独立之前，其本身与金融无关。人们在互联网上购买物品支付货款或者存钱，与人们在百货商场购物支付价款没有本质差别。关键是，互联网的应用和发展并未产生新的金融活动，也未诞生新金融理论。"互联网金融"命题缺乏科学依据和理论证明。

结果，该学生感到很为难，甚至不高兴。笔者知道这是一位天资聪颖、喜欢读书、学习成绩好、综合素质也很好的优秀学生，并希望他茁壮成长。该同学事后发邮件给笔者，写道："金融服务实体经济的最基本功能是融通资金或者价值流通。资金供需双方的匹配，可通过两类中介进行：一是商业银行对应间接融资模式；二是股票和债券市场对应着资本市场直接融资模式。这两类融资模式对资源配置和经济增长有重要作用，但比起互联网资金结算，其交易成本巨大。说到底，金融就是资金的流动，资源的配置。难道企业的资金融通筹集、资本配置和价值创造，不是金融吗？"当读到学生邮件的最后一句话时，笔者感到无比震惊，甚至尴尬。深深内疚自己所教过的财务管理专业学生，竟然会把财务与金融混淆起来。显然，教师的责任重大。

于是，作为教师，笔者立即约该学生再次交谈和沟通，进一步详细说明财务学理论研究的新进展。并且问道：你是学了四年财务管理专业的学生，如果企业的筹资、投资、资本配置和价值创造是金融学的内容，那么，财务学的内容是什么？学生无言以对。片刻之后，学生道：我们李克强总理的政府工作报告里也有"互联网金融"的提法！老师道：总理的政府工作报告是国务院一年来的工作总结报告和来年工作重心的规划报告，而不是专业科学研究报告。现在如果把财务学专业教科书和政府工作报告放在你眼前，你认为哪个更靠谱、更接近真理？（事实上，二者不可比）——学生又无言以对。

此后的一个月，我在会计系一次例行工作会议上提及此事。结果，不少同事脱口而出，"当然是政府工作报告更可靠啦，你的教科书算什么?!"这一回，我无言以对。

本文试图分析互联网的迅猛发展和应用，对公司财务产生了哪些影响、对公司财务研究产生了哪些影响，并对目前的"互联网金融"命题提出批评和评论。

二、文献综述概要

对于"互联网金融"研究最有影响的重要文献之一，是谢平先生的《互联网金融模式研究》课题报告（2012）。该研究报告是"中国金融四十人论坛课题"之一，课题主要成员还有邹传伟、刘海二等专家。该研究报告主要内容有两部分：第一部分是课题研究成果内容概要；第二部分是主报告：互联网金融模式研究。在第一部分，研究报告认为，以互联网为代表的现代信息技术，特别是移动支付、社交网络、搜索引擎和云计算等，对人类金融模式产生了根本影响。过去10年间，类似的颠覆性影响已经发生在图书、音乐、商品零售等多个领域。并且可能出现既不同于商业银行间接融资、也不同于资本市场直接融资的第三种金融融资模式，即"互联网金融模式"。谢平先生指出，在"互联网金融模式"下，支付便捷，市场信息不对称程度非常低；资金供需双方直接交易；银行、券商和交易所等金融中介都不起作用；可以达到与现在直接融资和间接融资一样的资源配置效率，并在促进经济增长的同时大幅度减少交易成本。重要的是，它是一种更为民主化、而非少数专业精英控制的金融模式，现在金融业的分工和专业化将被大大淡化，市场参与者更为大众化，所引致出的巨大效益将更加惠及普通百姓。第二部分，则分别写互联网金融模式的基础理论、信息通信技术对中国经济增长影响的实证分析、手机银行发展综述、P2P融资模式发展综述，以及用互联网金融模式解决中小企业融资问题。众所周知，谢平先生是学者型官员，著述宏富，见解敏锐，具有很强的影响力。可是，虽然谢平先生出身于经济学专业，但他研究的问题已经不是他年轻时期在西南财经大学和中国人民大学所学习的货币银行学或金融学，而是实为公司财务的假金融学。事实上，企业不论到商业银行借款的间接筹资，还是到证券公司发行股票的直接筹资，都是财务学的基本内容而非金融学研究内容。近30年来，我国金融学研究一直存在"皇帝新装"现象。这是值得我国学术界深思的一个严肃问题。人们应安静思考：信息技术快速发展和互联网应用的普及，对图书、音乐本身有何影响？没有实质性影响！图书和音乐的创作、撰写和诞生，仍然是专业工作者辛勤劳动的结果。信息技术和互联网能影响图书和音乐的地方，主要是图书和音乐的传播渠道增加了。至于信息技术和互联网对中央银行发行货币、回笼货币和制订货币政策，以及调节汇率变化，基本上不存在实质性影响。

总体上，目前学术界真正从专业学术上研究互联网与金融联系的文献比较少。如最近《经济研究导刊》（2015年第1期）发表了东南大学硕士生杨琛珠女士的文章《互联网金融研究文献综述》，介绍了我国学术界关于互联网金融的研究情况。其主要内容包括从互联网金融的本质和内涵、互联网金融的模式，到互联网金融对传统商业银行的影响等，一一进行述评。该篇文献综述使用的参考文献也仅有10篇相关文章。北京大学、清华大学、中国人民大学、南开大学、复旦大学等著名大学的一些权威金融学教授、财务学教授或经济学教授，对互联网与金融联系的研究甚少。

我国大学因行政主导学术，其学术研究质量和专业性受到明显制约。令人高兴的是，中国人民大学戴险峰教授在《财经》杂志（2014年3月3日）发表了一篇题为《互联网金融被指为伪概念：互联网仅是一种工具》的文章。该文指出，互联网作为一项技术，虽然在过去20多年来一直影响着全球的金融业，但其影响主要集中于后台（比如支付）和渠道，并没有催生出任何新金融。在互联网技术发展最早最为成熟且应用领域最广的美国，并不存在所谓"互联网金融"概念。"互联网金融"在中国大行其道，主要缘于中国金融体系中"金融压抑"的宏观背景，以及对"互联网金融"所涉及的金融业务的监管空白。"互联网金融"之所以迅速发展，实际上是市场里的一些人进行了比传统银行更为激进的监管套利。所谓"互联网金融"业务，只是传统金融在监管之外的一种生存形态。金融的本质没变，也没有产生可以叫作"互联网金融"的新金融。因此，"互联网金融"是一个伪命题。在戴险峰教授看来，互联网的本质是一种现代信息技术，如同数十年前自动取款机对商业银行的冲击一样，该互联网技术对金融的影响实质上是新机器设备和人力资本对金融的影响，其结果取决于机器在多大程度上取代了人力。例如，作为货币基金的余额宝，它吸收老百姓的钱，然后再投到银行，从而改变了银行融资结构。余额宝对银行的冲击，实质上是货币基金与银行之间的竞争共生关系。该关系是一种公司财务性质的经济关系，与金融无关。

本文比较接受戴险峰教授的观点。现代信息技术在金融领域的应用，如同在会计领域、人力资源管理领域的应用一样，会计的本质没有变，人力资源的本质没有变，同理，金融的本质也没有变。甚至，金融学理论和方法基本上也没有显著变化。如果人们在互联网经济中使用了比特币进行交易、储存和兑换，那么，互联网技术就会对金融产生重要影响。可是，人们现在讨论的"互联网金融"与比特币无关。不论是讨论互联网实务还是理论研究，均未涉及比特币。所以，本文认为，如果不考虑比特币，那么"互联网金融"就是一个错误概念。

三、互联网与金融和财务是否有联系

为什么"互联网金融"命题是一个错误概念？戴险峰教授指出三个理由：①互联网的发展和应用没有引起新的金融活动，也没有引发新的金融理论和金融方法；②被视为互联网金融的在线支付和转账业务属于政府对现金收支监管空白，从而致使部分厂商从中获取现金收支监管套利；③世界最发达国家美国的互联网经济比我国更繁荣，但美国没有"互联网金融"命题和相关问题。本文认为，除了上述三点外，第四个理由可能更重要：互联网现代信息技术的产生、发展及应用与金融之间，不存在任何内在联系。从科学发展规律和理论产生的一般原理看，在金融学领域不存在产生"互联网金融"命题、假说和概念的土壤；在现代信息技术领域，也不存在形成金融信息技术有关命题、假说和概念的土壤。金融与现代信息技术的各自发展，均没有出现对方理论和方法的影子。

首先，我们考察互联网。本质上，互联网是一种自然科学发展的结果，而非社会经济文化发展到一定程度的社会组织。因此，从技术视角看，互联网是一些技术节点包括各种计算机、服务器、集线器、交换机、路由器和传感器等设备，采取电缆、光纤和通信技术等手段，所形成的电子技术网络系统。该网络系统主要以计算机技术、通信技术和传感遥控技术等为基础，其基本功能是实现信息的交流、利用和共享。互联网技术的核心和实质是现代信息技术，包括信息的采集、存储、转换、加工、显示等各种技术，其主要设备是计算机及其网络系统。计算机网络又是由许多计算机组成的实现网络之间传输数据的功能。数据传输目的地和保证数据迅速可靠传输措施是计算机网络的两项基础工作。数据在传输过程中很容易丢失或传错，当计算机网络使用一种专门的计算机语言即协议，可保证数据安全可靠地到达指定的目的地。这种语言包括传输控制协议（TCP）和网间协议（IP）两个部分。该两部分与其他协议联合使用，可实现计算机网络各项功能。互联网是网络与网络之间所串连成的庞大网络。这种将计算机网络互相连接在一起的方法可称作"网络互联"，在此基础上，发展起来的覆盖全世界或全球性的互联网络，被称为互联网，它是互相连接在一起的电子技术网络结构。人们进入该电子信息网络，就可以写作、计算、设计、产品制造加工，以及销售产品。并且可以与远在千里之外的朋友相互发送邮件、共同完成一项工作。很明显，互联网的诞生、应用和发展，与金融没有任何联系。互联网信息技术的理论和方法及其发展过程，见不到任何金融学理论和方法的影子。互联网的发展与金融无关，二者风牛马不相及。

其次，我们再考察金融。本文作者多次论证过金融学的理论基石和基础范畴。尽管如此，金融学也有它的特殊之处，即在所有经济学的学科体系里，只有金融学和财政学比较特殊，它们均以中央政府为主体。企业、个人、事业单位或其他非政府社团组织，均无法成为金融学主体和财政学主体。相反，财务学、市场营销学、统计学、会计学、贸易经济学、物价学等经济学科，其主体均可以是企业、个人、事业单位，或其他非政府社团的经济组织。在我国，只有中国人民银行（受中央人民政府委托）可以计算和设计货币必要量，发放和回笼货币，调节货币流通量，制定货币政策和汇率政策等。中国人民银行是我国金融学的唯一主体。从概念上表述，金融学是人们在经济活动里处理金银货币融通业务的科学，它主要研究政府如何设计印发本位货币，颁布货币政策，以及组织货币流通等活动的规律性。从金融学主要内容构成看，金融理论主要包括货币理论、中央银行理论、国际货币汇兑理论、金融政策理论，以及宏观经济市场里的金融体制框架和模式等。金融学是经济学体系中的基础学科，也是市场经济的基础理论。金融学方法主要是采取制订、调节和变更货币政策，以及通过利率、汇率和存款准备金等方式，实现金融工作的目标。可见，金融学理论和方法与现代信息技术和互联网不存在任何联系。离开了专业的科学研究，为了某种非学术目的，非要提出一个"互联网金融"命题，则是一种不科学、不严谨的非学术现象。著名科学家爱因斯坦、哲学家库恩都认为，一类知识要成为一门科学，需要逐渐形成系统的自成逻辑体系的科学理论。该门科学理论体系主要由三个基本元素组成：基本概念及范畴，联系这些概念的判断、原理和定律，以及由这些概念和原理推演出来的逻辑结论即各种具体的规律规则和预见性理论定理及操作规则。于是，学者们对基本概念和范畴的研究多属基础研究，对基本原理和定律的研究多属应用研究，对具体的逻辑结论和预见性理论定理的研究多属开发试验研究。目前，互联网信息技术与金融之间关系的研究，不论是基础研究、应用研究，还是开发研究，均未形成。所以，"互联网金融"命题不成立。应说明，如果中国人民银行采取了与其他国家中央银行不同的做法：承认并监管互联网比特币，那么，互联网与金融必然存在联系。

至于财务学与互联网信息技术之间的关系，我们认为，互联网技术是公司财务改进管理方式的重要工具之一。企业可利用互联网技术设置电子账户，完成资金融通和流动。公司的一些财务活动可以搬到互联网系统进行在线结算、签约和评估。互联网里的众筹则是信息技术广泛应用的一种新筹资方式。因此，互联网技术的快速发展，促进了公司财务活动的扩展和财务方法创新。互联网经济的标准化特征，使得公司筹资和投资决策及其评价、资产定价和公司治理结构设计等，都可以通过全球性行业大数据、宏观经济云计算等信息，加以实施和完成。至于余额宝这类互联网技术产品，其本质上是基金，互联网只是这类基金的销售渠道。这一点，戴险峰教授已经讨论过，此处存而不论。简而言之，与金融学不同，财务学与互联网技术及其发展存在着比较多的联系。其原因在于金融学的主体只能是中央政府。而互联网技术的产生和发展与中央政府的基本活动无关。

令人遗憾的是，20多年来，在我国学术界，人们把财务学的一些基本业务内容硬是说成金融学内容。学术界基本上把财务学与金融学的研究对象、基础范畴和基本定理，以及解释的现实问题等，混淆在一起。中国社会科学院、中国金融学会，以及许多著名大学的金融学院和老师，将公司财务原理视为金融学原理，将著名财务学家罗伯特 C. 莫顿教授的著作 Finance （财务学）翻译成《金融学》，将 Financial Accounting （财务会计）译成"金融会计"，甚至将美国著名的 JF、JFE、RFS 三本财务研究期刊，分别翻译成《金融学杂志》、《金融经济学杂志》和《金融研究评论》，并将英美大学里的高级财务理论教材作为我国大学里"高级金融理论"课程讲义。更令人啼笑皆非的是，我国学界将美国财务学会（AFA）竟翻译成美国金融学会。甚至有金融学者批评资本结构 MM 定理不能解释证券发行交易外部货币政策环境问题和不同国家金融发展程度问题。殊不知，财务学里的资本结构理论，不可能解释金融学问题。财务学与金融学是具有不同研究对象、不同理论基础、不同基础范畴的两门经济学科，如同数学与物理学是两门不同的自然科学学科一样。有人可能要问：为什么 Finance Times 被译成"金融时报"而非"财务时报"？公司财务中的 financial vehicle 和 financial tools 为什么被译成金融载体和金融工具？这是因为，此处几种情况不是按字面理解，而是根据实际内容翻译。英国的 Finance Times 这份报纸的主要内容是宏观经济、货币政策、金融市场以及物价与通货膨胀等，这些内容主要属于金融学。而 Finance Markets 与 Financial Vehicle 和 Financial Tools 的性质相似，它们都是股票、债券、外汇、黄金、期权、期货等准货币的交易、投放和流动，因其实质内容属于金融，所以被翻译成"金融市场"、"金融载体"和"金融工具"。任何能够表达信息、不确定性和能力等财务要素的方式，都被称作金融载体。而一旦该金融载体被资本市场纳入交易体系，就成为资本市场里所利用的金融工具。比如以"所有权"作为载体的金融工具是股票，而表现为"处置权"的金融工具则是期权。当然，金融载体和金融工具也可以称为财务载体和财务工具。

学科之间的区别，主要在于其研究对象、基础范畴和解释现实问题的差别，其次是核心理论和方法的不同。我们知道，财务是人们在不确定情况下跨时间配置有限资源的科学，习惯上，人们将该科学表述为在企业或某一组织内开展财务活动、处理财务关系的一门经济管理学问，其基础范畴是资本、不确定性、时间、资源、配置以及风险和价值等。从主干内容看，财务学理论主要包括筹资理论、投资理论、资产定价理论和公司治理等，这些理论既密切联系，又互为独立。投资活动及其决策的制订需要对投资项目进行资产定价和评估；筹资决策及其资本结构的科学性，则是实施投资决策的先决条件；筹资决策、投资决策的结果，产生公司财产所有权和公司内部治理问题，形成公司治理理论。至于金融学，其基础范畴主要是货币、币材、法定存款准备金、汇率、货币必要量，以及中央银行等概念。很明显，这与财务学上的资本、价值、不确定性和跨时间等概念，有天壤之别。

学术研究的非专业性和非纯洁性，以及专业理论学术研究的功利性，使得财务学、金融学许多问题张冠李戴、偷梁换柱，并对实际工作和大学教育造成了极大危害，也使得"互联网金融"这样的错误命题大行其道，令人痛心。

四、"互联网金融"伪命题产生的根源与危害

我国学界、商界和政界将财务（Finance）视为金融（Monetary Economics）是"互联网金融"被提出的根本性原因。概念混乱，必然导致科学研究出现错误。那么，为什么一些人将财务说成金融呢？笔者曾在 2009 年发表的《财务学存在问题求解》[①] 一文里，找出四个原因：①"拉瓦锡综合症"的泛滥；②社会人才需求与专业人才供给的阶段性差异；③科学知识资源配置尚未社会化和民主化；④财务学家缺乏生存和发展的基本能力。后来，又发现，我国学术界在 1990~2010 年的 20 年间，学者的道德水准和学术素养急剧下跌，则是财务研究与金融研究混乱的第五个原因[②]。正是由于我国教育界和学术界丢失了自由之思想、独立之精神，才使得学术研究失去专业性和纯然性。本文认为，我国学术界"时事政治+西方学术动态"双引擎选题动因，使学术界陷入非专业和非纯然学术混乱状态的第六个原因。限于体制与制度约束及考量，现在的"70 后"和"80 后"的多数学者以国内时事政治动向为专业学术研究选题导向。学者的全部学术研究以国家发展和政府工作重点为选题准则。只有这样，才可能完成体制内各级领导的各种考核和评级。还有少部分学者，在关注时事政治的同时，将美欧学界同行的主要研究热点引入自己的研究选题。这种"双引擎选题动因"丢掉了专业研究活动本身的学术规律和科学自身发展的客观规律。这也是"互联网金融"错误命题提出的根源。

这里的第六个原因，实际是我国长期以来深藏在知识分子内心深处的复发。改革开放之前的多次政治运动，给我国社会及其知识分子留下了深刻印记。现在已经没有政治运动了，但人们仍然非常关心政治，虽然绝大多数人并不从事政治学研究。学者们期望

---

① 罗福凯. 财务学存在问题求解——财务学的边界、学科对话与跨学科研究 [J]. 中国经济问题，2009（4）：65-69.

② 罗福凯. 财务学的文明发展与学术批判 [J]. 财务与会计（理财版），2014（11）.

自己的研究能直接为国家建设和社会发展添砖加瓦。于是，关注时事政治理所当然地成为专业研究的重要方面。改革开放初期，知识分子获得了思想解放，学术自由风气渐浓。可是，1989 年北京发生的那场活动使人们又重新审视政治问题。学者作为社会的知识阶层，总希望与国家和社会的发展相一致。然而，1990~2010 年的 20 年间，我国市场经济迅猛发展，全民经商和知识分子"下海"蔚然成风。并且，市场经济规则与科学研究工作的规则和规律格格不入。受市场经济浸淫腐蚀，许多学者开始以成本收益法则评估自己的研究活动。如果使用欧美学术界的论文题目研究中国问题，很容易发表。严重的是，"学而优则仕"的封建制度又开始发挥作用，一些研究成果较丰富的学者被提拔为大学校长或离开大学进政府部门任职，这样更容易发表论文和申请课题。未与行政挂钩的学者也在争取增加自己的知名度和影响力，热衷于各式各样的学术研讨会，追求论文数量和期刊级别，唯恐淡出学界而被世间忘却。当年西南联大教授们以做官为耻、以问学为荣的安身立命之本，已经完全丢失。孟子所说的"富贵不能淫、贫贱不能移"和"威武不能屈"的古训，已经很少有人提及。研究者以认识高官为荣，以自己的论文被政府或官员引用为傲。政治运动和市场经济的潜因素，引发了"时事政治+西方学术动态"双引擎选题动因的出现。值得庆幸的是，2010 年之后，虽然互联网技术为经济发展提供了重要支持，但大学毕业生从事互联网生意的却很少。相反，许多博士研究生纷纷进入大学任职，大学教师队伍由离职和低迷转为数量增长态势，大学师资队伍质量开始提升。这说明，许多博士研究生已经认识到科学研究是推动社会进步的重要力量。学术界崇尚学术、尊重权威、追求更大学问和更深道行的学术底色依然存在。多数学者深知，恪尽职守、勤奋工作，就是爱国爱党的表现。

"互联网金融"命题的危害，目前处于最严重阶段①。大学经济管理类高年级本科生和硕士研究生的受害程度最大，其次是"互联网金融"从业者。他们误将公司财务当作金融学。而对真正的金融学理论及其著作②，却茫然无知。预计"互联网金融"命题的危害至少需要 10 年以后才能逐渐消除。那时候，人们才能够回顾和评估我们做对了什么，又做错了什么。

五、结论与启示

互联网的本质是现代信息技术的一个新领域，尚未形成一种新的具有实体性质的社

---

① 从 2012 年开始至 2016 年 6 月之前，在"大众创业、万众创新"和"互联网+"有关政策推动下，许多青年人希望创办互联网金融公司，各种网上借贷公司、网络投资公司、支付宝等一哄而上，然而十之八九以失败告终。金融的产生以货币经济高度发达和物质财富极大丰富为前提。在当代经济下，如果现有的货币经济和物质财富未出现极大的变化，那么，就不足以形成新金融产生的前提条件。

② 例如，周其仁. 货币的教训：汇率与货币系列评论［M］. 北京：北京大学出版社，2014；陈利平. 货币理论［M］. 北京大学出版社，2003；黄达. 货币银行学［M］. 北京：中国人民大学出版社，2010；易纲. 中国金融改革思考录［M］. 北京：商务印书馆，2009；以及 Jagdish Handa. Monetary Economics 等。

会组织。互联网技术的产生、应用和发展，与金融学的产生和发展基本无关。公司财务利用互联网技术和平台，虽然改进了管理效率和水平，极大地节省了人力和机器设备，但互联网没有改变财务学的理论和方法，也没有改变金融学理论和方法。互联网经济是社会经济的新业态，也是财务管理的新领域，属于共享经济范畴。互联网众筹与传统民间筹资的不同点在于使用了信息技术，降低了资本成本。在独立于人民币之外的互联网货币"比特币"没有以法律形式独立存在和流通之前，互联网就只能是一种虚拟组织。虽然互联网货币是采用一系列经过加密的数字在全球网络上传输的可以脱离银行实体而进行的数字化交易媒介物，其主要形式有电子钱包、数字钱包、电子支票、电子信用卡、智能卡、在线货币、数字货币等，但只要结算货币仍然是人民币，那么，这种比特币就不具有法律效力从而难以成为货币资本而得到广泛流通和使用。金融的核心是货币。当互联网货币未正式产生时，互联网金融也不会产生。所以，"互联网金融"属于错误命题。学界应该放弃"时事政治+西方学术动态"的双引擎选题方式。

既然"互联网金融"命题需要进一步证明，那么，"互联网金融理论"就不存在。任何科学理论的形成，至少由三个基本元素组成：基本概念和范畴，联系这些概念的判断、原理和定律，以及由这些概念和原理推演出来的逻辑结论规则和预见性理论定理及操作规则。而"互联网金融"只有一个"互联网金融"命题，没有其他范畴和一系列概念，也没有联系这些概念的判断、原理和定律，因而互联网金融理论尚未形成。

科学研究的本质是探索真理。学术界研究理论和现实问题的正确做法应是遵循学术研究活动自身的客观规律，探寻和追求本学科有关理论及问题的真理。因此，学术研究既不能随市场经济变化而变化，也不能离开专业目的而去满足别的目的。学者们清除私心，变物质至上为学术至上，真正关心国家和社会发展，应是我国学术研究发展的必由之路。经济学或财务学里的任何新概念、新命题的出现，只要不是经济学家、财务学家或公司财务专家等专业人士发现和提出，那么，这些所谓的新概念、新命题，多半是不正确的。国家利益至上，社会和人民的利益优先于任何其他利益。政府应厘清自身与国家、社会和人民的关系，政府利益不应凌驾于国家利益、社会利益和人民利益之上。政府应相信人民群众，适当减少对科技界和教育界的干预，增加党的思想和组织领导。改变行政主导，避免过度管理。

参考文献

[1]［加］杰格迪什. 汉达. 货币经济学［M］. 郭庆旺等译. 北京：中国人民大学出版，2005：5-15.

[2] 钱颖一. 经济学科在美国［J］. 经济社会体制比较，2001（6）：23-29.

[3] 戴险峰. 互联网金融被指为伪概念：互联网仅是一种工具［J］. 财经，2014（3）：3.

[4] 罗福凯. 信息技术创新的财务基础［J］. 财务与会计（理财版），2014（11）：12-14.

[5] 杨元庆. 杨元庆谈互联网：概念被夸大，不能包治百病［EB/OL］. 凤凰科技网，http：//tech. ifeng. com，2014-08-23.

31 | 财务学的文明发展与学术批评

一、引言

当今中国，如同 20 世纪 80 年代初中期的全民下海经商一样，商界、政界和学界人士都在忙于发表论文、撰写研究报告、出版著作。眼下除了工人、农民和军人外，几乎全民都在争当学者。政界官员尤甚。可能正是这一原因，目前我国的学术考评经常把期刊分为国家级、省市级和县级等类别，期刊和出版社都有行政级别，相应地，已发表的论文也有了行政级别。于是，学者们将论文视为商品，尽可能在级别高的知名专业期刊发表以获得一个较高的科研补贴。同政界和商界人士争当学者频发"论文"和出版"著作"一样，也有许多学者踊跃进入商界和政界，或办公司或到公司兼职，直接参与市场经济竞争以赚取货币收入补贴家计；亦有少量学者到政府帮忙或到人大、政协坐班，也是为了获得第二份薪酬增加收入。进入市场做生意的大学教师，或者在政府里兼职的大学教师，毫无疑问，身在曹营心在汉，在学校里领工资，在校外领补贴，其做学问的深入程度和教学质量可想而知。尽管有陷入深度经商而不能自拔的大学教师，名曰增加实践能力，但事实上，"司马昭之心，路人皆知"。分散精力、不务正业的大学教师，对学生的学习和成长具有很大的负面作用。在科学技术迅猛发展的时代，这些经商和参政的大学教师一旦脱离学界时间较久，很快就会变成大学教师里的滥竽充数者。而官员和企业家钻研专业理论、发表"学术论文"或出版"著作"，其危害不仅仅是影响其本职工作和滥竽充数问题，重要的是，不务正业的政府官员发表专业"论文"对学风的破坏和对社会的危害，远大于官员经商对社会的危害。因为他们发表的许多"论文"属于假冒伪劣专业研究和颠倒是非。不允许政府官员发表论文远比不允许官员经商更加紧迫。同样地，商人发表"论文"多半属于经商策略，其危害与官员发表"论文"并无二致。

财务学是财务经济学和财务管理学的合称。作为财务学教授，据笔者考察，中世纪的欧洲和西亚地区，其财务学的发展已很成熟。对此，英国学者已有研究。在我国，财务学的历史可能会更加久远。可是，从 20 世纪 90 年代至今的 20 多年时间里，由于学术界和教育界部分学者对美欧外来财务学的理解误差及金融学的过度解读，使得我国的财务学理论遭受前所未有的严重歪曲。在经济改革实践中，财务学发挥了很大作用。我国20 世纪 80 年代初改革开放以来所取得的巨大经济成就，其原因引发中外经济学家各种解释。在笔者看来，制度变革和人民勤劳是第一位的原因，其次是科学技术的发展应用，以及引进资金，精打细算和商业模式的改进。在这里，引进资金（资本）和精打细算，就是财务学的理论和方法发挥了作用。美欧国家的 Finance 即我国的财务学，美欧的 Monetary Economics 即我国的金融学。财务与金融早已清楚。前者研究人们在不确定情况下跨时期配置各种资本的学问，其内容主要有筹资理论、投资理论、资产定价和公司内部治理等；资本、跨期、套利、价值、风险和配置等概念，形成财务学的基础范畴。后者是研究人们在市场里处理金银货币融通业务的学问，其主要内容有货币理论、中央银行理论、货币汇兑理论、金融政策理论，以及宏观经济市场里的金融体制框架和模式等。货币、钱庄（银行）、信用、利率、汇率、通货、金本位和币材等，则是金融学的基础范畴。但"皇帝新装"的故事却一直在重演。同皇帝身边的大臣一样，我国有不少财务学者愚昧地假装不认识财务。故意犯错在学术界并非鲜见。本文是对假装不认识财务的财务研究者的学术批判。当然，也对一些同行在市场经济大潮中迷失方向、丢掉灵魂，过于轻浮，提出批评。

本文试图从人类文明的视角，探索我国财务学发展的决定性因素、财务理论研究的科学发展方式，以及对当代部分滥竽充数财务学者的批判。既然是"皇帝新装"的问题，那么，从文明进步的途径进行解剖，可能会找到解决问题的钥匙。

二、文献评论与事实

著名财务学家沈艺峰教授在《经济学家不懂财务学致错——对张军"从剑桥到芝加哥"一文的指正》（《中国经济问题》2001 年第 1 期）的论文里讲了这样一个故事：1939 年美国经济学会在费城召开，来自全国各地的财务工作者向会议提交讨论"二战"后企业财务与会计制度重建等议题，"当时以卡内基理工学院的菲尔德博士（Dr. F. Field）为首的 32 名与会者，因不满美国经济学会没有把财务学纳入经济学会的活动计划而决意退出经济学会，另外组建了一个新的学会，即现在的美国财务学会"（American Finance Association）。与此同时，著名经济学家钱颖一教授在《经济社会体制比较》（2001 年第 6 期）发表《经济学科在美国》一文，明确指出，"国内学生说自己是金融专业，他们指的是宏观金融，但是按国外的说法，这一部分不叫 Finance，而是属于宏观经济学、货币经济学和国际经济学这些领域。"如果通过百度搜索网络，还可以找到钱颖一教授给清华大学经济管理学院新生做《经济学科在美国》的录音报告（共四个部分），其第二部分讲公司财务与金融学的区别。他讲道，美欧的 Finance 主要是我国的公司财务；现在我国高中生考大学热衷于金融学专业，一个国家需要那么多人研究货币吗？你要考虑就业啊！在这里，钱颖一教授担心大量金融学专业毕业生难以找到合适工作。显然，这种担心是必要的。因为我国近年来已经出现了大量金融专业学生就业困难的问题，不少金融学生只得改专业再考其他冷门专业的研究生（林增，2004）。

令人遗憾的是，目前我国的学术事实是，学界至今对财务学和金融学混淆不清。有意或无意地将美国财务学会写成"美国金融学会"。美国的 Journal of Finance（JF）、Journal of Financial Economics（JFE）和 Review of Financial Studies（RFS）等著名学术期刊，本来是纯粹研究工商企业财务的杂志《财务学刊》、《财务经济学刊》、《财务研究评论》，硬是翻译成"金融学刊"、"金融经济"、"金融研究评论"；还有，把美国的 Journal of Financial Research（《财务研究》）、Financial Management（《财务管理》）、Journal of Corporate Finance（《公司财务》）和 Financial Analysts Journal（《财务分析师》）等著名期刊，误译成"金融研究"、"金融管理"、"公司金融"和"金融分析师"。现在，只要美欧的 Finance 有关文献进入我国，十有八九被译成金融文献。就连中国金融学会会刊《金融研究》英文名字，也译成 Journal of Finance Research。我国交通银行主办的一本名为《新金融》的杂志，其封面英文名字便为 New Finance。更为极端的是，湖北省有一本名为《财务与金融》的杂志，其封面的英文则是 Accounting and Finance。还有，我国商业银行运送货币现钞的车辆，也在车体印刷着英文名称 Finance Transportation 而非 Currency Transportation。事实上，我国的金融学同美欧的 Monetary Economics 一样，都是研究货币发行和流通、币值变化、货币回笼、货币兑换与汇率，货币流通与实体经济的内在联系，以及货币发行和回笼主体的学问。金融学专业毕业生的工作单位只能是中央银行和政府的金融管理机构。金融学与财政学相似，政府是它们的唯一主体。中央银行是发行货币和开展金融活动的唯一机构。而财务专业毕业生的工作单位则是工商企业、商业银行和投资公司等经济组织，财务主体可以是各类企业、事业单位，甚至个人。所以，财务学专业是市场经济热门专业之一。

目前，我国只有《财务研究》、《财务与会计》等少量财务期刊。这种情况，可能与财务学被严重歪曲有关。许多大学设立了财务学博士点和硕士点，财务学者的研究论文多在《会计研究》、《金融研究》、《经济研究》、《经济管理》、《科研管理》、《中国会计评论》和《南开管理评论》等期刊发表，近年来又有在国外财务学期刊发表论文的趋势。作为大学财务学教授，笔者很难给学生们将此事解释清楚。

我国的文化强调一年树谷，十年树木，百年树人。学术落后需要整整一代人或数代人的努力，才能取得进展。学术造假和学术败坏，则会迅速危害下一代。而要校正它，恐怕至少要花费一两代人的努力。财务学和金融学研究的败坏，不仅是财务学与金融学自身的腐败问题，它还将腐败社会组织甚至政党肌体。对此，我们的先辈早已认识到这一点。清朝初期，人们经常探讨明朝灭亡问题。很多人认为，明朝"亡于寇盗"，意指农民领袖李自成、张献忠的起义引发明朝灭亡；也有人认为"亡于宦官"，宦官擅权，引致明亡；康熙皇帝则说"明亡于朋党"，即政府官员派别林立、宗派主义或小圈子之间的相互斗争，导致明朝灭亡。而学者陆陇其则说，"明之天下，不亡于寇盗，不亡于朋党，而亡于学术。学术之坏，所以酿成寇盗朋党之祸也。"民国初年和共和国初年，亦有学者对此给予关注。可见，学术败坏也会引起亡党亡国的危险。拯救财务学和当今学术界，已迫在眉睫。没有财务理论研究的新进展，就没有财务管理的进步。

三、财务学研究的文明程度分析

(一) 财务研究成果的丰硕程度与财务学者的道德追求有关

同其他学科研究一样,财务研究的文明问题实际是科学发展、文明进步和人类道德观念变化之间的关系问题。科学技术的发展正颠覆性地改变着人们的生产方式,并悄然地改变着我们的生活方式,科学技术越来越成为人类文明的重要组成部分。相应地,人类的活动方式和言谈举止也越来越理性、文明和科学;人类道德观念在文明中的原有地位也受到了挑战。普法战争时期,法国科学家巴斯德退回德国波恩大学授予他的名誉学位证书时慷慨陈词:"科学虽然没有国界,但学者有他自己的祖国。"很明显,科学与道德非常密切。本来,道德是中华民族的共同价值观。人们做事为人最引以自豪的是光宗耀祖,为国争光。人们最怕的事情是给祖宗丢脸,忘了自己姓什么。可是今天,许多人受外来文化的干扰,对自己的未来缺乏自信。忘记了飘风不终朝,骤雨不终日。于是,包括财务学领域在内的不少学者,采取了自作聪明、自私自利、故意犯错、忽略道德,甚至野蛮和愚蠢等种种不文明之举,进行自己的研究工作。现行学术界里的中坚力量是"50后"、"60后"和"70后"学者,这些学者的工作背景是只要能找一份体面的工作即可。因此,我国财务学界今天出现的学风浮躁、学术失范、专业研究行为不端和目的不纯问题,与眼下"50后"、"60后"和"70后"学者的道德水平紧密关联。这是我国财务学术成果良莠不齐和垃圾成堆的主要内因或根本原因。引发学者的思想道德水平滑坡原因是多方面的。科技管理制度、教育管理制度落后,体制改革滞后,市场经济理念侵扰,滥竽充数者被指定为领跑者,技术精湛者被列为跟跑者,都是重要原因。天长日久,工作必然出现混乱,机会主义者就产生了。

(二) 关于眼下财务学基础研究与财务理论应用研究的基本判断

我国当代财务学研究存在一定的先天不足。1949 年以前,辛亥革命和"中华民国"时期,以及之前的清朝时期,封建官僚和帝国主义列强统治中国,民不聊生,科学研究几乎无从谈起。1950 年之后,中国基本上全盘学习苏联的财务管理。虽然效果较好,但未将中华民族自身理财思想和方法同苏联的财务学结合起来。1979 年之后,我国实行社会经济全面改革和开放,学习欧美国家的经济管理思想和方法。直至今天,我们的财务学内容基本上九成来自欧美西方国家。因此,梳理中国上下五千年本土财务学的历史脉络及其核心思想,从而确认财务学的基础范畴、基本原理及规律,以及建立在基础范畴和基本原理及规律基础之上的财务操作规则和定理,应是财务学基础研究的主要工作。如同提及复式记账、权责发生制、账户、成本、总分类核算,以及编制报表等,就会想到会计学一样,财务学的基础范畴则是资本、价值、跨时间、套利,以及风险等。与反映和监督等会计职能不同，财务的职能是发现价值、配置资本、繁殖收益。然而，财务学研究不应参考会计学，而应依据科学理论的基本规律和财务学自身的发展规律开展研究。同经济学其他学科一样，财务学的理论分析框架也是由视角、参照系和分析工具等主要部分组成。可是，迄今为止，我国财务学者研究财务理论问题时，并非从我国企业财务活动实际情况出发，也未以我国固有的财务理论为基准点，更未重视研究方法和工具的改进。许多大学基本上是老师和学生全力以赴紧盯 JF、JFE 和 RFS 等美国知名财务学期刊，套用人家的题目，模仿人家的图像或数学模型，写我国的故事。甚至有大学的校方与学者签订合约——三年内在美国知名财务学期刊发表两篇论文可获 20 万美元酬劳。市场经济里的急功近利和机会主义投机做法，被许多大学引入教师的科研管理之中。许多教师也忘记了社会和人民对自己的历史嘱托。我国的财务学术界学习外来，丢掉了本来，不少学者很不理智，以获取政府课题资助为荣，并把论文划分为行政级别。财务研究远远地停留在理性研究的彼岸。所以，对过度模仿研究开展学术批判、对脱离我国本土研究进行反思，很有必要。只有把美欧财务学研究批判透了，才能真正发现它的价值所在，才能继续发展它；如果不把脱离我国本土实践和那些模仿美欧的做法批判彻底了，就难以发现美欧财务学的科学性在哪里。美欧财务理论只是我们研究中国财务学的资料而非结果。资料与成品不能混为一谈。离开本土研究，不啻饮鸩止渴。当前，我国的财务研究已落后于企业财务管理实践和大学的财务专业教育。

（三） 财务学发展的科学研究方式

既科学又文明是我国财务学发展的最佳方式。财务学发展方式的文明程度和科学程度取决于我国人民的物质文明和思维方式。一个民族和国家的思维方式是在其漫长的本土文化、科学技术和社会制度变迁的历史进程中逐渐形成。古希腊的数学很发达、古代英国的物理和化学很发达，其富有家庭的孩子在衣食丰足之余喜欢观察天体和大海，因此其自然科学比较发达。今天西方国家的孩子仍然热衷于科学馆活动。我国古代的哲学、文学和医学很发达，富裕家庭的孩子习惯于琴棋书画。如今我国中小学生的课余安排仍然被学琴、学书法、学舞蹈和学武术等活动所占用。如果孩子们在课余时间观察天上的星星或河里的鱼儿，就可能被大人训斥为吃饱撑的无所事事。现在，我国的科学馆仍然远远落后于西方发达国家。我们热衷于博物馆和文化馆的建设。这就说明，我们的财务研究，不能割断我国财务学发展历史和人们研究问题的基本思维方式。我们应加强财务学历史研究，弥补我国财务理论研究的连贯性。同时，在归纳、演绎和综合的逻辑分析方式里，我们应发挥综合分析的特长。我国历史上的文言文和八股文已在 1949 年之后被白话文和现代逻辑学的思维方式所取代。显然，目前我国财务学的科学研究方式，从1949 年之后部分大学设立财务管理专业算起，不足 100 年；类似地，美欧国家现代财务学的科学研究方式已足足超过了 700 年。因此，我们倾向于我国财务学研究应坚持自身的思维方式，同时学习美欧国家的研究方式。这样，其逻辑关系就是：①引言（提出问题）；②文献评论（分析问题）；③设计研究方法（寻找解决问题的办法）；④理论推导或实证（解决问题的过程）；⑤结论（总结和概括）。期望学术界和教育界的财务理论研究者，都应该严格遵循这里的五个研究环节。只有研究方式符合科学和学术研究规律，我们的研究才会取得预期成就。

（四）财务研究专业化和职业化的财务问题

大学财务学教师和企业财务人员是财务研究的主力军。可是，大学属于教育界和准学术界，企业则是实业界。不论是财务专业教学者，还是企业财务管理人士，都不是财务学专业研究者，更不是财务学职业研究者。这是因为，我国的市场经济里，科学技术和知识并未成为商品。靠稿酬维持生计的行业包括财务学研究职业，在我国已不复存在。不少学者发表论文和出版著作，不仅得不到稿酬，而且还要付费。出版社和杂志社仍由政府垄断而非社会专业人士创办。知识界是依靠稿酬维持生计的社会阶层。思想直接产生于知识界。知识界和思想界的消失是我国财务学研究非专业化和非职业化的外部根源，也是许多学科研究工作腐败的根源。一个社会和民族如果没有独立的知识界和思想界，将是危险的。财务学专业化研究不纯、职业化研究不强是我国财务研究落后的主要原因之一。梳理与改进出版社和杂志社的经营方式，已成为社会改革的重要方面。出版社和杂志社的发展方式影响着我国学术研究的发展。

那么，是否改革和健全了稿酬制度，就能造就一个靠稿酬维持生计的纯粹学者阶层呢？答案是否定的。我国的财务研究人员主要由大学财务学教师、企业和事业单位财务工作人员、国务院各部委及各省市政府的内部研究人员、中国社会科学院和各省市社科院研究人员，以及财经媒体界的研究人员构成，这些人员的生计来源主要依靠岗位工资和技术职务工资。在过去的10年里，我国各领域的工资都翻番地大幅度增长。如果继续用物质稿酬来治理学术败坏，就等于火上浇油，腐败更深。我国的学术腐败只能依靠中国哲学和制度来治疗，不能依靠外来哲学文化。学术腐败的本质是精神空虚，道德丧失。外来文化的殖民也在一定程度上起到了推波助澜的作用。中国哲学主要是四书五经的内容；而制度主要是社会公民的道德准则、行业准则，以及由政党及政府颁布的法律法规。制度是哲学的具体实践。学术研究的非专业化和非职业化的另一种现象，则是我国的学术研究工作基本上被部分拥有行政管理身份的两栖学者所控制。政府设立的各种研究基金、出版社和杂志社，与拥有行政管理身份的两栖学者存在"关联方交易"性质。多数真正从事学术研究的学者，其学术研究权力被严重侵害。其论文和著作被行政管理者划分为与政府行政级别对应的层次，如国家级或省部级课题、著作和论文，荒唐滑稽至极。精神或道德与准则或法律法规不可分离，相辅相成。单纯地追求精神和道德，会导致人类偏离自然，纵容政治，欺凌经济，甚至民不聊生。但是，若没有准则和法规，就会导致社会嬉闹，甚至绝望和堕落。所以，学术败坏的治疗需要从文化、道德和法律等多方位共同实施。

四、结论与展望

经过讨论和分析，可以得出四个结论。①财务研究活动有自身的规律性，采取发展市场经济的方式和思路开展财务学研究将会危害财务学的发展。学术研究的发展经常不是向前走，而是向真理回归和靠近。同其他事物的客观规律一样，学术活动的规律也是客观和永恒的，人们一旦忽略了它就能试出它的客观永恒力量。②我国近期个别学科的学术腐败，不仅缘于部分学者的道德滑坡，往深层思考，也有本土民族文化丢失和外来文化殖民的缘故。外来文化、西方先进的经济理论和美欧开明的政治理论，并不能替代中国哲学。学术研究的发展与学者的道德水平、社会文明程度及科学的研究方式密切相关，与学者或学术成果的行政级别划分基本无关。学术研究成果的先进程度只能由学界评判。行政机构和行政人员对学术研究的鉴别不具优势。同行专家评议是专业学术评判的基本准则。学术研究不宜搞"形象工程"。③财务学者的职业性、财务研究机构的纯洁性和财务期刊的专业性，是目前发展我国财务学研究三个基本条件。财务学者阶层的形成和财务期刊的创办是我国财务学发展的基础。财务学者阶层又有学院派和经世派之分，学院派的儒雅和天真，经世派的媚俗和深刻，都是学术界的常态。只要财务学者按照学术研究的自身规律工作，我国财务学必将会取得长足发展。④财务学者恪尽职守、敬业工作是爱国爱党爱社会的最佳表现。科技界和教育界应深化制度改革，减少行政行为的过度管理，增加思想意识管理。我国的财务理论研究必将为世界财务学发展做出重要贡献。

32 学术研究成就的评判问题

——兼谈大学教师学术研究的目标

一、引言——为什么提出该问题

　　教学、科研、服务社会和传承文化，被认为是现代大学的主要业务。大学的核心业务是教育和研究。显然，研究是大学的主要职责之一。大学教师区别于中小学教师的主要标志是大学教师只有从事专业学术理论研究并且有适当的新进展，才可能胜任教育工作。因此，解释和了解学术研究的质量评价规则，明确学术研究的目标是什么，以及深知什么样的学术研究是好的学术研究，可以规范和引导大学老师有效地进行学术研究工作。提出学术研究评价问题的另一原因在于，在大学里经常发生教学与科研的某些冲突和矛盾，或者学术研究与教育的脱节。本来，研究可以为教育工作提供思想和便利，教育可以为研究提供需求和思路。可是，现在的大学经常发生研究工作侵略教学工作的现象。我们认为，大学老师不做研究工作就可以成为一个称职合格的好老师，简直不可想象；但是，大学教师把大部分时间和精力都用于研究工作，离开教育开展研究，则又走向了另一个极端。教育界毕竟是教育界而非学术界，教育界是准学术界。教育界的基础工作是教书育人。当然，教书育人只是育人方式之一。科学研究也可以育人。

　　重要的是，大学教育活动本身也需要开展研究工作。如何评判教育活动的研究工作，显然要看该教育研究是否推动了教育学理论的新进展和教育实践的改进，而不是其他。所以，教育跟研究产生矛盾或冲突的根源，要么是教育出了问题，要么是研究出了问题。本文将解释和论证我国大学教师需要什么样的学术研究。

二、文献评论——学术理论界对该问题的看法

　　著名科学家韩启德教授在 2009 年中国科学技术协会年会的开幕式上，讲到科学研究成就评价时，讲了一个实例："不久前，北京大学的季羡林先生去世了。我发现，很多媒体都称季老为'国学大师'，为此还引起了争论。季老的研究领域算不算'国学'，这个当然值得商榷，但大家公认，季老是一位了不起的学者，是大师级的人物。为什么我们能得出这样的结论？绝不是因为媒体的炒作，大众媒体在专业学术领域的判断能力，我

想恐怕不是那么可靠的，而且现在媒体上出现的'大师'也太多了一点。我们的依据就是国际国内学术同行的评价，在印欧比较语言学领域，在佛教语文学领域，世界上有关的学者都重视和认可季老的学术贡献。他写的《浮屠与佛》、《吐火罗文〈弥勒会见记〉译释》，以及《糖史》等，尽管我们这些搞自然科学的人看不大懂，可是根据国际国内学术同行的评价，我们也可以毫不犹豫地确认，那是能够传之久远的名篇杰作。所以说，学术大师、一流学术成果、优秀研究团队、高价值研究项目，不是由媒体来加封的，也不是哪一级组织决定的，更不可能是社会大众一人一票评选的。权威、科学、严谨、公正的学术评价，只能来自学术共同体。"在这里，中国科协主席韩启德教授认为，对于专业科学研究成果的评价，新闻媒体、政府各级组织和社会大众，以及学校的党政机构等，均不具有发言权。科学研究成果的优劣和质量高低，只能由科学研究者同行权威专家严谨公正的评判。这说明，现在的科学研究成果，只要不是同行权威专家评价，其他任何组织的评判或奖项均无科学价值。显然，专业学术研究的目的是改进现有理论或发现新的理论，以提升科学理论对社会文明进步的贡献，而不是为了获得学校和教育部的褒奖或政府组织的奖项。

张维迎教授曾在《学术自由、"官本位"及学术规范》一文中写道："学术自由对于一个大学或者任何一个以创造知识为目的的组织来说，学术自由都是非常重要的，伟大的思想无不来源于自由的探索。……我做过一些研究，发现几乎任何组织都是这样：一个组织越是水平低的人多，就越是着迷于内部权力斗争。水平高的人忙着去创造价值，水平低的人忙着去分配价值。高校的官本位只能把大家的精力引向分配价值，而不是创造价值。因此，破除中国大学的官本位，必须回归到大学的逻辑，一个重要途径就是提高教授的水准。"（《读书》，2004年第1期）张维迎教授主张"同行评议"。他说："评价学术成就和评价普通产品不一样。一个市场上产品的评价最终是消费者做出的。你不能让几个电视机厂家凑到一起评谁的电视机最好，这没有意义。但是学术的标准、学者的标准要学者自己评价，即同行评议。"这说明，学术研究者不仅承担科学理论的专业研究工作，而且还要远离权力。只有脚踏实地、真诚坦荡地认真做研究，才可能提升教授的水准，大学的教育和研究发展才有希望。

中国科学院李醒民教授在《学术评价的某些规章应立即改革》（《科学时报》，2010-03-19）一文写道："目前，我国研究机构和高等院校，在学术评价（包括科学评价）上存在相当严重的问题。这些问题已经像病毒一样在学界恣肆蔓延，肆虐学术肌体，甚至使得一批学人和学子病入膏肓。如不果断、迅速地予以解决，学将不学，术将不术，乃至人将不人，国将不国——这绝不是夸夸其谈，危言耸听。这些问题五花八门、形形色色，我这里仅就其中主要三项规章加以剖析。一是无国家或省部级项目或课题的一票否决制。也就是说，没有申请到这样的项目或课题，不管学术水平有多高、学术贡献有多大、资历有多深，统统都不算数，绝无资格晋升专业职称或职级，也不许招研究生。二是按发表论文的报刊'级别'和篇数计算绩效的'工分制'，按照'工分'多寡依次排队等候。三是硬性规定研究生毕业必须在指定刊物上发表若干篇论文，无论文者没有资格参加学位论文答辩，当然也就不可能毕业并获得博士学位。在这里，我想就这三项规章的不合理乃至荒诞之处以及弊端——道来。"他认为，应"坚持学术标准第一，重在研究结果而不是有无官方项目或课题"、"把论文和专著的学术水平和质量放在首位"，"不强求研究生在学期间非发表论文不可，甚至无须鼓励他们发表论文，一切顺其自然，只要他们按时完成较高水准的毕业论文就可以了"。很明显，李醒民教授认为，学术评价是一项综合性学术管理工作。

中央党校吴忠民教授在《学术评价标准探讨》一文里认为，目前我国的学术评价主要有四种标准，分别是刊物级别、论文转载率、课题项目级别及经费数额，以及同行引用率。他认为"学术评价标准当属同行引用率"。其他标准均有利弊（《学习时报》，2013-10-21）。

教育部2011年11月7日颁发了《教育部关于进一步改进高等学校哲学社会科学研究评价的意见》，从重视学术评价的重要意义、确立质量第一的评价导向、实行科学合理的分类评价、完善诚信公正的评价制度，以及采取有力措施将改进科研评价工作落到实处等方面，阐述了学术评价的官方意见。

三、事实与观点——现实中的实际做法和本文的看法

运用信息技术，可以从互联网上查阅我国大学的专业技术职称评审条件和学术成果奖励办法。虽然各大学的具体专业技术职称评审条件和学术成果评判办法各有不同，但其共同之处则是学术研究成果对国家发展的贡献。根据我校专业技术职称评定的具体办法（极其细致的各类技术职称的不同评审标准和细则办法），粗略地将我校关于学术评价的大致原则性标准或原则性做法，概括如下：

①学术荣誉，如长江学者特聘教授、泰山学者特聘教授等；②学术奖励，如国家自然科学奖、技术进步奖，中国高校人文社会科学研究成果奖，以及省级政府等各级行政机构的各类奖项；③课题项目，如国家自然科学基金、国家社会科学基金、省级政府各类基金项目等，以及企业课题项目的经费金额等；④在本学科领域内获得国内外公认的行业最高奖项，具备国际公认的重要影响；⑤国家百千万人才工程第一、第二层次入选者，或省部级有突出贡献的中青年专家；⑥科学研究机构负责人，如国家级哲学社会科学重点研究基地的负责人、国家级教学基地负责人等；⑦在本学科领域学科建设、教学、专业建设中做出重要贡献并得到公认。

可以看出，只有第七个方面的标准比较接近学术评价标准，其他标准基本上均离开了学术研究本身活动。上述七个原则性标准，完全由学校行政管理者制定并组织实施。对于上述第一项内容"学术荣誉"，绝大多数大学里的绝大多数长江学者是行政和教学双肩挑的行政管理者。而第二项内容"学术奖励"亦严重偏离学术性质。许多大学里的不少教授非常看中各种各样的所谓学术奖励。因为奖励多，就可能提高职务级别，并为校方争光。人们可以进入我国一些著名大学的网页，在各个学院和专业系（所）的"教

授风采"栏目里，可以看到一些著名教授的各种学术奖励。不少著名教授一年获得的各种省市和教育部奖项在十几项以上。有的讲授将最近三年获得的各种省部级以上奖励列示出来，其数量多达 40 余项，平均每个月都要花费三五天填写申请表或撰写奖项申请报告参与评审，并到教育部或省里领取奖项一至两次。此类教授被校方视为学校的重要财富，校方也会将一些重要资源配置到此类教授的工作中。可是，这些教授如何平心静气地查阅文献、写教案、教书育人，并沉下心来做研究，就难以理解或解释。

大学是学术研究者的主要集聚地。我国的中国科学院和中国社会科学院也部分地履行大学教育职能——招收和培养研究生。现代大学已被定位为知识生产与传播的场所或功能。杜威先生也体会到了这种改变，致力于巩固既有看待事物的方式和灌输一套既定观点和事实属于教育机构；致力于发现和传播真理并让接受教育的人能够更好地进行判断，才是大学机构。对于现代国家而言，学术自由从来都是自治民主不可缺少的基础。

因此，本文的观点有三：

第一，学术研究的目标是发现和追求真理；学术研究成果越接近真理，其学术成就贡献越大。所以，评价学术成就的标准应该是科研成果对本学科理论研究进展的贡献大小。

第二，大学教师既要从事研究工作，还要承担教育工作，大学教师的学术评价还应考虑研究成果在教育工作中的应用和传播效果。

第三，学术评价应与学术自由和学术规范（含学术道德）联系起来。独立之精神，自由之思想，应成为评价一个人是否是学者的必要条件；是否取得研究成就则是评价学者的充分条件。

四、学术研究工作的专业性决定了学术评价准则的形成——理论分析和讨论

（一）学者的工作性质和及其有效性

学术研究的成就大小，旨在说明该项研究结果对该科学理论进展的贡献大小。学者的研究成果是否具有推动科学理论研究有所进展，则是评价学者研究工作有效性的依据。学术研究成就对科学理论发展的贡献大小，应是评价学术研究成果的标准。同工人在工厂里劳动生产出工业产品、农民在农村土地上劳动生产出粮食一样，学者的学术研究成果也是学者们的生产劳动产品。教学和研究是大学教师在学校里的同一生产活动的不同工艺环节，如同加工操作和实验是企业生产工人的两个工作阶段。教育和研究都是生产劳动，其产品主要是精神财富，其劳动属于精神劳动。马克思说："人们是自己的观念、思想等的生产者。"（《马克思恩格斯选集》第一卷，第72页）过去，在我国的教育方针里，曾经不把教育视为生产劳动，并要求"教育与生产劳动相结合"，好像教育与生产

劳动相对立。实际上，研究和教育是人类社会里很繁重的生产劳动或实践活动。也就是马克思经常讲的"精神生产"和"精神劳动"。因此，马克思在《共产党宣言》里写道，"教育同物质生产相结合"（《马克思恩格斯选集》第一卷，第29页）。这说明，人类的生产劳动有两种：物质生产劳动和精神生产劳动。既然论文、著作和研究报告等学术成果是学者们的劳动产品，那么学术产品的质量高低只能由识货的同行专家评判。因为，同行专家是学术产品的初始使用者。至于该学术研究产品的市场价值如何，则只能交由社会大众（含个人、企业和政府，以及其他非政府组织等）来评判。学术研究产品的学术成就高低是它对本专业理论贡献的高低，而不是其市场价值的大小。与工人、农民属于社会成员的大众不同，学术研究者属于社会成员中的小众。学术研究者的专业工作性质比工人和农民更严格或更专业一些。一般的智育、体育和德育劳动者，经过一般性专业技能培训，都可以成为一名合格的工人或农民。但学术研究者相对地需要较高的智育、体育和德育水平，也需要比较复杂的专门的专业学术训练。所以，学术研究工作的高度专业性质和学术研究者的小众化，使得学术研究评价具有高度专业性和非社会化性质。理论和实践均表明，同行权威评议是学术研究成果评价应遵循的基本准则。

学术研究与市场经济是分离的。学术研究成果或学术产品是非卖品，不是市场商品。至少学术研究成果的初始产品不是市场商品。学者的研究工作是传承人类文明和弘扬文化的一种社会分工，其严谨性和科学性非常重要。学术研究成果论文和著作的内容，要成为现实生产力，还需要试生产、检验和产业化，以及知识或技术的商品化和资产化过程。大学教师的学术研究主要基于教育需要，主要属于公共产品知识生产，而非市场经济行为或商业活动。如果学者们的生产劳动充斥着奢靡和荒诞，其学术研究成果必然是垃圾和腐朽。学术研究成果的质量是学者的生命。如果学者们连自己的研究工作性质都模糊不清，不知道研究者本身是干什么的，那么这件事情就有点危险了。

学者的研究方法、研究内容和研究成果与政府活动是分离的。学者的专业研究工作性质及其方法取决于该专业的科学性质和要求。学者的工作性质是发现和探求真理。经济学者的研究工作与政府的经济政策可以无关。学者所研究的经济理论是政府制订经济政策的依据，而不是相反。那种根据政府经济政策及其政策导向评判经济学家的理论研究成就，是一件本末倒置的行为。政府里的一些官员和部分大学里的行政管理者，以及部分专业学者，混淆或不清楚学者的工作性质和角色，甚至一些学者一门心思要把自己变成政府里的官员和学校里的行政管理者。这是我国学术研究质量不高和效率低下的重要原因之一。学者从事专业理论的科学研究过程、思维方式和工作机制，与政府官员管理社会的过程、思维方式和工作机制完全不同，与学校或研究院的行政管理者也大不相同。专业学者与官员、行政管理者的工作目标、内容和性质完全不同，其评判标准亦不可能相同。

（二）为什么同行专家是学术研究成果的裁判

同行专家的科学素养是评判专业学术研究结果的基础。科学研究的分工和科学技术的迅猛发展，使得只有同行专家才可能成为承担科研成果的评判者。任何专业的科学理论均由该专业科学的基础范畴、基础原理和操作规则及方法等内容构成，只有同行专家才掌握本专业的基础范畴、基础原理和操作规则及方法，才可能认识和识别该专业的科研成果。首先同行专家是劳动人民的一员，他们直接参与了学术研究这项精神生产活动。如同一位经济学教授辨别小麦的质量一样，一位农民是难以辨别一篇经济学论文的质量的。重要的是，科学研究是一项十分特殊的复杂的专业工作。只有具备较强的心智活动能力的人，才可能从事科学研究工作。教育比研究更复杂一些，因为教师要跟学生一起合作进行心智活动。人类社会没有哪一项工作的目标比科学研究更远大，教师的目标是培养人才，农民的目标是粮食丰收，工人的目标是扩大产量，军人的目标是战胜敌人，政府的目标是管理国家，学者的目标是发现和追求真理。所以，学术研究成果优劣和质量的评判者只能是学者中的学者，即同行专家。

现在，我国对于学术研究的评判有两种倾向。一是政府充当了科学研究成果的评判者。政府是一个党派成立的一个政治组织，它对政治观念和政治活动最具有评判力。政府不是万能的。政府有自己的独特职能。政府及其官员对学术科研成果的评判能力，不仅远远低于学者中的学者，甚至比企业家和农民的判断力还差。农民种植粮食的计划书里可能有数据表、图示和模型，甚至化学式等计算公式，但政府的会议文件和政策制度里却不会有这些科学语言和科学研究工具。目前，政府之所以插手科学理论研究成果的评判，在于其服务意识的淡化和统治意识过重引起的过度管理；学者们之所以喜欢由政府评判则出于多种原因。有的学者不清楚学术研究属于国家、属于社会，不属于政府，因而畏怯于政府的权力；有的学者缺乏必要的独立之精神和自由之思想，过于实际，把政府视同国家，希望从政府那里得到好处，并努力成为对政府有用的人。还有的学者受"学而优则仕"观念的影响，做学术研究的目的不是为专业科学研究做贡献而是期望获得政府的任职或褒奖；如此等等。二是部分学者希望自己的研究成果得到市场商人的认可和买账。这就把学术科研活动理解为市场经济的一个组成部分，把论文看成商品，希望卖一个高价。一些学校里的科研成果奖励制度也或多或少地助长了这种学术研究成果的市场行为。殊不知，论文和著作的内容要转化为现实生产力，还需要一些程序和过程。大学里的研究者不同于企业里的研究者。前者是非营利性纯学术研究，其目的是理论进展和探索真理，不具有商业性质，也不属于市场经济行为。后者是营利性专项研究，其目的是改进产品和服务质量，开发和巩固顾客，扩大市场占有率，实现企业经营目标，而非学术研究。

可见，我国学术研究成果评价出现混乱的根本原因，在于学者们难以抵住政府和商人的名利或利益诱惑。大学不是市场经济的组成部分，但学术研究成果的行政化考评和市场化评议在学校里确实有市场；学校不是政府机构，但官场在学校里却有市场。学者虽然属于小众，但其作用却非同小可。我国学者确实应提高自身的文化素养、定力和学习能力，明德守正，负起责任，"先忧天下之忧，后乐天下之乐"，成为我国社会发展的思想者和思想提供者。

（三）学术研究是大学教师的本能

世界上的大学产生于欧洲的教会。宗教人士在教堂里从事研究工作，富有思想和新见解，主要解决社会大众在灵魂和精神方面出了问题的有关事项。教堂里有很多书籍，教堂里的教会人士又很有智慧，于是吸引了许多年轻人来读书和学习。逐渐地，学习活动从教堂里的研究活动分离出来，形成了大学机构。所以，历史上的大学绝大多数都在教堂附近。我国今天的大学是来自欧洲的舶来品。因此，良好的学术研究能力是充当大学教师的前提。因为，同其他事物一样，科学技术也在迅猛发展变化。大学教师不仅要持续地学习专业新知识和新技术，还要进行深入的科学研究工作。这样，才能满足学生不断增长的求知需要。今天高中生所掌握的科学技术，已远远超过 50 年前大学生、100年前大学教师的科学技术水平，所以，教育与研究存在极其密切的联系。教育虽然与经济、政治、艺术、宗教等都存在密切联系，但教育与经济、政治、艺术、宗教等是相互独立的不同领域。教育不是由政治、经济所决定，也不是由宗教和艺术所决定；教育不是为政治服务、经济服务，恰恰相反，政治和经济是为教育服务的。研究和历史事实表明，人类社会的经济活动和政治活动仅有 3000 年左右，政党的政治历史不过 300 年，宗教的历史大约 2500 多年，而教育的历史则达 200 万年之悠久。在人类的童年时期，就已经存在着教育活动。显然，教育是人类社会最伟大的实践活动之一，最崇高的生产劳动方式之一。教育的发展依赖于科学研究的发展。科学研究的发展依赖于人类的文明程度、思想的力量和物质生产发达程度。大学教师只有安心从事专业学术研究工作，并将研究成果应用于教育实践之中，我们的教育和我们的大学才会越来越接近真理。同政治、经济、军事、文化和体育一样，教育和研究是现代社会发展的重要驱动力之一。科学理论专业研究又是大学教师做好本职工作的基础性工作。学术研究的理论进展是研究工作的生命线。如果大学教师放弃了自身的本能，偏离推动专业理论进展这条生命线，鬼迷心窍地追求论文数量、杂志行政级别和课题经费多少，以及学术研究成果的非专业评价和非专业褒奖，那么，其研究工作离科学真理就更远。虽然可能暂时从非专业机构和非同行权威评价那里得到了褒奖或好处，但这只能是过眼烟云，其失去的一定比得到的多得多。如果大学教师不从自身的社会本能或社会角色出发进行研究，其研究一定是垃圾科学（Junk Science）研究。长期从事垃圾工作，必将损害身体和腐朽精神；更重要的是，学生是无辜的受害者。

虽然学术研究与教育密不可分，但不是指大学教师研究什么学科就开设什么课程。研究与教育互为服务，在于学术研究成就可以纠正教材里的错误和缺点或者不足，充实教学内容，提升教育质量。与此同时，教育为研究提供了需求和课题，而不是相反。应注意的是，不是研究什么课题或学科就设置什么课程。如果是那样，则必然引起教育活动的人为混乱和主观臆断及偏见。同时，教育为研究提供课题，并在一定程度上检验活动的效率和质量。学术研究领域和方向的选择与教学课程设置无关。学术研究成就可以充实和修正上课内容，但不意味着要开一门新课。学术研究成就可以纠正以往教材里的同一内容，但不需要另外开一门课程。教育质量的提升主要由学生对专业理论理解深度体现出来。开设课程门数的多少不是教育质量评判标准。大学教师容易犯的另一错误，则是夜郎自大、过于自信，甚至好大喜功。一些学者经常自觉不自觉地将自己的研究科目无限上纲上线，扩大其研究价值；总想把自己的研究成果与国家命运联系起来；默许自己的学生称自己为著名某某学家，自吹自擂。这些心态和行为均与学术研究成果的科学评价背道而驰。真正的学者，一定是心无旁骛和专心致志，深知自己研究领域的有限性。如同学生与教师的关系一样，大学教师与学术研究的关系是一而二、二而一的关系，即生死相依、生死相托的关系，如果没有学生，教师的存在就失去了意义；如果不做学术研究，大学教师就难以生存。学术研究对于大学教师是构成其内在生命的基础，是大学教师的立身之本。大学教师不可离开学术研究，可离者非大学教师也。在我国，如果学术批判之风尚未出现，大学教师的学术研究成果评价及其客观性就难以回归本原。学术批判是学术评价的必要条件，同行专家权威的形成则是学术评价的充分条件。

五、结论与建议

以上分析和讨论表明，研究与教育存在密切的联系。任何科学的研究都是发现、检验和修正理论和已知，以探寻真理的活动。本文关于研究评价的研究结论如下——大学教师好的学术研究工作至少有以下几个要点。

（1）学术研究成果的评判和优劣鉴别，主要取决于同行权威专家的个人评判意见，其次取决于由同行权威专家组成的学术委员会或专业学会等专业学术组织的评判意见。除此之外，其他任何组织和个人如事业单位及其领导和政府机构及其长官的评判意见，均无可靠性，更无正当性，也无权威性。这是由学术研究活动的性质和学术研究工作的特征及规律性决定的。国家自然科学基金委员会、国家社会科学基金委员会、中国科学院和中国社会科学院，以及教育部及其所属大学，都属于中央人民政府国务院所属事业单位，是否是其课题承担者，并不能成为评判学者学术研究成果的依据，更不能成为学术研究成就的评判准则。

（2）大学教师的科学研究服务于教育工作。研究是大学教育发展的基础。大学的发展实际取决于教育和研究的均衡。教育界和学术界极其密切，二者难以分割。教育之于研究，犹如庄稼之于土壤。就像一位真正的考古学家必是一位博学的历史学家一样，一位优秀的大学教师也必是一位专业理论研究者。一位大学老师，如果不做研究工作，简直难以置信。不具有研究天分和研究兴趣的高学历者，不宜当大学教师。在科学技术迅猛发展和社会文化急剧变迁的大时代，大学教师如果不从事研究工作，就难以胜任教育工作。

（3）学术研究成就的评判，其实质是研究工作及其结果对科学理论进展贡献大小的评判。在大学里，忽略研究或偏离教育的研究都不是大学教师好的研究。追求论文数量、

"课题行政级别"和经费金额，忘记了学生，只记住了自己的研究，可能均属于垃圾科学研究。大学是社会的高地和思想生产工厂，大学教师是一个社会或国家的精英或贵族阶层。物质生产具有有限性，思想生产具有无限性。所以，真正的大学教师永远难以失业。正确的研究，可以提升大学教师的思想性、贵族品格，以及自由性；反之，垃圾科学研究，将使研究者逐渐自己废掉自身的本能功夫，并且变成市场利益的污染者和自主思想的贫穷者。

（4）科学理论专业学术研究优劣的评判规则，主要是研究工作是否推动了专业理论新进展。这是由科学理论研究活动的客观规律所决定的。虽然研究工作也是一种生产劳动，但这种劳动属于小众劳动，而非大众劳动。科学研究活动这种劳动类型有其自身的性质和特征。不同于专门研究机构的大学教师研究工作，其评判规则还要补充一条——研究工作是否与教育联系起来。一切为了学生是大学的宗旨，大学教师的研究工作也不例外。

研究型大学老师的工作量或工作时间安排可能是教育与研究各占1/2，比较合理。在经济学上，这属于时间的均衡配置。即使教育和研究的时间难以做到均衡配置，亦应努力戒掉权力嗜好使研究或教育的时间大于零，以实现有效配置。大学教师的工作实际是教学与研究的合二为一。教学质量的提高缘于学术研究的质量和成果，表现为学生对科学技术的理解和掌握程度。本文引言提到，教育与研究的矛盾或冲突根源，要么教育出了问题，要么研究出了问题。所以，我们要发挥研究工作的正能量，可能还需要解释和弄清楚好的大学教育是什么样的，大学是一个什么性质的机构，什么样的老师是一个好的大学教师，这应该是本文后续研究和思考的问题。

参考文献

［1］韩启德：《韩启德在第十一届中国科协年会开幕式上的致辞》，《科技日报》，2009 年 9 月 10 日。

［2］张维迎：《学术自由、"官本位"及学术规范》，《读书》，2004 年第 1 期。

［3］吴忠民：《学术评价标准探讨》，《学习时报》，2013 年 10 月 21 日。

［4］李醒民：《学术评价的某些规章应立即改革》，《科学时报》，2010 年 03 月 19 日。

［5］徐思雄：《民国大学学术评价制度研究》，西南大学博士学位论文，2011 年。

［6］陈洪捷、沈文钦：《学术研究：超越量化模式》，《光明日报》，2012 年 12 月 18 日。

［7］教育部：《教育部关于进一步改进高等学校哲学社会科学研究评价的意见》教社科［2011］4 号。

［8］张巨青等：《辩证逻辑》，吉林人民出版社，1981 年。

［9］［英］波普尔：《科学发现的逻辑》，查汝强、邱仁宗译，中国美术学院出版社，2008 年。

［10］［美］托马斯. 库恩：《科学革命的结构》，金吾伦、胡新和译，北京大学出版社，2003 年。

［11］Sawyer, R. K.. The Cambridge Handbook of Learning Science［M］. NewYork ：Cambridge University Press，2006：1-15.

［12］Kolodner, J. L.. The Learning Sciences：Past, Present, Future［J］. Educational Technology，2004（3）：37-42.

33 | 论大学教师的工作性质

一、引言

　　教育是人类社会实践活动之一，也是推动社会进步的重要力量之一。大约 200 万年以前，人类音节清晰的言语沟通的产生，标志着我们开始有了有声语言。那时，人类随着哑语世界的告别，婴幼年和童年的教育逐渐成为人类活动的一个专门方面，教育就形成了。教育是衡量人的文明程度的重要尺度。在我国民间，如果某个孩子过于顽劣，人们会说"缺少教育"。教育对人的作用，一点也不亚于政治、经济、科学、技术、宗教和艺术等文明对人的作用，在人类文明史里，教育对人类发展的作用是难以替代和不可缺失的。同政治、经济、国防军事、科学文化一样，教育也应该与社会各项事业均衡发展。1949 年之后的 50 年间，政府对教育经费的投入一直较低，对教育的性质和作用一直存在认识偏差。甚至不把教育视为人类的生产劳动，要求教育与生产劳动相结合；不把教育视为人类的实践活动，要求知识分子与社会实践相结合。甚至有一段时间要关闭大学。大学是中小学教育发展的自然延续和必然阶段。如果中小学教育是对孩子的身体成长和心智形成的培育、维护和教导，那么，大学教育就是对青年学生的心智开发和科学技术与文化学习的高级培养及教导。大学教育是由中小学体育和行为规范及科学文化为主的教育转向以德育、心智开发和科学技术学习研究为主的教育。大学是为社会培养高级人才和提供新思想的社会部门。人类社会经由农业时代、工业时代、后工业时代，继而进入信息时代和科技时代时，表面看来时代变化是经济力量的推动结果。但实际上，经济发展依靠的是经济思想的指导。虽然政治、经济、科学、技术、宗教和艺术等部门也生产思想，而教育部门不仅生产思想，而且还将新思想灌输传播给青年学生。大学是一个国家的重要思想库。大学教育是生产思想和精神财富的主力军，属于人类极其重要的生产劳动。世界上所有的发达国家，无一例外地也是大学教育最发达的国家。美欧等发达国家的事实告诉我们，大学教育已成为人类社会进步和发展的主辕而非边辕。我国改革开放以来的社会经济、政治、科技、文化和民生发展，以及国防建设，也无不体现着大学教育发展的重要贡献。

　　本文认为，大学教师是大学校园里的主要工作者与核心关键工作者。学生质量是大学教育优劣的标志。大学教育力量对社会进步的贡献，主要源于大学教师的知识力量和学生成才对社会文明进步的贡献大小。可是，现在的大学已显著偏离大学原来的办学宗旨，大学的存在方式和运行动力及动机已发生重大变化，大学教师的社会角色和目标亦早已非纯粹教师角色。大学与大学教师的核心任务开始模糊或分散。因此，重新思考和讨论大学的性质和任务，以及大学教师的本分和工作性质，就显得十分必要。

不易使用数据描述的事项，最适宜的研究方法是案例分析。大学需要优秀的教师，采取先进的教学方式，才能培养出高质量学生。教师与学生的水平，以及教学方式的先进程度和师生心智活动情况，难以使用数据描述。因此，本文主要采取案例分析研究方法，以事实为依据，开展问题和理论的讨论。本文第一节提出研究缘由；第二节论述学术界对该问题的研究情况；第三节列举事实并提出基本见解；第四节分析和讨论事实，论证本文的基本观点；第五节得出结论。

二、文献述评

随着大学教育的快速发展，大学教育研究也越来越受到学术界关注。南京师范大学教育学教授王建华在《我们需要什么样的大学》（《高等教育研究》，2014 年第 2 期）一文里认为，早期的大学是西方文明的产物，今天的大学已成为全人类共享的智慧源泉。当教学型大学向研究型大学发展时，创业型大学和产业型企业大学的出现正在冲破大学的传统边界。传统的教学型大学对研究重视不够，新兴的研究型大学又有弱化大学教育功能之嫌。社会集团内部以营利为目的的创业大学则使大学变得不伦不类，创业大学只有大学之躯壳而无大学之实质。因此，真正意义上的大学是高等教育与科学研究之间实现均衡的场所。大学的理想在于实现高等教育与科学研究的平衡。王建华教授的观点告诉我们，大学教师既不是纯粹的教书匠，也不是专职的研究者，而是教书与研究合二为一。《我们需要什么样的大学》一文采取理论分析与历史分析相结合的研究方法，列举现代社会大学事实，视研究型大学为信息技术和知识社会背景下传统大学发展的必然趋势。而对于在功利主义驱使下，原来由非大学类高等教育机构提供的职业教育纷纷通过专业化形式涌进大学的行为，进行了严格批评。他认为，部分大学研究功能急剧减退，大学教育有沦为职业培训的趋势，不是危言耸听。并且严肃地指出，"本质上，大学是非营利组织，鼓励大学营利与允许军队经商一样。在这些创业型大学里，企业的逻辑居于主导，无论高等教育还是科学研究都成了营利的手段。"所以，"创业型大学的本质是反大学的，至少和传统上关于大学的概念是很难相容的。""教育和研究是大学之所以为大学的两个必要条件。"教育理论研究的滞后和大学现实的异常，以及人们对大学性质的怀疑和大学经营者的不负责任，使得敬业工作的教师和喜欢学习的学生遭遇尴尬。什么是好大学和好的大学教师，已成为社会转型过程中亟待回答又难以解答的基本问题。

稍微早些时间，王建华教授在《大学的三种概念》（《高等教育研究》，2011 年第 8 期）一文里，重点讨论了大学自诞生之日起的变化和状态，将世界范围内的大学描述为基于人文主义的理念大学、基于实用主义的制度大学和基于技术主义的电子网络大学。其中，理念式大学被人们理解为一个国家或社会的学术共同体和精神家园，大学既是国家和社会的高等教育机构，也是人类思想的生产者和提供者。理念式大学是人类社会发展到一定的文明程度之后，自然而然产生的为社会培养高级人才的机构。理念大学是纯真的大学原型。而制度式大学是社会某一组织或集团基于某种目的将大学视为生产高深知识的定制场所或知识栖息地。理念大学与制度大学的差异或冲突，不是大学有了本质变化，而是众多不同的社会成员对大学的理解和要求在变化。科学技术的迅猛发展和应用，使得教育活动的计算机化和远程教育的扩大，教育的批量生产性质和产品统一定制的模式被接受。实际上，电子网络大学在本质上并不是一种新型大学，而是大学存在的另一种形式。在电子网络大学里，大学的要素如教师、学生、课程、教育活动、学习活动等依然存在。所不同的是，大学教师的科学技术理念和科学素养被要求提高到一个新的水平。学生的科学技术水平和素养得到空前提升。大学教师不再是简单的专业或课程教书匠，而是具有专业理论知识的研究者和拥有科学技术素养的思想者。

刘献君教授在《论"以学生为中心"》（2012）一文里，提出"以学生为中心是以学生的学习和发展为中心"的观点。运用教育学和学习科学论证以"教"为中心向以"学"为中心转变的必要性和可行性，从而实现高等教育的"传授模式"向"学习模式"的转变。刘献君教授认为，之所以提出"以学生为中心"的教育模式，在于学习科学是一门极其重要的科学。学习科学与信息科学、心理科学和脑科学极为密切，"以学生学习为中心"的教育模式是教育理论的重要发现和重要研究进展。因此，"以学生为中心"的大学教育并不是大学教师的作用下降。恰恰相反，在高等教育的"传授模式"下，大学教师可以不是教育专家，但在"以学生为中心"学习模式下，大学教师必须是教育专家。这就需要大学教师掌握学习科学、信息科学和脑科学的最新研究进展，例如，数学教授既应是数学家，又应该是数学教育家。其中，课程的设计尤为重要，课程使用的"教材"将变为"学材"。很明显，随着科学技术的迅猛发展，大学教师的工作方式和教学技能也应有所发展和进步。

著名学者王洪才教授在《论高等教育的本质属性及其使命》（2014）论文里，提出高等教育具有多重属性的观点，并将传承文化和培养高级专门人才视为大学的本质属性。王洪才教授采取理论比较分析的研究方法，对不同学派和不同观点的理论研究进行对比分析，提出他个人的研究结论：高等教育的使命在于使人成为一个独立自觉的人，育人是大学教育的核心目标。科学研究只是大学教育的基本前提条件和实施手段。文化追求则是大学存在的根本原因，也是大学教育的本质所在。当一个国家的文化萧条时，那么，该国家的大学就可能已经衰败了时日。这说明，大学是一个国家和社会的文化载体。我国的社会进步和大学发展过程基本印证了这一观点。现在（主要是近 10 年以来），我国的教育学研究尤其是大学教育研究，开始成为科学技术文化研究的热点领域之一。我国学术界不仅每年发表大量高等教育学研究文献，而且 CSSCI 来源期刊目录中的教育学期刊越来越多。这与欧美国家 SSCI 来源期刊目录中的有关教育科学和学习科学期刊数量急剧增长的趋势十分吻合。

可见，王洪才教授、刘献君教授所研究的大学，都是王建华教授所倡导的教育与研究相均衡的现代大学。即教学型大学与研究型大学的综合。创业型大学并不是大学发展的客观方向。大学教育作为一种人类文化现象，其自身有独立客观的活动规律。这表明，大学教育难以被企业活动所替代，亦不可能被政府机构替代。大学内部的学院和专业系科开展一些高级培训，只是解决大学教师薪酬不足的权宜之计，而非大学自身客观必然现象。所以，当今大学的本质没有变化，大学的变化在于其与外界的联系方式和自身活动方式的变化或改进。大学依然是人类社会高等教育和高深研究的专门场所，它是人类科学文化思想生产和传播的高端平台。大学是人类其他社会机构难以替代的重要部门。

大学教师的工作性质取决于大学的性质。既然大学的性质没有改变，那么，大学教师的社会角色——人类灵魂工程师亦未曾改变。很明显，大学教师不仅仅是一种难以替代的职业，更重要的，大学教师是一种集高等教育和专业研究合二而一的理论思想家。我国古代的李耳先生、孔丘先生，以及蔡伦、张衡、张仲景、祖冲之、郦道元、贾思勰、孙思邈、毕昇、沈括、郭守敬、李时珍、徐光启、僧一行、苏颂、王祯、宋应星、王清任、梅文鼎等大师，都是大学教师的原型。由于现在众多大学的转型和变化，以及我国大学管理行政化的严重倾向，高等教育变革开始成为学术界关注的焦点。大学教育和大学老师的研究文献亦开始增多，高等教育研究也异常活络，高等教育的 CSSCI 来源期刊也很多。限于篇幅，此处对于我国学界关于大学教育和大学教师的有关讨论及其见解，暂存而不论。

三、事实描述与基本观点

由第二节的理论分析和文献述评表明，我国大学多数属于制度式大学。自"改革开放"以来，我国不少大学受到市场经济理念影响，加之大学创办者对政治经济的偏好及其对大学本质理解的偏颇，以及由于制度性原因和办学者（政府或民营企业家）的政治偏好、行政管理欲望和过度商业意识，使得不少大学逐渐放弃了大学精神和大学理念。本来，大学教育的基础要素主要包含教师、学生、课程、教材和作业，以及教学方式等因素。但现在提及大学，人们首先想到大学层次和级别，如"双一流大学"，或者原"211 工程"大学、"985"大学、教育部直属或者省属高校等。其次是大学的行政级别（实为校长的行政级别）①。由此看来，大学在我国像是政府的附属机构。因此，大学里的行政管理者就成为政府的代理人。大学教师则是大学里的员工，而非大学主导者，亦非人类灵魂工程师。这里先以教师为例描述目前的大学教师状况。

（一）教师的工作状态

样本教师 L 先生 1978 年高中毕业，亦工亦农一年；1979 年考入大学，1983 年毕业

---

① 例如，"正部级"、"副部级"和"正厅级"或"副厅级"。如果属于"正部级"、"副部级"，则大学校长由中央组织部任命，如属"正厅级"或"副厅级"则由教育部党组或学校当地省委组织部任命。

后进入大学任教，喜欢读书，敬业工作，并先后于 1987 年、1992 年和 1997 年晋升为讲师、副教授和教授，工作期间兼职读书，获博士学位。该先生自 2005 年以来的 10 余年间，先后主讲财务管理专业本科生的"公司财务"、"高级公司财务"、"财务分析"和"财务管理案例分析"等课程，会计学专业本科生的"财务管理"课程，以及会计学和财务管理专业硕士研究生和博士研究生的财务学课程。10 余年来，基本上每年教学工作量均在 300 学时以上，远超学校规定教授全年 180 学时的教学工作量。以下是 L 先生近两年考核表（见表 1）。

表 1　2013 年中国海洋大学教职工年度考核表

人员编号	1996###	姓名	教师 L 先生	性别	男	出生年月	1959-10
单　位	管理学院会计学系		系所（室）		数量财务教研室		
政治面貌	中共党员	现职务	教授	所聘岗位	三级		

本人小结：主要包含德、能、勤、绩四个方面，重点考核工作实绩

在思想上同党中央保持一致，学习党的方针和政策，聚精会神从事教学和科研工作，一心一意做学问，提高教学和科研水平。履行了教授职责，超额完成教学任务。

2013 年上半年授课 225 学时，分别是：

1. 高级财务管理理论与实务，2012 级会计专硕（地税班），7 次，21 学时，40 人

2. 风险管理，2012 专硕，4 次，16 学时，43 人

3. 企业并购，2012 专硕，4 次，16 学时，24 人

4. 资本运营实务，09 级会计本科，32 学时，42 人

5. 企业财务管理研究，12 级企业管理等，48 学时，14 人

6. 财务基础理论研究，12 级博士，46/54 学时，3 人

7. 公司财务战略与资本市场，12 级博士，46/54 学时，3 人

2013 年下半年授课 145 学时，分别是：

1. 财务管理案例，10 级会计本科，32 学时，29 人

2. 财务管理案例分析，10 级财务本科，40 学时，52 人

3. 财务理论与实务，13 级学术硕士，16 学时

4. 高级财务管理理论与实务，13 级专硕，24 学时，40 人

5. 财务理论研究，13 级博士，33/54 学时，11 人

全年教学授课学时 370 学时，超额完成教学任务 1 倍以上。

除上述工作外，上半年指导本科毕业实习和论文写作 11 人。指导学术硕士生毕业论文 6 篇、专业硕士论文 6 篇；下半年指导专业硕士论文 2 篇，博士论文 4 篇。这些指导论文的教学与研究工作，均未计入教师工作量。

上半年和下半年各发表论文 1 篇。论文写作与发表，也未计入教师工作量。

本人承诺上述所填内容如实、客观。

本人签名：L

2013 年 12 月 12 日

注：本表归人事档案，为便于归档，本表采用 16K（19 cm×27 cm）纸双面打印，页边距：左右 3 cm，上下 2.5 cm。

现在的大学教师，在课堂上满腹经纶并口若悬河，神采飞扬，回家则柴米油糖，撸起袖子进厨房。在我国，自古教师都是教书匠。应说明，表1的年度考核表由学校人事处统一制订。教师L先生的年度考核表填写基本采取写实方式，其中少有解释和评论。如表2所示。

表2 2014年度中国海洋大学教职工年度考核表

人员编号	1996###	姓名	教师L先生	性别	男	出生年月	1959-10
单 位	管理学院会计学系			系所（室）		数量财务教研室	
政治面貌	中共党员	现职务	无		所聘岗位	教授三岗	

本人小结：主要包含德、能、勤、绩、廉五个方面，重点考核工作实绩，即履行岗位职责情况、完成工作任务情况等

作为中共党员，在思想上同党中央保持一致，学习党的十八大决议和政策，聚精会神从事教学和科研工作，一心一意做学问。履行教授职责，超额完成工作任务。

2014年上半年（一学期）讲授6门课程8个班级，共177学时，分别是：

高级财务管理理论与实务，2013济南班专硕，15学时，40人；青岛单双证16学时

风险管理，2013专硕，4次，16学时；2013地税班3次，12学时

企业并购，2013专硕，4次，16学时

资本运营实务，10会计本科，32学时，42人

高级财务管理研究，13级财务学硕士，12/54学时

财务管理基础理论研究，13级博士，54学时

论文写作与学术规范，1次，4学时

2014年下半年讲授6门课程9个班级，2次讲座，共178学时，分别是：

资本运营实务，11会计本科，32学时

财务理论研究，2014级博士生，46学时

高级财务管理理论与实务，全日制3次，12学时；单证3次，12学时

风险管理，2014专硕，3次，12学时；济南班12学时

企业并购，2014专硕，3次，12学时；济南班12学时

财务理论与实务研究，14级财务学硕士，4次，16学时

论文写作与学术规范，2次，8学时

高职教师研究生班1，次，4学时

全年勤奋工作，业绩比较可观，完成课堂教学授课355学时，超额完成教学任务。如果计入指导研究生毕业论文工作量和学生实习工作量，则全年学时可能翻倍。

除上述教学工作计入教师工作量之外，下列工作并未计入教师工作量。例如，上半年指导本科毕业实习和论文写作8人。指导学术硕士生毕业论文6篇、专业硕士毕业论文8篇；下半年指导博士毕业论文1篇。招收博士研究生2人。与此同时，本人全年发表论文6篇，其中CSSCI期刊来源论文2篇，CSSCI期刊扩展版1篇。对技术资本的研究又有新的进展；异质资本配置有新发现。完成横向课题和青岛市发改委课题研究各1项。

参加中国会计学会财务管理专业委员会学术会议1次，中国海洋大学企业营运资金管理研究中心研讨会1次。当选新创办期刊《财务研究》编委会委员，参加编委会会议。

本人承诺上述所填内容如实、客观。请系领导审核。

本人签名：L

2014年12月29日

財务学的边界 （第二版）

　　笔者为财务管理专业及会计学专业教授，疲于往返于会计学和财务学两个专业的本科生、硕士研究生和博士研究生的教学活动之中，极少进行教育学研究。本文属于尝试性探讨。

　　如果一年和两年承担这样的教学工作量，身体还可以忍受。但是，连续 10 余年每年均承担这样大的教学工作量，不仅个人的身体达到了极限（事实上，身体已严重透支），而且也严重地破坏了教学质量。讲稿内容十分凌乱，有一些课程基本上来不及写讲稿，只能找一本类似的教材充当讲义。与此同时，教学过程中给学生布置的作业很少，批改作业的时间很少；作业评语极其简短或缺乏针对性。当然，每门课程的准备时间很少，上课讲解的质量急剧下降。重要的是，大学教授除了承担授课任务外，还有指导研究生学习与研究的任务。承担硕士研究生上课，其授课方式与本科生基本一样，也是满堂灌。至少有 1/2 内容与本科生重复。10 余年来，教师 L 先生每年至少还招收 2 名博士研究生。截至 2017 年其指导博士生毕业人数 21 人，在读博士生 8 人。给博士研究生上课，其备课量已成倍地超出了本科生和硕士生的备课量。事实上，即使不承担本科生和硕士生课程，仅负责和指导这 8 位博士研究生的学习和研究，也是一项很繁重的工作。还有，大学教授还要完成一定量的科学研究任务，要在权威学术期刊发表论文和承担重要研究课题。粗略估算，10 余年（2005～2016）指导硕士研究生毕业人数 130 人，在读硕士研究生 12 人。

　　指导研究生学习和研究，讲解本专业学术期刊论文是研究生的基础性教学工作。于是，阅读财务学权威期刊，如 Journal of Finance（JF, Blackwell Publishers. Inc, American Finance Association）、Journal of Financial Economics（JFE）、Review of Financial Studies（RFS），以及 Financial Management（RM）、Financial Analysts Journal、Strategic Finance、Financial Review，以及 Journal of Financial Research 等，其中，JF、JFE 和 RFS 基本上每期必读，并将每期每篇论文题目和摘要译成中文，整理归类，供博士生学习和研究使用。众所周知，基础研究是一种耗时费力的基础理论研究，工作量很大。

　　作为典型脑力工作者的大学教授，已完全异化为实实在在的"体力+脑力劳动者"。作为"双力劳动者"的大学教师像一位围着机器劳动的技术型生产工人，基本上每天都需完成必要的授课时数。虽然大学每年有暑假和寒假两个休息时间，但 10 多年来，教师 L 先生从来未在暑假和寒假休息过。要么系里安排暑假给在职研究生讲课，要么自己备课和完成学术研究工作。教学与研究基本上是他生命的全部内容，照顾老人和陪护孩子则属于忙里偷闲。

　　脑力劳动转化为体力劳动，必然会改变脑力劳动的性质和内容。超过人类生理和心理的大学教师超额劳动量，不仅严重损害教师身体，而且也严重破坏了大学的教学质量。大学教师授课不再是为了学生成长，而是为了完成校方的工作任务。师生之间似乎不再是亲密的长辈与后生间的师生关系，而像甲方与乙方的店家与客户关系。教育者与被教育者的关系受到市场交易意识和行政管理意识的严重侵害。显然，教师与学生的关系和角色均发生很大变化。超额劳动量降低了教学质量，使学生对老师产生不满。师生矛盾开始加剧，学生会以种种方式抵制老师的教学活动。

不仅如此，教师超额劳动投入，却未获适量劳动报酬。一些教师就想办法减少劳动量。减少备课时间和授课内容，减少作业批改次数，取消课后答疑和辅导等。教学工作量较少的教师，可腾出时间在校外兼职以补贴家计。大学教师人均月薪低于所在城市人均工资①。教师的低薪酬状况使学生不再像刚考入大学时那样尊敬老师。教师对学生作业要求失之严格。教师权威和威严急剧下跌。在信息网络高度发达条件下，学生除了在课堂学习外还有其他学习方式。大学教师的角色开始变得很尴尬。教书匠兑现"百无一用是书生"②。

（二）学生的学习状态

与30年前我国刚刚实施社会经济改革开放时期的大学生不同，今天的大学生学习生活极其丰富和多彩。学习目的比较具有针对性和目标性，学习设施条件和硬件环境大幅度提升，学习方法也多样性。不少学生对专业理论的理解比较深入，对社会问题的看法令人刮目相看；学生的学习能力和思想开放程度是我国以往任何时候的大学生无法比拟的。在课堂课程学习之余，除了到图书馆看书、在操场进行跑步或排球篮球等体育活动，以及私下找老乡玩或兼顾谈朋友等传统项目外，现在的学生还积极参与社会公益活动如前往敬老院做义工或志愿者、参加政治学习活动如党团活动、参加学生专业协会如摄影协会或书法协会及诗歌文学协会或某某剧社，以及参与学校党团机构辅助性工作如年级辅导员或某某科室小助手等。校方考核评价一位学生，其学习成绩仅仅是一个大的方面。除学习成绩外，学生的集体主义和爱国情怀、体育成绩、参与社会活动的成绩，以及是否承担班级或年级或学生会的干部等，也是校方评价学生的重要方面。重要的是，现在大学生的日常思想、课堂外活动和生活行为均由校方的党团组织负责管理，大学教师仅负责学生的专业课在课堂上的学习。评价学生是学校党团组织的工作，老师的工作就是课堂上讲课，并负责自己所授课程的命题和阅卷工作。学生学习的优良、合格或不合格等评价的最终决定权在学校的党团组织。

于是，学生与教师的关系不是很密切。经常出现旷课、迟到和早退现象，上课期间睡觉或玩电子游戏也是常见现象。甚至有学生边上课、边吃面包或鸡蛋，边上课边听音乐，边上课边谈私情；多数教室的前三排桌位空置，最后几排桌位拥挤。并且，多数学生不喜欢做作业。大量学生比较重视其他同学的行为，关注身边的事情。对于今天是否完成了作业，是否准备好了下一节课老师课堂上的提问并不在意；学生是否对老师有不

---

① 我国教师工资较低是长期的。1986年11月2日，邓小平设午宴招待陈省身夫妇时，谈到提高国内知识分子工资待遇问题，引发了颁发国务院特殊津贴的措施。但大学教师低工资问题并未得到解决。人穷志短较为普遍。

② 清朝诗人黄景仁《杂感》里的七言诗句。全诗主要是为个人穷愁愤懑而发，俊逸但不深厚。属诗人对世事人生体悟，天然凑泊，口语化。诗曰：仙佛茫茫两未成，只知独夜不平鸣。风蓬飘尽悲歌气，泥絮沾来薄幸名。十有九人堪白眼，百无一用是书生。莫因诗卷愁成谶，春鸟秋虫自作声。

敬，更不考虑。不少学生的衣服和穿戴亦不够文明，个别学生穿戴很不雅观，老师敢怒不敢言。经济改革与开放之后，我国物质财富的增长和人们物质生活水平的大幅度提高，并未显著促进人们精神文明的大幅度进步。读书人越来越多，老师的作用和威望反而在降低。

诚然，大学里的学生上课迟到、旷课不是今天就有，民国初年、共和国初期，以及改革开放初期的大学，都存在迟到和旷课问题。例如，吴中杰教授所著《复旦往事》（复旦大学出版社，2011 年）陈述 1950 年至"文革"前的大学教师与学生情况时，有如下文字：

思想改造运动中的一些做法，对知识分子却伤害很大。个人隐私全部曝光，人格尊严受到打击。中国知识分子一向的信条是"士可杀而不可辱"，人格受到凌辱，还有什么自尊自信可言呢？打击了教师的人格尊严，当然也就使他们失却了学生的信任，教学工作自然无法正常进行了。《复旦大学志》在记述当时的情况时说："思想改造以后，由于教师在学生中的威信下降，加上有些学生分配所学的专业不符其本人志愿等原因，学生旷课现象严重，课堂秩序比较混乱。当时全校学生总数为 2301 人，每周旷课人数达 444 人次，占总人数的 20%~25%，有的学生背后乱骂教师，许多教师被扣上绰号，文科尤为严重。在上课时，有些学生未经许可自由出入教室，有些在做其他作业或看小说，有些在谈话，个别的甚至在上课时睡觉。晚自修时，有相当数量的学生在宿舍打桥牌、唱京戏、谈天等，也有少数学生去上海市区跳舞、看电影、赌博，考试时，作弊现象亦相当严重。"我曾听 1951 年入学的学长说起，他们在听赵景深教授的课时，就有同学因打瞌睡，把头撞在赵先生凸出来的肚皮上，赵先生也不敢说话——那时，课堂里没有课桌，同学们坐的是扶手上可放笔记本的椅子，而教师也就站在台下讲课，所以第一排的学生可以触及老师。

古人说"铁打的营盘，流水的兵"，学校与学生的关系也是如此。经过思想改造运动的学生们，是很快就会毕业离校的，当我们入学时，课堂秩序已经恢复，但教师们所受的精神创伤却是难以平复的。中文系教授陈子展，在思想改造运动中受到伤害，从此告别课堂；外文系教授孙大雨，不屈服于压力，一直对抗到底——他们在 1957 年都被打成"右派分子"。而心里不满者更是不计其数。

教师们虽然都通过了检查，但这些材料却归入了档案，而且还有系学委会做出的思想鉴定，此后每次运动都要拿出来敲打一番。而且，各人的位置也重新排定。我在 1953 年秋季入学时，就听人们传唱一首打油诗："陈望道，卢于道，头头是道；张孟闻，曹亨闻，默默无闻。"据说是在一次新年联欢会上，苏步青出了上联，要求属对，严北溟站起来环顾了一下在场人物，见有张孟闻、曹亨闻二位，就对出了下联。这虽是即兴的打油之作，但也的确反映了思想改造运动之后教师们的不同处境。

可见，我国大学近 60 余年的学生学习状况基本未变。"国家兴亡，匹夫有责"，始终是大学教师和学生的主导意识。当教师和学生自己的行为与国家命运联系不明显时，一些教师和学生就开始放松自己的本职业务。当然，多数教师和学生高度关注国家的发展和学校的形势。与时俱进和发展的理念开始被多数教师和学生所接受。

（三）关于对大学教师工作现状和学生学习状况的基本见解

总体而言，现在的大学教师和学生均存在一定的功利性。教师的功利性缘于自我性保护，学生的功利性在于其缺乏应有的正确认识。从根本上说，我国目前大学的所有问题，主要缘于大学生产关系或制度落后于大学生产力或教师资源的发展。大学主要是人类传授和研究科学技术知识的场所。大学的性质可以描述为人类社会高级人才培养机构和精神文明专业生产机构，大学是人类社会科学技术知识和高级人才的教育研究者和提供者。大学是人类社会发展到一定程度的产物。大学属于人类社会而非人类社会某一成员所有。我国的大学理念是植根于我国文化土壤之中并体现中华民族思维方式和大学办学规律的一整套理论观念。我国大学理念的内容是为天下培养英才。现在的许多大学，已经偏离了大学的性质和大学理念。在政府行政权力主导下的大学，教师和学生只是大学教育的被管理者，大学如同一级政府，大学面向政府办学。在大学理念主导下的大学，教授是大学的管理者，大学面向社会办学。

对于大学里的行政管理现状，我们每一位大学教师均有亲身体验，这里不再赘述。几乎每一所大学都经历了本科教学评估、研究生教育自查、数字化考评、高校排名，以及申请课题项目、申请教育部和省部级奖项、力争博士学位授予权的申报、基地项目申报等，大学院系主要负责人和老师们把主要精力盯在上级考评方面。可以说，大学教育的一切活动都在围绕着教育部的指挥棒进行，学生变成了大学教育活动的道具。

因此，针对上述我国大学教师工作状况和学生学习状况的事实描述，本文认为，①我国大学院系教学和研究的发展，决定于大学教育体制的改革方向和效率。②大学教师已沦为培训师或雇工，纯粹的教书匠。于是，很多企业家和政府官员临近退休时，选择到大学教书。甚至一些年轻的企业高管在遇到挫折时，则会发出"干脆到大学当老师吧"的感叹，以舒缓压力。工匠精神很重要。术有专攻、做事专心致志，始终如一，就是工匠精神。可是，工匠与人类灵魂工程师和理论思想家之间，显然存在很大差别。大学教师不再是"独立之精神，自由之思想"的代表。大学教师不能是纯粹的工匠或教书匠。③大学教师的最大利益，在于最大限度地充分发挥自己的聪明才智和思想优势培养学生。教师的薪酬主要源于教师的教学水平（数量和质量）与学术研究水平（论文、著作及其理论贡献），而非教师的行政职务或岗位。④大学院系工作发展的重心是以学生学习为中心，以教师的专业学术水平为基础，面向社会培养英才，实现教师与学生共同发展。大学教师与学术研究的关系是合二而一的工作性质。大学教师与大学生是生死相依和相托的关系，若没有学生，则教师的存在就失去了意义；若大学教师不做学术研究，则其就难以生存。学术研究对于大学教师是构成其内在生命的基础，是大学教师的立身之本。大学教育有自身的规律性。大学教师的本分是捍卫大学教育规律发挥正常作用。

四、事实分析与观点讨论

现在，大学教育里的一切矛盾和问题，归根结底在于大学教育制度偏离大学教育规律，以及由此产生的教师被动工作与学生被动学习的教学安排。马克思主义哲学和经济学早已告诉我们，社会生产关系的形成和变化取决于生产力的发展状况。大学教授的生产力水平决定着大学制度的选择。根据我国大学目前的实际情况，可以将现行大学的管理制度划分为三种类型：政府行政权力主导下的大学制度、拥有部分自主教育权的大学制度和教授治校的大学制度，大部分大学属于第一种制度。"211 工程建设"和"985 工程建设"大学基本上完全执行政府行政权力主导下的大学教育及管理制度。在这种制度下，大学教师的工作任务受系主任支配，因而教师的工作为系主任负责；系主任的工作任务受院长支配，因而系主任的工作为院长负责；院长的工作则由校长支配，于是院长的一切活动和工作要为校长负责；校长的工作受学校党委的支配，所以，校长为党委负责。学校党委的工作则受教育部长和教育部党组领导。该体制的根源在于，校长和学校党委书记由教育部任命，所以，校长和党委书记要为教育部负责。校长和学校党委任命了院长，院长又任命了系主任。这种制度的运行结果是，大学教师和学生、系主任和院长均要为校长或学校党委负责，校长和党委书记则要为代表政府和作为中央政府所属机构的教育部负责。即大学教师和学生都要以政府行政为中心，而非大学教师和政府以学生学习为中心。在这种制度下，生产力发展水平较低，生产关系比较单一，社会物质资源和财富被少数人掌握；教师出身于穷困工人、富裕资本家、贫农和地主家庭，对其工作性质和质量影响极大。为了集中教育资源和统一领导，明确教育目标，可以选择此制度。但是，当社会经济和科学文化发展到一定的水平，无产阶级与资产阶级的矛盾以及阶级斗争已经不再是社会的主要矛盾，传统的物质财富贫穷已基本消除，商界、政界、学界、军界和民间的矛盾开始凸显，界别矛盾与阶级矛盾共存，政府行政权力主导下的大学制度开始出现弊端。此时，大学教师和学生这对核心要素开始在大学里沦为最次要的因素，大学的性质发生变异。这种变异将可能妨碍我国大学的健康发展。所以，我国的高校改革远远落后于社会生产力的发展。

本来，在教授治校制度下，教育部对大学实行制度管理和宏观管理，具体的专业设置和课程设置由学校自主设定；学校党委和校长从学校整体发展、教育环境和教育制度管理等方面，实施知识管理；院长和系主任以及学校的各种职能管理机构均为大学教师和学生服务，院长、系主任和大学教师的共同工作目标是培养学生，大学教师和院系的一切教学、科研和社会服务等活动均以为学生学习负责为依据。大学教师的工作性质是教学与研究的合一。大学教师的工作强度、质量和效率，决定着学生的健康成长状态。在这种制度下，大学教师的最高奖赏是获得学生的信赖和赞誉，而非教育部或省厅机关的各种奖项。大学教师的主要工作是授课、授课前的资料准备、授课后的作业批阅修改，以及教案、讲稿、作业练习题的编写等工作。在课堂教学之余，大学教师还要开展专业理论研究活动。改革开放以来，我国大学获得长足发展，大学规模剧增，完全得益于大学教师的超额劳动和高强度身体投入。教育界原来是准学术界，现在则有两者合一的趋势，这也是大学教师的工作性质使然。学术研究及其研究成果进展是提升课程教学质量的根本性途径。在科学技术迅猛发展，尤其是信息科学技术和脑科学的快速发展及应用，以及物质贫穷的消灭，大学教师的工作不再局限于教书匠的营生。学界（含教育、研究、科学和文化等）是社会的重要界别。大学与企业、政府和军队一起构成社会发展的主辕，而非社会文明之乘的边辕或帮辕。很明显，教授治校制度仍然是目前世界上最好的大学制度。学术研究成就的评价也不是政府行政领导的评价，而是具有专业权威的同行专家评议。学术研究者的最高奖赏是自身的研究成果引发本科学理论的新进展。相应地，大学制度中的经费支出，则主要用于大学教师的工作薪酬和教学设施建设。在教授治校制度下，大学会节省许多不必要的行政支出和交易成本，并且在现有大学经费保持不变甚至有所减少的情况下，大学教师的薪酬则可能提高 1～2 倍。教师生产力将大幅度提高。学生的学习将成为大学工作和大学教师的中心。教师和校长均向学生负责而不是相反。

对于拥有部分自主教育权的大学制度，目前在我国尚不多见。这种制度介于政府行政权力主导下的大学制度与教授治校的大学制度之间。例如，冶金矿山矿业大学、纺织工业大学、航空航天大学、化工学院、海洋与河海水产大学、船舶工业学院、铁道学院，以及财经学院等，通常是由某一政府部门创办，就属于这种情况。改革开放之前，我国中央政府所属各部委多数均有自己的大学或学院，也有少量大型国有企业创办了自己的行业性大学。

现在，教师 L 先生供职的大学原属于"211 工程建设"和"985 工程建设"大学，即第一种大学制度。这些大学均以世界一流大学和一流专业为追求目标。大学教师们几乎将百分之百的精力和时间都用于各种考核评优和力争品牌建设等事项。那些淡泊评优评奖而专心致志教学和研究的老师，虽然多数学生比较满意，但难以达到校方的考核指标要求。为了尽可能满足学校行政主导的教学与科研考核指标，一些工作敬业和不会偷懒或不愿意偷懒的老师付出了数倍的工作量。一些不愿付出太多或因身体和理念等其他原因、愿意偷懒，或者工作目标不明确，或者教育理念落后的老师，只要按政府政策做（不论该政策是否正确，甚至尽可能迎合政策之能事），让校方满意，就会得到奖励。随之，学术权利、收入和技术职称也会提升，哪怕没有学术建树，哪怕没有进教室讲课。在高等学校扩大招生之后，绝大多数老师们更是像机器一样地工作运转。以教师 L 先生为例，该教师经常上午一、二节给本科生上课，三、四节又要给硕士研究生上课，下午又得给博士生授课。有多次或经常地，其上午 12 点钟下课铃响起时，他的内心立刻有一种莫名的如释重负，也有多次他眼前感觉发黑，非常担心自己摔倒在地。然而，他又总是习惯地微笑目送学生们走出教室。基本上，每次课后还要为少量学生解答疑问。然后，关闭电子教学设备，缓缓走出教室。因此，现在大学教师的工作方式与工厂里生产工人的体力生产劳动方式极其接近——基本上每日起早贪黑、加班加点，或讲课，或解答疑问，或批改作业，或准备教案和讲稿。为了减轻一点劳动投入量，也为了使学生学习效果和质量更好一些，有时还要分门别类地给学生讲解课程内容重点，以及针对学生差别因材施教。多年以来，长时间大量的脑力劳动和体力劳动支出，使任课教师身心极其疲惫，不仅严重影响教师的身体健康，而且严重地违背了教育工作规律，教学质量下降，经常容易出错。本来，教师的工作应以学生为对象，以学生的学习为中心开展工作。但实际上，目前教师的讲课主要是为了完成学校的教学计划和教师个人的工作量，学生的学习效果和质量在整个教学工作中只在期末通过考试给出分数即可。教师的工作重心不是学生学习而是校方的规章制度。学生对教师的工作不满意不重要，校方对教师的工作不满意就会失去工作机会。虽然教师在期末考试后需要提交的文件很多，但多数或全部都是形式而已。

形式的变化是正常的，因为本质或性质的变化是缓慢的。自然和社会一直在变化，只有变化才能发展，不变是不正常的。可是，教师 L 先生想不通的是，大学的优势本是创造科学技术和思想财富以培养学生，结果大学老师中的许多人在想方设法地创造物质财富。诸如组织培训班、组织课题项目开发，教学安排也像工厂和农场一样实行计件薪酬制度，讲一节课多少薪酬、写一篇论文发多少奖金、拉一个培训班可以提成多少。这跟工厂里的计件工资制和农村大集体时代的记工分并无二致。发表论文数量多、申报课题项目多的大学老师，其技术职称和行政职务都会提升。一些教师为了晋升一个正处级或教授职称而焦躁不安或失态动粗时有发生。大学教师丢失自我比较普遍。大学的教育经费投入主要由行政管理者配置到党务和行政管理机构，用于院系的专业教学费用很少。机构臃肿、人浮于事、干多与干少一样的现象，比改革开放之初更加严重。多数大学的教师数量不足学校职工总数 1/3。一个人干活，两个人充当指挥。大学已不像大学，大学教师亦不像大学教师。大学不是政府机构，不应有官职，但大学确实有科长、处长和厅级或部级官员，官场在大学有了市场。大学不是工厂或公司，不应有买卖生意，但大学里确实有一些院系在参与市场经济以增加货币收入。大学教育的纯洁性和独立性在减弱，大学这一社会组织的性质和大学教师的社会思想家角色或性质在变化。大学教师不是官员，不应关注权力和行政级别；大学教师不是商人，不应关注利润和看人下菜碟。可是，大学教师的言语和行为越来越像官员、商人和产业工人，越来越不像人类灵魂的工程师。同企业家、投资家、医生、科学家和各行各业的专家一样，教授也是学习和应用科学技术知识的成功者。经验和事实表明，凡大师者或各行各业优秀工作者，都是长期不懈坚持学习者，而非一时一日一季一年之功可成，亦绝不可能速成。学习需要时间和专心思考。既然是专心思考，那么，就必然是安静下来用心梳理思虑和温习考究。因为，科学技术和知识的教育或学习是一个用心和用脑的劳动活动，也是一个用文火慢慢熬煮的缓缓磨砺的过程。学习和研究是在岁月静好一般的心态中执着坚守、反复温习与静静等待的过程。著名数学家张益唐教授、生物学家屠呦呦研究员的学术成就，就是对那些整日坐卧不宁、左顾右盼、只追求荣誉光环的学者或教师的绝妙讽刺。

我国古代学者深知，对于年轻人而言，万般皆下品，唯有读书高。蹉跎莫遣韶光老，人生唯有读书好；读书之乐乐何如，绿满窗前草不除。我国古代学者人数和规模较少，但著述宏富，成就斐然。古代学者熟谙专心致志、埋头静读，坚信读书百遍其义自见和天道酬勤的学习规律。不走捷径亦不东张西望。这是现代大学教师应向古代学者学习的地方。

　　教学和研究之所以是一个安静缓慢而循序渐进的过程，在于科学技术与知识的生产或供应也存在着一个漫长的规律性的过程。在教学过程中，许多科学技术和知识尚未系统化，有些知识和技术甚至不可靠，这就需要人们先检验和识别知识，实验和应用科学技术，然后再学习和掌握。但是，识别、检验和获取科学技术知识是需要花费时间、精力和资本的，只有在时间允许、精力充沛且科学技术知识带来的效益或效用大于检验成本和学习成本时，人们对科学技术知识的可靠性检验和学习获取才具有经济意义。由于学生受记忆力和理解力等生理条件或社会条件的限制，一个学生即使花费毕生时间和精力也不可能把人类的全部科学技术知识都学到手。因此，人类社会不得不在获取科学技术知识、转让和应用科学技术知识时，实行分工，划分专业。又因为，科学技术知识内部之间总是按照一定的科学逻辑关系联系在一起，高深的先进科学技术知识是建立在初级的基础科学技术知识之上。人们不能撇开初级的基础科学技术知识直接获取先进的专业科学技术知识。一般地，学习只能按照科学技术知识的逻辑联系循序渐进地展开，获取科学技术知识的社会分工也只能沿着广度方向展开，并且是有限度地不完全社会分工。完全以科学技术知识作为工作内容的学校和研究机构的设置及其运行，基本上是遵循科学技术知识获取、传播、应用和创造的逻辑分工规律。小学、中学和大学，研究课题组、研究室、研究所和研究院，都是现实科学技术知识传播运行的载体。先进科学技术比初级基础科学技术深奥得多、复杂得多，获取先进科学技术知识的成本要比初级基础科学技术知识成本大得多。科学技术知识成本的高低，不仅受科学技术知识逻辑分工的影响，而且还受学习组织和学习者的学习效率、质量、内部成员天赋，以及科学技术知识积累程度的影响。人们获取先进科学技术知识的成本会因个人智商、悟性能力和学历的不同，以及教师的工作方法和敬业程度不同，而存在很大的差异。高深学问总是被少数社会成员所掌握，大多数社会成员学习高深先进知识会因为学习成本太高而放弃或调整学习对象——只能重新做出别的选择。所以，教师的工作和学生的学习活动必须遵循科学技术知识的生产消费规律。

　　当大学里的教师和学生违背了科学技术知识的生产与消费规律及原理，也违背了教学活动的规律和原理时，教师的工作和学生的学习就一定是低效率和低质量。如果一个学校或某个专业连续数年是这样低效率和低质量运行，那么，这个学校或该专业的教师不仅身心受到伤害——疾病缠身、疼痛难熬、内心苦闷、心理扭曲和道德水准下降，而且教师的错误思想和不当行为严重影响学生健康成长。一些老师的讲稿、讲课设计安排、讲课过程偷工减料，批改作业偷工减料，解答疑难问题偷工减料。许多老师认真仔细设计教学方案，精心准备讲稿、满腔热忱地讲解，严格要求学生听讲，课后布置大量作业并下功夫批阅修改。然而，优秀老师的敬业工作并没有完全得到校方和学生认可，一些学生甚至不喜欢上课做笔记和课后做作业，也不喜欢老师的严格要求。不少学生的学习似乎只是为了获得及格分数。于是，部分学生的不当学习行为又影响了一些老师的工作热情。教与学的矛盾，教师队伍中的敬业者与偷懒者的矛盾，以及学习优秀学生与学习偷懒学生的矛盾，引发或推动了教学活动的非规律、非秩序和低质量，以及低效率。一些学生对政治政策或加入政治组织的偏好，远大于对自己专业技术知识的学习。不少学生花费较大精力和时间投入学生会或学生党团组织的管理工作。一些老师则热衷于非学术性社会兼职和校内行政兼职，不是一心一意做好教师的本分而力争成为学问渊博的权威教授或者教育学家，而是对自己能否当一个比七品芝麻官还要小的行政管理者很在意甚至调动各种人际关系，好像一心想当政治家或企业家而非专业教授。不少教师以结交企业高管和政府官员或学校行政长官而骄傲。崇尚学术，本分教书未被视为光荣。很明显，我们的大学体制是典型的政府行政权力主导下的大学制度。该制度使得学生和教师的信仰与价值观，以及其立场、观点和方法已严重偏离科学正确轨道。学生和教师的长官意志而非尊重师长、官本位而非劳动本位思想极其严重，学生不以努力学习、成绩优秀为荣，而以获得领导者赏识为傲。老师不以学术追求为荣，而对自己能否管人管事耿耿于怀。我国 20 世纪 30 年代和 40 年代大学权威教授以做官为耻的文风已不复存在。尽管随着科学技术的迅猛发展和社会改革力度的加大，我国大学的排序可能面临新的洗牌，可是，如何建设自主教育和教授治校的大学制度，在我国仍然任重道远。

五、大学教师是教育规律的捍卫者

大学教师每日教学活动的工作依据和基石应该是大学的教育工作规律（含大学的教育目标），即大学教育是有自身规律的。人类的教育活动按接受教育者的年龄分类，有学前教育、小学教育、中学教育、大学教育之分；按接受教育者学习内容划分，则有基础教育、职业教育和高等教育之分。无论哪一类教育活动，其本质都是传道、授业和解惑，促进学生身心健康成长。学校是整理、收集、积累、传授和生产知识的社会组织，老师是整理、收集、积累、传授和生产知识的劳动者。教育活动是人类社会非常重要的活动之一。虽然科学技术的迅猛发展及其广泛应用，交通工具的高度发达，以及社会开放和文化变迁的加剧，许多社会活动开始衰退或消失，亦有新的社会生产活动大量出现而替代原有的一些社会活动，但教育活动进入 21 世纪后得到了新的长足发展。从母亲育儿牙牙学语，到大学教授指导博士生研究专业问题，教育活动的内容、方式和目标基本没有发生重大变化，究其原因，在于教育活动与人类自身的生理活动没有发生重大变化有关。人类从 1900~2016 年的 116 年里，100 米短跑速度世界纪录只提高了 1 秒钟，举重的世界纪录在过去 100 年里增加了不足 10 公斤，而且是瞬间的偶然事件。如果不是专业的运动员，进步则更小。因此，现代人的生理和心理与古代人或近代人相比，没有很显著的进步。飞机和火车替代了走步，望远镜替代了眼睛，但电脑没有完全替代人脑。对于每一门专业课程，任课教师应准备编写讲稿、教材、课程练习题及参考答案，以及考试题库等基础文件。这些教学辅助性文件的编写和使用是大学教育活动的主要工具。虽然信息科学和技术快速发展，教育信息技术的应用也很普遍，课堂视频教学日益普及，网络慕课非常时兴；但是，人类对于专业科学理论的学习能力和效率并未因科学技术在教育领域的深度应用而发生本质性改变。学生学习能力和效果的大小，仍然取决于学生自身脑力和体力水平及其接受程度，以及教师的工作质量。网络视频和慕课等只是辅助工具。学生对专业理论的理解力、理解速度和掌握程度虽然有提升，但提升幅度很有限。大学教育活动的主要内容是教学与研究。教学工作是传道授业解惑，研究工作是生产和储备新知识以备教学所用。与小学和中学的教育活动差别是，大学教育活动包含大量科学研究工作，即新知识的生产。

大学教师应清楚，大学教育既不能因扩大招生而蜕变为高中教育的时间延续，也不能将研究生教育退化为本科生教育的留级补课教育，更不能把高等教育擅自改为职业教育。高等教育是高深科学技术学习和研究的教育，大学教师的工作性质是教学与研究合一。大学教育有自身的职能，不该较多承担基础教育和职业教育的一些职能。

我们这样谈论和分析大学教育活动，目的在于说明大学教育活动本身有自己的规律性。课程是专业教学的对象，学生和教师都是课程的探索者。任课教师应设计和准备教案、编写讲稿、教材、课程练习题及参考答案，以及考试题库等基础文件，然后根据专业培养方案（主要是专业培养目标）向学生讲授专业内容。教师教案、讲稿和作业练习题等教学辅助性文件的编写和使用是大学教育活动的主要工具。学生应根据课程性质和特点准备好学习材料、书籍、时间安排、作业练习本等，学生与老师共同努力以完成一门课程的教学任务。在这里，教师熟悉专业培养方案、编写教案、讲稿和作业练习题，进教室讲课，以及批改作业和掌握学生学习情况等授课过程，加之学生接受和背诵教师所讲内容、理解和应用所讲内容，以及进一步达到分析问题和评估或解决问题的专业能力的过程，就构成了教学过程和教学机制。客观教学过程、教学机制，以及专心致志、聚精会神、举一反三、教学相长、因材施教、摇唇鼓舌和巧舌如簧等，都是教育活动的基本规律。如果学生对教师所讲内容不背诵不记忆，就难以理解，更难以达到应用的专业实践能力；如果老师未安心设计教案和编写讲稿，也没有很好地设计作业和练习题，而是追求热闹和社会时尚，那么，学生是难以完成学习任务的。大学教师应成为教育规律的坚定捍卫者。大学教育活动因其学习和研究高深学问而难度大、复杂性高，需要增加一些教学器械做教学工具。但是，即使增加了教学设备，但教学活动用心用脑的性质没有改变。所以，大学教育有自身的规律性。大学教育既是学校的自身工作，也是一项社会工作。十年树木，百年树人。全社会都应关心大学教育的现状和发展。

（一）市场商品生产经营规律不应取代大学教育活动规律

现在，系里的教学活动安排，基本上按照商品经营活动的方式和理念计算投入产出。教育活动严重地被商品意识侵害。可以说，目前教师的任何工作均采取商品市场理念和方式。教学活动的规律性被商品市场规律所取代。教师与校方、教师与教师、教师与学生之间的教学工作内容及其选择，均以商品货币关系和成本收益规则为依据。不仅如此，受教师的影响，一些学生也认为，学生是教师的客户，教师就应该以客户为上帝，如果没有客户，老师就会失业。学生如果不喜欢某一课程或某一老师，理所当然地可以旷课。教育思想十分混乱。因此，学校可以适当告诫教师和学生，经济学是一门科学，其商品市场规律仅有利于经济活动及其发展，而有害于大学教育活动及其发展。大学内部的教学与研究活动不是商品货币关系，而是自然科学和社会科学知识的探索与传承关系。解决该问题的对策，在于强化大学教育理念的研究和宣传力度，大讲教育科学与教育规律；同时将大学教育经费真正配置于教学与研究过程，适当提高教师薪酬。

高等教育扩大招生政策，表面上看，为更多高中学生提供了接受高等教育的机会，并减轻了青年人就业的社会压力。但实质上违背了大学教育规律，使一些不适合读大学的学生延迟了工作就业时间，耽误了成家立业时机，甚至产生了大量"剩男"、"剩女"。重要的是，那些不适合读大学的青年人在大学里未珍惜大好学习时光，反而严重干扰了其他一些天资聪颖和喜欢学习的学生的学习。一些天分不高又不喜欢学习的高中生应报考职业技术学院而不是大学。

（二）政党治理国家和社会的方式方法、理念和目标及其规律性，不能取代学校组织和教育家治理教学活动的规律性

治国理政是一门大学问，也是一门极其重要的社会科学。一个国家和社会存在多个政党，但中央政府只有一个。执政党及其政府管理国家的社会政治活动有其自身的理论、方法和目标以及规律性。政党政府治国理政的对象、理论依据、方式方法、目标和规律，不同于大学内部教学活动与研究活动的对象、理论、方法、目标和规律，二者不能相互替代。政党政府治国理政的对象是全社会成员和国家机构，其方式方法和手段主要是政策法规和命令，并有军队和公安警察等手段。大学教育是国家和社会发展的组成部分之一，大学管理的对象主要是学生、教师和专业。大学发展应与国家战略和社会发展目标相一致，但大学教育不能为了满足国家和社会某一发展时期的目标而放弃专业教育自身的目标和学生自身成长的目标。现在的大学，基本上完全依据政府指令（中央政府所属教育部的部署）开展教学活动。院系的教学管理工作基本上脱离老师和学生的教学活动而主要完成校方行政管理机构提出的各项任务。教研室名存实亡，一个系主任基本上没有精力检查教师是否有讲稿、是否批改作业、是否按教学大纲讲课，不同教师之间对于课程之间的内容联系很少进行沟通。老师和系主任在上课之外的全部时间和精力，基本上都在从事科研工作以完成上级考评（行政而非学术考评）。很明显，政党政府治国理政的规律性不能替代大学教育活动的规律性。

在以行政管理导向下的大学知名教授，往往是获政府和校方奖励较多或最多的教授。而这些获奖多的知名教授通常是专业理论研究不深入、表面文章多、高质量论文少、发表论文只为得奖的教授，因而也不被同行尊敬，尤其不被学生爱戴。偏离教育科学和教

学规律而以政府治理国家的规律开展教学活动，容易使部分教师和学生成为机会主义者，从而舍弃科学理念而遵从政治理念。最尴尬的是，真正爱岗敬业和学有专长的权威教授及其见解不被同行完全接受，其科学理论和方案往往被次优理论和次优方案替代。某一具体科学技术的专业理念与政党政府的治国理政理念可能不矛盾，但二者是不同科学，各有各的规律性。提高大学管理的科学水平主要是依据教育科学理论管理大学事务。

（三）科学技术活动的规律不宜取代大学教育活动规律

科学技术迅猛发展，科学技术在经济社会、国防军事、天文地理、教育科技等领域的广泛深度应用，极大地提升了社会生产力，改变了社会进程，也使社会科学技术和教育理念发生了重大变化。但是，教育活动是人的活动，当人类这种高级动物的生理和心理没有发生根本改变时，将人的学习、思考和接受知识的过程，纳入电子信息技术的科学过程，显然不合适，也不会成功。人脑工作能力、方式和过程与电子信息技术设备的工作能力、方式和过程不同，教师不可能完全按照电子信息系统的指令进行工作。现在，本科生毕业论文写作指导与毕业实习实践活动指导，教师基本上是以信息系统里的文件和表格标题进行工作。教师口授论文写作方法、进行口头谈话和解疑，以及修改纸质论文后，还要在网络系统里填写有关表格，将如何给学生修改论文的过程及其工作内容写出来。事实上，论文写作指导信息系统里的表格即使有教师填写的工作记录内容，也难以或不可能记载确切内容。教师给学生每次修改专业论文，都是教师与学生高强度的脑力劳动活动，用文字再重新记录这些脑力劳动内容并填写在表格里，一则不可能，二则使教师又面对电脑重复劳动，实在不必要。试想，一位体育老师在教室里教学生打太极拳，老师在教室前面边打太极拳，边讲解，学生在后面边听讲边模仿动作，同时，老师还辅助性地借助视频影像资料给学生们观看，此教学动作反复进行。而这位体育老师需要在课前事先进入教学信息技术系统写出教案——太极拳的每个套路动作、每个套路里的每个动作步骤，以及注意事项等；课后还要进入教学信息系统登记今天这两节太极拳课的教学内容——每个套路、每个动作的图形要画出来、动作要领的文字要写出来。显然，教学活动按信息系统的文件要求和表格要求而进行。本来，毕业论文写作、学生学太极拳与信息网络技术无关，但现在，毕业论文质量如何、学生学太极拳的效果如何不重要，重要的是老师应填写好信息系统里的表格。

随着脑科学的发展和信息技术在大学教育中的应用，很多课程引入信息技术和视频设备，起到了很好的教学效果。教育活动的科学技术化是教育发展的必然趋势。但是，科学技术及其设施在教学活动中的使用，不能超出教师和学生的生理限度，也不能过度技术化而削弱人文方式。学生对教师所讲内容的接受和背诵或记忆、理解和应用，以及分析、评估和创新等过程环节及专业实践能力的形成，仍然是学生学习的基本过程和规律。如果缺少了某一环节，学习任务就难以完成。

之所以出现教学活动过度信息技术化，原因可能在于大学教育活动的过度管理。本

財务学的边界 （第二版）

科教学与研究生教学是两个业务系统。作为高水平研究型大学，研究生的教学也是一项很大的教学工作。管理活动本来是一人或极少数人指挥、协调、组织和领导大多数人的工作，目的是高效率、有序、低成本地完成工作。例如，乐队的指挥、剧院的导演、公司总经理等，都是管理者。但现在的大学，指挥的人数与乐队吹鼓手的人数基本相当。指挥者很累，吹鼓手也很累。过度管理可能是我国大学发展的主要矛盾或亟须解决的主要问题。消除过度管理及其规章制度，可能是我国大学目前调动教师积极性和解放教师生产力的根本途径。

捍卫大学教育规律的基础是教师具备教学基本功。大学教师的基本功除了具备专业理论与实践能力，以及喜欢读书学习外，我国大学教师的基本功还包括科学素养和文化素养两项。对于科学技术素养，大学教师应充分了解科学技术的发展状况，具有扎实良好的科学技术基础教育背景。对于文化素养，主要是本民族传统文化素养的学习和掌握。具体地，至少应体现在教书匠的语言天赋方面，即娴熟诗歌辞赋和书法字画。中国传统文化，光辉灿烂，源远流长，《大学》、《论语》、《孟子》、《中庸》、《诗经》、《尚书》、《礼记》、《周易》、《春秋》，以及《道德经》等，都是我国大学教师必须掌握的历史文化知识。著名数学家华罗庚教授、陈省身教授、丘成桐教授、苏步青教授，物理学家钱三强教授、钱伟长教授、钱学森教授、李政道教授、杨振宁教授、吴健雄教授、邓稼先教授和彭恒武教授①，著名化学家卢嘉锡教授，经济学家陈岱孙教授、杨联陞教授、厉以宁教授，教育家梅贻琦教授、蔡元培教授等，均有极其深厚的中国传统文化底蕴。他们才华横溢，学贯中西，文理兼通，都是优秀的大学教师，他们饱读四书五经，能诗善词，托物言志，出口成章。大学里的这些优秀教授们，都是一身清风，纤尘不染；他们关心的只是学生的学习和成长。

具备语言发音学问和发声技能是大学教师的真功夫。科学地掌握语言音节的内部结构、音节各要素的发音部位和发音方法，以及音节组合的韵律特征，也是大学教师的基本功之一。发音清晰准确是目的。发声是在发音清晰准确基础上追求合理用声和美化声音。大学教师如何高质量讲课，与教师把音节组合得抑扬顿挫、语流处理得富有节奏和旋律性质有关。有些老师语言天分一般或者较低，笨嘴厚舌，加强发音和发声的练习尤为重要。一些教师经常存在的问题是，发音不准、声气不谐、声带疲劳、吐字含糊、音色不雅、声音偏涩，语流不稳，语调过平。发音准确，可提高学生的接受度。科学用声，可提高学生的理解力，避免噪声疲劳，也节省教师气力。大学教师提高语言清晰度和自然区内用声的措施，首先是经常练习唇舌。例如，简易唇舌灵活练习方法是 ba-da-jia-ga，每日课前 10 分钟反复练习这些音节。练习 ba 以增强唇部弹力，练习 da 以增强舌尖弹

---

① "两弹一星功勋奖章"获得者。还有王淦昌、赵九章、郭永怀、钱学森、钱三强、王大珩、彭恒武、任新民、陈芳允、黄纬禄、屠守锷、吴自良、钱骥、程开甲、杨嘉墀、王希季、姚桐斌、陈能宽、邓稼先、朱光亚、于敏、孙家栋、周光召。1999 年 9 月 18 日，在庆祝中华人民共和国成立 50 周年之际，党中央、国务院、中央军委决定，对新中国成立初期为研制"两弹一星"做出突出贡献的 23 位科技专家予以表彰，并授予"两弹一星功勋奖章"。彭恒武教授 2001 年在北京大学出版社出版《彭恒武诗文集》。

力，练习 jia 以增强舌面前部弹力，练习 ga 以增强舌根活动的灵活性。又例如，练习绕口令："山前有个严圆眼，山后有个严眼圆。二人山前来比眼：不知是严圆眼比严眼圆的眼圆，还是严眼圆比严圆眼的眼圆。""天上一个盆，地下一个棚。盆碰棚，棚碰盆。棚倒盆碎，是棚赔盆，还是盆碰棚。"其次是设置口气，换气补气自如，保证语流平稳。从而保证音量均衡，吐字优雅如珠，准确传达授课信息。然后，多练习语言旋律控制。大学教师的本职是教书育人，其工作对象是青年学生。大学教师守住自己的本分十分重要。同时，政府和社会不应过度夸大大学教师的职责。

六、结论

研究表明，现代大学的办学方式、授课方法和工具、学生数量规模等虽然发生了重大变化，但大学的性质变化很小，传授科学技术和知识以培养人才仍然是大学的主要内容。由于科学技术的快速发展和人类文明的进步，以及大学教育的推广，大学已成为教育与研究的综合机构或人类智慧库和思想库。大学教师是集教育和研究于一身的理论思想家。单纯的教书匠和主持人性质的演讲家或某一课程的主讲人，已难以成为合格的大学教师。研究能力的增长与人类科学文化知识的增长相吻合，已成为大学教师的基础条件。只讲课、不研究的教书匠，仅能满足一般职业培训机构和中等学校教师的职业标准。专业研究已成为大学教育进步的前提。大学教师的工作性质是教学与研究的合一。教学和学术研究是大学教师的两大职责。研究是教学的基础，教学是研究的目的。与其他教师不同，大学教师既是某一科学专业领域的技术专家，也是一位教育专家。教育与研究不可偏废。探索人与自然万物的科学规律、建立人与人类社会之间关系的规则，并传授给学生。显然，大学教师的工作是具有传承性和创造性的思想探索工作，这是大学教师的本质特征。

教育是培养接班人的事业。大学教师的本能和优势是创造科学技术及其思想文化，以培养新人。正如杜威先生所言："教育的过程，在它自身以外没有目的。"学生是大学教师的工作目标而非手段和工具。以学生学习为中心是大学教师的基本工作理念。学生成长与思想传承和创新是大学教师工作的意义或结果。不能通过学生人数、学生的分数和开设多少课程来评价我们的教学多么高效率和高质量；恰恰相反，像商人和政客那样靠计件薪酬与政绩工程教学生，只能证明我们的大学教育多么离谱和糟糕。大学教师忠实履行自身的社会角色是大学发展的关键。创造和传播理性之思想，自主之精神。只有大学发展了，思想的力量才会在社会经济和政治建设中显现出来。教育是人类最原始的社会领域之一。不是教育为经济建设服务，而是经济建设应为教育服务；不是教育服从于政治，而是政治应服从于教育；不是教育理论用哲学来解释，而是哲学用教育理论来解释。大学教育是社会发展之乘的主辕而非边辕。作为劳动人民大众当家做主的社会主义中国，我们的大学理应成为中国特色社会主义事业发展的重要组成部分。

大学教师的工作由教师和学生共同完成。授课过程及其机制和学习过程及其机制共同形成教学规律和教学机制。学生疏远老师是当今大学教育质量不高的症结所在。教不严，师之惰。当人们彻底理解了大学教师的工作是教学与研究合二而一的性质之后，每一位大学教师的工作效率和质量还受到大学体制、院系教学工作机制和教师薪酬的影响，并且与学生的学习目标有关。以学生学习为中心而非社会利益或政府利益为中心，以教师为主体而非行政管理者为主体，精简行政管理机构和人员，教师数量应占学校职工总数的 2/3 以上而非不足 1/3，教育经费应主要配置到教学过程和院系工作之中而非众多行政管理机构所占用，适当提高教师薪酬。这些应成为 21 世纪前 1/5 时期我国大学改革的基本内容。

参考文献

［1］王建华：《我们需要什么样的大学》，《高等教育研究》，2014 年第 2 期。

［2］王洪才：《论高等教育的本质属性及其使命》，《高等教育研究》，2014 年第 6 期。

［3］刘献君：《论"以学生为中心"》，《高等教育研究》，2012 年第 8 期。

［4］别敦荣：《论现代大学制度之现代性》，《教育研究》，2014 年第 8 期。

［5］张楚廷：《教育就是教育》，《高等教育研究》，2009 年第 11 期。

［6］罗福凯：《中国海洋大学全日制博士学位研究生培养方案》，2016 年 9 月 3 日。

［7］张楚廷：《教育工作者的自省》，《大学教育科学》，2016 年第 2 期。

34 财务管理专业本科人才培养方案的理解

一、引言

我国是拥有 5000 年光辉灿烂文字文化的传统国家。20 世纪 50 年代之后我国的社会政治运动及 80 年代后的社会经济运动，极大地影响和改变着我国的传统文化。政治活动和市场经济理念对我国教育理论的冲击尤其严重。社会主义制度的大学如何发展，可能是我国很多大学教授思考的问题。自 1999 年教育部出台《面向 21 世纪教育振兴行动计划》（扩大招生政策）以来，财务管理专业的课程数量亦随之不断增长。专业课是专业理论在教学中的课程单元。在学生、教师、教学设施和科学理论未发生根本变化条件下，专业理论和课程会稳定不变。课程门数过多或过少，都会严重干扰学生的学习质量。一个专业的课程门数与招生数量无关。本科生在大学四年的课时总数是既定的。当课程门数增加时，如果其他原有课程不减，那么必然会引起每门课程或某一课程的学时减少。一门课程的学时数，由该课程的性质、作用和难易程度所决定。人类学习科学技术知识的活动有自身规律性。科学技术知识的生产和供应存在着一个过程，有些科学技术知识尚未系统化，还有一些知识则缺乏科学性，这就需要人们先检验、识别科学技术知识，然后再学习和掌握。但是，识别、检验和获取科学技术是需要时间投入和资本支出的，只有在时间允许并且知识带来的效益大于检验成本和学习成本时，对科学技术知识的可靠性检验，以及获取和学习科学技术知识（以下简称知识）才具有经济意义。目前，大学财务管理专业的教学活动存在两个问题：一是课程门数过多，学生学习负担过重；二是专业课的性质模糊，非专业课程替代专业课程的现象比较严重。专业课程鱼龙混杂，其根源在于专业人才培养方案的科学性较弱①。财务管理专业人才培养方案的科学性程度，直接关系到财务管理专业教学和科研的可持续发展，并与科教兴国战略的实施效果密切相关。教育树人，百年大计。财务管理专业人才培养方案如何制订，财务管理专业的课程设计和课时设置是什么，这是专业人才培养方案的核心内容。对其全面深入研究，具有重要的理论价值和现实意义。

现在，人们对大学的批评非常多。如著名教育学家章开沅教授的《谁在"折腾"中

---

① "专业人才培养方案"原称"专业教学计划"；另外，本文"财务管理专业"视同"财务学专业"。

国大学》(2009)、刘道玉教授的《彻底整顿高等教育十意见书》(2009) 和《大学需要有反思精神》(2012)、钱理群教授的《中国大学之忧》(2014) 和《中国教育病症已不是观念问题，而是利益问题》(2016)，顾明远教授的《对教师制度的十个反思》(2015)，以及刘献君教授的《论“以学生为中心”》(2012) 和王建华教授的《我们需要什么样的大学》(2014) 等文献，都不同程度地对今天的大学教育状况提出了批评和忠告。与此同时，基于笔者在大学授课 30 余年的种种经历，结合近 10 年来财务管理专业的教学实际情况，笔者开始思考和检讨财务管理专业的教学与发展。本文正是在这种学术背景和实践背景下而撰写的。

从科学视角看，财务管理专业应开设哪些专业课程，每门课程的课时（学时）是多少，应取决于财务学的发展规律和大学的教学规律。因此，本文在第二节阐述了编制专业人才培养方案的理论依据和教学观点；第三节论述财务专业的课程和学分设计；第四节讨论教师和授课过程；第五节分析制度与教学环境；第六节是论文结论。

二、编制专业人才培养方案的理论依据分析

编制大学财务管理专业的人才培养方案，其理论基础只能是财务学的性质及其发展规律和财务学大学教育的性质及其发展规律。对于前者，欧美发达国家学术界侧重关注财务经济学的研究，从市场效用和消费理论出发，强调财务学的理论性及其与经济学的内在联系，视财务学为经济学的一个学科。我国则侧重于关注对财务管理学的研究，从企业和生产理论出发，强调财务学的实践性及其与企业管理的内在联系，将财务学视为管理学的一个学科，并在大学里称财务管理专业。实质上，财务学是财务经济学和财务管理学的合一。它是研究人们在不确定情况下跨时间配置有限资源的一门学问，我国称之为组织财务活动和处理财务关系的一门经济管理科学。其基础范畴主要是资本、价值、不确定性、时间、套利，以及均衡配置等概念。对于后者，欧美发达国家由于其大学历史悠久，人们对财务学专业的教育规律认识比较全面和深入，其财务学专业的大学教育培养方案也比较成熟。我国大学虽然在制度上已经将财务管理学独立于经济学和管理学，成为一门独立的专业，但在现实中仍然存在专业与学科的混淆问题。因此，厘清专业、学科和教学目标①之间的关系，应是编制财务管理专业人才培养方案的重要理论依据。对于财务学的性质及其发展规律，因本文主要供财务学专业大学教师阅读，所以，此处存而不论。

对于大学教育规律，首先应明确教育活动有小学教育、中学教育和大学教育之分，以及基础教育、职业教育和高等教育之分，大学教育属于高等教育，大学教育规律是教育规律的一部分内容。高等教育是高深科学技术学习与研究的教育活动，其教学活动主要内容是高深的科学理论，其前提条件是教师和学生均需要有较高的学习天分。这是高

① 在本文，“教学目标”、“专业发展目标”和“培养目标”，可以理解为同一语。

等教育的特征之一。其次，应明确我国的现代大学教育活动是学习欧洲大学教育制度而来。历史上早期的欧洲大学多从宗教教堂分离出来，并且独立于工厂企业、宗教组织、政府机构和军队之外，专门接纳有小学和中学学历的青年人继续学习，从而培养社会高级人才。即大学是中学和教堂衍生出来的社会教育组织。该组织由学院、系、专业、课程、作业练习等组织环节构成。因此，研究财务管理专业，必然涉及课程和作业练习研究。可是，在今天的大学里，在"专业"、"课程"和"作业练习"之外，又出现了一个"学科"组织环节。

在高等教育研究史上从未有过"学科建设"概念。国外的大学、我国民国时期的大学，以及新中国成立至 1979 年期间我国的大学里，均没有"学科建设"的说法。据教育学家王建华教授考证，教育部 1980 年在天津召开全国教育工作座谈会时，首次出现"重点学科"的提法[①]，接着，教育部 1981 年颁布《教育部直属高等院校重点学科规划表》，1983 年，教育部在武汉召开全国高等教育工作会议时使用了"重点学科建设"的提法。从此，"学科建设"开始被大学管理者反复使用。"学科建设"是政府机构（教育部）政策文件中使用的概念，并非高等教育研究者的概念发现。虽然"学科建设"不是大学教育活动自发产生的高等教育学概念，但经过几十年的不断重复和言说，它已成为我国大学发展中的主流政策话语方式，几乎形成了一种集体无意识或口头禅。实际上，"学科建设"是政府机构（教育部等）的工作语言，它的合理与合法性源于政府的政策文件。创建学科、划分学科，规划学科建设，是教育部管理大学的政策工具。现在的大学管理者几乎不用动脑筋，只要执行教育部政策文件即可。可是，长此以往，这些大学管理者、高等教育研究者的思想和工作思维很容易被教育部政策文件的话语方式所控制，从而偏离大学实际情况和教育规律。大学管理者、高教研究者和一部分教授，为迎合政府机构的政策文件要求、评估指标和评奖活动，就会极力投其所好，做一些"面子工程"或"政绩工程"。而对学生的学习状况诸如出勤率、旷课率、考试及格率、教材预习程度、作业练习程度或质量，以及专业理论的理解和掌握程度等熟视无睹，视而不见。其结果是，大学教师最终不是主要以其精湛的讲课效果和高深的专业理论研究成果获得晋升教授职称，而是以其发表论文所刊杂志的行政级别高低和获得国家奖项的多少为准则。大学的行政权力完全替代了学术权力。大学院系、专业和课程的发展本来有其自身内在的科学逻辑和发展规律，但现在的大学院系、专业和课程却成为主要体现国家意志和政府意图的国家知识生产机器的组成部分。大学发展的主体本应是教师和学生，但实际是教育部等政府有关机构。于是，一些教授的机会主义行为和套利做法屡屡得逞，但其学术研究乏善可陈；一些学生的势利、自私和堕落到了不以为耻反以为荣的地步，一些学生喜欢亲近大学管理者而疏远教师；亦有一些教师喜欢亲近大学管理者而疏远学生，不以攀附大学管理者和追求奖项为不妥反而为荣。减轻大学的过度管理，将大学的发展交给教师和学生，不以学科扰乱专业，应是当下大学亟待思考的问题。

---

① 王建华. 学科建设话语的反思与批判 [J]. 现代大学教育, 2016 (4).

专业与学科不同。专业是科学的最小单位，是一门科学区别于另一门科学的标尺。专业与专业之间的差别，主要在于其基础范畴、基础理论和研究对象的不同，每个专业有自己独特的基础范畴、基础理论和独立的研究对象。一个专业就是一门科学。最小计量单位的科学就是一个专业。因而专业与专业之间是平等的，其理论和方法通常不能替代。专业下面可分许多课程和许多研究方向，但不能再分专业。不存在子专业和分支专业的情况。一个大学的发展是专业发展的结果。一个专业的教师科学研究成就和学生质量代表着大学的成就、质量、实力和名望。大学规模的发展是专业数量及其质量和大师数量及其质量的发展。

学科是学理与科学之间的融合方式，即一门科学与其学理相近或相同的另一门或另几门科学所形成的科学类别。如社会科学学科、自然科学学科、人文科学学科，以及管理类学科、经济学类学科、工科、理科、文科等，这些都是大学科。在这里，管理类学科可分为工商管理学科、公共管理学科、战略管理学科、财务管理学科、会计学科等，而会计学科又分为财务会计子学科、管理会计子学科、成本会计子学科，以及审计学科等，这些都是小学科。显然，学科存在着子学科和分支学科的情况。专业与学科的关系是术业与学理的关系，二者之间的联系可以表述为：多个专业（多门科学）可以形成一个学科，一个专业也可分为若干多个学科。所以，学科可大可小，既有大类学科和小类学科，也有子学科和分支学科。学科与学科之间存在不平等关系。学科与学科之间的差别主要在于其研究对象和研究边界的不同。

专业与学科之间，既有联系又有区别。他们都是科学技术和文化的知识单位。但二者的区别也很明显。专业的科学性和自然属性更强，知识边界严格清晰，它是科学自身的最小单位，具有良好的稳定性。其基础范畴、基础理论和研究对象，在长时期内比较稳定。专业概念应用较广，可用于科学理论的研究、学习传播、实践应用、人才就业，以及行业或产业划分等方面。学科概念的人文性和社会属性更强，它是从事科学研究活动的学理科目和政府管理大学的工具之一，易变且边界模糊，研究对象的稳定性较差。学科多用于理论研究、专业教育研究和科学工作管理等方面。现在的大学倡导和过度致力于"学科建设"，忽视专业建设，这是当代大学偏离大学性质的危险行为。

2016年10月，笔者遇到这样一件事情：本校外国语学院法语专业一位学生申请到会计系撰写毕业论文——若会计学毕业论文通过即可获得会计学专业毕业证；学校教务处向会计系教学主任咨询是否被许可。教学主任和系主任经过查实，该法语专业学生在学习本专业的同时也学习了"管理学"、"经营战略"、"人力资源管理"、"管理会计"、"财务管理"和"会计与理财"等课程，并获得了相应的学分。可是，她未系统学习"会计学原理"、"财务会计"、"成本会计"和"审计"等会计专业课程，甚至不知道复式记账为何物，其毕业后不可能胜任企业会计师工作，也不可能完成专业论文的写作。因而被会计系拒绝。显然，专业与学科的混淆，已给大学的专业课程设置带来了很大的混乱和危害。大学生按专业考入大学，但学习过程却强调学科建设，鼓励学生跨专业选课，使学生忽略所学专业的本质。即使在所属专业研修的核心课程门数很少，只要在全校选择足够多的课程门数即可完成学分，就可毕业①。教师所讲课程只能依据专业的理论内容来划分。如果按照学科划分，就可能因专业的重叠而产生内容重复。财务学专业的课程设置，主要依据财务学的专业性质及其科学理论内容，其次依据国家与社会经济发展需要和大学教师的实际能力情况。评价教学质量的根本准则在于学生的学习深度和理解程度，而不是开设课程的数量。教学工作一定要真心为学生学习着想，以学生为中心，不能考虑老师有无课程讲授或能否得到教学评奖等。学生是劳动对象，不是劳动资料。专业人才培养方案的修订，需要研究财务学的性质、基础范畴和目标，以及专业、学科和课程之间的内在关系，并协调财务管理与其他管理类专业之间的课程计划联系。

大学专业课程的设置不能违背知识生产与供给的规律性。受记忆力和理解力的限制，一个人即使花费毕生时间和精力也不可能把人类的全部知识都学到手。因此，人类社会不得不在获取知识、转让和流通知识时实行分工。又因为知识与知识之间总是按照一定的逻辑关系联系在一起的，高深的先进知识是建立在初级的基础知识之上。人们不能撇开初级基础知识直接获取先进的专业知识。一般地，学习只能按照知识的逻辑联系循序渐进地展开。获取知识的社会分工也只能沿着广度方向展开，并且是有限度的不完全社会分工。完全以知识作为工作内容的学校和研究机构，其内部运行机制的设置及其运行，基本上是遵循知识获取、传播、应用和创造的逻辑分工规律而展开。学校分为小学、中学和大学，研究机构分为课题组、研究室、研究所和研究院，都是现实知识传播运行载体的案例。先进知识要比初级基础知识深奥和复杂得多，其获取成本要比初级基础知识成本大得多。知识成本的高低不仅受知识逻辑分工的影响，而且还受学习组织的工作效率、质量、内部成员天赋和知识积累程度的影响。人们获取先进知识的成本会因个人聪明、悟性能力和学历的不同而存在很大的差异。高深学问总是被少数社会成员所掌握，大多数社会成员学习高深先进知识会因为学习成本太高而放弃或调整学习对象——只能重新做出别的选择。通常，大多数人一生中获取和应用的知识均为普通的基础知识。

除了专业与学科混淆外，目前大学财务学专业开设课程不够合理的另一原因，在于我国大学行政主导的教育制度和教学考核制度未能遵循大学教学规律。教育行政机构经常性的考核和评比，使得系主任和教师把很多精力用于应付此类事情。不严谨地增加新课程与满足上级或校方领导的教学改革要求，使得专业教学计划——人才培养方案越来越偏离财务学的大学教育性质及其专业教学规律。由于大学里的职员约有1/3为专职教师，另外2/3为党政工团和后勤管理等工作人员。因此，教师中的机会主义行为极其盛行。本来学生是教师的教育对象，然而在大学的部分专业中，学生变成了教师应付上级部门或校方领导的道具。一些大学教师甚至不清楚课程、专业与学科的区别，不清楚财务管理专业的培养目标，也不清楚自己所讲课程与专业培养目标应该高度契合。大学教

---

① 笔者所在大学一位法语专业学生，除了学习一些法语专业课程外，还选修了工商管理专业的五六门课程、会计学专业的两门课程，以及财务学专业的一门课程。临毕业时，她想申请到会计学系撰写会计学毕业论文，被会计学系拒绝。一则该同学很难写出满足会计学专业的本科毕业论文，二则即使会计毕业论文通过，其获得的也是法语专业毕业证书。事实上，该同学大学四年蜻蜓点水，虽然毕业但未学到真功夫。

师专心致志研究专业理论和教育方法的工作状况严重不足，也严重地影响了大学生的学习质量和效率。

专业发展的目标是服务和优化专业人才的职业生涯。其解决的问题是科学技术和文化如何付诸于实践。学科发展的目标是服务和协调科学研究活动，追求学术研究理论前沿，其解决的问题是提高科学研究人员的研究效率。严格地说，学科建设与本科生的学习活动相关性很小，而专业发展目标与本科生学习活动密切相关。专业培养目标是大学各专业人才培养方案的第一项内容。培养目标的内容显示出大学专业教育活动的基本性质，而且，大学管理者如何设计每个专业的培养目标，对于各个专业学生的学习质量和效率至关重要。专业学生的培养目标实际上是教学目标，它是老师和学生的共同目标。笔者 1979 年考入山西财经学院财务与会计专业时①，其专业培养目标的主要内容是：教育与生产劳动相结合，学生德、智、体全面发展，培养无产阶级革命接班人。大约 1983 年之后，"无产阶级革命接班人"被"社会主义事业接班人"所替代。2015 年底，笔者所在学校教务处要求各专业修改教学计划，由系主任组织本专业老师讨论和修订。在征求修改意见过程中，老师们对"培养目标"很重视，几乎每一位老师都能提出自己关于培养目标的想法。这使得系主任或多或少有些紧张。系里 20 多位老师，每人都有自己的观点，讲基础课的老师关注基础理论的系统学习，并期望将此观点写进培养目标；有的专业课老师则强调专业实践能力培养的重要性；更多老师则主要强调我国未来社会发展和国家需要；等等。如何整合老师们的各种观点，预示着未来专业教学重心和教学模式的选择。再仔细对老师们的意见进行梳理和思考，会发现多数老师的观点都是一己之见，基本上未站在财务管理专业自身发展的规律上思考问题，与大学教育的性质和财务管理专业的性质联系得很不紧密。最后，财务管理专业在本系老师们对培养目标和专业人才培养方案充分讨论之后，系主任将财务管理专业培养目标描述为：

本专业培养满足我国社会主义经济和社会发展需要，能够在企业、政府机构及非营利组织、高等学校等事业单位，胜任财务管理专业工作的应用型创新人才。具体目标如下：①具备良好的科学精神、人文素质和职业道德；②具备经济学和管理学的基础知识能力；③掌握财务学专业理论和方法；④具有熟练的财务管理实际工作能力。

该专业人才培养方案及培养目标，在后来的管理学院学术委员会专家评议之后，经学校教务处审核，很快获得了通过。

在这里，财务学专业培养目标的核心是"培养满足我国社会主义经济和社会发展需要财务管理专业人才"。从性质上看，与培养"无产阶级革命接班人"和"社会主义事业接班人"基本上是一致的。其一致性表现在我国大学教育的性质和根本目的是满足国家和社会需要，其实质是遵循教育者的意图使被教育者满足统治阶级集团需要。由于校

---

① 1979 年，我国大学里的财务学与会计学尚属于一个专业，称之为财务与会计专业，也有个别大学称之为财务、会计与统计专业。一些大学的会计系，曾经称之为财务与会计系（简称财会系）、会计与统计系（简称会统系）等。显然，那时候，我们对专业的理解尚不确切。

方管理者是为教育部负责的，因此，这个财务管理专业的培养目标很快被校方教务处审核通过。

笔者认为，如果以学生为中心，遵循被教育者的学习意图，以满足学生未来事业需要为出发点，那么，财务管理专业培养目标可表述为：

根据我国社会主义经济发展需要和财务学专业发展规律，把学生培养成在社会各个领域和阶层胜任财务管理工作的专业人才。尤其是成为企业、政府机构和非营利组织等事业单位胜任财务管理工作的综合型创新人才。具体目标包括：①胜任上市公司和大型企业财务机构总经理工作；②胜任投资公司、跨国大型公司和中央国有企业高级财务专家的工作职责；③胜任商业银行、工商企业和政府机构大型项目的财务与会计工作。

显然，大学教育的目标是满足受教育者的需要。系主任应根据专业培养目标设置专业课程和编制课程教学大纲。教学评估主要是考核评估课程设置和课程教授内容与专业培养目标的契合度。培养目标与学生报考大学的初心应该一致，学生成才是最根本的目标。此处讨论的专业培养目标以学生为中心而非以国家和社会为中心。实际上，只有每个青年学生的前途有希望，国家和社会的发展才有希望。学生是国家的未来。因此，专业教育应以学生为中心，大学的发展应以全体人民的利益为中心，不是以国家的治理和发展为中心。我国社会主义大学的性质可以概括为民生高等教育，或者人民高等教育，或者称之为劳动人民的高等教育；而不是社会精英高等教育，也不是社会管理者高等教育。

三、课程设置与课时学分

同其他专业一样，财务学专业课程设置及其类别也由通识教育和专业教育两个部分组成。问题的关键是，通识课和专业课究竟应开设什么课程。

（一）关于通识教育

通识课程主要根据经济管理类专业的知识性质和培养目标要求进行设计。只有开设一些包含自然科学与社会科学的通识课程，学生经过四年大学学习，才可能具有科学精神、文化素养、优良思想品德，以及法律意识。财务学专业学生的通识课程应包括基础社会科学类课程、高等数学类课程、外国语言类课程、计算机科学类课程，以及军事与体育类课程。重点是本国传统文化和科学技术知识。中国传统文化倡导天下为公，这与社会主义制度的思想一脉相承。千百年来，我国文化繁荣而科技相对落后，增加科学素养教育符合国情。

基础社会科学类课程，主要含文化、思想、历史、政治、法制和经济等学科，如中国四书五经选读、中国近现代史纲要、马克思主义基本原理、毛泽东思想、宪法与经济法，以及社会主义政治经济学等必修课程。若每门课程平均48学时，则共需288学时；

若每门课程 36 学时，则需安排 216 学时。因此，该类课程可考虑安排 260 学时。按每门课程平均 3 学分计算，则该类课程合计 18 学分。一般地，每 16~18 课时（学时）为 1 学分。

与目前的会计学专业不同，财务管理专业许多课程需要有良好的数学基础。从专业视角看，财务学专业学生学习数学是学好财务学的基础和前提。尤其是财务学专业的财务计量经济学、数量财务和财务工程等课程，如果学生缺乏良好的数学基础，则很难学好学透。因此，数学类课程至少应开设微积分、线性代数、概率论等必修课程，如果每门课程 5~6 学分，则该类课程合计 18 学分。

外国语言类课程设置大学英语、英语文献选读、大学英语翻译等课程。若大学英语课程 4 学分，英语文献选读和大学英语翻译各占 1 学分，则外国语言类课程合计 6 学分。

计算机科学类课程可设置计算机原理、Visual FoxPro 程序设计、计算机网络等课程。该类课程约 2~3 门，合计可安排 6 学分。

军事与体育类课程可设置军事科学概论，军事训练、大学体育概论、大学体育训练等课程，可合计安排 4 学分。

以上五个部分为通识教育必修课，共计 52 学分。此外，还可设计通识选修课程，如中国哲学史、世界科学技术史、中国传统文化、宗教概论，以及当代中国特色社会主义等课程。学生的通识课程选修课，最多可选择 2~3 门课程。该类课程可不计学分。

（二）专业教育部分

财务学专业教育课程，应包括专业基础类课程、专业主干类课程和专业技能类课程。具体地，主要由下列课程组成：

1. 专业基础类课程

具体有：经济学、管理学、法学、会计学、统计学、财政学、金融学等课程。

这里的经济学课程，可以是经济学原理，也可以是现代经济学（分上下册，或者分宏观经济学与微观经济学）。管理学课程既可以是管理学原理，也可以是管理学概论。会计学既可以是会计学原理、基础会计学，也可以是包括会计原理和财务会计的普通会计学。如果以上专业基础课程每门课 3~5 学分，本类课程共计 30 学分。

2. 专业主干类课程

具体有：财务学原理、公司财务、高级公司财务、财务分析、财务计量经济学、数量财务、财务工程等课程。若每门课 4~6 学分，则此类课程共计可设置 40 学分。

财务学原理主要讲授财务学的基本思想。财务学原理课程的设置和教材编写是财务学专业建设与发展最紧迫的教学工作。目前的财务学原理课多由"财务管理基础"或"财务学基础"等课程替代，一方面，这些课程及其教材没有系统全面阐述财务学的基础范畴，如资本、价值、不确定性、套利、期权和跨时间等基础概念均未给出原理性解释，也没有解释财务学的各种理论渊源及其基本定理，甚至无风险套利原理、一价定律、费雪分离定理等也未阐述。另一方面，"财务管理基础"与"公司财务"等课程存在较多内容重叠等问题。实际上，"财务管理基础"或"财务学基础"是"公司财务"或"中级财务管理"的简易版①。如果教师未将专业基本原理讲透彻，后续主干课程就很难学好，如会计学专业第一门课是会计学原理。工商管理类非会计学专业，可以开设会计学基础或基础会计课程。在欧美商学院，其 Principles of Accounting 与 Foundations for Accounting 课程的含义完全不同。财务学原理课及其质量是衡量财务学专业教学水平的重要标志。

对于公司财务（或中级公司财务）、高级公司财务、财务分析这三门课程，我国有财务管理专业的大学基本上都开设，也基本成熟。公司财务课主要讲授企业投资业务及其决策、筹资业务及其决策、资产价值评估、资本收益管理，以及资本配置等内容。美国 MIT 斯隆管理学院教授斯蒂芬·A. 罗斯等编著的 Corporate Finance（9th ed.）是目前我国许多大学财务学专业喜欢选择的公司财务教材。高级公司财务主要讲授比较复杂和深入的公司财务理论与方法，即融入了现代科学的高等公司财务学。但它不是公司财务的特殊业务。财务分析课主要讲授财务报告分析和财务活动分析的理论与方法，该课程包括财务会计里的财务报告内容及其分析、成本管理会计部分内容分析，以及企业筹资、投资、资本配置、收益分配等财务活动的预测、分析和决策。对于这三门课程的设置，我国大学财务学专业的教授们基本达成共识，此处不再赘述。

对于财务计量经济学、数量财务、财务工程这三门课程，中国香港和台湾地区的一些大学财务学专业都开设，国内大陆地区很少有大学开设。财务计量经济学（Financial Econometric）或财务计量学，主要讲授财务学方法论。其内容主要阐述时间序列趋势分析、回归分析，以及统计学方法在财务活动中的应用等。具体方法，诸如离散时间财务方法，单方程回归方法与联立方程模型，面板数据分析，处理衡量偏误的可替代性方法，时间序列分析以及频谱分析，连续时间财务计量经济学的 MCMC 方法等。显然，该课程主要陈述财务活动的计量方法或预测方法，其重心是方法。这是一门财务方法论课程。

数量财务（Quantitative Finance）课是一门讲授财务理论模型的课程。该课程主要讲解一些著名的财务模型及其原理、如何创建财务模型、单因素模型、多因素资产定价模型、投资模型与算式、金融衍生工具的价值估算等。数量财务主要解释财务模型的来历和应用问题，其重心是财务理论模型。因此，数量财务是重点讲解财务模型的一门财务理论课。

财务工程（Finance Engineering）课程是专门讲授财务产品的开发与应用的课程。其主要内容是：债券、股票和货币等财务产品的生产和应用，现金流量与现货、远期、期货和期权的关系，财务产品的生成、投资组合产品的构建以及策略的发展，以及量化风险、分配风险和管理风险，市场环境（税收，法律和监管，投资者）等内容。财务工程

①　在经济学专业里，也存在此种现象。参见钱颖一《理解经济学原理》（2016），他认为，"经济学原理"课完全不同于"经济学基础"，前者讲授基本思想、定理和规则，后者讲基本概念和初步知识。

是关于将财务计量经济学和数量财务模型应用于具体财务产品开发而形成的一门学问。其重心是财务产品的开发和使用。我国很多大学都开设了该课程，只是名字称为《金融工程》。这里的问题症结在于对财务学性质的理解。笔者将 Finance 理解为财务学。中国台湾和香港的一些老牌著名大学，如台湾清华大学、政治大学和香港中文大学等，都是这样理解和称谓的。大陆、台湾、香港的某些新办大学，多将 Finance 译成"财务金融"，采取了折中态度。

财务学专业除了开设上述七门专业必修课之外，还可以设置一些相关选修课。例如，财务风险管理、资产价值评估、公司财务战略、投资项目可行性研究，以及成本管理等课程。

3. 专业技能实践类课程

具体课程：财务管理模拟实验、企业财务信息化、税收、财务管理案例分析、成本管理会计，以及专业毕业实习等课程。若每门技能课 3 学分，本类课程共计可设置 10 学分。由于社会经济的开放性，这 10 学分基本能够满足财务管理工作技能的实践课程要求。

可见，整个专业教育课程共计设置 80 学分；加上通识课程 52 学分，财务学专业本科四年学制学生共获得 132 学分，即可毕业。

（三）课程设计的进一步理解和讨论

编制财务学专业人才培养方案的依据，包括财务学的性质和发展、国家和社会经济发展需求，以及学校财务学专业教师队伍状况。财务学的性质及其主要内容在教育学上由所开设的课程表现出来。课程是财务学理论依学生学习方式及规律和教师讲授方式及规律分解成课件。如果没有对财务学性质及其理论进行深入研究，就不可能开设出科学有效的课程，甚至导致课程设置错误。2016 年 3 月学校发给笔者所在管理学院的教育部《普通高等学校本科专业目录和专业介绍》第 328 页的《120204 财务管理》一款，写有"核心课程：财务会计、管理会计（含成本会计）、财务管理（含公司财务、公司金融）、资本市场（或金融市场）、财务分析、投资学等"。在这里，财务会计、管理会计都是会计学专业课程，作为财务学专业核心课程显然很离谱。财务会计、管理会计可以作为财务学专业的选修课程或技能性课程，但它们不属于财务学专业内容。财务管理专业开设"财务管理"课程也不恰当。财务管理专业的一门课程与专业名称相同，令人费解，亦违背教学规律。至于"资本市场（含金融市场）"是金融学里的基础知识，对于财务学专业学生而言，不足以单独作为一门专业课程。投资学对财务学专业极其重要，之所以未单独开设"投资学"，原因有三：第一，在改革开放之前的计划经济时期，财务学专业教师和学生对经济学、社会主义市场经济下财务学的理解不够深入，对财务学性质的认识不够清晰，而投资是重要的经济活动，因而有些大学开设了"基本建设投资与信用"课程。第二，由于计划经济制度及其实践的长期影响，我们的投资主要是基本建设投资，即基础设施和企业机器设备等实物投资。西方欧美经济发达国家的投资，则主要是股票、债券和金融衍生产品的证券投资即间接投资，其购买原材料和机器设备以及并购企业的直接投资，基本上不在投资学课程里讲授。第三，财务学专业的核心课程"公司财务"、"高级公司财务"和"数量财务"，以及"财务管理模拟实验"和"财务管理案例分析"课程，都包含投资理论和方法内容。所以，财务学专业可不单独开设"投资学"。

之所以单独开设"财务计量经济学"和"数量财务"这两门课程，其根本原因在于财务学性质及其理论发展。众所周知，财务学是跨时间配置有限资本资源以更好创造价值的学问。其科学性突出地表现在指导人们在不确定情况下跨期均衡配置资源，从而取得资本收益最大化。社会发展的高度文明和市场经济广度深度的复杂性，要求人们必须使用现代科学理念和方法组织财务活动。"财务计量经济学"是财务学理论发展吸收数学知识所形成的新兴财务学科，该学科实际是数学和统计学方法在财务管理中应用的结果。财务计量方法是现代财务学主干内容中的核心部分。财务计量学课程的设置反映了财务学研究的新进展，也是世界经济日益全球化和中国经济深度参与世界经济对财务管理的客观要求。与财务计量经济学相适应，"数量财务"课程主要是财务学理论与数学及统计学相结合所形成的财务理论课，即现代财务数学模型理论课。"数量财务"与"财务计量经济学"两门课程的关系是理论与方法、科学与技术的关系，前者是财务理论和财务科学，后者是财务方法和财务技术。这两门课的后续课程是"财务工程"。我国财务学专业的大学教育落后于美欧发达国家，其重要原因之一就是我们的教师没有把这三门课程讲透彻。当然，财务学师资队伍尚不够强大，社会需求不太清晰，以及大学行政化制度等，也是财务学专业发展缓慢的重要原因。

综上所述，根据财务学发展状况和我国经济社会发展需要，财务学专业的主干课程可以是财务学原理、公司财务、高级公司财务、财务分析、财务计量经济学、数量财务和财务工程等，这些课程的开设需要适当地提高当前大学教师的教学能力和水平。对学生而言，由于我国高中学生数学、物理和化学等基础科学的系统学习，以及进入大学之后对高等数学的进一步学习，学生完全有能力学好这些课程。

四、教师、课程辅助文件与课程讲解过程

教师完成一门课程的讲解需要事先做一些基础准备工作。对于每一门专业课程，任课教师应准备编写讲稿、教材、课程练习题及参考答案，以及考试题库等基础文件。这些教学辅助性文件的编写和使用是大学教育活动的主要工具。虽然信息科学和技术快速发展，教育信息技术的应用也很普遍，课堂视频教学日益普及，网络慕课非常时兴，但是，人类对于专业科学理论的学习能力和效率并未因科学技术在教育领域的深度应用而发生本质性改变。学生学习能力和效果的大小仍取决于学生自身脑力和体力水平及其接受程度。网络视频和慕课技术只是辅助工具。学生对专业理论的理解力、理解速度和掌

握程度虽然有提升，但提升幅度很有限。在 2016 年 8 月 9 日巴西里约奥运会男子举重 56 公斤级决赛中，我国举重运动员龙清泉抓举 137 公斤、挺举 170 公斤，以 307 公斤的总成绩打破了尘封 16 年之久的世界纪录。该 56 公斤级举重原为土耳其男子举重运动员哈利勒·穆特鲁在 1999 年 11 月 20 日希腊雅典世锦赛创造的 302.5 公斤纪录。16 年来，在 56 公斤级别的举重大赛中，没有一个人达到 303 公斤的总成绩。人类举重力气在 16 年的时间里增加了不足 5 公斤，而且是瞬间的偶然事件。人类的目的不是追求转瞬即逝的东西，人类的目的和决定人类本质的东西是生命和思想的健康。如果是非专业举重运动员，其 16 年间举重能力的增幅可能不足 1 公斤。同理，田径短跑男子 100 米比赛，1912 年美国运动员利平科特在瑞典斯德哥尔摩创造了 10.60 秒的世界纪录，至 2012 年，该项田径短跑男子 100 米比赛最快速度是 9.58 秒，该速度由非洲牙买加运动员博尔特于 2009 年 8 月 16 日在柏林世界锦标赛上创造。100 多年来，人类在 100 米内的短跑速度仅提高了 1 秒钟，进步很小，尽管科学家们发现地球有逐渐变暖的现象，但人类的体温并没有因此而有显著提高。科学是人类理解和认识自然与社会运动变化规律的学问。体育科学的发展是人类体育活动迅速发展的重要原因。人们学习和理解科学的能力主要取决于人类适应自然和社会变化的能力。当我们适应自然与社会、理解自然与社会的能力没有发生较大变化时，体力和脑力并未发生较大变化——人类进化很缓慢，我们的学习能力难以有显著提升。

所以，近 20 年来，一些大学的许多专业教学计划规定学生在四年里要达到 160~180 学分，其学时数高达 3200~3400。这是有违教师和学生生理能力及其教学规律的。本来，一个学生一天上 4 节或最多 6 节课，一个学期学习 4 门课或最多 6 门课程。可是，多数大学在晚上、星期六和星期日都安排了上课任务，基本上学生每天需要上 8 节课（每节课 50 分钟），一学期需要选修 7~8 门课程。过多课程和学时，学生的脑力和体力难以承受。学生在听老师讲授之后，必须要温习和练习做作业，才能深入理解课程的真正内容。某些专业由于课程过多，学生就没有复习和做作业的时间，更缺少阅读相关文献和参加社会实践的时间。其学习质量自然难以保障。应深知，学生的学习质量和效果主要在于学生对专业主干课程的理解和认识深度。在财务学理论不变情况下，课程门数和总课时多少，与学习质量基本无关。

由于大学扩大招生和学校行政考核与评估的缘故，专业人才培养方案里的课程门数成倍增加。这不仅增加了学生的学习负担，干扰了学生的正常学习活动，而且也使教师疲惫不堪。本来，一位大学教师主要有一个主攻专业及一至两个研究方向，通常一个学期承担一至两门课程；可是，由于专业培养方案背离教学规律，很多教师一学期至少讲授 5~6 门课程。大学教师与中小学教师的显著差别之一是大学教师要进行专业理论研究。如果一位教师一学期承担 5 门以上课程，不仅没有时间批改学生作业，而且也不可能有精力看书和做研究工作。1983 年笔者从大学本科毕业并进入一所大学任教，那时，平均每 6~7 人讲授一门课程。现在，时隔 30 余年之后，每位老师一学期需讲 6~7 门课程，像机器一样在工作。显然，过去和现在，都走了极端，这是很不科学的行为。

一个学生一学期每周选修课程最多不可超过 6 门，若平均每门课程 4 学时，则每周课堂里学生听老师授课时间为 24 课时。每周的课外其他时间是学生的自修、体育活动和休息时间。一位老师的研究方向尽可能不要超过三个领域，一学期承担的课程门数尽可能不要超过 4 门课，每周上课学时数不要超过 12 课时。这样，教师才可能科学有效地在课外时间里备课、批改作业，以及从事专业理论研究。同学生一样，大学教师的授课质量和效率也取决于教师的脑力和体力。教师和学生都不是机器，科学技术的迅猛发展对人类自身的改进不是很大。教学工作应遵循其自身的发展规律。一些大学的管理者将大学视为工厂一样进行监管，将学生比作原材料，将教师比作机器，套用福特主义生产方式，这是不尊重知识、不尊重科学、不尊重知识分子的典型实例，也是对大学教育的践踏。

大学教师是现代文明中的一种职业，只有具备身心健康并拥有科学技术和文化积累的人，才可能成长为一名大学教师。体育活动表明，人类体力的发展很缓慢。所以，大学教师的体力与其他行业劳动者的体力差距不大。在脑力方面，虽然近 10 年来人类脑科学的研究发展异常迅猛，科学家对人脑的研究成果令人震惊和欣慰，但人类的脑力开发和进步仍然十分缓慢。大学教师的脑力与其他行业从业者的脑力基本无本质差别。脑力劳动的重要成果之一是思想进步。思想之所以有效和有力量，在于其能预见未来。思想代表之一是科学公式。思想与科学的关系，犹如机器与产品。思想的存在和发展依赖于人的身体。首先，人的头脑需要一个生命系统来维持其存在。如果没有生命，头脑就不存在。因而思想也就不存在。其次，人的脑力劳动所依据的材料来自人类身体的感觉系统。尽管我们难以确定人自认为可靠的思想是如何通过不可靠的感觉而获得，但有限的思想和科学一直是人类进步的基础。然而人的感觉系统的宽带速度也是极为有限的。大学教育的普及和发展，使人们头脑处理问题和思考问题的速度显著加快。可是，人通过感官从外界接受信息和通过语言、文字与外界交流的"宽带"几乎难以增加。虽然脑科学家对人脑的研究成果极其丰富，但非脑科学家们对脑科学的学习力和应用能力依然很低。脑力劳动的速度与身体获得信息的速度不完全一致。信息科学快速发展和普及应用，大学教育的物质设施有很大改变，但计算机或电脑不是人脑的延长。假如把高铁超过人的跑步速度、望远镜超过人的视力，理解为电脑超过人的思维能力，就是大错特错的想法。科学技术发展具有无限性，但人的体力和脑力发展很有限。大学教师不是大学里的电脑和机器。

所以，专业教学过程首先是包括大学教师查阅文献、编写讲稿和练习题，以及设计讲课方案的备课环节；其次是学生在教室里收听老师讲解和答疑解惑的环节；最后是学生课外查阅文献和阅读参考书、复习教材、做作业（做实验），以及老师批改作业和举行考试的环节。这一过程的每一环节出现问题，都会影响学生的学习质量和效率。因此，大学的发展依赖于老师和学生的共同努力。

五、完成教学过程的基本机制与相关条件

教学过程是教师与学生对科学技术知识进行理解、认识、接受和掌握的过程，该过程虽然主要属于脑力劳动过程，但受到大学体制和教学机制等因素的直接影响也很明显。科学的教育体制、机制和管理方式是大学完成教学过程的充分条件。

（一）大学教育体制

大学教育体制不应替代大学教育规律。大学教育体制是大学教育活动链接大学教育规律的桥梁。大学教育规律规制大学教育体制，大学教育体制规制大学教育活动。大学教育活动和教育体制均应服从大学教育规律。我国大学教育体制实行党委领导下的校长负责制，简称"党委领导，校长负责，教授治校"。该体制的内容是在中国共产党的领导下，校长与教授们共同管理学校，发展高等教育，是一个很好的制度设计。但实际执行之后，就变成了以行政领导为核心的教育管理体制。该体制的最大优点是强化社会意识，体现国家意志，集中思想领导，使国家政治教育在大学教育中占有重要比重。缺点则是行政管理机构自我扩充科室数量和规模，易生机构臃肿和人浮于事的官僚主义问题，不仅占用较多办学经费，而且容易改变大学的性质，把大学变成行政机构。多数大学的教师数量不及学校教职工总数的1/2。尽管教师人数较少，但大学的规模扩张依然迅猛，教师的授课工作量急剧增长而其薪酬并未显著增长，其结果必然是粗放发展，质量下降。大学教师本来是人类社会工程师和精神贵族，但现在的大学教师灰头土脑和布衣状况十分普遍。布衣教授对大学生成长产生重要影响。部分教授的机会主义倾向和颓废行为令许多学生怀疑自己考取大学的选择。落后的大学体制已成为我国大学发展和社会文明进步的严重羁绊，现有大学体制及其理念对青年学生的成长造成了极其严重的危害。

当代大学教师是工农劳动大众的子弟，与旧中国的知识分子截然不同。整体上，大学教师有知识、守纪律、有责任，不畏于势，不惑于神，不弃尊严，孤守怀疑而旷达，心怀天下为己任，退则独善其身，进则兼济天下，他们了解中国历史，更加热爱党和祖国。只有少数过分看重名分和行政权力的大学教师，他们可能忘记责任和本分，其精力和工作时间不在备课和上课方面。因此，在今天的社会主义改革与发展时期，国家仍然依照我党在新民主主义时期管理大学教师的做法管理教师，大学办学经费主要配置于学校的行政管理部门而非院系专业教师和学生，很不合适。毛泽东反对的本本主义在当代大学管理中依然根深蒂固。改革大学教育体制的方法，应是突出党的思想政治领导和制度文化教育，删减合并行政机构和人员，增加专业教师数量，将大学资金主要配置到院系专业教学与研究活动之中。既发挥党在政治和思想上的直接领导，又发挥学校章程的法制作用，充分体现教授治校的实际作用，将学生从其他地方拉回教师身边。

（二）教学机制

在教学过程里，教师根据学生渴求知识的愿望、数量和质量，因材施教，师生相向而行。具体地，教授们根据学生的学习需求编制专业人才培养方案，按照培养方案里的培养目标和课程设置编制课程教学大纲，撰写教案和讲稿，携教案、教材和讲稿走进教室授课；学生携带学材和笔记本等学习工具进教室收听，理解、思考、吸收和掌握知识。授课之后，学生完成教师布置的课外作业，老师批改作业，并以此获取信息改进授课内容。期间和期末，教师命题进行阶段性课程考试，以检验学生学习和教师工作的效果。对教师而言，教学过程是熟悉专业培养方案（重点熟悉专业培养目标）和课程教学大纲、编写教案和讲稿、准备和规划讲授内容与方式，以及批改作业和掌握学生学习情况的过程。对学生而言，教学过程主要是接受教师讲授的内容，首先经过背诵、理解和能够应用，其次达到分析问题、评估和解决问题的专业能力，并力争具有专业创新能力。这就是学习的一般规律。如果学生对技术和知识没有背诵和记忆，就难以达到理解程度，若不理解，就不可能做到应用。如果不会应用，就不可能达到分析问题和解决问题的专业实践能力，更谈不上创新。学习机制是学习者渴求知识并付诸行动掌握知识的过程。现在，教师依据个人的研究方向确定其授课内容，在教室借助电子屏幕和视频进行授课；学生以收听为主，基本上不动手做笔记，课外很少有作业练习。期末考试由校方组织，任课教师不能参加监考。教师讲课是为了履行与校方达成的合同而非为学生；学生以配合老师获取学分为目的，课堂上是否听懂、是否理解了教材内容，并不重要。重要的是通过期末考试，顺利拿到毕业证书。教师与学生的教学活动不是相向而行，而是同向平行前进，各行其是。显然，再好的培养方案，如果缺少科学的教学机制，其目标也很难实现。

（三）科学技术与先进设备的使用

大学教育运用科学技术及其设施改进学习效率是大学教育发展的一个趋势。以电子屏幕、视频片段和慕课平台为代表的现代信息技术及其应用，提高了教学效率和质量。理工科专业实验室与教室装备现代化非常必要。但在社会科学类专业的授课中，应合理有效地使用科学技术及其设施。如果社会科学和人文科学的某些专业在教室内的信息技术及其教学产品或装备过度使用，就会适得其反，电脑不能替代人脑，教学工作不能完全由机器代替。

（四）课程考试与学业奖学金

课程考试由学校教务处这一行政机构组织和管理，弊大于利。尽管实际监考过程由教师承担，但任课教师不了解授课学生的应试过程。大学采取行政手段和商品经济理念考核任课教师，偏离了大学活动规律。教师最了解学生，建议课程考试应由任课教师组织。学生的奖学金应以教师的意见为主要依据。党团组织对学生的评价不能替代老师对学生的评价。真正了解学生学习过程及其结果的老师却无权参与学生奖学金的评定，令人费解。学业奖学金评定工作的扭曲对专业人才培养方案的实现十分不利。

六、结论

分析和讨论表明，本文的研究结论至少有以下四个方面：

（1）财务管理专业的发展具有自身独特的规律性，财务管理专业教学不仅需要一个很好的专业人才培养方案，而且与大学教师的工作状况密切关联。财务管理专业人才培养方案的科学性程度，取决于培养方案编制者对财务学性质及其发展规律的理解程度、财务学大学教育的性质及其发展规律（含大学教师的工作能力），以及国家和社会需要。只有对财务学理论的理解比较深入和科学，才可能编制出科学的有深度的财务管理专业人才培养方案。财务学自身发展规律是编制财务管理专业人才培养方案的根本依据，其核心内容是专业培养目标和课程设置。专业与学科不同，专业有完整稳定的理论体系，学科内容的稳定性较差。

（2）根据我国财务学的发展和财务管理专业大学教育的性质及其发展规律，我国大学财务管理专业的主干课程，应该是财务学原理、公司财务、高级公司财务、财务分析、财务计量经济学、数量财务，以及财务工程等课程。各门专业核心课程的讲授内容由专业培养方案（主要是专业培养目标）所决定。财务学原理是财务管理专业最基础最重要的课程。财务学教材建设是财务管理专业健康发展的基础。财务管理专业不应过多地以会计课程替代财务课程。同时，如果全部课程由通识教育课程和专业教育课程组成，那么后者的学分占该专业全部学分的比重应高于1/2。财务学专业本科学生四年完成140学分即可毕业。安排课堂之外的作业练习活动是大学教学工作的核心内容之一。

（3）课程设置的科学程度取决于教授和教学负责人如系主任对专业科学性质的认识和理解程度。财务学原理课程的开设是财务学专业发展成熟的标志，财务学原理教材的科学程度和质量是财务学师资水平的体现，也是对大学财务学教授的专业检验；财务计量经济学、数量财务和财务工程课程的设置，是中国大陆高校缩小与美欧及中国港澳台地区财务学专业教育差距的根本途径。财务计量经济学、数量财务和财务工程课程三门课程的关系，是方法、理论和应用的关系。

（4）教师授课过程和机制与学生学习过程和机制共同形成了教学机制和教学规律。理解专业性质和培养目标、编写教案和讲稿、规划和准备授课内容，讲课和批改作业并掌握学生学习情况，是教师授课的基本过程。接受、背诵和记忆教师讲授内容，理解和应用讲授内容，并进一步达到分析问题和评估或解决问题的专业能力，则是学生的学习过程。违背教育规律，开设大量课程，过度教育和行政导向，以及学生放弃背诵和记忆，并缺少作业练习，仍然是我国部分大学的顽疾。大学教师的体力和脑力与常人无明显差别。尊重科学、知识和教师，改革我国大学教育行政化主导体制，减轻大学教师工作量，减少大学非专任教师数量，应是深化大学教育体制改革的基本内容。虽然考上大学的青年学生是少数，可是，偏离规律的大学教育不仅对学生和老师是一种极大的伤害，而且严重降低了我国科教兴国战略的效率。显然，这是我国社会发展的一个切肤之痛。财务学专业人才培养方案研究很有必要。

所以，某一专业科学自身发展规律、教学规律和师资情况，是学校制订某一专业人才培养方案的主要依据。至于财务学专业人才培养方案的排课系统和专业实践环节安排等内容，以及专业教研室的组织活动内容，属于编制专业人才培养方案的笔录操作和实施环节内容，本文对此暂存而不论。

参考文献

[1] 刘道玉. 论大学本科课程体系的改革 [J]. 高教探索，2009（1）：5-9.

[2] 刘献君. 大学课程建设的发展趋势 [J]. 高等教育研究，2014（2）：62-69.

[3] 罗福凯. 论财务学的基础范畴 [J]. 工作论文，2015（8）：1-10.

[4] 毛泽东. 毛泽东选集（第一卷）[M]. 北京：人民出版社，1991：109-118.

[5] 潘懋元，陈春梅. 高等教育质量建设的理论设计 [J]. 高等教育研究，2016（3）：1-5.

[6] 钱颖一. 论大学本科教育改革 [J]. 清华大学教育研究，2011（2）：1-8.

[7] 王洪才. 论高等教育的本质属性及其使命 [J]. 高等教育研究，2014（6）：1-7.

[8] 王建华. 学科建设话语的反思与批判 [J]. 现代大学教育，2016（4）：1-4.

[9] 王建华. 我们需要什么样的大学 [J]. 高等教育研究，2014（2）：1-9.

[10] 张昌凡. 一般本科院校专业课程开发原则探析 [J]. 高教探索，2009（1）：10-13.

[11] 张楚廷. 教育工作者的自省 [J]. 大学教育科学，2016（2）：117-121.

[12] Richard A. Brealey, Stewart C. Myers, Frank Allen. Principles of Corporate Finance [M].（8th Edition）北京：机械工业出版社，2007：956-967.